Jutta-B. Lange-Quassowski

Neuordnung oder Restauration?

Das Demokratiekonzept der amerikanischen
Besatzungsmacht und die politische Sozialisation
der Westdeutschen:
Wirtschaftsordnung – Schulstruktur – Politische Bildung

Leske Verlag + Budrich GmbH, Opladen 1979

Zur Autorin:
Dipl. Pol. Jutta-B Lange-Quassowski, geb. 1944;
Wichtige Veröffentlichungen:
Curriculumreform und 'New Social Studies' in den USA
in: Beilage zur Wochenzeitung das Parlament, B 21/72;
Vom deutschen Bildungsideal zur Re-education.
Politik der Amerikaner,
in : Politische Vierteljahresschrift, Heft 3/4 1974;
Sozialwissenschaften für Kinder,
in: Politische Didaktik, H. 2, 74.

CIP-Kurztitelaufnahme der Deutschen Bibliothek

Lange-Quassowski, Jutta-B.:
Neuordnung oder Restauration?: Das Demokratie-
konzept d. amerikan. Besatzungsmacht u. d. polit.
Sozialisation d. Westdt.; Wirtschaftsordnung,
Schulstruktur, polit. Bildung / Jutta B. Lange-
Quassowski. – Opladen: Leske und Budrich, 1979.
ISBN 3-8100-0264-X

© 1979 by Leske Verlag + Budrich GmbH, Opladen
Satz: Giesela Beermann, Leverkusen
Druck und Verarbeitung: Hain-Druck KG, Meisenheim/Glan
Umschlagentwurf: Peter Kremin, Köln

Einladung zum Umdenken

Wer dieses Werk zur Hand nimmt, muß bereit sein zu lernen.
Wären lediglich durch historische Forschung gewonnene neue Tatsachen zu berichten, möchte kursorische oder selektive Lektüre ausreichen, um über Ergebnisse informiert zu werden, die im Umfange eines Zeitschriftenaufsatzes thesenartig zusammengefaßt werden könnten. Aber nur scheinbar ist der Gegenstand der Untersuchung historisch, nämlich die Schulpolitik in Westdeutschland unter amerikanischer Besatzung; ihr eigentliches Thema ist die Struktur und Funktion des Schulwesens im gesellschaftlichen und politischen System der Bundesrepublik Deutschland heute, also politisch insoweit, als mit historisch tiefbohrenden Sonden der Entscheidungsspielraum für zukunftgerichtete bildungspolitische Alternativen und Innovationen ausgemessen wird.
Dem Leser werden nicht nur – freilich vielfach überraschende – Ergebnisse vermittelt, sondern die Wege mitzugehen zugemutet, auf denen sie gewonnen wurden. Die Untersuchung demonstriert eine Methode, fordert Politiker und Politikwissenschaftler zum geschichtlichen, Historiker zum politischen, d.h. an der Zukunft orientierten, Denken, zum Umdenken auf. Erst dann ist Zweifel an der Gültigkeit gewonnener Aussagen, Kritik an der Reichweite einzelner Hypothesen und Widerspruch im ganzen, auch gegen die Methode, gebührend ernst zu nehmen. Wer nicht mitgehen möchte, möge das Buch jetzt oder gar nach der Lektüre dieses Vorwortes aus der Hand legen.
Umdenken! So lautet die programmatische Forderung aller Politiker, die 1945 begannen, aus den Trümmern des nationalsozialistischen Staates die verschütteten Reste vergangener demokratischer Traditionen hervorzuholen, um auf ihrer Grundlage ein neues demokratisches Gemeinwesen zu errichten. Umerziehung des ganzen deutschen Volkes war auch das erklärte Ziel der amerikanischen Besatzungspolitik, aber Deutsche und Amerikaner meinten offensichtlich nicht dasselbe. Ein unüberbrückbarer Gegensatz, ein Zielkonflikt vom Charakter eines Nullsummen-Spiels, bei dem es keine Kompromißlösungen gibt, war bereits programmiert, bevor Besatzungsmächte und deutsche Politiker zu agieren begannen. Wie tief die Positionen in der deutschen und in der amerikanischen Geschichte verwurzelt waren, um wieviel breiter die Kluft zwischen der politischen Kultur in der Bundesrepublik und den USA in den letzten Jahren geworden ist, wird dem Leser erst allmählich, vermutlich aber in einer mit Resignation durchsetzten Deutlichkeit bewußt werden.
Umlernen heißt, von Denkvoraussetzungen abzurücken, die weder logischer noch empirischer Überprüfung standhalten. Denn wo immer affektive Barrieren sachliche Erkenntnis behindern, subjektive Abwehrmechanismen das Bewußtsein trüben und die Wahrnehmung von Tatsachen stören, treten Legenden an die Stelle der historischen Wahrheit. Die politische Kultur in der Bundesrepublik und das Bewußtsein vieler ihrer Bürger beruht zu einem erheblichen Teil auf einer solchen Legende, der Legende von der „Stunde Null". Vermutlich ist das Wort schon vor dieser Zeit geprägt worden, sprach doch bereits Alfred Weber im Februar 1945 in seinem (allerdings erst 1946 veröffentlichten) Buch „Abschied von der bisherigen Geschichte", vom „Nullpunkt", an dem die deutsche Geschichte angekommen sei. Mit Sicherheit wurde auch in allen

Plänen der Alliierten der Tag der Kapitulation als die Stunde X nach dem Count-down-Verfahren bis Null heruntergezählt, wo dann die Übernahme aller Macht in Deutschland erfolgte.
Selbst so bedeutende Denker wie Alfred Weber, die das Geschehen zu reflektieren und in Worte zu fassen versuchten, offenbarten ihre Unfähigkeit, es rational zu begreifen. Sie nahmen ihre Zuflucht zu mythischen Umschreibungen und Analogien, sprachen vom „Flügelschlag dunkel dämonischer Mächte" (Weber) oder — mehr als 10 Jahre später noch der Historiker Hans Rothfels — von einem „irrationalen X...., mag man es Zufall, Tragik oder Verhängnis nennen", empfanden den Nationalsozialismus gar als Naturkatastrophe, der das Volk wehrlos ausgesetzt war, oder aber als „Weg in die Katastrophe" wie der damals junge Historiker Hans Herzfeld, der damit das „Ende" eines von menschlicher Schuld und menschlichem Versagen bestimmten Irrweges meinte.
Im rational nicht auflösbaren Widerspruch dazu steht die Überzeugung, nach dem Ende der Katastrophe habe die Chance zu einem völligen Neubau, und zwar der subjektiven Moral wie der Staatsordnung bestanden. In den 60er und 70er Jahren haben jüngere Sozialwissenschaftler schließlich die empirisch kaum belegte und wohl auch nicht belegbare Legende verbreitet, es habe 1945 eine spontane radikaldemokratische Tendenz in der Arbeiterbewegung gegeben, die jedoch von den Besatzungsmächten, mit Hilfe deutscher Gewerkschaftsfunktionäre und bürgerlicher Politiker, unterdrückt worden sei.
Neuere Forschungen, die zu einem wesentlichen Teil am Seminar für die Wissenschaft von der Politik der Universität Göttingen gemacht wurden und noch werden und in deren Zusammenhang auch die Arbeit von Jutta Lange-Quassowski gehört, haben mit der Widerlegung dieser Legenden eine Lücke auszufüllen begonnen, die die deutsche Geschichtswissenschaft bisher gelassen hat. Es beginnt sich empirisch zu bestätigen, was bei unvoreingenommenem Denken ohnehin nicht zweifelhaft sein konnte: So wenig wie es ja in der Geschichte eine „Stunde Null" geben kann, so gering war die Chance 1945, aus eigener Kraft von Grund auf eine neue demokratische Gesellschafts- und Staasordnung zu errichten; denn die Fundamente der politischen Kultur in Deutschland, auf denen das Naziregime ebenso wie die Weimarer Republik und das Kaiserreich beruhten, zeigten zwar Risse, erwiesen sich aber als kaum erschüttert.
Wenn dreißig Jahre nach Gründung der Bundesrepublik Deutschland auch sozialdemokratische Schulpolitik weniger als je in diesen 30 Jahren zuvor etwa das aus dem 19. Jahrhundert überkommene sogenannte dreigliedrige Schulwesen oder das sogenannte duale System in der Berufsbildung zu überwinden in der Lage ist, wird man sich fragen müssen, welche Kraft die ohne Zweifel auch in Deutschland vorhandenen Reformbewegungen entfaltet haben. Jutta Lange-Quassowski verblüfft in diesem Zusammenhang mit der Erkenntnis, daß die Sozialdemokratie nach 1945 im Bereich der Kultur-, besonders der Bildungs- und Schulpolitik, mit leeren Händen und ohne jede programmatische Konzeption antrat, also unfähig zu durchgreifenden Reformen war, wohingegen die konservativ-christlichen Kulturpolitiker zielklar die Restauration gefährdeter Positionen betrieben. Um so überraschender muß die Tatsache erscheinen, daß die USA mit ihrem theoretisch wie machtpolitisch abgesicherten Re-education-Programm keinen Erfolg hatten. Und hier nun kann der Leser mitvollziehen, wie der sozialwissenschaftliche Forscher seinen Erkenntnisgegenstand in eine neue Dimension rückt, sein Instrumentarium erweitert und von einem scheinbar völlig anderen Ansatz her — wie beim Tunnelbau von zwei Seiten genau denselben Durchbruchspunkt anbohrend — eine neue Perspektive für die Betrachtung der gesamten politischen Situation gewinnt.
Diese Dimension ist die internationale: Die Schulpolitik der Besatzungsmacht (USA) erweist sich als bloße Funktion, als eine abhängige Variable, der gesamten amerikani-

schen Deutschlandpolitik, diese wiederum steht ganz im Zusammenhang mit der als (im ursprünglichen Wortsinne) global zu bezeichnenden Außenpolitik der USA. Indessen ist Außenpolitik, wie die Politiker und Politikwissenschaftler seit langem wissen, immer auch insofern ein Teil der Innenpolitik, als sich divergierende gesellschaftliche Interessen um Durchsetzung bemühen. Die Deutschlandpolitik der Amerikaner geriet mit der Politik Roosevelts in den Widerstreit der gegensätzlichen Kräfte in den USA, wodurch sie nicht nur ambivalent erschien, sondern in den Bereichen der Bildungs- und Schulpolitik in den entscheidenden ersten Jahren überhaupt völlig gelähmt und erst dann wieder aktiv wurde, als das deutsche Schulwesen längst in den alten Formen und mit traditionellen Inhalten wiedererstanden war.

Wie tief die in diesem „Fraktionskampf" aufbrechenden Widersprüche in der amerikanischen Gesellschaft historisch verwurzelt sind und welche zentrale Bedeutung in der amerikanischen Innenpolitik dabei dem Schulsystem und der amerikanischen Bildungsideologie als Teil des American way of life zuzumessen ist, das zu erkennen setzt eine intime Kenntnis der amerikanischen Geschichte, der Erziehungskultur und nicht zuletzt der amerikanischen Wissenschaft und ihrer Rolle in der Politik voraus. Wer erfahren will, welche Bedeutung unter bestimmten Bedingungen eine politisch scheinbar neutrale wissenschaftliche Lehre – z.B. die Pädagogik von John Dewey – für weit in die Außenpolitik hineinreichende Entscheidungen gewinnen kann, muß seinen Denkhorizont erweitern, neue Fragen stellen, alte Antworten neu bewerten und vor allem in neue Zusammenhänge einordnen. Auf diese Weise wird ein scheinbar rein fachdidaktisches Problem wie „Politische Bildung" als Prinzip oder als Fach im Schulunterricht nicht nur in die politische Dimension der zwischenstaatlichen Interaktionen, sondern auch in die wissenschaftliche der Demokratietheorie und der Comparative Politics gehoben, politischer Unterricht in der Bundesrepublik und Social Studies in den USA zugleich als Bedingung und als Konsequenz für politisches Handeln der Entscheidungsträger bis hin zu den nationalen Regierungen erkennbar.

Es ist nicht einfach, 1978 eine Entscheidung über die integrierte Gesamtschule in einem Land der Bundesrepublik Deutschland in Zusammenhang mit der Außenpolitik der USA und im Rahmen einer Theorie vergleichender Politik internationaler Beziehungen zu sehen und dabei auch noch zweimal in zweihundert Jahre Tradition zu blicken. Ich bin überzeugt, daß nicht nur Politiker, sondern auch Historiker und Sozialwissenschaftler erkennen werden, daß sie das lernen müssen – und zwar in den Vereinigten Staaten von Amerika ebenso wie in der Bundesrepublik Deutschland, und sicher nicht nur dort. Wer aber das bemerkt, hat bereits begonnen umzudenken.

    tolle lege!

Göttingen, im Juni 1978   Ernst-August Roloff

Inhalt

Einleitung 13

1. Aspekte der sozialgeschichtlichen Entstehung des deutschen
   Erziehungswesens und der Bildungsphilisophie 20
   1.1. Allgemeine Entwicklungstendenzen der bürgerlichen
        Gesellschaft 20
   1.1.1. Die Entwicklung neuer Wirtschaftsformen und veränderter
          politischer Machtverhältnisse und der diese legitimierenden
          politischen Theorien 22
   1.1.2. Im Erziehungswesen relevant werdende Ideen der Aufklärung 23
   1.1.3. Die deutsche Entwicklung 24
   1.2.   Die Entwicklung des deutschen Schulsystems: der Weg
          vom kirchlichen zum neuhumanistischen Erziehungswesen 26
   1.2.1. Berufsausbildung als standesgemäße Erziehung 27
   1.2.2. Die Schulmodelle der Aufklärung 28
   1.2.3. Die neuhumanistische Reaktion 29
   1.2.3.1. Die Humboldtschen Bildungsreformer und ihr Bildungsplan 29
   1.2.3.2. Der Neuhumanismus als Reaktion auf die französische und
            auf die industrielle Revolution 31
   1.2.3.3. Bildungsprinzipien, die von der neuhumanistischen Bildungs-
            theorie zu Antinomien erhoben wurden 32
   1.2.3.4. Formale Spracherziehung als Mittel zur Bildung der
            allseitig harmonischen Persönlichkeit 35
   1.2.3.5. Die allgemeine Durchsetzung des klassischen deutschen
            Bildungsideals im neunzehnten Jahrhundert 37
   1.2.3.6. Die Trägerschichten der neuhumanistischen Bildungsidee bis
            zum Ende der Weimarer Republik und die Gründe für ein
            Ausbleiben von Reformen 39
   1.2.3.7. Die Abkehr des Nationalsozialismus von Humboldt 43
   1.2.4. Zusammenfassung 44
   1.3.   Politische Erziehung im neuhumanistischen Schulsystem 45
   1.3.1. Staatsbürgerliche Erziehung in Deutschland vor 1933 46
   1.3.1.1. Die Bekämpfung sozialdemokratischer Bestrebungen als
            Zäsur in der offiziellen staatsbürgerlichen Erziehung des
            Kaiserreichs 46
   1.3.1.2. Gesellschaftliche Bestrebungen zur staatsbürgerlichen Er-
            ziehung und Bildung 48
   1.4.   Deutschland ohne Tradition einer Erziehung zur Demokratie 54

2.	Aspekte der Philosophie und Entwicklungsgeschichte des amerikanischen Erziehungswesens	57
2.1.	Der Weg zu einer demokratischen Schulstruktur	58
2.1.1.	Puritanische Ursprünge des Schulsystems in den amerikanischen Kolonien	58
2.1.2.	Die amerikanische Revolution und die demokratische Wurzel des Schulsystems	59
2.1.3.	Die Durchsetzung der allgemeinen öffentlichen Elementarerziehung mit Beginn der Industrialisierung	61
2.1.4.	Die Konsolidierung des kapitalistischen Wirtschaftssystems und die Entwicklung zur „einzigartigen" amerikanischen Erziehung	63
2.1.5.	Zusammenfassung	66
2.2.	Auf dem Weg zu demokratischen Inhalten (bis 1955)	67
2.2.1.	John Deweys Analyse der traditionellen Erziehung und seine Erziehungsphilosophie	68
2.2.1.1.	Analyse der Industriellen Gesellschaft und der gewandelten Sozialisations- und Erziehungsfaktoren	68
2.2.1.2.	Kritik des tradierten Bildungsideals	69
2.2.1.3.	Deweys Erziehungsphilosophie	70
2.2.1.4.	Deweys Theorie der Erfahrung	70
2.2.1.5.	Die neue Schule	71
2.2.1.6.	Die neue Gesellschaft	72
2.2.2.	John Deweys Curriculumtheorie	72
2.2.2.1.	Übergeordnete Werte	72
2.2.2.2.	Curriculumdeterminante Kind...........................	72
2.2.2.3.	Curriculumdeterminante Kultur	73
2.2.2.4.	Curriculumdeterminante Gesellschaft	74
2.2.3.	Der historisch-sozialwissenschaftlich-naturwissenschaftliche Komplex als Kernbereich emanzipatorischer Bildung	75
2.2.4.	Der Deweyismus	76
2.2.4.1.	Child-centered, die Curriculumdeterminante Kind	76
2.2.4.2.	Life Adjustment Education, die Curriculumdeterminante Gesellschaft	77
2.2.4.3.	Learning by doing, die Curriculumdeterminante Kultur	78
2.2.4.4.	Kritik am Deweyismus und Ende der „Progressiven Ära"	78
2.2.5.	Resümee: Rückwärtsgewandtes contra neuzeitliches Erziehungswesen	79
2.3.	Erziehung zum Staatsbürger als Kulmination der „einzigartigen" amerikanischen Erziehung	81
2.3.1.	Die Entwicklung von der personalen Geschichtsbetrachtung zu einem sozialwissenschaftlichen Verständnis	82
2.3.1.1.	Patriotischer Geschichtsunterricht als Erziehung zu amerikanischem Nationalbewußtsein	82
2.3.1.2.	Geschichte als Historische Sozialwissenschaft und andere Sozialwissenschaften als Mittel zur Erziehung des amerikanischen Staatsbürgers	83
2.3.2.	Das inhaltliche Konzept des Social Studies Unterrichts	86
2.3.2.1.	Die Vorstellungen der Social Studies Kommissionsmitglieder	86
2.3.2.2.	Die Social Studies in der Realität	89

2.3.2.3.	Empirische Untersuchungen zur Erfolgskontrolle des Social Studies Unterrichts	92
2.4.	Vielfältige Erscheinungsformen der amerikanischen Tradition der Erziehung zur Demokratie	95
3.	Demokratisierung Deutschlands als Friedensziel der Amerikaner und ihre Besatzungspolitik	98
3.1.	Grundzüge der Planung von Besatzungsmaßnahmen und Hauptlinien der amerikanischen Besatzungspolitik	100
3.1.1.	Zwei gegensätzliche Konzeptionen amerikanischer Deutschlandpolitik	103
3.1.1.1.	Die Pläne der sogenannten Linken	103
3.1.1.2.	Die Pläne der sogenannten Realpolitiker	109
3.1.1.3.	Der Kompromiß JCS 1067	115
3.1.2.	Postdam: die Durchsetzung der ökonomischen Interessen der Amerikaner und die Revision entscheidender Bestimmungen von JCS 1067	123
3.1.3.	Demokratiegründung in Westdeutschland unter amerikanischem Primat. Die Prädominanz wirtschaftlicher Gesichtspunkte	130
3.1.3.1.	Demokratiekonzeptionen westdeutscher Parteien	131
3.1.3.2.	Die amerikanische Demokratiekonzeption für den Weststaat	136
3.1.3.2.1.	Amerikanische Entscheidungen, die die westdeutsche Wirtschaftsordnung präjudizierten	137
3.1.3.2.2.	Eingriffe der Amerikaner in deutsche Entscheidungsprozesse, um die westdeutsche Wirtschaftsordnung zu präjudizieren	148
3.1.3.3.	Neuordnung – Rekonstruktion – Restauration: eine Kontroverse	159
3.1.4.	Vorrang und normative Kraft des Faktischen. Die politischen Erfahrungen der Westdeutschen	170
3.2.	Schulpolitik in Westdeutschland	175
3.2.1.	Deutsche Nachkriegsvorstellungen zur Schulpolitik in Westdeutschland	177
3.2.1.1.	Das konservative Lager	177
3.2.1.2.	Die reformzugewandte Seite	184
3.2.2.	Amerikanische Schulpolitik in Westdeutschland	190
3.2.2.1.	Zur Charakterisierung der amerikanischen Besatzungsoffiziere für Umerziehung	190
3.2.2.2.	Die Vorstellungen der amerikanischen Besatzungsoffiziere für Umerziehung im Kampf um ihre Durchsetzung und Verwirklichung	192
3.2.2.3.	Charakterwäsche – Amerikanisierung – Demokratisierung – Restauration: eine Kontroverse	201
3.2.3.	Die politische Sozialisation der Bundesbürger durch strukturelle und bildungsideologische Faktoren des deutschen Schulsystems	211
3.3.	Die amerkanischen Social Studies Experten und die Erziehung der Deutschen zur Demokratie	213
3.3.1.	Das Programm für Schulen und Hochschulen	216
3.3.1.1.	Unterrichtsprinzip und Unterrichtsmethode	218
3.3.1.2.	Social Studies in Kernfächern	220

3.3.1.3.	Social Studies in Fachkursen	224
3.3.1.4.	Social sciences in der Lehrerbildung	226
3.3.2.	Die Durchführung des Programms	228
3.3.2.1.	Organisatorische Mängel und Fehler	228
3.3.2.2.	Falsche konzeptionelle Ansatzpunkte	230
3.3.2.3.	Erfolge und Mißerfolge	233
3.3.3.	Sozialerziehung oder Erziehung zur Demokratie: eine Wertung	237
3.4.	Demokratisierung der Westdeutschen durch die Amerikaner: eine Bilanz	242

4. Anmerkungen 247
     zum Kapitel 1 247
     zum Kapitel 2 259
     zum Kapitel 3 270

5. Literaturverzeichnis 304
     zum Kapitel 1 304
     zum Kapitel 2 307
     zum Kapitel 3 309

> The heritage of the past is the seed that brings forth
> the harvest of the future.
> National Archives, Washington D.C.

Einleitung

Vor etwa zehn Jahren, als die Bildung der großen Koalition kurz vor der Jahreswende 1966/67 endgültig deutlich gemacht hatte, daß die Adenauer-Ära zu Ende gegangen war, wurde allenthalben die Frage diskutiert: „Ist Bonn doch Weimar?"
Über Nacht, am 22.11.1976 wurde diese Frage erneut ins öffentliche Bewußtsein gerückt, aufgeworfen von dem CDU-Politiker Stoltenberg sowie unabhängig davon von dem CSU-Politiker Jaeger, die damit ihrer Besorgnis über die Entscheidung der CSU Ausdruck geben wollten, die Fraktionsgemeinschaft mit der CDU aufzukündigen.
Die Frage stellen bedeutet, die Möglichkeit nicht auszuschließen, die zweite deutsche Demokratie könne sich doch noch als ähnlich instabil erweisen wie die Weimarer Republik und mithin die Angst zu thematisieren, die Bundesrepublik könne trotz ihres bald dreißigjährigen Bestandes noch in ein undemokratisches Regime münden.
Gleich, wie man zur Beantwortung dieser Frage steht, allein die Tatsache, daß eine solche Gefahr so schnell — gemeint ist bei der Veränderung eines einzigen Faktors in der bundesrepublikanischen politischen Landschaft — wieder heraufbeschworen wird, deutet darauf hin, daß zwar die Parteistruktur der zweiten deutschen Demokratie bislang eine andere war als die von Weimar, daß aber offenbar entscheidende andere gesellschaftliche Strukturen denen der ersten deutschen Republik so ähnlich sind, daß diese Frage nach wie vor aktuell ist und nur zeitweilig aus dem Bewußtsein der Öffentlichkeit verdrängt war. Das würde aber heißen, auch heute noch besteht keine grundsätzliche Klarheit über die politische Richtung, die der Bonner Staat eingeschlagen hat. Mit anderen Worten, das Erbe der deutschen Vergangenheit scheint noch nicht bewältigt. Alte deutsche Traditionen wirken offenbar in der Gegenwart fort. Die Kraftprobe zwischen der demokratischen deutschen Tradition und der konservativ bis reaktionären, weitgehend nicht demokratischen Tradition, die das Experiment einer ersten deutschen Republik zum Scheitern brachte, ist offensichtlich noch immer nicht bestanden. Wie dieses Regierungssystem eine tiefgreifende und lang andauernde Krisensituation, insbesondere eine wirtschaftliche übersteht, ist noch offen. Krisen haben sich schon oft zu Wendemarken in der Geschichte entwickelt. Die Frage nach der in der Gegenwart fortwirkenden deutschen Vergangenheit ist daher nach wie vor hochaktuell und wird sich noch lange stellen. Sie macht schlaglichtartig das dieser Untersuchung zugrunde liegende Erkenntnisinteresse deutlich.
Ausgangspunkt für diese Untersuchung war vor diesem — allgemein als Frage nach Neuordnung oder Restauration gekennzeichneten — Hintergrund das Problem, warum Bildungsreformen auch heute in der Bundesrepublik auf solch entschiedenen Widerstand stoßen, daß sie in der Regel zum Scheitern verurteilt sind. Untersucht werden sollte diese Frage jedoch nicht in einer Fallanalyse der heutigen Zeit.
Das spezielle Forschungsinteresse galt vielmehr der Frage, warum selbst die amerikanische Besatzungsmacht das vielfach propagierte Ziel, grundlegend reformierte Schulstrukturen und Lerninhalte als Voraussetzung für eine Demokratisierung der Deutschen durchzusetzen, nicht erreichte. Hierbei interessierte zunächst besonders das Konzept für die politische Bildung in deutschen Schulen, das die Amerikaner im Rahmen ihrer Re-education-Politik für richtig hielten.

Eine Untersuchung der Äußerungen, Verlautbarungen und Aktivitäten der Social Studies Experten, die von den Amerikanern nach Deutschland gesandt worden waren, ließ jedoch das inhaltliche Konzept, die Auffassung von Demokratie, zu der der politische Unterricht erziehen sollte, nicht klar deutlich werden. Allerdings wurde sichtbar, daß sich das Social Studies Konzept keineswegs nur auf einen Fachunterricht bezog, sondern daß es einen Großteil der Inhalte, sowie das schulische Leben insgesamt tangierte und daß den Experten darüber hinaus auch demokratische Schulstrukturen als Voraussetzung für eine politische Bildung erschienen, für eine Sozialisation, die aus den Schülern demokratische Bürger werden lassen sollte. Dieser Ansatz beinhaltete offenbar, daß nicht nur formales politisches Lernen in einem dafür speziell vorgesehenen Unterricht den demokratischen Bürger erziehen sollte, sondern daß politische Bildung auch als Unterrichtsprinzip angesehen wurde und daß außerdem noch nominell nicht politisches, sondern soziales Lernen, das jedoch politisches Verhalten beeinflußt, für notwendig gehalten wurde. Um solche Lernprozesse zu erzielen, hielten die Social Studies Experten, so schien es, das hierarchisch gegliederte deutsche Schulsystem für ungeeignet. Dieses umfassende Sozialisationskonzept erschien ausgehend von dem Ende der sechziger Jahre in der deutschen politischen Bildung noch vertretenen engen fachspezifischen Ansatz als recht fortschrittlich und weitgehend. Andererseits stand in erheblichem Widerspruch hierzu die Tatsache, daß die Einstellungen zur Demokratie und das Demokratieverständnis, zu dem die jungen Deutschen erzogen werden sollten, völlig diffus blieben.

Zur Klärung dieser durch die Besatzungsmaterialien nicht beantwortbaren Fragen waren über die Akten weit hinausgehende Kenntnisse über Stellung und Funktion der Social Studies im amerikanischen Schulsystem notwendig. Es fand sich jedoch nicht einmal eine ausreichende Darstellung zur Geschichte der Social Studies. So mußte der Abriß über das amerikanische Erziehungswesen Schritt für Schritt erarbeitet werden (Kapitel 2). Dabei wurde deutlich, daß die Entstehung des von den Amerikanern als „einzigartig" begriffenen amerikanischen Schulsystems eng mit der sozialgeschichtlichen Entwicklung der amerikanischen Gesellschaft und der politischen Ideengeschichte verknüpft war und daß pädagogiehistorische Untersuchungen allein nur eine verkürzte Sicht boten. Gleichzeitig ermöglichte das erweiterte Untersuchungsfeld der Frage nachzugehen, woher die Amerikaner den Optimismus bezogen, auf demokratische Weise bewirken zu können, daß die Deutschen ihrer Anregung folgen würden, das überkommene dreigliedrige Schulsystem grundlegend zu reformieren und die Erziehung des deutschen Volkes inhaltlich völlig zu ändern. In diesem Zusammenhang war anhand der Akten bereits der große Einfluß, den der Bildungsphilosoph John Dewey auf die mit der Re-education befaßten Amerikaner hatte, aufgefallen, aber ohne daß seine Erziehungstheorie deutlich erkennbar wurde.

Die Tatsache, daß die Herausbildung der amerikanischen Schulstruktur und die grundlegende Reform der Lehr- und Lerninhalte sowie der Lernorganisation in der amerikanischen Schule ausgehend von Deweys Erziehungsphilosophie zeitlich nacheinander folgte, ließ die Darstellung in zwei Kapitelabschnitten sinnvoll erscheinen. So greift ein erster Abschnitt (2.1.) einige sozialhistorisch für die Entwicklung zur demokratischen Schulstruktur hin wesentliche Zeiträume und schulgeschichtlich wichtige Gedanken und Ereignisse interpretierend auf, während ein zweiter Abschnitt (2.2.), ausgehend von Deweys Schriften den Versuch einer Rezeption seiner Bildungsphilosophie und -theorie unternimmt. Letzteres geschieht in dem Bemühen, dies losgelöst von den bereits zweimal in Deutschland erfolgten Adaptationen (anpassende Übernahme) zu tun, die einmal durch Kerschensteiners Berufserziehung, zum anderen durch Friedrich Oetingers Partnerschaftserziehung vorgenommen worden war.

Die Darstellung der Aufnahme von Deweys Bildungstheorie durch die amerikanische Gesellschaft und die Umsetzung seiner Curriculumtheorie in die amerikanische Schulpraxis zeigte dann, daß auch dort bereits ein Anpassungsprozeß vollzogen wurde, so daß zu vermuten war, daß die Re-education-Experten nicht nur durch Dewey, sondern durch den Deweyismus beeinflußt waren.

In einem dritten Abschnitt (2.3.) konnte schließlich die Entstehung der Social Studies in dem nun durch die ersten beiden Abschnitte erschlossenen Beziehungsfeld nachvollzogen werden.

Nach Klärung des sozial-, ideen- und schulgeschichtlichen Kontextes des amerikanischen Re-education-Vorhabens stellte sich die Frage, auf welche Reaktion Programm und Maßnahmen der amerikanischen Besatzungsmacht bei den betroffenen Deutschen stießen. Im Gegensatz zu den amerikanischen Archiven (Federal Records Center und Bibliothek des State Departments) waren in der Bundesrepublik außer vereinzelten Hinweisen (im Bundesarchiv) keine Akten auffindbar (in den Archiven der Länder der amerikanischen Zone) oder aber sie waren nicht zugänglich (in den Kultusbürokratien). Da das Social Studies Konzept der amerikanischen Besatzungsmacht sich – wie schon beschrieben – nicht auf ein etwaiges Schulfach Sozialkunde o.ä. beschränkte, sondern das gesamte Bildungswesen betraf, mußte die Frage beantwortet werden, auf welche Schulstrukturen und Bildungstheorien die Amerikaner in Deutschland stießen und warum diese sich so erfolgreich gegenüber den Intentionen der siegreichen Besatzungsmacht behaupten konnten.

Die Ausgangshypothese war, daß mit dem deutschen und dem amerikanischen zwei miteinander so unvereinbare Bildungs- und Erziehungs- bzw. Ausbildungssysteme aufeinanderstießen, daß die Amerikaner – wollten sie den Deutschen nicht gewaltsam ein neues Schulsystem aufzwingen – ihr Vorhaben wegen des demokratischen Prinzips, für das sie kämpften, aufgeben mußten. Um den Beweis der Unvereinbarkeit aber führen zu können, war gleichermaßen wie für die amerikanische Seite der historische Rückgriff auf die Entwicklungsgeschichte der deutschen Bildungsstrukturen notwendig (Kapitel 1).

Eine Erklärung für die Entstehung der spezifisch deutschen, von Humboldt geprägten Bildungsphilosophie, sowie für das zähe Festhalten des deutschen Bürgertums am neuhumanistischen Schulsystem schien nur möglich bei Darstellung der spezifisch deutschen Entwicklung in Gegenüberstellung zu den allgemeinen Entwicklungstendenzen der bürgerlichen Gesellschaft. Dieser Tatbestand allein erschien so komplex, daß er eine gesonderte Schilderung dieses sozialgeschichtlichen Kontextes in einem ersten Abschnitt erforderlich machte (1.1.). In einem zweiten Abschnitt wird dann der Versuch einer ideologiekritischen Darstellung der neuhumanistischen Bildungsphilosophie unternommen (1.2.). Außerdem werden einige sozial- und schulgeschichtliche Entwicklungslinien gezogen, die die Behauptung des hierarchisch gegliederten Schulsystems gegenüber allen Reformbemühungen zu erklären versuchen. In einem dritten Teil wird dann analog zum „amerikanischen" Kapitel die Geschichte der politischen Erziehung in dem vorher nachgezeichneten Gesellschafts- und Schulsystem beschrieben (1.3.).

Bei den Untersuchungen zur deutschen Bildungsgeschichte wurde sichtbar, daß es in Deutschland nicht nur die neuhumanistische Bildungstradition gab, sondern daß es ausgehend von den Volksschullehrern und von den Sozialdemokraten eine traditionsreiche Reformforderung nach Errichtung einer organischen Einheitsschule gab. Angesichts dieser in Deutschland vorhandenen Anknüpfungsmöglichkeiten für die amerikanische Politik aber erschien die Diskrepanz zwischen dem amerikanischen Re-education-Vorhaben und seiner Ausführung noch größer und noch unverständlicher. Wenn es eine solche pädagogische Reformtradition in Deutschland selbst gab, auch wenn sie nicht erfolgreich gewesen war, konnte das Scheitern der Re-education-Politik nicht nur auf die großen Gegensätze in den Bildungssystemen der beiden Länder oder evtl. auf Fehler, die die Amerikaner aus Unkenntnis machten, so wie es bisher dargestellt wurde, zurückzuführen sein. Es mußte weitere Ursachen geben. Die Interviews jedoch mit den vier Leitern der amerikanischen Erziehungsabteilung von 1945 - 1949 (John Taylor, Tom Alexander, Herman B. Wells und Alonco Grace) brachten keine zufriedenstellenden Antworten. Schließlich führten Vermutungen zu der Hypothese, daß die Re-education-Politik offenbar nicht, wovon die bisherigen Untersuchungen hierzu ausgingen, Priorität innerhalb der Besatzungspolitik hatte, sondern daß andere Ziele wichtiger waren. Das bedeutete, daß auch die Re-education-Politik in ihrer Abhängigkeit von den gesellschaftspolitischen Machtverhältnissen, die zunächst einmal nach 1945 durch die Amerikaner bestimmt waren, gesehen werden mußte, wenn man ihren Stellenwert innerhalb dieser Politik einschätzen wollte, um auch von daher zu einer Antwort auf die Frage nach den Gründen für das Scheitern zu kommen.

In der nun beginnenden Untersuchung der amerikanischen Gesamtbesatzungspolitik rsp. ihrer vorrangigen Zielsetzungen galt das besondere Interesse dem Demokratiekonzept, das die Amerikaner in Deutschland verwirklichen wollten (Kapitel 3). Von der Kenntnis dieses Konzeptes war sowohl Klarheit über die amerikanischen Prioritäten wie auch eine bessere Interpretation der in den Re-education-Social Studies vermittelten Demokratievorstellungen zu erhoffen.

Auf der Suche nach Anhaltspunkten für die im besetzten Deutschland zu verwirklichende Form der Demokratie fiel die in der vorhandenen Literatur gebrauchte Bewertung bestimmter Besatzungsmaßnahmen als negativ, anderer als positiv in Beziehung auf die gewünschte Demokratisierung auf, ohne daß ein Maßstab für diese Kategorisierung auffindbar war. Um diesem Problem nachzuforschen, wurde ein Zurückgehen der Untersuchungen bis in die Planungsphase nötig.

Die Okkupationspolitik war als Teil der amerikanischen Außenpolitik einem Richtungsstreit zwischen zwei Gruppen innerhalb der amerikanischen Regierung ausgesetzt, der sog. Linken und den sog. Realpolitikern, die zwei vollkommen verschiedene, nicht miteinander vereinbare machtpolitische Konzepte vertraten. Eine politikwissenschaftliche Analyse der Planungskonzepte sowie der Direktiven für die Besatzungszeit auf dahinter stehende demokratietheoretische Überlegungen zeigt einerseits, daß wirtschaftspolitische Maßnahmen bei beiden für die Besatzungsplanung verantwortlichen Richtungen in dem jeweiligen machtpolitischen Konzept einen besonderen Stellenwert hatten. Die Analyse zeigt andererseits, daß selbst die Idee der und die Vorstellungen über die Re-education-Politik Teil des jeweiligen außenpolitischen Machtkonzeptes waren. Von diesem Fundament ausgehend konnte eine politologische Analyse die Besatzungsmaßnahmen der Amerikaner in Deutschland jeweils einem machtpolitischen Konzept zuordnen und die amerikanische Besatzungspolitik in diesem Zusammenhang neu interpretieren.

Überraschende Ergebnisse zum Beginn der deutschen Spaltung warfen im Zusammenhang mit dem im Laufe der Besatzungszeit deutlich werdenden Sieg der „Realpolitiker" über die „Linke" (wobei diese „Linke" keineswegs als eine Schule, die eine sozialistische Gesellschaftsordnung für Deutschland erstrebte, zu verstehen ist) die grundsätzliche Frage danach auf, wieweit die amerikanische Besatzungspolitik bewußt auf eine Neuordnung bzw. auf eine restaurative Wiedererrichtung in Weimar bestehender Strukturen der Gesellschafts- und Wirtschaftsordnung hin arbeitete. Ohne eine Untersuchung der diesbezüglichen Vorstellungen zumindest der größeren deutschen Parteien, so die daraufhin aufgestellte Hypothese, war darüber keine Aussage zu machen, da gerade das „realpolitische" Konzept eine „indirekte Herrschaft" vorsah, also ein Anknüpfen an deutsche Politik. Die Frage nach Neuordnung oder Restauration — ohnehin seit dem Regierungswechsel von der großen zur sozialliberalen Koalition aktuell — lautete nun in dem inzwischen entstandenen Kontext der Arbeit: haben die Amerikaner bei dem Aufbau einer zweiten deutschen Republik eine der verschiedenen deutschen Traditionen unterstützend aufgegriffen, bestimmte deutsche innenpolitische Vorstellungen gestärkt und damit evtl. mögliche alternative Entwicklungen verhindert? War der Einfluß der amerikanischen Besatzungspolitik auf den Demokratisierungsprozeß in Deutschland so entscheidend, daß er die Form dieser Demokratie festlegte und damit den Rahmen der in dieser Regierungsform möglichen Ordnungspolitik für gesellschaftliche Teilbereiche wie den wirtschaftlichen, den sozialen, den rechtlichen und nicht zuletzt den kulturellen? Haben die Amerikaner damit deutschen politischen Kräften zum Durchbruch verholfen, die ohne amerikanische Unterstützung keinen Erfolg gehabt hätten? Bei den hierzu vorgenommenen Untersuchungen der Besatzungspolitik konnte — auf induktivem Wege das Demokratiekonzept, das die „Realpolitiker" in Deutschland verwirklichen wollten, das in ihrem Planungskonzept jedoch nur partiell erkennbar war, herausgearbeitet werden.

Die Politik zwischen 1945 und 1949, d.h., die amerikanische Besatzungspolitik und die deutsche Politik in ihrer gegenseitigen Bedingtheit und damit die Art und Weise der Verwirklichung und Durchsetzung eines bestimmten Demokratiemodells übten ihrerseits eine hohe politische Sozialisationswirkung, einen Einfluß auf das anfängliche Demokratieverständnis des deutschen Volkes aus. Damit stellte sich die Frage, wieweit und in welcher Weise die Einstellung zu der neuen Demokratie und das politische Verhalten der deutschen Bürger bereits geprägt wurden, noch bevor Social Studies Experten in die amerikanische Besatzungszone kamen, um den Anstoß für eine politische Erziehung der deutschen Jugendlichen durch die Schule zu geben, noch bevor ein formaler politischer Unterricht Einfluß ausüben konnte, d.h., unabhängig von den von solchem Unterricht ausgehenden Wirkungen.

Die politikwissenschaftlichen Analysen des ersten Abschnittes (3.1.) ermöglichen in einem zweiten Teil zur amerikanischen Schulstrukturpolitik in Deutschland (3.2.) die Bestimmung des Stellenwertes der Re-education-Politik und damit eine teilweise neue Interpretation dieser Politik im Vergleich zu bisherigen Darstellungen, sowie eine Antwort auf die Frage nach den machtpolitischen Gründen für das Scheitern dieses Teils der Re-education-Maßnahmen. Die sozialgeschichtlich-erziehungswissenschaftliche Darstellung des amerikanischen Schulsystems (Kapitel 2) im Verein mit der Analyse der bei den Amerikanern vorhandenen gegensätzlichen machtpolitischen Konzepte (3.1.) ermöglichte eine in den vorliegenden Monographien auch für die Re-education-Politik nicht geleistete eindeutige Zuordnung der Re-education-Praktiken zu einer außenpolitischen Schule, gleichzeitig jedoch innerhalb dieser Schule die Differenzierung der unterschiedlichen Interessen der Besatzungspolitiker, die die Wirtschafts- und Gesellschaftspolitik beeinflußten einerseits, sowie der Erziehungspolitiker andererseits. Ausgehend von der sozialgeschichtlich-ideologiekritischen Darstellung des deutschen Bildungswesens (Kapitel 1) und von kulturpolitischen Verlautbarungen deutscher Parteien nach 1945 konnten die aus den Akten nicht ermittelbaren bildungspolitischen Interessen der an einer Neuordnung des Erziehungswesens orientierten Deutschen, sowie die der auf eine Restauration des neuhumanistischen Bildungssystems drängenden Kräfte und der betreffenden Trägergruppen bestimmt werden. Dies war notwendig zur Beantwortung der Frage, welche schulpolitischen Entwicklungstendenzen sich vermutlich ohne amerikanische Eingriffe durchgesetzt hätten und zur erziehungspolitischen Begründung des Scheiterns der amerikanischen Schulstrukturpolitik. Darüber hinaus dienten diese Untersuchungen auch zur Klärung des deutscherseits oft erhobenen Vor-

wurfs, das amerikanische Programm hätte eine Amerikanisierung und Überfremdung der deutschen Kultur und des sie tradierenden deutschen Bildungswesens bedeutet.
Aufbauend auf diesen Analysen konnten die Social Studies Vorschläge der Amerikaner in einem dritten Abschnitt (3.3.) in ihrer Bedeutung klargestellt und ohne weitere Schwierigkeiten auch in ihrem demokratietheoretischen Gehalt interpretiert werden, konnte die Frage, ob sie eine antikommunistische Indoktrination, eine Sozialerziehung oder eine Erziehung zur Demokratie sein sollten, beantwortet werden. Die vorherige sozial-, schul- und bildungsgeschichtliche Erarbeitung der deutschen Tradition (Kapitel 1) ermöglichte außerdem das Aufzeigen einiger falscher konzeptioneller Ansatzpunkte bei den Amerikanern die eine Adaptation zumindest der für verschiedene Fächer geltenden amerikanischen Social Studies Vorstellungen durch Deutsche verhinderte, sowie andererseits den Hinweis darauf, wie einige von Deutschen übernommene Punkte durch eine spezifische Anpassung an das traditionelle deutsche Politik- bzw. Gesellschaftsverständnis integrierend aufgehoben wurden.
Die Untersuchungen abschließend konnte weit über das mit Hilfe der Social Studies den Deutschen zu vermittelnde Demokratiebild hinaus die Art und Weise der tatsächlich erfolgten „Demokratisierung" der Westdeutschen durch die Amerikaner bilanziert werden, sowie die Regierungsform der Bundesrepublik einem der in diesem Zusammenhang entfalteten Demokratiemodelle zugeordnet werden (3.4.).
Da der Aufbau der Arbeit nicht dem Gang der soeben dargestellten Problementwicklung und dem methodischen Vorgehen folgt, soll er hier kurz erklärt werden. Die Perspektive, aus der das Forschungsinteresse erwuchs, ist – wie der Einstieg zur Erhellung der Motivation deutlich gemacht hat – auf die deutsche Entwicklung gerichtet. Was die Amerikaner in Deutschland wollten, was sie bewirkten, interessiert unter dem Gesichtspunkt, wieweit dies traditionelle deutsche gesellschaftliche Machtstrukturen begünstigte und damit stärkte oder wieweit es dazu beitrug, demokratische Alternativen zur deutschen Vergangenheit zu fördern und ob und wieweit es die politische Sozialisation der Deutschen im Sinne einer Demokratisierung beeinflußte. Die Frage nach Neuordnung oder Restauration der deutschen politischen Verhältnisse nach 1945, die Betrachtung der Nachkriegs- und Besatzungszeit als Vorgeschichte der Bundesrepublik Deutschland, in der die bis heute gültigen gesellschaftlichen Strukturen errichtet worden sind, machte es notwendig, mit der Darstellung der deutschen Entwicklung im 1. Kapitel zu beginnen und dann erst im 2. Kapitel die amerikanische Entwicklung gegenüberzustellen. Das 3. Kapitel stellt dann den Aufeinanderprall dieser Entwicklungslinien nach 1945 dar.
Nach der bisherigen in Deutschland geübten Wissenschaftstradition ist es üblich, sich auf ein Gebiet zu beschränken, dessen Erforschung es durch ein gründliches Studium von Primärquellen zu bewältigen gilt. In den letzten Jahren jedoch ist oftmals die Forderung nach übergreifenden, interdisziplinären, die sich immer weiter voneinander entfernenden Wissenschaftszweige wieder zusammenführenden Arbeiten erhoben worden. Gerade die komplexen gesellschaftlichen Zusammenhänge, so z.B. die Erkenntnis, daß besonders die Schulentwicklung immer ein von der Entwicklung der Gesellschaft und von der Politik abhängiger Teil ist, erfordern mehr Forschungsarbeiten, die Verbindungslinien ziehen und die unter Verzicht auf ein bis in jede Einzelheit und Verästelung gehendes Quellenstudium allgemeine Zusammenhänge stärker betonen und damit die Grundlage schaffen für die Diskussion politischer Reformen. Die vorliegende Untersuchung verfolgt zur Beantwortung der – die gegenwärtigen politischen Gestaltungsmöglichkeiten in den verschiedensten gesellschaftlichen Bereichen bestimmenden – Frage von Neuordnung oder Restauration einen in der Besatzungsgeschichtsschreibung neuen methodischen Ansatz. Sie verbindet sozialgeschichtliche, pädagogiehistorische

und politikwissenschaftliche Ansätze miteinander sowie die ideologiekritische Untersuchung von Bildungstheorien und einen erziehungswissenschaftlichen Vergleich. In der Zusammenführung zweier nebeneinanderliegender Wissenschaftszweige, dem pädagogischen und dem politologischen, gelang es so, die Schulpolitik nicht nur als Teil der Gesellschaftspolitik, sondern als Instrument außenpolitischer Machtpolitik darzustellen und die Verknüpfung der diversen methodischen Schritte brachte eine Reihe neuer inhaltlicher Ergebnisse. Das Vorgehen machte es, um dem Leser die jeweilige Einarbeitung zu erleichtern, erforderlich, einen Überblick über die vorhandene Literatur, sowie eine Auseinandersetzung mit dem Forschungsstand bzw. mit zentralen Thesen der bisherigen Literatur in die jeweiligen Anmerkungen oder z.T. unmittelbar in den Text (Kapitel 3) aufzunehmen. Deshalb sei hier auf die jeweils im Kontext der Arbeit stattfindenden Darlegungen verwiesen.

Forschungsgegenstand dieser Untersuchung war ein dreißig Jahre zurückliegender Prozeß. Die damit verknüpfte aktuelle Frage bzw. das dahinter stehende Interesse gilt der Absteckung des in der bis 1949 entstandenen Gesellschaftsordnung vorhandenen Spielraums für Reformen. Die Rekonstruktion der Entwicklungsprozesse, die in diesem Zeitraum stattfanden, kann helfen, dreierlei Erkenntnisse zu gewinnen. Sie kann dazu dienen, das Bestehende zu durchschauen und in seiner vollen Bedeutung zu analysieren. Sie kann die Bedingungen verdeutlichen, an denen Reformen bisher gescheitert sind, sie kann außerdem helfen, in der Vergangenheit verschüttete Alternativen wieder freizulegen, sie wieder ins Bewußtsein zu heben und damit neue Reformanstöße zu liefern. Die Funktion des Rückblicks ist also gerade nicht wie so oft die, das Bestehende zu legitimieren.

> „Es ist hier weniger nöthig, den Frieden zu bringen, als den Krieg, den einmal erhobenen Streit in seiner ganzen, noch nicht durchaus anerkannten Allgemeinheit aufzufassen und das herrschende Unterrichtssystem unseres Zeitalters in seinem ganzen Umfang anzugreifen."
> (Friedrich Immanuel Niethammer, 1808)

1. Aspekte der sozialgeschichtlichen Entstehung des deutschen Erziehungswesens und der Bildungsphilosophie

Am Vorabend der industriellen Revolution in Deutschland entstand die Struktur des deutschen Schulsystems, die die Amerikaner nach 1945 zumindest zeitweise umzugestalten gedachten und die noch heute überall in der Bundesrepublik in ihren Grundzügen unverändert anzutreffen ist (1).

Wichtigstes Charakteristikum dieses Schulsystems: es ist vertikal gegliedert, d.h. es hat (drei) verschiedene, nebeneinander herlaufende, sich prinzipiell gegeneinander abschließende Züge, die über die einseitige soziale klassen- bzw. schichtenbedingte Zuteilung von „Bildungsgütern" zur Konservierung der Sozialstruktur unserer Gesellschaft beitragen. Die einzige generell vorhandene Übergangsmöglichkeit von der Grundschule zu den anderen Schultypen besteht nach dem vierten Schuljahr (2).

Trotz der von den Amerikanern und auch von manchen Deutschen diesem Schulsystem (3) und dem ihm zugrundeliegenden traditionellen Humboldt'schen Bildungsbegriff (4) sowie auch der den Lehrern (5) angelasteten Ausbreitung der nationalsozialistischen Ideologie (6), hat das aus dem vorigen Jahrhundert überkommene Schulwesen der Bundesrepublik nicht nur jede Infragestellung auch jetzt schon wieder 30 Jahre lang überstanden (7), sondern stets vehemente und bisher erfolgreiche Verteidigung gefunden (8). Eine Neuauflage dieses fast erneut die Ausmaße eines Kulturkampfes annehmenden Streites hat sich in den siebziger Jahren anhand der in verschiedenen sozialdemokratisch regierten Ländern entwickelten Rahmenrichtlinien für den Unterricht sowie an der Diskussion neuer Schulgesetze, die Strukturveränderungen bezwecken, entzündet. Selbst die amerikanische Siegermacht kapitulierte vor dieser auch nach 1945 besonders geschlossenen Front der Verteidiger der „humanistischen Bildung" (von den meisten amerikanischen Emigranten (9) bis hin zu vielen bürgerlichen Politikern in den westlichen Besatzungszonen).

Um deutlich zu machen, warum der amerikanische Versuch der Umerziehung, d.h.u.a. der Revision der Schulstruktur, also der Integration der verschiedenen Züge des deutschen Schulsystems mit dem Ziel, sie gegeneinander durchlässig zu machen, kurzfristig betrachtet mehr oder weniger gescheitert ist (10), sollen einführend die sozialen Wurzeln und die politisch motivierten Zielsetzungen des deutschen Schulsystems aufgespürt, soll seiner sozialgeschichtlichen Entstehung nachgegangen werden (11).

1.1. Allgemeine Entwicklungstendenzen der bürgerlichen Gesellschaft

Wesentliche Konstanten unseres Erziehungssystems, besonders der das Schulsystem prägende Bildungsbegriff, wurden von *Wilhelm von Humboldt* und seinem Nachfolger als Leiter der preußischen Unterrichtsverwaltung, J. W. Süvern, zwischen 1806 und 1819 festgeschrieben und beruhen auf der aus der deutschen Klassik und dem deutschen Idealismus gewachsenen neuhumanistischen Bildungsphilosophie. In dieser Arbeit wird die Hypothese vertreten, daß die deutsche Bildungstheorie vor allem als

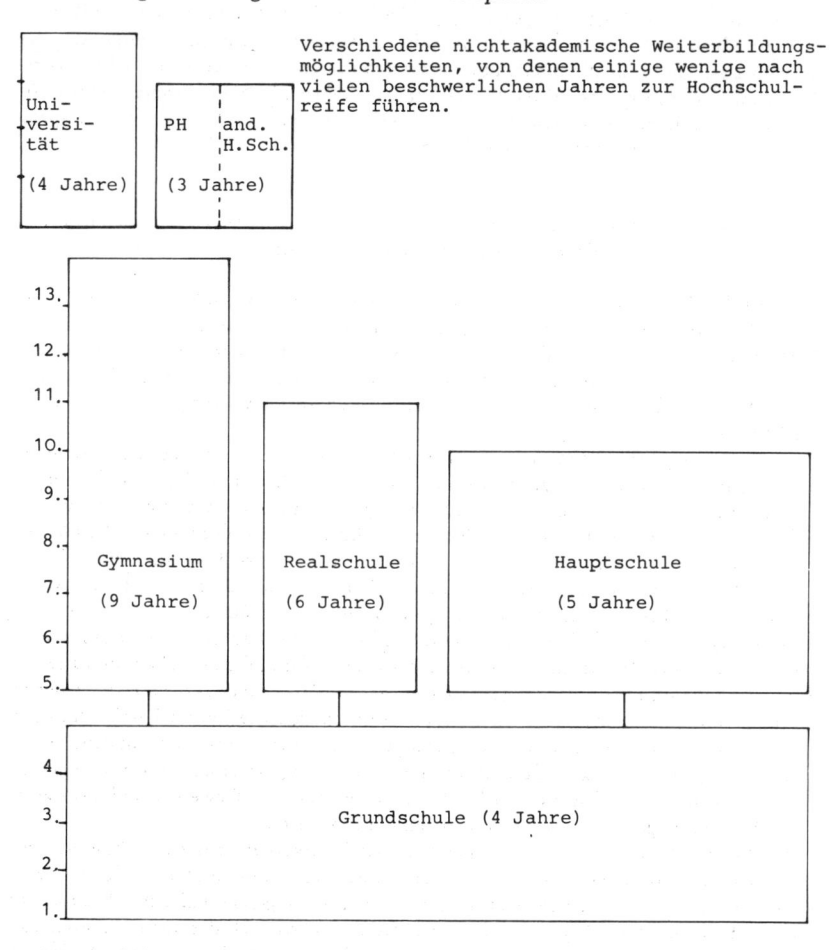

Die Gliederung des Bildungswesens in der Bundesrepublik

```
┌─────────┐  ┌────┬──────┐  Verschiedene nichtakademische Weiterbildungs-
│ Uni-    │  │    │      │  möglichkeiten, von denen einige wenige nach
│ versi-  │  │ PH │ and. │  vielen beschwerlichen Jahren zur Hochschul-
│ tät     │  │    │ H.Sch│  reife führen.
│         │  │    │      │
│(4 Jahre)│  │(3 Jahre)  │
└─────────┘  └────┴──────┘
```

13.
12.
11.
10.
9.
8.   Gymnasium   Realschule   Hauptschule
7.   (9 Jahre)   (6 Jahre)   (5 Jahre)
6.
5.

4.
3.   Grundschule (4 Jahre)
2.
1.

Leicht vereinfachte Wiedergabe einer Graphik aus dem Bildungsbericht der Bundesregierung vom 8. Juni 1970.
Es ist hier noch darauf hinzuweisen, daß diese Graphik kein adäquates Bild über den quantitativen Besuch der jeweiligen Schule abgibt. Die Hauptschule wird noch 1974 etwa von 2/3 aller Kinder besucht. Beim jeweiligen Schulabschluß ist die Relation noch ungünstiger. Nur den Hauptschulabschluß oder weniger erreichen weit über die Hälfte aller Kinder, nämlich 513.000. Den Realschulabschluß erreichen ca. 252.000. Und nur ca. 164.000, also rund 1/6, erreichen das Abitur (vgl. Statistisches Jahrbuch 1976. S. 100, 109).

Reaktion auf die französische Revolution und auf die industrielle Revolution in England zu verstehen ist, (eine Sicht, die so weder in den Aussagen der Altpädagogen zu finden ist noch in der neuen, in den siebziger Jahren sich herausbildenden Forschungsrichtung (12). Deshalb müssen hier zunächst die entscheidenden allgemeinen Entwicklungstendenzen der Neuzeit: die Entstehung des kapitalistischen Wirtschaftssystems und die eng mit dieser Entwicklung verknüpfte Aufklärung skizziert werden. Denn in beidem: in der grundlegenden Veränderung der Wirtschaftsstruktur und in der Revolution der Ideen sind die Ursachen für die mit der Neuzeit einsetzende Veränderung der Schulen zu suchen: für die Entstehung neuer Schularten und neuer Unterrichtsinhalte. Abgesetzt von diesen allgemeinen Entwicklungstendenzen ist die deutsche gesellschaftliche und politische Entwicklung zu charakterisieren, aus der heraus dann die spezifisch deutschen Bildungsvorstellungen erklärt werden.

1.1.1. Die Entwicklung neuer Wirtschaftsformen und veränderter politischer Machtverhältnisse und der diese legitimierenden politischen Theorien (13)

Etwa zu der Zeit, als mit der Reformation die Einheit der römisch-katholischen Kirche zerbrach, wurde sichtbar, daß die Epoche mit den überschaubaren wirtschaftlichen Verhältnissen, in denen für den Haushalt und den lokalen Markt produziert wurde, zu Ende ging und daß ein neues Zeitalter begonnen hatte, zunehmend gekennzeichnet durch die Veränderung der Agrarstruktur, also durch die Umwälzung der alten Feudalverhältnisse.
Die „Freisetzung" der ländlichen Arbeitskräfte führte zu deren Proletarisierung sowie zur schnelleren Verstädterung, die als notwendige Folge die Intensivierung der frühen mittelalterlichen Tausch- und Handelsbeziehungen mit sich brachte. Politisch ging mit diesem wirtschaftlichen und sozialen Wandel die Entmachtung der feudalen Partikulargewalten durch die Zentralisierung der Gewalt in einem souveränen Staat einher. Aufgrund des großen Geldbedarfs dieser neuen Zentralgewalt begünstigte der Souverän mit seinen Bedürfnissen die Ausdehnung des Handels und damit die fortschreitende Transformation der mittelalterlichen Wirtschaftsform der Bedarfsdeckung durch eine feudale Naturalwirtschaft zur merkantilen Wirtschaftsform, deren Ziel auf den Erwerb bzw. die Anhäufung von Geld gerichtet war, das mit Hilfe einer aktiven Handelsbilanz ins Land kommen sollte. „Der Absatz wurde durch rigorose Einfuhrbeschränkungen und planvolle Ausfuhr- und Absatzbegünstigung erleichtert" (14). So entstand unter dem Merkantilismus — gefördert durch die Entdeckung Amerikas und des Seeweges nach Ostasien — ein weltweiter Markt, der in den Händen des Gewerbes und des städtischen Handelsbürgertums große Geldmengen konzentrierte.
Mit Hilfe der Naturwissenschaften war es möglich geworden, bessere technische Produktionsmittel herzustellen, so daß nun der Einsatz des akkumulierten Geldes als Kapital nötig wurde, um durch Investitionen zu neuen Arten gesellschaftlicher Produktion zu finden. Ohne politische Veränderungen jedoch, hätte sich das auf die merkantile Wirtschaftsform folgende kapitalistische Wirtschaftssystem nicht entfaltet. Die Macht des Monarchen, über das von Handel und Gewerbe erwirtschaftete Geld durch die Festsetzung der Steuern verfügen zu können, mußte gebrochen werden, ebenso seine absolute Herrschaft auf allen anderen Gebieten. Das erstarkte Bürgertum erhob den Anspruch auf wirtschaftliche und politische Selbstbestimmung. Solche Überlegungen waren möglich geworden, weil der Mensch auch mit seinem Denken — das in der Antike und auch im christlichen Mittelalter von der Idee, einer das ganze Dasein, d.h. Mensch und Natur umfassenden vorgegebenen göttlichen Ordnung geprägt war —, aus der „Einbettung in den Ordo" herausgetreten war und sich nun als isoliertes, auf sich selbst verwiesenens Individuum verstand (15). Im Zusammenhang mit der Durchsetzung der elementaren Forderung der Selbstbestimmung hatten politische Theoretiker der Neuzeit, wie *Thomas Hobbes* und *John Locke,* diese neue, noch heute herrschende Auffassung vom Individualismus entwickelt, konkreter gesagt, die neuzeitliche Idee, daß

das Individuum „wesenhaft der Eigentümer seiner eigenen Person oder seiner eigenen Fähigkeiten (sei), für die es nichts der Gesellschaft schuldet" (16). Mit Hilfe der alle überkommenen Autoritäten verneinenden Vernunft legitimierten die politischen Theorien in England so den Prozeß bürgerlicher Emanzipation. Ideelle Grundlage für den Autonomiewillen und das neue Selbstwertgefühl des sich während der Aufklärung entdeckenden bürgerlichen Individuums war die rationalistische Naturrechtslehre, die von angeborenen Menschenrechten ausgeht, die von jeder Staatsgewalt zu akzeptieren sind. Diese unveräußerlichen Menschenrechte wurden zu prinzipiellen Freiheitsrechten erklärt. Wichtigster Bestandteil dieser Rechte wurde die politische Vertragsfreiheit, d.h. die Einsetzung bzw. Absetzung der Regierung durch die Regierten. Diese ursprünglich einen allgemeinen Anspruch postulierenden Naturrechte schufen den Rahmen für die Forderung des sich seiner potentiellen Macht bewußt werdenden Bürgertums nach freier Verfügung über das von ihm erwirtschaftete Kapital. Der contract social war notwendig zur Durchsetzung der wirtschaftlichen Interessen des Bürgertums. Über den contract social erreichte es die wirtschaftliche Vertragsfreiheit, die ihm die Nichteinmischung des liberalen Staates in die kapitalistische Wirtschaftsstruktur garantierte, das Privateigentum an Produktionsmitteln, die Wirtschaftsordnung und den freien Wettbewerb gewährleistete und die damit die autonome Herrschaft des bürgerlichen Individuums des Unternehmers in seinem eigenen „Bereich" sicherte.

Der Feudalstaat mit seiner überkommenen Gliederung der Gesellschaft der Stände und Zünfte und weitgehend unberechenbare lokale patrimoniale Grund- und Gerichtsherrschaften hatte der Entfaltung neuer Produktionsweisen engste Grenzen gesetzt. Der absolute Monarch dagegen mit seinen merkantilen Interessen konnte auf die Wirtschaftskraft des Bürgertums nicht mehr verzichten, so daß dieses ihm Zugeständnisse abzubringen vermochte bzw. die Macht gewann, sich revolutionär gegen den Absolutismus zu erheben. Es erkämpfte die Aufhebung der Zünfte, der „dem Feudalismus entsprechenden Organisationsform des Handwerks" (17), die Gewährung von Gewerbefreiheit, die Bauernbefreiung, die das Heer der für die Maschinen nötigen Arbeitskräfte „freisetzte", die Errichtung großer Binnenmärkte durch Aufhebung regionaler Zollschranken und die Gewährung von Schutzzöllen nach außen, um die Errichtung und Konsolidierung nationaler Industrien zu ermöglichen.

Ebenso entscheidend wie diese wirtschaftlichen Fortschritte waren die politischen Erfolge, die in England über die Umwälzungen von 1649 und 1689 schon im 18. Jahrhundert zur konstituionellen Monarchie führten, in Frankreich erst im 19. Jahrhundert, nachdem das Bürgertum sich in der französischen Revolution Geltung verschafft hatte. Auf dem Wege der Einführung der Gewaltenteilung, theoretisch begründet von Locke und Montesquieu, versetzte sich das Bürgertum in die Lage, über die Legislative die Ausübung politischer Macht zu kontrollieren. Über das im 19. Jahrhundert in England schrittweise auch auf das mittlere Bürgertum ausgedehnte Wahlrecht konnte die bürgerliche Wirtschaftselite ihre politische Macht weiter festigen und die Bedingungen für die vollständige Durchsetzung des kapitalistischen Wirtschaftssystems selbst setzen (18).

1.1.2. Im Erziehungswesen relevant werdende Ideen der Aufklärung

Dem Prinzip der Tradition hatte die Aufklärung das Prinzip der Vernunft entgegengesetzt, dem des Gottesgnadentums und den ständischen Privilegien das rationalistische Naturrecht, „das jedem Menschen als solchem bestimmte natürliche Rechte zusprach" (19). Neben diesen Grundrechten gehörten zu dem neuen Verständnis vom Menschen, das sich aus der Philosophie des Bürgertums ergab, ein bemerkenswerter Fortschrittsoptimismus (20) – hervorgerufen durch den stetig wachsenden Reichtum – (21) und der Glaube an die grenzenlose Perfektibilität (Vervollkommnungsfähigkeit). Sie begründeten die nun entdeckte Möglichkeit der Selbstgestaltung sowie auch der Erziehung bzw. der Erziehbarkeit des Menschen – und sind als Reaktion auf das feudale höfische, untätige Leben der Adligen zu sehen –, indem sie sich auf das Verständnis vom tätigen Menschen beziehen. In der kontinuierlich zunehmenden philosophischen Reflexion über den Wert der Arbeit wurde diese daher mit der fortschreitenden Entwicklung des Bürgertums schließlich konsequenterweise zum „Bestandteil des menschlichen Wesens" (Hegel) erklärt (22). In der Arbeitswertlehre der sich mit dem Kapitalismus entwickelnden klassischen Nationalökonomie wurde die produktive Arbeit dementsprechend „als Quelle des Reichtums hervorgehoben" (23) im Gegensatz zu der früheren merkantilistischen Anschauung, „daß Reichtum eines Landes ausschließlich oder vorwiegend auf dem Besitz von Edelmetallen und barem Gold beruht" (24).

Fortschrittsoptimismus, Perfektibilitätsglaube und die Auffassung von der Arbeit, besonders diese neuen aufklärerischen Elemente, fanden auch in der Erziehung ihren nachdrücklichen Niederschlag (Philantropine).

Führte die zunehmende Industrialisierung aufgrund der Auflösung der bestehenden Sozial- und besonders der herkömmlichen Familienstruktur zur Notwendigkeit der Institutionalisierung von Erziehung überhaupt, so führten die Ideen der Aufklärung zusätzlich zur Abwendung von der traditionellen, rein kirchlichen Erziehung und zur Schaffung verschiedener Schulmodelle mit differierenden Inhalten, wie weiter unten an der Entwicklung des deutschen Schulsystems gezeigt wird.

1.1.3. Die deutsche Entwicklung

Um die Entwicklung verschiedener Schulmodelle verständlich zu machen, muß jedoch zunächst die wirtschaftliche Entwicklung Deutschlands aufgezeigt werden, denn die Herausbildung des Bürgertums als herrschende Klasse verlief in Deutschland nicht so prototypisch wie hier aufgezeigt. Da die im Vergleich zu England und Frankreich langsamere Entwicklung Deutschlands im gesellschaftlichen und politischen Bereich die spezifische Ausformung des deutschen Bildungswesens und besonders den diesem zugrundeliegenden klassischen Bildungsbegriff weitgehend bedingt, muß sie der Darstellung der Bildungsphilosophie und der Entwicklung des Schulwesens vorausgeschickt werden.

Zur Zeit der Entstehung des neuhumanistischen Bildungswesens hatte die Industrialisierung in Deutschland noch nicht begonnen. Das Bürgertum bildete sich erst allmählich heraus und verfügte noch nicht über ein großes Selbstbewußtsein. Diese verspätete Entwicklung hatte mehrere Ursachen. „Schon die Verlagerung der großen Verkehrswege und Handelszentren von Mitteleuropa auf die an den Atlantik grenzenden Staaten, die aus der Entdeckung Amerikas und des Seewegs nach Indien resultierte, (hatte) der deutschen Wirtschaft einen schweren Schlag (versetzt) und ließ die deutschen Städte stagnieren" (25), so daß sich der Handelskapitalismus in Deutschland nicht voll entwickeln konnte und die Kräfte des Bürgertums nicht ausreichten, „um einen fortschrittlichen Absolutismus auf den Plan zu rufen" (26). Die lutherische Reformation, die Deutschland zu einer Zeit erobert hatte, als der Handelskapitalismus in den anderen europäischen Ländern bereits der maßgebende gesellschaftliche Faktor war, orientierte sich aufgrund der rückständigen deutschen ökonomischen Entwicklung – im Gegensatz zum Calvinismus – mehr agrarisch und handwerklich. Als „Kompromißbewegung" (Kofler), die „entsprechend der Unvollendetheit der gesellschaftlichen Verhältnisse zwischen dem Feudalismus und dem Humanismus vermittelt(e)" (27), stärkte die deutsche Reformation die einzelnen Landesfürsten und begünstigte so die fortdauernde Zersplitterung des Reiches in fast 2000 feudale Kleinstaaten noch zu einer Zeit, als sich angrenzende Völker „als Nationen konstituierten" (28) und vom Verlagssystem (28a) zur Manufakturwirtschaft übergingen. Durch die Verwüstungen des Dreißigjährigen Krieges war die deutsche Wirtschaft abermals zurückgeworfen worden, so daß sie auch „den Anschluß an die manufakturelle Entwicklung in nur unzulänglichem Maße fand" (29).

Die Priorität agrarischer Interessen war dementsprechend um die Wende zum 19. Jahrhundert in Deutschland noch so ausgeprägt, daß allenfalls „kleinbürgerliche Handwerkskreise, sofern sie sich von ihrer Tradition gelöst hatten" (30) für Erfindungen und die neue Entwicklung zur Industrialisierung aufnahmebereit waren. Anders als in England lehnte die traditionelle deutsche Oberschicht „eine industrielle wirtschaftliche Betätigung als unstandesgemäß lange Zeit ab" (31). Aufgrund des „Vorranges agrarischer Rücksichten", „denen man vor allem durch ein pro-adliges Kreditsystem Geltung verschaffte" (32) und mangels einer notwendigen Offenheit für Neuerungen und einer entsprechenden Risikobereitschaft der Gewerbetreibenden und Kapitalanleger sahen sich „technisch und kaufmännisch qualifizierte Menschen in Deutschland, Erfinder und Konstrukteure" zur Auswanderung gezwungen, weil sie für die Entwicklung ihrer Erfindungen in Deutschland „keinerlei Aufmunterung und Unterstützung" fanden (33).

Entscheidenden Einfluß auf die Entwicklung in Deutschland übte schließlich vor allem die französische Revolution in ihrem spezifischen Verlauf und mit ihren kriegerischen Folgeerscheinungen aus. Zwar brachten die jahrelangen Kämpfe zwischen dem revolutionären Frankreichs bzw. den von der nationalen Idee beseelten Volksheeren Napoleons und den alten europäischen Mächten ein Stück von dem neuen bürgerlichen Geist mit nach Deutschland: das alte Feudalsystem wurde durch die mit dem Reichsdeputationshauptschluß verfügte Säkularisation und Mediatisierung vieler Kleinfürstentümer und durch die anschließende Auflösung des Deutschen Reiches vorübergehend geschwächt, so daß der Zusammenbruch Preußens 1806/07 und die damit offenbar werdende Niederlage des preußischen Absolutismus zu den vielgerühmten, in der Tendenz bürgerlichen, Stein/Hardenbergschen Reformen führen konnte und auch zu der Humboldtschen Bildungsreform (34).

Aber diese *Reformen* fanden doch unter anderen Vorzeichen als die Erneuerungen durch die französische Revolution in Frankreich statt. Die anfängliche Sympathie des deutschen Bürgertums und der deutschen Intellektuellen für die französische Revolution war mit der Wendung der Revolution von der repräsentativen und radikaldemokratischen Demokratie und der damit einhergehenden Radikalisierung während der Herrschaft der Jakobiner einer steigenden Ablehung gewichen, die schließlich in eine Abwendung von den Ideen der Aufklärung und in eine Hinwendung zur Romantik mündete (35). In dieser Romantik sowie in dem Kampf gegen die französischen Armeen und damit zusammenhängend gegen die von ihnen getragenen fortschrittlichen Ideen als „wesensfremd" und „undeutsch" wurzelte das zu Beginn des 19. Jahrhunderts entstehende deutsche nationale Bewußtsein, das mit dieser Entstehung als „dialektische Antithese" (36) gegen die französische Revolution und die französische Nationalbewegung von vornherein seine schwärmerische und selbstüberhebliche Ausprägung bekommen hatte (37). Die dezidert politische Form dieser Romantik pries überdies den englischen bzw. den mittelalterlichen Ständestaat als Vorbild. Notwendige Neuerungen hoffte man in Deutschland „auf dem Wege der Versöhnung von Monarch und Landständen zu erreichen" (38).

Es waren also völlig andere Voraussetzungen als in Frankreich, unter denen es in Deutschland zu einigen gesellschaftlichen Reformen kam. Zum einen wurden sie von außen an den Staat herangetragen. Nicht nur, daß die französischen Armeen die Ideen mitgebracht hatten und die deutschen Fürsten zur Übernahme des Code civil, des modernen bürgerlichen Gesetzbuches, sowie der rationellen französischen Verwaltungsorganisation anhielten, sondern sogar die Ernennung des Freiherrn vom Stein zum ersten Minister und Leiter der Staatsgeschäfte in Preußen sowie ein Jahr später dessen sofortige Abberufung — konkrete Eingriffe in die preußische Staatsführung, die für die Durchführung der Reformen von entscheidender Bedeutung waren — gingen auf die Forderung Napoleons als Besatzer zurück (39). Zum anderen waren die berühmten preußischen Reformer selbst nicht gerade Repräsentanten des noch kleinen Bürgertums. Zwar war der Reichsfreiherr vom und zum Stein vom Wirtschaftsliberalismus eines Adam Smith durchaus beeinflußt und forderte die Einführung einer durch Eigentümer getragenen Selbstverwaltung in Provinzen, Städten und Kreisen, zwar beseitigte er Zollschranken im Innern und leitete die Bauernbefreiung in Preußen ein, aber „er (hielt) den ständischen Gedanken hoch ... und (verteidigte ihn) allen rationalistischen Versuchen der Gleichmacherei gegenüber" (40) und machte in vielem eine Politik „im Sinne des aufgeklärten Absolutismus" (41). Der wichtigste Nachfolger Steins, Fürst von Hardenberg, der ebenfalls im Sinne des Wirtschaftsliberalismus die Vorrechte der Zünfte beseitigte, die Gewerbefreiheit und eine allgemeine Gewerbesteuer dekretierte, der die Agrarreform — im Gegensatz zu Stein — zum Vorteil des alten feudalen ostelbischen Großgrundbesitzes „fortführte" (42) und durch das sog. Bauernlegen eine ideale industrielle Reservearmee schuf (43), sorgte politisch dagegen umsomehr für die „Verstärkung der Autorität der Regierung" (44), d.h. er stärkte die Macht des absolutistischen Staates und schuf damit wichtige Vorbedingungen für die nach der Niederwerfung Frankreichs 1814/15 einsetzende Reaktion. Schließlich ist darauf hinzuweisen, daß das deutsche Bürgertum selbst für diese von oben erlassenen Reformen noch nicht einmal gekämpft hat, zumal es sich gegenüber dem in Deutschland noch immer mächtigen Feudaladel noch gar nicht als selbständige politische Kraft formiert hatte. Die französische Revolution hatte vielmehr dem deutschen Feudaladel die Gefahr signalisiert, daß das Bürgertum auch in Deutschland eventuell Machtansprüche stellen könnte. Daher gewährte der alte Staat einige Reformen als Konzession und Beschwichtigung, um damit das gehobene Bürgertum zu integrieren und an diesen Staat zu binden.

Zusammenfassend läßt sich sagen, daß die Reformen in Deutschland auf einem „politischen Hintergrund der Anti-Revolution und Ordnung" vollzogen wurden, auf dem „eine Neuformierung und Verbreiterung der Oberschicht" stattfand (45), „die Ergänzung des seiner Funktionen allmählich verlustig gehenden Geburtsadels durch eine auf begrenzten Zuzug aus der Unterschicht angelegte Bildungselite" (46). Den genannten Reformen, einschließlich der neuhumanistischen, fiel hierbei „die Funktion eines Stabilisierungsfaktors" zu (47).

1.2. Die Entwicklung des deutschen Schulsystems: der Weg vom kirchlichen zum neuhumanistischen Erziehungswesen

Die Entwicklung der Produktionsverhältnisse brachte neue Anforderungen an die Fähigkeiten und Qualifikationen der davon betroffenen Schichten mit sich. Die Entwicklung der modernen Naturwissenschaften und die Revolution der Geistes- und

Ideenwelt stellten die bis dahin vermittelten Erziehungs- bzw. Sozialisationsinhalte in Frage. Der folgende Teil soll mit einem knappen Überblick über die Entwicklung der wichtigsten Schulformen von der beginnenden Neuzeit an (Punkt 1.2.1.) zunächst auf die jeweiligen Funktionen hinweisen, deretwegen verschiedene Schultypen geschaffen wurden. Dabei werden die Schulmodelle der Aufklärung gesondert dargestellt (1.2.2.), weil die Bildungsphilosophie des Neuhumanismus (1.2.3.) sich besonders gegen die der Aufklärung richtete. Der Überblick über diese historischen Bedingtheiten soll dazu dienen, einen Maßstab bereit zu stellen, damit man die spezifische Kontinuität und die Abwehr jeder grundlegenden Veränderung des deutschen Schulsystems in den letzten 170 Jahren einschätzen und die durch die langsamere deutsche Entwicklung bedingte spezifische Ausprägung beurteilen kann. Hiermit soll die Voraussetzung geschaffen werden, um die Möglichkeiten und Chancen einer amerikanischen Re-education-Politik beurteilen und die jeweiligen Herrschaftspositionen analysieren zu können, die sich in der Schulreformdebatte nach 1945 manifestierten. Erst aufgrund der historischen Kenntnisse werden diese gänzlich durchschaubar.

Zur Beurteilung der amerikanischen Bemühungen sind vorher die gesellschaftlichen Konstellationen der Entstehung und Entwicklung des amerikanischen Schulsystems ebenfalls darzustellen. Nur die Gegenüberstellung dieser, wie sich zeigen wird, völlig unterschiedlichen Auffassungen von den Möglichkeiten, den Zielen und den Inhalten von Erziehung, Bildung und Ausbildung sowie von den diesen Prozessen zugrundeliegenden sozialen und politischen Anschauungen über die individuellen Lernvoraussetzungen kann die geeignete Grundlage abgeben für eine umfassende Beurteilung des amerikanischen Vorhabens.

1.2.1. Berufsausbildung als standesgemäße Erziehung

Für das Schulwesen, das in Deutschland mit kirchlichen Klosterschulen begonnen hatte, hatte die beginnende Neuzeit vom Zeitpunkt der Reformation an eine zunehmende Infragestellung der traditionellen Erziehungsmacht Kirche und eine fortschreitende „Verweltlichung und Verstaatlichung" (48) bedeutet, die in der Blütezeit der deutschen Aufklärung um die Wende zum 19. Jahrhundert einen ersten Höhepunkt erreicht hatte, denn der Staat entwickelte zunehmend ein Interesse, die sittliche Erziehung des einfachen Volkes durch Institutionalisierung in der Schule zu beeinflussen. „Schulen und Universitäten sind Veranstaltungen des Staates", hieß es 1794 – die Entwicklung im 19. Jahrhundert weiter vorantreibend – im Preußischen Allgemeinen Landrecht (49). Neben traditionellen Formen der Erziehung in den zu Lateinschulen weiterentwickelten Klosterschulen, die die Theologen und die von ihnen gestellte Lehrerschaft ausbildeten und neben den niederen „Gemeinen Schulen", auf denen das einfache Volk seit der allmählichen Durchsetzung einer allgemeinen Schulpflicht im 18. Jahrhundert vor allem singen, beten, in der Bibel und im Katechismus lesen (50) und so Untertanengehorsam lernen sollte, war die zweite Hälfte des 18. Jahrhunderts und auch noch die erste Hälfte des 19. Jahrhunderts von einer Vielzahl von sich neu entwickelnden Schulformen gekennzeichnet, die z.T. mit der Weiterentwicklung der Produktivkräfte wieder verschwanden, wie z.B. die „Industrie-" und „Fabrikschulen" (51), die sich z.T. aber auch behaupten konnten – wenn auch vielfachen Änderungen unterworfen –, wie z.B. die „Realschulen" (52). Die aus der zweiten Hälfte des Mittelalters stammenden, oftmals von Patriziat und Zünften gegründeten Stadtschulen wurden in den Unterklassen auch von Bürgerkindern besucht, da sie zur Abwicklung des mit dem Fernhandel verbundenen Schriftwechsels ein gewisses Maß

27

an lateinischer und schriftlicher Bildung benötigten. Die in den Oberklassen verbleibenden Kinder strebten gelehrte Berufe an, die das Studium der Juristerei, der Naturwissenschaften etc. voraussetzen. Die *Mehrzahl* der Kinder eignete sich die zur Erhaltung des Lebens notwendigen Kenntnisse bei der Arbeit der Familie auf dem Felde bzw. in der Stube beim Spinnen an. Eine *qualifizierte Minderheit* erhielt eine „überlieferte Berufsausbildung in der Meisterlehre" (53).
Trotz der sich immer mehr durchsetzenden Tendenz, weltliche bzw. staatliche Schulträger zu schaffen, blieb jedoch der Einfluß der geistlichen Gewalt auf das Schulwesen, sowohl auf dem Weg über die Schulaufsicht wie auch über die *Lehrerschaft* in Deutland sehr stark. Die Zünfte hatten sich mit der Gründung der Stadtschulen zwar bereits um aus den gewerblichen Berufen kommende Lehrer bemüht, aber diese waren ohne Ausbildung und ergänzten lediglich die sich aus dem Klerus rekrutierende Lehrerschaft, die nicht nur in den Lateinschulen und Gemeinen Schulen, sondern auch in den niederen Klassen der Stadtschulen unterrichtete. Staatliche Lehrerbildungsstätten zur Ausbildung der Lehrer für die langsam die Gemeinen Schulen ersetzenden staatlichen Elementarschulen in Preußen wurden erst nach und nach beginnend mit der sogenannten Reformära nach 1806 geschaffen. Aber selbst diese preußischen Lehrerseminare wurden aufgrund der sich nach 1815 mehr und mehr durchsetzenden Restauration meist der Oberaufsicht der Kirche unterstellt, so daß die Erziehung der Masse des Volkes nicht geändert wurde.
Den für den Adel erforderlichen Qualifikationen konnten die oben erwähnten Erziehungsinstitutionen nicht genügen. Dieser schickte seinen Nachwuchs im ausgehenden 18. Jahrhundert vornehmlich auf Kadettenhäuser (54) und Ritterakademien, wo er mit den modernen Wissenschaften der Mathematik, Geographie, Staatenkunde und Rechtsgeschichte für die Anforderungen des absolutistischen Verwaltungsstaates, für das stehende Heer und das Hofleben vorbereitet wurde. Hier wurde den jungen Adligen ein „umfassendes Programm von Berufserziehung (geboten), eine Berufserziehung freilich, in der der „Beruf mit dem angeborenen Stand eindeutig vorgegeben und mit diesem identisch" war (55). „Der Charakter der adligen Lebenswelt begründete eine Identität von Amt und Person und Stand, die die spezifische Berufsausbildung zwangsläufig ineinssetzen mußte mit der standesgemäßen Erziehung überhaupt" (56).

1.2.2. Die Schulmodelle der Aufklärung

Auch dem aufstrebenden Bürgertum schienen die traditionellen Schultypen unzureichend. Die aufkommende merkantilistische Produktionsweise zerstörte mehr und mehr die Arbeit in der häuslichen oder bäuerlichen Wirtschaftsgemeinschaft, in der die Kinder durch unmittelbare Anschauung und Erfahrung das „Lebensnotwendige" gelernt hatten; Arbeits- und Wohnstätte wurden damit voneinander getrennt. Die Konzentrierung der Produktionsmittel in speziellen Produktionsstätten zerstörte die überkommene familiale Lebens- und Wirtschaftsgemeinschaft, zu der in der Handwerksfamilie auch die Lehrlinge gehörten, leitete die Entwicklung von der Großfamilie zur Kleinfamilie ein und nahm der Familie die Funktion der Produktion, die bisher die Grundlage gewesen war für die Wahrnehmung der anderen Pflichten: der Reproduktion, der Fortpflanzung und der Erziehung.
Die Restfamilie konnte aufgrund dieser Entwicklung wichtige Aufgaben der Erziehung, wie die Einführung des Kindes in die Arbeitswelt, den Umgang mit den für die Produktion wichtigen Werkzeugen, nicht mehr vermitteln. Hierfür mußte ein neuer institutio-

neller Rahmen geschaffen werden, denn die traditionellen Schulen konnten diesen Anforderungen ebensowenig genügen wie die Restfamilie. Beide boten nicht mehr genügend spezialisiertes Wissen an (57).

Mit der Aufklärung, ihrem Fortschrittsoptimusmus und ihrem Glauben an unendliche Perfektibilität verbreitete sich dazu die allgemeine Überzeugung, daß eine außerhalb der Familie institutionalisierte planmäßige Erziehung „ein sinnvolles Unterfangen mit ungeahnten Möglichkeiten" sei (58) und das der Mensch grenzenlos erziehbar und durch intellektuelle wie geistige Arbeit vervollkommnungsfähig sei (59). Die Schule sollte zumindest die Funktion der Ausbildung übernehmen, der Intention nach außerdem die Funktion der beruflichen Sozialisation. Aus diesen Einsichten entwickelten die Aufklärungspädagogen das schulpolitische Modell der Philantropine. Theoretisch vertrat der Philantropinismus den gesellschaftlichen Anspruch, „jeden Menschen nach seiner eigentümlichen Beschaffenheit und nach seinem Standpunkt in der Gesellschaft für sich selbst so vollkommen und glücklich und für andere so nützlich als möglich zu machen" (60). In der Realität entwickelte sich daraus jedoch erneut eine Berufs- und Standeserziehung, eine Erziehung des künftigen Fabrikanten und Kaufmanns, die „die Fähigkeit zur Beurteilung und Leitung des jeweiligen Wirtschaftens" vermittelte (61). Diese Erziehung wiederum wurde in der Theorie damit gerechtfertigt, daß der Mensch nach Ansicht der Philantropinisten „nur im Stande eben dieser Brauchbarkeit (=Verwertbarkeit der Ausbildung im Beruf, L-Qu.) glücklich werden kann" (62). Neben den Philantropinen entwickelte das Bürgertum zur Vermittlung konkreter Kenntnisse für zukünftige Beamte, Ingenieure, Buchdrucker etc. ein mittleres Schulwesen mit mathematisch-ökonomischen Realschulen und berufsbildenden Fachschulen, die im Unterschied zu den Philantropinen, deren Schwergewicht mehr auf der intellektuellen Auseinandersetzung lag, neben der üblichen Bildung vor allem die praktisch-technische Ausbildung betonten.

Zusammenfassend ist hervorzuheben, daß die pädagogische Theorie und Praxis der Aufklärung, und damit des Bürgertums, den Versuch darstellte, *Bildung und Ausbildung in der Schule* durch die Förderung intellektueller Gaben wie auch politechnischer Fähigkeiten zu integrieren (63). „An der Schwelle der modernen Industrialisierung" erhielten Bildung und Erziehung in eigens dafür geschaffenen Institutionen „ihre vordringliche Bedeutung" (64), die mit der Industrialisierung selbst ein Jahrhundert später auch für die Masse des Volkes relevant wurde (65). War die aufklärerische Absicht eine umfassende Unterrichtung aller, so mag jedoch eine Gefahr dieses an der Vermittlung realer brauchbarer Kenntnisse ausgerichteten Schulwesens in der Auswahl der Lehrinhalte an Hand utilitaristischer Kriterien gelegen haben. Das Problem, daß die Arbeit als einziger Maßstab für den Wert eines Menschen und in dessen Folge die Verwertbarkeit des Gelernten als Maßstab für den Wert eines Unterrichtsgegenstandes, zu einer Vernachlässigung sonstiger Bildungsgüter führen kann, deren Folge eine Verkümmerung sozialer, kultureller und anderer menschlicher Beziehung sein könnte, ist nicht zu übersehen. Dies war der Angriffspunkt des Neuhumanismus. (66).

1.2.3. Die neuhumanistische Reaktion

1.2.3.1. Die Humboldtschen Bildungsreformer und ihr Bildungsplan

Aufgrund des Gebots des Preußischen Allgemeinen Landrechts von 1794 hatten sich verschiedene z.T. von der Aufklärung und vom Philantropinismus beeinflußte Männer — relativ erfolglos — bemüht, dessen Forderung nach einem öffentlichen staatlichen

Schulwesen in die Wirklichkeit umzusetzen, als Wilhelm von Humboldt nach der Niederlage des preußischen Absolutismus und nach der durch die Verwaltungsreform des Freiherrn vom Stein erfolgte Zusammenfassung der Angelegenheiten „des Kultus und des öffentlichen Unterrichts" zu einer Sektion Anfang des Jahres 1809 die Leitung des Unterrichtswesens übernahm. Mit ihm und seinen Mitarbeitern bzw. Nachfolgern, dem Philosophen Friedrich Ernst Schleiermacher, dem Sprachphilosophen Bernhardi und Johann Wilhelm Süvern, so wie Humboldt alle Schüler des Philologen Friedrich August Wolf, hielt der Neuhumanismus Einzug in die preußische Schulpolitik(67).

Die Reformen, die in dem folgenden Jahrzehnt, der „Blütezeit des Neuhumanismus" gemeinsam von seinen wichtigsten Vertretern entworfen wurden, gaben dem preußischen neuhumanistischen Gymnasium, das in der Epoche von 1818 bis 1840 seine „verwaltungsgemäßig festgelegte Gestalt" erhielt (68) und darüber hinaus der gesamten höheren Bildung in Deutschland ihr bis heute bestimmendes Gepräge (68a).

Die Neuhumanisten schufen Entwürfe, die einerseits die Schulgliederung betrafen, andererseits die Lehrmethoden sowie die Lehrpläne und das Prüfungswesen (69). Zwar erlangten diese Entwürfe in der preußischen Reformzeit z.T. keine Gesetzeskraft mehr, sondern wurden nur zur halbamtlichen „Richtschnur für die Unterrichtsverfassung" (70) erklärt, aber die den Plänen zugrundeliegende Bildungsphilosophie fand über anderthalb Jahrhunderte hinweg immer neue Trägerschichten, die sie als Teil der verspäteten deutschen Entwicklung zum bestimmenden Prinzip in unserem Bildungswesen machte.

Das wesentliche Element in dem in Humboldts Amtszeit entstandenen Bildungsplan (71) war der Gedanke, das Gymnasium als einzige höhere allgemein bildende Schule zu institutionalisieren und aus seinem Lehrkanon alles zu entfernen, was diesen gelehrten Schulen „das Ansehen geben könnte, Spezialschulen für einen oder den anderen einzelnen Stand zu sein" (72). Das Mittelschulwesen, die Stadt- und Bürgerschulen sollten integriert, das Prinzip der allgemeinen Bildung mit der Standesbildung verschmolzen werden und ein „Ineinandersein aller Schulformen" erreicht werden. (73).

Der im Ansatz fortschrittliche Gedanke, ein organisatorisch einheitliches Schulsystem zu schaffen oder dessen Minimalgestalt, zumindest die verschiedenen Schultypen vom Lehrplan her so aufeinander hin zu orientieren, daß „der Übergang von einer zur anderen Schulform auf jeder Stufe leicht möglich war" (74), ist in Deutschland nie Wirklichkeit geworden. Diese Tatsache erklärt sich jedoch nicht nur aus den den Neuhumanismus später überlagernden restaurativen Entwicklungen, wie neueste Forschungsergebnisse einer Generation engagiert reformorientierter Pädagogen nahelegen (75). Hier wird die Hypothese vertreten, daß die den Einheitsgedanken tragende Bildungstheorie selbst, die angestrebten Bildungsinhalte reaktionäre, gegen die moderne Zeit gerichtete Züge hatten (76), denen sich das aufgeklärte Bürgertum als Anhänger der städtischen Realschulen zunächst widersetzte. Trotz der neuhumanistischen, diese Real- und Bürgerschulen als Spezialschulen bekämpfenden Tendenzen gelang es der deutschen Bildungsidee allerdings, selbst diese Schulen in ihren Bildungsinhalten und -zielen auf die Dauer weitgehend zu bestimmen.

Diese in Deutschland seitdem vorherrschenden Bildungsvorstellungen und den sie tragenden gesellschaftlichen Schichten gilt das Interesse dieses Kapitels, weil sie auch nach 1945 wieder in der Bundesrepublik einem erneuten Versuch, das deutsche Erziehungswesen zu reformieren, entgegenstanden und sich behaupten konnten.

1.2.3.2. Der Neuhumanismus als Reaktion auf die französische und auf die industrielle Revolution

Der Neuhumanismus (76a) ist in Reaktion auf die am Ausgang des 18. Jahrhunderts vom Ausland auf das rückständige Deutschland einwirkenden Zeittendenzen entstanden. Zum einen hatten sich die deutschen Liberalen – enttäuscht durch den Verlauf der französischen Revolution, besonders durch deren radikaldemokratische Wende und die (vorübergehende) Herrschaft des Jakobinertums – von aufklärerischen Gedanken abgewandt und sich zum deutschen Idealismus, zur Romantik und zum Nationalismus hin orientiert. Zum anderen hielt man die an der fortschreitenden Industrialisierung in England deutlich werdenden ökonomischen und gesellschaftlichen Entwicklungen für gegen alle geistigen Werte gerichtet. Die pädagogischen Ideen des Neuhumanismus sind in Antithese zu der bürgerlichen Pädagogik der Aufklärung, dem Philantropinismus entwickelt worden.

Im ausgehenden 18. Jahrhundert war das Humanitätsideal in Deutschland in einer gegen das aufkommende neue Industriezeitalter gerichteten „kulturkritischen" Absicht wieder erstanden. Es war „im Bewußtsein der historischen Distanz von der Antike" (77) ausgerichtet auf das Bild des allseitigen, ganzen Menschen, eines noch nicht durch die moderne „Zivilisation" und die zunehmende Arbeitsteilung zerrissenen, zu „Bruchstücken einer Duodezmenschlichkeit" (Pestalozzi) verstümmelten Menschen. Als Vorbild für die angestrebte „Totalität" seiner Menschlichkeit galt der Grieche der Antike (77a). In der klassischen deutschen Dichtung fand diese Humanitätsidee weite Verbreitung. Sie ist mitverantwortlich für einen dem neuen Maschinenzeitalter und aller technischen Arbeit gegenüber feindlichen Einstellung aus der die in Deutschalnd lange Zeit verbreitete verhängnisvolle kulturpessimistische „Weltentwertung und Gegenwartsabkehr" resultierte (78).

Der „neue" Humanismus nun, die Gegenreaktion auf die Aufklärungspädagogik, verselbständigte die klassische aus der Renaissancezeit stammende Altertumswissenschaft zur Philologie und schuf damit die wesentliche Voraussetzung für die neuhumanistische Präferenz der alten Sprachen und besonders des Griechischen, das dazu dienen sollte, die Totalität der Bildung zu sichern (79).

Da die Vertreter humanistischer Bildung im Griechentum „wegen seiner angenommenen inneren Verwandtschaft zum deutschen Volkstum" darüber hinaus ein „Modell für ein deutsches Nationalbewußtsein" zu finden glaubten, griffen sie darauf auch zurück in der Hoffnung, damit der „überlegenen französisch-romanischen Kultur" wirksam begegnen zu können (80). Um einer gefürchteten Vermassung zu wehren, rückte Humboldt in seiner Bildungsphilosophie das Individuum in den Vordergrund. Durch universale Bildung sollte sich der Mensch die ganze Welt aneignen. Die Totalität sollte den negativen Kräften der Zerstreuung wehren und die „Einheit der Persönlichkeit" sowie die „harmonische Entwicklung all ihrer Anlagen" garantieren (81). Der Neuhumanismus wandte sich mit seinen zentralen Bildungsbegriffen der Individualität – Universalität – Totalität – vor allem gegen alle pädagogischen Tendenzen, die den modernen beruflichen Anforderungen in dem Bemühen entgegenkamen, den Menschen für die neuen Aufgaben schon in der Schulzeit vorzubereiten. Seine Grundannahme war, daß das „allseitige", formal gebildete Individuum in der Lage sei, sich das für den Beruf und die Gesellschaft notwendige praktische Wissen selbst innerhalb kurzer Zeit im Anschluß an eine gute Schulbildung anzueignen (82). Aus diesem Grunde lehnten die Neuhumanisten die Real- und Bürgerschulen sowie die Philantropine aufs Schärfste ab. Entgegen dem Realismus der Aufklärung betonten die Neuhumanisten den Vorrang der Idee. Nur durch die Verwirklichung der ihr eigenen Idee könne die Individualität des Menschen verdeutlicht werden. Es sei daher zentrale Aufgabe des Menschen, seine Idee, die man nicht etwa anerziehen könne, sondern die er als Anlage in sich trage, mit Hilfe der Bildung immer mehr „herauszuarbeiten und darzustellen" (83).

Diese Ausführungen verdeutlichen, daß Humboldt und seine Mitarbeiter nicht nur auf dem Humanismus fußten, sondern daß sie auch im deutschen Idealismus stark verwurzelt waren.

1.2.3.3. Bildungsprinzipien, die von der neuhumanistischen Bildungstheorie zu Antinomien erhoben wurden

Das klassische deutsche Bildungsideal ist in seinen wesentlichen Grundzügen schon in seiner „ursprünglichen Konzeption" (Strzelewicz) durch Antinomien beschreibbar, weil es bestimmten u.a. auf Industrialisierung und z.T. auf Demokratisierung gerichteten Entwicklungstendenzen seiner Zeit durch die Gegenüberstellung konträrer Ideen entgegenwirken wollte.

Allgemeinbildung – Berufserziehung
Die wichtigste Antinomie ist die zwischen einer angeblichen Allgemeinbildung und einem Spezialwissen oder anders benannt, die zwischen vermeintlich reiner „vollständiger Menschenbildung" (84) und bloßer Ausbildung von „Fertigkeiten zur Anwendung" (85). Der Neuhumanismus gibt vor, sein Bildungsziel sei im Gegensatz zum Philantropinismus nicht etwa ein spezielles, im Beruf verwendbares Wissen – dies sei Spezialschulen, d.h. Fachschulen vorzubehalten – sondern die „allgemeine Übung der Hauptkräfte des Geistes und die Einsammlung der künftig notwendigen Kenntnisse, welche zum wirklichen Leben vorbereitet" (86). Deutlicher wird Humboldt in den folgenden Zitaten: „Wird beides (die allgemeine und die spezielle Bildung, L-Qu) vermischt, so wird die Bildung unrein, und man erhält weder vollständige Menschen, noch vollständige Bürger einzelner Klassen" (87). „Fängt man aber von dem besonderen Berufe an, so macht man ihn (den Menschen, L-Qu) einseitig, und er erlangt nie die Geschicklichkeit und Freiheit, die notwendig ist, um auch in seinem Berufe allein nicht bloß mechanisch, was andere vor ihm getan, nachzuahmen, sondern selbst Erweiterungen und Verbesserungen vorzunehmen" (88).

Diese Aussage trügt jedoch über ihren wahren Charakter. Es war nicht die Berufsvorbereitung schlechthin, gegen die die Neuhumanisten sich wandten. Betrachtet man das Ergebnis ihrer Schulreform, so waren es nur die „niederen", manuellen, „toten", d.h. alle technischen Fähigkeiten beanspruchenden Berufe, gegen die sie sich aus tiefer Abneigung und Verachtung wandten, nicht jedoch alle geistigen, den Sprachen und den Wissenschaften nahestehenden, d.h. alle „gehobenen" Berufe, die dazu prädestinierten, in die Führungsschicht aufzusteigen. Humboldt schrieb dazu selbst in einem offiziellen Bericht seiner Sektion: „In den Elementar-Schulen (Volksschulen, L-Qu) soll nur gelehrt werden, was jeder Mensch und Bürger notwendig wissen muß, in den gelehrten Schulen (Gymnasien, L-Qu) sollen stufenweise diejenigen Kenntnisse beigebracht werden, die zu jedem, auch dem höchsten Berufe notwendig sind. . . ." (89).

Die große Masse des Volkes aber konnte die hohen Kosten, die der Besuch der gelehrten Schulen verursachte, gar nicht aufbringen. Das wußte natürlich auch Humboldt: „Der ganz Arme schulte seine Kinder in die wohlfeilsten oder unentgeltlichen Elementarschulen, der weniger Arme in die besseren, oder wenigstens teureren. Wer noch mehr anwenden konnte, besuchte die gelehrten Schulen. . . ." (90). Eine Forderung Humboldts nach unentgeltlichem Besuch der „besseren" oder gar der „gelehrten" Schulen ist m.W. nirgends überliefert worden.

In der Praxis jedenfalls wurde, wie Strzelewicz schreibt, „die ‚höhere' Allgemeinbildung im Zeichen des ‚rein geistigen und wahren Menschentums' und der allseitig harmonischen Persönlichkeit... zu einer Art von ideologischer Verhüllung für eine besondere Berufsausbildung ständisch elitärer Privilegierung" (91). So wie sich „vereinfacht gesprochen... der Philantropinismus als Bildung für die bürgerliche Klasse dar (stellte)", kann man den Neuhumanismus als Bildung für das gehobene Bürgertum „unter der restriktiven Bedingung, daß sie politisch nicht die Herrschaft errungen hat," bezeichnen (92). Die in Frage kommenden Berufe waren jetzt besonders die des gehobenen Beamten, des Juristen, des Pfarrers sowie des Gymnasiallehrers und des Professors. Innerhalb dieser Berufgruppe, die wohl vor allem um die der Ärzte zu erweitern ist, begegnen wir auch heute noch den elitär motivierten Verteidigern des humanistischen Bildungsideals.

Die Präferenz der Neuhumanisten für eine breit angelegte Allgemeinbildung — über deren spezifischen im Hinblick auf die Zeiterfordernisse überaus einseitigen Charakter noch Einiges auszuführen sein wird — beruhte auf tieferliegenden Wertentscheidungen, deren Kenntis zur Belegung des behaupteten Ideologieverdachts unabdingbar ist. Indiz dafür ist die Einstellung der Bildungsreformer zur Arbeit, die der der Aufklärung deutlich widerspricht. Der Arbeit wird nur sehr „periphäre" Bedeutung zugemessen: Weder bei Humboldt, F.A. Wolf oder anderen sind deutliche Hinweise zu finden, „welche Funktion der Arbeit im Bildungsprozeß zukommt" (93). Humboldt zog ohnehin den Begriff „Beschäftigung" dem der Arbeit vor, obwohl seine Abwehrhaltung selbst gegen diesen Begriff unverkennbar war. Erwerbsarbeit als notwendige Voraussetzung für das tägliche Leben kannte Humboldt selbst kaum. Als Sohn städtischer Adeliger konnte er es sich leisten, den Dienst am Staat, der der Familientradition entsprach, zu verlassen und jahrelang als Privatmann „ganz der Selbstbildung im engsten Kreis der Liebe und Freundschaft zu leben" (94). Das verdeutlicht das Lebensprinzip, das der klassischen deutschen Bildungsidee zu Grunde liegt: „Der wahre Zweck des Menschen... ist die höchste und proportionierlichste Bildung seiner Kräfte zu einem Ganzen" (95), schrieb Humboldt sinngemäß immer wieder.

Das Ziel dieser „Bildung der Individualität" (Humboldt) lag nicht „außerhalb" des Menschen z.B. in der Vorbereitung für eine Tätigkeit, sei es im Beruf oder im Staat oder im Dienst für eine Gemeinschaft, sondern der „letzte Zweck des Weltalls" sollte die Selbstentfaltung, die Selbstgestaltung sein (96). Die Welt selbst wurde zum „Materiale der Selbstbildung" gemacht. Nicht die Welt war das Ganze, sondern der Mensch sollte das Ganze sein, in welches sich die Welt hineinbilden lassen sollte (97). Um nicht planlos in der Welt umherzuirren, sei „die Konzentration auf die eigenen Ideen und Empfindungen" notwendig, meinte Humboldt (98). Er befürchtete, die aufkommende technische Arbeitswelt könnte den Menschen der ihr eigenen Sachordnung unterwerfen und ihn verknechten (99).

Innerlich — Äußerlich und Betrachten — Handeln

Der Abwehr dieser, dem „wahren Menschentum" ungünstigen Zeittendenzen diente die von Humboldt und seinen Nachfolgern betonte Antinomie zwischen der beruflichen Wirklichkeit als einem Bereich „des Äußerlichen gegenüber dem Inneren, in dem allein sich wahre Bildung vollziehe" (100). Für die sträfliche Hinwendung zum „Äußeren" wurde „die vorherrschende Richtung auf Industrie und Gewerbefleiß" verantwortlich gemacht (101). Die Notwendigkeit der Trennung zwischen „Äußerem" und „Innerem" ergab sich für die Neuhumanisten aus dem Wunsch, „die Freiheit des Geistes von allen materiellen Bedingungen" zu bewahren und das „Innere" durch „niemand und auch keine Verkettung von Umständen" beherrschen zu lassen (102).

Die Neuhumanisten und alle nachfolgenden deutschen Pädagogen entschieden sich mit dieser Betrachtungsweise für einen „geschlossenen pädagogischen Raum" (Mollenhauer), der unbeeinflußt von der Außenwelt, d.h. von den primär nicht pädagogischen Vorgängen und Bedingungen der gesellschaftlichen Realität existieren sollte. Mit dieser Entscheidung war die Hoffnung verbunden, daß der in diesem geschlosenen pädagogischen Raum allseitig harmonisch gebildete Mensch in der Lage sei, seine dort einmal erworbene Menschlichkeit „in einer widrigen Welt zu bewahren" (103).

Diese den Anforderungen und Geschehnissen des täglichen Lebens feindlich gesonnene Einstellung war jedoch nicht etwa eine Flucht vor der Veränderung der Welt der Arbeit und der Technik aus Angst vor ihren unbekannten Möglichkeiten, sondern m.E. lag ihr eine z.T. noch feudalistische Einstellung zu Grunde. Die Neuhumanisten leugneten nicht, daß Besitz und Muße die Vorbedingung für den Genuß höherer Bildung waren und daß die Selbstverwirklichung des Individuums, seine Besonderheit gegenüber jedem anderen Individuum ohne Muße und ohne die entsprechende Bildung nicht möglich waren. Daß ein Leben in „edler", „geschäftefreier Muße", „in einer sehr sorgenfreien Lage" jedoch als Voraussetzung die harte Arbeit anderer hat, war Humboldt durchaus bewußt. Die Vorliebe für den „schönen Müßiggang hatte er mit den Neuhumanisten von ihren Vorbildern, den Griechen, übernommen; bei ihnen hatte die Sorge für die Bedürfnisse des Lebens noch auf den Schultern der Sklaven gelastet. Nach Humboldts Feststellung von 1793 war sie zu seiner Zeit „auf die Schultern des Volkes gewälzt" (104).

Die scharfe Trennung von Bildung und Ausbildung und dementsprechend von Innerem und Äußerem hatte in der Konsequenz fatale Folgen, die sich bis weit in unser Jahrhundert hinein auswirkten. Die politisch schwerwiegendste Folge war der weitgehende Rückzug der gebildeten Persönlichkeit aus der Gestaltung der Gesellschaft und aus jedem dafür notwendigen Engagement. Auch diese Haltung ist jedoch schon in der klassischen Bildungstheorie angedeutet in der·Antinomie zwischen Handeln und Betrachten. Da Humboldt der Anschauung war, das Handeln gebe „die Intention des Menschen niemals adäquat wieder", sondern der Wert liege darin, „in sich zu ruhen" (105), war ihm die Selbstverwirklichung wichtiger als die Weltgestaltung, als ein bewußtes Wirken innerhalb und im Dienste der Gemeinschaft (106). Dieser Rückzug Humboldts aus der Weltgestaltung ist m.E. zum anderen Teil eine wesentliche Auswirkung der französischen Revolution. Da nach deren Radikalisierung die deutschen Liberalen eine revolutionäre Entwicklung für Deutschland ablehnten — im Gegensatz zu den deutschen radikaldemokratischen Jakobinern, deren Bewegung zu diesem Zeitpunkt bereits vernichtet war — hofften sie nun auf eine Befreiung des Geistes durch eine allgemeine Bildung, sowie auf von aufgeklärten Monarchen erlassene Reformen. Diese politische Grundhaltung mußte an Stelle des eigenen Handelns zur Kontemplation führen (107).

Organisch — Mechanisch und Gefühl — Vernunft
Die kontemplative Lebenshaltung der Neuhumanisten hatte neben der Ablehnung des „Äußeren" und der zu diesem hinführenden Ausbildung noch weitere theoretische Voraussetzungen. Der Einstellung, keinen direkten Einfluß auf Menschen ausüben, ihn nicht erziehen zu können, sondern ihm nur zu Bildung verhelfen zu können (108), lag die Ansicht zu Grunde, daß der Mensch alle Anlagen bereits in sich enthält, eine Anschauung, die zum Nachteil ganzer Schülergenerationen in der deutschen Pädagogik bis weit in die sechziger Jahre unseres Jahrhunderts vertreten wurde (109) und die zumindest von älteren Lehrern z.T. noch heute vertreten wird. Der Theorie vom anlagebedingten Wachstum des Menschen lag bei den Neuhumanisten eine Hochschätzung

alles Organischen, Lebendigen, Ganzheitlichen zu Grunde, das zur Entfaltung kommen müsse, das man nur wachsen lassen müsse und das man um keinen Preis falsch oder zu stark beeinflussen dürfe in seinem Entwicklungsprozeß, weil es dann nicht mehr es selbst werden könne (110). Humboldt formulierte dementsprechend: „Alles Erziehen ist nur ein Veranlassen des Selbsterziehens" (111). Die Bewunderung aller Wachstumsprozesse geschah in Antinomie und in bewußter Ablehnung alles Mechanischen, Technischen als tot. Die Haltung stand dem agrarisch orientierten Feudalismus sehr viel näher als dem modernen, gerade beginnenden Industriezeitalter und war somit erneut wie schon die zuvor dargestellten Einstellungen rückwärts gewandt (112). Die Neuhumanisten erweisen sich damit in wesentlichen Zügen ihrer Bildungsphilosophie den alten Adelskreisen sehr viel mehr zugeneigt als der in Deutschland noch schmalen Schicht des industriell orientierten Bürgertums.

Das Persönlichkeitsideal, das von den Anhängern des Humanismus aufgerichtet wurde, beruhte nicht nur, wie bisher aufgezeigt auf Bildung, sondern auch auf einer „die Gesellschaft transzendierenden ‚Größe' ", auf der primitiven Kraft des ursprünglichen Ich (113). Dieses Ich zeichnete sich durch Gefühl und Gemüt aus, denen bei der Bildung der Persönlichkeit „ein überragender Stellenwert" zukam (114). Man bedenke in diesem Zusammenhang den Ausspruch Humboldts, daß in der Schule alle in ihrem „Gemüt ursprünglich gleichgestimmt werden" müssen (115). Dies ist eine ganz deutliche Antithese zu der von der Aufklärung postulierten Rationalität und Vernunft des Menschen. Somit transformierte der deutsche Bildungsidealismus das aufklärerische Ideal des autonomen Individuums unter Abkehr von der Außenwelt zur „gesellschaftlich exterritorialen Persönlichkeit als dem Kerngehalt des Humanen" (116, 116a). Vermutlich ist weitergehend zu schlußfolgern, daß Gefühl und Gemüt von Neuhumanisten auch als die bessere Grundlage für eine neue Nationalerziehung erachtet wurden. Nach der Auflösung des deutschen Reiches und z.Z. der Auseinandersetzung mit der französischen Fremdherrschaft mögen Gefühl und Gemüt allen denen, die die Entstehung eines neuen Nationalgefühls erhofften, als ein notwendiges Fundament gegolten haben.

1.2.3.4. Formale Spracherziehung als Mittel zur Bildung der allseitig harmonischen Persönlichkeit

Das Ziel der allseitig gebildeten Persönlichkeit sah Humboldt besonders in einer formalen Spracherziehung erreichbar, die alle Schüler, die das Gymnasium besuchten, ohne Unterschied zu absolvieren hatten. Ziel des Sprachunterrichts war nach Humboldts Intention die „Kenntis vom Sprachbau überhaupt" (117). Zu diesem Zweck hielt Humboldt die griechische Sprache für am besten geeignet, einmal weil seiner Meinung nach die Form einer Sprache besser an einer toten Sprache deutlich wird (118), zum anderen war er der Ansicht, daß es dem griechischen Menschen allein gelungen sei, „das Wesen des Menschen überhaupt zu der Allseitigkeit zu runden, die anderwärts und zumal in der modernen Welt vergebens gesucht werde" (119). Durch die Erfassung verschiedener Sprachformen könnten Geist und Gemüt eine allseitige Bildung gewinnen, denn so schrieb Humboldt in einem Brief an seine Frau, „das ganze Feld der Gedanken, alles was den Menschen zunächst und zuerst angeht, . . . kommt nur in die Seele durch das Studium der Sprache, aus der Quelle aller Gedanken und Empfindungen, . . . Wem das fehlt, der bleibt doch immer nur halb würdig und nur halb glücklich" (120). Die Sprache hielt Humboldt für ein Mittel par exellence, um „in sich selbst zurückzugehen" (121). Wie aus diesem Zitat deutlich wird, diente die Sprachbildung nicht etwa der besseren Kommunikationsfähigkeit und damit der zwischenmenschlichen Verständigung. Im Gegenteil, Humboldt vertrat die Ansicht, daß die Sprache ihre formende Kraft allein am Inneren erweise (122). Da Sprache angeblich die Weltauffassung des Menschen bestimmte (123), erhob Humboldt kompromißlos die Forderung, daß alle Kinder auf dem Gymnasium, auch die, die wegen ihrer Schichtzugehörigkeit nur einige Jahre dorthin zu gehen beabsichtigten, an der gleichen formalen Sprachbildung teilzunehmen hatten mit der Begründung: „Die Kenntnis der Sprache ist immer, als den Kopf aufhellend und Gedächtnis und Phantasie übend auch unvollendet nützlich" (124).

Dementsprechend steigerte der Lehrplan des Gymnasiums, den Süvern entwarf, die zwölf Sprachstunden in der Sexta kontinuierlich bis auf neunzehn Stunden in Latein, Griechisch und Deutsch in der Prima, sowie zwei zusätzliche Stunden Hebräisch, die freiwillig waren, die Humboldt allerdings sehr empfahl, weil dessen Kenntnis „den Begriff von der Sprachform überhaupt nach einer sonst fast unbekannt bleibenden Seite hin erweitert" (125). Mathematik und Naturwissenschaften waren demgegenüber die ganze Schulzeit gleichbleibend mit sechs und zwei Stunden vertreten. Daneben gab es in den Oberklassen nur noch Geschichte und Geographie mit zusammen drei Stunden, sowie Religion mit zwei Stunden (126), das „als Anregung des Gefühls" gedacht war (127).

Aber nicht nur die Einseitigkeit dieser angeblichen Allgemeinbbildung hatte weitreichende Folgen, indem sie Fragen der Beherrschung der Technik durch den Menschen zusammen mit allen Fragen der Arbeitswelt ausklammerte und keinen Raum für die Beschäftigung mit Problemen der Gesellschaft ließ. Sondern abgesehen davon, daß die Sprachbildung nicht der gemeinsamen Verständigung diente, wirkte sich auch der formale und elitäre Charakter der Sprachbildung nachteilig für breite Bevölkerungsschichten aus. Schon in einem Zitat Humboldts von 1810 aus einem Brief an seine Frau wird die aristokratische Funktion, die Humboldt der Sprache gab, deutlich: „Noch in unserer Jugend war wenigstens das hübsch, daß eine ganze Menge von Menschen, alle frivolen, alle sehr vornehmen, alle trockenen Geschäftsleute, alle bloß derb und roh an der Wirklichkeit Hängenden eine ganze Menge von Wörtern in der Sprache niemals brauchten, und der Umgang mit diesen Wörtern einem Kreise vorbehalten blieb, in den man doch durch irgend etwas eingeweiht sein mußte.... Aber... durch das viele Lesen und Hören von Schiller und Goethe ist die Sprache gemein geworden, und man muß erleben und dulden, daß das Sprechen von Menschen, die mit einem nichts ähnliches haben, als daß sie auf zwei Beinen gehen, ebenso klingt, als wenn man selbst spricht" (128).

Daß gerade die einseitige sprachliche Ausrichtung der Gymnasien deren ohnehin intendierte Auslesefunktion bis heute untermauert, ist in vielen neueren empirischen Untersuchungen nachgewiesen worden (129). Nichtsprachliche Fähigkeiten werden daher auch heute noch einseitig abgewertet. Das zähe Festhalten der Philologen wider alle modernen Erkenntnisse zumindest an einer alten, toten Sprache, dem Lateinischen blockiert u.a. auch heute noch eine durchgreifende Modernisierung des Lehrplans und trägt bewußt dazu bei, das schon zu seiner Entstehung unzeitgemäße humanistische Bildungsideal weiter zu tradieren. So ist Sprache auch heute noch „ein Medium von Herrschaft und sozialer Macht" (130).

Übergreifend ist an dieser Stelle noch einmal darauf hinzuweisen, daß die neuhumanistische Bildungsbewegung Reaktion war auf „Erneuerungskrisen" (Rüegg) im Zusammenhang mit der Aufklärung und der französischen Revolution und auf „soziale Umschichtungsprozesse" (Rüegg), die mit Hilfe des in den Stein/Hardenbergschen „Reformen" zur Geltung kommenden Wirtschaftsliberalismus ausgelöst wurden und auf die beginnende Industrialisierung verwiesen. Der Ruf „Griechenland statt Rom",

der „zugleich als Kampfansage gegen Paris verstanden werden konnte" (131), ist daher als rückwärts gewandtes Festhalten-Wollen am Altherkömmlichen zu werten.
Als Fazit der hier erarbeiteten Analyse der verschiedenen Bestandteile des deutschen Bildungsidealismus, die nicht nur von der üblichen apologetischen Darstellung abweicht, sondern auch von der bei als links geltenden Kritikern unseres Bildungswesens zu findenden Einschätzung, ist hier deshalb *zusammenfassend* festzuhalten, daß dessen Besonderheit „in allen Tendenzen gesucht werden (muß), die Abkehr von der Aufklärung und von der demokratisch intendierten Gesellschaftsbezogenheit einschließen" (132). Hinzuzufügen ist, daß die Bildungsidee in der Ablehnung der beginnenden Technisierung und Mechanisierung und der damit aufkommenden neuen Arbeitswelt auch eine Abkehr vom Fortschritt und der sich wandelnden Welt ist, alles in allem Charakteristika, die eine derartige Bildungstheorie nicht nur als überholt, sondern als denkbar ungeeignet für das Erziehungs- und Ausbildungswesen eines modernen demokratischen Industriestaates ausweisen.

1.2.3.5. Die allgemeine Durchsetzung des klassischen deutschen Bildungsideals im neunzehnten Jahrhundert

Als entscheidender Faktor, der den neuhumanistischen Prinzipien durchschlagende Geltung verschaffte, stellte sich die Tatsache heraus, daß die preußischen Reformen von 1810/12 „das Gymnasium als alleinige, auf die Universität vorbereitende höhere Schule" (133), „als einzige allgemeinbildene Vorbereitungsanstalt" (134) festlegten. Von nachhaltiger Wirksamkeit für die mehrfach neu und erfolgreich befürwortete Fortexistenz des Gymnasiums als Institution und besonders seiner humanistischen Ausprägung erwies sich auch das besondere Examen, das 1810 zur „Prüfung der Kandidaten des höheren Schulamts" eingeführt wurde (135) und durch das nun erstmals ein besonderer, vom theologischen Studium und vom geistlichen Amt unabhängiger Gymnasiallehrerstand geschaffen wurde (136), der noch heute im Deutschen Philologen- und im Altphilologenverband seine standesmäßigen Interessen vehement vertritt.
Von den ursprünglichen Lateinschulen war eine ganze Anzahl den neuen gymnasialen Reformanforderungen nicht gewachsen gewesen, so daß ab 1810 ein Ausleseprozeß einsetzte, der die Zahl der Gymnasien beschränkte, während sich viele Lateinschulen eine neue Aufgabe suchen mußten und Realschulen wurden. Dem sich gleichzeitig vergrößernden Bedürfnis des mittleren Bürgertums nach dem Besuch von Real-, Gewerbs-, Handels- und höheren Bürgerschulen mußte der preußische Staat trotz seiner Bedenken mit der Prüfungsordnung von 1832 Rechnung tragen, die Deutsch, Französich, Mathematik, Naturwissenschaften, Geschichte und Geographie und wahlweise Englisch oder Latein zur Voraussetzung für das „Einjährige" machte, eine Prüfung, die die Absolventen zur Ableistung des einjährigen Militärdienstes berechtigte (137). Dieser Militärdienst, aus dem man nach erfolgreichem Abschluß als Reserveoffizier entlassen wurde, bzw. das darauf ausgerichtete Berechtigungswesen entwickelte sich im Laufe des neunzehnten Jahrhunderts als ein bedeutsames Instrument zur Integration auch des mittleren Bürgertums in den obrigkeitlich orientierten Staat unter geschickter Zunutzemachung des humanistischen Allgemeinbildungsprinzips.
Die entscheidende Wendung hierzu wurde wohl durch die gescheiterte bürgerliche Revolution von 1848 ausgelöst, die in der preußischen Reaktion auf die darin noch einmal deutlich gewordenen Demokratisierungsbestrebungen die sog. Stiehlschen Regulative von 1854, 1856 und 1861 hervorbrachte. Deren allgemeine Tendenz war die „Reduktion der Lehrinhalte und Lehrziele" (138) aus der Befürchtung heraus, das

Volk und das Bürgertum könnten durch zuviel Wissen und Aufklärung erneut eine stärkere Demokratisierung fordern. Besonders betroffen waren die Volksschulen, in denen alles eliminiert wurde, was über eine religiös-sittliche Erziehung und das neu aufgestellte Prizip „christlicher, vaterländischer Gesinnung" und „häuslicher Tugend" hinausging (139). Was die Bürger betraf, so wurde die Befürchtung des Herrscherhauses relevant, daß die vornehmlich fachliche Ausbildung und die Ausrichtung an Realien die „freie menschliche Bildung des Geistes und des Gemüts" zu sehr vernachlässigte (140). Von diesem Zeitpunkt an war das Bemühen zu beobachten, das humanistische Bildungsideal auf die Bürgerschulen zu übertragen, allerdings unter ausdrücklicher Betonung seiner Harmonie mit dem Christentum (141). Dem entsprach die Erhöhung der Anzahl der Religionsstunden im preußischen Gymnasiallehrplan von 1856 und die gleichzeitige Reduzierung der Mathematik auf drei bis vier Stunden (142). Die beginnende Ausrichtung des Bürgertums auf das klassische deutsche Bildungsideal wurde einerseits darin deutlich, daß Latein „zu den obligatorischen Gegenständen des Lehrplans" erklärt wurde (143), zum anderen darin, daß man nun betonte, sie seien keine Fachschulen, sondern hätten es „wie das Gymnasium mit allgemeinen Bildungsmitteln und grundlegenden Kenntnissen zu tun". Zwischen Gymnasium und Realschule finde daher „kein prinzipieller Gegensatz, sondern ein Verhältnis gegenseitiger Ergänzung statt" (144). Folgerichtig setzte jedoch um diese Zeit mit der Klassifizierung der Realschulen in solche erster und zweiter Ordnung deren Weiterentwicklung zum Realgymnasium ein und damit die Eröffung eines – wenn auch beschränkten – Zugangs zu bestimmten Studiengängen in der Universität. Anfang der achtziger Jahre wurde staatlicherseits aufgrund der großen Nachfrage und der steigenden Anforderungen der Industrie auch den Schulen, die 1859 das Latein nicht in ihren Lehrplan aufgenommen hatten, der Aufbau zur Oberrealschule gestattet, deren Abschluß ebenfalls zum Studium einiger technischer Fächer berechtigte (145). Da auch das Herrscherhaus letztlich die Tatsache anerkennen mußte, daß die „Erweiterung des realistischen Wissens" eine „hochbedeutsame Frage für die wirtschaftliche Weiterentwicklung" war (146), wurde auf der Schulkonferenz von 1900 schließlich die Konsequenz daraus gezogen, die lautete: entweder Aufgabe des altsprachlichen Unterrichts zugunsten von Fächern, die sich mit Realien befaßten, oder Aufgabe des „gymnasialen Monopols" (147). Die Entscheidung fiel zugunsten der „Gleichwertigkeit" der verschiedenen Oberschultypen, so daß nun alle den gleichberechtigten Zugang zur Universität ermöglichten (148), allerdings nicht ohne daß das humanistische Bildungsideal gründlich auf die Bürgerschulen abgefärbt hatte, denn die Realien hatten ihren Platz dort nur sichern können, „indem sie ihren ‚Bildungswert' mit einer Distanzierung von aller unmittelbaren Berufsbezogenheit erkauften" (149).

Die durch die industrielle Entwicklung erforderliche Höherqualifizierung hatte die Notwendigkeit einer wissenschaftlichen Ausbildung mit sich gebracht. Als Voraussetzung für diese galten jedoch nicht nur gute mathematische und naturwissenschaftliche Kenntnisse, sondern auch die sog. gute Allgemeinbildung. Dies übte Druck auf die unteren Bildungsanstalten aus, sich auf diese Anforderungen hin zu orientieren, die an den „berufsdistanzierenden Allgemeinbildungskanon" (Blankertz) gebunden waren. Das verstärkte auch die Tendenz der allgemeinen Fortbildungsschule im Gegensatz zur berufsbezogenen. Der Grund, warum all diese Schulen nach Allgemeinbildung strebten, war das Berechtigungswesen. Es wären längst nicht alle Schulen, die jährlich in einer vom Reichskanzleramt veröffentlichten Liste verzeichnet waren, die den staatlichen Anforderungen genügten und die das Einjährige verleihen durften (150). Die Möglichkeit, nach Ableistung des einjährigen Militärdienstes Reserveoffizier zu sein (das einfache Volk mußte dagegen drei Jahre Militärdienst absolvieren, ohne die Chance,

Offizier zu werden), war nämlich „von hoher Bedeutung für alle Berufs- und Sozialchancen" (151). Da auch „der Zugang zu den höher qualifizierenden Formen der neuen industriellen Berufsausbildung von den allgemeinen Berechtigungen abhängig gemacht wurde", verloren alle beruflichen Leistungsnachweise stark an Bedeutung, weil die zunächst aufgrund dieser Leistungen vorhandenen Aufstiegsmöglichkeiten immer mehr zurückgedrängt wurden (152). Damit hatte sich das Humboldtsche Ziel der Allgemeinbildung zum Nachteil einer mehr speziellen Ausbildung für den zukünftigen Beruf und einer stärkeren Gesellschaftsbezogenheit auf breiter Ebene weit über die Gymnasien hinaus durchgesetzt. Für die Masse des Volkes jedoch blieben die mit ihm verbundenen Privilegien unerreichbar. Zwar wurde für die befähigteren Volksschüler die Mittelschule geschaffen. Aber „obschon sie in Lehrplan und Leistungsniveau an Realschulen zweiter Ordnung und höhere Bürgerschulen heranreichte", erschien keine dieser Mittelschulen jemals in der Liste der zum „Einjährigen" führenden Schulen (153).

1.2.3.6. Die Trägerschichten der neuhumanistischen Bildungsidee bis zum Ende der Weimarer Republik und die Gründe für ein Ausbleiben von Reformen

Aus der Darstellung der vielfältigen gegen das moderne Industriezeitalter gerichteten Tendenzen ist deutlich geworden, daß das klassische deutsche Bildungsideal von seinen „Schöpfern" auch bewußt als Abgrenzung gegen verschiedene Bevölkerungsschichten gewendet war. Nicht nur Bauern und Tagelöhner und das in Ansätzen sich bildende Proletariat sollten von der neuhumanistischen Bildung ausgeschlossen sein, sondern auch Handwerk und Gewerbe, Geschäftsleute und auch die Fabrikanten, eben „alle bloß derb und roh an der Wirklichkeit Hängenden" (154).
Übrig blieb (neben dem Adel) insbesondere der höhere Mittelstand, damals vor allem die Akademikerschicht. Neben den Beamten im höheren Staatsdienst waren Berufsgruppen wie die der Juristen, der Theologen, des sich herausbildenden Gymnasiallehrerstandes und des Universitätsprofessors vertreten und z.T. auch die des Offiziers (155, 155a). Hinzu kamen die Intellektuellen, zu denen vornehmlich Publizisten und Literaten rechneten.
Diese Akademikerschicht bürgerlicher Herkunft (155b), die an der Macht im Staate kaum direkten Anteil hatte, weil jene weiterhin vom Hof und den alten Adelskreisen usurpiert wurde, die andererseits an Hand des Verlaufs der französischen Revolution Furcht vor den Folgen revolutionär ausgetragener Demokratisierungsforderungen bekommen hatte und darum lieber alles beim Alten beließ, suchte an Stelle der ihr nicht erreichbaren Macht ein Surrogat, das sie von den nachdrängenden unteren Mittelschichten und dem „gemeinen Volk" abhob und das gleichzeitig ermöglichte, sich nach oben zu orientieren, um auf diese Weise die Nähe bzw. Konkurrenz zu den Machtträgern deutlich zu machen und sich selbst als Elite, wenn auch als „geistig-soziale" (Strzelewicz) verstehen zu können.
Diese Orientierung nach oben aber wurde den Akademikerkreisen dadurch erleichtert, daß die Wirren von 1806/07 dem Adel seine gefährdete Stellung vor Augen geführt hatten, so daß er bereit war, gehobene bürgerliche Kreise in die Oberschicht zu integrieren und durch deren Verbreiterung dem aufklärerischen Ruf nach Gleichheit, der sich in der französischen Revolution Geltung verschafft hatte, die Spitze abzubrechen. Das Beamtentum als wesentliche Trägergruppe lebte „im engen Kontakt zur Aristokratie", ahmte deren Lebensformen nach, übernahm deren Wertungen und distanzierte sich immer stärker vom übrigen Mittelstand, insbesondere dadurch, daß es in der Reformzeit die Nichtabsetzbarkeit des Beamten durchsetzte und sich so auch

ökonomisch absicherte (156). So versuchte das gehobene Bürgertum mit Hilfe von „Bildung humanistischer Observanz..., seinen Platz in der gesellschaftlichen Hierarchie an der Seite der auf ererbten, zugeschriebenen Rechten und Ansprüchen ruhenden alten Prestigegruppen zu sichern" (157). „An Stelle der Herkunft setzten sie das Ideal der Persönlichkeitsbildung als Kriterium für die Zuerkennung von Privilegien und für eine Bindung an den Staat" (158). So zeichnete sich die neue „Geistesaristokratie" durch „inneren Adel" aus, was sich auch daraus erklärte, daß das deutsche Bürgertum bis zu Humboldts Zeiten kein Selbstbewußtsein entwickelt hatte und somit auch kein ihm eigenes Wertsystem. Aufgrund der geistigen Orientierung kristallisierte sich mehr und mehr eine apolitische Haltung des deutschen Bürgertums heraus. Die Assimilierung ständischer Einschläge und die Unterwerfung unter die gegebene obrigkeitsstaatliche Machtordnung hatten die Aufgabe der gemeinhin vom Bürgertum ausgehenden Demokratisierungsbestrebungen zur Folge (159). Dies bewirkte eine „fortschreitende Feudalisierung der Gesellschaft" (160), die bis tief in die Weimarer Zeit hineinwirkte und die zur Zerstörung dieser ersten deutschen Demokratie beigetragen hat.

Abgesehen von dieser besonderen Konstellation der Rückständigkeit des deutschen Bürgertums zur Zeit der Etablierung der klassischen Bildungsidee, ergibt sich die Frage, wieso sich dieses einseitige Bildungsideal über anderthalb Jahrhunderte halten und immer wieder neu verfestigen konnte, eine Frage, die nur ansatzweise beantwortet werden kann und m.E. weiterhin aufgrund der besonderen deutschen Entwicklung bis hinein in die Zeit nach dem Zweiten Weltkrieg zu beantworten ist.

Der Abriß der Entwicklung des Erziehungswesens in Deutschland hat gezeigt, daß das humanistische Bildungsideal vom Gymnasium „auch auf die anderen Schulen und ihre Lehrer noch abgefärbt" hat (161), obwohl die Real- und Bürgerschulen doch ursprünglich gerade um der Gesellschafts- und Berufsbezogenheit willen gegründet worden waren und obwohl der Neuhumanismus als pädagogische Theorie gerade dieses Ziel und damit die gesamte Institution nachhaltig bekämpft hatte. Abgesehen davon, daß der „berufsdistanzierende Allgemeinbildungskanon" (Blankertz) mit Hilfe der analog zu den Stiehlschen Regulativen entwickelten Realschullehrpläne Eingang in die bis dahin vor allem mit Realien befaßten Schulen gefunden hat, muß dieser Wandlung die Bereitschaft der entsprechenden Bürgerschichten, eine mehr allgemeine Bildung zu akzeptieren, zu Grunde gelegen haben. Dieses scheint mir dadurch erklärbar, daß „die städtische und industrielle Mittelschicht" trotz ihres inzwischen begonnenen wirtschaftlichen Aufstiegs aufgrund der gescheiterten bürgerlichen Revolution von 1848 „der alten Militär- und Grundbesitzeraristokratie" gesellschaftlich und politisch weiterhin unterlag (162). Da die wesentlichsten Folgen der achtundvierziger Revolution einerseits „die Befriedigung des bürgerlichen Erfolgsstrebens durch die ... Förderung der kapitalistischen Wirtschaft, andererseits die Stärkung der monarchischen und feudalen Gewalt" waren (163), unterwarf sich die industrielle Bourgeoisie „den bürokratisch-militärischen Werten ihrer historischen Vorgänger" und verzichtete forthin auf „einen eigenen politischen Herrschaftsanspruch" (164). Andererseits suchte sie als Ausgleich m.E. Anlehnung an das Bildungsbürgertum, um so wenigstens am Prestige des gehobenen Bürgertums der Akademikerschicht teilzuhaben und sich nach unten gegen das bedeutsamer werdende Proletariat deutlich abzugrenzen. Da Teile dieser Mittelschicht ursprünglich ländlicher Herkunft waren und über das Handwerk zum Lehrerberuf und weiter zur Verwaltungslaufbahn strebten, wurde ein mehr humanistischer Bildungskanon in den Realschulen auch, wenn auch m.E. zum geringeren Teil von dieser Aufstiegsmotivation her akzeptiert (165).

In diesem Zusammenhang steht m.E. auch die – für die Geschichte der Reformforde-

rungen in Deutschland bedeutsame — Frage, warum sich die im Vergleich zu allen anderen Lehrern unterprivilegierten Elementar- bzw. Volksschullehrer nicht mit ihren Schülern, den Arbeiterkindern solidarisieren. In der Zeit der beginnenden Industrialisierung waren die Lehrer des „gemeinen Volkes" meist gescheiterte kleine Handwerker, leer ausgegangene Bauernsöhne und abgedankte Soldaten, die ebenfalls nicht zum Arbeiter degradiert werden wollten (165a). Zur Zeit der achtundvierziger Revolution hatten sie begonnen, ein eigenes Standesbewußtsein zu entwickeln und nach beruflicher Emanzipation zu streben (166). Die aus diesem Interesse entstandene, etwa ab 1900 unter dem Namen Reformpädagogik subsumierbare bürgerlich-pädagogische Kritik am alten Schulwesen, die vor allem von Volksschullehrern ausging, klammerte die Fragen der sozio-ökonomischen Herkunft der Volksschulkinder unter dem Anspruch der pädagogischen Autonomie aus ihren Reformvorstellungen explizit aus (167). Da sie so die sozialisationsbedingten Vorprägungen der Arbeiterkinder nicht erkennen konnten, richteten sich ihre Neuerungsvorhaben auch nicht gezielt auf die Verbesserung der Ausgangsbedingungen für diese Kinder bzw. auf die Herstellung der Gleichheit der Chancen. Darüber hinaus war die reformpädagogische Bewegung von einer solchen Vielfalt pädagogischer Ansichten, Ideen und Pläne getragen, daß sich eigentlich nur der Kulturpessimismus als gemeinsamer Nenner, der sich durch „das Gewirr von Uneindeutigkeiten" zog, ausmachen läßt (168). Die stärksten Anregungen für die pädagogische Reformbewegung kamen aus der Jugendbewegung, die den Gegebenheiten der idustriellen Gesellschaft eher „in einer abwehrenden, wenn nicht offen feindlichen Haltung" begegnete (169), so daß eine tiefgreifende Analyse der wichtigsten Mängel des bestehenden Schulsystems gar nicht in Angriff genommen werden konnte und die Reformpädagogiker sich in Sehnsüchten „nach der unverstellten Natur" oder in einer Glorifizierung des Ganzheitlichen verloren, so z.B. die Einzelstücke fertigenden Handwerks (170). Obwohl mit den Aritkeln 146 und 147 der Weimarer Verfassung einige Voraussetzungen für eine Schulreform geschaffen worden waren, zeigte die Reformbewegung keinen durchgreifenden Erfolg. Entsprechend der diffusen geistigen Ströme, die in ihr zusammenflossen, hinterließ selbst die nunmehr unter einer republikanischen Regierung zusammentretende Reichsschulkonferenz von 1920, die im wesentlichen von Reformpädagogen getragen wurde, kein in Politik umsetzbares, einheitliches Schulerneuerungskonzept (171), sondern nur einzelne Empfehlungen, die eher die Inhalte und Methoden als die bestehende Schulorganisation betrafen (172). *Die einzige Reform von Bedeutung*, die in Weimar durchgesetzt wurde, war das Grundschulgesetz, das den Abbau der öffentlichen und privaten Vorschulen und Vorschulklassen erreichte und die *Durchsetzung einer* für alle Kinder *gemeinsamen Grundschulzeit von vier Jahren* (173). Diese das Prinzip der Dreigliedrigkeit jedoch kaum anttastende Änderung zielte nicht auf die Grundkonstanten des deutschen Schulsystems. Sie ermöglichte nur im Ausnahmefall, daß ein hochbegabtes Arbeiterkind nach vier Jahren evtl. zur Realschule oder noch seltener zum Gymnasium wechseln konnte. Die Reform kam jedoch dem Emanzipationsinteresse der Volksschullehrer entgegen, insofern als einige Länder für den Lehrerberuf nun das Abitur und ein Studium — meist an für diesen Zweck eingerichteten Pädagogischen Akademien — vorschrieben. Als Vorstufe für die von der Sozialdemokratie angestrebte Einheitsschule ist die gemeinsame vierjährige Grundschule nicht zu werten.
Anfang des 20. Jahrhunderts hatten die Sozialdemokraten in Mannheim 1906 unter dem Bremer Volksschullehrer Heinrich Schulz erstmals schulpolitische Leitsätze aufgestellt, deren Vorstellungen sie weitgehend von der als radikal-liberal einzuordnenden Minderheit der Volksschullehrer übernommen und zu ihren eigenen gemacht hatten (174). Aber während der deutsche Lehrerverein (DLV) — die mit Abstand größte

Lehrerorganisation im Kaiserreich, wie auch in Weimar — vor dem Krieg noch „deutlich Position gegen die Sozialdemokratie bezog", hatte die Sozialdemokratie es nicht nur unterlassen, eine „planmässige Agitation" unter den Lehrern zu betreiben (175), sondern sie sprach sich 1919 für die Mitarbeit der SPD-Lehrer in eben diesem bürgerlichen Lehrerverein aus (176), obwohl er nicht die radikal-liberale Forderung nach der Einheitsschule vertrat. Der Beschluß des Kasseler Parteitages zur Mitarbeit im DLV wurde erst 1931 aufgehoben (177), obwohl der ADGB, der die Arbeiterbewegung als sogenannte Freie Gewerkschaft repräsentierte, 1922 den Allgemeinen Deutschen Beamtenbund gegründet hatte, der „politische Affinität zur SPD" aufwies (178, 178a). Der DLV sicherte schon am 29.3.1933 Hitler seine Tatkraft „beim nationalen Aufbau des Erziehungswesens" zu und nahm sodann Verhandlungen über den korporativen Anschluß an den bis dahin von der Mitgliederzahl gänzlich unbedeutenden Nationalsozialistischen Lehrerbund an (179).

Die sowohl den Interessen der Volksschüler und damit der überwiegenden Mehrheit der Bevölkerung wie auch dem eigenen schulpolitischen Programm von 1906 wenig entsprechende sozialdemokratische Politik in Weimar muß wohl als Konsequenz aus dem die republikanische Koalition und damit die Basis für die Weimarer Republik abgebenden — von den Sozialdemokraten mit den Katholiken geschlossenen — Schulkompromiß gesehen werden. Für die Zentrumspolitiker war die Regelung des Bekenntnischarakters der Schulen nach dem Willen der Erziehungsberechtigten unverzichtbar. Obwohl die sozialdemokratischen Forderungen der Unentgeltlichkeit des Unterrichts und der Lehrmittel, sowie der „Einheitlichkeit des gesamten Schulwesens" von ihrer wichtigsten Forderung nach der Weltlichkeit des gesamten Schulwesens abhingen (180), verhinderten sie mit dem Weimarer Schulkompromiß selbst gerade die Trennung von Staat und Kirche durch ihr Zugeständnis des Fortbestehens der von den Religionsgemeinschaften getragenen Bekenntnisschulen. Die Errichtung der in Weimar für das öffentliche Schulwesen vorgesehenen Gemeinschafts- bzw. Simultanschulen wurde gesellschaftlich so stark bekämpft, daß selbst sozialdemokratische Parteimitglieder meist nicht den Mut hatten, ihre Kinder dorthin zu schicken. Wie eine Erhebung von 1926/27 zeigt, waren zwar 16% Simultanschulen eingerichtet worden. Sie wurden aber nur von 2% der Schüler besucht (181).

Die reformfeindlichen Tendenzen in Weimar erklären sich auch daher, daß dem klassischen deutschen Bildungsideal nach dem Ersten Weltkrieg neue Trägerschichten zuwuchsen. Die Gruppe der Angestellten, vorwiegend deklassierte Handwerker und Kleingewerbetreibende aus den alten Ständen der mittleren und unteren Mittelschicht nahm rapide zu gegenüber der Zahl der Arbeiter, die sich bis 1930 kaum verdoppelte. Diese Angestellten waren eine Schicht, die sich — rückwärts gewandt zu „den guten alten Zeiten" — gegen den neuen niedrigen Sozialstatus wehrte und deren größte Befürchtung war, mit dem Proletariat gleichgesetzt zu werden. Einen Ausweg aus ihrer selbst empfundenen Misere sahen sie u.a. in der Absorbtion der deutschen Bildungsidee die ihnen mit Hilfe der Anlehnung an den „altständischen" Mittelstand ein neues Selbstbewußtsein ermöglichte (182). Indem man zunehmend von der Zeitlosigkeit des Bildungsbegriffs sprach, konnten sich die konservativen Kräfte in Weimar hinter dieser Formel sammeln und alle in der Verfassung angedeuteten Reformen mit vereinten Kräften verhindern. Dieses Argument von der historisch nicht relativierbaren Größe der deutschen Bildungsidee ist auch nach 1945 und auch heute noch sehr beliebt. Das zur Ausführung der geplanten Reformen notwendige Reichsschulgesetz scheiterte in allen drei Anläufen (1921, 1925 und 1928) (183). Der Staatssekretär im Reichsinnenministerium und Leiter der Kulturabteilung von 1919 - 1927, Heinrich Schulz, der „mit verschiedenen Entwürfen die Rahmenkompetenz des Reiches für eine weit-

reichende und umfangreiche Schulgesetzgebung zu nutzen (suchte), scheiterte ... an den übrigen Parteien und den Ländern" (184).
Die von Beginn an relevante Tatsache, daß „existenzgefährdete als auch aufstrebende Schichten ihre geistige Identität" in der klassischen Bildung gefunden hatten (185), erwies sich erneut als maßgeblich für deren Fortexistenz.

1.2.3.7. Die Abkehr des Nationalsozialismus von Humboldt

Die nationalsozialistischen Ziele der Erziehung zu Volk und Staat, zum Dienst, zur Verantwortung und zur Opferfähigkeit (186) widersprachen dem Humboldtschen Bildungsideal der formalen, allgemeinen Menschenbildung um seiner selbst willen diametral. Die nationalsozialistischen Pädagogen warfen Humboldt vor, mit der Bildung der Individualität den jungen Menschen von seinem Volk entfernt zu haben (187). Der Vorrang der individuellen geistigen Bildung wurde abgelöst durch das „Primat der körperlichen Ertüchtigung" (188). An die Stelle eines unzeitgemäßen Bildungsideals traten nun verspätete, völkische Ideen. Das politisch weitestgehend ungebildete Volk war ihnen unvorbereitet ausgeliefert. Der neuhumanistisch angeblich allseitig gebildete Mensch versagte vollkommen. Er erwies sich häufig als blinder Parteigänger ohne eigene Wertmaßstäbe. Er marschierte bereitwillig mit, z.T. sogar als einer der ersten.
In der Konfrontierung des humanistischen Bildungsbürgers mit der national-sozialistischen Ideologie sind drei leitende Axiome zur Rechtfertigung des Humboldtschen Bildungsideals, die der in besonderem Maße von Neuhumanisten bevölkerten Universität galten, m.E. endgültig zerstört worden: „Daß wissenschaftliche Bildung und Qualifikation auch zur moralischen Bildung führe; daß unpolitische Haltung wissenschaftliche Objektivität verbürge und der beste Schutz gegen politische Manipulation und ideologische Anfälligkeit sei; und daß so verstandene Wissenschaft als ein Hort der Wahrheit unabhängig im Wandel von Gesellschaft und Politik bestehen könne" (189). Das Versagen der Gebildeten, die — statt mit Widerstand — in „innerer Bereitschaft" (Bracher) den nationalsozialistischen Umschwung hinnahmen, hatte auch institutionelle Folgen für das Schulwesen. Die Gleichschaltung der Länder vom 31. März 1933 machte das Reich zum Träger der Schulhoheit. 1938 schaffte der Nationalsozialismus die Privatschulen und besonders die Bekenntnisschulen für das Grundschulwesen durch zwangsweise Einführung der Gemeinschaftsschule weitgehend ab (190). Im höheren Schulwesen überführte er die oft privat von der Kirche getragenen humanistischen Gymnasien im Rahmen einer „drastischen Reduzierung der Schultypen der Höheren Schulen" (Christoph Führ) in die allgemeine Oberschule des Dritten Reiches (191). Diese Veränderungen im Schulwesen dienten jedoch nicht einer Reform mit dem Ziel, die Chancengleichheit zu erhöhen — der Nationalsozialismus schaffte sich neue Institutionen zur Aufzucht seiner Elite —, sondern sie sollten Grundlage für eine Vereinheitlichung zum Zwecke der Gewährleistung der Verwirklichung einer uniformen nationalen Erziehung sein. Die Feindschaft der nationalsozialistischen Ideologie zur neuhumanistischen und der faschistische Versuch, sowohl das Humboldtsche Bildungsideal wie auch die institutionellen Formen, in denen es sich manifestierte, zu zerstören bzw. für die eigenen Zwecke umzufunktionieren, führte dazu, daß die Verteidiger des Neuhumanismus diesen samt seiner Institutionen nach dem Ende des Dritten Reiches als zu Unrecht „verfolgte" Bildungsgüter hochstilisierten und jeden Versuch, das Wiederaufleben dieses unzeitgemäßen Bildungsideals zu verhindern, als national-sozialistische Methode

brandmarken. Dieser Umstand erleichterte die Restauration des Neuhumanismus nach dem zweiten Weltkrieg.

1.2.4. Zusammenfassung

Die knappe Darstellung der Schulgeschichte in Deutschland hat gezeigt, daß die *organisatorische Gestaltung* der verschiedenen Schultypen weitgehend *immer auch eine Entscheidung über die Inhalte* gewesen ist, die von den unterschiedlichen Schulformen angeboten wurden. Der Abriß der Durchsetzung des klassischen deutschen Bildungsideals hat allerdings deutlich werden lassen, daß das deutsche Bildungswesen über die wechselseitige Bedingung von Schulform und Inhalt hinaus von einem besonderen Phänomen geprägt ist. Die Humboldtsche Bildungsphilosophie hat sich in den hundertsiebzig Jahren der Entstehung und Entwicklung unseres Schulsystems als so prägend und Norm setzend erwiesen, daß die Abwehrstellung der ersten Trägerschichten dieser Idee gegenüber „Industrie und Gewerbe" auch die mittlere bürgerliche Schicht, die in erster Linie eine „beruflich-realistische" Ausbildung suchte und befürwortete, so beeinflußte, daß sie sich bemühte, der bürgerlich technischen Realschule ein neuhumanistisches Gepräge zu geben, indem sie sie bis zum Realgymnasium und ähnlichen Formen aufstockte und die Lehrpläne mit Latein u.a. auffüllte, um mit dem sog. Bildungsbürgertum mithalten zu können.

Die Bildungsidee war so dominant, daß *keiner der bestehenden Schultypen*, die mit der Zerstörung der familialen Produktionsstätten von niemandem mehr wahrgenommene Funktion der Ausbildung und Vorbereitung auf die Anforderungen des täglichen Lebens und des Berufes übernahm. Obwohl diese Aufgabe in unserer gegenüber dem Feudalstaat ungleich komplexer gewordenen industriellen Welt sehr viel unverzichtbarer ist als in einer agrarisch orientierten Gesellschaft, gibt es noch heute außer der zwischen 1870 und 1920 aus der Fortbildungsschule entwickelten eintägigen Berufsschule (192) in der Bundesrepublik keine Institution, die die Funktion der Heranführung an die Bewältigung der Arbeitsweltprobleme und der Ausbildung für deren Anforderungen beim Kind übernommen hat. Statt dessen jagen die deutschen Schulen noch immer der „Chimäre der Allgemeinbildung" (Blankertz) nach, und „die neuhumanistische Tradition und der in ihr schablonisierte Begriff der Bildung (sind auch heute) noch immer eine entscheidende Instanz zur Autorisierung und Legitimierung der bestehenden Schulorganisation" (193). Die Volksschule, heute Hauptschule genannt, ist noch immer die Schule für die große Masse des Volkes, vielfach noch immer ohne echte Weiterbildungsmöglichkeiten zu bieten. Die Gründe mögen dafür heute vielschichtiger sein als früher, ändern aber nichts an der Tatsache, daß diese Schulform noch immer als weitgehend undurchlässig erscheint. Die neuerlichen Bestrebungen in der CDU, den numerus clausus vom Universitätszugang vor den Eintritt ins fünfte Schuljahr zu verlegen, unterstreichen diesen Tatbestand. Neben der Hauptschule gibt es wie seit der Zeit der Aufklärung die Schule für den unteren und mittleren Mittelstand, die Real- oder Mittelschule, während das Gymnasium auch heute noch vorwiegend den Beamtenkindern und der übrigen gehobenen Mittelschicht vorbehalten bleibt. Zwar hat es verschiedene Ansätze gegeben, die Durchlässigkeit der drei vorhandenen Schultypen zu vergrößern, zwar gibt es seit geraumer Zeit Schulversuche, die die vertikale Dreigliedrigkeit der bestehenden Schulorganisation bedrohen (Integrierte Gesamtschule), aber die Hoffnung auf generelle Aufhebung ist bisher keineswegs realistisch, weil die Verteidiger der alten Formen und Inhalte noch immer die in der Bundesrepublik bestimmenden Kräfte zu sein scheinen und weil sich selbst die reformwilligen

Kräfte auf einen jahrelangen, wenn nicht gar jahrzehntelang währenden Reformprozeß eingestellt haben.
Ausgehend von der in der deutschen Schulgeschichte daher grundlegend bleibenden Erfahrung der gegenseitigen Bedingung von Schultyp und fachlichen Lehrinhalten wird später die Frage zu stellen sein, wie weit es möglich ist, Lernziele und Lehrinhalte zu ändern, ohne die institutionelle Ausprägung der Schule anzutasten und die Schulstruktur grundlegend zu ändern, eine sowohl für die Re-education-Politik als für Adaptationsversuche relevante Problematik.

1.3. Politische Erziehung im neuhumanistischen Schulsystem

Um die 1945 vorhandenen Voraussetzungen für einen Neuanfang oder die Weiterentwicklung einer Erziehung zur Demokratie, sei es durch Deutsche oder durch amerikanische Besatzer (193r) zu ermitteln, müssen die geschichtlichen Wurzeln der Erziehung des deutschen „Staatsbürgers", muß die historische Entstehung der institutionalisierten politischen Erziehung des deutschen Volkes dargestellt und bewußt gemacht werden. Abgesehen von der nationalpolitischen Erziehung im sog. Dritten Reich hatte es in Weimar die vielumstrittene staatsbürgerliche Erziehung gegeben, und schon im Kaiserreich waren der Schule deutliche Anweisungen für die Berücksichtigung bestimmter Inhalte gegeben worden, die ebenfalls staatsbürgerliche Erziehung genannt wurden. Es stellen sich daher zur Ergründung der 1945 bestehenden Ausgangssituation folgende Fragen:
War die staatsbürgerliche Erziehung vor 1933 eine formale Erziehung zum Staat, die dem Bürger die staatsbürgerlichen Pflichten nahebringen sollte und den Staat per se als über den gesellschaftlichen Gruppen und Kämpfen stehende Ordnungsmacht darstellt, ohne ihn politisch inhaltlich zu informieren, war es eine Erziehung, die den Bürger auf bestimmte staatlich befürwortete Werte verpflichten sollte, um ihn an den status quo zu binden und unerwünschte Entwicklungen zu verhindern? War es eine Erziehung zur Demokratie mit der Bejahung politischer Parteien und gesellschaftspolitischer Auseinandersetzungen als Teil des Regierungssystems und mit der Befähigung der Bürger, parteipolitische Aktivität als Voraussetzung einer funktionierenden Demokratie zu verstehen und selbst entscheiden zu können, welcher parteipolitischen Richtung man zuneigt? Oder war es gar eine Erziehung, die im Sinne eines historisch-dynamischen Verständnisses den gegenwärtigen Staat erst als am Anfang einer demokratischen Entwicklung stehend darstellte und das politische Bewußtsein und Verhalten der Bürger zu einer kritischen Einstellung gegenüber gesellschaftlicher und staatlicher Macht anregen wollte? Konnte es in einem Schulsystem, das unter neuhumanistischen Ideen und Zielen angetreten war, überhaupt eine Erziehung, die sich um politische Fragen Gedanken machte, geben? Konnte es in einer Schulstruktur, die hierarchisch organisiert war, eine Erziehung geben, die auf die kritische Auseinandersetzung mit Fragen gesellschaftlicher und politischer Machtausübung abzielte? Kann ein Unterricht, der zu demokratischem Verhalten und zu demokratischem Bewußtsein erziehen soll, in einer überwiegend nach sozialen Klassen gegliederten Schulorganisation erfolgreich sein?
In den beiden einzigen bis 1970 vorliegenden erwähnenswerten Untersuchungen zum Ablauf staatsbürgerlicher Erziehung in Deutschland werden die Amerikaner wegen ihrer Re-education-Versuche für die in den 50er Jahren feststellbare abwehrende Haltung der Deutschen gegenüber politischem Unterricht verantwortlich gemacht. Da

es in dieser Arbeit um eine Beurteilung der amerikanischen Versuche, die Deutschen zu Demokraten zu erziehen, geht — auch im Hinblick auf zukünftige Probleme möglicher Adaptationen — soll mit Hilfe der Aufdeckung der historischen Bedingtheit der 1945 ermittelten Ausgangssituation auch überprüft werden, ob die in den 50er Jahren festzustellende „Ablehnung des Sozialkundeunterrichts" durch die deutsche Bevölkerung darauf zurückzuführen war, daß dieser Unterricht „als von den Amerikanern oder der Besatzungsmacht verordnet" (194), begriffen wurde bzw. als „engstirniger Umerziehungsversuch" (195), der noch lange sämtliche politischen Erziehungsbemühungen diskreditierte. Solche Verdikte können ebensogut die Funktion haben, von einer dahinterstehenden konservativen Haltung abzulenken, die selbst jeglichen politischen Unterricht ablehnt und dafür, daß das in einer Demokratie nicht vertretbar ist, eine billige Rechtfertigung sucht.

Um der Beurteilung dieser Verdikte näherzukommen, stellt sich zunächst einmal die Frage, ob Re-education-Versuche von außen überhaupt notwendig waren — aus der Sicht der Amerikaner und auch aus der Sicht demokratisch eingestellter Deutscher (195a). Der Einschätzung dieses Problems läßt sich nur näherkommen durch die für diesen historischen Teil maßgebliche Fragestellung: wie weit hatte es bereits Ansätze zu einer Erziehung zur Demokratie im Schulunterricht in Deutschland gegeben?

Immerhin war das Fach Staatsbürgerkunde in der Weimarer Republik durch die Verfassung abgesichert. Der Begriff Staatsbürgerkunde ist zudem mit Namen wie Georg Kerschensteiner und Friedrich Wilhelm Foerster verbunden, so daß die Frage, woran die Deutschen selbst aus eigener Initiative hätten anknüpfen können, recht wichtig erscheint.

1.3.1. Staatsbürgerliche Erziehung in Deutschland vor 1933

Da die allgemeine Schulpflicht in Deutschland nicht von einer demokratischen Regierung oder Bewegung eingeführt wurde, sondern aus monarchischer Gesinnung heraus und da diese Tradition die Schulstruktur sowie die Schulatmosphäre sehr nachhaltig beeinflußt hat, stellt sich die Frage, ob die Demokraten in Weimar eine eigenständige politische Theorie entwickelten, die eine konkrete demokratische Erziehung ermöglichte oder ob ihre Vorstellungen in Anlehnung und Fortführung theoretischer Gedanken, die schon im Kaiserreich Gültigkeit hatten und Anerkennung fanden, befangen waren. Da wichtige Theoretiker der Weimarer Zeit ihre Gedanken bereits zur Zeit des Kaiserreichs formulierten, ist zunächst nach den offiziellen wie den oppositionellen Vorstellungen und Gegebenheiten des staatsbürgerlichen Unterrichts jener Zeit zu fragen.

1.3.1.1. Die Bekämpfung sozialdemokratischer Bestrebungen als Zäsur in der offiziellen staatsbürgerlichen Erziehung des Kaiserreichs

Daß die öffentliche allgemeine Schule der Jugend „treue Liebe für König und Staat" einflößen solle und daß „zur Sittlichkeit des Charakters" auch „rücksichtsloser Gehorsam gegen Gesetze und gesetzliche Ordnung" gehöre, stand zwar sogar im Süvernschen Unterrichtsgesetz-Entwurf von 1819 (196), hatte aber insofern für die Schule keine besonderen Auswirkungen, als bis zu den Stiehlschen Regulativen hin in den offiziellen Lehrplänen für die preußischen Schulen keinerlei inhaltliche Unterrichtsanweisungen zur politischen Bildung enthalten waren. Erst die achtundvierziger Revolution brachte den preußischen König zu der „Einsicht", daß man die Lehrer und damit die Schule

für die Einstellung des Volkes zur Monarchie verantwortlich machen könne: „All das Elend, das im verflossenen Jahre über Preußen hereingebrochen, ist Ihre, einzig Ihre Schuld", warf er auf einer Konferenz über Lehrerseminare den Volksschullehrern vor (197), eine Auffassung, die sicherlich dazu beitrug, die Ausführungen zur Geschichte in „dem 1. Regulativ betr. den Seminarunterricht vom 1. Oktober 1854" wie folgt detaillierter zu fassen: „Dagegen muß es als eine wichtige Aufgabe der Schullehrer angesehen werden, . . . Kenntnis der vaterländischen Erinnerungen, Einrichtungen und Personen aus der Vergangenheit und Gegenwart, und damit Achtung und Liebe zu der Herrscherfamilie vermitteln zu helfen" (198). Insgesamt ging es dabei vor allem um die Darstellung von „Lebensbildern preußischer Herrscher" und damit um die Verbreitung einer monarchischen Gesinnung im Volk, ohne daß diesem Unterricht besonderer Nachdruck verliehen worden wäre oder daß sich daran durch die Gründung des Reiches vor 1871 etwas verändert hätte. 1888 jedoch bestieg Wilhelm II. den Thron mit der vom gehobenen Bürgertum und dem Junkertum immer häufiger geäußerten Überzeugung, daß weder das Sozialistengesetz, noch die verschiedenen sozialpolitischen Maßnahmen, die sein Großvater bzw. Bismarck erlassen hatten, um die Sozialdemokratie zu bekämpfen und ihr die Massenbasis zu entziehen, erfolgreich gewesen seien. Dezidiert und immer wieder vertrat er die Forderung, die Schule in all ihren verschiedenen Typen müsse eingesetzt werden, „um der Ausbreitung sozialistischer und kommunistischer Ideen entgegenzuwirken" (199). Dieser Erlaß Wilhelms II. vom 1. Mai 1889, der alsbald seinen Niederschlag in staatsministeriellen Richtlinien für den Geschichtsunterricht in Preußen fand, wird in der Literatur übereinstimmend als Zäsur setzend bzw. als eine verstärkte Auseinandersetzung mit Fragen der staatsbürgerlichen Erziehung einleitend angesehen. Allerdings gehen die Meinungen über die Qualität des „Neuen" und über die Frontstellungen der Diskussion stark auseinander (200).
Worum es dem Kaiser bzw. den die Monarchie tragenden Schichten mit diesem Erlaß ging, war — ohne etwa „in eine nähere Erörterung der sozialistischen Theorien einzutreten" —, den Schülern „die Verderblichkeit der Sozialdemokratie" einzuprägen (201) und gleichzeitig „durch statistische Tatsachen" vorzuspiegeln, Preußens Könige hätten wesentlich und konstant „die Lohn- und Lebensverhältnisse der arbeitenden Klassen verbessert" (202), und die monarchische Staatsform sei am besten in der Lage, „Die Familie, die Freiheit, das Recht und den Wohlstand des Einzelnen . . . zu schützen" (203). Diese inhaltlichen Forderungen und Bestimmungen für den Religions- und Geschichtsunterricht der Volksschulen wurden für die höheren Schulen dahingehend präzisiert, daß der Unterricht nicht mehr, wie bis dahin üblich, im 18. Jahrhundert enden dürfte, sondern „bis zum Regierungsantritte S. Majestät durchzuführen" sei und daß insbesondere die Entwicklung der „sozialen und wirtschaftlichen Verhältnisse, . . . vom Beginne dieses Jahrhunderts (des 19., L - Qu) bis zur gegenwärtigen sozialen Gesetzgebung (Alters- und Invalidenversorgung 1889) darzustellen" sei (204).
Die späteren Ministererlasse bis zum 1. Weltkrieg griffen im wesentlichen alle auf die 1889 vom Kaiser aufgestellten Forderungen zurück. Auch die anderen Länder, mit Ausnahme von Baden, folgten dem preußischen Beispiel (205).
Wie aus der vorliegenden Literatur hervorgeht, ist es schwierig, Aussagen über die *konkreten Auswirkungen dieser Richtlinien und Erlasse* für die Schulen zu machen (206). Fest steht, daß die neuen Anforderungen in den Prüfungen für die Volksschullehrer und für die Oberlehrer der höheren Schulen berücksichtigt wurden (207, 207a,). Und man kann wohl hinzufügen, daß die Schulen der gesellschaftlich vermittelten monarchisch-wilhelminischen Staatsgesinnung keineswegs entgegenarbeiteten.
Die Lehrerschaft der Gymnasien, zumal der humanistischen, die sich aus ihrem Selbstverständnis heraus das ganze Jahrhundert über von der Politik und dem Tagesgesche-

hen ferngehalten hatte, empfand die kaiserlichen Forderungen als neuerlichen Angriff auf die Substanz des humanistischen Gymnasiums, zumal der Kaiser (König von Preußen) die Philologen in der Eröffnungsansprache der Schulkonferenz von 1890 nicht zum erstenmal direkt angriff, sie hätten als „beati possidentes im Gymnasium gesessen... und hauptsächlich auf den Lernstoff, auf das Lernen und Wissen den Nachdruck gelegt..., aber nicht auf die Bildung des Charakters und die Bedürfnisse des Lebens" (208).

Wohl aufgrund des Widerstandes der gymnasialen Partei wurde die zu jener Zeit erstmals geführte Diskussion über die staatsbürgerkundliche Erziehung als eigenes Fach oder als Unterrichtsprinzip in den Fächern Religion, Geschichte und Deutsch zugunsten des als weniger verbindlich empfundenen Unterrichtsprinzips entschieden (209). Erst 1911 ist eine Anweisung zu finden, „in allen höheren Lehranstalten obligatorisch Kurse für Staatsbürgerkunde einzuführen" (210), eine Bestimmung, die bis zum Beginn des 1. Weltkrieges nicht akzeptiert, geschweige denn verwirklicht worden ist, wie die Diskussionen bei der ersten deutschen Konferenz für staatsbürgerliche Erziehung 1913 in Berlin zeigten (211). Der Geschichtsunterricht aber diente unter dem humanistischen Bildungsideal vor allem zur Bildung des Gemüts. Als ein Ziel galt es, „Ideale von menschlicher Größe oder menschlichem Glück" in dem gefühlvollen jungen Gemüt aufzubauen(212).

Da die Universitäten sich weder mit staatsbürgerlicher Bildung, noch gar mit politischen Problemen beschäftigten (nach dem Motto: „das spontane politische Interesse macht verdächtig; es verrät sozialdemokratische Neigungen..." (213), brachten die Philologen ohnehin keinerlei Voraussetzungen für einen staatsbürgerlichen oder politischen Unterricht mit. Abgesehen von dieser auf Humboldt zurückgehenden Einstellung der Hochschule über die notwenige Abstinenz von allen politischen Tagesfragen bzw. von jeglicher Beschäftigung mit der Gesellschaft, ihren Problemen und der politischen Machtausübung, trug die von der Pädagogik für sich in Anspruch genommene Autonomie wesentlich zur apolitischen Haltung der deutshcen Akademikerschaft einschließlich der Philologen bei. Das Autonomie-Postulat hatte ursprünglich zum Ziel, „die Erziehungsarbeit von Weltanschauungen und gesellschaftlichen Interessen fern(zu)halten", damit die pädagogischen Institutionen „vom politischen und konfessionellen Streit unbeeinträchtigt, den reinen Sacherfordernissen der pädagogischen Aufgabe nachgehen könnten" (214) (was immer das auch sein mochte). Tatsächlich führte es jedoch zu einer den gesellschaftlichen und politischen status quo weitgehend unbefragt hinnehmenden Haltung. Dieses Autonomie-Postulat war zusätzlich zu der Humboldtschen Tradition „der Ausbildung einer Theorie der politischen Bildung hinderlich", und das nicht nur vor 1918 (215).

1.3.1.2. Gesellschaftliche Bestrebungen zur staatsbürgerlichen Erziehung und Bildung

Trotz der bei Liberalen und Konservativen ursprünglich gleichermaßen weitverbreiteten Ablehnung einer politischen Unterrichtung oder „Aufklärung" von Jugendlichen oder gar von Kindern(216) gründeten die „staatstragenden" Parteien der Monarchie von der Jahrhundertwende ab vermehrt Organisationen und Institutionen zur „politischen Aufklärung" ihrer Anhängerschaft: „Jetzt wurden überall, im Bund der Landwirte, im Alldeutschen Verband, im Hansa-Bund, im Flottenverein und in der Kolonialgesellschaft Vorträge, Kurse, Seminare und Schriftenreihen Mode" (217).

1908/09 gründeten u.a. Paul Rühlmann und Georg Kerschensteiner schließlich eine Vereinigung zur staatsbürgerlichen Erziehung des deutschen Volkes, Ziel war die

Verankerung des Staatsbürgerkundeunterrichts an mittleren, höheren und Hochschulen. Die Vereinigung wollte auf die „deutsche Staatsregierung" Druck ausüben, „die staatsbürgerliche Erziehung des Volkes baldmöglichst selbst in die Hand zu nehmen" (218). Zweck dieser Bemühungen war es, wie diese die Monarchie bejahenden, bürgerlichen Kreise es etwa gleichlautend formulierten: „Fern von parteipolitischen und konfessionellen Bestrebungen . . . auf die Erziehung der heranwachsenden Jugend zum Verständnis der Grundlagen unseres staatlichen Lebens, zu vaterländischem Verantwortlichkeitsgefühl und staatsbürgerlichem Pflichtbewußtsein zu wirken" (219).

Ursache dieser erwachenden „staatsbürgerlichen" Bildungsbestrebungen war die zunehmende Integration bürgerlicher Kreise in den monarchischen Staat und deren Furcht vor den Sozialdemokraten und der ständigen Vermehrung ihrer Anhängerschaft sowie vor ihrer parteipolitischen Schulung. Die programmatische Äußerung „fern von parteipolitischen Bestrebungen" ist daher immer nur auf die sozialdemokratischen Bestrebungen bezogen, nie jedoch auf die sog. staatsbürgerlichen Bildungsbemühungen der staatstragenden Rechten. War das *liberale Bürgertum in der westlichen Welt* der Begründer republikanischer bzw. demokratischer Entwicklungen und auch der dafür erforderlichen politischen Erziehung gewesen (so z.B. Condorcet), so lagen in Deutschland die Verbreitung liberalen Gedankenguts und das Aufkommen der Sozialdemokratie zeitlich so gedrängt beieinander, daß die große Mehrheit der deutschen Liberalen aus Angst vor einer „Herrschaft der Massen" diese lieber gleich ungebildet ließen (220) und sich stattdessen mit dem bestehenden monarchischen Staat arrangierten, weil sie befürchteten, daß sein Umsturz auch das Ende ihrer Privilegien sein würde. Nur der kleinere Teil der Deutschen Liberalen, der sich nach 1918 in der Deutschen Demokratischen Partei organisierte, stellte sich in der Weimarer Zeit vorübergehend auf den Boden der nicht von den Liberalen, sondern von den Sozialdemokraten ausgerufenen Republik. Die Wählerschaft dieser liberalen Partei wandte sich jedoch schon bald wieder überwiegend rechts stehenden Parteien zu, die restaurative – gegen die Republik gerichtete – Tendenzen vertraten. Neben den Sozialdemokraten war nur das im katholischen Zentrum organisierte mittelständische Kleinbürgertum republikanisch gesonnen, vermutlich in erster Linie aus Abneigung gegen ein evangelisches Preußentum, von dem es in Kulturkampfzeiten unter Bismarck befeindet wurde. Die Sozialdemokraten hatten keine Theorie der politischen Erziehung entwickelt, worauf weiter unten noch einzugehen sein wird. Entsprechend dieser spezifisch deutschen gesellschaftspolitischen Konstellation fehlte es 1918 auch an einer Theorie der politischen Bildung, die den theoretischen Rahmen für eine Erziehung zur Demokratie in der Schule hätte liefern können. Die Gedanken, die Friedrich Wilhelm Foerster, der dem Liberalismus nahestand, zur staatsbürgerlichen Erziehung äußerte, gaben keine Antwort darauf, wie man unter bestimmten politischen und gesellschaftlichen Voraussetzungen Individuen zu politisch handlungsfähigen demokratischen Staatsbürgern erziehen kann (221). Seine Aussagen waren heftig umstritten und von geringer Wirkung (222). Als Internationalist, der den Sozialismus bekämpfte, als Pazifist, der das Preußentum bekämpfte und einen Habsburger Staat befürwortete und als evangelischer Christ, der später im Exil zum Katholizismus konvertierte (223), verband er wohl auch zu Gegensätzliches, als daß seine Ideen von einer Partei der Weimarer Koalition (SPD, DDP, Zentrum) hätten aufgegriffen werden können (224).

Bleiben die Äußerungen von Paul Rühlmann und Georg Kerschensteiner, die beide dem liberalen Bürgertum zuzurechnen sind, wobei Rühlmann – der mehr republikanisch Gesonnene – schon während des Kaiserreichs einer parlamentarisch-konstitutionellen Monarchie zuneigte (225), während *Kerschensteiner* seine Preisschrift von 1901 „Staatsbürgerliche Erziehung der deutschen Jugend" in dem oben beschriebenen antisozialdemokratischen, der Stützung der Monarchie dienenden Geist geschrieben hatte (226). Da besonders Kerschensteiner auch noch in der Bundesrepublik als „Klassiker der Theorie der politischen Bildung" (Theodor Wilhelm) oder gar als einer der „wichtigsten Theoretiker der politischen Pädagogik in der Zeit der Weimarer Republik" (227) bezeichnet wurde, da er zweifellos der einflußreichste Pädagoge zwischen 1900 und 1933 war (228) und da er selbst in der Weimarer Zeit befriedigt darauf hingewiesen hatte, daß seine Schriften nach der Staatsumwälzung 1918 ohne Berichtigung oder Ergänzung neu aufgelegt werden konnten (229), soll sein Beitrag zum Thema staatsbürgerliche Erziehung kurz charakterisiert werden.

Die öffentliche Preisfrage, auf die hin der Münchener Stadtschulrat seine „staatsbürgerliche Erziehung" formulierte, hieß: „wie ist unsere männliche Jugend von der Entlassung aus der Volksschule bis zum Eintritt in den Heeresdienst am zweckmässigsten für die bürgerliche Gesellschaft zu erziehen?" Kerschensteiners Antwort lautete: „Durch Berufserziehung" (230). Das Erziehungsideal des „allgemeinen Staatsbürgertums" sollte durch die Ausbildung der beruflichen Tüchtigkeit und Arbeitsfreudigkeit, zu denen Gewissenhaftigkeit, Fleiß, Beharrlichkeit, Selbstüberwindung und Hingabe an ein tätiges Leben gehörten (231), erreicht werden. Durch Anknüpfen an die egoistischen Berufsinteressen des Schülers meinte Kerschensteiner, Einsicht in die Interessen aller und des Vaterlandes im besonderen bewirken zu können. Das Arbeitsschulprinzip, das Kerschensteiner vertrat und mit dem er der „Vater" der deutschen Berufsschule wurde (Blankertz), war jedoch nicht auf die Anforderungen des modernen Industriestaates und auf dessen wirtschaftliche Interessen bezogen, denn seine Erziehungsphilosophie stammte aus der Zeit des deutschen Idealismus (232) und war vor allem am Handwerk und seinen Fähigkeiten orientiert. Die Vollendung eines Werkes, die der sich gerade damals ständig weiterverbreitenden Arbeitsteilung in der Industriegesellschaft diametral gegenübersteht, galt Kerschensteiner als „höchster formaler Wert" und als „eine der Grundregeln alles Bildungsverfahrens" (233).

Der formale, weitgehend unpolitisch und damit den status quo stabilisierende Charakter seiner staatsbürgerlichen Erziehung war u.a. bedingt durch Kerschensteiners Staatsauffassung, deren Grundideen er durch einen Rückgriff sowohl auf von Kant, wie auch von Hegel formulierte Gedanken idealistischer Staatsphilosopie absicherte. „Der Staatszweck" verkörpert sich demnach im „Vernunftsstaat" Kants. Als erstrebenswerte „Staatsentwicklung" hin zu diesem Idealstaat erscheint Kerschensteiner das „Bekenntnis zum Kulturstaat an sich". Er hoffte, daß sich in diesem „Kulturstaat„ alle gesellschaftlich-politischen und weltanschaulich-geistigen Gruppen, sofern sie nur auf dem Boden des Volksstaates stehen", zusammenfinden könnten (234). „Die Idee des Staates als Ordnungsidee der Gemeinschaft" bezeichnet K. als „zeitlosen Wert" und deren „tatsächliche Verwirklichung" „als höchstes Gut" (235). Die Parteien kämpften seiner Ansicht nach nur „um die Macht (nicht um das Wohl der Gesamtheit, das immer nur im Ausgleich der berechtigten Interessen bestehen kann)" (236). So war Kern der staatsbürgerlichen Bildung nicht etwa eine politische, über die pluralistischen Interessen in der Gesellschaft und die diese vertretenden Parteien informierende Erziehung, die Kerschensteiners Meinung nach viel zu leicht dazu geführt hätte, „zum Vorteil einer politischen Partei oder gar nur zu seinem persönlichen Vorteil" genutzt zu werden, sondern Mittelpunkt staatsbürgerlicher Bildung sollte die „Erziehung zur Staatsgesinnung", „die Entwicklung einer sittlichen Staatsgesinnung" sein (237). Dieses Verständnis vom Staat als „dem Vernünftigen an und für sich" (238) ist wohl u.a. eine Ursache für Kerschensteiners in Weimar geäußerte Überzeugung, es sei ein wesentlicher Vorteil seiner Theorie, daß sie *„wegen ihrer formalen Allgemeinheit für alle Staatsformen"* gelten könne (239). (Hervorhebung von der Verf.). Bleibt noch zu

erwähnen, daß Kerschensteiner in seiner Preisschrift, die sich ja nur mit der Lehrlingszeit als „erster Stufe der staatsbürgerlichen Erziehung" (240, 240a) beschäftigt, darauf hinweist, daß „für die oberen Stände mindestens gleich sorgfältige, womöglich aber noch bessere" Erziehungseinrichtungen geschaffen werden müßten, da sie die „Erzieher des Volkes" seien. Seine Begründung: „Und wie der Herr, so der Knecht, wie der Erzieher, so der Zögling" (241).
Wenn ein so standesbewußter Theoretiker, der affirmativ von der Differenzierung der Interessen und Begabungen in technische und soziale einerseits und theoretische Interessen bei einer kleinen Minderheit andererseits um das 10. Lebensjahr ausging, dementsprechend sich der Unterricht in den Zweig für künftige Handarbeiter und für künftige Geistesarbeiter zu spalten habe (242), in der Weimarer Zeit soviel Einfluß auf die staatsbürgerliche Erziehung haben konnte, wie behauptet wird, dann aus zwei Gründen: zum einen, weil die weitgehend republikanisch gesonnene Weimarer Koalition nur kurze Zeit die politischen Verhältnisse beeinflussen konnte, zum anderen, weil der stärksten Kraft dieser Weimarer Koalition, den Mehrheitssozialdemokraten selbst überzeugende eigene Theoretiker fehlten, die sie schon zu Zeiten des Kaiserreichs auf die Aufgabe, das ganze Volk bzw. die ganze Jugend zur Demokratie zu erziehen, vorbereitet hätten. Ob die Sozialdemokraten die Notwendigkeit hierzu nicht gesehen haben, bleibt dahingestellt. Hatten sie anfangs vor allem um ihre Existenz zu kämpfen, so war ihnen nach Aufhebung der Sozialistengesetze die allgemeine Erziehung und Bildung der breiten Volksmassen so wichtig, daß sie ihre bildungspolitischen Forderungen auf die Veränderung der Schulstruktur (Einheitsschule), den Wechsel der Trägerschaft (Weltlichkeit), Universitätsbildung auch für Volksschullehrer, sowie die Einführung des Arbeitsunterrichts und der entsprechenden Lehrwerkstätten, die Unentgeltlichkeit und die Schaffung der Voraussetzung einer elterlichen Erziehung zu einer allgemeinen sozialistischen Weltanschauung konzentrierten (Mannheimer Parteitag 1906) (243).
Wie aus der Skizze der Entwicklung der in Deutschland angestrebten Erziehung zum Staat deutlich wird, konnte aufgrund der stark ausgeprägten Integration des deutschen Bürgertums in die Monarchie sowie aufgrund der „apolitischen" Einstellung der geisteswissenschaftlichen Pädagogik und der neuhumanistischen Bildungsideologie von diesen gesellschaftlichen Gruppen und Schichten kein Beitrag einer Erziehung zur Demokratie erwartet werden. Diesen auf die Stabilisierung eines möglichst wenig demokratischen Regierungssystems ausgerichteten Interessen entsprach allenfalls die Weiterentwicklung einer Theorie der Erziehung zum Staat, die weiterhin von der Hegelschen Staatsauffassung ausging und verschiedene gesellschaftliche Ansprüche auf politische Mitbestimmung abwehrte. Die Distanz zu einer engagierten Forderung nach einer inhaltlich zu füllenden demokratischen Staatsgestaltung kommt besonders darin zum Ausdruck, daß z.B. Erich Weniger dem faschistischen Staat „den gleichen Anspruch auf Erziehung zu einer diesem faschistischen Staat entsprechenden ‚Haltung' und ‚Gesinnung' " zubilligte wie dem demokratischen (243a). Er leitete die Notwendigkeit einer staatsbürgerlichen Erziehung zum Weimarer Staat lediglich aus dem Verfassungsauftrag ab, forderte allerdings zusätzlich zu einer an den politischen Realitäten ausgerichteten Kenntnisvermittlung die Orientierung der Erziehung auch am Ideal der Demokratie. Aber, obwohl er den faktischen Einfluß der unterschiedlichen gesellschaftlichen Interessen auf die Politik nicht mehr leugnete, hat er diese doch nicht im Sinne etwa eines Pluralismuskonzepts in sein Demokratieverständnis integriert. Dies ist ebenfalls als Hinweis darauf zu werten, daß seine Gedanken „zur Frage der staatsbürgerlichen Erziehung" der Tradition einer Erziehung zum Staat zuzurechnen sind, die oben als „nichtdemokratischen Wurzeln entstammend" gekennzeichnet wurde. Seine Konzeption kann

deshalb — so wie auch andere Beiträge geisteswissenschaftlicher Pädagogen (Nohl, Litt) nicht als Theorie gelten, deren Durchsetzung bzw. deren Erfolg in den Schulen hätte dazu beitragen können, Demokraten zu erziehen, die für die Verwirklichung einer deutschen parteienpluralistischen Demokratie westlicher Prägung einzutreten bereit gewesen wären (243b). Um auf den Staatsbürgerkundeunterricht in Weimar Einfluß zu nehmen, kamen Wenigers Gedanken Ende der zwanziger Jahre ohnehin zu spät.

Es bleibt daher abschließend zu fragen, „ob auf sozialdemokratischer Seite zumindest in der Weimarer Zeit Ansätze für eine Erziehung zur Demokratie sichtbar wurden, obwohl auch die Sozialdemokratie von dem Begriff der staatsbürgerlichen Erziehung nicht abrückte und obwohl sie z.B. gegenüber Kerschensteiner große Toleranz und sogar Konzessionsbereitschaft zeigte". Diese kam u.a. darin zum Ausdruck, daß das Kapitel „Staatsbürgerliche Erziehung" in dem vorbereitenden Handbuch für die von den Sozialdemokraten initiierte Reichsschulkonferenz von 1920 von Kerschensteiner verfaßt werden konnte (244). Für die Sozialdemokratie beschäftigte sich in der Weimarer Zeit vor allem der Rechtsphilosoph und Jurist *Gustav Radbruch,* von 1921-23 Reichsjustizminister mit großem Einfluß in seiner Partei, mit der Konzeption für den Staatsbürgerkundeunterricht. Radbruch war zusammen mit Rühlmann auf der Reichsschulkonferenz Berichterstatter des Ausschusses über Staatsbürgerkunde (245), aber seine Leitsätze für die Konferenz galten für die Konferenzdiskussionen als „zu sehr auf Recht und Wirtschaft und zu wenig auf die Geschichte" eingestellt (246) und fanden über die Konferenz hinaus kaum Beachtung. Die Notwendigkeit einer weiterhin staatsbürgerlichen, nicht unmittelbar auf die Demokratie bezogenen Erziehung wurde den Weimarer Demokraten erst wieder aufgrund der politischen Morde an Erzberger und Rathenau 1921 und 1922 deutlich. Die Verfassungsbestimmung (Art. 148), daß Staatsbürgerkunde und Arbeitsunterricht Lehrfächer der Schulen sind, war bis dahin weitgehend sabotiert worden (247). Die „innere Festigung der Republik" wurde daher in den Jahren 1922/23 zentrales Diskussionsthema (248). Das 1922 erlassene „Gesetz zum Schutze der Republik" drohte besondere Bestrafung für „Gewalttaten gegen die republikanische Staatsform oder gegen Regierungsmitglieder" an (249). Die Unterrichtsministerien der Länder beschlossen „Richtlinien für die Mitwirkung der Schule und Hochschulen zum Schutze der Republik", die dem Verfassungsartikel 148 Nachdruck verleihen sollten (250). Die Feststellung, „die Fernhaltung der Parteipolitik von der Schule (ist) eine Selbstverständlichkeit" (251), wirft ein Schlaglicht auf den ganzen Inhalt dieser Richtilinien und zeigt, wie wenig sich „der Geist" der staatsbürgerlichen Erziehung vom Kaiserreich bis in die Weimarer Zeit gewandelt hat. Das Reichsministerium des Innern bildete einen Ausschuß zur Förderung der staatsbürgerlichen Bildung, in dem die Aus- und Fortbildung der Lehrer als vordringlichste Aufgabe genannt wurde. Diese Erkenntnis veranlaßte zur Abhaltung der „Staatsbürgerlichen Woche" vom 4.-9. Juli 1923 in Berlin, deren Grundsatzreferate 1924 veröffentlicht wurden (252).

Da Radbruch hier ein Grundsatzreferat hielt und seine Ausführungen zu den wenigen heute noch zugänglichen offiziellen Äußerungen, die von sozialdemokratischer Seite in der Weimarer Zeit als Konzeption für eine demokratische Erziehung vorgelegt wurden, zählen, sollen sie hier kurz skizziert werden. Sie verdeutlichen, daß die Sozialdemokraten, soweit sie als Regierungsmitglieder Einfluß auf die politische Entwicklung nehmen konnten, nur defensiv vom status quo der mit den Koalitionsparteien geschlossenen Kompromisse ausgingen und damit von einem sehr eingeschränkten, den Verfassungsrahmen nicht ausschöpfenden Demokratieverständnis, während nationale Kreise sich keineswegs verfassungstreu verhielten (253).

Hatte der ursprüngliche Formulierungsvorschlag an die verfassungsgebende Nationalversammlung schlicht beantragt, „Inhalt und Geist der Verfassung" zum Lehrfach in allen Schulen zum Bestandteil des gesamten öffentlichen Prüfungswesens zu machen (254), so war in dem überwiegend im „Geisteserbe der deutschen antiaufklärerischen Romantik" (255) abgefaßten Kompromiß der Verfassung die Rede von sittlicher Bildung, von Gesinnung, von persönlicher und beruflicher Tüchtigkeit (Kerschensteiner!) im Geiste des deutschen Volkstums (256). „Erweckung zum Geiste des deutschen Volkstums" stellte Radbruch in seinem Grundsatzreferat (257) an den Anfang seiner Überlegungen und definierte dies dreifach als Heimatgefühl, Nationalbewußtsein und Gemeinsinn, wobei er letzteren als „die tätige Liebe zu den vaterländischen Ordnungen und Gesetzen" beschrieb. Dieses erste — vermutlich aus taktischen Gründen an den Anfang gestellte — Ziel staatsbürgerlichen Unterrichts, die Vaterlandsliebe aber mündete nach Radbruchs Verständnis bereits in dem zweiten von ihm genannten Ziel, der staatsbürgerlichen Gesinnung, die er wiederum dreifach als Staatsbewußtsein, Rechtssinn und soziales Verantwortungsgefühl charakterisierte. Das Staatsbewußtsein machte Radbruch nicht an einem evtl. anzustrebenden Idealstaat, sondern an dem konkreten gegenwärtigen Staat, an der Weimarer Verfassung bzw. an den zum Schutze der Republik erlassenen Defensivmaßnahmen fest, an denen es wachsen sollte. Rechtssinn sollte an Stelle der vorhandenen Rechtseigensucht durch Rechtskunde in den Schulen vermittelt werden. Sozialsinn aber könne — so Radbruch — nicht gelehrt, sondern nur durch Gemeinschaftserziehung und Werkunterricht „zum Erlebnis" gebracht werden, denn sein Grundbegriff sei Kameradschaft, „ein Einssein mit den Fernsten, den Vielen, den Unbekannten in einem übergeordneten Ganzen und letzten Endes in einer gemeinsamen Sache" (S. 48). Diese Sozialethik müsse Ausgangs- und Endpunkt der Staatsbürgerkunde sein. Sie sei durch „ein auf die historische Vernunft gegründetes Naturrecht" auf die jeweilige Gegenwart bezogen, und diese Gegenwart sei in diesem Fall der soziale Volksstaat (S. 50). Zu ergänzen bleibt, daß Radbruch als Sozialdemokrat noch den Gedanken der Völkerversöhnung als drittes Ziel des staatsbürgerlichen Unterrichts betont wissen wollte, vor allem durch „auslandskundliche Bildung". Der einzige Schritt, den Radbruch hin auf ein modernes — in den angelsächsischen Demokratien traditionelles — Verständnis einer bürgerlich-pluralistischen Demokratie tat, war seine Fürsprache für die Parteien als „unentbehrliche Faktoren des politischen Lebens", der in der Forderung gipfelte „Nehmt Partei, *gleichviel welche,* aber nehmt Partei!" (S. 51; Hervorhebung von der Verf.). Gerade dieser am weitesten auf ein demokratisches Verständnis hinweisende Ausspruch zeigt, wie wenig ausgebildet bzw. wie formaljuristisch und wie wenig politisch dieses Bewußtsein trotz der verschiedenen Putschversuche gegen die demokratische Regierungsform noch war. Für ein kritisches, über die Weimarer Form der Demokratie hinausweisendes Bewußtsein gab es innerhalb der Mehrheitssozialdemokraten keine Anhaltspunkte, ja nicht einmal Verständnis. Mit den Maßnahmen und Erlassen von 1922/23 war bereits der Höhepunkt der Anstrengungen zur Absicherung der Demokratie durch Erziehungsmaßnahmen in der Schule erreicht. Es folgten die Jahre wirtschaftlicher Konsolidierung, in denen die Notwendigkeit für einen staatsbürgerlichen Unterricht nicht mehr so dringlich erschien. Andere Parteien als die Sozialdemokratie machten sich ohnehin nicht zum Anwalt eines Faches Staatsbürgerkunde, so daß das *Resümee* zu ziehen ist, daß keine der Bestimmungen zum Schutze der Republik „auch nur annähernd erfüllt wurde, weder in den Schulen, noch in den Hochschulen und pädagogischen Akademien" (258), nicht einmal in dem Rahmen des begrenzten Demokratieverständnisses, das in der Rede Radbruchs zum Ausdruck kam. Die Lehrer- und Akademikerschaft torpedierte die Einführung der im Verfassungsartikel geforderten Fächer ebenso wie die Bürokratie weiterhin mit dem verlogenen Hinweis auf das angeblich sehr viel umfas-

sendere Unterrichtsprinzip. Das Prinzip aber, staatsbürgerliche Themen in allen dafür geeigneten Fächern (Deutsch, Religion, Geschichte, Geographie) anzuschneiden, wurde nur als bequemer Ausweg benutzt, diese Fragen gar nicht oder z.b. nur im völkischen Sinne zu behandeln. Mit seinem weitgefaßten Kompromiß bot der Art. 148 der Verfassung viele Möglichkeiten, selbst undemokratische Unterrichtsinhalte noch mit Hinweis auf die Verfassung zu legitimieren, wenn man z.B. die Formulierung „im Geiste deutschen Volkstums" herauspickte (259), was national Gesinnte ohne Bedenken taten, wenn sie nicht skrupellos ganz über die Verfassung hinweggingen.
Ein zusätzlicher Hinweis darauf, daß in Weimar auf keiner Ebene ein modernes, westliches Demokratiebewußtsein oder eine Erziehung zur pluralistischen Demokratie vorhanden war, sind die Themen, die „die Reichszentrale für Heimatdienst" (RZfH) behandelte, „das erste direkte Organ der Regierung zur Beeinflussung der öffentlichen Meinung" (260). In einer Festschrift zum zehnjährigen Bestehen der RZfH von 1928 werden aufgezählt: Wesen des republikanischen Staates, seiner Wirtschaft und Kultur; Inhalt der Verfassung; Politische Ideenkreise; Liebe zur Heimat; Eingliederung in die Gemeinschaft; Verbreitung der Kultur im Auslande; Stand des Grenz- und Auslandsdeutschtums; Wirtschafts- und Sozialpolitik; Friedensdiktat von Versailles; Primat der Außenpolitik; Reparationsfragen; entscheidende Phasen der deutschen Außenpolitik (261). Wie diese Themen zeigen, bemühte sich die RZfH zwar um die „praktische staatsbürgerliche Erziehung" (261a); „hinsichtlich der Erarbeitung von pädagogischen und gesellschaftstheoretischen Konzeptionen der staatsbürgerlichen Erziehung" jedoch enthielt sie sich jeder Stellungnahme (261b). So kamen selbst die Theoretiker der Weimarer Zeit (Kerschensteiner, Litt, Weniger u. a.) in den Publikationen der RZfH nicht zu Worte. Im Mittelpunkt der inhaltlichen Arbeit stand eben „die weitestgehende gesellschaftliche Integration" (261c) unter bewußter Aussparung der Thematisierung innenpolitischer Konflikte (261d). „Zusammengefaßt kann der Kern der politischen Bildungsarbeit der RZfH etwa so wiedergegeben werden: Inhalt: Staat und Volksgemeinschaft, Methode: Vermittlung von Kenntnissen." (262)

1.4. Deutschland ohne Tradition einer Erziehung zur Demokratie

Am Ende des ersten einleitenden Rahmenkapitels ist ein Resümee zu ziehen im Hinblick darauf, ob es vor 1945 rsp. vor 1933 Entwicklungen zu einer demokratischen Erziehung bzw. zu einer Erziehung zur Demokratie und zu demokratischen Verhaltensweisen gegeben hat. Die Deutschen hatten sich mit der Verfassungsgebung 1919 für eine repräsentative Demokratie entschieden. Neben verschiedenen Interessengruppen bestimmten besonders unterschiedliche, meist weltanschaulich orientierte Parteien die politischen Kräfteverhältnisse in der jungen Demokratie. Geht man davon aus, daß die führenden Demokraten von Weimar zumindest an der Aufrechterhaltung des status quo der 1. deutschen Republik interessiert waren, so hätte eine politische Bildung wenigstens die Funktion der Stabilisierung haben müssen. Eine entsprechende Konzeption hätte die Bürger befähigen müssen, zumindest die Organisationsformen einer Demokratie westlicher Prägung zu verstehen und zu akzeptieren. Sie hätte Ansätze zur Erklärung der politischen Willensbildung, sowie zur Bejahung des Prinzips der demokratischen Opposition liefern müssen. Sie hätte den Zusammenhang von Gesellschaft und Staat aufzeigen und auf die Teilnahmebereitschaft der Bürger am politischen Geschehen hinzielen müssen. Die Frage, ob es in dieser Richtung befriedigende Ansätze im Staatsbürgerkundeunterricht gab, die nach 1945 hätten aufgegriffen bzw. weiterentwickelt werden können — sei es von den Deutschen, sei es von den Amerikanern —, ist als Ergebnis obiger Ausführungen klar zu verneinen. Drei Dimensionen sind zu berücksichtigen, wenn man danach forscht, warum solche Ansätze nicht entwickelt wurden.

1. Wie im letzten Teil des Kapitels sichtbar geworden, gab es Staatsbürgerkunde im Sinne der Weimarer Verfassung in vielen Schulen nicht einmal als Unterrichtsprinzip, auch nicht in dem eingeschränten Demokratieverständnis der Mehrheitssozialdemokraten, für das exemplarisch die Vorstellungen von Gustav Radbruch skizziert wurden. Das Fach Staatsbürgerkunde wurde praktisch nur in Ausnahmefällen eingeführt und auch dann ohnehin nur für Abschlußklassen. Eine breite Erziehung zur Demokratie hat es also in der Schule der Weimarer Zeit nicht gegeben.Selbst die Bemühungen, eine solche zumindest in dem erwähnten eingeschränkten Sinne einzuführen, waren äußerst sporadisch und gingen nur von Einzelnen oder kleinen Gruppen aus. Sogar die Sozialdemokratie als Ganzes hatte die Notwendigkeit hierfür nur unzureichend erkannt.
Die Bedeutungslosigkeit der Staatsbürgerkunde und das Fehlen jeder Erziehung zur Demokratie sind auf der ersten Stufe u.a. auf folgendes zurückzuführen:
So wie das allgemeine Bewußtsein für die Notwendigkeit einer demokratischen Erziehung bzw. wenigstens einer staatsbürgerlichen Erziehung fehlte, gab es auch keinen theoretischen Rahmen, der der entsprechenden Überzeugung hätte Nachdruck verleihen können, d.h. es gab in der Kultusbürokratie sowie unter den Lehrern keinen Konsens über eine adäquate Theorie der Erziehung zur Demokratie. Radbruchs Gedanken konnten sich ebensowenig durchsetzen wie die von Rühlmann oder Foerster. Auf konservativer Seite dagegen gab es genügend Pädagogen, der einflußreichste unter ihnen E. Spranger, die mit ihren Gedanken der Erziehung zum Staat, zur Nation und zum Volk den Weg in den Nationalsozialismus — wenn auch weitgehend unbewußt — vorbereiten halfen. Unter unserer Fragestellung sind sie uninteressant; eingedenk seiner Bedeutung in der Bundesrepublik Deutschland ist jedoch Spranger sehr ernst zu nehmen. (263)

2. Gravierender als die Theorielosigkeit, weil eventuelleAnsätze eines demokratischen Unterrichts im Keime erstickend, erwies sich die Tatsache, daß das dreigliedrige Schulsystem bestehen blieb und daß die Kirchen, besondere Verfechter des elitären humanistischen Gymnasiums, durch den Schulkompromiß ihren Einfluß auf das Schulwesen behaupten konnten. So blieb z. B. die christliche Bekenntnisschule, wenn auch nicht als Regelschule, so auf Antrag als öffentliche Schule bestehen (264). Auch gab es faktisch eine weitgehende kirchliche Oberherrschaft über die Schulen auf dem Lande. Zwar meinten die Sozialdemokraten mit der Aufhebung der privaten Vorschule und mit der Einrichtung der Aufbauschule in einigen Ländern, den Weg auf die höhere Schule für viele Arbeiterkinder geöffnet zu haben (265) und damit die Demokratisierung der Bildung ein entscheidendes Stück vorangetrieben zu haben. Aber es zeigte sich bald, daß die soziale Klassenzugehörigkeit bis auf Ausnahmen weiter über den Status der Schulbildung entschied und daß die Ausnahmefälle nicht, wie erhofft, auf die Dauer zur größeren Demokratisierung des Schulsystems beitrugen, sondern zum Aufstieg einzelner in eine höhere Schicht. (266)
Die weiterbestehende Schulstruktur aber ermöglichte u. a. den Fortbestand der neuhumanistischen Bildungsideologie, aus der heraus die Beschäftigung mit Tagesfragen und Problemen der Politik ohnehin ein Tabu war. Und auf Grund dieser unveränderten Schulstruktur konnten auch die Philologenverbände, so wie die einzelnen Philologen, weiterhin ihre einflußreiche Position zu Ungunsten der Demokratie nutzen, der sie

mehrheitlich aus Standesgründen äußerst reserviert, wenn nicht gar feindlich gegenüberstanden. (267)
So war es von vorneherein eine Illusion, anzunehmen, es hätte in Weimar die Chance gegeben, den Staatsbürgerkundeunterricht als Fach in den Gymnasien verankern zu können. Nicht einmal in den gymnasialen Lehrplänen war das Fach zu finden. In den Lehrplänen für die Real- und Volksschulen sah es nicht anders aus. Sofern Staatsbürgerkunde überhaupt erwähnt wurde, fand man es nur im Zusammenhang mit Geschichte, nicht als eigenes Fach. Nur die Berufsschulen bildeten, wie schon im Kaiserreich, eine Ausnahme. Die Lücke in den Lehrplänen kann jedoch nicht nur als Sabotage einer konservativen bzw. reaktionären, gegen die Republik eingestellten nachgeordneten Bürokratie, die personell kaum anders als zur Kaiserzeit zusammengesetzt war, erklärt werden. Bereits die zum Schutze der Republik vom Ausschuß des Innenministeriums erlassenen Richtlinien intendierten keine Staatsbürgerkunde im Sinne der Republik, wenn sie als erstes forderten, daß als dessen Grundlage „das deutsche Volkstum, dessen Wesen und politisch-kulturelle Entfaltung im Rahmen des deutschen Reichs, des Auslanddeutschtums und Deutschösterreichs zum Verständnis gebracht werden soll." (268)

3. Über die in dieser eben dargestellten Weise als reaktionär zu klassifizierenden schulpolitischen Konstellationen hinaus war die Weimarer Gesellschaft insgesamt durch eine Unterordnung „unter die an feudal-landwirtschaftlichen, militärischen und bürokratischen Sozialzusammenhängen orientierte Oberschicht preußischer Gutsherren, Generale und Staatsbeamter" gekennzeichnet (269). Die Weimarer Republik hatte die Beamtenschaft der konstitutionellen Monarchie, deren Zusammensetzung vor allem durch Herkunft (Adel), Ausbildung (Juristenmonopol) und Zugehörigkeit zu Korps sowie zum Reserveoffiziersstand bestimmt war, praktisch vollständig übernommen und ihr dazu noch das passive Wahlrecht gewährt, so daß 156 von 493 Reichstagsabgeordneten dem Beamtenstand angehörten und überwiegend der deutschnationalen Fraktion. (270) Die Dominanz des Einflusses dieser Oberschicht ging so weit, daß sie sogar „die Staatsgläubigkeit insbesondere auch der deutschen Linksparteien" mitbewirkte (271). Hinzu kam in der Wirtschaft die Bildung mächtiger Trusts und Konzerne in der chemischen, der Montan- und der Elektroindustrie und eine starke Zunahme der Konzentration in wichtigen anderen industriellen Bereichen. Außerdem wuchsen Industrie- und Bankkapital enger zusammen. (272) In diesen gesellschaftlichen Gruppierungen hatte die Republik fast nur Feinde. Hitlers Rede vor dem Industrieklub in Düsseldorf, im Jahre 1932 war der letzte auslösende Faktor für den Entschluß zahlreicher Industrieller, gerade aus der Schwerindustrie, sogar offen die NSDAP zu unterstützen (z. B. Thyssen) (273). Das Treffen Hitlers und von Papens im Hause des Bankiers Schröder im Januar 1933 zeigt darüber hinaus, daß die ökonomischen Machtpositionen nicht nur zur Finanzierung rechtsnationaler und nationalsozialistischer Wahlkämpfe dienten, sondern daß diese Kreise bemüht waren, selbst auf die Regierungsbildungen Einfluß zu nehmen. (274)
Damit wird deutlich, daß die wesentliche Ursache für die Unmöglichkeit, eine Erziehung zur Demokratie zu verankern, nicht nur in der fehlenden Theorie, in der unveränderten Schulstruktur oder in einer republikfeindlichen Bürokratie zu suchen war. Sie lag vielmehr — trotz der zeitweise veränderten Mehrheitsverhältnisse im Parlament — in den im Großen und Ganzen gesehen im Vergleich zum Kaiserreich gleichgebliebenen gesellschaftlichen Machtverhältnissen.

> I know no safe depository of the ultimate powers of society
> but the peoples themselves; and if we think them not englihtened
> enough to exercise their control with a wholesome discretion,
> the remedy is not to take it from them,
> but to inform their discretion by education".
>
> (Thomas Jefferson, etwa 1779)

2. Aspekte der Philosophie und Entwicklungsgeschichte des amerikanischen Erziehungswesens

Mit Beginn des 2. Weltkrieges hatten einige Filmproduzenten von Hollywood mit einflußreichen Filmen (1), sowie die amerikanische Publizistik unter dem Einfluß der Roosevelt-Schule („progressiver Internationalismus" statt Isolationismus) (1a) begonnen, die Amerikaner intensiv auf die von Roosevelt entwickelte „volkstümliche Kriegsideologie" vorzubereiten. In die Terminologie des progressiven Internationalismus gekleidet, lauteten die entsprechenden Vokabeln: Unabhängigkeit und Selbstbestimmung der Völker, Freiheit, Gerechtigkeit, Fortschritt für die vom Faschismus und Kolonialismus unterdrückten Nationen, Entwaffnung aggressiver Friedensstörer usw. (1b) Als Hitler zwei Jahre später als Reaktion auf die Rooseveltsche Kriegserklärung an Japan Amerika den Krieg erklärte, wies die veröffentlichte Meinung in den Vereinigten Staaten, inzwischen gestützt auf neue populäre sozial-psychologische Theorien, immer häufiger darauf hin, daß die Deutschen ein militaristisches, faschistisches Volk seien, das in Untertanengehorsam jedem Führer folgen werde und daß eine Niederlage im Krieg ihren aggressiven Charakter nicht ändern könne, weil er von Kindheit an dem deutschen Menschen anerzogen worden sei. (1c) Da viele Amerikaner dennoch der Ansicht waren, man müsse verhindern, daß von Deutschland noch einmal ein Krieg ausgeht, wurde *von 1939 an* in der amerikanischen Öffentlichkeit der Gedanke diskutiert, daß man die Deutschen zu einem friedliebenden Volk umerziehen müßte. Als überzeugte Demokraten waren die Amerikaner der Meinung, daß das demokratische Gedankengut die wichtigste Voraussetzung für Friedensliebe ist und daß sie selbst vor allem auf Grund ihrer Erziehung und ihres, ihrer Meinung nach, einzigaartigen (unique) Erziehungssystems ein friedliches Volk seien und daß der Schlüssel zur Änderung des deutschen Charakters in einer demokratischen Erziehung liege.

Die Idee, ein ganzes Volk, d.h. den vermeintlichen Charakter eines fremden Volkes, durch eine Neuorientierung seiner Erziehung ändern zu können, ist ungewöhnlich. Sie setzt zunächst allgemein einen großen Glauben an die Kraft und die Möglichkeiten, den Menschen und seine Umwelt durch Erziehung zu ändern, voraus. Ein solcher Glaube ist der deutschen vornehmlich geistes-wissenschaftlichen Pädagogik, die noch im 20. Jahrhundert von der Theorie der „natürlichen Begabung" ausging, wie sie bis in die sechziger Jahre hinein weite Verbreitung und fast ungeteilte Zustimmung fand, fremd. Die Idee der Umgestaltung des deutschen Erziehungswesens durch Anstoß von außen setzt außerdem voraus, daß das amerikanische Volk sich mit seinem eigenen Erziehungssystem weitgehend identifiziert und es für wesentlich besser als das deutsche hält.

Daher stellen sich verschiedene Fragen, denen vor einer Beschäftigung mit den Reeducation-Versuchen nachgegangen werden soll, weil deren Beantwortung einerseits dazu beitragen kann, das amerikanische Ansinnen zunächst einmal zu verstehen; zum anderen kann die Klärung dieser Fragen helfen, den ganzen Versuch in seinen Erfolgs-

chancen und in seinen Mißerfolgen einzuschätzen und diese verständlich zu machen, so daß sie sich für Lehren, die sich daraus ziehen lassen, aufschließen. Sie können z.B. Grundlagen für die Beurteilung von Adaptationen amerikanischer Curricula für die Bundesrepublik liefern, auch wenn diese nicht Gegenstand dieser Arbeit sind.
Es wird gefragt: Welche Besonderheiten enthält das amerikanische Erziehungswesen im Gegensatz zu dem soeben geschilderten deutschen? Welche bildungstheoretischen Vorstellungen bzw. welche erziehungsphilosophischen Zielvorstellungen haben die allmähliche, historisch gewachsene Herausbildung der Struktur und der Inhalte des amerikanischen Schulsystems beeinflußt? Hängen Struktur und Inhalte notwendigerweise zusammen? Bedingen sie einander? In welcher Beziehung stehen die möglichen Funktionen der Erziehung zu Struktur und Inhalten?
Da das Verhältnis von Struktur und Inhalten des deutschen Bildungssystems in der Reeducation-Diskussion und in der Politik eine eminent wichtige Rolle spielte, sollen die jeweiligen Wendepunkte in der Entwicklung zur typischen amerikanischen Schule hin aufgezeigt werden. Es kann dabei der gebotenen Kürze halber nicht um eine Geschichte des amerikanischen Erziehungswesens gehen, sondern nur um die Heraushebung der unter unserer Fragestellung wichtigen Aspekte bei gleichzeitiger Verdeutlichung des sozialhistorischen Kontextes, d.h. der allgemeinen gesellschaftspolitischen Vorgänge, die die jeweilige Veränderung bedingten.

2.1. Der Weg zu einer demokratischen Schulstruktur

Da die Vereinigten Staaten von Amerika ein Bundesstaat sind und da die Ideen der Freiheit, der Gruppenautonomie und der Selbstverwaltung fundamentale Leitideen seit Beginn der Kolonisation sind, gab es keine Zentralregierung und keinen König, wie in Preußen, der die Macht gehabt hätte, im ganzen Land eine Schulpflicht einzuführen. Die Überzeugung, daß schulische Erziehung sinnvoll oder gar notwendig ist, mußte in der Bevölkerung wachsen und sich durchsetzen, so wie die Ideen über Schulstruktur und -inhalte allmählich geformt und nach und nach realisiert wurden. Zunächst bildete sich die demokratische Schulstruktur bei Beibehaltung traditioneller Curricula, althergebrachtem Lehrer-Schüler-Verhältnis heraus. Es waren sehr verschiedene Kräfte und Faktoren, die die Entstehung des allgemeinen öffentlichen Schulwesens in Amerika gefördert haben.

2.1.1. Puritanische Ursprünge des Schulsystems in den amerikanischen Kolonien

Im kolonialen von England regierten Amerika, vertraten Kirchen und Handelskreise gemeinsam die Notwendigkeit einer elementaren Bildung, die aus Europa aus der überwiegend konventionellen humanistischen Bildung übernommen worden war: Die Protestanten, weil sie meinten, jeder müsse die Heilige Schrift selbst lesen können und zu Tugend und Fleiß erzogen werden; die Kaufleute, weil Lesen, Schreiben und vor allem Rechnen beruflich erforderlich waren (1d). In Neuengland unterhielt und betrieb vor allem die puritanische Kirche das Erziehungswesen, wurde dabei aus lokalen öffentlichen Mitteln unterstützt und versuchte, eine Schulpflicht durchzusetzen (2). In den anderen Staaten gab es keine Schulpflicht, und der Schulbesuch kostete Geld. So gingen nur verhältnismäßig wenige Kinder zur Schule, denn viele der armen Kinder halfen den Eltern, den Lebensunterhalt zu verdienen, während die Kinder der Reichen anfangs entweder Privatunterricht erhielten oder auf sogenannte freie Schulen gingen, um sich danach auf weiterführenden Schulen, zu denen die Armen auch in Neuengland ohnehin keinen Zugang hatten, auf ihre Führungsrolle vorzubereiten. Diese Erziehung war den Puritanern ein besonderes Anliegen, da die höheren Schulen einerseits die Selbstrekrutierung des geistlichen Nachwuchses sicherten, sowie andererseits die Bildung und Aufrechterhaltung der herrschenden Schichten, denen sich die Kirche auf Grund der calvinistischen Ethik eng verbunden fühlte, weil sie Reichtum als Belohnung eines Fleißes verstand, der auf einer Tugend beruht, die ihren Ausgangspunkt in religiösem Glauben und Wissen hat. (3)

2.1.2. Die amerikanische Revolution und die demokratische Wurzel des Schulsystems

Die wirtschaftlichen Konflikte zwischen den amerikanischen Kolonisten einerseits und den nach Ende des siebenjährigen Krieges mit Frankreich verstärkten merkantilistischen Interessen der englischen Monarchie andererseits, führten nach etwa 100jähriger Kolonialzeit zunächst zum Streben der Kolonisten nach mehr Mit- bzw. Selbstbestimmung in den Amerika betreffenden Fragen, bald jedoch zum Wunsch nach größerer Unabhängigkeit von England und schließlich zur amerikanischen Revolution (4). Mit der größer werdenden wirtschaftlichen Selbständigkeit und dem wachsenden Selbstbewußtsein ging die Verbreitung des Gedankengutes über einen durch die „Positivierung des Naturrechts" zu begründenden Gesellschaftsvertrag (Habermas) von *John Locke* einher, in dessen Theorie Revolutionen unter bestimmten Bedingungen für berechtigt erklärt werden. Die Unabhängigkeitserklärung von 1776, die vornehmlich von Thomas Jefferson, John Adams und Benjamin Franklin verfaßt worden ist, ist von dieser „radikalen Regierungstheorie" beseelt (5). In ihr ist die *„Philosophie der amerikanischen Demokratie"* (6) niedergelegt, die lautet, „daß alle Menschen gleich *geschaffen* sind". (Hervorhebung der Verf.) (6a)
Diese Philosophie beinhaltet Chancengleichheit und politische Gleichberechtigung, „devotion to the ideals of eqality of opportunity and eqality of status" (7) als Protest gegen Privilegien, sowie die Idee der Freiheit als Protest gegen Tyrannei bzw. nicht legitimierte Herrschaft (8). Ihre früheste Entsprechung in der Bildungspolitik fand sie schon *1779* noch während des Unabhängigkeitskampfes in der von *Jefferson* in Virginia vorgelegten „Bill for the more General Diffusion of Knowledge" — die allerdings nicht angenommen wurde. Deren Grundgedanke ist die Notwendigkeit einer allgemeinen öffentlichen kostenlosen Erziehung. Diese allgemeine Erziehung soll als Grundstein eines weiterführenden auf Grund von Leistung selektiven Bildungssystems (8a) zur Erhaltung und Sicherung der Freiheit und der Naturrechte der Menschen dienen. (9)
Nach übereinstimmender Ansicht auch von im Gegensatz zu Jefferson konservativen Männern, wie Washington, Madison, John Adams, John Jay und vielen anderen, bedarf jede Regierung des Volkes (popular government) der Wachsamkeit einer informierten Öffentlichkeit, um vor dem Zugriff von Demagogen, Revolutionären, Anarchisten oder Despoten und vor Korruption geschützt zu werden und um soziale Desintegration zu verhindern. (10)
Diese Überzeugung ist der Mutterboden für die Ansicht, die in der amerikanischen Erziehungsphilosophie so beständig wurde, die allerdings nur nach und nach verwirklicht wurde, für den Glauben, daß nur „ein *einheitliches* Schulsystem die Kluft zwischen Reichen und Armen schließen kann" (11), der Gleichheit aller Menschen Rechnung trägt und daher die adäquate Schulform für Amerika ist.

Die Idee, sozialen Fortschritt und menschliches Wohlergehen durch allgemeine gleiche Erziehung zu fördern, fand schnell Verbreitung. So wird z.B. in einem 1795 von der American Philosophical Society ausgeschriebenen Test in allen eingereichten Aufsätzen die Forderung nach kultureller Unabhängigkeit von Europa und nach einem eigenen amerikanischen, nach einem einzigartigen Erziehungssystem erhoben (12). Der Gedanke der gleichen Erziehung für alle wird in Amerika (12a) mit der aus der Aufklärung resultierenden Vorstellung von der unendlichen Perfektibilität des Menschen theoretisch begründet. Auch dieser in Amerika im 18. Jahrhundert weit verbreitete Gedanke geht u.a. zurück auf John Locke, auf seine Überzeugung, daß Adam perfekt geschaffen wurde, daß aber seine Kinder ohne Wissen zur Welt kommen (13) und daß der menschliche Geist (mind) leer und passiv sei, so daß es die Erziehung ist (und nicht die Geburt), „welche die großen Unterschiede unter den Menschen schafft." (14) Hier beginnt der für Amerika so typische Fortschrittsglaube, der in den USA dominant blieb, im Gegensatz zur Entwicklung in Deutschland, u.a. vielleicht deshalb, weil das Bürgertum in den USA nicht nur wirtschaftlich, sondern auch politisch erfolgreich war, aber dann seine ursprünglich revolutionäre politische Theorie nicht einfach verleugnen konnte.

Die „Philosophie der amerikanischen Demokratie" steht allerdings von Beginn an in einem Spannungsverhältnis zur *„Philosophie der Verfassung"* von 1787, in der die Gleichheit der Menschen nicht verankert ist, da die *„Founding Fathers"* die Gleichheit nicht als „politischen oder psychologischen Lehrsatz" verstanden wissen wollten, sondern allenfalls als Gleichheit vor dem Recht (15). Aber selbst dieses Zugeständnis mußte ihnen abgetrotzt werden und kam nur nachträglich in die Verfassung, d.h. in die ersten 10 Amendments, die sog. Bill of Rights (16). Denn die Interessen, die ein Jahrzehnt nach der Revolution und nach Ende des verlustreichen Unabhängigkeitskampfes zur Errichtung einer starken zentralen Regierung in Amerika führten, waren weniger von den Gedanken einer demokratischen Revolution geleitet, als von dem Willen, finanzielle Vorteile für bestimmte Klassen zu erreichen (17).

Die lose Konföderation, in der die 13 Kolonien nach der Annahme der Unabhängigkeitserklärung zusammengeschlossen waren, hatte sich vor allem zum Schutz der kleinen Landwirte und Schuldner ausgewirkt, während die Interessen der großen Landspekulanten, der Händler, Kaufleute und Manufakturbesitzer wenig zur Geltung gekommen waren, weil keine zentrale Regierungsgewalt vorhanden war, um z.B. Steuern zu erheben oder den amerikanischen Handelsschiffen auf hoher See Schutz zu bieten (18). Da auch das einfache Volk durch die Verbreitung revolutionärer Ideen und auf Grund des Unabhängigkeitskrieges selbstbewußter geworden war, begannen die herrschenden Kreise darüber hinaus um ihre Macht und ihren Einfluß zu fürchten und nach einem Weg zu suchen, den „Pöbel" wieder in seine Schranken zu weisen und die Eigentumsrechte vor ihm zu sichern (19). Mit der Verfassung setzten sich diese Interessen der Kaufleute und der Großgrundbesitzer durch. Nicht ein einziges der 55 Mitglieder des Verfassungskonventes repräsentierte in seinem unmittelbaren persönlichen Interesse die Anliegen der kleinen Farmer oder Handwerker (20). Diese vornehmlich konservativen Verfassungsväter, die demokratischen Bestrebungen geradezu feindlich gegenüberstanden, schufen ein Dokument, das den demokratischen Kräften, die während der Revolution aus ihrer Kontrolle geraten waren, Einhalt gebieten sollte und das die politische Macht des Volkes, der Majorität, in Grenzen halten sollte (21).

Die von der Mehrheit beherrschte politische Institution einer Demokratie aber ist die Legislative, die gesetzgebende Gewalt. Diese einzuschränken war Ziel der „composite government", der gemischten Regierungsform der „Madisonian Democracy", die die konservativen amerikanischen Verfassungsväter Amerika verordneten, um ihre eigene

Macht, die Macht der wohlhabenden Minorität gegenüber der Macht der Mehrheit des Volkes, das an Herstellung der Gleichberechtigung interessiert war, zu sichern (21a). Damit wird die Funktion der amerikanischen Form der Gewaltenteilung, die „die Legislative in mehrere Körperschaften aufteilt(e)" und die „mit Hilfe verschiedener Grundsätze für ihre Tätigkeit versucht(e) ... zu erreichen, daß die Verbindung zwischen diesen Körperschaften" (22) möglichst gering wurde, deutlich. Ein weiteres, ebenfalls von Madison begründetes Konstitutivum der komplizierten amerikanischen „checks and balances", der Verschränkung der drei Gewalten, hatte vom Ursprung her dieselbe verschleiernde Funktion, weil es rein theoretisch als notwendiger Schutz vor der Tyrannei der uneingeschränkten Mehrheitsherrschaft gerechtfertigt wurde (23).

Madison behauptete schlicht, die Exekutive sei der schwächere Teil der Regierung und müsse gegenüber der Legislative gestärkt werden (24) und, wenn auch nicht absolut, so doch weitgehend unabhängig von ihr sein. Die Exekutive bzw. der Präsident sollte deshalb nicht von der Legislative, d.h. dem Parlament eingesetzt, sondern vom Volk gewählt werden, aber wiederum nur in indirekter Wahl (25). Die zweifache Beschneidung des Parlaments und weitere Komponenten der Gewaltenteilung aber brachten der Exekutive im Laufe der Geschichte eine zunehmende Machtfülle.

Diese oben genannten „Kreise von Reichtum und Begabung" waren in erster Linie dafür verantwortlich, daß Jeffersons Bestrebungen, eine einzige unentgeltliche Grundschule für alle Kinder zu schaffen, scheiterten. Er versuchte vergeblich, den Einfluß des Staates und seine finanziellen Zuwendungen von der Unterstützung der Kirchen auf die Förderung von öffentlichen Schulen zu verlagern. (26) So wie gleiche Rechte für alle Menschen nicht in das ursprüngliche Verfassungsdokument aufgenommen wurden, kamen die Gründer des amerikanischen Staates auch dem weitverbreiteten Ruf nach einer bundesstaatlichen Kompetenz zur Kontrolle über das Schulsystem nicht nach. (27) Die Bundesverfassung erwähnt keinerlei Erziehungsfragen. Auch die nachfolgenden Präsidenten bis hin zu Jackson bemühten sich vergeblich um einen entsprechenden Zusatz zur Verfassung. Erziehungsfragen blieben Angelegenheiten der Einzelstaaten, ja sogar der lokalen Behörden. In der Mehrzahl der Staaten lag die größte Gewalt die längste Zeit bei den letzteren, von denen es tausende gibt. (28)

So wurde es ein weiter Weg von der bereits erwähnten Forderung nach einem einzigartigen amerikanischen Erziehungssystem bis zur allgemeinen Anerkennung und Etablierung der öffentlichen Einheitsschule einschließlich der ‚comprehensive high school', der integrierten höheren Schule, von der die amerikanischen Erzieher annehmen, daß sie Klassenunterschiede beseitigt und allen Kindern gleiche Chancen bietet. Der Antagonismus zwischen der Philosophie der amerikanischen Demokratie und der Philosophie der amerikanischen Verfassung, der das soziale und politische Leben Amerikas bis heute bestimmt, wie es z.B. in der Studentenbewegung und in der beharrenden Macht der Nixon-Administration wieder deutlich wurde, hat auch die Entwicklung des Erziehungssystems durch die amerikanische Geschichte hindurch bis hin zur heutigen Curriculumreform bestimmt.

2.1.3. Die Durchsetzung der allgemeinen öffentlichen Elementarerziehung mit Beginn der Industrialisierung

Die Jahre 1815 - 1850 brachten in Amerika eine Periode großen wirtschaftlichen Aufschwungs. (29) Die industrielle Revolution, rsp. die Arbeitgeber, die mit einem „Heer" von Arbeitskräftereserven die Löhne niedrig halten wollten, sowie die mit ihnen kooperierenden Dampfschiffgesellschaften gaben der Einwanderung neue Impulse, die besonders Briten, Iren, Deutsche und Franzosen nach Amerika brachte. Mit der Technisierung einher gingen jedoch jeweils im Abstand von nur wenigen Jahren schwere wirtschaftliche Krisen, die für die noch ohne soziale Errungenschaften lebende Arbeiterschaft eine ständige Existenzkrise bedeuteten. Die Industrialisierung vollzog sich jedoch so schnell, daß bereits um die Mitte des 19. Jahrhunderts der Gesamtwert des industriellen und städtischen Besitzes den Gesamtwert aller Farmen und Pflanzungen übertraf und der industrielle Reichtum vom Nordosten und Nordwesten größer war als der aller Sklavenstaaten. Die Staaten, die den 13 Gründerstaaten bis 1840 beitraten, unterschieden sich von letzteren durch eine gleichmäßigere Sozialstruktur, sowie auf Grund der Tatsache, daß eine politisch mächtige, obere Schicht fehlte, auch durch demokratischere Verfassungen. (29a)

Mit dieser Entwicklung gewann erneut die Idee der öffentlichen unentgeltlichen Volksschule an Raum, wenn auch aus unterschiedlichen Beweggründen. Konservative hofften angesichts einer berechtigten Angst vor einer Radikalisierung vieler von Elend bedrohter Arbeitskräfte, Bildung würde die Massen weniger anfällig für Agitatoren machen, während sozial engagierte Kräfte eine gute Erziehung als Waffe des Volkes für die Beseitigung sozialer Übelstände betrachteten. Die Protestanten hatten Angst vor den erstmals in Massen einwandernden Katholiken. Die Reformer wollten die Einwanderer durch eine demokratische Erziehung vom „feudalen Erbe der alten Welt" befreien und sie befähigen, freie Bürger zu sein. (29b)

Vor allem der Reformer *Horace Mann*, Amerikas bedeutendster Pädagoge des 19. Jahrhunderts und von 1837 - 1848 Erziehungsminister in Massachusetts, popularisierte die alte puritanische und Jeffersonsche Idee der ‚common education' (29c), die er für den „großen Gleichmacher" der menschlichen Lebensbedingungen hielt und als einen „creator of wealth undreamed of" (29d) ansah, als Mittel, unvorstellbaren Wohlstand zu schaffen. (30) Mann wollte eine universelle Schule für alle. Sein Ziel war, über die gemeinsame Erziehung, die soziale Harmonie aller Rassen, Schichten und Glaubensbekenntnisse zu erreichen, ein einigendes Fundament für die heterogenen Gruppen zu schaffen, aus denen sich das amerikanische Volk zusammensetzte. (30a) Aus diesem Grund wandte sich Mann gegen das die Kluft zwischen den verschiedenen Gruppen vertiefende Privatschulwesen und setzte sich für die öffentliche Erziehung vom 4.-16. Lebensjahr ein. (30b) Sein Rezept dafür hieß: das öffentliche Schulwesen muß so verbessert werden, daß es mindestens ebenso anziehend wird wie das private (30c). Zu diesem Zweck forderte der kämpferische Erziehungsminister die staatliche Überwachung sowie eine größere finanzielle Unterstützung des Erziehungswesens, eine höhere Bezahlung des Lehrpersonals, aber auch bessere Lehrmethoden. (30d) Um seine Überzeugung zu propagieren, benutzte der agile Reformer alle damals denkbaren Techniken der Öffentlichkeitsarbeit. Er organisierte Erziehungskonferenzen, gründete neue pädagogische Institutionen, engagierte für Massachusetts fortschrittliche Pädagogen aus dem ganzen Land, edierte Zeitschriften, schrieb öffentliche und private Briefe an einflußreiche Geldgeber mit der Bitte um Geldspenden zur Unterstützung der öffentlichen Erziehungsarbeit, forderte Steuern zu diesem Zweck und brachte Gesetze ein, um seine Vorstellungen durchzusetzen. (30e) Indem Mann Skeptiker und Gegner, speziell Unternehmer, die das Privatschulwesen befürworteten und finanzierten, zu überzeugen versuchte, legte er durch unermüdlichen Einsatz sowohl das philosophisch-theoretische, wie auch das tatsächliche Fundament für das moderne amerikanische öffentliche Schulsystem, das von der Elementar-, über die Sekundarschule bis zur staatlichen Universität reicht.

In seinem berühmten fünften jährlichen Bericht von 1841 rief der progressive Liberale Horace Mann, der jedes lokale Schulhaus als „republikanisches Bollwerk" (31) be-

zeichnete, die Industriellen auf, die öffentliche Erziehung zu unterstützen. Er sah, daß die allgemeine öffentliche Schule nicht gegen die mit der zunehmenden Industrialisierung immer mächtiger werdenden Unternehmer durchgesetzt werden konnte. So arggumentierte er, daß gebildete Arbeiter produktiver und für den Unternehmer profitabler seien als ungebildete, auch trügen sie mehr zum Reichtum der Nation bei. (32) An sich sah Mann die Übel der Profitwirtschaft sehr deutlich. Nach Aufgabe seines Ministeramtes prangerte er diese aufs Schärfste an. (32a) Solange er jedoch im Amt war, hielt er es für opportun, nur indirekt und vage auf gewisse Auswüchse hinzuweisen, um sein Ziel, finanzielle Dotationen von Fabrikanten zu erhalten, nicht zu gefährden. Er hoffte auf die Macht der Erziehung als Mittel zur Veränderung von Mißständen. (33) Mit Hilfe der Schule wollte er eine bessere soziale Ordnung, bestimmt durch eine neue gesellschaftsbezogene Philosophie, schaffen. Mit seiner trotzdem im ganzen industriefreundlichen Haltung half er jedoch den amerikanischen Kapitalisten, eine allgemeine Bildung schon bald als „gute Investition" zu betrachten, die sowohl die Produktivität als auch den Absatz fördert. (34)
Der Kampf für freie Schulen war mühsam und bitter und für 25 Jahre sehr wechselvoll. Lokale Wahlen wurden darüber gewonnen und wieder verloren. Gesetze wurden verabschiedet und wieder revidiert. Doch die Anhängerschaft für ein gutes öffentliches Schulwesen wuchs beständig, und so konnten die Grundlagen für eine unentgeltliche Elementarbildung aller Amerikaner, mit Ausnahmen in einigen Südstaaten, bis etwa 1860 überall in Amerika gelegt werden. In Massachusetts, New York und Pennsylvania dehnte sich der Gedanke der freien öffentlichen Erziehung bereits auf das Sekundarschulwesen aus. (34a) Privatschulen erhalten seither in der Regel keine öffentliche Unterstützung mehr. (35)

2.1.4. Die Konsolidierung des kapitalistischen Wirtschaftssystems und die Entwicklung zur „einzigartigen" amerikanischen Erziehung

Der rasante technische Fortschritt im Laufe des 19. Jahrhunderts, die rasche Industrialisierung, sowie die wachsende Konkurrenz anderer Industrienationen brachten die amerikanischen Unternehmer zu der wachsenden Überzeugung, daß eine Höherqualifizierung der Arbeitskräfte notwendig sei. Der starke wirtschaftliche Konzentrationsprozeß rief bei den um 1890 in die Städte strömenden Arbeitskräften mehr und mehr die Ansicht hervor, daß die Zeit der unbegrenzten sozialen Aufstiegsmöglichkeiten vorbei sei und daß nun ein gutes Bildungsfundament unabdingbar für wirtschaftliche Erfolge geworden sei. Die Tatsache, daß Land nicht mehr unbeschränkt zur Verfügung stand und die Besiedlungsgrenze bis zum Pazifik ausgedehnt worden war, sowie die fortschreitende Mechanisierung der Landwirtschaft schufen auch in der Agrarbevölkerung Interesse an einer qualifizierten Ausbildung ihres Nachwuchses. Die Ströme der neuen ost- und südeuropäischen Einwanderer hatten Interesse, über ihre Kinder zumindest die englische Sprache zu erlernen. (35a)
Die öffentliche Erziehung war inzwischen allgemein akzeptiert. Doch die ursprünglich reformerischen Ideen und die der Erziehung von Mann zugedachte dynamisch-fortschrittliche Funktion verflüchtigten sich. Die Erziehung nahm mehr und mehr die Funktion wahr, das gesellschaftlich Erreichte zu bewahren. Nach dem Sezessionskrieg in den siebziger und achtziger Jahren des vorigen Jahrhunderts wurde diese Position vorherrschend. Im Gegensatz zu dem Streben von Horace Mann nach mehr wirtschaftlicher Sicherheit für alle und weniger Armut und Leid waren führende Vertreter des konservativen Gedankengutes, das auch die Pädagogen beherrschte, ganz mit dem Ge-

sellschaftssystem und dem ihm zugrunde liegenden Wirtschaftssystem einverstanden. Das wird z.B. deutlich in den Äußerungen von *William T. Harris,* dem nach H. Barnard zweiten „Beauftragten der Vereinigten Staaten für die Erziehung" über 17 Jahre hinweg, einem idealistischen Philosophen, der aus der Schulpraxis kam und auf sie großen Einfluß hatte (36). Seine Ansicht war, daß privater Besitz an Vermögen (private ownership of property) und dessen Folgeerscheinung, Produktion um des Profits willen, notwendig seien, um die Teilhabe der Gattung (race) an den Segnungen neuer Erfindungen und der Produktivität des Individuums zu sichern. (37) Trotz dieser grundlegend konservativen Haltung befürwortete Harris vehement die Ausdehnung der

Die wichtigsten amerikanischen Schultypen

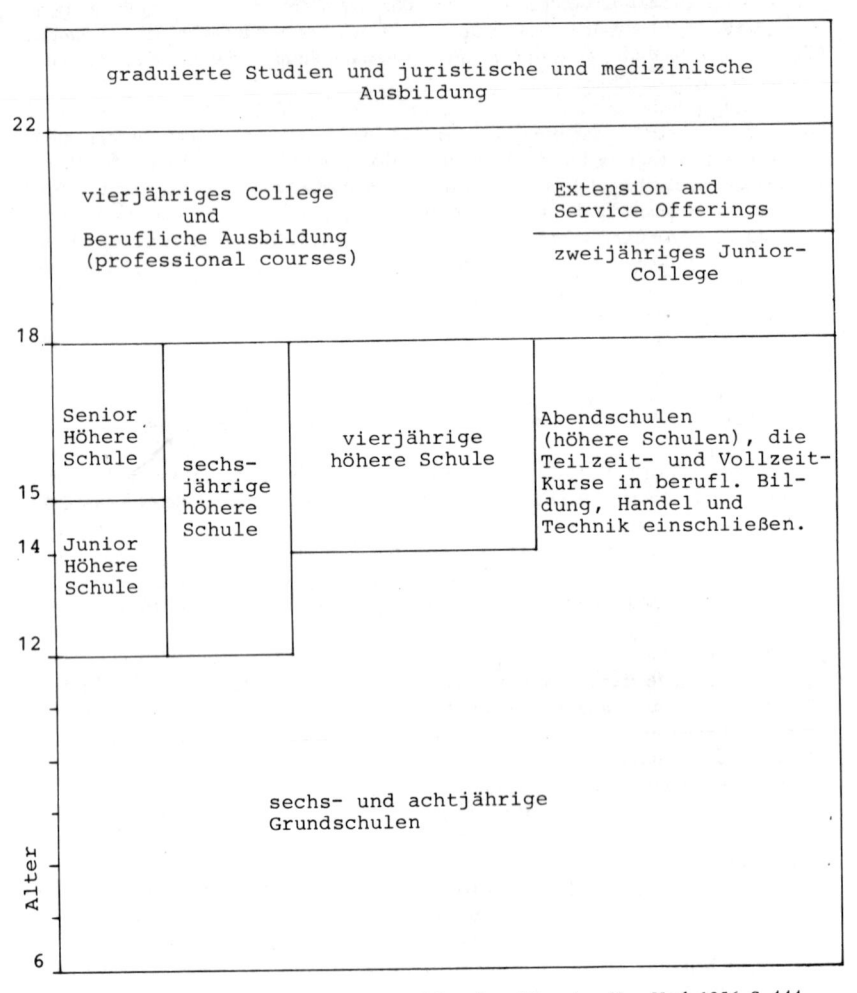

Alter	
22	graduierte Studien und juristische und medizinische Ausbildung
18	vierjähriges College und Berufliche Ausbildung (professional courses) / Extension and Service Offerings / zweijähriges Junior-College
15 / 14	Senior Höhere Schule / sechsjährige höhere Schule / Junior Höhere Schule / vierjährige höhere Schule / Abendschulen (höhere Schulen), die Teilzeit- und Vollzeit-Kurse in berufl. Bildung, Handel und Technik einschließen.
12	
6	sechs- und achtjährige Grundschulen

nach einer Graphik aus H.G. Good, A History of American Education, New York 1956, S. 444

unentgeltlichen allgemeinen öffentlichen Erziehung von der Elementar- auf die Sekundarerziehung und wurde somit zum Kämpfer für das 1795 geforderte einzigartige amerikanische Schulsystem, denn die amerikanischen „high schools" öffneten sich von 1890 an immer mehr der Allgemeinheit und änderten ihren Charakter im Gegensatz zu den europäischen selektiven höheren Schulen völlig. Von einer ursprünglich auch in Amerika reinen Vorbereitungsschule für ein akademisches Studium, die nur einigen wenigen vorbehalten war, wurden sie zu einer Massenschule für die Kinder aus allen Bevölkerungsschichten, zu einer Gesamtschule, die sich eng an die Grundschule anschließt, die die elementare Erziehung aller weiterführt und zu einem gewissen Abschluß bringt, zu einer Einheitsschule, die als integrierte höhere Schule als ‚Comprehensive High School' eine allgemeine Grundbildung vermittelt, die sowohl der Vorbereitung auf das Studium wie auch auf das Berufsleben dient (38). Auf Grund eines Gesetzes von 1917 leistet sie sogar eine berufliche Grundausbildung (39). So hat dieser Schultyp, der in der Regel die Schüler vom 14. bis zum 17. Lebensjahr aufnimmt, immer mehr Schüler erfaßt. Waren es 1890 erst 6,7% dieser Altersstufe, so waren es 1939 schon 73,3% (40). Auf diese Weise reagierte die neuzeitlich orientierte amerikanische Nation auf die Erfordernisse der durch die Industrialisierung vom ländlichen zum vorwiegend städtischen Leben verwandelten Gesellschaft.
Harris setzte sich darüber hinaus – wenn auch ebenfalls aus konservativen Absichten – für die Erleichterung des Übergangs zur Universität ein. Seine Motive für eine Sekundarschulbildung für alle und einen breiten Zugang zu den Universitäten lagen in der Meinung, daß nur die „higher education" in der Lage sei, durch die Vermittlung von Rechtskenntnissen einerseits der wirtschaftlichen Kriminalität vorzubeugen, deren Verbreitung dem Ansehen des kapitalistischen Wirtschaftssystems schaden und der Verbreitung des Marxismus dienen könnte (41).
Andererseits hoffte er, eine gründliche Erziehung würde gleichsam helfen, die Studierenden gegenüber allen bloßen „Ismen und einseitigen Strömungen, wie Sozialismus und Anarchismus" mißtrauisch zu machen und trüge so zur Stabilisierung der etablierten Ordnung bei. (42)
Die Stabilisierungsfunktion der Erziehung ist auch von anderen Erziehern betont worden. Noch in den sechziger Jahren unseres Jahrhunderts galt die Erziehung zum „guten Bürger" als erstes und wichtigstes Erziehungsziel der Comprehensive High School, (43) und das bedeutet, das amerikanische Kind sollte zum „guten Mitglied der Gesellschaft" erzogen werden, d.h. zum „guten Amerikaner". Als guter Amerikaner ist bisher immer derjenige angesehen worden, der das bestehende Ordnung, das amerikanische politische System, und d.h. die amerikanische Demokratie sowie das angeblich untrennbar mit ihr verknüpfte, auf „freiem" Wettbewerb basierende Wirtschaftssystem (44) in allen wesentlichen Grundzügen akzeptiert und bejaht, der freundlich, kooperativ und anpassungsfähig ist und für das soziale Zusammenleben förderliche Verhaltensweisen und Gewohnheiten angenommen hat (45). Besonders in den ersten Dezennien des 20. Jahrhunderts wurde die öffentliche Schule als hervorragendes Instrument angesehen, die Einwanderer in die ‚responsibilities of citizenship' einzuweisen, denn das Einwanderungsproblem hatte sich verschärft. Zwischen 1890 und 1920 kamen große Wellen von ost- und südeuropäischen Einwanderern.
Im Gegensatz zu den vorherigen Immigranten aus Nordwesteuropa, die sich vornehmlich auf dem reichen, fruchtbaren Boden des mittleren und nördlichen Westens niedergelassen hatten, sammelten sich die neuen Einwanderer vor allem in den großen Städten, in engsten, meist zu Slums heruntergekommenen Nachbarschaften, in denen sie das Leben und die Gebräuche der alten Welt fortführten. In den 37 größten Städten waren über 50% der Schüler Kinder von Einwanderern (46). Die meisten Amerikaner kannten

nur einen Weg für die Integration dieser Neueinwanderer und für die Bewahrung der hergebrachten Ordnung: Die Amerikanisierung und Anpassung der „newcomer" an die herrschenden Standards der Oberschicht, kurz WASP (White, Anglo-Saxon, Protestant) genannt. (47)
Wie all die vorher erwähnten Aufgaben, so wurde auch diese vertrauensvoll und erfolgreich (!) vor allem in die Hände der Lehrer und damit der öffentlichen Schulen gelegt. (48) Neben der Tatsache, daß Kinderarbeit zur Reproduktion der Familie nicht mehr in früheren Ausmaßen benötigt wurde, hat auch diese in der Öffentlichkeit emfundene Notwendigkeit, die nationale Einheitlichkeit durch die Amerikanisierung der Einwanderer zu erzielen, die schnelle Ausdehnung der secondary education durch die sukzessive Einführung von Schulzwang bis zum 16. Lebensjahr begünstigt.

2.1.5. Zusammenfassung

Der auch unter Erziehern weitverbreitete Wunsch nach Bewahrung alles Amerikanischen, das durch die politischen und kulturellen Machtansprüche der WASPs definiert war, zeigt an, daß die Interessen und Ansichten der herrschenden Klasse, der industriellen Unternehmerschaft, nach dem Bürgerkrieg der sechziger Jahre des 19. Jahrhunderts (genau so, wie schon nach dem Unabhängigkeitskrieg des 18. Jahrhunderts die Ansichten der damals mächtigen Schichten, der Manufakturbesitzer, Handelskreise, Kaufleute und Landspekulanten) zur herrschenden Meinung auch in der Mehrheit der Bevölkerung geworden waren.
Die Tatsache der aus durchgängig konservativen Motiven heraus geschaffenen „demokratischen" Struktur der amerikanischen Schule, d.h. ihrer horizontalen Gliederung, zeigt die Widersprüchlichkeit dieses Schulsystems. (49) Einerseits verweisen die Amerikaner noch heute voller Stolz auf ihr „einzigartiges" System: „the unique American institution that it has become" (50), das angeblich „kein Gegenstück in irgendeinem andern Land (51)" hat, wie Conant noch 1962 in einem 1968 in Deutschland veröffentlichten Artikel schrieb. (52) Und aus deutscher Sicht, d.h. ausgehend von der Analyse der Rückständigkeit der neuhumanistischen Bildungsideologie sowie der dreigliedrigen Schulstruktur ist dieser Enthusiasmus auch verständlich. Erscheint doch aus dieser Perspektive die Schaffung einer — der sich verändernden industriellen Produktion angepaßten — Schulorganisation und Ausbildung sogar als fortschrittlich.
Andererseits diente zur ideologischen Begründung für die Einführung der generellen Sekundarerziehung klar die stabilisierende, konservierende Funktion der Erziehung, die die bestehende Herrschafts- und Gesellschaftsordnung, die ökonomische und soziale Machtaufteilung garantieren, sichern und fortsetzen soll. Die dynamische Funktion der Erziehung wird in der Befürwortung der Sekundarerziehung zumindest von Harris nicht erwähnt. Nicht einmal mit der notwendigen Anpassung an die sich schnell wandelnde Welt argumentierte er, obwohl in dem schnellen Fortschreiten der Industrialisierung der Hauptgrund für die Verlängerung der allgemeinen Erziehung und die Einbeziehung der beruflichen, und d.h. der technischen Welt, in die Schule zu sehen ist. Eine bewußte Verbesserung des bestehenden Systems, wie Mann es anstrebte, oder gar seine Veränderung auf dem Weg über eine bessere Erziehung zu bewirken, war jedenfalls zu dieser Zeit der Entstehung des vielgerühmten demokratischen Erziehungssystems, das vermeintlich die gleichen Chancen aller garantiert (53), nicht das Ziel derer, die für seine Existenz verantwortlich sind.
Das bedeutet, daß fortschrittliche Gedanken, wie die von Jefferson und Horace Mann, die amerikanische Gesellschaft zwar in einem Teilbereich verändern konnten, aber,

wie sich nachträglich herausstellte, doch wohl nur soweit, wie es eigentlich ohnehin für eine Anpassung an die Veränderung und den Fortschritt der Gesellschaft notwendig wurde. Damit ist gemeint, daß die amerikanischen Unternehmer mit der Zuhnahme der industriellen Produktion am Anfang des 19. Jahrhunderts langsam erkannten, daß eine Industriegesellschaft ohne eine hinreichende Ausbildung über kurz oder lang nicht funktionieren würde und daß hierin der Grund für ihre Bereitschaft zu suchen ist, dem Drängen der Reformer nachzugeben und öffentliche Schulen finanziell zu unterstützen, ohne jedoch damit die mit der Durchsetzung dieses Schulsystems intendierte Veränderung gesellschaftlicher Machtverhältnisse zu bejahen. Ob die weitere Entwicklung zu einer Veränderung geführt hätte, bleibt offen. Denn sie wurde durch den Sezessionskrieg unterbrochen. Er führte dazu, daß alle Reformenergien auf lange Zeit erlahmten. Die Bevölkerung hatte den Wunsch nach Stabilität, nach einem neuen wirtschaftlichen Aufschwung nach dem Chaos und den Entbehrungen des Krieges. Dieser Wunsch und die Verunsicherung durch die große Zahl der Neueinwanderer und ihre andersartige Kultur bildete das Fundament für die Kongruenz der Ansichten der Mehrheit und der Interessen der Wirtschaft und damit für die Durchsetzung der von der Wirtschaft vertretenen Theorien als herrschende Meinung.

Seither werden der *amerikanischen Gesamtschule zwei wesentliche Funktionen* zugedacht. Sie soll einmal über den Weg der Herstellung einer formalen Chancengleichheit das Begabungsreservoir der gesamten Bevölkerung optimal ausschöpfen. Sie erhöht auf diesem Wege die Mobilität der amerikanischen Gesellschaft und kommt damit der Erwartung entgegen, die Einwanderer nach Amerika zieht: Wer tüchtig ist, kann es schaffen. Die zweite Funktion, die z.T. auch schon durch die Förderung aller Begabungen ausgeübt wird, ist die, den Kindern aus allen gesellschaftlichen Schichten in der Schule die gleichen sozialen Erfahrungen zu vermitteln und so ein Zusammengehörigkeitsgefühl zu schaffen. Diese Integrationsfunktion, die zumindest vom Bewußtsein her die Unterschiede zwischen sozialen Klassen verwischt, ist ambivalent. Einerseits macht sie verständlich, warum die amerikanische Demokratie bzw. ihre Träger auf diese Schule nicht mehr verzichten wollen. Die integrierte Gesamtschule vermittelt bereits qua Institution, also bevor intentionelle Lehr- und Lernprozesse einsetzen, dem Schüler die „Philosophie der amerikanischen Demokratie", d.h. die subjektive Einstellung bzw. die Illusion, daß alle Menschen in der amerikanischen Gesellschaft tatsächlich gleichberechtigt sind und gleiche Chancen haben, wenn sie nur wollen. Zum anderen bildet sie aber — in Verbindung mit fortschrittlichen, ideologiekritischen Inhalten, die von der Aufarbeitung bestehender gesellschaftlicher Ungleichheiten ausgehen — für diejenigen, die an die Wirksamkeit des demokratischen Ideals glauben, die Chance, als die konkrete Alternative zur bestehenden Gesellschaftsorganisation erkannt zu werden und den Willen zu deren Veränderung zu wecken.

2.2. Auf dem Weg zu demokratischen Inhalten (bis 1955)

Auch in der ersten Hälfte dieses Jahrhunderts, besonders in der dem 2. Weltkrieg vorangegangenen Zeit, ist der Glaube der Amerikaner an die Erziehung ungebrochen bzw. sogar verstärkt nachweisbar. (54) Es handelt sich bei der Darstellung dieses Zeitabschnitts jedoch nicht nur um die der Re-education Idee vorausgehende und sie somit unmittelbar beeinflussende Zeit, sondern um eine Zeit, in der sich eine grundlegende Umwälzung in den Inhalten der Erziehung in Amerika vollzog. Nach Errichtung einer demokratischen Schulstruktur wandte sich die Aufmerksamkeit amerikanischer Erzieher, speziell die des bedeutendsten amerikanischen Pädagogen, *John Dewey*, nun

den Inhalten der Erziehung, der Organisation der Lehr- und Lernvorgänge, dem Lehrer-Schüler-Verhältnis etc. zu, und zwar speziell unter der Fragestellung der für eine Erziehung zu einer idealen Demokratie notwendigen Bildung.
Die Erziehung der Deutschen zur Demokratie war auch das Anliegen der amerikanischen Besatzungsmacht, und man kann generell sagen, daß die amerikanischen Umerziehungsexperten alle stark von Deweys Erziehungsphilosophie beeinflußt waren. Dies ist bereits Anlaß genug für eine relativ ausführliche Darstellung der ersten modernen amerikanischen Curriculuminnovation. (55)
Hinzu kommt jedoch, daß Dewey — im Gegensatz zu Wilhelm von Humboldt — einen zeitgeschichtlich ausgesprochen modernen bildungstheoretischen Ansatz vertritt, der speziell die Notwendigkeit und die Möglichkeiten für Lernen in der industriellen Welt aufzeigen will, so daß die Ausführlichkeit ihren Anlaß auch in der aktuellen bundesrepublikanischen Situation hat. Der Hinweis auf Dewey soll nicht nur historischer Art sein, sondern soll verweisen auf den m.E. längst notwendigen Schritt, daß „rechte" wie „linke" Pädagogen in Westdeutschland sich endlich von der beiderseits üblichen Rückbesinnung auf Humboldt lösen müssen, um zu einer — sowohl der komplexen industriellen Welt wie auch den Problemen der Gesellschaft und Politik — adäquaten Bildungstheorie zu finden.
Schließlich und endlich muß Dewey nach den bislang vorliegenden deutschen, jeweils völlig einseitigen Adaptationen — durch Kerschensteiner, der Deweys „politisch-polytechnische" Bildung zu einer unkritischen mehr handwerklich orientierten Berufserziehung degradierte und durch Oetinger, der Deweys Prinzip der „Kooperation" von seiner emanzipatorischen Intention gelöst zu einer konservativen Partnerschaftsbeziehung, die soziale Ungleichheit und Konflikte verdeckte, umfunktionierte — neu „entdeckt" werden. (56)
Darüber hinaus sei darauf hingewiesen, daß die moderne amerikanische Curriculumrevision, die in den sechziger Jahren konkret begann, sich ebenfalls auf grundlegende Denkmethoden Deweys zurückbesann.

2.2.1. John Deweys Analyse der traditionellen Erziehung und seiner Erziehungsphilosophie

2.2.1.1. Analyse der industriellen Gesellschaft und der gewandelten Sozialisations- und Erziehungsfaktoren

Zum Ausklang des 19. Jahrhunderts waren die Industrialisierung, die sie begleitende Landflucht sowie die dadurch bedingte Ausdehnung und Überbevölkerung der Städte Amerikas weit vorangeschritten. Die Grenze, the Frontier, war praktisch geschlossen, d.h. Amerika war bis hin zur Westküste besiedelt. (56a) Das kapitalistische Wirtschaftssystem befand sich in einer Konsolidierungsphase, es entstanden riesige Konzerne, die über ungeheure wirtschaftliche, soziale und politische Macht verfügten und ihren Gegenpol in einem Massenelend von enormen Ausmaßen fanden (57). Diese Situation führte in der Mittelschicht zu dem Erwachen einer neuen liberalen Bewegung. Deren Anhänger akzeptierten Verstädterung und Industrialisierung als neue, nicht vermeidbare Tatsache, wollten aber deren negative Folgen durch staatliche Regulierungsmaßnahmen mildern. Aus einer im Grunde konservativen Haltung heraus hielten sie eine gemäßigte Sozialpolitik für das beste Mittel, Radikalismus und politischen Extremismus zu verhindern (57a). Die dieser „Progressive Movement" zugehörige Generation junger Intellektueller fühlte sich den Ideen der Aufklärung verpflichtet. (57b) Sie litt besonders daran, daß das Versprechen der amerikanischen Demokratie noch immer nicht erfüllt war. Indem sie die Befangenheit der protestantischen Ethik, die durch den Glauben an den Reichtum als Frucht gottesfürchtiger Arbeit gekennzeichnet war, überwanden, wuchs in ihnen die Überzeugung, daß das unglaubliche Elend ihrer Zeit weder Schuld, noch unausweichliches Schicksal der Armen war und daß man ihm weder mit Almosen noch mit Revolution beikommen konnte, sondern letztlich nur mit Hilfe der Erziehung. (58) Das Interesse dieser Bewegung konzentrierte sich im Laufe der Jahre immer mehr auf die Zusammenhänge zwischen dem Besitz wirtschaftlicher und der Ausübung politischer Macht. Wissenschaftler unternahmen weitreichende historische Untersuchungen, um zu erforschen, wie und aus welchen Gründen die politische Macht in Amerika in die „unsozialen Hände der wirtschaftlich Mächtigen" gefallen war (59). Im Zuge dieser intellektuellen Strömung entstanden u.a. 1913 das berühmte Werk von *Charles A. Beard* „An Economic Interpretation of the Constitution" und 1916 das Epoche machende „Democracy and Education" von *John Dewey*, das die amerikanische Reformpädagogik bis in die fünfziger Jahre und die Reaktion darauf noch heute entscheidend beeinflußt hat. Dewey war einer der ersten, vor allem aber der hervorragendste, amerikanische Pädagoge, der Tragweite und Umfang der Industrialisierung und deren Einfluß auf Familie und Schule erkannte. Er kommt zu der Ansicht, daß das auf „freiem" Wettbewerb basierende Wirtschaftssystem mit zunehmender Industrialisierung immer unmenschlicher geworden ist und die in ihm Herrschenden ihre soziale Verantwortung in keiner Weise ausreichend wahrnehmen. Darum muß der Laissez-faire-Liberalismus überwunden und die Privatwirtschaft zugunsten einer gemeinschaftlichen demokratischen Verwaltung abgelöst werden (60). Mit dieser Schlußfolgerung widerspricht Dewey der bis zu seiner Zeit auch unter Erziehern weit verbreiteten Auffassung, daß der Kapitalismus die einzig „natürliche Wirtschaftsform sei, weil er eine unüberwindbare Basis in der menschlichen Natur besitze, da der Mensch instinktmäßig zum Wettstreit neige (61). Nicht nur, daß Dewey auf diese Weise die amerikanische Gesellschaft als historisch entstandene Klassengesellschaft kennzeichnet, sondern er macht außerdem— die damals neuesten Kenntnisse der Sozialpsychologie aufnehmend — deutlich, daß der Mensch und seine Gedanken von der Umwelt bestimmt sind. (62) Die Veränderung der Umwelt durch die Industrialisierung hat nach Deweys Analyse weitreichende Folgen. Die weitgehende Zerstörung der alten Familien- und Nachbarschaftsstrukturen durch die Verlegung des Arbeitsplatzes von der häuslichen Werkstatt bzw. dem Bauernhof in die Fabrik, die damit einhergehende Verstädterung und die gleichzeitige Verelendung großer Massen sowie die fortschreitende Arbeitsteilung bewirken, daß die bislang von der vorindustriellen Familie und ihrer Umgebung ausgeübten Funktionen der beruflichen Ausbildung und Sozialisation nicht mehr wahrgenommen werden. (63) Mit der darüber hinaus sich beschleunigenden Veränderung der Anforderungen an den Menschen wird zudem auch die bisher wesentlichste Erziehungsfunktion der Schule, die der Vermittlung eines festumrissenen Bildungskanons, den Erfordernissen dieser sich stetig wandelnden Welt nicht mehr gerecht, zumal die amerikanische Schule der Jahrhundertwende sich an eine abstrakte Uniformität klammert, die im Widerspruch zu der immer größeren Vielfalt der amerikanischen Gesellschaft steht (64).

2.2.1.2. Kritik des tradierten Bildungsideals

Darüber hinaus übt Dewey ohnehin scharfe Kritik an dem gängigen Verständnis von ‚Kultur'. Er bezeichnet es als einseitig und verkürzt und führt es zurück auf die Spaltung der Gesellschaft in eine arbeitende Klasse und in eine „leisure class' (Mußeklasse)

(65). Dieses schon vom Altertum überlieferte Verständnis von Kultur diagnostiziert Dewey als Ursache für den auch in Amerika vorhandenen Dualismus der erzieherischen Werte: auf der einen Seite Erziehung als Vorbereitung für „nützliche Arbeit", d. h. produktive, körperliche Arbeit, die ohne jeglichen intellektuellen oder ästhetischen Gehalt ist; auf der anderen Seite Bildung für ein mußevolles, nur sich selbst und den eigenen, vornehmlich ideelen Interessen, gewidmetes Leben. (66)
Als Aufgabe der amerikanischen Schule zur Zeit Deweys gilt es, den Schüler „zu veredeln und emporzuheben" aus dem Alltäglichen und „die offiziell anerkannte Kultur zu verbreiten" (67).
Dewey nennt die so vor allem durch die weiterführenden Bildungsinstitutionen der High School und der Universität verbreitete Kultur eine „schmarotzerhafte Geisteskultur" (68), die „aristokratisch" und unsozial ist, weil sie betont, „was die Klassen voneinander trennt" (69). Diese „humanistische" Erziehung gibt vor, die „innere Persönlichkeit" zu bilden. Aber „das, was als ‚innerlich' bezeichnet wird, ist einfach dasjenige, was nicht mit anderen verbindet — was nicht fähig ist zu freier und vollständiger Kommunikation" und trägt so zur sozialen Spaltung der Gesellschaft bei (70). Es ist an „Verhaltens- und Wertmaßstäben der Vergangenheit" orientiert. (71) Dewey wirft der alten Schule jedoch nicht nur vor, bezogen auf die Inhalte, die Lehrmethoden und die Schulatmosphäre etc. die Ungleichheit der Chancen festzuschreiben, sondern er wirft ihr auch vor, daß sie ohne Bezug zur Realität im Elfenbeinturm lebt. Das rein begriffliche Wissen, das die Schule, losgelöst von den persönlichen Erfahrungen des Schülers, vermittelt, ist auf Grund der Isolation der Schule von ihrer sozialen Umgebung zur Gestaltung dieser Umwelt nicht anwendbar.

2.2.1.3. Deweys Erziehungsphilosophie

Mit Hilfe neuer Erkenntnisse der Psychologie überdenkt Dewey die der tradierten Erziehungswissenschaft zugrundeliegenden Theorien. Er vertritt nicht länger die Meinung, „Erziehung sei ein Entwicklungsgeschehen von innen heraus", noch die Ansicht, „sie sei nichts anderes als Formung von außen" (72). Für Dewey ist „Wachstum (growth) das Kennzeichen des Lebens" (73). Und da Erziehung in seinen Augen „das Werkzeug der sozialen Fortdauer des Lebens" (74) ist, „ist Erziehung nichts weiter als wachsen lassen und wachsen machen" (75). Die Bildsamkeit (plasticity) des Menschen oder, anders ausgedrückt, seine Unreife ist daher positiv betrachtet die Fähigkeit, von Erfahrungen (experiences) zu lernen. Indem der Mensch eine Handlungsweise lernt, anstatt sie von Geburt her zu beherrschen, kann er lernen, die Faktoren der Handlung zu variieren, sie den Umständen entsprechend unterschiedlich zu kombinieren. Damit ist die Möglichkeit ständigen Fortschritts gegeben. (76) Zwar behauptet Dewey mit diesen Ausführungen nicht, daß der Mensch über keine für die Erziehung relevante ererbte Ausstattung verfügt, aber er betont nachdrücklich, daß die spezifische Umgebung jedes einzelnen Menschen, d.h. daß die sozialen Erfahrungen, die er sammelt (nicht nur die geistigen Erfahrungen) entscheiden, was aus seinen Anlagen wird bzw. ob aus ihnen etwas wird. (77)

2.2.1.4. Deweys Theorie der Erfahrung

Dieser Erziehungsphilosophie Deweys liegt vor allem die Auffassung von der „engen und notwendigen Beziehung zwischen dem Prozeß der Erfahrung und dem der Erziehung" (78) zugrunde: Lernen ist nur auf der Basis persönlicher, tatsächlicher Lebenserfahrung möglich. Jedoch wirken nicht alle Erfahrungen „als solche in gleicher Weise

pädagogisch" (79). Das Prinzip der Kontinuität, das besagt, daß Erfahrungen nicht isoliert gemacht werden, sondern zu früheren Erfahrungen in Beziehung stehen und das Prinzip der Wechselwirkung zwischen den objektiven und den subjektiven Bedingungen des Lernprozesses, bestimmen den Wert einer Erfahrung „in ihrer pädagogischen Funktion und Macht" (80). D.h. Erfahrung entsteht erst dann, wenn eine „Rückwärts-Vorwärts-Verbindung" zwischen dem eigenen Tun und der Reaktion des Objektes hergestellt und das Gesamtgeschehen in der Wechselwirkung reflektiert wird (81).
Da Dewey den Erziehungsprozeß mit einem Wachstumsprozeß gleichsetzt, „sofern Wachstum im Sinne von ‚Entwicklung' verstanden wird", bietet ihm sein Begriff des Wachstums ein Kriterium für die Entscheidung, ob eine Erfahrung, die ein Kind macht, seine „Entwicklung im allgemeinen fördert oder hemmt" und damit, ob die Idee der Kontinuität, des fortdauernden Aufbauens und Anknüpfens neuer Erfahrungen auf den früher gemachten, „universelle und nicht nur spezialisierte und begrenzte Anwendung erhält" (82).

2.2.1.5. Die neue Schule

John Dewey war als Philosoph bedeutender Exponent des Pragmatismus, einer besonders in Amerika ausgeprägten philosophischen Richtung, die den Wert der Erkenntnis nach ihrer Nützlichkeit für das menschliche Handeln, für die Praxis des Lebens bemaß und für die Erkenntnis nur mit naturwissenschaftlichen Methoden erreichbar schien. Das menschliche Wesen drückte sich dieser philosophischen Einstellung zufolge im Handeln (griech. pragma, praxis) aus. Als Pädagoge wurde Dewey vielfach „father of the Progressive School Movement" genannt, denn als Philosoph und als Pädagoge kam er aufgrund seiner Analyse der Veränderungen durch die Industrialisierung und aufgrund seiner Kritik an dem traditionellen Bildungsideal zu einer grundlegenden Neudefinition der Schule, die sie „mitten hineinstürzte in den Kampf für ein besseres Leben" (83). Er sah in der Schule das wichtigste Instrument der Gesellschaft zur Gestaltung ihres eigenen Schicksals. Das öffentliche Erziehungswesen wurde für ihn „gleichbedeutend mit der Erziehung der Öffentlichkeit" (84).
Die soziale Funktion, den unmündigen Menschen in eine immer komplizierter werdende Gesellschaft einzuführen, bedarf wie schon deutlich wurde, einer „speziellen sozialen Umgebung" (85), die bewußt geschaffen werden muß, also eines Ortes, an dem institutionalisierte Erziehung völlig neu organisiert werden muß. Die Schule muß daher völlig geändert und zu einer „miniature community", zu einer „embryonic society" verwandelt werden (86). Damit ist allerdings nicht die Festschreibung dieser Gesellschaft auf den status quo intendiert, sondern geradezu das Gegenteil. Die „vereinfachte Umwelt", die die Schule schaffen muß, soll „den Einfluß wertloser und wertwidriger Züge der existierenden Umwelt auf die geistigen Gewohnheiten nach Möglichkeit" ausschalten, und eine „gereinigte Atmosphäre des Handelns" darbieten (87), weil schon die jeweilige Umgebung der Kinder ihre spezifische Wahrnehmung beeinflußt (88). Vor allem soll die Schule jedem Individuum eine Chance geben, den Begrenzungen der sozialen Gruppe, in die man hineingeboren wurde, zu entfliehen. (89)
Dewey will die Schule also „zu einem Modell derjenigen Gesellschaft machen, die wir gerne verwirklichen möchten". Die Schüler sollen so geformt werden, „daß sie bereit und imstande sind, allmählich die Züge der größeren und widerspenstigen Gesellschaft der Erwachsenen zu ändern" (90), sie „worthy, lovely and harmonious" zu machen (91). Die neue Gesellschaft ist ohne die Erziehung dazu nicht möglich (92). Erziehung wird damit politische Erziehung, Erziehung zu politischem Handeln, zur Gestaltung der neuen Gesellschaft (93).

2.2.1.6. Die neue Gesellschaft

Dabei geht es Dewey um eine demokratische Gesellschaft, die seiner Vorstellung nach „intentionally progressive" (bewußt fortschrittlich) ist (94), die sich selbst immer weiter entwickelt und am Ideal einer ständigen Verbesserung orientiert (95) und bestrebt ist, allen ihren Bürgern ein gemeinschaftliches voll erfülltes Leben und Erleben zu ermöglichen, ein Leben, das auf „gemeinsamer, untereinander ausgetauschter Erfahrung" (conjoint communicated experience) beruht, ja, durch diese erst vollwertig wird und in dem „diejenigen Grenzen zwischen Klassen, Rassen und Nationalstaaten eingerissen sind, die die Menschen bislang hinderten, die volle Tragweite ihrer Handlungen zu erkennen und wahrzunehmen" (which kept men from perceiving the full import of their activity) (96).
Als „soziales Mitglied" der Gesellschaft soll der Mensch lernen, einen eigenen Beitrag zum gemeinschaftlichen Leben zu leisten, bewußt zu leben und diese Fähigkeit zu vertiefen (97). Die Demokratie, die nach amerikanischem Verständnis nicht nur eine Regierungsform ist, sondern „a way of life". eine bestimmte Art, das Leben gemeinschaftlich demokratisch zu gestalten, ist auch nach Deweys Ansicht in besonderem Maße auf eine adäquate Erziehung angewiesen. Dewey ist der Meinung, daß nur eine fortschrittliche Erziehung, deren Grundzüge er entworfen hat, demokratiegemäß ist. Von dieser zu seiner Zeit eingeleiteten und von ihm praktisch (in seiner Laboratory School von 1896 - 1904 in Chicago, danach in New York) und theoretisch begleiteten reformpädagogischen Bewegung (progressive education movement) schreibt er: „Es ist das Ziel der progressiven Erziehung, daran teilzunehmen, ungerechte Privilegien und ungerechte Deprivation zu korrigieren, nicht aber sie zu verlängern" (98).

2.2.2. John Deweys Curriculumtheorie

2.2.2.1. Übergeordnete Werte

Um Deweys Ansprüchen an eine demokratische Erziehung gerecht zu werden, muß das Curriculum der öffentlichen Schule gänzlich neu gestaltet werden. Aufgrund seiner Analyse der Wandlungen, die das Industriesystem verursacht, und aufgrund seiner Anforderungen an eine demokratiegemäße Erziehung, kommt Dewey zur Entwicklung neuer Kriterien für die Umgestaltung des ganzen Curriculums und die Bestimmung neuer Lernziele. Er kann damit wohl als der erste moderne Curriculumforscher gelten.
Das Curriculum soll nicht länger dem „kulturellen Tradierungswillen einer Gesellschaft" (99) dienen, sondern muß sich an Deweys zentralen Begriffen „Wachstum" und „Erfahrung" und an seiner Neudefinition des Begriffes „Kultur" orientieren: „Kultur ist die Fähigkeit, den Umfang und die Genauigkeit des eigenen Vermögens, soziale Tatbestände wahrzunehmen und ihre Bedeutung zu erfassen, ständig zu erweitern" (100) (culture is the capacity for constantly expanding the range and accuracy of one's perception of meanings). Erziehung muß dementsprechend zu einem lebenslangen Prozeß werden, zu einem ständigen Vorgang, der die Wahrnehmungsfähigkeit des Menschen erweitert, sein Verstehen vertieft, seinen Geschmack verfeinert und sein Urteilsvermögen schärft. (101)

2.2.2.2. Curriculumdeterminante Kind

Dieses Ziel läßt sich nicht verwirklichen, wenn man dem Kind apodiktisch von außen einen auswendig zu lernenden Bildungskanon vorsetzt, der zu seiner Erfahrung in keiner Beziehung steht und auch nicht, wenn man das Kind seinen ursprünglichen Impulsen und den angeblich natürlichen Reifevorgängen, die sich von innen her vollziehen, überläßt. Dieses Ziel läßt sich nur verwirklichen, wenn man von den alltäglichen Erfahrungen des Kindes ausgeht, seine Interessen erforscht und hieran anknüpft, „denn nicht der Stoff bestimmt Qualität und Quantität des Lernens, sondern das Kind" (102). Interesse aber bedeutet, „daß man die Zwecke der Tätigkeit zu den seinigen macht und die Mittel zu ihrer Verwirklichung bejaht" (103). Von der gewöhnlichen Lebenserfahrung des Kindes abstrahiertes formales symbolisiertes Material kann keine Motivation, geschweige denn Engagement hervorbringen. Zur „Erzeugung guter Denkgewohnheiten" beim Kind müssen daher weitere Voraussetzungen erfüllt sein: Es muß eine zusammenhängende Tätigkeit vorhanden sein, eine „für den Erwerb von Erfahrung geeignete Sachlage", in der dem Schüler „ein echtes Problem erwächst und damit eine Anregung zum Denken" (104). Das Kind soll selbst nach möglichen Lösungen suchen und diese in geordneter Weise entwickeln. Voraussetzung dafür ist einmal die Aneigung des nötigen Wissens und die Beobachtung, zum anderen „Willenszucht und -schulung, d.h. die Entwicklung der Fähigkeit zu dauernder Anpassung und Aufmerksamkeit" (105). Krönung dieser Aufeinanderfolge von Anforderungen ist, dem Schüler „die Möglichkeit und Gelegenheit" zu geben, „seine Gedanken durch praktische Anwendung zu erproben, ihren Sinn zu klären und ihren Wert selbständig zu entdecken." (106)

2.2.2.3. Curriculumdeterminante „Kultur" (107)

Um diesen Erfordernissen gerecht zu werden, muß der dozierende Frontalunterricht, das starre unbeteiligte Rezipieren der Schüler und ihr erzwungenes Stillsitzen in festverschraubten Bankreihen, abgelöst werden durch die Hereinnahme von Spiel und Arbeit in den Unterricht, denn sie entsprechen „der ersten Stufe des Erkennens, die darin besteht, daß man lernt, irgendetwas zu tun, und aus diesem Tun heraus mit gewissen Dingen vertraut wird" (108). Wenn die Schule den ganzen Menschen ansprechen soll, darf sie nicht einseitig nur die intellektuellen Seiten der menschlichen Natur ansprechen, als da sind: „der Wunsch zu lernen, Informationen anzusammmeln und Kontrolle über die Symbole des Lernens zu erhalten", sondern sie muß auch „die Impulse und Tendenzen, etwas zu machen, zu tun, zu erschaffen, zu produzieren" in den Unterricht einbeziehen (109).
Im Gegensatz zu den meist unbewußt und unkontrolliert ablaufenden Sozialisationsprozessen ist die Schule der Ort, an dem „Erwachsene die Art der Erziehung bewußt kontrollieren", indem sie die Umgebung, in der die noch unreifen Kinder handeln, denken und fühlen, beeinflussen (110). „Zweck der Schulerziehung ist es, die Kontinuität der Erziehung zu sichern durch Organisierung der Kräfte, die Wachstum garantieren" (111). Die Aufgabe der Schule besteht daher darin, die Kinder sich nicht völlig selbst zu überlassen, sondern Spiel und Arbeit so anzuregen und durchzuführen, „daß sie das geistige und sittliche Wachstum begünstigen". Es kommt daher darauf an, in welcher Weise Spiel und Arbeit betrieben werden (112), und das heißt, daß sie so angeleitet werden, daß sie in Beziehung stehen zu den Problemen der spezifischen Ausformung der gesellschaftlichen Kultur, in der das Kind aufwächst. Mit Hilfe von Spiel und Beschäftigung sollen „Handgeschicklichkeit und technische Fähigkeiten entwickelt werden, so daß die Kinder unmittelbaren Gefallen an der Arbeit finden und die Betätigung als Vorbereitung für später Nutzen verspricht" (113). Dies hat jedoch unter der Devise zu stehen, daß „alle diese Dinge dem erzieherischen Wert der Betätigung, d.h. den intellektuellen Ergebnissen und der Entwicklung bestimmter sozialer Bereitschaf-

ten untergeordnet werden" (114). Damit ist ein weiteres curriculares Prinzip angesprochen: die tätigen Beschäftigungen sollen „Musterbeispiele charakteristischer Sachlagen des Gemeinschaftslebens" sein, d.h. sie müssen exemplarischen Wert haben (115). Die Verwirklichung eines weiteren Prinzips wird durch die geforderte Art der Betätigung gewährleistet: Die Erlernung kooperativen Handelns. „Damit Schulen voll wirksam sein können, sind mehr Möglichkeiten für gemeinsame Betätigung erforderlich, an denen die, die unterrichtet werden, selbst teilnehmen, damit sie ein Verständnis dafür erwerben, ihre eigenen Kräfte sowie die benutzten Materialien und deren Gebrauch sozial einzusetzen" (116). „Geplantes Ziel (des Unterrichts, (L-Qu)) ist die Entwicklung des Geistes sozialer Kooperation und gemeinschaftlichen Lebens" (community life) (117).

Es hieße jedoch Dewey mißverstehen, wenn Spiel und Arbeit zum alleinigen und dauernden Lernfaktor erhoben würden. Sie sind vor allem für die Elementarstufe der Schule gedacht, wobei Dewey etwa vom neunten Lebensjahr an einen Übergang zu planvollem kindlichen Handeln beobachtet, das experimentielles Lernen ermöglicht. Von den reiferen Schülern nimmt Dewey an, daß ihnen aus zielgerichteter Arbeit in schulischen Produktionsstätten und Laboratorien Probleme entstehen, die von den ursprünglichen Zwecken „mehr oder weniger unabhängig sind, die aber ihr Interesse erwecken und zum Zwecke neuer Entdeckungen und Feststellungen verfolgt werden können", so daß die Arbeit in der Sekundarstufe etwa mit dem 12. Lebensjahr beginnend „einen Übergang zu planmäßigem, wissenschaftlichen Forschen" bildet (118), d.h.

1. „das Lernmaterial im Bereich der Erfahrung zu finden, ist . . . nur der Anfang. Der nächste Schritt ist die Weiterentwicklung der jeweiligen Erfahrung zu einer volleren, reicheren und strukturierten Form" (119), und d.h.

2. der Lehrplan stellt für Dewey nicht, wie herkömmlich, ein abgesondertes Bildungsgut dar, unter dem eine „gewisse Menge von Stoffen, die angeeignet werden müssen" verstanden wird, sondern das Curriculum ist hinfort als *Lernplan* zu definieren (120); „studiert zu werden verdient (all das, L-Qu), was die Dinge darstellt, wie sie in die Zusammenhänge aktiver Interessen eingehen" (121).

Studieren aber bedeutet die Anwendung einer konkreten Denkmethode, die sich fünfstufig aufbaut: 1. eine zum Sammeln von Erfahrungen geeignete Sachlage muß Ausgangspunkt sein, aus dem 2. nach dem Prinzip von „trial and error" ein Problem erwachsen muß. 3. muß der Studierende das notwendige Wissen besitzen oder sich aneignen, um nun Beobachtungen machen zu können, Daten zu erheben und 4. um Hypothesen zu finden und diese möglichen Lösungen in „geordneter Weise" zu entwickeln. 5. müssen die Ergebnisse dann wieder auf die Praxis angewandt, die Gedanken erprobt werden. (122)

2.2.2.4. Curriculumdeterminante Gesellschaft

Diese Interessen eines Schülers aber bestimmen sich, um es erneut zu betonen, durch „die Betätigungen des Schülers als eines sich entwickelnden Gliedes der Gemeinschaft" (123), d.h. es gibt neben den Interessen des Kindes weitere Auswahlkriterien für die Lernziele, die Bildungsinhalte und den Lernplan. Er soll „breite, allgemein menschliche Gesichtspunkte" zum Ausdruck bringen, um die Demokratisierung der Gesellschaft voranzutreiben und ihre Aufspaltung in „labor and leisure classes" bzw. in Ungebildete und Gebildete oder Kultivierte künftig zu verhindern. „Ein Curriculum, das die soziale Verantwortlichkeit der Erziehung anerkennt, muß für Lagen sorgen, in denen die sich aufdrängenden Probleme zu den Schwierigkeiten und Aufgaben des Zusammenlebens

in Beziehung stehen, in denen Beobachtung und Wissen darauf berechnet sind, die soziale Einsicht und das soziale Interesse zu entwickeln" (124).
Ziel dieses ganzen Lernprozesses ist nach Deweys Intention, um es noch einmal zu verdeutlichen, nicht etwa ein fertiger, abgeschlossener Mensch mit sich verfestigenden Verhaltensweisen, also z.B. ein Bürger oder ein Handwerker oder ein Intellektueller (125), sondern ein Mensch, der gelernt hat zu lernen (126) und der „das Bedürfnis nach weiterem Lernen" empfindet (127), nach ständig neuen Erfahrungen, ein Demokrat, der offen für neue Entwicklungen ist.

2.2.3. Der historisch-sozialwissenschaftlich-naturwissenschaftliche Komplex als Kernbereich emanzipatorischer Bildung

In bewußter Abgrenzung von den „humanistischen Bildungsplänen", die sich nach Deweys Ansicht einseitig „auf die literarischen Niederschläge der Vergangenheit" beschränken und „wirtschaftliche und industrielle Gesichtspunkte" aus ihrer Betrachtung ausscheiden (128), legt Dewey die Bedeutung speziell der Wirtschaftsgeschichte und Wirtschaftsgeographie im Zusammenhang mit der Entwicklung der Naturwissenschaft dar, die eine industrielle Revolution ermöglichte und die Kenntnis der Naturbedingungen menschlichen Handeln vermitteln kann. Eine so verstandene Geschichte macht bekannt „mit den nach und nach gemachten Erfindungen, durch die die theoretische Wissenschaft angewandt worden ist, um die Beherrschung der Natur in den Dienst der Sicherung und Förderung des menschlichen Gemeinschaftslebens zu stellen. So enthält dieser Zweig der Geschichte die Ursachen des sozialen Fortschritts" (129). Naturwissenschaften und Wirtschaftsgeschichte bilden die Grundlage für eine Erziehung in der Industriegesellschaft, die aufbauend auf Erfahrungen in Labors und mit maschineller Fertigung Produktionsabläufe durchschaubar machen soll. Dewey betrachtet die Wirtschaftsgeschichte als „allgemeiner menschlich, demokratischer und deshalb für die Befreiung der menschlichen Kräfte wertvoller" (130) als die politische Geschichte, die den Niedergang der herrschenden Gewalten oft nur in den Taten einiger Einzelmenschen ohne Bezug auf die soziale Sachlage behandelt. Selbstverständlich muß eine „gegenwärtige Sachlage mit ihren Problemen" Ausgangspunkt für die Erarbeitung der Geschichte sein, denn die Vergangenheit kann nach Deweys Verständis nur als „Schlüssel zum Verständis der Gegenwart" interessieren, als genetische Methode, als Studium des Werdeganges eines Problems. (131) So konzipiert, bildet Geschichte nach Dewey schon für sechsjährige Kinder ein wichtiges Mittel, Erfahrungen zu entschlüsseln und zu verarbeiten, z.B. indem sie typische Beschäftigungen der Menschen auf dem Land und in den gegenwärtigen Städten studieren. (132)
Mit dieser völlig neuen Konzeption von Geschichte wurde Dewey neben anderen zum Wegbereiter der ab 1916 eingeleiteten Entwicklung vom Geschichts- zum Social Studies Unterricht, der allerdings nicht, wie Dewey es gewollt hatte, die naturwissenschaftlichen und sozialwissenschaftlichen Aspekte als eine Einheit betrachtete.
Zusammenfassend ist hervorzuheben, daß Dewey als Erster auf die Curriculumgrundlagen „Gesellschaft" und „Kind" hingewiesen hat und daß er die Curriculumquelle „Kultur" von der Verengung auf die in Form der Wissenschaften systematisierten Kenntnisse und Methoden befreit hat. Wenn man davon ausgeht, daß es das Ziel ist, alle drei Curriculumgrundlagen wohlausgewogen zu behandeln und sie zueinander in Beziehung zu setzen, muß man sagen, daß Dewey diese drei seither klassischen Kriterien für die Auswahl von Bildungsinhalten optimal berücksichtigt hat. Da Dewey außerdem unter der Determinante „Gesellschaft" eine konsequent demokratische Gesellschaft ver-

standen hat, die gerade erst mit Hilfe einer progressiven Erziehung geschaffen werden kann, erfüllt er ebenso die moderne Forderung, die klassischen Kriterien der Lernzielbestimmung durch ein allgemeines Auswahlkriterium, die Leitidee der Emanzipation zu ergänzen (133).

Deweys Intention war die, einen Menschen zu erziehen, der ausgehend von seinem Tätigkeitsdrang auf die soziale und politische Gestaltung seiner Umelt gelenkt wird und sich nicht nur intellektuell, sondern auch als aktiver Teil einer Gemeinschaft entfalten kann und der Natur, Technik und Geisteswelt gleichermaßen beherrschen kann. Diese von Dewey angestrebte Bildung soll den Menschen lehren, gesellschaftliche Zusammenhänge und Arbeitsprozesse zu durchschauen und auf dem Weg der Kooperation Veränderungen mit der Zielrichtung der Demokratisierung und der sozialen Gleichheit anzustreben.

2.2.4. Der Deweyismus

Die Vereinfachungen und Verallgemeinerungen von Deweys Curriculumtheorie durch seine Schüler sind es gewesen, die als „Deweyismus" einen Siegeszug durch die Schulen Amerikas angetreten und die amerikanische Erziehung, im Gegensatz zur europäischen und speziell deutschen Erziehung, revolutioniert haben, eine Tatsache, die bei der Konfrontation dieser unterschiedlichen Erziehungssysteme, Erziehungsphilosophien und Erziehungsziele in der Re-education-Politik eine entscheidende Rolle spielen sollte.

Nach dem 1. Weltkrieg wurde trotz einer allgemein konservativen Grundstimmung, wie sie in den USA gemeinhin nach einem Krieg zu beobachten ist, 1919 die „Progressive Education Association" gegründet, in der sich neben Lehrern zunächst vor allem Eltern organisierten, die die Ideen der Reformpädagogik in den Schulen verwirklicht sehen wollten (134). Die progressive Erziehungsbewegung hatte ihren Ursprung zunächst in dem größeren Programm sozialer und politischer Reformen, das Ziel der politischen, liberalen Bewegung gleichen Namens vom Beginn des Jahrhunderts gewesen war. Nach dem Krieg jedoch blieb nur der Impetus, gesellschaftliche Veränderungen über den Weg pädagogischer Reformen zu erzielen. Die Transformation der amerikanischen Schulen, die schon seit Beginn des 20. Jahrhunderts durch viele Experimentierschulen vorbereitet worden war, ging unter Berufung auf Deweys Prinzipien schnell und umfassend vonstatten. Nicht Dewey selbst, sondern vor allem sein Schüler William Heard Kilpatrick, einflußreichster Dozent am Teachers College der Columbia University, New York, an dem die führenden Köpfe der amerikanischen Lehrer aus der ganzen Nation ausgebildet wurden, wurde zu deren Moderator.

Unter Kilpatricks Interpretation jedoch erstarrten Deweys Handlungsanweisungen zu einer dogmatischen Lehre, dem Progressivismus oder, besser noch, Deweyismus, der einige Prinzipien einseitig verstand und besonders hervorhob und so letztlich für schwerwiegende Mängel der amerikanischen Schulerziehung verantwortlich wurde, die der breiten amerikanischen Öffentlichkeit erst 1957 schlagartig durch den sogenannten Sputnik-Schock zu Bewußtsein kamen.

2.2.4.1. Child-centered, die Curriculumdeterminante Kind

Das Gewicht des Curriculums, das nach Dewey von den Interessen des Kindes, seiner spezifischen Umwelt und den durch sie bestimmten Erfahrungen ausgehen sollte, wurde von der vorher allein gültigen Quelle der Kultur nun ganz zugunsten der des Kindes verlagert. Nicht nur der Stoff, die subject matter, sondern sogar der soziale Reformimpetus, der Wunsch, mit Hilfe der Erziehung die Gesellschaft zu verändern, fiel dem Prinzip, daß das Kind im Zentrum des Curriculums zu stehen hat, zum Opfer (135). Die von diesem Prinzip ausgehende Attacke der Progressivisten gegen jeden „im voraus fixierten Stoff" diskreditierte die Organisation von Fächern überhaupt (136) und ignorierte die von Dewey schon 1902 in „The Child and the Curriculum" formulierte Erkenntnis, „daß der Erzieher auf dem Wege über die Auswahl der geistigen Umwelt bzw. der Bildungsinhalte auch jene Interessen (die des Kindes, L-Qu) indirekt bestimmt" und bestimmen muß, um die Erfahrungen des Kindes pädagogisch zu lenken (137). In „Experience and Education" von 1938, wo Dewey sich detailliert mit der Praxis der neuen Erziehung in den Schulen auseinandersetzt, spricht er davon, daß „planlose Improvisation" vorherrscht (138) und daß die Lehrer sich z.T. sogar fürchten, „ihren Schülern auch nur Vorschläge darüber zu machen, was sie tun sollen" (139). Die Kind-Zentriertheit wurde also z.T. sogar soweit überzogen, daß Möglichkeiten und Fähigkeiten eines Kindes zu einem erheblichen Teil brachliegen blieben, weil man sich scheute, Anforderungen an das Kind zu stellen und es aktiv in einem Wechselprozeß von Geben und Nehmen zu fördern.

So, wie viele der reformpädagogischen Lehrer nicht erkannten, daß eine Erfahrung nur dann pädagogisch wirksam ist, wenn sie „erstens das Wissen vergrößert und zweitens das Wissen systematischer ordnet und strukturiert" (140), verkannten sie vielfach mit der Verwerfung jeder äußerlichen Disziplin auch die Notwendigkeit sachlicher Autorität, die gerade auf dem Vorsprung des Erwachsenen an eigener Lebenserfahrung beruhen soll, um Beratung und Führung des noch unreifen Kindes zu ermöglichen (141).

2.2.4.2 Life Adjustment Education, die Curriculumdeterminante Gesellschaft

Auch die von Dewey geforderte Beachtung der Curriculumdeterminante Gesellschaft wurde uminterpretiert und um das wichtigste Kriterium, das Streben nach einer besseren, demokratischeren Form dieser Gesellschaft verkürzt. Wichtigstes Mittel für eine auf die Gesellschaft bezogene Erziehung wurde Deweys Prinzip der Kooperation, das ursprünglich besonders zur Lösung inhaltlicher gesellschaftlicher Probleme gedacht war, um die Notwendigkeit solidarischen Handelns schon dem Kind zu verdeutlichen. Mit der Betonung der Kooperation um des Prinzips willen und dem Wegfall des Deweyschen Ziels progressiver Pädagogik, wurde die Erziehung zu einer rein affirmativen Life Adjustment Education (142), einer Erziehung zur Anpassung und Verhaltenskonformität, die entscheidend mit verantwortlich für die schon früher erwähnte und nach dem 1. Weltkrieg verstärkt fortgesetzte erfolgreiche Amerikanisierung der ost- und südeuropäischen Einwanderer wurde (143). Nach Meinung von David Riesman ist diese Erziehung in praktischer Lebensführung außerdem in hohem Maße für die viel zitierte „Außenlenkung" des Amerikaners verantwortlich (144), die nicht zuletzt aufgrund der Verwechslung von Planlosigkeit mit Spontaneität und Widerspenstigkeit mit Individualität (145) jede Individuation verhinderte.

Gerade Individualität aber, die nach Dewey nur in einer demokratischen Gesellschaft zu verwirklichen ist, sich nur allmählich entwickelt und „kontinuierlich erworben werden muß", hatte auch auf den Fahnen der reformerischen Erziehungsbewegung gestanden (146), wurde aber ebenso wie Stoff und Disziplin Opfer einer falsch verstandenen Kind-Zentriertheit, im Gegensatz zum Lehrstoff jedoch ungewollt und zunächst für lange Zeit auch unbemerkt.

2.2.4.3. Learning by doing, die Curriculumdeterminante Kultur

Auch Deweys elementare Lernmittel, Spiel und Arbeit im Unterricht und selbständiges Experimentieren, wurden im Zuge der Umsetzung in die Praxis zum alleingültigen berühmt gewordenen Prinzip des „learning by doing" (147) verabsolutiert (147a). Dewey selbst hat immer betont, daß Spiel und Arbeit nur Ausgangspunkt für die Grundschule sein sollen und daß das Ideal, das angestrebt werden muß, „eine immer bessere Struktur des Wissens" (148) ist, die letztlich nur in „planmäßigem, wissenschaftlichen Forschen" zu erreichen ist (149). Der Leistungsabfall in den Schulen aufgrund der Überbetonung des „learning by doing" ging z.T. so weit, daß „schlechtes Buchstabieren, falsches Rechnen und andere schwere Unterlassungen unbeanstandet blieben" (150).

2.2.4.4. Kritik am Deweyismus und Ende der „Progressiven Ära"

Dewey griff die Progressive Education Association und die Mehrzahl der amerikanischen Erzieher aufgrund solcher Vorkommnisse schon 1928 scharf an und beschuldigte sie, daß sie „besser zerstören als aufbauen und traditionelle Curricula hinauswerfen, ohne sie durch neue zu ersetzen, die das Wissen wirksamer strukturieren und ordnen" (151).
Als Grund für diese Entwicklung sah er vor allem die Tatsache, daß sich die Bewegung im Moment ihrer Verhärtung zum Progressivismus in erster Linie als Negation des Bestehenden begriff, anstatt ein positives und konstruktives Selbstverständnis zu entwickeln. „Denn trotz ihrer eigenen Tendenzen wird jede Bewegung, die sich als ‚-ismus' versteht und entsprechend handelt, so sehr in die Reaktion gegen andere ‚-ismen' verstrickt, daß sie unmerklich von diesen beherrscht wird" (152). Und „jede Theorie und jede Praxis, die nicht auf einer kritischen Prüfung der ihr zugrunde liegenden Prinzipien beruht, ist dogmatisch" (153). Die amerikanische Reformpädagogik war von der Theorie her bis in die Mitte der fünfziger Jahre in den Vereinigten Staaten bestimmend. In der praktischen Schulerziehung reicht ihr *Einfluß bis weit in die sechziger Jahre*. Da die Jahre von 1944 bis zum stillen Ableben der Progressive Education Association 1955 jedoch „bestenfalls eine Fußnote" wert sind (154), seien die nach Darstellung von L. A. Cremin wichtigsten Gründe für das Ende der Progressiven Ära schon hier kurz genannt.
Die progressive Bewegung, vor dem Weltkrieg nicht nur eine pädagogische, sondern auch und zuerst eine politische und soziale Bewegung, von breiten Bevölkerungskreisen getragen, machte nach dem Krieg einem zunehmenden Konservatismus Platz, der auf Seiten der pädagogischen Bewegung von einer fortschreitenden Professionalisierung begleitet war. Mit dieser begann gleichfalls die Verdrehung und Ideologisierung der Inhalte und damit eine Bekämpfung untereinander. Der gesellschaftliche Konservatismus schlug sich im Feld der Erziehung in einer Bewußtseinsspaltung nieder: pädagogisch fühlte man sich fortschrittlich, in allen anderen Dingen jedoch konservativ.
Abgesehen davon, daß nach Deweys Meinung für so eine schwierige Reform, wie er sie sich vorstellte, hervorragende Lehrer nötig gewesen wären, wurden die Progressivisten auch Opfer ihres eigenen Erfolges: die Schulen wandelten sich unter ihrem Ansturm so schnell, daß die Vertreter der Reform aus ihrer verneinenden Haltung gegenüber der Tradition den Weg nicht schnell genug heraus zur konstruktiven Phase fanden und zusätzlich auch den Anschluß an die sich weiter wandelnde Umwelt verpaßten. Das Ergebnis bezeichnet Cremin, ein Anhänger Deweys, sehr hart als einen „intellektuellen Bankrott" (155).

2.2.5. Resümee: Rückwärtsgewandtes contra neuzeitliches Erziehungswesen

Der kurze Überblick über die wichtigsten Phasen der amerikanischen Schulgeschichte hat auch für die USA den engen Zusammenhang zwischen gesellschaftlicher Entwicklung, gesellschaftlichen Anforderungen und den Veränderungen im Schulsystem deutlich gemacht. Zwei mit – bzw. gegeneinander kämpfende Grundzüge wurden dabei sichtbar. Einerseits hatten die USA schon früh eine demokratische Tradition, deren Verfechter sowohl für die Gesellschaft wie auch speziell für die Schule immer erneut bemüht waren, das Versprechen der amerikanischen Demokratie, die Durchsetzung gleicher Chancen für alle, zu verwirklichen. Diese Entwicklungslinie ist u.a. gekennzeichnet durch Namen wie Thomas Jefferson, Horace Mann und John Dewey. Sie alle gehen von der Idee der *Aufklärung* und dem Vertrauen auf die menschliche Vernunft aus, während die deutsche Bildungsphilosophie durch eine Abkehr von der reinen Vernunft und zumindest von der Pädagogik der Aufklärung geprägt ist. Besonders Dewey ist von einem fast grenzenlosen aufklärerischen Fortschrittsoptimismus getragen. Er ist so idealistisch zu glauben, mit der Verwirklichung seines pädagogischen Gesamtentwurfs einer Erziehung zur Demokratie die amerikanische Gesellschaft und vor allem den unmoralischen, unsozialen, den einfachen Menschen entrechtenden Laissez-faire-Kapitalismus revolutionieren und so eine gerechte, sich ständig korrigierende demokratische Gesellschaft erreichen zu können. Wie überhaupt eine solche umfassende, die bestehende Gesellschaft in Frage stellende Schulreform in eben dieser Gesellschaft durchgesetzt werden kann, war Dewey kaum ein Problem (156).

In dieser Traditionskette liegt der einzigartige Glaube der Amerikaner an die Macht der Erziehung begründet, von dem ausgehend es verständlich wird, wieso eine Nation die Idee der „re-education" eines ganzen Volkes entwerfen konnte. So wurde den Umerziehungsexperten das Bewußtsein, Vertreter dieser „Philosophie der amerikanischen Demokratie" zu sein, immer wieder in Vorträgen und Schulungspapieren vermittelt. Bemerkenswerterweise spielte das Teacher College der Columbia University, der Wirkungsstätte Deweys bei den Umerziehungsbemühungen eine hervorragende Rolle. Vom Bildungswesen hieß es in solchen Vorträgen z.B. „Das amerikanische Erziehungssystem wurde entwickelt zu dem Zweck zu helfen, Männer und Frauen zu erziehen, die fähig sein sollten, die neue Ordnung (die die amerikanische Gesellschaft gegenüber der alten kontinentalen darstellen sollte, L-Qu) voranzubringen und weiterzuentwickeln, aber auch zu bewahren" (157). Zu solchem traditionellen Optimismus gegenüber den Möglichkeiten eines Erziehungssystems kam die moderne, durch die Psychologie geförderte, auch von der Pädagogik Deweys aufgegriffene Überzeugung hinzu, daß der Umwelteinfluß prägend für den Menschen und bestimmend für seine Entwicklung, ja sogar für seinen Charakter sei. Diese wissenschaftlich begründete Meinung ließ einen Erfolg, einer in weitere Besatzungsmaßnahmen eingebetteten Umerziehung durchaus möglich erscheinen, besonders wenn man meinte, daß die Reste des Hitlerfaschismus bereits durch den totalen Krieg weitgehend beseitigt seien und das deutsche Volk als solches nicht mit Hitler und seinem Regime zu identifizieren sei.

Im Unterschied zum Neuhumanismus, der das deutsche Bildungswesen nachhaltig beeinflußte und sich in Abkehr von der dem Äußeren verhafteten Sachwelt, im Rückzug auf das Innere und die Position des Betrachtenden gegen die Inanspruchnahme des Menschen durch die industrielle Gesellschaft wehrte, ging Deweys Bildungsphilosophie eine eingehende *Analyse der durch die Industrie* und das kapitalistische Wirtschaftssystem *hervorgerufenen gesellschaftlichen Veränderungen* voraus. Seine Konzeption zielte gerade darauf, eine Grundlage für die in einer Industriegesellschaft notwendige, völlig anders als in einer Feudalgesellschaft geartete Erziehung zu schaffen, für eine Erziehung, die die viel komplizierteren gesellschaftlichen und politischen Strukturen durchschaubar machen und als historisch gewordene darstellen sollte, für eine Erziehung, die dem Menschen die Mittel und Wege liefern sollte, mit aktivem Engagement dazu beizutragen, daß die Gesellschaft ständig verbessert wird und daß der Mensch so zu voller Entfaltung seiner Individualität finden kann.

Nun war — andererseits — die amerikanische Schulwirklichkeit aber nicht allein durch diese an der Forderung der „Freiheit — Gleichheit — Brüderlichkeit " ausgerichtete Tradition geprägt, sondern zumindest in gleichem, wenn nicht überwiegendem Maße durch die konservative republikanische Tradition, die von den Verfassungsvätern über William T. Harris zum Deweyismus zu ziehen ist und nur eine formale, allenfalls eine rechtliche Gleichheit wollte, bzw. auf die Schule gewendet, eine Life Adjustment Education, eine Erziehung zur passiven Anpassung des Volkes an die durch die herrschende Minderheit der WASPs strukturierten gesellschaftlichen Gegebenheiten.

Aber selbst dieser amerikanische Konservatismus war ein anderer als der deutsche. Da mit den Vereinigten Staaten eine „*neue*" *Gesellschaft* entstanden war, hatten anders als in Europa feudale Überreste keinen Bestand. Gesellschaftliche und wirtschaftliche Entwicklungen konnten sich „freier" und ungehemmter von feudalen Gewalten entfalten. Die bürgerliche Gesellschaft, das Bürgertum brauchte Bildungsprivilegien nicht als Ersatz für fehlende Macht. Die Angst vor dem „Pöbel" war aufgrund der Weite des Landes, aufgrund des Glaubens an die unbegrenzten Möglichkeiten, so lange die Frontier noch nach Westen vorgeschoben werden konnte, nicht so beherrschend, daß sie dafür nicht vorstellen konnte, daß eine höherqualifizierte Arbeitskraft auch mehr leistet. Da persönliche Tatkraft, Wissen und Leistung in dieser Gesellschaft von Beginn an notwendig zum Erfolg waren, sah man selbst auf konservativer Seite ein, daß ein dummes Volk keine gute Produktivkraft sein kann.

Man entschied sich deshalb für eine Schulstruktur, die das tüchtige bzw. begabte Kind aus jeder Schicht unabhängig von seiner Herkunft fördern sollte und vertraute darauf, daß die solchermaßen demokratische Schulstruktur genug integrierende Kraft entfalten würde, um eine grundsätzliche Infragestellung des amerikanischen Regierungssystems zu verhindern. An einer Demokratisierung der Inhalte im Sinne Deweys allerdings konnte eine von den WASPs beherrschte Gesellschaft kein Interesse haben. Die Mehrheit der — gegenüber Veränderungen der Gesellschaft konservativ eingestellten — amerikanischen Pädagogen, die sich zwar für progressiv hielten, wenn sie für Neuerungen im Erziehungssystem eintraten, paßte Dewey ihrer konservativen Einstellung an, indem sie Dewey zum learning by doing und zur Life Adjustment Education verfälschten. Gerade die Verkürzung Deweys und das politisch fortschrittliche gesellschaftliche Ziel der Erziehung aber war es, das zur Verflachung des gesamten Ergebnisses amerikanischer Schulerziehung führte. So ließ der durch den Deweyismus tatsächlich verursachte Leistungsabfall in den amerikanischen Schulen das amerikanische Bildungssystem nicht unbedingt als Vorbild für die Reform des Schulwesens anderer Länder, also z.B. Deutschlands, erscheinen.

Die Weiterentwicklung des amerikanischen Schulsystems weg von europäisch-traditionellen Schulstrukturen und humanistischen Bildungsinhalten, die in Deutschland besonders überspitzt ausgeprägt waren, hin zu einem modernen, den Erfordernissen einer kapitalistischen Industriegesellschaft angepaßten Erziehungswesen läßt die Gegensätze zwischen dem deutschen und dem amerikanischen Schulsystem als relativ groß erscheinen. Aus der Darstellung über deutsche Reformtendenzen bis zum 2. Weltkrieg hin, wurde deutlich, daß diese — verglichen mit amerikanischen reformpädagogischen Bewegungen — relativ schwach waren und daß sich in Deutschland im Gegenteil immer wieder ein zähes Festhalten an neuhumanistisch-christlichen Traditionen durchsetzen konnte.

Das wirft für die Besatzungszeit die Frage auf, mit welchen konkreten Vorstellungen die Amerikaner 1945 nach Deutschland kamen. Wollten sie den Deutschen ihr Bildungssystem aufzwingen, also die deutschen Schulen „amerikanisieren", d.h. wollten sie die gleichen Schulstrukturen, die gleichen Inhalte, Lehrmethoden etc. einführen wie in Amerika, oder wollten sie anknüpfend an deutsche Reformvorstellungen diesen zum Durchbruch verhelfen? War, wenn in Deutschland der Vorwurf der „Amerikanisierung" erhoben wurde, dieser berechtigt? Oder lieferte er lediglich ein willkommenes Alibi, das es ermöglichte, eine grundsätzliche Ablehnung jeder Reform des deutschen Bildungswesens hinter einem vorgeschobenen, erdachten Vorbehalt zu verstecken?

2.3. Erziehung zum Staatsbürger als Kulmination der „einzigartigen" amerikanischen Erziehung

Als die Washingtoner Behörden (Dep. of State, Dep. of War, Dep. of Navy) *Mitte 1946* ihrer *Umerziehungspolitik* mit dem Long Range Policy Statement for German Re-education (SWNCC 269) eine *Wendung* weg von der bloßen Entnazifizierung und Wiedereröffnung der Bildungseinrichtungen *hin zur aktiven Politik* der Rehabilitation und Reintegration Deutschlands in eine friedliebende Völkerfamilie gaben (158), gründeten sie auf der Planungsebene in Washington im Kriegsministerium am 1. Juli die Behörde, die alle Re-education-Bemühungen in Deutschland koordinieren sollte, den Reorientation Branch. Dieser wollte die Umerziehung der Deutschen erreichen durch „die Entwicklung demokratischer Gedanken, die Achtung der Grundrechte des menschlichen Individuums, besonders die Freiheit des Glaubens, die Versammlungs-, Rede- und Pressefreiheit" (159). Die amerikanische Politik sollte ansetzen beim Erziehungswesen, bei Kirchen, Jugendorganisationen und Massenmedien. Gleichzeitig dachte man an ein Austauschprogramm (160).
Noch im August wurde eine Kommission zur Bestandsaufnahme der bisherigen amerikanischen Bemühungen und zur Zusammenstellung von Vorschlägen für ein die genannten Bereiche betreffendes Umerziehungsprogramm nach Deutschland gesandt, die United States Education Mission to Germany, die von *George F. Zook,* dem Präsidenten des American Council on Education geleitet wurde. Nach einmonatigem Aufenthalt legte sie ihren Bericht im Oktober 1946 vor. Der Großteil ihrer Vorschläge konzentrierte sich auf das öffentliche deutsche Erziehungssystem (161). Neben einer demokratischen Schulorganisation und -struktur forderte die Kommission als Voraussetzung für eine Neugestaltung des Lehrplans: „Die wichtigste Änderung, die in allen deutschen Schulen notwendig ist, ist die grundsätzliche Umgestaltung der sozialwissenschaftlichen Fächer (the whole concept of the social sciences) nach Inhalt und Form". Sie müssen in allen Schulen einen sehr viel größeren Anteil am Unterricht haben.
„Dann werden die Sozialwissenschaften (Geschichte, Geographie, Staatsbürgerkunde und Heimatkunde) vielleicht den Hauptbeitrag zur Entwicklung demokratischen Staatsbürgersinns leisten". Zur Verwirklichung dieses tiefgreifenden Wandels sollten vor allem amerikanische Social-Studies Experten nach Deutschland reisen, um die entsprechenden Hilfen zu geben (162).
Da die Vorschläge dieser Kommission ihren Niederschlag in den neuen Bemühungen und Direktiven der Militärregierung fanden, wurde für *Februar und März 1947* ein *Social Studies Committee nach Deutschland* entsandt, das die Arbeit der amerikanischen Experten durch einen knappen Bericht über die frühere politische Erziehung der Deutschen und die Entwicklung amerikanischer Vorstellungen für eine schulische Erziehung der Deutschen zur Demokratie vorbereitete. Bevor hierauf jedoch näher einge-

gangen werden kann, muß die Entwicklung des in Amerika üblichen Social Studies Unterrichts nachvollzogen werden, um eine Basis zum Verständnis der amerikanischen Auffassung von einer Erziehung zur Demokratie zu schaffen, denn nur vor dem Hintergrund der Entwicklung der amerikanischen Social Studies werden die Vorstellungen, die die Amerikaner hier in Deutschland 1947-1952 vertreten haben, deutlich. Es ist zu fragen, wieweit der Social Studies Unterricht der demokratischen Schulstruktur der amerikanischen Gesamtschule entsprach, die sich u.a. zur besseren Integration der Einwanderergruppen, sowie der verschiedenen gesellschaftlichen Schichten und Klassen herausgebildet hatte. Gingen Ziel und Wirklichkeit dieses Unterrichts über einen herkömmlichen Geschichtsunterricht, der Fakten über kriegerische Ereignisse und den Wechsel von Regierungen liefert, hinaus? Hatte der Social Studies Unterricht grundsätzlich andere Ziele und Inhalte als die, die die Konzepte des deutschen Staatsbürgerkundeunterrichts in Weimar erkennen ließen, die im wesentlichen auf eine formale Erziehung zur Anerkennung und Bejahung des jeweiligen Staates als neutrale Ordnungsmacht und Obrigkeit, die angeblich über den gesellschaftlichen Gruppen und parteipolitischen Kämpfen steht, hinausliefen?

2.3.1. Die Entwicklung von der personalen Geschichtsbetrachtung zu einem sozialwissenschaftlichen Verständnis

2.3.1.1. Patriotischer Geschichtsunterricht als Erziehung zu amerikanischem Nationalbewußtsein

Führende amerikanische Demokraten haben immer wieder ihrer Überzeugung Ausdruck gegeben, daß ein aufgeklärtes, gebildetes, wissendes Volk die Voraussetzung für eine funktionierende Demokratie ist. Nach Einführung und Durchsetzung der allgemeinen Schulpflicht um 1860 begann die Konkretisierung dieses Gedankens. Die Forderung nach verbindlicher Einführung eines ausführlichen Unterrichts in amerikanischer Geschichte wurde überall erhoben. Entsprechend der Zeit, in der konservatives Gedankengut den Vorrang hatte, stand diese allgemein anerkannte Forderung unter der Leitidee eines amerikanischen Nationalismus: „Wir erziehen die zukünftigen Bürger der Vereinigten Staaten, nicht die von Preußen, Frankreich, England, China oder Japan", kommentierte Harris, der den Amerikanern mit Hilfe der Geschichte ihre nationalen Ideale nahebringen und sie zu Konformität erziehen wollte (163). Da die Historie jedoch immer „ein Kommentar ihrer eigenen politischen Prinzipien" ist, sollte im Mittelpunkt des Unterrichts die amerikanische Verfassung stehen, u.a. mit den Grundgedanken der Selbstverwaltung, der Selbst-Hilfe und des kooperativen Individualismus. So beschloß 1863 ein Ausschuß der National Education Association, es sei unabdingbar, „daß die Geschichte, die Politik und die Verfassung unserer Regierung in allen Schulen gelehrt wird, in denen die Reife der Schüler für diesen Unterricht angemessen ist" (164). Der Ausschuß empfahl diesen Stoff der Aufmerksamkeit aller Lehrer und Vertrauensleute der ganzen Nation und betonte ausdrücklich, daß es dabei nicht um Parteipolitik gehen solle. Denn Ziel dieser Staatsbürgererziehung sollte es sein, die Jugendlichen mit der Organisation und den Aufgaben der Regierung vertraut zu machen, sie auf ihre Pflichten als Bürger und Wähler vorzubereiten, Ideale in ihnen zu erzeugen und Vaterlandsliebe zu wecken (165).
Vor 1890 blieb Geschichte – in Verbindung mit Staatsbürgerkunde gelehrt – das einzige soziale Studienfach, das von der fünften Klasse an, d.h. in der höheren Schulbildung, die zu der Zeit erst wenige Schüler erhielten, vermittelt wurde, wobei sich der Anteil

der Staatsbürgerkunde im Prinzip auf das Auswendiglernen der Verfassung beschränkte (166).

Nach 1890 — mit der ansteigenden ost- und südeuropäischen Einwandererwelle und der von den bereits Ansässigen empfundenen Notwendigkeit der Integration und Anpassung dieser Neulinge an die amerikanischen Werte — wurde der Geschichte zunehmend ein vorrangiger Platz innerhalb des gesamten Unterrichts eingeräumt (167). Während sie den Kindern in den ersten drei Schuljahren in Form von patriotischen Festen, durch morgendliches Grüßen der Flagge und an Hand von Erzählungen über Heldentaten großer Amerikaner nahegebracht wurde, lehrte man in den Klassen vier bis acht militärische und politische Daten der amerikanischen Geschichte einschließlich ihres europäischen Hintergrunds, allerdings ohne dabei geschichtliche Entwicklungen deutlich zu machen. Die folgenden drei Unterrichtsjahre galten gemäß den Lehrplänen der Vor- und Frühgeschichte, dem Mittelalter und der modernen Geschichte und schließlich der englischen Geschichte und Kultur, deren Werte in den USA die maßgeblichen waren. Im zwölften und letzten Schuljahr wandte man sich dann noch einmal der Amerikanischen Geschichte und Staatsbürgerkunde zu. Obwohl neue Kommissionsempfehlungen dahin gingen, den Unterricht bis an die damalige Zeit heranzuführen, blieb er in der Regel bei vergangenen Ereignissen stehen, so daß aktuelle Fragen und Zeittendenzen nicht ins Blickfeld kamen. Noch Anfang des 20. Jahrhunderts war der amerikanische Geschichtsunterricht an großen Persönlichkeiten und kriegerischen Ereignissen oder an Katastrophen orientiert. Der Staatsbürgerkundeunterricht war eine Beschreibung und ein Auswendiglernen der Verfassung und der Regierungsform (168).

2.3.1.2. Geschichte als Historische Sozialwissenschaft und andere Sozialwissenschaften als Mittel zur Erziehung des amerikanischen Staatsbürgers

Mit der Ausdehnung der progressiven liberalen Bewegung in den Vereinigten Staaten Anfang dieses Jahrhunderts (vgl. S. 68 ff) wuchs zusehends die Erkenntnis, daß ein hauptsächlich an Fakten der Kriegs- und Militärgeschichte orientierter Unterricht völlig unzureichend ist, da er den Problemen der modernen sich wandelnden Gesellschaft und in diesem Zusammenhang den bisher unerfüllten Versprechungen der amerikanischen Demokratie keineswegs gerecht wird. Die Analyse dieser Gesellschaft zeigte nicht nur einen Übergang vom Agrar- zum Industriestaat, vom ländlichen zum städtischen Leben und in deren Folge eine hohe Mobilität der Bevölkerung, sondern auch viele zusätzliche Probleme, die sich durch die aufgrund der Urbanisierung bedingte größer werdende gegenseitige Abhängigkeit ergaben und speziell durch das Aufeinandertreffen der verschiedenen Völker und Kulturen gerade in den Städten. Hinzu kamen der für die Erziehungsproblematik beträchtliche Wechsel der Funktionen der Familie, die sich wandelnden ethischen Anschauungen, die schnelle Zunahme des High School Besuchs und auch die rasche Vermehrung des Wissens (169). Auch in den Sozialwissenschaften in Amerika vollzog sich ein tiefgreifender Wandel. Dort wurde vermehrt die sich von Auguste Comte herleitende positivistische Methode aufgegriffen, die für sich in Anspruch nahm, mit den wissenschaftlich exakten, wertneutralen Instrumenten der Beobachtung und Hypothesenbildung zu arbeiten sowie mit Experimenten, mit dem Ziel, kollektive Phänomene durch Gesetzmäßigkeiten zu erklären (170). Der Behaviorismus, der in der Psychologie, der Soziologie und der Politologie zur modernen herrschenden Lehre wurde, befaßte sich zu diesem Zweck nur noch mit dem *beobachtbaren* menschlichen Verhalten (behaviour). Theoretische Grundlagen hierfür hatte bereits Emile Durkheim gelegt, der herausgefunden hat, daß der einzelne Mensch in seinem Verhalten nicht frei ist, sondern daß er sich an den Moralnormen der Gesellschaft, in der er aufwächst, orientiert (170a).

Dem Druck dieses gesellschaftlichen und wissenschaftlichen Wandels – hinzugenommen die Impulse, die von Deweys Theorem der Berücksichtigung der Erfordernisse des Kindes ausgingen – konnten Schule und Lehrplangestaltung sich nicht entziehen. Eingedenk dieser Tatbestände konnte die Vermittlung von Geschichtskenntnissen in der Schule in der Sicht der Progressive Education Movement nur sinnvoll sein, wenn sie zum Verständnis und zur Lösung dieser Probleme beitrug. Geschichte mußte folglich als Aufdeckung der Wurzeln der Gegenwart verstanden werden (171) und die Wirklichkeit mit einbeziehen. 1912 berief die National Education Association aufgrund des zunehmenden Besuchs der allgemeinen höheren Schulen eine Kommission, die sich mit der Neuorganisation der zwölf Schuljahre zu befassen hatte. Sie unterteilte diese in die sechsjährige Grundschule (Elementary School), die dreijährige Junior High School und die dreijährige Senior High School. In diesem Zusammenhang schlug eine Unterkommission, das Social Studies Committee of the National Education Association, umfassende Änderungen im Lehrplan vor, deren Quintessenz war, daß die Erziehung eines guten Staatsbürgers erstes Ziel des Social Studies Unterrichts zu sein hatte und daß folglich der Unterricht in „Civics" und nicht in Geschichte im Vordergrund zu stehen habe. Diese Vorschläge gingen von der Grundüberzeugung aus, daß die Menschen sowohl in der Gemeinde, wie in der Nation, als auch in der Welt zusammenleben müssen. Dieses soziale Aufeinanderangewiesensein müsse daher notwendigerweise Gegenstand des Social Studies-Unterrichts sein. Die eine Konsequenz dieser neuen Geschichtsauffassung war die Erkenntnis, daß die Schule dementsprechend aktuelle Probleme des gesellschaftlichen Lebens in den Unterricht hineinzunehmen hat; die weitere Folge war die Erkenntnis, daß Geschichte soziale, wirtschaftliche und kulturelle Faktoren einschließt und daß die Materialien für den Unterricht in der Schule folglich neben der Historie von der Soziologie, der Politischen Wissenschaft, der Ökonomie, sowie der Kultur- und Wirtschaftsgeographie zu beziehen sind. Zu diesen Erkenntnissen trugen wesentlich die epochemachenden Forschungsergebnisse eines *Charles A. Beard* bei, der durch die Einbeziehung historisch-ökonomischer Fakten die Ergebnisse der traditionellen Geschichtsschreibung in kurzer Zeit grundlegend revidierte. Ebenso wegweisend waren die Einsichten *Deweys* darüber, daß z.B. geographische Bedingungen die ökonomischen Aktivitäten der Menschen beeinflussen und daß diese wiederum Rückwirkungen auf soziale Interdependenzen in der Gesellschaft haben. Erst die Verbindung der physikalischen Naturgesetzlichkeiten mit den menschlichen Tätigkeiten ergebe aufschlußreiche Informationen, die die Möglichkeit sozialer Entwicklungen erklärten.
Isolierter historischer oder geographischer Unterricht könne nur eine Aneinanderreihung von für sich genommen bedeutungslosen Fakten sein (172).
Entsprechend diesen neuen Einsichten sollten der Geschichts- und Geographieunterricht und die Staatsbürgerkunde in den folgenden Jahren zu dem Unterricht verändert werden, der seither Social Studies genannt wird. In den ersten sechs Schuljahren sollten grundlegende kooperative Verhaltensweisen und ethische Werte gelehrt werden sowie Erkenntnisse über die Familie, die Nachbarschaft, die wichtigsten Berufe, die Schule, die Gemeinde, die Grundlagen der Wirtschaft und auch über die amerikanische Geschichte im Zusammenhang mit Europa.
Die Junior High School hatte Geschichte und Kulturgeographie Europas und Asiens zu behandeln. Im achten Schuljahr stand dann Amerikanische Geschichte und Staatsbürgerkunde mit sozialen, wirtschaftlichen und geographischen sowohl wie politischen Ausblicken im Vordergrund, während das neunte Schuljahr die Betonung direkt auf gemeinschaftskundliche Programme legen sollte. Das zehnte Schuljahr galt der Weltgeschichte, das elfte noch einmal der Amerikanischen Geschichte. Für das zwölfte Schuljahr war ein Kurs unter der Überschrift: „Problems of Democracy" geplant, der neben

den politischen, sozialen, wirtschaftlichen und kulturellen Problemen auch internationale Probleme, die sich für Amerika ergeben, erfassen sollte (173).
Diese Empfehlungen des Gutachtens von 1916 waren das wichtigste Ereignis in der Geschichte des Social Studies Unterrichts bis 1960. Durch die Gründung des National Council for the Social Studies 1922, der die nun erforderliche Lehrplanarbeit und die Ausarbeitung von Zielsetzungen, Techniken und Materialien koordinieren sollte (174), erhielten die Empfehlungen eine notwendige Basis für eine breite Verwirklichung. In den dreißiger Jahren — vor dem Hintergrund der Erfahrungen der Großen Depression und der von F. D. Roosevelt propagierten neuen Politik des New Deal — wurden die Empfehlungen für den Social Studies Unterricht in einem 17-bändigen Werk, das die Social Studies Kommission (Commission on the Social Studies) der Amerikanischen Geschichtsvereinigung (American Historical Association) schuf, die 1929 einberufen wurde, erneuert und vertieft (174a). Anlaß hierfür war die Auseinandersetzung mit dem von den Positivisten befürworteten Empirismus, der Objektivität für sich in Anspruch nahm und Wertneutralität forderte, während der Social Studies Unterricht den „guten" Bürger zum Ziel hatte. In dem seit 1916 bestehenden Konflikt Social Studies versus Social Sciences (175) bestand die Leistung der Kommission — ohne deshalb auf die Hilfestellung der empirischen Sozialwissenschaft zu verzichten — „in der Herausarbeitung der notwendigen ethischen Grundlage der Social Studies" (175a). Auch wenn die Berichte keine neuen Inhalte und Verfahren anboten, haben sie doch das Verständnis vieler Social Studies Lehrer geprägt und über sie das Bewußtsein, das soziale Verhalten und das Demokratiebild einer großen Zahl amerikanischer Bürger, denn der Social Studies Unterricht hat sich nach und nach in vielen Staaten auf fünf Tage in der Woche zwölf Jahre hindurch ausgedehnt. Eine aktive Sozialerziehung und die Heranbildung eines guten Staatsbürgers stehen dabei als Ziele in der Regel gleichrangig nebeneinander. Sie werden vielfach nicht nur als Fachkunde gelehrt, sondern beide sind weithin auch als Unterrichtsprinzip anerkannt, so daß die mit dieser Erziehung verbundenen Ziele in fast allen Fächern Geltung beanspruchen können. Ein wichtiger Grund für diese Allgemeingültigkeit der Social Studies Prinzipien vor dem 2. Weltkrieg war u.a., daß die Schule als die wichtigste und vornehmlichste Institution angesehen wurde, die für die soziale und staatsbürgerliche Erziehung der Amerikaner verantwortlich war (176).
Es gibt neuere empirische Untersuchungen, die zu dem Ergebnis kommen, daß die öffentliche Grundschule auch heute noch das wichtigste und effektivste Instrument der politischen Sozialisation in den USA ist (177).
Auch wenn diese Annahme aufgrund anderer empirischer Untersuchungen über den Einfluß der Massenmedien und anderer Sozialisationsagenten in dieser Allgemeingültigkeit von manchem angezweifelt wird, erscheint es berechtigt, die These aufzustellen, daß der amerikanische Social Studies Unterricht die Zielsetzung und Funktion der gesamten amerikanischen Schulinstitution brennpunktartig deutlich macht. Dieser Unterricht ist der konsequente Kulminationspunkt der Entwicklung der Schule in einer Gesellschaft, die unter dem Anspruch angetreten ist, ihre Bürger zu informieren und für die Teilnahme am politischen Leben und für dessen Kontrolle mündig zu machen und in einer Regierungsform, die mehr als andere von der Loyalität der Mehrheit ihrer Bürger abhängig ist.
Die Erkenntnis, daß eine allgemeine Bildung und Erziehung zur Ausübung staatsbürgerlicher Rechte und Pflichten nicht ausreichen, hatte sich nach Einführung der allgemeinen Schulpflicht notgedrungen sehr bald einstellen müssen, gerade in einer durch starke Einwandererströme schnell wachsenden und somit von Instabilität bedrohten Gesellschafts- und Herrschaftsform. Die unausweichliche Folge war die Entwicklung von dem Prinzip allgemeiner Bildung zu einem Unterricht, der im ganzen zu sozialer

Verantwortung und zu einem bestimmten Staatsbürgerverständnis erziehen will, die Schaffung eines Lehrgebiets, das die konkreten Kenntnisse zur Wahrnehmung der Staatsbürgerschaft vermittelt. Dabei ist das Social Studies Curriculum mehr als andere Curricula dem Streit zwischen den Anhängern der Philosophie der amerikanischen Demokratie und denen der Philosophie der Verfassung ausgesetzt. Ging es ersteren, zu denen als Vertreter der Kommission der dreißiger Jahre besonders Beard zu rechnen war, vor allem um die Befähigung, die Gesellschaft weiter zu demokratisieren, so ging es den je Regierenden bzw. ihren Vertretern in der Kommission weniger um Kritikfähigkeit als um das von ihnen für gut befundene Verhalten. In diesem Zusammenhang gewannen die von den Behavioristen erforschten „Einstellungen" (attitudes) der Menschen sowie deren Wahlverhalten besondere Bedeutung (177a), denn die Basis jeder legitimierten Machtausübung im modernen demokratischen Staat, das wurde besonders unter F. D. Roosevelts Präsidentschaft deutlich, besteht in der Quantität der Wählerstimmen (177b).

Aus einer 1963 veröffentlichten Untersuchung über politische Erziehung in den USA und der UdSSR ergibt sich, daß die für die politische Erziehung verwendete Zeit in den Klassen fünf bis zwölf in den USA 46% der Gesamtunterrichtszeit ausmacht, in den UdSSR dagegen „nur" 38%, wobei der Zeitaufwand in den Klassen fünf bis acht in beiden Ländern sehr viel höher liegt als der in den oberen Klassen. Die amerikanischen Wissenschaftler versehen dieses Ergebnis mit dem Kommentar, es erfordere eben mehr Zeit, in einer pluralistischen freien Gesellschaft nationale Loyalität (to elicit allegiance to the nation) zu erzeugen, als in einer monolitischen, kontrollierten Gesellschaft (178). Die Tatsache, daß die Integration und Amerikanisierung der ost- und südeuropäischen Einwanderer nach amerikanischer Meinung gerade aufgrund der Rolle der Schule und besonders des Englisch- und des Social Studies Unterrichts hervorragend geglückt ist, hat in den USA viel zum Glauben an die Macht der Erziehung beigetragen. Diese Erfahrungen waren mit ein Grund dafür, das Mittel der Erziehung zur Demokratie auch in Deutschland für anwendbar und für erfolgversprechend zu halten. Da die amerikanischen Besatzer das Konzept ihres Social Studies Unterrichts auch für die deutschen Schulen für geeignet hielten und es in ihrer Zone zu verbreiten suchten, ist darauf an dieser Stelle noch ausführlicher einzugehen. Gerade auf Ausführungen aus dem 17-bändigen Kommissionsbericht griffen die in Deutschland tätigen Social Studies Experten wiederholt zurück, wenn sie sich in einer der beiden von der württembergbadischen bzw. der bayerischen Militärregierung herausgegebenen pädagogischen Zeitschriften (178a) äußerten.

2.3.2. *Das inhaltliche Konzept des Social Studies Unterrichts*

2.3.2.1. Die Vorstellungen der Social Studies Kommissionsmitglieder

Die Social Studies Kommission (179) der dreißiger Jahre formulierte ihre Auffassung von einer „guten" Gesellschaft bzw. von der amerikanischen Demokratie, die nicht nur als Regierungsform, sondern als a way of life verstanden wird, folgendermaßen: Sie basiert auf einem grundsätzlichen Mißtrauen gegenüber jeder Elite, die niemandem verantwortlich ist. In letzter Konsequenz ist sie dem Prinzip der Kontrolle durch das Volk verpflichtet. Da ihr Grundprinzip ist, daß die Errungenschaften der Zivilisation im wesentlichen von der Masse des Volkes erarbeitet worden sind, sollten sie in der ganzen Gemeinschaft ohne zu große Verzögerung verteilt werden (sollten ihr zugute kommen). Und schließlich ist die Demokratie dem Prinzip verpflichtet, daß menschliches Glück

am besten dadurch gefördert werden kann, daß man den Lebensstandard des gewöhnlichen Mannes ohne zu große Verzögerung ständig weiter steigert (180).
Bei der Formulierung dieser Postulate dachte die Kommission daran, daß schon die Staatsmänner der folgenden Generation sich mit Fragen eines Minimumlebensstandards beschäftigen würden, eingeschlossen Fragen der Erziehung, der Wohnung, der Gesundheit, der Zeit für Muße und Erholung, der Beschäftigungsgarantie, der industriellen Sicherheit und verschiedener Formen sozialer Sicherheit (181). In Gedanken an diese sozialen Fortschritte sah die Kommission die Notwendigkeit einer zentralen Planung und der Kontrolle des sozialen Systems.
Als wichtigstes Ziel der sozialen und staatsbürgerlichen Erziehung wurde von der Kommission daher die Erziehung des „guten" Bürgers, einer an Gaben reich ausgestatteten, vielseitigen Persönlichkeit (rich, many — sided personality) angestrebt, die — mit praktischem Wissen ausgestattet und von Idealen geleitet — in der Lage ist, ihren Weg zu gehen und ihren Auftrag in einer sich wandelnden Gesellschaft, die Teil einer komplexen Welt ist, zu erfüllen (182). Neben den nötigen Informationen, Fähigkeiten, Gewohnheiten und Verhaltensweisen war dafür vor allem zu Mut und Willenskraft zu erziehen (183). Als notwendiges Wissensgut, das der Social Studies Unterricht verbreiten sollte, galten Informationen über die der modernen Welt zu Grunde liegenden elementaren Bestandteile, Realitäten, Kräfte und Ideen (184). Der Social Studies Unterricht wurde in diesem Sinne als Anleitung zur sozialen Aktion verstanden, als Training für die Zukunft, für die Einstellung auf moderne soziale Trends, auf den wissenschaftlichen Fortschritt (185) und den Einsatz für die Erstrebung dieser mit obigen Postulaten vage umschriebenen „idealen" Gesellschaft.
Innerhalb der Social Studies sah man neben einer umfassenden Sozialerziehung in den sechs Grundschuljahren nun nicht mehr den Geschichtsunterricht, sondern die Staatsbürgerkunde als Grundlage und Voraussetzung für das Funktionieren des demokratischen Systems an. Als selbstverständliche Aufgabe des Staatsbürgerkundeunterrichts galt die Erziehung zur Liebe der amerikanischen Nation und zur Bejahung der demokratischen Grundprinzipien (186). Da die Freiheit nach damaligem Verständnis als von der öffentlichen Meinung und der allgemeinen Gesinnung des Volkes und der Regierung abhängig angesehen wurde, sollte eine der wichtigsten Aufgaben des Civics Unterrichts sein, zu der Schaffung dieser öffentlichen Meinung und Gesinnung beizutragen (187). Dabei sollte zu Respekt vor der Meinung des anderen erzogen werden. Besondere Betonung fand die Ansicht, durch den Unterricht seien Reibungspunkte zu reduzieren, Antagonismen zu vermindern und Punkte des Zusammenstoßes und Widerspruchs zu harmonisieren (188).
Da die in 17 Bänden niedergelegten Absichtserklärungen der Kommissionsmitglieder darüber, wie sie sich den zukünftigen Social Studies Unterricht vorstellten, z.T. recht euphorisch klingen, sei abschließend eine Liste von Zielsetzungen der Kommission für den Unterricht referiert, deren Reihenfolge insgesamt vielleicht mehr Aufschluß über die damals tatsächlichen Vorstellungen von Demokratie und den dafür notwendigen Unterricht gibt, als die in theoretischen Abhandlungen niedergelegten, oben wiedergegebenen idealistischen Formulierungen es tun. Die Lernziele sind in zwei Gruppen unterteilt,
1. in Wissens- und Informationsziele und
2. in Ziele der Persönlichkeitserziehung, deren Qualitäten, Kräfte und Möglichkeiten betreffend. Für diesen zweiten Bereich werden folgende Lernziele genannt (189).
II. Skill in (Fertigkeiten)
1. Using libraries and institutions
2. Using books and materials

3. Sifting evidence
4. Analysis
5. Observation
6. Writing
7. Making maps, charts, etc.
8. Memorizing
9. Using the scientific method

III. *Habits of (Gewohnheiten)*
1. Neatness
2. Industry
3. Promptness
4. Accuracy
5. Cooperation
6. Economy of time and money
7. Patience

IV. *Attitudes of (Verhaltensweisen)*
1. Respect
2. Appreciation
3. Admiration
4. Faith
5. Responsibility
6. Helpfulness
7. Sympathy
8. Patriotism
9. Tolerance
10. Fairness
11. Broad-Mindedness

V. *Qualities of (Eigenschaften)*
1. Independence
2. Will power
3. Courage
4. Persistance
5. Alertness
6. Imagination
7. Initiative
8. Creativeness.

Auffällig ist hierbei, daß unter den zu erlernenden Gewohnheiten die Eigenschaft der Kooperationsfähigkeit und -bereitschaft erst an fünfter Stelle steht hinter Sauberkeit, Fleiß, Pünktlichkeit bzw. Bereitwilligkeit und Genauigkeit. Ähnlich bemerkenswert ist, daß bei den Verhaltensweisen Toleranz erst an neunter und Aufgeschlossenheit gegenüber Fremden erst an elfter Stelle stehen, während Respekt, Wertschätzung und Bewunderung als wichtigste Haltungen gelten. Die starke Betonung bzw. Vorrangstellung derjenigen sozialen Eigenschaften, die an Stelle einer kritischen Einstellung gegenüber der Gesellschaft die Anpassung an sie begünstigen, wird noch offensichtlicher, wenn man im Vorgriff auf die Re-education-Zeit, die Wiedergabe dieser Passage durch einen Social Studies Experten in der von den Amerikanern in Bayern herausgegebenen pädagogischen Zeitschrift heranzieht. Dort heißt es: „Wir müssen nicht nur Wissen erwerben, sondern auch die Fähigkeit dazu. Dies wiederum setzt den richtigen Gebrauch von Büchern und Lehrmitteln voraus. Außerdem müssen die Schüler bestimmte Gewohnheiten annehmen, wie Fleiß, Ordnung, Genauigkeit, Aufmerksamkeit, und sie müssen

bestimmte Haltungen entwickeln, wie Respekt, Anerkennung, Vertrauen, Verantwortungsgefühl, Hilfsbereitschaft . . ." (190a) Die für demokratische Einstellungen besonders notwendigen Haltungen der Toleranz und der Aufgeschlossenheit beispielsweise werden nicht einmal genant.
Es ist daher hier noch einmal darauf zu verweisen, daß die anfängliche progressive liberale Bewegung in Amerika, von der die Erneuerung des traditionellen Geschichtsunterrichts zum Social Studies Unterricht ausging, nach dem Ersten Weltkrieg zunehmend erstarrt ist und von einer vergleichsweise zur Vorkriegszeit konservativen Grundstimmung getragen wurde, die ihren neuen, auf die gesellschaftlichen Probleme bezogenen Konservatismus durch einige sich letztendlich als formal erweisende Reformen im Erziehungssektor vor sich selbst zu rechtfertigen versuchte. Denn ähnlich wie die Konservativen am Ende des 19. Jhdts. wollten sie die gesellschaftliche und politische Machtverteilung zu Gunsten der WASPs aufrechterhalten. Die frühe Forderung Deweys und anderer, daß der Wert der Social Studies an dem Ausmaß zu messen sei, in dem sie die Fähigkeiten der zukünftigen Bürger zur Beobachtung, zur Analyse und zur Ziehung von Schlußfolgerungen unter Berücksichtigung aller Faktoren, die eine soziale Situation ausmachen, entwickeln, diese Forderung verhallte damals ebenso unbeachtet, wie die, daß der Unterricht den Schülern nicht nur die „amerikanischen Ideale" nahebringen solle, sondern daß er die Schüler in einem immer stärkeren Kontakt zu der tatsächlich vorhandenen Wirklichkeit und den demokratischen Erfordernissen des zeitgenössischen Lebens bringen solle (190).

2.3.2.2. Die Social Studies in der Realität

Zur Beurteilung des tatsächlichen amerikanischen Social Studies Unterrichts der dreißiger, vierziger und fünfziger Jahre sind wir nicht nur auf die ambivalenten, z.T. fortschrittlichen, auf den sozialen Ausbau der Demokratie abzielenden Idealvorstellungen, z.T. die bestehenden Herrschaftsverhältnisse legitimierenden und zementierenden Gedankengänge der Social Studies Kommissionen der damaligen Zeit angewiesen, auch wenn hier festzuhalten ist, daß gerade deren Veröffentlichungen speziell die nach Deutschland kommenden Social Studies Experten besonders geprägt haben.
Zunächst ist eine Einschätzung abzugeben, wieweit aus der Vorrangstellung der Geschichte in den Lehrplänen nach 1890 in den dreißiger und vierziger Jahren eine Vorrangstellung der Social Studies unter gleichmäßiger Berücksichtigung der verschiedenen sozialwissenschaftlichen Zugänge geworden ist.
Obwohl Darstellungen zur Entwicklung der Social Studies allgemein das Bild vermitteln, als sei der Anteil der verschiedenen Sozialwissenschaften innerhalb der Social Studies in etwa ausgeglichen, ist selbst in den sechziger Jahren in den Lehrplänen für die Schulen eine großer Überhang an Forderungen nach bzw. Angeboten an Geschichtskursen festzustellen (191). Unter elf verschiedenen Kursen, die als Social Studies Kurse immer wieder in den verschiedenen Schulen zu finden sind, wird als einziger Kurs „Amerikanische Geschichte" in fast allen Schulen angeboten. Schon „Geschichte der Welt" wird in weniger als 90% der Schulen gelehrt. Und nur noch der Kurs „American Government" ist in mehr als der Hälfte aller Schulen zu finden.
Bemerkenswert ist, daß die Nachfrage der Schüler — jedenfalls in den sechziger Jahren, in denen die amerikanischen Jugendlichen besonders durch die Vietnamfrage aufgerüttelt wurden — über ein rein geschichtliches Interesse hinausgeht, von den Schulen aber nur zum Teil befriedigt wird. Die anderen, hier nicht erwähnten Kurse, wie z.B. Geography, Sociology, Psychology liegen sowohl vom Angebot, wie vom Besuch unter 31%.

Angebot und Nutzung von Social Studies Kursen in High Schools zwischen 1962 und 1965, 10.-12. Klasse: (192)

	Anteil der Schulen die einen Kurs anbieten in % (100%)	Anteil der high school seniors Schüler, die einen Kurs besuchen in % (100%)
American History	98	98
General World History	89	80
American Government	62	62
Economics	49	65
American Problems	26	42

Da fast jeder Schüler zumindest einen Kurs in amerikanischer Geschichte besucht, sei eine kurze zusammenfassende Charakterisierung dieses Kurses und seiner Materialien angefügt. Besonders die Textbücher für Junior High Schools gehen noch immer im wesentlichen chronologisch vor, ihr Thema ist nach wie vor die nationale Größe, ihr Ziel Nationalstolz und ein guter Staatsbürger; integrierte sozialwissenschaftliche Konzepte werden kaum angeboten, wirtschaftliche Zusammenhänge sowie die Bedeutung materieller Interessen werden zugunsten „edler Motive" vernachlässigt. So wie multikausale Analysen selten zu finden sind, werden auch historische Alternativen nicht aufgezeigt, das Erklärungsschema ist nach wie vor geschichtliche Kontinuität, dargestellt in Erzählform bzw. in Aneinanderreihung von Fakten (193).

Es ergibt sich also erstens die Frage, ob das amerikanische Verständnis von Geschichte ein von dem deutschen Verständnis so grundlegend verschiedenes war und zweitens, ob die amerikanischen Bemühungen, in Anbetracht der bei ihnen selbst vorhandenen Dominanz der Geschichte, weit darüber hinausgingen, bei uns sehr viel mehr als einen modifizierten Geschichtsunterricht einzuführen.

Aus der Tatsache, daß in den Vereinigten Staaten auch in den dreißiger und vierziger Jahren keine Einigkeit über das den Social Studies zugrundeliegende Konzept erzielt werden konnte, ergibt sich ein weiteres Dilemma, das mit all' seinen negativen Folgen nach Deutschland mitgebracht worden ist. Wegen des Grundsatzes lokaler Kontrolle in der amerikanischen Schulpolitik ist es trotz vieler nationaler Kommissionen und Vereinigungen nie gelungen, eine einheitliche Meinung darüber herbeizuführen, was konkret die Social Studies sind. Nicht nur, daß sie neben dem Begriff Social Studies auch heute noch unter Namen firmieren wie: Social Science oder Social Sciences, Social Education und Citizenship Education, sondern es hat — wie aus den unterschiedlichen Bezeichnungen ersichtlich — auch immer sehr verschiedene Auffassungen und Konzepte gegeben und gänzlich voneinander abweichende Zugänge (approach). Trotz der Curriculumrevision von 1916 ist der in der Secondary School noch immer wohl häufigste Zugang, die Social Studies in getrennten, voneinander unabhängigen Fächern zu lehren, nämlich in History und Government bzw. Civics oder Politics — das sind die meistgelehrten Fächer —, darüber hinaus in Geography, Economics, Sociology oder Social Problems, Psychology und evtl. sogar Anthropology. Das Angebot variiert von Schule zu Schule, z.B. je nach Größe der Schule, Interesse der Eltern, Schüler und Lehrer etc. Das einseitig verstandene Konzept, vom Interesse des Kindes und von den Notwendigkeiten des täglichen Lebens auszugehen (Life Adjustment Education) hat viel zur Entpolitisierung und Verwässerung z.B. gerade der Civics Kurse beigetragen (194). Oder es hat, wenn auch selten, den integrierten Zugang gegeben, der in seinem Unterrichtsthema den Beitrag der verschiedenen Fächer behandelt. Ein weiterer damals intendierter, aber erst heute vielfach diskutierter Weg, Social Studies zu lehren, ist der

Zugang über ein Problem, das gelöst werden soll und das alle interessiert. Bei der Frage nach seinen Ursachen und seinen Lösungsmöglichkeiten zeigt sich, welche Fachhilfen herangeholt werden müssen. Eine vierte Methode, Social Studies zu betreiben, betrachtet Charaktererziehung als vorrangig und nimmt in erster Linie Erfahrungen, die Kinder innerhalb und außerhalb der Schule machen, als Ausgangspunkt für Unterrichtssituationen, die das soziale Leben und die täglichen zwischenmenschlichen Interaktionen vorrangig betonen (195).

Zusätzlich zu den Differenzen über den besten approach gab es unter den Amerikanern den Disput darüber, ob die Social Studies vor allem in gesonderten Kursen abgeboten werden sollten oder ob sie als überall gegenwärtiges Unterrichtsprinzip zu verwirklichen waren oder aber, ob beide Wege gewählt werden sollten. Zumindest in den vierziger Jahren war dieser Konflikt nicht einheitlich gelöst und wurde als weiteres Handicap mit nach Deutschland gebracht. Da die Notwendigkeit der Social Studies in den USA allgemein anerkannt war, bedeutete dieser Streit dort keine grundsätzliche Infragestellung der Social Studies, sondern wurde von Fall zu Fall pragmatisch gelöst. In Deutschland jedoch erwuchsen aus diesem Dissenz große Schwierigkeiten, weil sich auf das Unterrichtsprinzip immer gerade die Kräfte beriefen, die gegen eine staatsbürgerliche und besonders gegen eine politische Erziehung waren.

Die letzte Frage betrifft die nach Inhalten, Methoden und Aufbau der Social Studies. Inzwischen liegen aus den sechziger Jahren eine Fülle von Inhaltsanalysen des von 1916 bis dahin weitgehend unveränderten Social Studies Unterrichts, sowie der diesem zugrundeliegenden Textbücher vor, die ein relativ genaues Bild liefern und deren Kenntnis die Bewertung der Arbeit der amerikanischen Experten in Deutschland erleichtert.

Innerhalb der Mächtekonstellationen der Politik der zwanziger, dreißiger und vierziger Jahre erwiesen sich die Vereinigten Staaten als eine der wenigen widerstandsfähigen Demokratien in einer Welt, die zunehmend durch Diktaturen und schließlich durch den zweiten Weltkrieg gekennzeichnet war. Es verwundert daher nicht, wenn die empirischen Untersuchungen zu dem Ergebnis gekommen sind, daß die Schule bzw. die Government Textbücher selbst der Senior High School die amerikanischen politischen Institutionen und ihre demokratischen Politiker als die besten der Welt hinstellten, vorbildlich für jedes andere Land in jeder Situation und daß sie den „American way of life" als die einzig richtige und akzeptable Lebensform priesen (196, 196a), was von heutiger Sicht von den Amerikanern selbst als ethnozentrische, chauvinistische Erziehung bezeichnet. Der „good versus evil" approach, die Darstellung alles Amerikanischen als gut, alles Anderen als Böse und schlecht, war in den traditionellen Social Studies Büchern weit vertreitet (197).

Daß überdies „die amerikanischen Ideale", die in diesem Unterricht verkündet wurden, mit der amerikanischen Realität nicht übereinstimmten, weil die Minderheiten im eigenen Land benachteiligt und von der politischen Gestaltung der Gesellschaft weitestgehend ausgeschlossen waren, kam in der Mehrheit der Civics-Texte nicht in den Blick. Die gesellschaftliche Wirklichkeit wurde weitgehend als mit den gelehrten Idealen in Übereinstimmung befindlich dargestellt (198).

Die von Beard geäußerte Forderung, daß Antagonismen vermindert und Widersprüchlichkeiten harmonisiert werden müßten, hat man offenbar dahingehend interpretiert, daß man den Kindern harmonistische Gesellschaftsvorstellungen vermittelte, die Interessen und Konflikte tabuisierten. In Anbetracht der Tatsache, daß die amerikanische Führungsschicht (WASPs) und die durch sie vertretene Mehrheit von den Social Studies in erster Linie die Amerikanisierung der Immigranten erwartete, die – zu angepaßten amerikanischen Staatsbürgern erzogen – bereit sein würden, die gegebene gesellschaftliche Ordnung und die vorhandene politische Herrschaft unbefragt zu akzeptieren, überrascht es auch nicht, daß der gesamte Social Studies Unterricht trotz der zum Teil schon 1916 formulierten Erkenntnisse und Forderungen einen affirmativen und kaum problematisierenden Charakter hatte. Nicht einmal die Funktionsweisen und der Ablauf der Regierungsgeschäfte wurden in der Regel dargestellt, sondern lediglich Aufbau und Struktur der Regierung und der Gesetzgebung, eine rein formale Institutionenkunde (199). Im Hinblick auf diese Ergebnisse wird verständlich, warum sich die 1916 für das 12. Schuljahr empfohlenen Problem-Kurse nicht allgemein durchgesetzt haben und warum statt dessen z.B. vielfach Kurse mit dem schlichten Titel „Civics" oder „Government" angeboten wurden (200). Kontroversen über grundlegende demokratische Prinzipien wurden aber auch in den vorhandenen Problems Courses ebensowenig geführt, wie Kritik am amerikanischen politischen System bzw. dessen Infragestellung zugelassen wurden.

Die Fragen, die in Amerika am Ende des Textbookkapitels zur Kontrolle des Gelernten üblich sind, zielten bisher nicht auf ein Verständnis der Zusammenhänge bzw. auf eigenständige Kritik der Schüler, wie die weitgehenden Empfehlungen von 1916 vermuten lassen müßten oder gar auf Möglichkeiten der Lösung von Problemen, sondern es zeigte sich an ihnen, daß die bevorzugte Unterrichtsmethode bis in die sechziger Jahre noch immer das Auswendiglernen und folglich das Wiederholen von Tatsachen gewesen ist, so wie die Beschreibung von historischen und verfassungsrechtlichen Fakten noch immer im Vordergrund gestanden hat. Selbst die Klärung des eigenen Wertstandpunktes wurde durch die Textbücher in keiner Weise gefördert (201).

Die nicht problematisierende Darstellung der Gesellschaft und der Politik wurde durch den 1916 vorgeschlagenen und seither beibehaltenen, sich über die Grundschulzeit hinaus erstreckenden Aufbau des Unterrichts unterstützt, der den Horizont des Kindes vom Nahen zum Fernen hin ausdehnte, d.h. von der Familie ausgehend, über seine engere Umgebung immer weiter bis hin zu nationalen und internationalen Fragen. Es war dieses Prinzip des „Expanding – horizons approach" bzw. des „expanding environment curriculums", das per se Konflikte weitgehend ausschloß und das somit der verkürzten Auffassung der Progressiven Ära von der Kooperation sehr entgegen kam. Das am Anfang stehende familiäre Prinzip des Miteinander – Füreinander, das fundamentale gesellschaftliche Probleme ausklammert, wurde in der Regel auf die nachfolgenden Bereiche übertragen (202).

Mit dem hohen Anteil der politischen und sozialen Erziehung von 50% bis hin zur 8. Klasse (203) wurde die Bejahung des Systems auf der Basis einer emotionalen Zuneigung und einer nicht in Frage stellenden Loyalität begründet. Wichtige Bestandteile dieser Erziehung waren der tägliche Treueeid, der allmorgendlich vor der Nationalfahne gelobt wurde (the ritual of pledging allegiance to the flag daily) woran sich vermutlich auch heute noch nicht viel geändert hat und die ständige Schaustellung der Flagge im Klassenzimmer. Im Grundschulunterricht wurde außerdem vor allem die Fügsamkeit gegenüber der Autorität und den Gesetzen betont, sehr viel weniger das Recht der Teilnahme und Beeinflussung der Regierungsgeschäfte durch den Bürger (204).

2.3.2.3. Empirische Untersuchungen zur Erfolgskontrolle des Social Studies Unterrichts

Wie sich aus verschiedenen empirischen Untersuchungen zum Ablauf des politischen Sozialisationsprozesses amerikanischer Kinder ergibt, sind diese mit 14 Jahren in der Regel – abgesehen von Minderheitsgruppen, wie z.B. Kinder in den Appalachen – loyale Staatsbürger, die die Autorität der Regierung als rechtmässig akzeptieren und eine tiefe Sympathie für ihr Regierungssystem empfinden (205). Unumstritten ist, daß die Kinder bereits mit positiven Einstellungen zur amerikanischen Demokratie in die Elementary School eintreten, da die amerikanische Familie als primärer Sozialisationsagent den Kindern eine frühe Loyalität zur Nation und Regierung vermittelt, sowie die Anerkennung grundlegender politischer Normen und — sofern beide Eltern darin übereinstimmen — sogar die Bevorzugung einer Partei (206, 206a). Forschungen zur Bedeutung der ersten Schuljahre haben allerdings ergeben, daß diesen eine wichtige Rolle in der Ausprägung grundlegender politischer Orientierungen zukommt (207). Es ist jedoch umstritten, wieweit der Einfluß der formalen politischen Erziehung in der Elementary School reicht. Während einige Wissenschaftler aufgrund ihrer Untersuchungen zu der Einschätzung kamen, daß der Unterricht familiär geprägte Grundhaltungen revidieren könne, (Hess, Easton, Torney) (208), sind andere der Meinung, daß aus den bisherigen Untersuchungen der Einfluß des formalen Unterrichts nicht schlüssig hervorgeht, sondern daß man nur folgern kann, daß die Grundschule als Ganzes die politische Sozialisation der amerikanischen Kinder nachhaltig beeinflußt (209).

Im Gegensatz zu den Untersuchungen über die Elementary School kommen empirische Studien über die Social Studies Kurse der High School übereinstimmend zu dem Ergebnis, daß diese dem Wissen (knowledge), den politischen Fertigkeiten (skills) sowie den politischen Verhaltens- und Anschauungsweisen (attitudes) der Mehrheit der Schüler nichts mehr hinzufügen und daß sie von diesen als langweilig bezeichnet werden (210).

Da die Kategorien, an denen die *Einstellung* der Schüler, also ihre politischen Verhaltensweisen, gemessen wurden, noch einmal aus heutiger Sicht die Dimensionen des amerikanischen Demokratieverständnisses, wenn auch nicht erschöpfend, so doch umfassend verdeutlichen insofern, als sie die meist erklärten Ziele der Social Studies Kurse sind, sollen sie hier kurz genannt werden:

1. Erweiterung des *Wissens* über politische Institutionen, Ereignisse und Prozesse (political knowledge and sophistication).
2. Vergrößerung des politischen *Interesses* (political interest).
3. Stärkung der Überzeugung, als Individuum durch politisches *Handeln* Einfluß erlangen und Wirksamkeit erzielen zu können (political efficacy).
4. Stärkung der *Teilnahmebereitschaft* am politischen Geschehen (participative orientation).
5. Abbau von politischem *Zynismus* und von Mißtrauen gegen die Regierung (political cynicism, manchmal ergänzt durch polical trust). Nach amerikanischer Ansicht gilt als zynisch derjenige, der der Meinung ist, durch eigenen Einsatz die Politik doch nicht ändern zu können, weil einige große Interessenvertreter, die die Politik bestimmen, ohnehin machtlos sei. Als zynisch gilt auch derjenige, der allgemein mißtrauisch ist in Bezug darauf, daß bei Politikern ein allgemeines demokratisches Engagement vorausgesetzt werden könne, sondern der stattdessen davon ausgeht, daß sie in der Regel interessengebunden sind. Dies ergibt sich aus den Fragen, die den Jugendlichen in der empirischen Studie zur Ermittlung des Grades an Zynismus gestellt worden sind.
6. Erhöhung der staatsbürgerlichen *Toleranz* im Hinblick auf die Akzeptierung der wichtigsten Grundrechte für jedermann, auch für Kommunisten beispielsweise (civic tolerance) (211).

Die Aspekte dieses Demokratieverständnisses lassen sich in einem Satz amerikanischer Politikwissenschaftler zusammenfassen, der versucht, die amerikanische demokratische Praxis und die dieser zugrundeliegenden Theorie in einer möglichst kurzen Definition zu umreißen:
„Die zentralen Prinzipien einer Regierung, die auf einer Theorie der Demokratie beruht, sind Mehrheitsherrschaft (majority rule) und Minderheitsrechte (minority rights)" (212). Während dem ersten Prinzip die Kategorien der Informiertheit, des

politischen Interesses und des Effektivitätsglaubens, der Teilnahmebereitschaft und des politischen Vertrauens zuzurechnen sind, gehören dem zweiten Prinzip neben der Toleranz gegenüber politisch Andersdenkenden weitere Kategorien zu, die im traditionellen Social Studies Unterricht, wie er bis weit in die sechziger Jahre hinein überwog, nicht zur Geltung kamen, wie die Auflistung der sechs Punkte zeigt. Zu diesem zweiten Bereich gehören nach der Definition von New Social Studies Experten die Bereitwilligkeit, gleiche Rechte und gleiche Chancen für alle zu schaffen und der Glaube, daß es berechtigt ist, die Regierung und die politischen Führer zu kritisieren (213).

Die Gegenüberstellung des traditionellen und des heute leicht erweiterten Demokratieverständnisses (dem die Dimension des „equalitarianism" noch gänzlich abgeht) dient dazu, noch einmal deutlich zu machen, was die Inhaltsanalyse bereits gezeigt hatte: Die traditionellen Social Studies und speziell die Civics Kurse zielten vor allem auf die unkritische status quo Bejahung der Institution der amerikanischen Demokratie und auf die vornehmlich individuelle Unterstützung und Beteiligung.

Aufgrund des Ergebnisses, daß selbst die Kurse in den Klassen neun und zwölf – meist explizit Civics oder Government genannt –, vermutlich bedingt durch die Tatsache, daß sie gegenüber den schon vorhandenen Informationen nicht viel Neues bringen, kaum Einfluß auf die Wertvorstellungen und Ansichten sowie das politische Verhalten der Mehrheit der höheren Schüler haben, sind *Untersuchungen zum Einfluß des informellen Schulmilieus* auf die politische Sozialisation unternommen worden, wie z.B. zu Peer Groups (Einfluß der Mitschüler), zum demokratischen und erzieherischen Klima der Schule und zum Lehrerverhalten. Seither gehen Sozialwissenschaftler allgemein von der Hypothese aus, daß der Einfluß, den die Secondary School auf die politische Sozialisation der Jugendlichen hat, bei der traditionellen Form der Social Studies Kurse, so wie sie in den fünfzig Jahren zwischen 1916 und der Mitte der sechziger Jahre gewesen sind, nicht von dem formalen Unterricht ausgeht, sondern von der Schule als sozialer Institution, von der ihr eigenen politischen und interkommunikativen Atmosphäre, von demokratischen Aktivitäten, wie denen des Schulklubs, der Schülermitverwaltung, von den Teilnahmemöglichkeiten der Schüler an Unterrichtsplanung und -gestaltung, von den generellen Einstellungen der Lehrer gegenüber den Schülern und speziell von der schichtspezifischen Zugehörigkeit der Schule in Amerika (214).

Auch wenn diese Hypothese in den USA erst aufgrund der neueren empirischen Sozialisationsforschung, die es ermöglicht hat, den Erfolg des Social Studies Curriculums in den verschiedenen Schulstufen nachzuprüfen, zustande gekommen ist, so wird sie schon hier referiert im Hinblick auf eine Frage, die sich an Hand des Versuchs, das amerikanische *Social Studies Modell in deutsche Schulen* zu *übertragen*, ergibt. Die Frage, die sich sowohl nach 1945 für das Re-education-Programm, wie auch heute wieder stellt, wenn man den Erfolg von Adaptationen moderner amerikanischer Unterrichtsmodelle zu bestimmen sucht, ist, ob ein Unterricht, der einen demokratischen Staatsbürger zum Ziel hat – wie immer die genauere Definition des diesem zugrundeliegenden Demokratiebildes aussehen mag –, ob ein solcher Unterricht in einer undemokratischen Schule überhaupt Erfolg haben kann. Für die deutsche Situation heißt das, ob es Zweck hat, einen formalen Demokratieunterricht einzuführen in eine dreigliedrige, nach Schichten bzw. sozialen Klassen getrennte Schule, in der herkömmliche Inhalte dominieren, die vom neuhumanistischen Bildungsideal bestimmt sind und in der noch dazu im Normalfall ein autoritäres Lehrer-Schüler-Verhältnis besteht und die Lehrererwartungen auch in der Grund- und Hauptschule von Mittelstandsnormen geprägt sind.

Diese Problematik wirft für das nächste Kapitel die Frage auf, wie weit die Amerikaner sich über das deutsche Schulsystem informiert hatten und wohin ihre Pläne und ihre

Bemühungen — zunächst einmal abgesehen von der Einführung eines Social Studies Unterrichts — gingen, ob ihnen die Zusammenhänge zwischen Schulstruktur und -inhalt bewußt waren und wieweit diese in der Re-education-Politik eine Rolle spielten.
Bezüglich der Ergebnisse der Sozialisationsforschung sind jedoch hinsichtlich ihrer eventuellen Übertragbarkeit auf deutsche Verhältnisse auf jeden Fall für die Nachkriegszeit große Einschränkungen zu machen. Es ist selbst für die heutige Zeit bezweifelbar, ob Untersuchungen zur familialen Sozialisation von deutschen Kleinkindern das Ergebnis hätten, daß diese ebenfalls bereits mit positiven Einstellungen zum Regierungssystem der Bundesrepublik zur Schule kommen. Es ist zu vermuten, daß deutsche Kinder in der Regel eher gar keine unmittelbaren politischen Vorstellungen bei Schuleintritt entwickelt haben. Da die deutsche Familienstruktur vergleichsweise zur amerikanischen auch heute noch autoritär ist und die Teilnahme des Kindes an Entscheidungen stark beschränkt ist (215), sind deutsche Kinder von Hause aus auch mittelbar nicht auf demokratisches Verhalten vorbereitet. Inzwischen ist bekannt, daß deutsche Kinder sogar mit zehn Jahren vergleichsweise zu Kindern anderer demokratischer Länder erst wenige demokratische Einstellungen haben (216). Der Schule könnte hier also eine große Aufgabe zufallen, die erfolgversprechend sein könnte.
In Beziehung zu einem weitgehenden Vakuum an politischen Informationen und Einstellungen der Kinder wird ein weiteres amerikanisches Untersuchungsergebnis, das den Erfolg des formalen politischen Unterrichts bei Minderheiten, in diesem Falle Negern betrifft, wichtig. Sie haben generell (mit Ausnahme der Kategorie politischer Zynismus) zu Beginn der Secondary School ein niedrigeres Ausgangsniveau als die weißen Schüler. Diejenigen, die jedoch einen oder mehrere Staatsbürgerkundekurse belegt haben, weisen hinterher ein größeres politisches Wissen, mehr Sinn für politische Wirksamkeit und eine höhere Toleranz auf und zwar je mehr, desto weniger gebildet ihre Eltern sind. Bei wenig vorgebildeten Eltern steigt auch das politische Interesse und die Teilnahmebereitschaft junger Neger aufgrund des Kurseinflusses. Haben sie jedoch Eltern, die bereits selbst eine höhere Bildung durchgemacht haben und die von daher aus eigener Erfahrung die Restriktionen des amerikanischen politischen Lebens für Neger kennen, so ist bezüglich der beiden letztgenannten Befragungskategorien keine Steigerung festzustellen (217). Auch diese Ergebnisse lassen vermuten, daß die deutsche Schule auf die politische Sozialisation von Kindern einen größeren Einfluß nehmen könnte als die amerikanische, wobei hier offenbleiben muß, ob schon allein ein formaler Unterricht in politischen und sozialen Belangen der Demokratie in einem undemokratischen Schulklima und in einer nicht demokratisierten Schulstruktur Erfolg haben kann.

2.4. Vielfältige Erscheinungsformen der amerikanischen Tradition der Erziehung zur Demokratie

Die amerikanischen Ideale, die in der Unabhängigkeitserklärung, in der Präambel der Verfassung und in der Bill of Rights niedergelegt sind, bilden noch heute den Zement, der den amerikanischen melting pot of people zusammenhält. Auch die benachteiligten Minderheiten glauben fest daran, daß alle Menschen gleich geschaffen sind, daß jeder das Recht auf Leben, Freiheit und auf das Streben nach Glück hat und daß die Ideale der Gerechtigkeit, der gemeinsamen Verteidigung dieser Werte, des allgemeinen Wohlergehens und der Segnungen der Freiheit am ehesten in den Vereinigten Staaten von Amerika eine reelle Chance der Verwirklichung haben und gültig sind. Sie glauben, daß Meinungs- und Redefreiheit ebenso verwirklicht sind wie die freie Religionsausübung, das freie Versammlungsrecht und die Gleichheit vor dem Recht. Diese bei Minderheiten

wie Mehrheiten gleich verbreitete Überzeugung und das allgemeine Vertrauen darauf, daß in der amerikanischen Gesellschaft jeder seine Chance hat, geben der amerikanischen Demokratie ihre Stabilität und Homogenität, Ziele, die im Social Studies Unterricht noch heute meist unausgesprochen ganz obenan stehen (218). Insofern kann man wohl behaupten, daß die Social Studies geholfen haben, das Fundament für die Einheit der amerikanischen Nation zu legen. Und es läßt sich wohl sagen, daß sich ihre Funktion, einen „guten amerikanischen Staatsbürger" zu erziehen, integrierend und harmonisierend, zu wirken, verglichen mit dem Geschichtsunterricht ab 1890 kaum geändert hat. Trotzdem sind die Social Studies etwas anderes. Entsprechend der größeren Schwierigkeiten aufgrund der neuen Einwanderer und der deutlicher zu Bewußtsein kommenden Ungerechtigkeiten der amerikanischen Gesellschaft bzw. ihrer kapitalistischen Wirtschaftsform, in der die Konzentration des Besitzes und der Macht Ende des vergangenen Jahrhunderts rapide und unübersehbar zunahm, war es notwendig geworden, daß der Unterricht differenzierter wurde, um seine Funktion erfüllen zu können. Seither wird in der Grundschule eine intensive Sozialerziehung betrieben, die als Unterrichtsprinzip durch alle Stunden geht und auch die gemeinsamen schulischen Aktivitäten, die außerhalb des Unterrichts stattfinden, beherrscht. Sie ist von der Grundüberzeugung des sozialen Aufeinanderangewiesenseins getragen, von der Maxime, daß die Menschen sowohl in der Gemeinde, wie in der Nation zusammenleben müssen. Die Anerkennung des Nachbarn als gleichwertig, die Zubilligung der gleichen Chancen für jeden sind die Theoreme, mit denen in den amerikanischen Kindern der Glaube daran, daß ihre Demokratie neben einer Regierungsform vor allem auch eine Lebensform sei, gestärkt wird.
Die Forschungsergebnisse der sechziger Jahre haben deutlich gemacht, daß die politische und soziale Erziehung in der amerikanischen Elementary School vor allem affektive Bereiche des Schülers anspricht und nicht kognitive Fähigkeiten. Die emotionale Fundierung der amerikanischen Vaterlandsliebe ist weder durch Kenntnisse, noch durch rationale Argumente „abgesichert" (219). Die Fähigkeit zum Erkennen von Problemen, zu kritischer Distanz oder zur Lösung von Problemen wird in der Grundschule nicht vermittelt. Der Unterricht in der High School erhielt nach 1916 z.T. sozialwissenschaftliche Elemente. In einigen Kursen wurde auch über Funktionsweisen und Ablauf des Regierens unterrichtet. Die Regel war dies jedoch nicht. Aus heutiger Sicht läßt sich vielmehr sagen, daß der Social Studies Unterricht der vierziger Jahre eine zur Anpassung erziehende Institutionenkunde einer bürgerlichen Demokratie war, in dem das „Amerikanische Credo" einen besonderen Rang hatte. Paradoxerweise lieferte dieses Credo dem amerikanischen Nationalismus und dem auf ihn folgenden Sendungsbewußtsein, die Welt zu demokratisieren, gleichzeitig das nötige Fundament (220).
Unter diesem Aspekt betrachtet erscheint die Zielsetzung der Social Studies aus heutiger Sicht vielleicht unbefriedigend. Es sollen hier deshalb die Wesensmerkmale der deutschen und der amerikanischen Staatsbürgererziehung idealtypisch einander gegenübergestellt werden.
Die deutschen Schüler lernten im Geschichtsunterricht auch in Weimar im wesentlichen Daten der preußischen Dynastien und ihrer Militärgeschichte (221). In der Staatsbürgerkunde erfuhren sie von den Pflichten und der Verantwortung des Bürgers gegenüber dem Staat, von der Ordnungs- und Schutzfunktion, die der Staat gegenüber der Gesellschaft und den prinzipiell unguten sozialen Auseinandersetzungen wahrnehme. Sie lernten, daß der Staat ansich demgegenüber sittliche Werte vertrete und daß der Bürger ihm deshalb Vertrauen, Achtung und Gehorsam zu zollen habe.
Die amerikanischen Kinder werden dagegen schon im Geschichtsunterricht mit den amerikanischen Idealen und den Prinzipien ihrer Demokratie vertraut gemacht sowie

mit der historischen Entwicklung, gekennzeichnet durch die amerikanischen Unabhängigkeitskriege und die Verfassungsgebung. Mit Hilfe der Social Studies wird die Verpflichtung auf demokratische Prinzipien fortgesetzt und durch eine intensive Sozialerziehung fundiert. Die Staatsbürgererziehung betont die Notwendigkeit, daß jeder Bürger nicht nur grundlegende Kenntnisse über die amerikanische Verfassung und die Regierungsinstitutionen, sondern auch politisches Interesse haben muß. Beides wird als Voraussetzung angesehen für die durch den Unterricht zu verbreitende Überzeugung, daß individuelles Engagement zur Kontrolle der amerikanischen Demokratie und ihrer Funktionsfähigkeit sinnvoll und notwendig und auch erfolgversprechend ist. Dieser Glaube an die Wirksamkeit individueller Einflußnahme, die verbreitete Einstellung, als Individuum Druck ausüben zu können, weil viele amerikanische Bürger so denken und bereit sind, sich in bedeutenden Streitfragen zu engagieren, ist vielleicht das hervorstechendste Merkmal des amerikanischen Demokratieverständnisses, das durch die Social Studies gefördert wird.

Da die neueren empirischen Untersuchungen allerdings fraglich erscheinen lassen, wieweit eigentlich der formale Social Studies Unterricht die politische Sozialisation der Amerikaner bedingt, ist hier abschließend noch einmal darauf hinzuweisen, daß die Forschungsergebnisse dazu angetan sind, die hohe Bedeutung des gesamten amerikanischen Schulklimas hervorzuheben, die durch Kooperation gekennzeichnete Schulatmosphäre, in der die Schüler das Zusammenleben, das in der amerikanischen Ganztagsschule einen viel höheren Stellenwert hat als in dem deutschen Vormittagsunterricht, weitgehend mitgestalten können. Sie zeigen auf, daß die integrierende Wirkung bereits vom institutionellen amerikanischen Curriculum ausgeht, das — ermöglicht durch die zugrundeliegende demokratische Schulstruktur — die Gemeinsamkeiten betont, die sozialen Fähigkeiten der Kinder fördert und fordert, in soziales Verhalten einübt, zur Mitgestaltung und zu Verantwortungsgefühl erzieht. Diese Ergebnisse besagen, daß der formale Unterricht, die Social Studies, in den USA allenfalls verstärkende Funktion haben, während Schulstruktur und Lernorganisation — aufbauend auf den Fundamenten familialer und frühkindlicher Sozialisation, die bereits eine positive Einstellung zur amerikanischen Nation und ihrer Regierungsform bewirken — einen wesentlichen Beitrag zur politischen Sozialisation der Amerikaner leisten.

Wenn auch diese Forschungsergebnisse den Re-education-Politikern noch nicht bekannt waren und der formale Unterricht, die inhaltliche Vermittlung von Kenntnissen und Einstellungen durch Unterrichtsprinzip und Lehrfächer damals noch sehr wichtig genommen wurden, so sind doch die Zusammenhänge zwischen einer demokratischen Schulstruktur und Lernorganisation einerseits und den Erfolgen einer spezifischen inhaltlichen Erziehung zur Demokratie in bestimmten Fächern andererseits von den Umerziehungsbesatzern und den Social Studies Experten beachtet worden. Denn sie waren ihnen voll bewußt, zumal sie in der Tradition der Reformpädagogik standen und als Deweyanhänger bezeichnet werden können (222). Es ist allerdings in Anbetracht der amerikanischen Untersuchungsergebnisse für Minderheiten darauf hinzuweisen, daß diese Ausführungen nicht von vornherein so verstanden werden dürfen, daß inhaltlicher Unterricht mit dem Ziel der Erziehung zur Demokratie in einem undemokratischen, dreigliedrigen, hierarchisch gegliederten Schulsystem völlig wirkungslos bleiben muß.

„Eines der großen, langfristigen Ziele der Amerikaner war es, in Deutschland nach dem zweiten Weltkrieg eine demokratische Gesellschaft und eine demokratische Regierungsform einzuführen" (John Gimbel).

3. Demokratisierung Deutschlands als Friedensziel der Amerikaner und ihre Besatzungspolitik

Ausgangspunkt der amerikanischen Überlegungen zur Friedenspolitik in Deutschland war, daß die nationalsozialistische Herrschaft und ihre Organe beseitigt und eine erneute Gefährdung des Weltfriedens durch Deutschland verhindert werden mußte. Eine Umorientierung der Deutschen von Anhängern oder Mitläufern des Nationalsozialismus zu Demokraten würde nur auf der Basis neuer politischer Institutionen möglich sein. Darin waren sich 1945 die Amerikaner einig. Das Interesse dieses Kapitels gilt den amerikanischen Vorstellungen für die Erziehung der Deutschen zu Demokraten. Wie sah die gewollte Demokratisierung lehrbuchmässig aus? Was sollten die Deutschen verlernen, was sollten sie lernen? Was sollten Schüler über die neue demokratische Regierungsform wissen? Erziehung zur Demokratie sollte nach amerikanischen Wünschen unter anderem Aufgabe der Schulen werden. Um den Lehrstoff um diese neuen Inhalte zu bereichern und den Deutschen die amerikanischen Ideen dazu nahezubringen, schickte die amerikanische Besatzungsmacht Social Studies Fachleute des eigenen Landes nach Deutschland. Die amerikanischen Ansichten über die in Deutschland zu errichtende Demokratie, wie sie sich in der Lehre von der Demokratie prototypisch verdichten, sollen anhand der Vorstellungen und der Anstrengungen die diese Social Studies Experten unternahmen, aufgezeigt werden.

In Deutschland ist dieser Teil der amerikanischen Besatzungspolitik meist unter dem Begriff „Umerziehung" bekannt und diskutiert worden. Aber auch das Schlagwort „Charakterwäsche" ist zur polemischen Kennzeichnung dieser Vorhaben sehr verbreitet gewesen. In der deutschen Öffentlichkeit der Nachkriegszeit bis in die 60er Jahre hinein war man häufig der Meinung, die „Umerziehung" sei der wichtigste Zweck amerikanischer Besatzungspolitik gewesen, bzw. die Amerikaner hätten sie als „Voraussetzung für die Demokratie in Deutschland" verstanden (1). Die Untersuchungen, die bisher zu diesem Gebiet erschienen sind, legen eine ähnliche Meinung nahe, sowohl inhaltlich wie auch dadurch, daß sich die meisten von ihnen fast ausschließlich mit diesem Teil der amerikanischen Besatzungspolitik beschäftigen, ohne den allgemeinen politischen Rahmen, wenigstens in Umrissen anzudeuten oder zumindest auf die Notwendigkeit hierfür hinzuweisen (2). Auch ein großer Teil der amerikanischen Planer und Experten, die sich mit den Fragen der „Umerziehung" befaßten, neigte dazu, diese als das Hauptfriedensziel der Amerikaner zu betrachten, und die Zusammenhänge zwischen Gesellschaftssystem und Erziehung zu wenig zu beachten. Da jedoch die „reine Lehre" der „Umerziehungs"-fachleute nicht notwendigerweise die Strukturbedingungen der von ihr „gepriesenen" Gesellschaftsform aufdeckt, sondern möglicherweise nur legitimierende und systemstabilisierende oder gar apologetische und damit verschleiernde Funktion hat, kann die Analyse der von den Social Studies Experten vertretenen Lehrmeinungen allein nicht ausreichen. Auch kann sie nichts darüber aussagen, welchen Stellenwert die amerikanischen Politiker und die Besatzungsoffiziere der Re-education innerhalb all der sonstigen geplanten und ausgeführten Besatzungsmaßnahmen gaben.

Der Bericht über die Tätigkeit der Social Studies Experten muß deshalb zum besseren Verständnis in einen zweifachen Rahmen gestellt werden: zum einen ist die geplante Einführung des Social Studies Unterrichts Teil eines speziellen Bereichs der Besatzungspolitik, nämlich Teil der Schul- und Kulturpolitik. Erziehung zur Demokratie ist eine Frage des Inhalts, der den Schülern vermittelt werden soll, so möchte es scheinen. Berührt eine solche Erziehung alle Inhalte oder läßt sich einfach ein neues Fach in einen alten Fächerkanon einfügen?

Wie die vorigen Kapitel gezeigt haben, ist ein Unterricht in Angelegenheiten der Demokratie aber nicht nur ein Problem des Inhalts, sondern ein solcher Unterricht steht in engem Zusammenhang mit der Schulstruktur. Die Frage ist daher, ob sich die Amerikaner der Beziehung zwischen organisatorischem Aufbau des Schulsystems und inhaltlicher Reform klar bewußt gewesen sind und was sie im Hinblick darauf zur Reform der zwei- bzw. dreigliederigen deutschen Schulorganisation unternommen haben.

Zum anderen ist die Schul- und Kulturpolitik wiederum nur Teil der allgemeinen Besatzungspolitik, die ebenso untersucht werden muß, um Klarheit über die darin deutlicher als in der Teilpolitik zum Ausdruck kommenden Absichten und Interessen zu erhalten und darüber, welche Prioritäten gesetzt wurden.

Die amerikanische Schulpolitik, besonders die Bemühungen, eine demokratische Schulstruktur in Deutschland zu schaffen, hatten wesentlich weniger Erfolg als die auf die Errichtung einer demokratischen Regierung gerichtete amerikanische Besatzungspolitik. Der erste Teil des dritten Kapitels, die Untersuchung der allgemeinen Besatzungspolitik, soll klären, ob einige Ursachen für den partiellen Mißerfolg darin liegen, daß die allgemeinen gesellschaftlichen Ordnungsvorstellungen der amerikanischen Besatzungsmacht (für Regierungs- und Wirtschaftssystem) und deren Vorhaben für gesellschaftliche Teilbereiche (Schulsystem) unter den spezifischen Bedingungen der Besatzungspolitik unvereinbar miteinander waren bzw. ob die übergreifenden besatzungspolitischen Maßnahmen die kulturpolitischen determinierten.

Zur Klärung dieses Problems ist die Beantwortung einer Fülle von Fragen notwendig, zu denen recht ausführliche Analysen erforderlich sind, die sowohl die Planungsphase wie auch die Durchführung, also die Gesamtbesatzungspolitik betreffen und damit auch das Verhältnis zwischen Amerikanern und Deutschen d.h. zwischen der Besatzungsmacht und den verschiedenen deutschen politischen Parteien und ihren divergierenden gesamtgesellschaftlichen Ordnungsvorstellungen.

Welche verschiedene Konzepte gab es für die amerikanische Besatzungspolitik? Von welchen Interessen waren die verschiedenen Konzepte getragen? Welchen Stellenwert hatte die Demokratisierung innerhalb dieser Konzepte? Und welches Demokratieverständnis kam darin zum Ausdruck? Wollte man ein bestimmtes Demokratiemodell verwirklichen? In welchem Verhältnis standen wirtschaftliche und politische Vorstellungen über die Nachkriegsordnung? Sollten ökonomische Strukturen verändert, Eliten ersetzt werden? Wie weit wollte man deutsche Demokratisierungsvorstellungen und -bestrebungen einbeziehen und fördern? Wie stellten die Amerikaner sich zum Problem der oktroyierten Demokratie, einem Widerspruch in sich? Welche Politik wurde ab 1945 gemacht? War es eine konsequente Politik, die ein und demselben Konzept folgte oder konnten sich in den einzelnen Bereichen Vertreter verschiedener Konzepte durchsetzen, so daß eine ambivalente Politik betrieben wurde?
Die Beantwortung dieser Fragen soll zweierlei ermöglichen.

1. Die Re-education-Politik kann im Anschluß an die Analyse als ein Teil der Besatzungspolitik untersucht werden und zu den anderen Teilen in Beziehung gesetzt werden, wodurch bestimmte Umerziehungsmaßnahmen in einem anderen Licht erscheinen

als in den bisher vorliegenden Untersuchungen, die die Schulpolitik isoliert erforscht haben.

2. Die Gesamtbesatzungspolitik, d.h. die amerikanische Politik, die unabhängig von der spezifischen Re-education-Politik auf die Errichtung bestimmter gesellschaftlicher und politischer Strukturen gerichtet war, übte als solche bereits eine politische Sozialisationswirkung auf das deutsche Volk aus. D.h. unabhängig von dem im ersten Punkt beschriebenen und zu erforschenden Spielraum, den die Amerikaner selbst für eine besatzungspolitische Veränderung der deutschen Schulorganisation und der Lerninhalte ließen, sollen die Untersuchungen von 3.1. ermöglichen, die politischen Lernprozesse zu bestimmen, die die Deutschen aufgrund der amerikanischen Besatzungspolitik vollzogen, ohne daß bzw. bevor überhaupt ein Programm zur politischen Erziehung bzw. Umerziehung des deutschen Volkes in Angriff genommen wurde. Waren diese politischen Erfahrungen für ein demokratisches Verhalten und Engagement der deutschen Bürger förderlich? Trugen sie dazu bei, das durch die deutsche politische Tradition betonte politische Desinteresse und die politische Apathie zu beheben oder verfestigte die amerikanische Besatzungspolitik die Grundeinstellungen der Deutschen zur Politik erneut? Vermittelten die Amerikaner den Deutschen durch ihr politisches Verhalten ein neues Verständnis von der Demokratie als Gesellschafts- und Lebensform, in der der Bürger auch in gesellschaftlichen Bereichen demokratische Mitwirkungsmöglichkeiten hat, oder wurde die traditionelle deutsche Hegelsche Staatsauffassung durch die amerikanische Besatzungspolitik verstärkt? Erst die Beantwortung dieser Fragenkomplexe steckt den Rahmen für die dann zu stellenden Detailfragen für die Re-education-Politik ab.

> „Die Methoden, die die Amerikaner zur Errichtung der Demokratie anwendeten, waren sowohl negativ wie positiv" (John Gimbel).

3.1. Grundzüge der Planung von Besatzungsmaßnahmen und Hauptlinien der amerikanischen Besatzungspolitik

Die Geschichte der amerikanischen Besatzungspolitik ist vielfach geschrieben worden. Es kann daher hier nicht darum gehen, einen umfassenden Beitrag zur zeitgeschichtlichen Forschung zu leisten, sondern nur darum, die Besatzungsgeschichte unter einer speziellen Fragestellung neu und gezielt zu beleuchten.

Der amerikanische Soldat zog mit der ihm immer wieder bewußt gemachten Überzeugung in den Krieg, „für Demokratie und nationale Selbstbestimmung, gegen Autokratie und Barbarei" (3) zu kämpfen. Die deutsche Nachkriegsgeneration lernte in der Schule, daß die Amerikaner mit ihrem Kriegseintritt besonders ein Ziel verfolgen, Nationalsozialismus und Militarismus zu beseitigen und die Deutschen zu einem demokratischen, friedliebenden Volk zu machen, zu einem Volk, das nie wieder einen Krieg anfangen würde. Sie lernten außerdem, daß die Amerikaner den Deutschen großzügig wirtschaftliche Hilfe anboten, ihnen Demokratie und Freiheit schenkten, während die Russen schon 1945 — mit der Errichtung von Zentralverwaltungen für ihre Zone — begannen, Deutschland zu spalten, und daß sie diese Spaltung durch Aufzwingung der kommunistischen Gesellschaftsordnung vertieften (4).

Die Frage, die sich heute — nach etlichen Diskussionen über verschiedene Formen und Konzepte der Demokratie und einer demokratischen Gesellschaft — daher stellt, ist die, welche Besatzungsabsichten bzw. welche Besatzungskonzepte der amerikanischen Politik, die ja in Westdeutschland insgesamt erfolgreich war, zugrunde lagen. Da zwischen sowjetischer und amerikanischer Politik eine enge Wechselbeziehung bestand, muß untersucht werden, in welcher Beziehung amerikanische Absichten zu Vorstellungen und zur Politik anderer Besatzungsmächte, besonders zu sowjetischen Konzepten standen, die ja ebenso wie die amerikanischen unter dem Namen der Demokratisierung propagiert wurden. Da bis 1945 in Deutschland ein faschistisches Regime geherrscht hatte, ist die Frage zu stellen, welche Vorstellungen und welche Politik amerikanischerseits entwickelt wurden, um die Gesellschaftsstruktur, eingeschlossen die wirtschaftlichen Grundlagen, und die politischen Organisationsformen neu zu gestalten und welche Pläne zur Veränderung der politischen Einstellungen des deutschen Volkes vorlagen, das während der Diktatur nach außen hin wenig Zeichen der Ablehnung erkennen ließ und das sich im Laufe seiner Geschichte mehrheitlich noch keinmal überzeugend zu einer demokratischen Regierungsform bekannt hatte.

Da es in den Vereinigten Staaten selbst im wesentlichen *zwei* sehr unterschiedliche Ansichten zum deutschen Problem gab, die einander zunächst ausschlossen, sich im Laufe der Planungsphase aber doch gegenseitig beeinflußten, müssen bei einer Darstellung der amerikanischen Besatzungspolitik auch die Grundzüge der Planungsphase einbezogen werden, zumal die Wertung der Besatzungspolitik und ihre Zuordnung zu verschiedenen politischen Anschauungen — ausgehend von der Analyse der zugrundeliegenden Konzepte — sehr viel einfacher wird.

Die vorherrschenden Interpretationen der amerikanischen Besatzungspolitik vor Gimbel (5) vertraten entweder die These, daß Washington eine „Politik der Ambivalenz" in Deutschland betrieb oder aber, daß die Vereinigten Staaten vor 1947 keine nennenswerte politische Konzeption besaßen, so daß die amerikanische Militärregierung ohne klare politische Linie in einem Entscheidungsvakuum operieren mußte. Gimbel dagegen kam aufgrund seiner Untersuchung über die Tätigkeit der Militärregierung zu der „These von der Kontinuität der den Kurs der amerikanischen Besatzung bestimmenden Zielsetzung", wobei er davon ausging, daß eine „breite Skala von Interessen" vorlag, von denen einige beharrlich genug verfolgt wurden, um die These von der Kontinuität zu rechtfertigen, während anderen Interessen „nur während bestimmter, zeitlich begrenzter Perioden" besonderer Vorrang eingeräumt wurde (6). Diese Darstellung erweckt den Anschein, als hätten die diversen Interessen einander ergänzt, als entstammten sie alle demselben politischen Konzept.

Tatsächlich wurden jedoch — wie noch zu zeigen sein wird — einige 1945 begonnene politische Maßnahmen später einfach abgebrochen oder gar revidiert, während andere, wie schon Gimbel belegt, zielstrebig verfolgt wurden, so daß die amerikanische Besatzungspolitik eben doch widersprüchlich erscheint. Trotzdem hatte diese unverständlich erscheinende Politik nichts mit Konzeptionslosigkeit zu tun. Nur eine — bisher noch nicht vorliegende — *Analyse der beiden gegensätzlichen Planungskonzepte* kann diese Widersprüchlichkeiten insofern klären, als sie die dahinter stehenden machtpolitischen Vorstellungen aufdeckt und dadurch die Einordnung der nach 1945 ergriffenen Maßnahmen und deren Wertung•ermöglicht. Die bisherige Wertung der Besatzungspolitik verlief überwiegend in den Kategorien „negativ-positiv". Die drei großen D's — Denazification, Demilitarization und Decartellization — wurden als negativ bezeichnet, die Demokratisierung, worunter auch der Wiederaufbau fiel und vielleicht auch die Umerziehung, das war jedoch umstritten, als positiv. Meist blieb bei dieser Beurteilung jedoch unergründlich, von welchen Kriterien aus der Schreibende dazu kam und woher diese Wertung ursprünglich stammte.

Rein theoretisch gesehen mußte diese Wertung eigentlich unsinnig erscheinen. Ging man davon aus, daß nach amerikanischer Absicht anstelle der nationalsozialistischen Diktatur eine Demokratie entstehen sollte, so mußte in irgendeiner Form eine Entnazifizierung, d.h. eine Absetzung der nationalsozialistischen Führungsschicht vorgenommen werden. Einem weitgefaßten Demokratieverständnis entsprechend wären außerdem auch strukturelle Veränderungen im politischen und darüber hinaus im gesellschaftlichen und wirtschaftlichen Bereich Voraussetzung für eine Demokratisierung gewesen. Und es wäre denkbar, daß die Amerikaner Militarisierung und Entkartellisierung sowie eine Verwaltungsreform als solche Strukturmaßnahmen für notwenig gehalten hätten. Wäre dies der Fall gewesen, wäre es aber falsch, diese Maßnahme als „negative" Politik zu werten, denn als Voraussetzung für die Errichtung einer Demokratie wären sie diesem Verständnis entsprechend notwendig gewesen, so daß sie als Teil der Demokratisierungspolitik zu werten wären.

Die folgende Untersuchung soll — ausgehend von der Analyse der konträren Besatzungskonzepte — eine konsistente Zuordnung und Bewertung der amerikanischen Politik in Deutschland nach 1945 möglich machen und aufdecken, von welcher Position aus die bisherigen Wertungen abgegeben worden sind. (7)

Exkurs:
Zunächst muß jedoch einmal zusammengetragen werden, warum bei Betrachtungen zur Nachkriegszeit in Westdeutschland immer wieder wie auch in dieser Untersuchung die amerikanische Besatzungspolitik analysiert wird und nur selten die englische oder französische, obwohl letztere — beispielsweise in der Blockierung der besonders von den Amerikanern angestrebten Politik — mehrere Jahre recht erfolgreich war. Worin fand der unbestreitbare Aufstieg der USA zur alleinigen westlichen Weltmacht und damit zu der Macht, die langfristig gesehen die westliche Besatzungspolitik bestimmte, deren Politik aber auch die Aktionen der Russen stark beeinflußte, seinen Ausdruck?

Ein Anzeichen der starken Position der Vereinigten Staaten ist sicherlich, daß das „Potsdamer Abkommen" in vielen seiner Bestimmungen „ziemlich genau den Vorstellungen von JCS 1067" (8), der von den Amerikanern zum Gebrauch in ihrem Besatzungsgebiet ausgearbeiteten Direktive folgte; z.B. wurden „Ziele und Methoden einer politischen Säuberung im besetzten Deutschland ..., zum Teil nahezu wörtlich" übernommen (9). Darüber hinaus ist „ein großer Teil des Inhaltes von 1067 ... in die Gesetze und Verordnungen des Alliierten Kontrollrats übernommen worden" (10). Aber auch die Ausnahmen, in denen die Beschlüsse von Potsdam von JCS 1067 abweichen, sind auf die starke amerikanische Stellung und zum Teil auf ihren Druck hin zustande gekommen. Da JCS im wesentlichen „ein Strafdokument" nach Morgenthauschem Geist (11), wenn auch „erheblich" abgeschwächt (12) gewesen war, sich mit der Truman Administration in Washington jedoch auf den Wiederaufbau gerichtete Interessen durchzusetzen begonnen hatten, änderten sich zunächst einmal vor allem die wirtschaftlichen Zielsetzungen der Amerikaner, zum Teil aber auch schon die politischen. Beide Änderungen kamen in Potsdam deutlich zum Ausdruck und werden weiter unten im inhaltlichen Kontext darzustellen sein. Aus dieser Darstellung wird im einzelnen ersichtlich werden, daß sich die Amerikaner in Potsdam in den von ihnen für wesentlich gehaltenen Punkten vor allem der Wirtschaftspolitik gegenüber den Russen durchsetzten (13) und das damit bereits in Potsdam im August 1945 ein Ansatzpunkt für die neue amerikanische Eindämmungspolitik gegenüber sowjetischen Expansionswünschen geschaffen worden war.

Ein weiteres Faktum der amerikanischen Führungsposition in Besatzungsangelegenheiten ist die zunehmende monetäre Abhängigkeit zunächst Englands und später auch Frankreichs. Finanzielle Hilfe wurde beiden Ländern nur in dem Maße zuteil, in dem sie bereit waren, eigene Besatzungsinteressen (Frankreich: Sicherheit) und sozialistische Neuordnungsvorstellungen für die deutsche Wirtschaft (England) aufzugeben. In der Bi-Zone, der wirtschaftlich zusammengeschlossenen amerikanischen und britischen

Zone, waren Finanzleistungen und Stimmrecht gekoppelt, so daß die USA mit dem Ausbau ihres finanziellen Engagements vor allem die entscheidende Stimme für die Kontrolle der Ruhr-Industrie erwarben (14).
Aller Welt offenkundig wurde die amerikanische Überlegenheit, als die Amerikaner mit Truman Doktrin und Marshallplan 1947 von der Containment- (Eindämmungs-) zur Rollback-(Zurückdrängungs-) Politik übergingen und Westeuropa zum antikommunistischen Bollwerk ausbauten mit einem industriell starken kapitalistischen Westdeutschland als Kern, das auf ihren Wunsch später auch wieder aufrüstete. Dieser von den Amerikanern forcierten Wirtschaftspolitik entsprach, daß die USA auch im politischen Aufbau ihres Besatzungsgebietes der Einrichtung zonaler Behörden, der Abhaltung von Wahlen etc. den beiden westlichen Partnern mit Abstand voraneilten und diese schließlich erfolgreich drängten, weitgehend auch ihren institutionellen Vorstellungen hinsichtlich einer westdeutschen Regierung zu folgen. Dies alles wird unten im jeweiligen Zusammenhang zu erläutern und zu belegen sein.

3.1.1. Zwei gegensätzliche Konzeptionen amerikanischer Deutschlandpolitik

Am 11. Dezember 1941 hatten die Deutschen den Amerikanern den Krieg erklärt. Am 22. Dezember 1941 wurde der erste amerikanische Regierungsausschuß für Nachkriegsfragen ins Leben gerufen. (Das Advisory Committee on Post-War Foreign Policy setzte sich aus elf Mitgliedern des State Department und sechzehn aus anderen Regierungsämtern zusammen). Im Februar 1942 nahm der Ausschuß seine Arbeit auf. Schon hier traten die beiden gegensätzlichen Einstellungen gegenüber Deutschland hervor, die die amerikanische Nachkriegspolitik bis 1948 beeinflussen sollten.
Einig war man sich darin, erneute hegemoniale Bestrebungen Deutschlands künftig zu verhindern. Sonst aber waren die Vorstellungen einander — zumindest in ihren extremen Ausprägungen — völlig entgegengesetzt, sowohl in den Absichten der Behandlung Deutschlands, wie auch in der diesen zugrundeliegenden Einstellung zu Deutschland, zu seiner Funktion innerhalb Europas sowie in der Einschätzung weltpolitischer Machtkonstellationen und den politischen Standpunkten dazu. Es geht hier nicht darum, die Pläne der beiden Richtungen in den verschiedenen Schattierungen zu würdigen bzw. nachzuvollziehen, welche Personen in welchen Ausschüssen wo und wann welche Ideen vertreten haben. Das ist in anderen Darstellungen zur Genüge analysiert worden (15). Sondern es geht unter der Fragestellung des Stellenwertes und der Art möglicher Demokratisierungsabsichten gegenüber Deutschland darum, prototypisch die großen Linien der zwei gegensätzlichen Absichten herauszuarbeiten. Dazu bietet es sich an, in der Darstellung gerade die Extreme beider Richtungen zu beleuchten, um das je Exemplarische besser erfassen und beurteilen zu können und Details weitgehend unbeachtet zu lassen.

3.1.1.1. Die Pläne der sogenannten Linken

Die eine Seite diskutierte zu diesem Zweck von Anfang an Pläne, Deutschland in zwei, drei, fünf oder sieben Einzelstaaten aufzuteilen (16). Diese Vorstellungen gipfelten schließlich in dem berühmt-berüchtigten *Morgenthau-Plan*, dem „Programm zur Verhinderung der Entfesselung des Weltkrieges III durch Deutschland" (17), das Morgenthau im Herbst 1944 dem Präsidenten Roosevelt vorlegte und das dieser zunächst einmal billigte (18). Es sah die Aufteilung Deutschlands in einen süddeutschen Staat, der sich wirtschaftlich nach Österreich hin orientieren sollte und in einen norddeutschen Staat

vor, der jedoch Ostpreußen sowie den südlichen Teil Schlesiens an Rußland bzw. Polen abzugeben hatte, das Saargebiet und das Gebiet zwischen Rhein und Mosel an Frankreich (Morgenthau-Plan Punkt 2 und 3). Das Ruhrgebiet sowie die angrenzenden Industriegebiete des Rheinlandes sowie alle Gebiete nördlich des Kieler Kanals sollten eine internationale Zone bilden und von einer Sicherheitsorganisation der Vereinten Nationen überwacht werden, mit dem Zweck der völligen Zerstörung und Demontage aller industriellen Einrichtungen und Ausrüstungen und der Schließung bzw. Überflutung (19) der Bergwerke. Die vollständige Entmilitarisierung Deutschlands in der kürzest möglichen Zeit und die totale Vernichtung der gesamten deutschen Rüstungsindustrie und ihrer Zuliefererindustrie waren Kern dieses Programms (Punkt 1 und 4), außerdem für mindestens 20 Jahre eine scharfe wirtschaftliche Kontrolle aller anderen Schlüsselindustrien außerhalb der genannten Gebiete, sowie des gesamten Außenhandels und strenge Beschränkungen des Kapitalverkehrs (Punkt 9). Die ersten Auslassungen Morgenthaus hierzu waren dahingehend, daß jede Industrie größeren Ausmaßes zerstört werden sollte. Angesprochen darauf, daß große Teile der deutschen Bevölkerung dann eventuell nicht ernährt werden könnten, meinte er, man solle sie nach Nordafrika versetzen (20). Auf jeden Fall trat Morgenthau für die totale Verwandlung Deutschlands in einen Agrarstaat ein, bewirtschaftet von kleinen Bauern. Zu diesem Zweck sollten auch die landwirtschaftlichen Strukturen des Großgrundbesitzes unter anderem durch die Neuregelung der Erbfolge endgültig zerschlagen werden (Punkt 10). Als Reparationen waren vorgesehen: der gesamte deutsche Besitz an Bodenschätzen sowie alle demontierten Industriegüter, eingeschlossen die deutschen Eigentumsrechte daran, die abzutretenden deutschen Gebiete und jeglicher Auslandsbesitz (Punkt 5). Darüber hinaus waren die ökonomischen Berater Roosevelts aus dem Finanzministerium gegen weitere Reparationszahlungen materieller Art, weil sie ihres Erachtens dazu beitragen würden, die deutsche industrielle Produktion wieder anzukurbeln und damit eine erneute Erstarkung Deutschlands anbahnen könnten (21). Man war sich bewußt, daß die Verwirklichung dieser Pläne Deutschland restlos ins Chaos stürzen würde (22), aber war explizit der Ansicht, daß die Amerikaner keinerlei Verantwortung für das Überleben des deutschen Volkes übernehmen sollten und die Besetzung nur dem Zweck der Sicherstellung der Erreichung dieser Ziele dienen sollte (Punkt 8). Die Deutschen selbst allerdings sollten auch außerhalb Deutschlands zu Wiedergutmachungszwecken Zwangsarbeit leisten (Punkt 5). (22a)
Politisch war eine völlige Dezentralisierung mit der Absicht der Entstaatlichung vorgesehen. Die etwa 18 Staaten, denen auf deutschem Boden zu eigenständiger Existenz verholfen werden sollte, durften wiederum jeweils keine zentrale Regierung haben, sondern nur eine schwache Bundesregierung. Untereinander sollten sie sich nur in einem Staatenbund zusammenschließen dürfen (Punkt 7). Durch die radikale Zerschlagung der nationalstaatlichen Existenz hoffte man, Deutschland nicht nur industriell, sondern auch politisch für immer entmachten zu können. Zusätzlich wurde ein detailliertes Exekutions- und Bestrafungsprogramm für Kriegsverbrecher und für die Behandlung von Nationalsozialisten und Sympathisanten vorgelegt (Punkt 11), die nicht nur von allen bürgerlichen Rechten und allen Beschäftigungsverhältnissen im öffentlichen Dienst sowie in der Öffentlichkeitsarbeit ausgeschlossen werden sollten, sondern auch von Managerposten in Bank, Handel und Gewerbe (23). Auch bezogen auf das geistige und intellektuelle Niveau kamen die Morgenthau'schen Vorstellungen zum Teil einer bildungsmäßigen Dequalifikation gleich. Alle deutschen Schulen und Universitäten sollten geschlossen werden, und auch das Studium an ausländischen Universitäten sollte für junge Deutsche verboten sein. Irgendwann sollten dann alliierte Umerziehungspläne ausgearbeitet werden (23a). Auch sämtliche Informationseinrichtungen

sollten bis dahin geschlossen werden, nur Volksschulen sollten möglichst bald mit entnazifizierten Lehrkräften und -büchern wieder eröffnet werden (Punkt 6)*.
Da die Vertreter der Entindustrialisierungs- und Zerschlagungspläne für Deutschland die Absicht hatten, die amerikanischen Streitkräfte nach spätestens zwei bis drei Jahren (24) aus Europa zurückzuziehen und dann nur noch in den internationalen Kommissionen und Ausschüssen für Deutschland vertreten zu sein, sollten die Nachbarländer Deutschlands, vor allem Rußland, Frankreich und Polen, sowie kleinere europäische Länder die Hauptlast und Verantwortung für eine mindestens 20jährige Kontrolle tragen (Punkt 9 und 14).
Zu dem Programm dieser politischen Richtung, deren Vertreter man vereinfachend als Roosevelt-Anhänger bezeichnen kann, ist folgendes festzustellen: Grundlage aller Pläne dieser „Schule" war erstens die Überzeugung, daß der Nationalsozialismus die konsequente Ausprägung einer jahrhundertealten deutschen und besonders preußischen militaristischen Geisteshaltung sei. Hierher rührte die Kollektivschuldthese, die das ganze deutsche Volk für aggressiv und kriegerisch erklärte (25). Grundlage war zweitens die Meinung, daß die wirtschaftliche Stärke Deutschlands die Voraussetzung dafür sei, daß die Deutschen Weltkriege führen konnten. Da man Deutschland als ebenso stark wie die Vereinigten Staaten einschätzte, ging man davon aus, daß es auch nach einer Niederlage schnell wieder ein ungeheures Militärpotential schaffen und die Welt erneut bedrohen würde (25a). Drittens war man der Ansicht, daß der deutsche Charakter, gleichermaßen gekennzeichnet durch Untertanengeist und Aggressivität im Grunde unverbesserlich sei (25b) und daß eine Resozialisierung mit dem Ziel der Integration in die – mit Ausnahme der Axenmächte – friedliebende Völkergemeinschaft, die sich in den Vereinten Nationen zusammenschließen sollte, zumindest auf absehbare Zeit nicht denkbar sei. Die ökonomischen, politischen sowie die antikulturellen Maßnahmen zur Zerschlagung der Industrie- und Gesellschaftsstruktur sowie der politischen Institutionen und des Beamtenapparates sollten daher zunächst einmal dem Ziel der Entnationalisierung des deutschen Volkes dienen, d.h. der Zerstörung der die Welt bedrohenden nationalen deutschen Eigenart.
Aus diesen grundlegenden – wohl zum Teil emotional fundierten – Überzeugungen erwuchs die Konsequenz des „Karthagofriedens", d.h. der weitgehenden Vernichtung des Feindes. Die Leitidee zur Behandlung der Besiegten war deren Bestrafung, die in der Verstoßung aus der von Roosevelt vertretenen „Weltfamilie demokratischer Nationen" gipfelte: Die Prinzipien der Atlantikcharta sollten auf Deutschland nicht angewandt werden, die Vereinten Nationen waren gegen Deutschland begründet worden (26). Das primäre Ziel dieser Behandlungsvorstellungen war zu verhindern, daß Deutschland je wieder erneut wirtschaftlich erstarken konnte. Die radikalste Form der Verwirklichung dieser Absicht war die industrielle Verwüstung und die dauernde Reagrarisierung Deutschlands, wobei von vornherein sogar die Erbfolgegesetze so geregelt sein sollten, daß es nicht wieder einen Großgrundbesitz geben würde. Diesen Behandlungsabsichten lag die Voraussetzung einer bedingungslosen Kapitulation zugrunde sowie die einer totalen Eroberung und Besetzung Deutschlands. Was eine evtl. Umerziehung anbetraf, so wurde sie zwar erwähnt, aber nur mit dem abwehrenden Zweck, daß zunächst durch die Schließung der vorhandenen Erziehungs-

---

* Für einen unbefangenen Leser hört sich das Programm fast unglaublich an. Man denke jedoch einmal an die von Hitler z.B. für die Behandlung Polens gemachten Pläne oder an die Tatsache, daß sich bei Kriegsende in Deutschland etwa 10 Millionen zur Zwangsarbeit nach Deutschland deportierte Ausländer (die von den Alliierten sog. displaced persons) befanden. Nur ein Teil waren Kriegsgefangene.

institutionen verhindert werden sollte, daß weiterhin im Sinne preußischen Militarismus erzogen würde. Konzepte für ein neues Erziehungsziel lagen nicht vor. Wenn man meinte, sich Gedanken über eine neue Erziehung der Deutschen machen zu müssen, dann wohl vor allem unter dem Gesichtspunkt, weil man sah, daß man die Kontrollmaßnahmen nicht ewig aufrecht erhalten könnte.

Aus dieser Analyse wird deutlich, daß die Befürworter solcher Pläne für die Behandlung Deutschlands nicht als Befreier nach Deutschland kamen, um die Idee der Demokratie zu verbreiten, das deutsche Volk dafür zu gewinnen und ein demokratisiertes Deutschland in die westliche Hemisphäre der Welt einzugliedern. Diese außenpolitische Schule, die „Linke"* genannt, hatte ein anderes machtpolitisches Konzept. Sie war Rußland- bzw. sowjetfreundlich eingestellt.

Roosevelt als ihr Exponent ging davon aus, daß Rußland als eine der vier Großmächte, die nach dem Krieg bestehen bleiben würden (neben den USA, England und China), seinen Einflußbereich weit nach Europa hinein ausdehnen würde und daß Englands Aufgabe dann sein würde, ein Gleichgewicht in Europa herzustellen. Deutschland jedenfalls hatte in diesen machtpolitischen Vorstellungen, das europäische Staatensystem betreffend, keinen wichtigen Platz. (27)

Die strukturellen Maßnahmen zur Entindustrialisierung, Entmilitarisierung, politischen Dezentralisierung und Entnationalisierung des deutschen Volkes waren sämtlich rein punitiver Art. Sie entsprangen einer Moralisierung der Politik und waren nicht Teil eines Demokratiekonzeptes, das veränderte Strukturbedingungen als Voraussetzung für eine Demokratisierung der Gesellschaft und des Staates schaffen wollte, sondern sie waren reaktionär und rückwärtsgewandt, weil die dahinterstehende Absicht nur das destruktive Ziel war, Deutschland durch die Zurückzwingung auf einen früheren sozialökonomischen und vornational-staatlichen Stand für immer machtlos zu machen. Das aber heißt, die „Reduktion des deutschen Faschismus auf den deutschen Charakter" (28) deckte zwar keinen strukturellen Zusammenhang zwischen Faschismus und Kapitalismus auf, führte aber in der Planung – obwohl die privatwirtschaftliche Struktur als solche nicht berührt wurde – doch dazu, mit den industriellen auch die kapitalistischen Grundlagen zu zerschlagen. (29) Für diese Pläne und die aus ihr resultierende Politik ist daher die Kennzeichnung „negativ" adäquat.

Nach Kriegsende jedoch und nach Roosevelts Tod, nachdem diese Vorstellungen sich in der für Deutschland gültigen Direktive nicht in dem gewünschten Umfang hatten durchsetzen können und als erkennbar wurde, daß die Vernichtung der deutschen Industrie nicht das für notwendig gehaltene Ausmaß annehmen würde, rückte man bei der „Linken" die *Umerziehung* in den Vordergrund der Überlegungen und erklärte nun „die Veränderung des inneren Charakters der Deutschen" zum wichtigsten Ziel der Besatzungspolitik. (30) Alle Besatzungsmaßnahmen, „ob militärische, ökonomische, politische oder soziale" (31) oder „direktere Mittel wie Erziehung und Information" (32) seien unter der Aufgabe zu sehen, „ein Deutschland zu schaffen, dem

---

* Die Bezeichnung „Linke" darf nicht mit der deutschen Bezeichnung „links" gleichgesetzt werden. Im amerikanischen innenpolitischen Spektrum der dreißiger und vierziger Jahre war die „Linke" weder sozialistisch, noch sozialdemokratisch und auch nicht antikapitalistisch orientiert. Sie setzte sich aus mittelstandsorientierten Kämpfern gegen das Big Business zusammen, die für eine scharfe Antitrustgesetzgebung eintraten, um Wettbewerb und Konkurrenz zu erhalten (vgl. dazu ausführlich hier S. 152 f und 164). Die Benennung dieser Leute als „Linke" ist als Kennzeichnung ihrer außenpolitischen Orientierung zu verstehen. Getragen von einer tiefen Abneigung gegen jegliche Form des Faschismus sympathisierte diese außenpolitische Schule undifferenziert mit jeder als links geltenden Bewegung und rechnete so selbst die Kommunisten dem demokratisch-sozialreformerischen Lager zu.
(Schwarz, a.a.O., S. 43, vgl. auch die Fußnote auf S. 109).

man auch ohne ständige Besetzung trauen" könne (33). In diesem Sinne müßten alle Besatzungsmaßnahmen die Umerziehung der Deutschen als Ziel haben, bzw. „die Umerziehung sollte sich jedes Mittel zu Nutze machen, das die Veränderung in deutschem Denken, deutschem Glauben, deutscher Psychologie und deutschem Charakter bewirken könnte, die wir verlangen". (34)
In diesem Sinne äußerte sich der Assistant Secretary of State, MacLeish, Leiter der Abteilung für Öffentlichkeit und kulturelle Beziehungen im Außenministerium, der in enger Verbindung mit Morgenthau stand und bemüht war, Außenminister Byrnes für die Potsdamer Konferenz auf diese Leitlinie einzustimmen. Zwar war er darin erfolglos. *Umerziehungsgedanken dieser Art wurden nicht offizielle Politik* zumindest nicht der Besatzungsabteilung, die für den *Erziehungssektor* zuständig war. Da zu Beginn der Besatzungszeit jedoch offenbar eine Reihe von Vertretern der Morgenthaurichtung in den Abteilungen, die für die Informationspolitik in Deutschland zuständig waren, Einfluß hatten (35), fand die in diesen Kreisen vertretene totale Umerziehungsidee über die von den Amerikanern in dem besetzten Land herausgegebenen Zeitungen zumindest in der Anfangszeit Verbreitung, so daß gerade diese extremen Vorstellungen die öffentliche Meinung in Deutschland besonders beeinflußten. Bevor die Amerikaner tatsächlich mit einer ganz anders gearteten Umerziehungspolitik begannen, hatten die amerikanischen Medien, die zunächst vor allem die deutsche Kriegsschuld im Sinne der Kollektivschuldthese vertreten (36), bereits eine emotionale Ablehnung der amerikanischen Umerziehungsbemühungen provoziert, die sich in dem bezeichnenden Schlagwort „Charakterwäsche" niedergeschlagen hat. (37) Während Morgenthau den deutschen National-Charakter für so verdorben gehalten hatte, daß er unter den gegebenen gesellschaftlichen Umständen keine Chancen für den Erfolg einer anderen Erziehung gesehen hatte und seine Entindustrialisierungspläne praktisch als Sicherheitsverwahrung für den einer psychologischen Behandlung nicht mehr zugänglichen Schwerverbrecher verstanden werden müssen, verglich MacLeish die für notwendig gehaltene Behandlung Deutschlands mit der eines Kriminellen in einer modernen Strafanstalt, der zwar zu lebenslänglicher Haft verurteilt werde, aber meist doch nach 15 oder 18 Jahren entlassen werde, (38) so daß therapeutische Maßnahmen dringendes Gebot seien.
Konkrete Gedanken und Vorschläge zur inhaltlichen Ausgestaltung der Umerziehung sind trotzdem auf offizieller Ebene offenbar nicht vorgelegt worden, wurden aber halboffiziell unter Beteiligung von Mitarbeitern in Regierungsämtern im Sommer 1945 in einem ausführlichen Bericht zusammengefaßt. (39) Die „Fachleute" (educators and friends of education), die ausgehend von den in den USA damals von Kurt Lewin aber auch von Richard M. Brickner entwickelten sozialpsychologischen Ansätzen (39a) Umerziehungsvorschläge ausarbeiteten, waren der Ansicht, daß der deutsche Charakter vor allem ein Produkt „pervertierter Erziehung" sei (S. 2) und daß die Deutschen „zu einer fundamentalen Revision ihrer politischen Philosophie, ihrer ganzen Lebenshaltung und Verhaltensweisen, sowie der moralischen und geistigen Werte" angehalten werden müßten (S. 1 und 2). Deutsche Verbrechen, Brutalitäten und Greueltaten wurden in diesem Programm als Anlaß und Ausgangspunkt dafür dargestellt, daß eine Umerziehung des deutschen Volkes für unumgänglich gehalten wurde. Als Voraussetzung für den Erfolg sah man nun eine lange Besatzungszeit an, in der die Deutschen entwaffnet werden sollten, Kriegsverbrechen bestraft, eine strenge Kontrolle über alle Aktivitäten ausgeübt und die Deutschen dazu verpflichtet werden sollten, in den Ländern rundum Aufbauarbeit für die angerichteten Schäden zu leisten (S. 1 und 9). Von Anfang an sollte eine Massenumerziehung großen Stils beginnen. Alle nur erdenklichen Medien, — gedruckte sowie Bewegtbild- und Ton-

Medien — sollten dafür eingesetzt werden, auch alle in Frage kommenden Institutionen der Erziehung, der beruflichen Bildung, der Interessenverbände etc. (S. 7).
Das Personal, das die Umerziehung durchführen sollte, war soweit wie möglich aus Verfolgten des Nazi-Regimes aus den Konzentrationslagern zusammenzusetzen, ferner aus allen Nicht-Deutschen (non-Germans) wie auch Deutschen, die unter der Nazi-Tyrannei gelitten hatten, z.B. aus früheren Kriegsgefangenen in Deutschland, sowie Offizieren und Soldaten, die in vorderster Front gegen Deutschland gekämpft hatten, schließlich auch aus solchen Nazi-Gegnern und Emigranten, die bewiesen hatten, daß sie überzeugte Antinazis waren und auch nicht an die Doktrin der deutschen Überlegenheit glaubten (S. 7) (40). Zur Überwachung der deutschen Erziehung sollten Offiziere speziell ausgebildet werden, die bereits Erfahrung mit Erziehungsverwaltung haben sollten, während eine Kenntnis des Deutschen unwichtig erschien. Für Kinder sah das Programm vor, daß diese aus den zerstörten Städten heraus aufs Land geschickt werden sollten, bis die Städte wieder aufgebaut sein würden. Um ein Wiedererstehen einer intellektuellen Einseitigkeit zu verhindern, die die bisherige deutsche Elite nach dieser Meinung ausgezeichnet hatte, sollte schulisches Lernen nicht nur in bukolische Lebensweise eingebettet sein, sondern auch durch Garten- und Feldarbeit sowie durch Erfahrungen in Werkstätten begleitet sein (S. 9) (eine Idee, die möglicherweise auf ein naives Dewey-Verständnis zurückführbar ist). Höhere Bildungsanstalten für Kinder sollten nur wieder eröffnet werden, wenn gesichert wäre, daß der Krieg dort nicht weiter glorifiziert würde. Die Gleichheit der Bildungschancen sollte gesichert werden (S. 10). *Zur Struktur und der Form der Bildungsinstitutionen wollte man keine Aussagen machen* (S. 8). Eine nähere Analyse oder Beschäftigung damit scheint auch nicht vorgelegen zu haben, da keinerlei konkrete Kritik am deutschen Bildungssystem geübt wird.
Der Hauptteil des Berichts befaßt sich damit, was inhaltlich die Deutschen zu verlernen hätten, bevor sie in der Lage sein würden, viele harte Lektionen zu lernen. Das Schlüsselerlebnis, unter dem die Umerziehung der ganzen Generation zu stehen hätte, sollte sein, zu dienen, zu reparieren, zu bauen und zu schaffen (S. 9). Die Reparationsarbeit auch in befreiten Ländern sollte intensiv von Erziehungsarbeit begleitet sein. Hier sollten die Deutschen lernen, daß sie keine Herrenrasse seien, an deren Wesen die Welt genesen könne, daß weder Krieg noch Kriegsregeln heilig oder höchste Werte seien und daß es in Zukunft keine kurzen, begrenzten Kriege mehr geben werde, weil jeder neue deutsche Versuch dazu alle friedliebenden Völker gegen Deutschland vereinen würde (S. 3 und 6); daß es keinen „Führer" gäbe, der höchste Autorität habe und blinden Gehorsam verdiene, daß sich das Individuum nicht fraglos den staatlichen Werten unterordnen und die individuelle Verantwortung für politische oder militärische Aktionen seines Staates von sich schieben dürfe, daß Schadenfreude — wie in den deutschen Kinderbüchern dargestellt — nicht wünschenswerter Teil der Erziehung sei und daß nicht alle Welt gegen Deutschland eingestellt sei. Was die Deutschen stattdessen zu lernen hätten, wurde mit allgemeinen Vokabeln von der Würde des Menschen etc. beschrieben. Im Vordergrund aber sollte die tiefe Scham über die begangenen Verbrechen stehen sowie die Erkenntnis, daß die gegenwärtige Not selbst verschuldet sei. Auf der Einsicht in die Kollektivschuld baute dieses ganze Konzept der Umerziehung auf, indem es vor allem darum ging, den Deutschen eine neue Moral beizubringen (S. 4 bis 6).

3.1.1.2. Die Pläne der sogenannten Realpolitiker

Die andere Seite der Nachkriegsplaner ist außenpolitisch unter dem Namen „realpolitische Schule" eingestuft und benannt worden.* Sie setzte sich zunächst aus „rechten" Demokraten zusammen. Truman zählte zu ihr. Schon während des Krieges hatte er sich energisch dem Morgenthau-Plan und besonders jeglicher Entindustrialisierungspolitik widersetzt (41). Auch „moderne" Republikaner, die im 80. Kongreß, mit dem Truman sich nach dem Krieg abzustimmen hatte, die Mehrheit besaßen, waren ihr zuzurechnen (42). Im Gegensatz zu der „linken Schule" hat diese Schule sich nach Roosevelts Tod politisch mit ihren Vorstellungen durchsetzen können. Ohne hier konkret die personelle Identität einiger Planer, die schon 1942 andere Auffassungen als die Roosevelt Anhänger vertraten, mit den nach Kriegsende erfolgreichen Politikern aufzuzeigen, kann man schon aufgrund der weitgehenden inhaltlichen Übereinstimmung der jeweils in Aussicht genommenen Besatzungsziele davon ausgehen, daß es sich bei Planern und Politikern um dieselbe außenpolitische Schule handelte, die Roosevelt jedoch zeitweise zu umgehen verstand. Ihre Vertreter saßen vor allem im Kriegs- und im Außenministerium, sowie in der in Deutschland befindlichen Militärregierung; besonders Clay und einige seiner politischen, wirtschaftspolitischen und finanzpolitischen Berater waren ihr zuzurechnen (43). Hegten die New Dealer der „linken Schule" eine starke „Antipathie gegen den ausländischen Kapitalismus", speziell gegen den deutschen und den japanischen, so zeichnete sich die „realpolitische Schule" durch „ihre Verbindung zum Großkapital mit europäischen Anlage- und Marktinteressen aus. „Aus ihrer Kenntnis der internationalen Kapitalverflechtungen heraus (war sie) geneigt, die Bedeutung des Kontinents für die Vereinigten Staaten sehr hoch zu veranschlagen" (44). Mit der prokapitalistischen ging naturgemäß eine antikommunistische Einstellung einher und damit eine völlig andere Bewertung der weltpolitischen Lage und der machtpolitischen Interessen der Sowjetunion. Die Ausdehnung ihres Einflußbereiches wollte man verhindern. Alles was der Erweiterung der östlichen Hemisphäre Vorschub geleistet hätte, mußte abgewehrt werden. Es durfte daher weder ein politisches noch ein wirtschaftliches Vakuum entstehen (45). Ein wirtschaftlich geschwächtes oder entmachtetes Deutschland wäre für die Sowjetunion geradezu ein Einfallstor nach Europa gewesen, da die deutsche Wirtschaft nach dieser Auffassung eine außerordentliche gesamteuropäische Bedeutung hatte (46). Mit der Gefährdung Europas aber wäre auch bereits eine Bedrohung der amerikanischen wirtschaftlichen wie auch sicherheitspolitischen Interessen gegeben. Primär Deutschland als „Eckpfeiler des Abendlandes" war daher in diesem Konzept die Rolle des „antirussischen Bollwerks" zugedacht (47). Ausgehend von diesen globalen politischen Einstellungen und Einschätzungen mußte das Deutschlandkonzept dieser Kreise völlig anders ausfallen als das der eher sowjetfreundlich zu nennenden New Dealer. Zwar sind die „realpolitischen" Vorstellungen nicht so prägnant in einem einzigen Entwurf zusammengefaßt worden, wie die von Morgenthau. Aber sie waren,

---

* Die in der Literatur geprägten Bezeichnungen „linke Schule" und „realpolitische Schule" oder „Linke" und „Realpolitiker" werden in dieser Arbeit zur Kennzeichnung der Vergleichbarkeithalber beibehalten, obwohl sie tendenziös sind. So soll offenbar die Bezeichnung „realpolitische Schule" die Assoziation fördern, daß diese Seite die einzig realistische Politik gemacht hätte, während die „Linke" ideologisch eingestellt war. Diese oder ähnliche Wertungen werden in dieser Arbeit mit der Verwendung der Begriffe keineswegs verbunden. Die Wertgebundenheit der von der „realpolitischen" Seite vertretenen Politik wird im Folgenden ebenso deutlich werden, wie es die der „Linken" bereits geworden sein sollte.

bevor Morgenthau selbst in die Debatte eingriff, schon als anglo-amerikanische *Direktive CCS 551* für die in der Zeit vor der deutschen Niederlage besetzten deutschen Gebiete gültig geworden und wurden auch nach Morgenthaus Intervention bis zum Kriegsende nicht widerrufen (48). Kern der „realpolitischen" Planungsvorstellungen, wie sie in der militärischen Direktive zum Ausdruck kamen, war das Interesse an der Aufrechterhaltung der vollen Arbeitsleistung der Bergwerke sowie der Intaktheit der deutschen Industrieanlagen (49). Auch die Schwerindustrie sollte trotz der auch auf dieser Seite diskutierten Demobilisierungspläne erhalten bleiben nach der Devise: die Schwerindustrie soll kontrolliert, nicht eliminiert werden (50). Demontagen hatten also nicht nur keinen Platz in diesen Vorstellungen, sondern ein Ziel der Besetzung war es, die Unversehrtheit der Fabrikausrüstungen zu sichern. Im Gegensatz zu den „Linken", die die Deutschen nach der Stillegung und Demontage der deutschen Industrie sich selbst überlassen wollten, sah die Direktive eine „so weit ausgedehnte Kontrolle über die deutsche Wirtschaft vor, daß ... das Militär in der Lage gewesen wäre, mit der deutschen Wirtschaft zu tun, was es wollte" (51). Die Richtung der bei den „Realpolitikern" vorhandenen ökonomischen Vorstellungen wird in einer eigens zur Diskussion der Behandlung wirtschaftlicher Angelegenheiten in Deutschland im Sommer 1944 eingesetzten Kommission deutlich (52). Für die Entmilitarisierung stand im Vordergrund der Überlegungen, daß die deutsche Industrie dadurch nicht zu schwer geschädigt und die Integration in die Weltwirtschaft nicht verhindert werden sollte. Ähnlich wurde das Reparationsproblem, das in der Direktive selbst gar nicht angesprochen wurde, also nicht zu den Besatzungszielen gehörte, jedenfalls nicht zu den erklärten, unter dem Aspekt gesehen, daß es nicht aufgrund der Ansprüche der geschädigten Länder an die besiegten Deutschen zu einem Kollaps der deutschen Wirtschaft kommen dürfe. Die „realpolitischen" Amerikaner selbst stellten ohnehin keine Reparationsansprüche. Sie hielten eine gewisse Stabilität und einen „tolerierbaren" Lebensstandard für die Deutschen für unabdingbar, weil sie das Ziel verfolgten, Deutschland in die Weltwirtschaft zu integrieren. Ein Reparationsprogramm konnte daher, wenn es unumgänglich wäre, ihres Erachtens nur auf der Basis aufgestellt werden, daß man einen maximalen Zeitraum von 5 Jahren festsetzte, und dann fragte, was können die Deutschen in dieser Zeit leisten. Als Reparationen sollten die deutschen Erfindungen respektive Patente dienen sowie Kapital, laufende Produktion und Arbeitsleistungen. Den größten Anteil sollten die Reparationen aus laufender Produktion stellen. Um diesen Anteil zu maximieren und auch, um den für notwendig erachteten Lebensstandard zu ermöglichen, der attraktiv genug sein sollte, um den Deutschen eine demokratische Regierungsform wünschenswert erscheinen zu lassen (53), sollte die deutsche Industrie wieder aufgebaut werden. Das mögliche Ergebnis, daß Deutschland am Ende der Reparationsperiode mit einer größeren Produktionskapazität dastehen würde, als am Anfang und damit erneut zum industriellen Herzen Europas werden würde, sah man deutlich (54). Um ein solches Programm praktikabel zu machen, sah die „relapolitische Schule" die wirtschaftliche Einheit Deutschlands auch während der Besatzungszeit als notwendig an (55), unter anderem weil sie davon ausging, daß eine Zerreißung der deutschen Wirtschaft „eine unnötige Senkung des europäischen wie des deutschen Lebensstandards mit sich bringen würde" (56). An wirtschaftlichen Kontrollmechanismen forderte sie einmal die Beibehaltung des von der nationalsozialistischen Planwirtschaft eingeführten Lohn- und Preisstopps und der Rationierung der Haupterzeugnisse sowie die strenge Bestrafung von Hortungen und Schwarzmarkthandel. Diese Maßnahmen sollten eine Inflation verhindern helfen (57). Zusätzlich hatten anfangs auch minutiöse Anweisungen finanzieller Art vorgelegen, um alle wirtschaftlichen und finanziellen Aktivitäten auch monetär steuern zu können (58).

Außerdem sollten die Besatzungskräfte ein lückenloses Kontrollsystem über den gesamten Import-Export errichten (59).
Das oben bereits dargestellte Grundmotiv, die Ablehnung des Kommunismus, läßt vermuten, daß die humanitären Gründe bei der Entscheidung, „die deutsche Industrie schnell wiederherzustellen", nicht im Vordergrund standen. Die „Realpolitiker" hielten einfach ein ökonomisch starkes Deutschland in Europa politisch für erforderlich. Und das hieß, daß Deutschland nicht nur leichte Industrien haben durfte oder gar überwiegend Landwirtschaft, sondern daß es weiterhin seine Schwerindustrie benötigte, auch gerade die Metall- und Elektroindustrie und die chemische Industrie (60). Das alles bedeutet, daß es das Ziel der „realpolitischen" Vorstellungen war, Deutschland in das sogenannte liberale, westliche Wirtschaftssystem zu integrieren, d.h. daß man hoffte, eine kapitalistische Wirtschaftsordnung in Deutschland erhalten bzw. restaurieren zu können und deshalb generell eine Rehabilitationspolitik gegenüber Deutschland treiben wollte.
Wenn die weltwirtschaftliche Integration dauerhaft sein sollte, mußten die Deutschen in Zukunft „militärische und ultranationalistische Ideologien" ablehnen (61). Neben einer funktionierenden Wirtschaft und einem erträglichen Lebensstandard sah man im State Department dafür die gebietsmäßige Einheit Deutschlands als Voraussetzung an (62), sowie die „Entwicklung stabiler politischer Verhältnisse" (63). Als „einleuchtendste Hoffnung", all' dies zu erreichen, sahen die „Realpolitiker" des State Departments die „Errichtung einer demokratischen Regierung" an (64). Die Demokratisierung Deutschlands wurde von dieser Seite von vornherein angestrebt (65). Zu diesem Zweck sollte schrittweise die Freiheit der Rede, der Religion und der Presse wiederhergestellt werden, sowie die Freiheit, politische Parteien mit Ausnahme nationalsozialistischer zu gründen, außerdem kulturelle Vereinigungen und Gewerkschaften. Schließlich sollten auch freie Wahlen für eine zentrale Regierung stattfinden. Eine „broadly based democracy operating under a bill of rights" sollte so in Deutschland entstehen (66). Das Ziel der frühen noch weitgehend von den „Linken" unbeeinflußten Vorstellungen des Außenministeriums war also eine Demokratie mit einem soliden Fundament individueller Freiheiten. Diese bürgerlichen Grundrechte sollten durch einen Menschenrechtskatalog gesichert sein. Mit anderen Worten, die „Realpolitiker" des State Departments dachten an die Wiedererrichtung einer Demokratie westlicher Prägung unter einer zentralen deutschen Regierung.
Die Vorstellungen der von den Meinungsverschiedenheiten in Washington bis zum Eingreifen Morgenthaus nichts ahnenden Planer in Europa gingen bis Ende 1944 dahin, sofort wieder eine zentrale deutsche Regierung einzusetzen (67). Im State Department erwog man jedoch bald als Alternative zu den für schädlich gehaltenen Teilungsabsichten des Präsidenten die „Dezentralisation der deutschen politischen Struktur" (68) bzw. die „Verstärkung des föderativen Charakters eines deutschen Staates ... und die Begrenzung zentraler Regierungsbefugnisse" (69); die Errichtung zentraler Verwaltungsstellen und das hieß auch zentraler deutscher Stellen zur Unterstützung der Arbeit des Kontrollrates besonders für die wirtschaftlichen Kontrollen hielt man allerdings für unverzichtbar (70). Als wichtigstes Ziel der militärischen Besetzung galt, „den Nazifaschismus und die Nazihierarchie zu vernichten" (71). Alle führenden Nationalsozialisten und hohen politischen Funktionäre sowohl in Deutschland wie auch in den besetzten Gebieten, sowie jeder, der Verbrechen begangen hatte, sollte interniert, die wichtigsten nationalsozialistischen Organisationen sollten aufgelöst, ihre Aktivitäten unterbunden werden, es sei denn die Fortführung ihrer Funktionen erschien für Verwaltungszwecke erforderlich (72). Es gab also kein absolutes Verbot für die Weiterbeschäftigung von Nationalsozialisten in der Verwaltung. Da man möglichst nur ein „Minimum an

Bitterkeit" entstehen lassen wollte (73), waren die „realpolitischen" Vertreter außerdem explizit gegen die Kollektivschuldthese. Sie unterschieden sehr deutlich zwischen dem deutschen Volk einerseits und der nationalsozialistischen Führungsclique andererseits und waren daher auch ausdrücklich gegen die Aufnahme einer Kriegsschuldklausel in eine Friedensregelung (74). Im Gegenteil, sie befürworteten, den Deutschen sozusagen als Starterleichterung auf dem Weg zur Demokratie „die Versicherung zu geben, daß ein demokratisches Deutschland, das seine Absicht und Fähigkeit, in Frieden zu leben, beweist, einen ehrenhaften Platz in der Gemeinschaft der Nationen erwerben" könne. Auf diese Weise erhofften sie sich, das deutsche Volk „psychologisch entwaffnen" zu können (75). Auf dieser Seite der Planer war man sich auch des Dilemmas bewußt, als Siegermacht den Besiegten gegenüber eine Politik der Demokratisierung einzuleiten, obwohl gerade die Errichtung einer Demokratie nur von dem betroffenen Volk selbst ausgehen kann. Die „Unterwerfung unter den Willen der Sieger" jedoch erachtete das State Department als „notwendig" (76), selbst auf dem Gebiet der Erziehung (76a). Als generelles Prinzip der Besatzungspolitik proklamierte die Direktive allerdings die indirekte Herrschaft (77). Auch wollte man „der Loyalität und dem Patriotismus des deutschen Volkes ein gewisses Anrecht zugestehen" (78). Trotzdem beabsichtigten die Militärs zumindest eine strikte Kontrolle auszuüben, wenn nicht selbst wichtige Vorentscheidungen zu treffen, bevor sie den Deutschen große Mitwirkungsrechte einräumen wollten, denn die Direktive CCS 551 bestimmte, daß keine Art politischer Betätigung der Deutschen geduldet werden sollte, es sei denn die Militärregierung genehmigte sie. Beachtenswerterweise bestimmte die Direktive gleichzeitig, daß Exilpolitiker nicht an der Verwaltung beteiligt werden sollten (79). Im westlichen Exil befanden sich (neben an einer Hand abzählbarer Konservativer) vor allem Sozialdemokraten. Bemerkenswert ist in diesem Gesamtzusammenhang auch, daß die Direktive vom Vokabular her in keiner Weise von Reorientierung oder Demokratisierung spricht, sondern als wichtigstes positives Ziel nur die schnellstmögliche Wiederherstellung normaler Bedingungen für die Zivilbevölkerung nennt (80).

Was die *Umerziehungsvorstellungen* dieser Kreise anbetraf, so war man der Meinung, daß eine große Aufklärungskampagne in Deutschland notwendig sei und bildete von 1942 an auch für den Bereich der Erziehung Offiziere für die Besatzungszeit aus. Die allgemeinen Vorstellungen gingen allerdings wohl kaum weiter als dahin, daß man — zumindest der jungen deutschen Generation — den „democratic way of life" verständlich machen, ihr dessen Wertschätzung vermitteln und sie zum aktiven Eintritt dafür anleiten wollte (81). Die konkretere Planung blieb im wesentlichen den zu diesem Zweck ausgebildeten Experten überlassen. Sie blieben sogar, bis sich ab Herbst 1944 in der allgemeinen Planung die Vorstellungen Morgenthaus durchzusetzen begannen, ohne richtungsweisende politische Direktive aus Washington (82). In CCS 551 stand diesbezüglich lediglich, daß für den Bereich der Schulen und Erziehungsfragen eine getrennte Direktive ergehen würde (83), was aber vor dem Eingreifen Morgenthaus nicht mehr geschah und danach offenbar auch nicht mehr. Die im einzelnen mit der Erziehungsplanung befaßten Offiziere waren — im Gegensatz zu den sozialpsychologisch beeinflußten Vertretern der „linken" außenpolitischen Schule, die die Wurzel allen Übels in einem aggressiven deutschen Charakter sahen, — pädagogisch einem „milieu-theoretischen Optimismus" (84) verpflichtet, d.h., sie waren beeinflußt von den Lehren Deweys, die besagten, daß die Umwelt prägenden Einfluß auf den Menschen und seine Gedanken hat, und daß der Mensch die Fähigkeit hat, aus Erfahrungen zu lernen, d.h. auch sein Handeln je neu an seinen Erfahrungen auszurichten (85). Von seiten dieser Schule neigte man daher der Meinung zu, „daß die Mehrheit der Deutschen eher aufgrund von Unkenntnis vom rechten Wege abgegangen ist, als infolge böser Absicht" (86) sowie,

„daß die Deutschen als Volk immer leidenschaftliche Achtung vor der Wahrheit hatten". Auch war man sehr bemüht, den Anschein zu vermeiden, als wären die Siegernationen innerlich höherwertiger als die Besiegten (87). Entsprechend der theoretischen Ausgangsposition war man gegen eine Bestrafung des Volkes. Man ging vielmehr von den in der Atlantik-Charta festgelegten Prinzipien vor allem der Selbstbestimmung aus (88) bzw. von dem Grundsatz, als Weltmacht mit Verantwortlichkeiten in vielen Gebieten, nach dem Vorbild des römischen Imperiums „so wenig wie möglich in die Bräuche und Gewohnheiten der regierten Völker einzugreifen, es sei denn, politische Notwendigkeiten diktierten dies" (89, analog zu CCS 551. A.G.). Diese grundsätzliche Einstellung verbot von vornherein die Verwendung etwa amerikanischer Lehrer oder aber amerikanischer Schulbücher, was Morgenthau gerne gesehen hätte. Auch von dem Einsatz emigrierter deutscher Lehrer wollte man absehen (entsprechend CCS 551. A. 10. b), es sei denn, die deutsche Regierung selbst würde dieses wünschen. Zwar stellte man vorsorglich entsprechende Namenslisten zusammen, aber vor allem suchte man nach sogenannten „white" German teachers, Lehrern, die zwar in Deutschland, aber „sauber" geblieben waren (90). Dies beruhte auf der Annahme, daß nur solche Deutsche, „die selbst durch alle Schwierigkeiten und Belastungen der letzten Dekade gegangen waren, dem deutschen Volk die natürliche und unerzwungene Achtung abnötigen bzw. sich ihre bereitwillige Kooperation sichern könnten". Selbst für die Arbeit von solchen Deutschen müsse man unbedingt vermeiden, daß sie in deutschen Augen als Quislinge erscheinen könnten. Von den Amerikanern, die in der Militärregierung zur behutsamen Anleitung und Kontrolle im Erziehungswesen erforderlich waren, forderte man dementsprechend, daß sie möglichst nicht nur mit dem amerikanischen Schulsystem vertraut sein sollten, sondern auch mit dem deutschen, und damit war gemeint, daß sie möglichst selbst einmal „durch einen Teil dieses Systems gegangen sein sollten" (91). Die Leitlinie, so wenig wie möglich einzugreifen, bedeutete daher auch, dieses Schulsystem nicht grundsätzlich zu verändern, jedenfalls nicht durch direkte amerikanische Eingriffe. Und da man der Meinung war, daß der Grund für den Aufstieg des Dritten Reiches bzw. Hitlers „nicht in der Gründung und Errichtung der Weimarer Republik lag, sondern in der mangelnden politischen und ökonomischen Unterstützung", die die republikanischen Parteien erhalten hatten, gingen die Planer (in Europa) davon aus, daß es Ziel der amerikanischen Politik in Deutschland sein würde „ähnliches wie die Weimarer Republik wieder zu errichten" (92). Dies galt auch für das Schulsystem. Man suchte daher während der Vorbereitungszeit nach deutschen Schulbüchern aus der Weimarer Zeit, die möglichst ohne Streichungen und Kürzungen wieder gedruckt werden konnten, auch wenn man sich bewußt war, daß sie nicht gerade auf neuestem pädagogischen Stand waren (93).

Diese Planungsgrundzüge bedeuteten jedoch nicht, daß man alles beim alten Stand von vor 1933 belassen wollte. Nur wiesen die der „realpolitischen" Schule zuzuordnenden Neuorientierungsplaner im Gegensatz zu den sozialpsychologisch beeinflußten Umerziehungstheoretikern, die die Re-education für den wichtigsten Teil der Demokratisierung hielten, darauf hin, daß „die Hoffnung für eine Transformation erzieherischer Werte weniger davon abhängt, was im Schulraum getan wird, als von der Gesamterfahrung des deutschen Volkes während der Besatzungszeit und der Nachkriegsperiode" (94). Damit wurde angesprochen, daß eine Politik der Bestrafung und Verstoßung, wie sie von der „linken" Schule geplant war, jeden Umerziehungsansatz nach der hier dargestellten Meinung vergeblich machen würde, sondern daß im Gegenteil eine menschenwürdige, auf Reintegration in die Völkerfamilie gerichtete Behandlung, basierend auf wirtschaftlichem Wiederaufbau, Voraussetzung für eine erfolgreiche Reorientierung der Deutschen sein würde. Zur Neuorientierung des deutschen Erziehungswesens empfahl man daher, das aufzugreifen und zu unterstützen, was Deutsche selbst vorschlagen würden (95). Man hoffte hierbei auf die „inneren Feinde des gegenwärtigen Regimes" (gemeint ist das Hitler Regime, L-Qu.) und auf diejenigen Deutschen, die selbst einmal in den Vereinigten Staaten studiert hatten, besonders vor 1933 (96). Die Rolle der Besatzungsbehörden sah man neben der Ermutigung „einer Annahme neuer Überzeugungen (a set of beliefs) und Zielsetzungen außerdem noch darin, bestimmte Dinge zu verhindern" (97), besonders all' das, was der Etablierung eines „gesunden Internationalismus" feindlich gesonnen sein würde (98). Wie schon ausgeführt, bedeutete diese vornehme Zurückhaltung jedoch nicht, daß man meinte, daß die grundlegende Zielsetzung von den Besetzern nicht vorgegeben werden müßte. Diese hätte ein Schulsystem anzustreben, „welches die psychologische Entwaffnung des deutschen Volkes fördern und ein demokratisches Aussehen (outlook) widerspiegeln sollte, indem ein humanitäres und internationales Aussehen den gegenwärtigen Ultranationalismus verdrängen würde" (99). Überzeugt von der Wahrheitsliebe des deutschen Volkes und von seiner bloßen Verirrung aufgrund von Unwissenheit, erhoffte man bereits eine machtvolle Wirkung hinsichtlich einer Reorientierung, wenn man das deutsche Volk mit den furchtbaren Tatsachen der von Nationalsozialisten außerhalb der deutschen Grenzen begangenen Greueltaten konfrontieren würde. Bisher hiervon abgeschirmt durch die Göbbels'sche Propagandamaschine, ging man davon aus, daß schon die volle Aufdeckung der im deutschen Namen verübten Verbrechen im deutschen Volk einen tiefen Schock hinterlassen und daher eine viel grundlegendere Wirkung haben würde als alle Umerziehungsmaßnahmen, die die Sieger sich ausdenken könnten (100). Ausgehend von dem Prinzip der Unterstützung der nach einem solchen Zusammenbruch spontan wachsenden neuen Anfänge, verzichtete man bewußt darauf — sowohl in offiziellen Planungen wie auch in Gutachten, die den Planern vorlagen — detaillierte Vorstellungen oder Forderungen für eine Strukturreform oder für konkrete inhaltliche Formen zu entwickeln — und dies, obwohl beiderseits äußerst kritische Bestandsaufnahmen des deutschen Schulsystems vorlagen, die auf eine gründliche Auseinandersetzung mit dem Problem der gesamten Reorientierung hinweisen (101). Die wichtigsten Punkte, die in diesen Bestandsaufnahmen betont wurden, waren:

1. Das deutsche Erziehungssystem in Weimar war in extremem Maße selektiv, und das deutsche Volk wurde nach dem 4. Schuljahr in zwei Klassen geteilt, die keinerlei Kontakt mehr miteinander hatten, in die große Masse des Volkes und in eine kleine Elite (8% wechselten zum Gymnasium und nur 20% von diesen schrieben sich später in einer Universität oder ähnlichen Institutionen ein, vor allem Jungen). Die Etablierung eines solchen Schulsystems ist eine tiefgreifende politische Frage (S. 5 f.).
2. Der einfache Mann war als Kind von Lehrern erzogen worden, die selbst nicht mehr Bildung und Erziehung hatten als die Masse des Volkes. Auch er hatte nur die gewöhnliche achtklassige Volksschule besucht und war dann in einem anschließenden Lehrerseminar gedrillt, aber nicht weitergebildet worden (S. 11) (101a).
3. Die soziale und politische Erziehung des gewöhnlichen Mannes in der Schule war im Vergleich zu der amerikanischen Schule unbedeutend (S. 11). Er lernte vor allem, daß der Staat ihn in Ruhe lassen würde, wenn er gehorchte und die Gesetze befolgte, während der amerikanische Lehrer in seinem Studium immer wieder vor allem mit der Frage konfrontiert wurde: welchen Typ von Bürger will ich erziehen? (S. 31).
4. Die deutsche Pädagogik ist aufs engste mit der Philosophie oder der Weltanschauung verbunden (S. 4). Die Theorie hat sehr viel mehr Bedeutung als die Praxis. Das Ziel aller höheren Bildung in Deutschland war, die objektive Wahrheit zu finden (S. 4 und 7). Das führte nicht nur zur Vernachlässigung der Förderung praktischer Fähigkeiten, sondern auch zu ungenügender sportlicher Betätigung. Das Training des Geistes hatte abso-

luten Vorrang in den deutschen Erziehungsvorstellungen und den Institutionen höherer Bildung (S. 9). Der „vita contemplativa" wurde der Vorrang vor der „vita activa" gegeben (S. 15).

Zwar habe die Weimarer Republik einige Versuche vor allem in der Verfassungsgebung gemacht, die totale Undurchlässigkeit der zwei Züge in der Schulstruktur zu mildern, sei aber insgesamt nicht sehr erfolgreich gewesen (S. 23) (102). Diese Analyse enthielt die fundamentale Feststellung, „die Schulen eines Landes und die Prinzipien, nach denen sie geführt werden, sind nicht nur die bestmögliche Garantie der Demokratie in einem demokratischen Staat: es ist genauso möglich, daß sie die machtvollste Barriere gegen die Errichtung eines demokratischen Systems in einem totalen Staat sind". Und die „Öffnung der höheren Schulen für alle begabten Kinder wird erfolgreicher in der Förderung der Errichtung einer wirklichen Demokratie sein, als irgend ein anderer Vorschlag, den wir machen können" (S. 23).

Es ist die Politik, die auf den hier dargelegten Absichten beruhte, die in Abgrenzung von der negativen Politik, die den Intentionen Morgenthaus entsprach, als „aufbauend" oder als „positiv" bezeichnet worden ist und zwar als erstes von den „realpolitischen" Besatzungspolitikern selbst, die eine „konstruktivere" amerikanische Politik forderten, um die negative zurückzudrängen (103).

Wie die Analyse der Besatzungspläne ergeben hat, beabsichtigte diese politische Schule außer einem partiellen Austausch der Elite – die Vorstellungen über Entnazifizierung waren wenig präzise und relativ eng gefaßt – die Rehabilitation der Deutschen und den Wiederaufbau. Strukturmaßnahmen zur Demokratisierung der Gesellschaft oder der Wirtschaft waren *nicht geplant*, auch nicht für das Erziehungswesen. Zwar stand man gerade diesem nicht kritiklos gegenüber, aber es scheint, daß man in Anbetracht des Dilemmas, als Sieger den Besiegten die Demokratie zu bringen, nur an Weimar anknüpfen und die Reformarbeit den Deutschen überlassen wollte. Die diesen Vorstellungen gemäße Politik bewegte sich klar auf den engen von der amerikanischen Demokratie vorgezeichneten Bahnen, deren Grundlage ein kapitalistisches Wirtschaftssystem ist. Das bedeutet, daß die Wertung „positiv" eine immanente, d.h. eine von den „realpolitischen" Amerikanern selbst abgegebene ist, die sich auf all das bezog, was dazu beitragen konnte und später tatsächlich beitrug, in Westdeutschland ein kapitalistisches Wirtschaftssystem zu errichten und eine bürgerlich demokratische Regierungsform, die auf diesem Fundament aufbaut, bzw. die den institutionellen Rahmen für die kapitalistische Wirtschaftsordnung liefert.

3.1.1.3. Der Kompromiß JCS 1067

Das Verhalten Roosevelts, der für die amerikanische Politik während des Krieges und damit auch für die Planungen der Nachkriegspolitik verantwortlich war, ist nicht schwer zu verstehen. Die plausibelste Interpretation scheint die folgende zu sein: Roosevelt hatte zwar eine feste emotionale Einstellung zum „Deutschen Problem" (104), aber kein geschlossenes politisches Konzept (105). Er war einerseits für härteste Bestrafung (106) und Zerstückelung Deutschlands (107), ließ solche Pläne aber wieder fallen, sobald sie in der Öffentlichkeit zu stark angegriffen wurden (108) und stimmte dann der anderen Seite der Planung zu (109). Die *Nachkriegsplanung* in den Vereinigten Staaten war vor allem deshalb ab Herbst 1944 von einem *ständigen Kampf der beiden* dargestellten *politischen Richtungen* gegeneinander gekennzeichnet. Auch nach außen auf den internationalen Konferenzen mit den Alliierten mochte Roosevelt sich nicht festlegen lassen. Er betrieb eine „policy of postponement" (110), eine Politik der „freien Hand", die ihm am Ende des Krieges je nach Lage der Dinge ermöglichen sollte, das dann für richtig Gehaltene zu verwirklichen. Da die Alliierten bereits in der Kriegsführung finanziell von Amerika abhängig waren (111), ging Roosevelt davon aus, daß Amerika auch nach Beendigung des Krieges die stärkste Weltmacht sein würde, und daß es ihm gelingen würde, seine Vorstellungen durchzusetzen (112). Er sah deshalb keine Schwierigkeiten, sich alle Möglichkeiten offen zu halten. Auch wollte er die Anti-Hitler-Koalition, während noch Krieg geführt wurde, nicht durch die Aushandlung umkämpfter Kompromisse belasten (113). Die alliierten Truppen waren jedoch im Juni 1944 in der Normandie gelandet und hatten am 11. September die deutsche Grenze überschritten, so daß die *Besatzungszeit schon im Kriege begann.* Für diesen Fall gab es die schon ausführlich erwähnte, von den Vereinigten Stabschefs in Washington ausgearbeitete „gemeinsame Direktive für eine Militärregierung in Deutschland vor dessen Niederlage oder Kapitulation", die General Eisenhower als dem Oberbefehlshaber der anglo-amerikanischen Streitkräfte am 28.4.1944 unter dem Aktenzeichen CCS 551 (CCS = Combined Chiefs of Staff) übersandt worden war. Aufbauend auf ihr hatten anglo-amerikanische Planungsstäbe der Supreme Headquarters Alliied Expeditionary Forces (SHAEF) in Europa ein „Basic Handbook for Military Government of Germany" vorbereitet und im Juni 1944 fertiggestellt (114), das die Richtlinien der Direktive in Verwaltungsvorschriften für Deutschland umsetzte. Am 15. September 1944 wurde es „nach einer Reihe ziemlich milder Änderungen" (115), die aufgrund der Intervention Morgenthaus und der Einziehung des Handbuchs durch Roosevelt (116) erfolgt waren, wieder herausgegeben, zumal die Besetzung Deutschlands begonnen hatte und Verwaltungsvorschriften unverzüglich benötigt wurden. Es enthielt jedoch ein loses Zusatzblatt, in dem ausdrücklich darauf hingewiesen wurde, daß es nur für die Zeit vor der Niederlage gälte, daß seine Anwendung aber die drei folgenden Grundsätze sicherstellen solle: Und zwar sollten 1. keinerlei Maßnahmen zum Zwecke des wirtschaftlichen Wiederaufbaus ergriffen und 2. keine Hilfslieferungen eingeführt oder verteilt werden, es sei denn „sie seien zur unmittelbaren Unterstützung der militärischen Operationen nötig. 3. sollten aktive Nazis „unter keinen Umständen" im Amt behalten werden und NS-Organisationen nicht mehr „aus Gründen leichter oder besserer Verwaltung weiterbestehen" (117). Dieses Zusatzblatt ist bereits ein deutlicher Hinweis auf die Diskussion, die Morgenthau ab Ende August in Washington entfacht hatte und von der Roosevelt zunächst stark beeinflußt war. Da auch Churchill sich auf der zweiten Quebec-Konferenz (11.-19. September) von den Morgenthauschen Gedanken vorübergehend hatte beeinflussen lassen, entstand unter dem Datum des 22. September ein vorläufiger Entwurf einer „Directive of SHAEF Regarding the Military Government of Germany in the Period Immediately Following the Cessation of Organized Resistance (Post-Defeat)", d.h. eine Direktive für den Oberkommandierenden der vereinigten anglo-amerikanischen Streitkräfte, die Winant, dem amerikanischen Botschafter in der European Advisory Commission unter dem „berühmt berüchtigt" gewordenen Aktenzeichen JCS 1067 zur Stellungnahme zuging (118). Diese für die Zeit nach der bedingungslosen Kapitulation geplante Direktive sollte also nach Kriegsende an die Stelle der gemeinsamen Direktive CCS 551 treten. Da Churchill (119) JCS 1067 jedoch u.a. mit dem Verweis auf die geplante Drei-Mächte-Kontrolle zurückwies (120), zielten die weiteren Planungen in Washington zunächst nur auf die Verhältnisse in der amerikanischen Zone und das Verhalten des amerikanischen Militärgouverneurs im Kontrollrat ab, bis es wieder zu einer gemeinsamen Direktive kommen würde (121).

Das Ringen zwischen den beteiligten Ministerien und anderen mit Deutschland befaßten Stellen um *JCS 1067* ging bis zum Tag der Unterzeichnung der Direktive durch den Nachfolger Roosevelts, Präsident Truman, am 11.5.1945 (122). Noch nachdem zwischen den Ministerien ein endgültiger Kompromiß ausgehandelt worden war, gelang es der „realpolitischen" Seite mit Informationen und Berichten über die „chaotischen Zustände in der deutschen Wirtschaft", (123) eine partielle Abschwächung Morgenthauscher Pläne zu erreichen. Denn Ende April war ein Entwurf der Direktive — vermutlich JCS 1067/6 — dem für Deutschland verantwortlichen Militärgouverneur bzw. stellvertretenden Militärgouverneur General Clay und seinem Finanzberater bekannt geworden. Diese begannen sofort und vehement für den Wiederaufbau Deutschlands zu kämpfen, und das bedeutet vor allem, auf die Änderung der Passagen hinzuwirken, die die Handlungsfreiheit der Militärregierung in wirtschaftlicher und finanzieller Hinsicht einschränkten (124).

Generell muß man JCS wohl so kennzeichnen: Abgesehen von den von den Alliierten bei Kriegsende aufgegebenen Zerstückelungsabsichten, gelang es Morgenthau und anderen zunächst, jeweils seine wichtigsten Zielsetzungen zu formulieren. Meist jedoch folgte diesen Forderungen ein Nachsatz, der eine abgeschwächte Vorstellung der anderen Seite enthielt, der die harte Bestimmung einschränkte und aus „realpolitischer" Sicht zumindest das Schlimmste verhinderte. Auch gaben diese besonders vom Außen- und Kriegsministerium bewirkten Einbrüche in das Konzept der „linken Schule" der Direktive eine gewisse Ambivalenz, die der Militärregierung in Deutschland einen Spielraum gab, die Anweisungen in manchem Punkt auszulegen. Diese Möglichkeit war auch dadurch gegeben, daß der Kompromißcharakter stellenweise darin zum Ausdruck kam, daß die Vorschriften allgemein gefaßt worden waren (125).

Analog der Auswirkungen, die die Bestimmungen der Direktive in der Realität hatten, sollen zunächst die wichtigsten wirtschaftlichen Zielrichtungen referiert werden, dann die politischen und schließlich diejenigen für den Erziehungssektor. Das State Department (126) hatte erreicht, daß die Militärregierung die wirtschaftliche Tätigkeit in Deutschland wenigstens soweit verwaltungsmäßig beeinflussen und kontrollieren durfte, daß die Sicherheit und die Deckung des Bedarfs der Besatzungskräfte gewährleistet waren; hierunter fiel auch die Sicherstellung der Produktion sowie der Lieferungen und Dienstleistungen, die zur Vermeidung von „Hungersnot oder Krankheiten und Unruhen" für notwendig gehalten wurden, denn es gelang auch, diese Tatbestände unter „Gefährdung der Streitkräfte" zu subsumieren (Punkt 5).

Die Direktive verbot jedoch alle Schritte, „die a) zur wirtschaftlichen Wiederaufrichtung Deutschlands führen könnten oder b) geeignet sind, die deutsche Wirtschaft zu erhalten oder zu stärken" (Punkt 16). Darüber hinaus wurde die Militärregierung konkret angewiesen, alles Erforderliche zu tun, um „den Aufbau und die Verwaltung der deutschen Wirtschaft im größtmöglichen Ausmaß zu dezentralisieren" und sie „soweit wie möglich auf örtlicher und regionaler Grundlage" zu organisieren (Punkt 18). Allerdings war dem State Departement auch hier ein Einbruch in das Morgenthausche Konzept gelungen, das unter von den Besatzern erzwungenen Rahmenbedingungen, wie Produktionsstopp etc. darauf hinauslief, die Deutschen ihrem Schicksal zu überlassen. Denn dem Kontrollrat bzw. dem Zonenbefehlshaber wurde erlaubt, doch „eine zentralisierte Verwaltung zuzulassen oder eine zentrale Kontrolle (a) der lebenswichtigen öffentlichen Dienste wie Eisenbahnen, Nachrichtenmittel und Energiewirtschaft, (b) des Finanzwesens und der auswärtigen Angelegenheiten und (c) der Erzeugung und Verteilung lebenswichtiger Güter" (Punkt 3 c) und der Zonenbefehlshaber konnte das dafür notwendige Ausmaß selbst bestimmen (Punkt 39).

Als Hauptziel der Besatzung bezeichnete die Direktive das von Morgenthau in den Vordergrund gestellte Motiv, „Deutschland daran zu hindern, je wieder eine Bedrohung des Weltfriedens zu werden". Als wichtigen Schritt dazu nannte sie „die industrielle Abrüstung und Entmilitarisierung Deutschlands" (Punkt 4 c), was sich zunächst sehr umfassend anhört. „Um die Abrüstung Deutschlands durchzuführen" (Punkt 30) ver-

langten die speziellen Anweisungen dann jedoch nur, die Produktion
a) von Kriegsmaterial und sämtlichen zum Flugzeugbau erforderlichen Teilen,
b) von „Handelsschiffen, synthetischem Gummi und synthetischem Kraftstoff, Aluminium und Magnesium" und weiteren Ausrüstungsgegenständen zu verhindern. Zwar sollten diejenigen der dafür notwendigen Einrichtungen, die weder für Reparationszwecke nutzbar waren noch sonst auf erlaubte Fabrikationsarten umgestellt werden konnten, vernichtet werden, aber gegenüber der von Morgenthau gewollten umfassenden Zerstörung der Industrie war dies eine erhebliche Reduzierung, zumal die Verhinderung der Herstellung nur solange gelten sollte, bis im Kontrollrat eine Übereinkunft über die evtl. Höhe der Produktion erzielt worden war (Punkt 30 (3) folgend). Selbst in diese ersten Bestimmungen zur Abrüstung war jedoch der „realpolitischen" Seite noch ein Einbruch gelungen (unmittelbar vor der Unterzeichnung durch Truman), durch die der amerikanische Zonenbefehlshaber die Genehmigung erhielt, die Herstellung der unter b) genannten Güter mit Ausnahme von Handelsschiffen „ohne vorherige Zustimmung der Stabschefs zu erlauben" (Punkt 30 (3) c). Bis zu einer alliierten Einigung war außer den genannten Gegenständen verboten „die Produktion von Eisen und Stahl, Chemikalien, Nichteisenmetallen (ausschließlich Aluminium und Magnesium), Werkzeugmaschinen, Rundfunk- und elektrischen Geräten, Kraftfahrzeugen, schweren Maschinen und wichtigen dazu gehörigen Ersatzteilen (Punkt 32 a). Der Versuch Eisenhowers, im letzten Moment auch noch die Erlaubnis für die Aufrechterhaltung der Produktion von Eisen, Stahl und Schwerindustrie zu erhalten, war nicht gelungen (127). Die Aussetzung der Produktion wiederum war aber für die „Realpolitiker" langfristig weniger gravierend als die von Morgenthau als äußerster Kompromiß betrachtete Forderung, jede direkt militärische Produktion auf Friedensproduktion umzustellen (128). Darüber hinaus hatten die „Realpolitiker" erreicht, daß die Militärregierung angewiesen wurde — anstatt wie von Morgenthau geplant, die Bergwerke zu schließen —, für bestimmte Zwecke die Kohleförderung zu erleichtern, Transportmöglichkeiten und Voraussetzungen für die notwendigen Reparaturen an Wohngebäuden für die Zivilbevölkerung zu schaffen sowie öffentliche Versorgungsbetriebe wieder instandzusetzen (Punkt 34). Anstelle der von Morgenthau geplanten Zerschlagung der Industrie sah die Direktive nur noch vor, daß Kartelle oder andere private geschäftliche Zusammenschlüsse und kartellähnliche Organisationen mit dem Ziel, Marktbindungen, Produktion und Preise zu regulieren, verboten und der Besitz und die Kontrolle über die deutsche Industrie gestreut werden sollten (Punkt 36 und 37). Ziel dieser Dekartellisierungs- und Entflechtungsvorstellungen war, durch die Zersplitterung der Großindustrie in viele kleine Unternehmen, die Einflußmöglichkeiten der Industriegiganten auf die Politik zu zerstören, besonders um zu verhindern, daß eine starke Rüstungsindustrie weiterhin die Macht besäße, Deutschland in einen neuen Krieg zu drängen. Wie sehr diese reformkapitalistische Maßnahme lediglich zum Alibi, ja zum Spielball amerikanischer ökonomischer Besatzungspolitik wurde, wird weiter unten zu zeigen sein.
Zwei Bestimmungen aus dem allgemeinen Teil, die vor allem wirtschaftspolitische Relevanz hatten, sind noch zu nennen. Das eine ist die vom Kriegsministerium erkämpfte Tatsache, daß der amerikanische Oberbefehlshaber die Vollmacht erhielt, bei fehlender Übereinstimmung im Kontrollrat selbst zu handeln und zu entscheiden, was er für seine Besatzungszone für gut hielt (Punkt 3 b) (129), eine Bestimmung, die auch in die Potsdamer Abmachungen übernommen wurde (130). Besonders diese Bestimmung ermöglichte, daß in jeder Zone eine eigenständige Politik — speziell die je für richtig gehaltene Wirtschaftspolitik — verfolgt werden konnte. Sie war daher für die Amerikaner, die die Schwierigkeiten alliierter Kooperation und vielleicht auch das Auseinanerbrechen der Anti-Hitler-Koalition voraussahen, eine der wichtigsten Grundsätze überhaupt

(131). Die andere Verfügung war die mit Bedacht von „realpolitischer" Seite eingearbeitete Aufforderung an den Militärgouverneur, laufend Analysen und Beobachtungsberichte über die „wirtschaftlichen, indsutriellen, finanziellen, sozialen und politischen Bedingungen seiner Zone" fertigen zu lassen. Diese sollten als Grundlage für Änderungen der amerikanischen Politik dienen (Punkt 1). Gerade hiervon machte die Militärregierung häufig und mit Erfolg Gebrauch. Bereits die letzte Änderung der fertigen Direktive JCS 1067/6 war auf den Einfluß solcher detaillierter Untersuchungen zurückzuführen (132). Zusätzlich zu diesen beiden Vorkehrungen, die der von der Militärregierung verfolgten Wirtschaftspolitik des Wiederaufbaus die Türen öffneten, enthielt der finanzielle Teil der Direktive eine Bestimmung, die das Fundament bildete „für energische Bemühungen der (amerikanischen) Armee..., die deutsche Industrieproduktion für den Export anzukurbeln" (133), nämlich die Aufforderung, „den gesamten Exporterlös in Devisen für die Bezahlung von Importen zu verwenden ... und keine andere Verwendung von Devisen zuzulassen" (Punkt 49 b). Wie alle wirtschaftlichen Bestimmungen enthielt auch diese die Einschränkung, daß dies nur zur Erlangung der in der Direktive angegebenen Ziele und unter den genannten Bedingungen erlaubt sei, durchbrach aber ebenso den wichtigsten Grundsatz der „New Dealer", die Deutschen in der zu erwartenden Wirtschaftsmisere sich selbst zu überlassen. Die Aufforderung knüpfte an die Bestimmung von CCS 551 an, die ein Kontrollsystem für den gesamten Warenaustausch mit dem Ausland gefordert hatte, war aber insofern detaillierter, als es den „Realpolitikern" darum ging zu verhindern, daß der gesamte Export zur Begleichung von Reparationen verwendet würde, so daß für die lebensnotwendigen Importe dann die nötigen Devisen gefehlt hätten. Da sie einen durchschnittlichen Lebensstandard für die Deutschen als Voraussetzung für die Möglichkeit, eine Demokratie westlicher Prägung zu errichten, ansahen, war die Forderung, die Einfuhren aus den mit den Ausfuhren erzielten Geldmitteln zu bezahlen, eine „realpolitische" Kampfforderung. Es war noch nicht notwendig gewesen, sie in CCS 551 zu verankern, da die Zahlung von Reparationen dort nicht zur Debatte gestanden und nicht zu den erklärten Besatzungsabsichten gehört hatte. JCS 1067 jedoch hatte ausdrücklich „die Durchführung des Reparations- und Rückerstattungsprogramms" als Ziel der alliierten Besatzung (Punkt 4 d) definiert.

Der „realpolitische" Sieg der Festlegung der Verwendung der gesamten Exporterlöse war daher besonders wichtig. Er diente dazu, von vornherein einen Riegel vor die von den Morgenthaumitarbeitern nun anstelle der Vernichtung angestrebte totale Ausplünderung der deutschen Wirtschaft und damit der Lebensgrundlage der Deutschen zu schieben. Diese Bestimmung sollte die Grundlage für die Selbsterhaltung des deutschen Volkes schaffen. Die Deutschen sollten die notwendigen Importe selbst bezahlen und so einen angemessenen Lebensstandard erreichen können, so daß die USA sich nicht bemüßigt fühlen müßten einzuspringen, um die ohne diese Klausel entstehenden Importdefizite zu bezahlen. Denn über eine solche Finanzierung der von den „Realpolitikern" für notwendig gehaltenen Importe hätte der amerikanische Steuerzahler indirekt letztlich die Reparationen zahlen müssen. Es wird sich noch zeigen, daß die Verfügung über die Exporterlöse nicht nur in der Auseinandersetzung zwischen „Realpolitikern" und „Linken" entscheidend war, sondern in der amerikanischen Besatzungspolitik gerade auch gegenüber Rußland mit seinen hohen Reparationsforderungen.

Über diese der „Linken" abgenötigten Kompromisse und Teilsiege hinaus hatte Clays Finanzberater Ende April noch „zusätzliche Vollmachten zur Ausübung der Finanzkontrolle, falls dies zur Verhütung der Inflation erforderlich sein sollte" (134) erreicht, so daß JCS 1067 nunmehr auch die Aufforderung enthielt, „die Ausgabe und den Umfang des Geldumlaufs und der Kredite in Deutschland ... (zu) regeln und (zu) kontrollieren" (Punkt 45). Clay und sein Mitarbeiterstab waren von den wirtschaftlichen Bestimmungen der Direktive „entsetzt" gewesen und sprachen von „ökonomischen Idioten", weil sie nur in der Wiederingangsetzung der deutschen Wirtschaft den richtigen Weg sahen; sie waren mit weiteren Bemühungen zur Einschränkung der Direktive aber nicht mehr erfolgreich gewesen.

Hier muß festgestellt werden, daß die Weichen durch JCS 1067 zwar noch keineswegs auf einen umfassenden wirtschaftlichen Wiederaufbau gestellt worden waren, daß aber auch von Morgenthaus Vorstellungen einer radikalen Strukturveränderung durch Entindustrialisierung und Agrarisierung nicht viel mehr übrig geblieben war, als eine vorläufige Drosselung der Produktion, die man im Gegensatz zur Zerstörung aber rückgängig machen konnte, sowie einige ordungspolitische Vorstellungen zum Eigentum und zur Kontrolle der Verfügungsmacht, wobei die Forderungen nicht einmal auf eine grundlegende Änderung z.B. im Hinblick auf eine etwaige Sozialisierung hinausliefen, sondern nur auf eine mittelstandsorientierte Wettbewerbspolitik.

Analysiert man die *politischen Zielsetzungen* der Direktive und fragt, welche Richtung sich hier mehr durchgesetzt hatte, die bestrafende oder diejenige, die vor allem die Demokratisierung Deutschlands wollte, so überwog in diesem Bereich die bestrafende Tendenz. Es hat den Anschein, als habe die „realpolitische" Seite ihre Erfolge auf wirtschaftlichem Gebiet, die für sie zweifellos Priorität hatten, mit Konzessionen im politischen und gesellschaftlichen Bereich bezahlt. Den Deutschen sollte klargemacht werden, daß „sie nicht der Verantwortung für das entgehen können, was sie selbst auf sich geladen haben". Deutschland sollte nicht befreit, sondern als Feindstaat besetzt werden, „um gewisse wichtige alliierte Absichten zu verwirklichen", wobei Hauptziel sein sollte, „Deutschland daran zu hindern, je wieder eine Bedrohung des Weltfriedens zu werden". Allerdings wurden hierbei — wohl ein kleiner Erfolg der „Realpolitiker" — als ein Schritt „die Vorbereitungen zu einem späteren Wiederaufbau des deutschen politischen Lebens auf demokratischer Grundlage" erwähnt (Punkt 4 c), ohne daß jedoch ersichtlich würde, worin diese bestehen könnten, denn die politische Betätigung der Deutschen wurde nicht zugelassen. Der Dissens zwischen den Gruppen ist auch hier in der Formulierung aufzuspüren. Die endgültige Formulierung ist die gleiche wie die von CCS 551: „No political activities of any kind shall be countenanced unless authorized by you". In der Besatzungspolitik nach der Kapitulation wurde dies als allgemeines Verbot interpretiert und gehandhabt. Clay schrieb, „Politische Betätigungen ... waren verboten", (135) und von Ende April 1945 an bis zum Potsdamer Abkommen wurden politische Aktivitäten auch nicht geduldet. Das Schatzministerium jedoch hatte gewünscht, sich sehr viel härter und bedingungsloser auszudrücken, nämlich: „Initially you will not permit political activities of any kind" (136). Hiergegen wandte sich das State Department, weil es wie schon im Kontext des machtpolitischen Konzeptes angedeutet, das Entstehen eines „politischen Vakuums" fürchtete (137). Zwar konnte es sich mit seinen Wünschen nicht durchsetzen, aber die endgültige Formulierung schloß doch nicht aus, daß der Militärgouverneur nach seinem Ermessen bereits politische Betätigung hätte autorisieren können, so wie es offenbar bis Ende April 1945 der Fall war, denn in der Literatur sind mehrfach Hinweise darauf zu finden (138). Es scheint daher berechtigt, die endgültige Formulierung als generelle Anweisung zu interpretieren, die der Militärregierung einen Entscheidungsspielraum in der Anwendung und Auslegung gab, eine Politik, die das Kriegsministerium verfolgte, wenn Schatz- und Außenministerium sich nicht einigen konnten (139).

Die *Entnazifizierungsbestimmungen* von JCS 1067/6 respektive/8 waren weiter und härter gefaßt als die von den Combined Chiefs of Staff (CCS) noch kurz vor dem Einmarsch nach Deutschland wiederholte Politik, nach der nur die „aktiven Nazis und glühenden Anhänger des Regimes" aus ihren Ämtern zu entlassen waren (140). Diese Maxime war selbst in dem Einzelanweisungen erteilenden Handbuch für die Militärregierung in Deutschland vor dessen Niederlage oder Kapitulation nicht „befriedigend definiert oder interpretiert" worden (141). Erst am 24. März 1945 hatte das alliierte Oberkommando in Europa (SHAEF) eine diesbezügliche Direktive erlassen, an der im Vergleich zu JCS die beiden unterschiedlichen Auffassungen in Amerika deutlich gemacht werden können, obwohl die SHAEF-Vorstellungen möglicherweise schon von der besonders in der amerikanischen Presse ausgetragenen Diskussion über das Erfordernis eines harten Friedens beeinflußt worden sind. Die SHAEF-Direktive verbot (Gruppe I) „die Beschäftigung folgender Personengruppen: Würdenträger (= Inhaber von Ämtern) der NSDAP und ihrer Gliederungen, Inhaber von Parteiauszeichnungen, Beamte, die nach dem 30. Januar 1933 in bestimmte Stellungen berufen worden waren, wozu auch die Spitzen der Regierungsbezirke, Stadt- und Landkreise zählten. Geschäftsleute, die von der Partei ausgezeichnet worden waren, politische Schulungsoffiziere der Wehrmacht, sowie Verwaltungsbeamte, die in den von Deutschland besetzten Gebieten tätig waren". Der Personenkreis der Gruppe II umfaßte „Militaristen und glühende Anhänger des Regimes", soweit diese nicht schon der Gruppe I zuzurechnen waren (142). Im Gegensatz zur Gruppe I sollten Personen der Gruppe II nur „unter Umständen" entlassen werden. JCS 1067/6 bestimmte dagegen, daß „alle Mitglieder der Nazipartei, die nicht nur nominell in der Partei tätig waren, alle, die den Nazismus oder Militarismus aktiv unterstützt haben und alle anderen Personen, die den alliierten Zielen feindlich gegenüberstehen" nicht nur aus öffentlichen Ämtern, sondern auch aus wichtigen Stellungen in halbamtlichen und privaten Unternehmungen zu entfernen wären (Punkt 6 c); dann wurde im einzelnen definiert, von welchen Organisationen die Betroffenen ausgeschlossen werden sollen und was unter „nicht nur nominell ... tätig" genauer zu verstehen sei. Allerdings hatte Morgenthau sich auch hier nicht voll durchsetzen können. Die später noch sehr viel weiter gefaßten Entnazifizierungsparagraphen zeigen, daß der Kampf hierum sowohl in der amerikanischen Öffentlichkeit, vor allem in der Presse wie auf Regierungsebene auch nach dem Ausscheiden Morgenthaus weiterging und sich angesichts der in Potsdam deutlich gewordenen Mißerfolge der „Linken" in wirtschaftlichen Grundsätzen besonders auf die personellen Fragen des Austausches der nationalsozialistisch kompromittierten Machtelite konzentrierte, in dem Bereich jedoch schließlich so ausuferte, daß letztlich große Teile des einfachen Volkes von den immer weiter gefaßten Bestimmungen betroffen wurden, was wiederum auf die Grundeinstellung der amerikanischen „Linken" hinweist, daß das ganze deutsche Volk einer sozialtherapeutischen Behandlung bedürfe.

Die JCS-Richtlinien unter dem *Punkt „Education"* betrafen vor allem das *Schulwesen*. Von der Tendenz her setzte sich die „realpolitische" Seite, deren Vorstellungen im Sommer 1944 vor allem von Taylor und Kefauver als Direktiventwurf erarbeitet worden waren, insofern durch, als sie die Wiedereröffnung der Volks-, Mittel- und Berufsschulen „zum frühest möglichen Zeitpunkt, nachdem nationalsozialistisches Personal eliminiert worden ist" erreichte (Punkt 14 c). Das Schatzministerium hatte unbedingt die völlige Umgestaltung des deutschen Schulunterrichts vor der Wiedereröffnung sicherstellen wollen. Bücher, Curricula und Lehrer hätten seiner Meinung nach einer langen Periode der Entnazifizierung bedurft (144). Entsprechend der negativen Einstellung der „Linken" stand eine Demokratisierung der deutschen Schulstrukturen in ihrem Konzept in der Planungsphase aber gar nicht zur Debatte. Die „Realpolitiker" waren zunächst vor allem am Weiterbestehen und Weiterfunktionieren des gesamten gesellschaftlichen Systems interessiert, um den totalen Zusammenbruch in Deutschland zu verhindern. Für das höhere Schulwesen vom Gymnasium bis hin zu den Universitäten hatte das Schatzministerium durchsetzen können, daß der Kontrollrat erst Programme zur Wiedereröffnung vorlegen sollte. Für die Zwischenzeit konnte der Militärgouverneur allerdings Schritte zur Wiedereröffnung von Institutionen, die nach seinem Ermessen unbedingt für bestimmte Ausbildungsfunktionen unerläßlich waren, ergreifen. Textbücher und Curricula, die nicht von nationalsozialistischen und militaristischen Doktrinen frei waren, sollten nicht benutzt werden (Punkt 14 c). Ein Kontrollsystem zur Sicherstellung dieser Ziele, zur Ausarbeitung eines Programms der Reorientierung (reorientation) und zur „Ermutigung der Entwicklung demokratischer Ideen" sollte errichtet werden (Punkt 14 b). Es ist zu vermuten, daß die Aufforderung zur Ausarbeitung eines „Reorientierungsprogramms" und zur Ermutigung der Entwicklung demokratischer Ideen beide dem Einfluß der „realpolitischen Schule" zuzurechnen sind. Zwar hatten sie selbst bis zu jenem Zeitpunkt keine konkreten Pläne vorgelegt, da ihre Planungsergebnisse im Herbst 1944 in die Washingtoner Kontroverse hineingeraten waren. Aber es entsprach auch ihren Vorstellungen, konkrete Pläne von den Deutschen selbst ausarbeiten zu lassen und ihnen dabei lediglich anleitend, ermutigend und beratend zur Seite zu stehen. Das Vokabular dieses letzten Satzteiles entspricht genau diesen Vorstellungen, sowie den auch sonst von den „realpolitischen" Planern benutzten Begriffen der reconstruction bzw. reorientation weg vom nationalsozialistischen zurück zum demokratischen Gedankengut, das schon in Weimar oder von 1848 her in Deutschland vorhanden war.

So kann man resümierend nur feststellen, daß bei Kriegsende keine der beiden Seiten einen klaren Sieg errungen hatte im Hinblick auf die Durchsetzung ihres Deutschlandkonzeptes in Direktivenform. Zwar ist JCS 1067 sowohl von der amerikanischen Öffentlichkeit wie von der Militärregierung wie auch von der bisher vorliegenden Sekundärliteratur immer als Durchsetzung Morgenthau'scher Intentionen interpretiert worden (145). Geht man aber — wie die Amerikaner es taten — davon aus, daß wirtschaftliche Grundtatbestände letztlich ausschlaggebend sein würden für die politische Zukunft Deutschlands, so läßt sich doch bereits erkennen, daß — Faktoren wie z.B. das Zusammenwirken mit den Alliierten etc. unberücksichtigt gelassen — die Waage, wenn auch nicht auf Wiederaufbau, so doch nicht mehr auf Zerschlagung und insofern doch ein wenig mehr zugunsten der „realpolitischen Schule" geneigt war. Vergleicht man die Programme der beiden gegensätzlichen Planungsrichtungen miteinander, um von hier aus zu einer Wertung der Direktive JCS 1067 zu kommen, so ist eindeutig, daß nicht nur die klar punitiven Bestimmungen von JCS 1067 auf die „linke" außenpolitische Schule zurückgehen, sondern daß auch die Elemente, die auf den ersten Blick als Strukturmaßnahmen zur Schaffung geeigneter Bedingungen für eine Demokratisierung erscheinen könnten, *nicht* als solche gedacht waren, sondern, daß sie von der „Linken" aus betrachtet, als abgeschwächte Form der ursprünglichen Zerschlagungsidee der deutschen Industrie zu werten sind, also als Zugeständnisse, die notgedrungen der „realpolitischen" Seite gemacht werden mußten, weil man nicht die Macht hatte, die zukünftige Besatzungspolitik allein zu bestimmen. Insofern sind die großen drei D's: Entmilitarisierung, Entnazifizierung und Entkartellisierung von der Planung her alle negativ konzipiert gewesen, lediglich zur Entmachtung Deutschlands und nicht zur Demokratisierung, für die noch unterschiedliche Denkmodelle möglich gewesen wären.

Die Direktive CCS 551 enthielt keinerlei Entmilitarisierungsbestimmungen außer der später im Notfall wieder rückgängig machbaren Bestimmung, daß das Oberkommando der Wehrmacht und der Generalstab aufzulösen seien (App. A Punkt 6) (146). Mit Ausnahme der Entfernung der wichtigsten politischen nationalsozialistischen Führer

war auch eine Entnazifizierung für die Demokratisierungsvorstellungen der „realpolitischen" Seite nicht konstitutiv. Dies wird noch einmal durch die Darstellung der Politik der „realpolitischen" Seite belegt werden.
An dieser Stelle muß noch einmal wiederholt werden, daß bewußt die beiden extremsten Konzepte der Planung der Besatzungspolitik herausgearbeitet worden sind. Zwischen diesen Extremen hat es sowohl auf politisch verantwortlicher Seite, wie auch in der öffentlichen Diskussion in Amerika alle möglichen Variationen des jeweiligen Konzepts wie auch alle möglichen Kombinationen beider Konzepte gegeben, so daß unter Umständen amerikanische Politiker, die später z.B. in der Entflechtungskommission in Deutschland gearbeitet haben, möglicherweise für sich in Anspruch nehmen mögen, versucht zu haben, ökonomische Strukturreformen als Voraussetzung für eine Demokratisierung zu schaffen — wie es oben entsprechend einem weiten Demokratieverständnis als Denkmodell angesprochen wurde, auch wenn hier mit alternativen Demokratiemodellen mehr als den Mittelstand und den Wettbewerb fördernde Strukturreformen gemeint sind. Von „realpolitischer" Seite wurden jedoch alle diese Bemühungen als „negative" gewertet, weil sie in deren Demokratiekonzept keinen Platz hatten.

> „Die Reparationsfrage wird der Zankapfel, auch wenn sie nicht der
> Kernpunkt des deutschen Problems ist." (Ernst Deuerlein)

3.1.2. Potsdam: die Durchsetzung der ökonomischen Interessen der Amerikaner und die Revision entscheidender Bestimmungen von JCS 1067

Auf den großen Kriegskonferenzen stimmten *Stalin* und *Roosevelt*, der meist von Morgenthau begleitet wurde, in den Vorstellungen zur Behandlung Deutschlands weitgehend überein. Deutschland sollte zerstückelt werden, die Industrie sollte zu großen Teilen demontiert oder aber die Güter aus laufender Produktion sollten als Reparationsleistung in die von Hitler bekämpften Länder transportiert werden, und deutsche Arbeitskräfte sollten zur Behebung der Schäden Zwangsarbeit im Ausland leisten (147). Sogar über die von den Sowjets gewünschte „Gesamtsumme der Wiedergutmachungen", über 20 Milliarden Dollar, davon 50% für die Sowjetunion, konnte man sich einigen (148).
Diese grundsätzliche Übereinstimmung zwischen den beiden Großen — nicht zwischen den „Großen Drei", denn Churchill zweifelte gegen Kriegsende bereits am Sinn des Bündnisses mit Moskau —, die Möglichkeit der Übereinkunft zwischen Roosevelt und Stalin also beruhte nicht nur auf Roosevelts machtpolitischem Konzept, sondern ergab sich aus einer ähnlich scheinenden Faschismusanalyse der New Dealer einerseits sowie der Sowjetkommunisten andererseits. Damit wurden die Gegensätze in dem nur oberflächlich zusammengehaltenen Bündnis überspielt. Beide Seiten gingen davon aus, daß eine hochentwickelte Schwerindustrie das Rückgrat der militärischen Stärke Deutschlands bildete. Während Morgenthau direkt an eine Zerschlagung der deutschen Industrie dachte, wären die sowjetischen Pläne, die sowohl von einem starken Sicherheitsbedürfnis wie auch von großen Wiedergutmachungserwartungen ausgingen (149), mit ihren umfangreichen Entschädigungsvorstellungen auf die Dauer möglicherweise ebenfalls einer weitgehenden Entindustrialisierung Deutschlands gleichgekommen. Das Zusammenspiel von Nationalsozialismus und Kapitalismus war also sowohl den New Dealern wie auch den Sowjet-Kommunisten bewußt, wenn auch entsprechend den antagonistischen Gesellschaftsauffassungen auf unterschiedliche Weise. Die New

Dealer gingen nicht von der Verwerflichkeit des Kapitalismus als solchem aus, sondern speziell von der Gefahr eines machtvollen Industriepotentials in deutscher Hand (150). Die „realpolitische" Seite dagegen wollte gerade die Potenz der deutschen Wirtschaft und das ihr zugrunde liegende Wirtschaftssystem, den Kapitalismus, erhalten. Je mehr diese Interessen die amerikanische Politik bestimmten, desto größer mußte also der Dissens zwischen der UdSSR und den USA bezüglich der Besatzungspolitik in Deutschland werden. Daß dies — ausgehend vom Status Quo der Besatzungszonen und von zwei etwa gleich starken Besatzungsmächten, die ihr Gebiet nicht freiwillig zu räumen bereit sein würden — aufgrund der entstehenden gegensätzlichen Gesellschaftssysteme zur Spaltung Deutschlands führen konnte, erkannte man im State Department schon 1943/44 (151). Da die „realpolitische" Seite jedoch ganz Deutschland als Kern Europas betrachtete und Zerstückelungspläne immer abgelehnt hatte, muß man davon ausgehen, daß sie zunächst bemüht war, eine Teilung Deutschlands zu verhindern und ganz Deutschland pro westlich auszurichten, und daß sie — erst als sich eine Spaltung als einzige Möglichkeit erwies, zumindest einen Teil Deutschlands für den amerikanischen Einflußbereich zu erhalten — begann, diese durch die zielstrebige Wahrnehmung ihrer Interessen voranzutreiben (152).

Ähnliche Absichten lassen sich für die Sowjets nachweisen (153), wobei allerdings offen ist, wie weit diese sich notfalls mit einem industriell geschwächten, aber relativ neutralen Deutschland im Rahmen des Konzeptes der Volksfrontpolitik zufrieden gegeben hätten, wenn sie damit hätten verhindern können, daß ein Teil Deutschlands ins Lager der anderen Seite integriert würde.

Die *Potsdamer Abmachungen* wurden daher zunächst von beiden Seiten als Versuch gesehen, Grundlagen für eine Politik zu definieren, die jeder Seite ermöglichen sollte, einen größtmöglichen Einfluß auf ganz Deutschland zu erhalten. Im Zentrum der Verhandlungen standen hierbei die wirtschaftlichen Fragen. Die inzwischen weiter gestärkte „realpolitische" Seite bei den Amerikanern benutzte die Potsdamer Übereinkünfte gleichzeitig, um die ungeliebte Direktive JCS 1067, ohne gleich spektakulär eine neue Direktive an ihre Stelle setzen zu müssen, an zentralen Punkten zu revidieren (153a). Das hatte den Vorteil, daß man nach außen hin weiter die sogenannte „harte Politik" gegenüber Deutschland verfolgte, auf die man sich in dem fast einjährigen Ringen, das von der Öffentlichkeit aufmerksam verfolgt worden war, anscheinend geeinigt hatte und das von einem Großteil der Presse befürwortet wurde. Während *Roosevelt* dafür gekämpft hatte — trotz der 1935/36 vom Kongreß beschlossenen Neutralitätsgesetze —, gleich nach Kriegsbeginn zugunsten der Gegner Deutschlands die Cash-and-Carry Regelung durchzusetzen, die am 11.3.1941 trotz anhaltender isolationistischer Stimmung durch das Lend- and Lease-Gesetz (das Leih- und Pachtgesetz) ersetzt wurde, nach dem Kriegsmaterial, Rohstoffe und Lebensmittel „praktisch ohne Bezahlung" an England und Rußland geliefert wurden, ging *Truman* mit dem später immer häufiger geäußerten Vorsatz nach Potsdam:

1. Die Versorgung der deutschen Bevölkerung und die Erhaltung eines nach westlichen Maßstäben vertretbaren Lebensstandards darf nicht zu Lasten des amerikanischen Steuerzahlers gehen, d.h. Reparationszahlungen müssen Deutschland genug Mittel belassen, um sich selbst versorgen zu können (154).
2. Der Wiederaufbau Europas darf nicht gehemmt werden, d.h. Deutschlands Industrieproduktion muß weiterlaufen, weil die europäischen Nachbarstaaten auf die deutsche Industrie angewiesen sind.

Stalins größtes Interesse dagegen, das er schon auf den Kriegskonferenzen hartnäckig verfolgt hatte, war neben territorialen Ansprüchen die Anerkennung seiner Reparationsforderung von 10 Milliarden Dollar für die Sowjetunion, eine Forderung, auf die Roosevelt sich — wie schon erwähnt — in Jalta eingelassen hatte. *Truman* jedoch hatte inzwischen sichergestellt, daß die amerikanische Delegation der in Moskau gebildeten Reparationskommission mit ,,einem Mann seines Vertrauens" besetzt worden war, der die sowjetischen Forderungen aufgrund der geänderten amerikanischen Interessen hartnäckig bekämpfte, was dazu führte, daß die Sowjetunion begann, ,,Fabriken und Ausrüstungen im großen Ausmaß aus der sowjetisch besetzten Zone ab(zu)transportieren" (155). Auch die USA hatten bereits einseitige Entscheidungen getroffen, indem Truman im Juni Eisenhower vermutlich noch in dessen Eigenschaft als Oberbefehlshaber der Westalliierten (155a) ohne alliierte Übereinkunft hatte anweisen lassen, insgesamt 25 Millionen Tonnen Kohle ,,aus Deutschland für den Export nach Nordwesteuropa bereitzustellen" (156), um eine gefürchtete Kohlenkrise zu verhindern. Diese Anweisung war insofern gesamtwirtschaftlich von großer Bedeutung, als die Amerikaner wußten, daß die erhöhte Kohleförderung von den Deutschen nur zu erbringen war, wenn auch die Lebensmittelrationen stiegen und ein ausreichender Lebensstandard gesichert wäre, wodurch weitere Wiederaufbaumaßnahmen wie Instandsetzung von Transportwegen, Wohnungen etc. nötig wurden (157), also Maßnahmen, die JCS 1067 direkt entgegengesetzt waren.

Für die konkrete amerikanische Politik war noch ein Faktum von zusätzlicher Bedeutung. Auf britisches Drängen hin hatten die USA, d.h. die außenpolitische ,,Linke" im September 1944 in den Verhandlungen über die Besatzungsgebiete sich 1. mit dem weniger industrialisierten süddeutschen Raum zufriedengegeben (158) und sich 2. bereiterklärt, davon auch noch den westlichen Teil an Frankreich abzutreten (159). Diese amerikanische ,,Bescheidenheit" bzw. die britischen Forderungen, selbst den stark industrialisierten Norden zu erhalten, beruhten vor allem auf der damals noch von *Roosevelt* gehegten Absicht, nach Kriegsende nur etwa 2 Jahre amerikanische Besatzungstruppen in Deutschland zu stationieren (159a). So erhielt die amerikanische Zone zwar die ,,scenery", sprich ,,einen großen Teil der landschaftlichen Schönheiten" (160), aber ,,nur etwa 1/5 der deutschen Industriekapazität" (161). Die ,,realpolitischen" Amerikaner kamen zu der Ansicht, daß die Industriekapazität ihrer Zone nicht zur Selbstversorgung reiche, sondern daß sie stark auf Importe aus anderen Zonen angewiesen wäre.

Zudem hatte Truman nicht nur *Morgenthau* noch vor der Potsdamer Konferenz entlassen, sondern den etwas zurückhaltenderen Außenminister *Stettinius* durch ,,eine starke und politisch potente" Persönlichkeit, durch James F. *Byrnes* ersetzt (162), der das Konzept der Eindämmung russischer Hegemonie- und sowjetischer Ideologisierungsbestrebungen vertrat. Den Amerikanern gelang es in Potsdam vor allem durch die Anerkennung der Verwaltung aller polnisch besetzten Gebiete durch die Polen (163), ihre wirtschaftlichen Absichten festzuschreiben. Die sowjetische Forderung auf 10 Milliarden Dollar wurde nicht anerkannt, statt dessen einigte man sich auf die Befriedigung der Reparationsansprüche der UdSSR durch Entnahmen aus der von ihr besetzten Zone (164), (,,Potsdamer Abkommen" B. wirtschaftliche Grundsätze, Punkt IV. 1) sowie zusätzlich durch 25% von der für die deutsche Friedenswirtschaft unnötigen industriellen Ausrüstung aus den Westzonen (IV. 4. a) und b)) (164a).

Gleichzeitig war es jedoch den Amerikanern gelungen festzulegen, daß ,,Deutschland als eine wirtschaftliche Einheit zu betrachten" war (B. 14.) und daß diesbezüglich ,,gemeinsame Richtlinien aufzustellen" waren sowohl hinsichtlich eines ,,Import- und Exportprogramms für Deutschland als Ganzes", wie auch für die Reparationen (B. 14 d), f)); außerdem daß eine alliierte Kontrolle ,,zur Sicherung der Warenproduktion und der Dienstleistungen" zu errichten war, ,,die wesentlich sind für die Erhaltung eines mittleren Lebensstandards in Deutschland". Dieser mittlere Lebensstandard definierte sich nach dem mittleren Lebensstandard der europäischen Länder, England und die Sowjetunion ausgenommen (B. 15. b). Hiermit war auch der von JCS 1067 für Deutschland festgelegte und auch von der Sowjetunion für richtig gehaltene niedrigste Lebensstandard in Europa, der ausdrücklich nicht höher sein sollte als der irgend eines Deutschland benachbarten Staates, der den Vereinten Nationen angehörte (JCS 1067 Punkt 21), revidiert. Weiterhin sollte die alliierte Kontrolle eine „gleichmäßige Verteilung der wesentlichsten Waren unter den verschiedenen Zonen" sichern (B. 15. c)). Zur Unterstützung dieser alliierten wirtschaftlichen Kontrolle sollte „ein deutscher Verwaltungsapparat" geschaffen werden (B. 16) mit zentralen deutschen Verwaltungsabteilungen „auf den Gebieten des Finanzwesens, des Transportwesens, des Verkehrswesens, des Außenhandels und der Industrie" (A. 9. (IV)). Entsprechend der bereits von Truman erlassenen Kohlendirektive und der dafür als notwendig erkannten Steigerung der Produktion zur unmittelbaren Bedürfnisbefriedigung der deutschen Bevölkerung hieß es darüber hinaus: „es sind unverzüglich Maßnahmen zu treffen zur a) Durchführung der notwendigen Instandsetzungen des Verkehrswesens, b) Hebung der Kohlenerzeugung, c) ... d) Durchführung einer beschleunigten Instandsetzung der Wohnungen und der wichtigsten öffentlichen Einrichtungen" (B. 17.). Die durch die „Kohlendirektive" bereits veränderte Linie von JCS 1067 wurde hierdurch offiziell revidiert. Die *wichtigste Potsdamer Übereinkunft* aber war folgende, die im vollen Wortlaut wiedergegeben werden muß, weil sie zusammen mit der Berufung auf den Deutschland zuerkannten mittleren Lebensstandard die Bestimmung war, auf deren Verwirklichung die Amerikaner bezüglich der herzustellenden wirtschaftlichen Einheit für Deutschland am meisten drängten, weil ihre Einhaltung sogar die unbegrenzte Entnahme von Reparationsgütern durch die UdSSR aus der ihr zugesprochenen Zone unmöglich gemacht hätte. Zumindest zur Entlastung des amerikanischen Steuerzahlers hatte die USA an einer diesbezüglichen weiteren Einschränkung der sowjetischen Reparationsansprüche großes Interesse. Die Wiedergutmachungsforderungen des früheren Koalitionspartners UdSSR, der durch den Krieg am schwersten von allen Ländern geschädigt war, hatte demgegenüber zurückzustehen. Der Punkt der Abmachungen lautet: „Die Bezahlung der Reparationen soll dem deutschen Volk genügend Mittel belassen, um *ohne Hilfe von außen* zu existieren. Bei der Aufstellung des Haushaltsplanes Deutschlands sind die nötigen Mittel für die Einfuhr bereitzustellen, die durch den Kontrollrat in Deutschland genehmigt worden ist. Die *Entnahme aus der* Ausfuhr der Erzeugnisse *der laufenden Produktion* und der Warenbestände dienen in erster Linie der Bezahlung dieser Einfuhr. Die hier erwähnten Bedingungen werden nicht angewandt bei den Einrichtungen und Produkten, die in den Punkten 4a) und 4b) der Übereinkunft über die deutschen Reparationen erwähnt sind" (B. 19), d.h. bei den 25%, die die UdSSR aus dem „überflüssigen" Bestand der Westzonen erhalten sollte. (Hervorhebung v. der Verf.). Von Punkt IV.4. wurden für den Import-Export-Ausgleich zwar die Punkte a) und b) ausgenommen, nicht aber der Punkt 4. selbst, der wiederholte, was in Punkt IV. 1. bestimmt wurde, nämlich die Befriedigung der Ansprüche der UdSSR aus der SBZ (165), daß aber heißt, daß die laufend erzeugten Güter auch der SBZ nach amerikanischer Intention „in erster Linie" für den Export, d.h. für den Verkauf hätten verwendet werden sollen und nicht für Reparationen, und die für die ausgeführten Güter gezahlten Devisen sollten „in erster Linie" für die Bezahlung der notwendigen Importe verwendet werden, eine für die importabhängige amerikanische Zone sehr bedeutsame Regelung (165a). Anders interpretiert: Alle genannten Bestimmungen, die die USA hatten festschreiben können, richteten sich tendenziell bereits gegen die hohen Wiedergutmachungsforderungen der UdSSR, die nach Meinung der USA von der stark darniederliegenden deutschen Nachkriegswirtschaft nicht zu erbringen waren, sollte die deutsche Bevölkerung gemessen am europäischen Lebensstandard ein einigermaßen menschenwürdiges Leben führen. Und sie richteten sich gleichzeitig gegen die in der − für die amerikanische Zone gültigen − Direktive JCS 1067 festgelegte Politik der wirtschaftlichen Niederhaltung Deutschlands durch Nichteinmischung. Potsdam nahm mit der Einigung über einen Einfuhr-Ausfuhr-Ausgleich das schon in CCS 551 niedergelegte Prinzip der alliierten Kontrolle des gesamten Import-Export-Warenaustausches wieder auf. Die „Realpolitiker" hatten daran unter vielen Gesichtspunkten großes Interesse. Abgesehen davon, daß die amerikanische Wirtschaft Waren in Deutschland absetzen wollte, hielten die Militärpolitiker amerikanische Lieferungen nach Deutschland (trotz der den Amerikanern dadurch entstehenden Defizite) für unabdingbar, denn gerade einen angemessenen Lebensstandard hielten die „realpolitischen" Amerikaner für eine Vorbedingung, wenn es gelingen sollte, die Deutschen für die Errichtung einer Demokratie westlicher Prägung zu gewinnen. Zur Sicherung des von ihnen für notwendig erachteten Lebensstandards hatten sie in den Potsdamer Abmachungen weitere Vorkehrungen getroffen. (Über den Umfang der Reparationen für die UdSSR (die besagten 25%) sollte man sich innerhalb eines halben Jahres einigen (IV. 5.); der Kommandierende der jeweiligen westlichen Zone konnte jedoch Vorschußlieferungen leisten (IV. 7.). Alle in dem genannten Verfahren festgelegten Güter sollten innerhalb von zwei Jahren an die UdSSR ausgeliefert werden (IV. b.). Die UdSSR dagegen hatte für 15% der Ausrüstung aus dem Westen Gegenwerte zu liefern und zwar vor allem Nahrungsmittel und bestimmte Rohstoffe (IV. 4. a)). Mit der Auslieferung dieser Produkte sollte sie „so schnell wie möglich beginnen" und sie fünf Jahre lang fortführen (IV. 6.).) Die USA hatten − so ist zu schlußfolgern − ins Potsdamer Abkommen viele Punkte hineingebracht, die dem vorrangigen Interesse der UdSSR auf Wiedergutmachung durch Reparationen widersprachen und die die späteren Konflikte programmierten. Andererseits muß jedoch auch gesehen werden, daß sich die hohen Reparationsforderungen der UdSSR gegen ein Rumpfdeutschland richteten. Denn die Russen hatten sich als Kriegsbeute die vor dem zweiten Weltkrieg polnischen Gebiete östlich der Curzon-Linie und den eisfreien Hafen Königsberg − mit alliiertem Einverständnis − für immer einverleibt und hatten die Polen für das seit 1919 ihnen gehörende Land mit den deutschen Gebieten östlich der Oder-Neiße entschädigt, die sowohl Industrie als auch Landwirtschaft enthielten und die fast ein Viertel des deutschen Gebiets in den Grenzen vom 31.12.1937 ausmachten. Aufgrund der „Anerkennung" dieser russischen Gebietsforderung aber und anderer nicht Deutschland betreffender russischer Ansprüche durch die Westmächte in Potsdam war es den Amerikanern gelungen, obige die Wirtschaftspolitik betreffende Zugeständnisse von der Sowjetunion zu erreichen. Aus Anhelms Analyse der wirtschaftspolitischen Zielsetzungen der USA wird deutlich, daß die UdSSR in Potsdam wohl auch deshalb bereit war, der amerikanischen Import-Export-Ausgleichs-Forderung zuzustimmen, weil sie zunächst davon ausging, daß sie ihre Reparationsforderungen durch Demontagen befriedigen würde. Erst allmählich ging die Sowjetunion dazu über, „die Reparationen aus der laufenden Produktion höher einzuschätzen, als die Demontagen" (166).

Diese wirtschaftspolitischen Übereinkünfte waren *gleichzeitig* diejenigen, die die drastischeren Bestimmungen von JCS 1067 revidierten. Die Direktive hatte der amerikanischen Militärregierung Kontrollen in finanziellen und wirtschaftlichen Angelegenheiten nur erlaubt, soweit sie zur Durchführung der Besatzungsziele konkret der militärischen und industriellen Abrüstung und der Abwicklung des Reparationsprogrammes und „zum Schutz der Sicherheit und zur Befriedigung des Bedarfs der Besatzungskräfte" notwendig waren (JCS 1067 Punkt 5. a), generell jedoch hatte sie derartige Kontrollen verboten: „Abgesehen von den für diese Zwecke erforderlichen Maßnahmen werden sie keine Schritte unternehmen, die (a) zur wirtschaftlichen Wiederaufrichtung Deutschlands führen könnten oder (b) geeignet sind, die deutsche Wirtschaft zu erhalten oder zu stärken" (JCS 1067 Punkt 16.). Potsdam hob die — die ökonomische Kontrolle der Amerikaner über die Wirtschaft — einschränkenden Verfügungen von JCS 1067 auf. Man kann diese weitere Ausrichtung amerikanischer Politik an „realpolitischen" Interessen nicht besser kommentieren als Clay es mit seiner eigenen Interpretation, die er bald der Wirtschaftspolitik der amerikanischen Militärregierung zugrunde legte, tat: „Jetzt waren wir direkt verpflichtet, eine ausgeglichene Wirtschaft zu entwickeln, die Deutschland auf eigene Füße stellen sollte" (167).

Potsdam revidierte JCS 1067 noch in anderer Hinsicht, die in den folgenden Monaten einen bedeutenden Wandel der amerikanischen Politik bewirkte. Die sowjetische Militäradministration hatte am 10. Juni 1945 Parteien und Gewerkschaften zugelassen und Landesverwaltungen sowie auch Zentralbehörden errichtet. Hierdurch sahen sich die amerikanischen Besatzer, die der „realpolitischen" Seite zuzurechnen waren, in Zugzwang versetzt. So forderte z.B. der politische Berater von Clay, Robert E. Murphy am 28. Juni 1945 das State Department auf, das Verbot politischer Betätigung endlich aufzuheben, weil die Gefahr bestünde, daß die Kommunisten einen erheblichen Vorsprung erhielten und das politische Vakuum, das durch die negative amerikanische Politik der Unterdrückung entstünde, ausfüllten (168). Aufgrund dieses Zusammenhanges hatten nicht nur die Sowjets, sondern auch die Amerikaner Interesse daran, die politische Betätigung in Deutschland zu genehmigen. In den Potsdamer Abmachungen hieß es dazu: „In ganz Deutschland sind alle demokratischen politischen Parteien zu erlauben und zu fördern" (A. 9. (II)). Eine zentrale deutsche Regierung sollte zwar „bis auf weiteres" nicht errichtet werden — ausgenommen allerdings die bereits genannten zentralen Verwaltungsabteilungen, die sämtlich mit wirtschaftlichen Fragen befaßt waren (A. 9. (VI)). Auf allen anderen politischen Ebenen sollten jedoch möglichst bald wieder gewählte Vertreter die Verwaltung anführen (A. 9. (III)).

Die tiefere Bedeutung Potsdams lag jedoch weder in der meist als erstaunlich bezeichneten Tatsache, daß sich die Anti-Hitler-Koalition noch einmal hatte einigen können, auch nicht in dem schon von anderen Autoren mehrfach behaupteten aber nicht näher ausgeführten Faktum, daß die Abmachungen hinsichtlich der Besatzungspolitik für Deutschland als amerikanischer Sieg gelten müssen. Der Zankapfel „Reparationen" war eben nicht Kernpunkt des deutschen Problems. Selbst die von Gimbel zuerst erneut hervorgehobenen These (169), daß Potsdam die ökonomischen Bestimmungen von JCS 1067 entscheidend revidierte, zieht noch nicht die letzte analytische Konsequenz. Ausgehend von der Analyse der beiden gegensätzlichen Deutschlandkonzeptionen der verantwortlichen amerikanischen Politiker bedeutete Potsdam, daß sich die außenpolitisch „realpolitische" Schule in Potsdam durchgesetzt hat, die das machtpolitische Konzept der Integration Deutschlands in den westlichen Machtbereich vertrat mit dem Ziel, die kommunistische Macht einzuschränken. Ausgehend von dieser Analyse ist das „Potsdamer Abkommen" als das *Manifest der deutschen Spaltung* zu betrachten (170). Die deutsche Spaltung hatte spätestens (170a) mit dem Tod Roosevelts und der Machtübernahme durch Truman begonnen. Erste nach außen noch vollkommen unsichtbare Anzeichen für die kommende Spaltung Deutschlands waren die Erfolge der „realpolitischen" Seite in der Revision von JCS 1067/6 nach ihrer Verabschiedung durch den zuständigen Ausschuß. Manifest aber wurde die deutsche Spaltung in Potsdam. Die Potsdamer Übereinkünfte bedeuteten für beide Seiten, für die Amerikaner und für die Sowjets eine Festschreibung des jeweiligen Machtbereiches, den sie zu der Zeit territorial beherrschten. Durch die Klausel, daß letzten Endes jeder Zonenbefehlshaber in seiner

Zone die höchste Gewalt hatte und so selbst Kontrollratsbeschlüsse mißachten konnte, ermöglichte Potsdam jedem der beiden großen feindlichen Alliierten, in ihrem Machtbereich nach den eigenen Vorstellungen zu verfahren. Zwar war die „wirtschaftliche" Einheit proklamiert worden, dennoch hatte jede der beiden Seiten die Hoffnung, ihren Einfluß über das derzeitig militärisch beherrschte Territorium hinaus ausdehnen zu können, aber vorsichtshalber hatte jede Seite ihre eigenen Ansprüche innerhalb ihres augenblicklichen Machtbereiches abgesichert, die Sowjetunion die Oder-Neiße-Grenze und das Ausbeutungsrecht an ihrer Zone zu Reparationszwecken, die USA die Möglichkeit zum Wiederaufbau durch Festsetzung eines mittleren europäischen Lebensstandards etc.

Die obige These, daß die Spaltung Deutschlands entlang dem von Churchill bereits so bezeichneten Eisernen Vorhang (171) in Potsdam festgeschrieben wurde, beruht neben den Ergebnissen der Analyse der Interessen, der in den Vereinigten Staaten sich mehr und mehr durchsetzenden „realpolitischen" Seite im Gegensatz zu denen der „Linken" auf einer *Prämisse*, die hier noch einmal deutlich genannt werden muß, weil sie ohne eigene Untersuchungen gemacht wird, ausgehend von der Analyse, die Schwarz geliefert hat, die neuerdings von Anhelms Untersuchungen bestätigt wird. Diese Prämisse lautet: *So wie die USA* mit der sukzessiven Übernahme der Macht durch die „realpolitische" Seite von dem Interesse bestimmt waren, ihren Einflußbereich in Europa, speziell in Westdeutschland abzusichern und zu stärken, wenn noch möglich sogar auf ganz Deutschland auszudehnen, *so war die UdSSR* ebenso daran interessiert, ihre einmal gewonnene Macht über einen Teil Europas zu erhalten oder noch besser auszudehnen, sei es nun aus alten russischen Hegemoniebestrebungen oder aus ideologischen Gründen der Ausdehnung des kommunistischen Herrschaftsbereiches oder aus einer Koinzidenz beider Interessen. Dies wird beispielsweise an der von der Sowjetunion immer wieder verlangten Vier-Mächte-Kontrolle der Ruhr deutlich (172). Auf diese Prämisse wird hier deshalb so deutlich verwiesen, damit nicht etwa – weil in dieser Arbeit nur die amerikanischen Interessenkonstellationen untersucht werden, der Eindruck entsteht, hier werde eine Darstellung vorgelegt, der es um Moralisierung ginge, d.h. darum nachzuweisen, daß die Amerikaner an der deutschen Spaltung – bzw. wie sich später noch zeigen wird – auch an der Restauration in Westdeutschland „schuld" seien. Diese Untersuchung will Fakten aufdecken, analysieren und werten, indem sie sie auf die dahinterstehenden Interessen zurückführt.

Hier ist außerdem noch einmal darauf zu verweisen, daß das *zentrale Thema dieses Kapitels* nicht die Frage nach dem Zustandekommen der deutschen Spaltung ist, sondern die Frage nach den Demokratievorstellungen der Amerikaner, bzw. danach, wie sich diejenige Vorstellung, die schließlich zur Gründung der Bundesrepublik Deutschland geführt hat, durchgesetzt hat. Die hier aufgestellte These der Festschreibung der Spaltung in Potsdam ist daher nur insofern von Bedeutung, als die Schilderung der Errichtung der Demokratie in Westdeutschland dadurch von vornherein in anderem Licht erscheint. *Schon die ersten Maßnahmen*, angefangen mit der Zulassung der politischen Parteien, wie auch die weitere Verfolgung der amerikanischen wirtschaftlichen Interessen sind alle dem *„realpolitischen" Demokratiemodell zuzuordnen*. Der Beginn der Spaltung wurde früher oft erst auf die Moskauer Außenministerkonferenz im März/ April 1947 datiert oder auch z.T. noch später. Soche Daten – zu denen vorher die vielgerühmte Rede von Byrnes in Stuttgart im September 1946 gehört, mit der die „konstruktive" Politik Amerikas angeblich erst begann, oder auch die Verkündung des Reparationsstop durch Clay im Mai 1946, den Clay selbst später als den Beginn der Spaltung bezeichnet hat –, solche äußeren Daten werden hier entsprechend der oben gegebenen Analyse nur als weitere markante Punkte auf dem amerikanischen Weg der immer deutlicher betonten Politik des Wiederaufbaus Westdeutschlands gesehen. Sie besiegelten lediglich die Tatsache, daß es weder den Amerikanern noch den Russen gelang, ihren Machtbereich auf den von ihnen jeweils nicht beherrschten Teil Deutschlands auszudehnen. Weil die von beiden Seiten erhoffte Ausweitung nach Beendigung der militärischen Aktionen jedoch äußerst fraglich war und weil beide Seiten der gemeinsamen Arbeit im Kontrollrat mit großer Skepsis gegenüberstanden, mußte beiden daran gelegen sein, zumindest die eroberten Machtbereiche durch die andere Seite sanktionieren zu lassen, um zu verhindern, daß man sich selbst diese gegenseitig wieder streitig machen konnte. Dazu diente Potsdam, und aus solchen Motiven ist vermutlich die „erstaunliche Tatsache", daß es trotz der konträren Interessen zu einer Einigung in Potsdam kam, zu erklären.

> Die amerikanische Besatzungspolitik hatte „die Wiederherstellung demokratischer Verhältnisse im Sinne der westlichen Demokratietradition zum Ziele." (Karlheinz Niclauß)

3.1.3. Demokratiegründung in Westdeutschland unter amerikanischem Primat. Die Prädominanz wirtschaftlicher Gesichtspunkte

Nachdem die Ziele der Truman-Administration dargelegt worden sind, ist die Frage, welche Versuche zunächst zur gemeinsamen Verwirklichung des „Potsdamer Abkommens" durch alle vier Alliierten gemacht worden sind, und welche Schritte nach ihrem Scheitern dann zur sogenannten Weststaatsgründung führten, unter unserer Fragestellung unbedeutend. Was hier interessiert, ist das Problem, ob auf dem Weg zur Demokratiegründung in Westdeutschland ein bestimmtes Demokratiemodell deutlich wurde, das auch bereits für die Lehre von der Demokratie in den Schulen einen möglichen Rahmen setzte.

In diesem Zusammenhang ist die Frage von Bedeutung, ob die „realpolitischen" Amerikaner die Entwicklung weitgehend den Deutschen überließen oder ob sie selber den Rahmen steckten, in dem die Deutschen nur in begrenztem Maße agieren durften, oder aber ob die Amerikaner vielleicht nur bestimmten deutschen Vorstellungen und Konzepten ihre Unterstützung liehen, andere aber verhinderten. Die umfassende und recht hypothetische Frage, die vermutlich nie vollständig zu beantworten sein wird, weil sie viel zu viele Implikationen hat, die hinter diesen Teilfragen steckt, lautet etwa: Setzten die „realpolitischen" Amerikaner ihre Macht als Besatzer so ein, daß das Ergebnis der westdeutschen Demokratisierung ein anderes war, als es ohne amerikanischen Einfluß gewesen wäre? Die Frage als solche mag unsinnig erscheinen, weil sie nach einer historischen Situation fragt, die nicht gegeben war. Gerade nachdem die „realpolitischen" Amerikaner die Spaltung Deutschlands in Kauf zu nehmen bereit waren, um sicherzustellen, daß nicht ganz Deutschland in den kommunistischen Einflußbereich geriete, war kaum anzunehmen, daß sie bei einer westdeutschen Demokratiegründung tatenlos zusehen würden. Die Funktion der Frage im Rahmen dieser Arbeit ist jedoch die, herauszuarbeiten, welches andere Demokratiemodell als das in der Bundesrepublik Deutschland verwirklichte den Vorstellungen der deutschen Bevölkerung bzw. einiger Parteien entsprochen hätte. Ob die eine andere Demokratiekonzeption befürwortetenden politischen Kräfte ohne die Gegenkraft der amerikanischen Besatzungsmacht stark genug gewesen wären, um sich durchzusetzen, wird eine — auch durch weitere empirische Untersuchungen — ebensowenig zu beantwortende Frage bleiben, wie die, ob eine andere demokratische Ordnung auf die Dauer die nötige Stabilität sowie die Zustimmung der Mehrheit der Bevölkerung gefunden hätte. Die geschichtliche Rückfrage kann jedoch dazu beitragen, Alternativen, die in Vergessenheit geraten sind, wieder zum Bewußtsein zu bringen. Denn die Funktion der amerikanischen Social Studies Experten wird erst dann einschätzbar, wenn es gelingt, die verschiedenen sozialen und politischen Möglichkeiten zur Errichtung einer demokratischen Regierungsform nach 1945 deutlich zu machen.

> „Wiederaufbau, das wäre der Versuch, den bankrotten Kapitalismus und seine verhängnisvollen antidemokratischen ... Methoden zu beleben." Die SPD will „den Neuaufbau Deutschlands! Sie weiß, daß niemand dort weitermachen kann, wo er 1933 aufhören mußte ..." (Kurt Schumacher)

3.1.3.1. Demokratiekonzeptionen westdeutscher Parteien

Die Art der Fragestellung setzt voraus, daß nicht nur amerikanische Absichten dargestellt werden, sondern daß auch deutsche Vorstellungen ins Blickfeld kommen. Zunächst konnten jedoch deutsche Vorstellungen nicht realisiert werden, denn das alliierte Oberkommando (SHAEF) hatte – wahrscheinlich der Direktive JCS 1067 entsprechend – „Ende April 1945 jede politische Betätigung in Deutschland bis auf weiteres untersagt" (173). Auffällig ist, daß die Literatur wiederholt darauf hinweist, daß das besondere Mißtrauen der amerikanischen Militärregierung vornehmlich den antifaschistischen Ausschüssen galt (174). Dies waren lokale Zusammenschlüsse, meist von Sozialisten und Kommunisten, die z.T. schon in der Illegalität den deutschen Faschismus gemeinsam bekämpft hatten, also aktive Gegner des Nationalsozialismus, von denen als erste ein Engagement für einen friedliebenden und möglicherweise demokratischen Staat zu erwarten war (175). Die Alliierten weigerten sich jedoch, „sie als Vertreter deutscher Interessen anzuerkennen" (176). Von den Amerikanern dafür selbstgenannte Begründung: Man fürchtete, ein zu rasches Gewährenlassen hätte die Kommunisten begünstigen können (177). Nicht zugegebener Grund: Auch die Sozialisten respektive Sozialdemokraten waren den Amerikanern mit ihrem gesamten Gedankengut suspekt. Die noch darzustellenden Ereignisse im Verlauf der Besatzungsjahre werden diese Thesen beweisen. Vorläufige Schlußfolgerung: Denjenigen deutschen Kräften, die aus innerer Überzeugung den Nationalsozialismus bekämpft hatten und die nun nach ihren Vorstellungen ein neues Deutschland hofften aufbauen zu können, begegneten die Amerikaner mit Mißtrauen, Skepsis und ohne Bereitschaft zur Zusammenarbeit.

Wie schon dargestellt, sahen sie jedoch bald die Notwendigkeit, demokratische Organisationsformen zuzulassen, um die Entstehung eines politischen Vakuums zu verhindern. Entsprechend dem „Potsdamer Abkommen" genehmigten sie daher die Gründung von politischen Parteien, gingen dabei allerdings zunächst sehr vorsichtig vor. Am 27. August 1945 erlaubten sie die Betätigung auf Kreisebene. Am 23. November gaben sie die Genehmigung für die Organisation auch auf Landesebene (178). Die drei Länder Hessen, Württemberg-Baden und Bayern waren offiziell am 19. September von den Amerikanern errichtet worden (179). Doch erst, nachdem *im Januar* auf amerikanische Anordnung (180) *erste Kommunalwahlen* in Gemeinden mit weniger als 20.000 Einwohnern die Tendenz zu gemäßigt demokratischem Verhalten bei den Deutschen gezeigt hatten: die neu gegründete CDU/CSU hatte 37% der Stimmen erhalten, die SPD 24%, alle anderen Parteien zusammen 30% (181), gaben die Amerikaner am 28. Februar 1946 auch ihr Placet zum Zusammenschluß der Parteien auf Zonenebene (182). Dann folgte Schritt auf Schritt. Das stufenweise amerikanische Demokratisierungsprogramm wurde nach den ersten demokratischen Wahlerfolgen mit großem Propagandaaufwand der amerikanischen Militärregierung „über die ungeheuren Fortschritte, die die Deutschen in der amerikanischen Zone auf dem Wege zur Demokratie und zur kommunalen Selbstverwaltung machten" (183), das ganze Jahr 1946 über fortgeführt, bis die Bevölkerung im November sogar die Verfassungen für die Länder in Volksabstimmungen genehmigt und Landtage gewählt hatte, früher als in allen anderen Zonen (184).

Wie demokratisch das Vorgehen der Amerikaner war und ob die hochgepriesene Demokratisierung der amerikanischen Zone auch den deutschen Vorstellungen entsprach, wird sich an verschiedenen Einzeldarstellungen weiter unten erweisen. Um diese Frage angehen zu können, sollen zunächst einmal die Positionen und Gedanken, die die beiden großen Parteien zum Wiederaufbau entwickelten, dargestellt werden. Diese Neuordnungsvorstellungen hingen in beiden Parteien mit der Analyse der Entwicklung zum Nationalsozialismus zusammen, da man von vornherein ein neuerliches Abgleiten der Demokratie in eine Diktatur verhindern wollte.

In Kreisen der *CDU/CSU* diagnostizierte man als die verderblichen Einflüsse, die schließlich zum Nazi-Totalitarismus geführt hatten (184a), die Atomisierung der Gesellschaft durch den Liberalismus, die zur Vermassung und Entpersönlichung geführt habe, den Zentralismus des absolutistischen Staates, der Eigeninitiative und persönliche Verantwortlichkeit erstickt habe, den Sozialismus, der den Trend zur Säkularisierung und zum Kollektivismus fortführte und einige Elemente Rousseauscher Radikaldemokratie in der Weimarer Verfassung (185). Um Abhilfe gegen diese Erscheinungsformen der modernen Massengesellschaft zu schaffen, besannen sich die Gesellschafts- und Kulturkritiker, die sich in der CDU/CSU sammelten, auf die Prinzipien des Christentums, auf das aus der katholischen Soziallehre stammende Subsidiaritätsprinzip und den dazugehörigen Christlichen Solidarismus und dementsprechend verfassungspolitisch auf den Föderalismus. Die wirtschaftspolitischen Vorstellungen waren 1945 noch nicht ganz einheitlich und klar (186). Das Privateigentum an Produktionsmitteln wurde grundsätzlich bejaht, aber die anfangs einflußreiche Gruppe der Befürworter des christlichen Sozialismus trat zunächst in einem sozialreformerischen Kurs für eine partielle Vergesellschaftung von Monopolen ein (187). Die Dezentralisation des Staates durch die Aufteilung der Macht auf die Länder wurde als „organische Demokratie" oder „demokratischer Kosmos" (188) gewürdigt und gefordert. Damit verbunden war die konstitutionelle Idee der Ausbalancierung der politischen Macht, der gegenseitigen Kontrolle und Beschränkung der staatlichen Gewalten (189). Hinter dieser starken Befürwortung des Föderalismus stand die Absicht, die Macht der Legislative, des unmittelbar vom Volk gewählten Parlaments, zu beschränken. Auf dem Wege der *vertikalen Gewaltenteilung,* konkret durch eine möglichst weitgehende Gleichberechtigung einer zweiten Kammer, der Länderkammer, hoffte man, allzu einschneidende Gesetzgebungsvorhaben der Mehrheit des Parlaments blockieren zu können (190). Neben der Mitwirkung der Länder an der Gesetzgebung sollte die Gewaltenverschränkung nach Vorstellungen der CDU auch durch eine weitgehende Verwaltungsautonomie der Länder, die vor Eingriffen durch die Zentrale geschützt sein sollten, vertieft werden, so daß der Bund kaum Möglichkeiten bekommen sollte, die Ausführung einmal beschlossener Gesetze zu überprüfen (191). Besondere Priorität hatte hierbei die Verwaltung der Finanzen, d.h. der Steuern durch die Länder (192). Auch die *horizontale Gewaltenteilung,* diejenige zwischen den Regierungsorganen, speziell zwischen Parlament und Judikative, war der CDU besonders wichtig, um möglichst einen politischen Einfluß auf die Rechtsprechung auszuschalten, die Judikatur aber notfalls zur letzten Korrektur mißliebiger Gesetze einsetzen zu können (193). Diese Verfassungsvorstellungen der CDU waren am Vorbild der amerikansichen Verfassungstradition orientiert, zumal die Beratung der amerikanischen Bundesverfassung, wie schon gezeigt worden ist, „ebenfalls von der Furcht vor der unbeschränkten Mehrheitsherrschaft beeinflußt wurde" (194). So wie die Angst der amerikanischen Verfassungsväter vor allem Eingriffen in die freie Wirtschaft galt, war auch das Interesse der CDU in erster Linie darauf gerichtet, durch eine geeignete Verfassungskonstruktion planwirtschaftliche Bestrebungen unwirksam zu machen. Denn die CDU hatte spätestens nach 1947 die neoliberalen Vorstellungen zur Wirtschaftsordnung aufgegriffen (195), die durch den Gedanken der Wiederherstellung und Sicherung des sogenannten freien Wettbewerbs am Markt gekennzeichnet waren. Zwar sollte der Staat entsprechend dem ordoliberalen Gedankengut die Bedingungen für die Freiheit, d.h. für die vollständige Konkurrenz garantieren. Er sollte durch die Vorgabe von wirtschaftlichen Ordnungsformen die Bildung von Kartellen, Monopolen etc. verhindern, und somit für immer für die Funktionsfähigkeit des Wettbewerbs sorgen, aber darüber hinaus sollte er nicht in die freie Unternehmerwirtschaft eingreifen. Allein der Markt sollte Angebot und Nachfrage regeln (196). Dieser Absicht zur Restauration der kapitalistischen Wirtschaftsordnung entsprach das schon erwähnte christdemokratische Sozialstaatsprinzip der Subsidiarität. Es besagte, daß der Staat vor allem „Eigentätigkeit und Selbständigkeit" der verantwortlichen menschlichen Person Raum lassen und dieser nur nötigenfalls „ergänzenden Beistand" leisten sollte. Der „persönlichen Initiative der einzelnen Bürger" sollte „die größtmögliche Freiheit gewährleistet" werden (197), anstatt sie von der Wiege bis zur Bahre mit sozialen Maßnahmen des Staates zu schützen und dadurch ihre persönliche Einsatzbereitschaft einzuschränken; so die CDU/CSU-Parole, die 1976 im Wahlkampf noch ebenso stark Verwendung fand wie nach dem Krieg. Die Philosophie des Personalismus lieferte das Fundament für das diesen Anschauungen zugrundeliegende Menschenbild. Da die Vollbeschäftigung, die staatliche Eingriffe in die „freie" Wirtschaft verlangt hätte, nicht vorrangiges Ziel der Wirtschaftspolitik sein sollte (198), befürwortete man sozialpolitisch die Förderung eines breitgestreuten Haus- und Garteneigentums, das die lohnabhängigen Massen bei Konjunkturkrisen in die Lage versetzen sollte, das Nötigste in Eigenproduktion herzustellen (199, 199a). Angeblich sollte die von der CDU mit den Düsseldorfer Leitsätzen vom 25. Juni 1949 zur Grundlage der offiziellen Wirtschaftspolitik erhobene Wirtschaftsordnung „nichts mit der Rückkehr zu einem überwundenen Liberalismus zu tun" haben (200) (Hervorhebung von der Verf.), sondern „betont sozial ausgerichtet und gebunden sein" (201). Da der „Vater" der sozialen Marktwirtschaft, *Alfred Müller-Armack* zum Nachweis dieser sozialen Verpflichtetheit der von ihm seit 1945 entwickelten neuen Wirtschaftsordnung 1974 eine Kurzdokumentation der wichtigsten seiner damaligen — wie er behauptet — wissenschaftlich zustande gekommen Argumente vorlegte, seien diese kurz in die kritische Darstellung einbezogen.

Die Wiederaufnahme des Wettbewerbsgedankens war durch die Erfahrung mit den Lenkungsmechanismen der nationalsozialisten Kriegswirtschaft bestimmt (S. 124). Unter Außerachtlassung der völlig anderen Zielsetzung der Lenkungsformen in der Nachkriegszeit, sowie der durch Krieg, Zerstörung und Besatzungsherrschaft gesetzten Rahmenbedingungen werden 1. die Formen der Nachkriegsbewirtschaftung (S. 142), sowie 2. die von den Sozialdemokraten geforderten Elemente einer begrenzten demokratischen, parlamentarisch kontrollierten Planwirtschaft (S. 145), 3. mit den im Dritten Reich gemachten Erfahrungen gleichgesetzt und als „Kollektivismus" gebranntmarkt (S. 148), als Zentralverwaltungswirtschaft, deren „auf dem Kommando, dem zentralen Befehl beruhende Lenkung politische und geistige Unfreiheit im Gefolge hat", die „jede echte Initiative, geistige Selbständigkeit und menschliche Autonomie gefährde(t)" (S. 142). Diese totale Ablehnung jedes wirtschaftlichen Lenkungselements auch in der Art einer von der SPD geforderten Mischung mit marktwirtschaftlichen Wirtschaftsformen (S. 145), war der Ausgangspunkt für die im Laufe der Nachkriegsjahre immer vehemter werdende Befürwortung der „Wiederherstellung eines echten Marktes", weil einzig und allein" die Wirtschaftsordnung der Marktwirtschaft „produktiv, erfinderisch, elastisch und dynamisch genug ist" (S. 130), um einen Wiederaufbau der darniederliegenden Wirtschaft zu erreichen. Als „einziger Zwang" zur „Wiederherstellung der Marktfunktion" wurde die „Kaufkraftbindung", „-kürzung", „-sperrung", d.h. eine Währungsreform verlangt, die aber ausdrücklich „keine Vorentscheidung bezüglich des Vermögensausgleichs" (S. 128), also keinen Lastenausgleich enthalten sollte, da solche „letztlich auf Verteilungsprobleme hinauslaufen(den Fragen) gegenüber den dringlicheren Produktionsproblemen zurücktreten" müßten (S. 135), während Lohnstop (S. 127), Preisfreigabe und erhebliche Steuersenkungen für die Unternehmer (S. 137) als Voraussetzung für die Ingangsetzung der Selbstregulierung gefordert wurden.

Neben diesen recht konkreten, die gewinnorientierten Kräfte unterstützenden Forderungen waren die wenigen Hinweise (S. 139, 143) auf soziale Elemente dieser „neuen" Wirtschaftsordnung in ihrer Aussage äußerst nebulos. Im August 1947 erhielt das Wort Marktwirtschaft überhaupt erstmals das Beiwort „soziale". Die neue soziale Eigenschaft der Marktwirtschaft wies sich allein in dem Programmsatz aus, daß die Arbeitenden „durch ein System echter Gegenleistung wieder an ihrer Arbeit interessiert werden sollen" (S. 144). Dies sollte, man merke, durch die „Nutzbarmachung der unternehmerischen Initiative" (S. 144) erreicht werden. Mit anderen Worten, das so grundlegend Neue und Soziale an der neuen Marktwirtschaft sollte sein, daß die Arbeitenden nach einer Währungsreform für ihr schwer verdientes Geld im Gegensatz zur Schwarzmarktzeit tatsächlich Ware erhalten sollten. Allein die Tatsache, daß — wie die Zusammenstellung der Aufsätze von Müller-Armack im Jahre 1974 zeigt — bis Ende 1947 das Soziale der angeblich so neuen Wirtschaftsordnung keine Rolle spielte und die ganze Argumentation sich nur darum drehte, jegliche Form einer Lenkung demagogisch zu verunglimpfen und apodiktisch die Wiederherstellung des Marktes als einzige Lösung darzustellen, zeigt, daß konstitutives Element dieser Wirtschaftsordnung allein die „persönliche Initiative des Unternehmers" war (S. 143) und nicht „die soziale Verpflichtung". Letztere wurde der Marktwirtschaft ab Ende 1947 aufgesetzt, als sich in den umorganisierten Gremien der Bizone eine Chance der Durchsetzung der kapitalistischen Wirtschaftsform abzeichnete und man hoffte, auch die Bevölkerung durch die Betonung des neuen sozialen Elements, das angeblich den Charakter des Kapitalismus völlig veränderte, gewinnen zu können. Daß die vorgebliche „soziale Bindung" erst nachträgliches Beiwerk war und den Wesensgehalt des Kapitalismus nicht veränderte, nur abschwächte, läßt sich auch an dem letzten hier nicht mehr behandelten Aufsatz nachweisen, der erstmals im einzelnen „das Betätigungsfeld sozialer Gestaltung" umreißt und vom Mai 1948 stammt. Zu diesem Nachweis wären jedoch längere Ausführungen erforderlich, die den Rahmen dieser Arbeit sprengen würden (202).

Die Kurzanalyse zeigt, daß der von den Christdemokraten hiermit übernommene Sozialstaatsgrundsatz vor allem in dem „durch Eigentum und Wirtschaftsfreiheit geprägten gesellschaftlichen status quo liegt" und daß „ein mehr oder weniger an sozialem Ausgleich, an sozialen Korrekturen ökonomischer Prozesse, an Hilfe, Fürsorge und Vorsorge (nur) sekundär" war und der Erhaltung und Stabilisierung der gesellschaftlichen Macht- und Einkommensverteilung ebenso dienen sollte, wie später der Festigung der auf dieser Basis errichteten politisch-demokratischen Ordnung (203). Das

bedeutet, daß sich Föderalismus, soziale Marktwirtschaft und Subsidiaritätsprinzip in der Anschauung der CDU/CSU gegenseitig bedingten.
Die *SPD* dagegen ging in ihrer Faschismusanalyse sowie in der Untersuchung der Gründe für das Scheitern der Weimarer Republik überwiegend davon aus, daß die kapitalistische Wirtschaftsordnung verantwortlich für den in der ersten Deutschen Republik feststellbaren „Widerspruch zwischen der demokratischen Verfassung und dem Einfluß wirtschaftlicher Machtgruppen" zu machen war (204) und daß dieses „System" auch in Nürnberg auf die Anklagebank gehört hätte (205). Da man zu der Ansicht gekommen war, daß die „revolutionäre Kraft" 1918/19 nicht ausgereicht hatte, um auch die wirtschaftlich Mächtigen in die Demokratie zu integrieren (206), standen wirtschaftsdemokratische Überlegungen auf Seiten der SPD im Vordergrund der verfassungspolitischen Konzeption. *Neuordnungsziel* war, auf dem Gesetzgebungswege einen dritten Weg zwischen Kapitalismus und Bolschewismus verwirklichen zu können, den eines freiheitlichen, demokratischen Sozialismus. Im Gegensatz zur neugegründeten CDU/CSU war die SPD eine alte Partei mit langer Tradition. Ein Kennzeichen für diesen Traditionalismus war die „personelle Kontinuität von Mitgliedschaft und Parteifunktionären"; noch etwa bis 1952 hin hatten 80% der Mitglieder „die Zerstörung der Partei als Erwachsene miterlebt" (207).
Die Sozialdemokraten knüpften besonders an die Vorstellungen über Wirtschaftsdemokratie, die schon in Weimar von Naphtalie erarbeitet worden waren, wieder an. Im Zentrum dieser im Unterschied zur Marktwirtschaft als Gemeinwirtschaft bezeichneten Ordnungsform der Wirtschaft sollte eine planmässige Wirtschaftslenkung stehen, die im Gegensatz zur Zentralverwaltungswirtschaft jedoch die Prinzipien der Freiheit und der Lenkung vereinbaren sollte (208). In den „politischen Leitsätzen der SPD vom Mai 1946" (209) hieß es: „Die Sozialdemokratie erstrebt eine sozialistische Wirtschaft durch planmäßige Lenkung und gemeinwirtschaftliche Gestaltung" (210). Gleichzeitig forderte man aber „die Beschränkung der staatlichen Eingriffe auf das jeweils erforderliche Maß" (211), denn: „der Sozialismus will so viel wirtschaftliche Selbstverwaltung wie möglich unter stärkster Beteiligung der Arbeiter und Verbraucher" (212). Mit Ausnahme der Investitionstätigkeit, die in Zukunft „ausschließlich dem Staat zur vollständigen Kontrolle" überantwortet und vor allem durch die Kreditpoltik gesteuert werden sollte, wollte man die möglichst indirekte Planungs- und Lenkungsarbeit weitgehend dezentralisieren und darauf achten, daß sie „immer von unten nach oben" geht (213). Die parlamentarisch kontrollierte zentrale Planung sollte vor allem Rahmendaten setzen, um einerseits ein „Optimum an Versorgung" zu sichern und zum anderen die Vollbeschäftigung (214). Durch dieses Programm wollte die Sozialdemokratie jedoch „keineswegs die unternehmerische Initiative als solche" bekämpfen, im Gegenteil, sie wollte diese „in allen Formen, die nicht zur Entstehung neuen sozialen Unrechts führen", sogar fördern (215).
Außerdem hatte man vor, „marktwirtschaftliche Elemente des Wettbewerbs" (216) in die freiheitlich-sozialistische Wirtschaftsordnung einzubauen. Zu den Grundforderungen gehörten weiterhin die Mitbestimmung der Arbeiter sowie die Überführung bestimmter Betriebe des Bergbaues, der Eisen- und Stahlindustrie und der Großchemie in Gemeineigentum (Sozialisierung) (217).
Um dieses und andere Neuordnungsprogramme verwirklichen zu können, strebten die Sozialdemokraten ein starkes Parlament mit weitreichenden Gesetzgebungskompetenzen an. Vor allem die Materien der Wirtschafts- und Sozialordnung sollten der Vorranggesetzgebung des Bundes zugeordnet werden (218). Nach dem Grundsatz: „da wo die Steuermacht liegt, liegt fast immer auch die politische Macht" (219), trat die SPD außerdem besonders dafür ein, daß die Steuer- und Finanzpolitik in die Zuständigkeit

der Zentralregierung gehöre. Die sozialdemokratischen Ansichten, Wirtschaft und Gesellschaft auf dem Gesetzgebungsweg zu reformieren, führten konsequenterweise zu starken Vorbehalten gegenüber dem Föderalismus (220). Damit von der Mehrheit des Parlaments verabschiedete Reformgesetze die Wirtschaftsordnung tatsächlich neu gestalten konnten, mußten weitere Voraussetzungen erfüllt werden. Die neuen Gesetze durften nicht auf einer zweiten Stufe, d.h. am Veto der Länderkammer scheitern. Wenn man den Ländern ein Einspruchsrecht zugestehen mußte, dann nur eines, das vom Parlament in einem neuen Durchgang mit einfacher Mehrheit überstimmt, d.h. zurückgewiesen werden konnte (221). Der Bundesrat durfte also keine gleichberechtigte zweite Kammer werden. Außerdem mußte verhindert werden, daß die Verwirklichung gesetzmäßig verabschiedeter Reformen durch Verwaltungsmängel bzw. durch Obstruktion beeinträchtigt werden konnte. Der Bund sollte daher nach SPD-Vorstellungen die Verwaltung der Steuer und Finanzen ganz übernehmen, ansonsten sollten – falls keine bundeseigene Verwaltung vorgesehen war – die Länder über die Auftragsverwaltung die Gesetze anwenden (222), d.h. die Zentrale sollte das Recht haben, die Verwaltungsverfahren zu bestimmen und die Durchführung zu überwachen (223). Die *Judikative* sollte auf dem Wege über Personalentscheidungen einer parlamentarischen Kontrolle unterstellt werden. Im Verfassungsgericht sollte auch das „Nichtfachrichterelement" zur Geltung kommen, weil dieses sich auch mit Rechtsfragen „von ganz besonderer politischer Bedeutung" zu befassen hat (224).

Neben der SPD waren die *Gewerkschaften* eine weitere große gesellschaftliche Gruppierung, die bestimmte Vorstellungen über die Neuordnung im postfaschistischen Deutschland durchzusetzen versuchten. Ihre Forderungen gingen zum Teil über die sozialdemokratischen hinaus. Sie plädierten stark dafür, neben individuellen auch „soziale Grundrechte" im Grundrechtsteil festzuschreiben (225). Sie wollten so die Koalitionsfreiheit, das Streikrecht, die betriebliche und überbetriebliche paritätische Mitbestimmung und die Verstaatlichung der Schlüsselindustrien sowie der Großbanken absichern (226).

Soweit vorweg zu den wichtigsten innenpolitischen Konzeptionen auf deutscher Seite. Was die außenpolitischen Vorstellungen anbetrifft, so konnten diese sich zwar genau so wenig unbeeinflußt von den Gegebenheiten der Besatzungspolitik entwickeln. Es ist jedoch offensichtlich, daß der Spielraum für eine eigenständige deutsche Politik angesichts des vorprogrammierten Ost-West-Konflikts und der weltpolitischen Machtkonstellationen noch wesentlich kleiner war als der innenpolitische Spielraum. Da in dieser Arbeit das amerikanische Konzept für politische Bildung Ausgangs- bzw. Zielpunkt für alle aufgeworfenen Fragen ist, und da es in der sozialen und politischen Erziehung vorrangig darum geht, zu welchem Demokratieverständnis der junge Staatsbürger erzogen wird, setzt diese Arbeit – nach den Ergebnissen der obigen Analyse der amerikanischen Deutschland-Planung – die Westorientierung des nicht sowjetisch besetzten deutschen Gebietes als Faktum voraus. Das heißt, die außenpolitischen Alternativen, die deutscherseits entwickelt wurden (227), werden in die folgende Untersuchung nicht einbezogen.

> „In Deutschland (muß) die wirtschaftliche und politische Stabilität . . . hergestellt sein, ehe das deutsche Volk seine Meinung frei äußern kann."
> (Lucius D. Clay, 20.10.1947)

3.1.3.2. Die amerikanische Demokratiekonzeption für den Weststaat

Über das Demokratiekonzept der „realpolitischen" Amerikaner gibt es bislang keine Untersuchung. Da die Direktive JCS 1067 offiziell mit der Veränderung durch Potsdam bis 1947 gültig blieb, konnten auch die „realpolitischen" Amerikaner sich – als Besatzer nach Deutschalnd kommend – nicht als die großen Befreier ausgeben, die nur kamen, um Deutschland endlich die Demokratie zu bringen. Es liegt daher keine amerikanische Erklärung vor, aus der das „realpolitische" Demokratiekonzept ersichtbar oder ableitbar ist. Es wird erst aus einer *Analyse der Erscheinungsformen der Besatzungspolitik der Jahre 1945 bis 1952* erkennbar, anfangs nur allmählich und vor allem in dem Maße, in dem die wirtschaftlichen Absichten der „realpolitischen" Amerikaner* deutlicher werden und mit der Zeit einem bestimmten ökonomischen System zugeordnet werden können. In dieser Arbeit wird das Demokratiekonzept *anhand von zwei* nacheinander in getrennten Abschnitten behandelten *Fragen entwickelt,* jedoch ohne über die Erscheinungsformen der Besatzungspolitik hinaus auf die dahinterstehenden amerikanischen Kapitalfraktionen einzugehen (228). In Anbetracht der Übernahme der Regierungsmacht durch die Alliierten wird als *erstes* die Frage gestellt: Welche Entscheidungen der amerikanischen Besatzungsmacht präjudizierten die wirtschaftspolitische Ordnung ihrer Besatzungszone bzw. – entsprechend ihrer dominanten Stellung unter den Westalliierten – die Bizone und damit den schließlich gegründeten Weststaat?

Mit der *zweiten* Frage wird untersucht, wie weit die Amerikaner deutsche Vorstellungen und Entscheidungsprozesse beeinflußten.

> „Ich bin der Meinung, daß es absolut unerläßlich ist, die Förderung der Wirtschaft und die Wiederbelebung der industriellen Produktion im Westen Deutschlands zum obersten Ziel unserer dortigen Politik zu machen und ihr Vorrang vor allen anderen Maßnahmen der Besatzungspolitik einzuräumen."
> (Georg F. Kennan, Chef des Planungsstabes im Außenministerium am 6.5.1946)

3.1.3.2.1. Amerikanische Entscheidungen, die die westdeutsche Wirtschaftsordnung präjudizierten

Die Priorität wirtschaftlicher Fragen in der „realpolitischen" amerikanischen Besatzungspolitik, die schon in Potsdam deutlich geworden war, wurde im Laufe der Monate und Jahre, angefangen mit der Gründung des Länderrats, dann in der Geschichte der Bizone, sowie im Marshallplan bis hin zur Tätigkeit der Hohen Kommission immer sichtbarer. Spätestens mit dem Erlaß der Währungsreform auf dem Höhepunkt der präjudizierenden Eingriffe für eine neue Wirtschaftsordnung wurde die Prädominanz wirtschaftlicher Entscheidungen gegenüber anderen Besatzungszielen unübersehbar. Schon Ende September 1945 (229) konstatierte der stellvertretende amerikanische Militärgouverneur in der amerikanischen Zone, Gerneral Lucius D. Clay einen „Stillstand im Alliierten Kontrollrat" (230) hinsichtlich der Erreichung der im August in Potsdam vereinbarten wirtschaftlichen Einheit und begann den Gang der Geschehnisse voranzutreiben. Er leitete die *Bildung des* aus den Ministerpräsidenten der drei Länder zusammengesetzten *Länderrats* der amerikanischen Zone ein, der schon am 17.10.1945, elf Wochen nach Potsdam erstmals tagte. Bei den zahlreichen vom Länderrat noch 1945 gebildeten Ausschüssen waren solche für kulturelle Fragen nicht vertreten, obwohl die Schulen bereits wieder eröffnet waren. Obwohl eine eventuelle

---

* Wenn nicht anders gekennzeichnet, sind im folgenden mit „die Amerikaner" immer die „realpolitischen" Amerikaner gemeint.

neue Schulstruktur und inhaltliche Reformen also nicht mehr lange auf sich warten lassen durften, wenn man nicht wieder schnell in eingefahrere Gleise geraten wollte, entststand der Sonderausschuß für Kulturpolitik erst ein Jahr später, Ende September 1946. Alle Tagesordnungspunkte der Länderratssitzungen und -ausschüsse der Anfangszeit galten ausschließlich wirtschaftlichen Fragen (231), so daß Gimbel schreibt, „das Ziel, den deutschen wirtschaftlichen Wiederaufbau rasch in Gang zu setzten ..., lag in der Entstehungsgeschichte des Länderrats offen zutage und wurde in den Anfängen seiner Tätigkeit eher noch offensichtlicher." (232) Im Dezember 1945 kündigte das State Department in einem ersten harten Nachkriegswinter für Deutschland, in dem vorrangig den von Deutschland bekämpften Nationen geholfen werden sollte, für das Frühjahr 1946 den Beginn einer zweiten Stufe der Wirtschaftspolitik gegenüber Deutschland an, in der die deutsche Wirtschaft bei gleichzeitigen Reparationszahlungen langsam wieder aufgebaut werden sollte. (233)

Den Beginn der Entwicklung zur Bizone, zur wirtschaftlichen Vereinigung der amerikanischen und britischen Zone konnte man ebenfalls beobachten, lange bevor davon die Rede war und bevor es zum viel interpretierten Reparationsstopp im Mai 1946 kam, mit dem Clay die Reparationsleistungen aus der amerikanischen Zone an die Russen vorläufig – endgültig einstellte. Im Dezember 1945 wurden amerikanischerseits erste Treffen zwischen den ‚regierenden' Deutschen der britischen und der US-Zone erwogen, im Februar 1946 verwirklicht. (234) Immer ging es um wirtschaftliche Probleme, die zwar in der allgemeinen Notlage nach Kriegsende ungeheuer wichtig waren, das ist unbestritten. Aber die Besatzungsgeschichtsschreibung besonders seit Gimbel zeigt deutlich, daß es sich um gesetzte Prioritäten handelte und nicht um aufgezwungene. Man hatte sich im alliierten Kontrollrat Ende März nach schwierigen Verhandlungen gerade auf einen gemeinsamen Industrieniveauplan für Deutschland geeinigt (235), er bestimmte, wieviel Produktionskapazität in Deutschland belassen und wieviel Prozent davon vorläufig ausgenutzt werden sollten –, da drängte Clay bereits gegenüber Byrnes auf die Verschmelzung der britischen und amerikanischen Zone „in klarer Erkenntnis der *politischen* Folgerungen" (Hervorhebung von der Verf.); Begründung: „Die zwei Zonen würden vereint binnen weniger Jahre dazu gelangen, sich selbst zu erhalten" (236). Clay tat dies unter dem Gesichtspunkt, daß das Weiterbestehen des bisherigen Zustandes „die Entwicklung des Kommunismus in Deutschland begünstigt und die Demokratisierung behindert" (237). D.h. bereits im April oder Mai 1946, als die Außenministerkonferenz, die neben dem alliierten Kontrollrat das Gremium zur Lösung der deutschen Probleme sein sollte, erstmals zur Erörterung deutscher Fragen zusammentrat, besprachen die beiden politisch einflußreichsten Amerikaner im Hinblick auf Angelegenheiten, die Deutschland betrafen, in einer Zusammenkunft am Rande dieser Tagung (238) die Implikationen der sogenannten Weststaatslösung (239). Allerdings konnten die Amerikaner auf einige konkrete Anlässe verweisen, die sie zum Zweifel an einem zukünftigen russisch-amerikanisch-einträchtigen Zusammenspiel im Sinne der amerikanischen Potsdaminterpretaion berechtigten. Während die amerikanische Militärregierung mit der Reparationslieferung von Investitionsgütern aus ihrem Bereich an die UdSSR schon begonnen hatte, – Vier Mächte Kommissionen hatten 25 Fabriken aus der amerikanischen Zone als sogenannte Vorauslieferungen zur Demontage bestimmt, bevor man sich am 1. April 1946 auf einen endgültigen Raparationsplan von 130 US-Lieferungen einigte – (240) blieben die laut Potsdam „so schnell wie möglich" zu sendenden als Gegenleistung vereinbarten Lebensmittellieferungen aus der sowjetisch besetzten Zone aus. (241) Auch setzte die Drosselung der deutschen Produktionskapazität auf das sehr niedrige Niveau des ersten Industrieplans nach amerikanischer Sicht die wirtschaftliche Einheit, d.h. vor allem ein gemeinsames Import-

Export-Programm zur Erreichung des Wirtschaftsminimums etc. voraus (242). Die Sowjets aber machten deutlich, daß sie zunächst die von ihnen schon immer geforderten 10 Milliarden Dollar einzutreiben gedächten und das Ein- und Ausfuhrproblem solange als zonale Angelegenheit betrachteten (243). Es war für die Sowjets selbstverständlich, daß diese Reparationen auch Waren aus der laufenden Produktion Deutschlands umfaßten (244), wobei sie hierfür einen Zeitraum von 20 Jahren veranschlagten (245). Nach sowjetischer Interpretation bestand die Erfüllung der Programmpunkte der wirtschaftlichen Einheit vor allem in der „Errichtung einer interalliierten Kontrolle über die gesamte deutsche Industrie", wobei ihr besonderes Interesse darauf gerichtet war, an der wachsamen Kontrolle" über das in der britischen Zone befindliche „Ruhrgebiet als Hauptbasis der deutschen Rüstungsindustrie" beteiligt zu werden (246).

Am *3. Mai 1946* machte Clay im Kontrollrat deutlich, daß die USA nicht länger zögern wollten, ihre schon in Potsdam definierten wirtschaftlichen Ziele nun „mit Härte zu verfechten" (247). „Mit Ausnahme der Vorausslieferungen von Reparationswerken" erklärte er, sind „alle weiteren Reparationen aus der amerikanischen Zone jetzt eingestellt worden" (248).

Die sogenannte Wende in der amerikanischen Deutschlandpolitik, deren Basis — wie schon gezeigt — bereits in Potsdam gelegt worden war, um deren nochmalige Absicherung in Form einer neuen Direktive Clay sich schon im Oktober bemüht hatte (249), wurde für die deutsche Bevölkerung erst am *6. September 1946* in der berühmt gemachten Rede des amerikanischen Außenministers Byrnes in *Stuttgart* sichtbar. Für die öffentliche Bekanntgabe des Wechsels von der angeblich bisher rein negativen zur nun „aufbauenden Politik" wurden viel- und sorgfältige Vorbereitungen getroffen, damit diese Rede „zur rechten Zeit und an der rechten Stelle" (250) auch wirklich die gewünschte Resonanz in der deutschen Bevölkerung erzielte, nämlich ein Aufatmen in Dankbarkeit. Die in der Besatzungspolitik verbliebenen „Linken", deren Einfluß auf die Deutschlandpolitik je länger desto mehr reduziert worden war, hatten sich auf die negativen Programme der Entflechtungspolitik, worauf weiter unten noch einzugehen sein wird, konzentriert und besonders auf das Entnazifizierungsprogramm. In den ersten Jahren wurden sie hier von den Politikern der „realpolitischen" Seite wenig behindert, einmal weil man eine politische Säuberung in Ansätzen selbst für nötig hielt, zum anderen weil ein Teil der amerikanischen sowie der Weltöffentlichkeit von deren Notwendigkeit überzeugt war und wohl besonders, weil man mit der Durchführung dieses in JCS 1067 beschlossenen Vorhabens legitimieren konnte, daß man „alles" tat, um den Nationalsozialismus zu beseitigen. In den ersten Monaten der Besatzungszeit war die geplante Entnazifizierung immer weiter verschärft, d.h. auf immer größere Kreise der Bevölkerung ausgedehnt worden (251), so daß schon allein durch diese Maßnahmen die Kollektivschuldthese im Bewußtsein der deutschen Bevölkerung verankert wurde.

Die kalkuliert eingesetzte psychologische Wirkung der „neuen", nunmehr „konstruktiven" amerikanischen Politik sollte daher eine positive Hinwendung der Deutschen zu den Amerikanern als den möglichen „Rettern" vor Elend und Kommunismus bewirken, zumal damit erstmals die öffentliche Mitteilung verbunden war, daß die Vereinigten Staaten sich nicht mehr — wie unter Roosevelt geplant — nach 2 oder 3 Jahren in die Isolation zurückziehen würden, sondern, daß sie langfristig entschlossen seien, „die Stellung in Europa zu halten", „bis ein Zustand der Stabilität erreicht sei, der den Menschen die Furcht vor dem kommunistischen Drang nach Ausbreitung nahm" (252). Die auf die deutsche sowie die Weltöffentlichkeit zugeschnittene Stuttgarter Rede (253), die gegenüber den Besiegten weiterhin eine „feste", aber nunmehr „positive"

Politik bekundete, behandelte in der ersten Hälfte die schon ausführlich dargestellten „neuen" amerikanischen wirtschaftspolitischen Grundsätze, die den Deutschen „industrielle Entwicklung und industriellen Fortschritt" (254) in Aussicht stellten und die in dem bereits behandelten machtpolitischen Konzept gipfelten: „Deutschland ist ein Teil Europas" (255). Der zweite Teil der Rede tat kund, daß die USA „für die baldige Bildung einer vorläufigen deutschen Regierung" eintraten, einer zentralen Regierung für ganz Deutschland (256), deren Realisierungschancen gleich Null waren, weil mangels allgemeiner Übereinstimmung nicht einmal die in Potsdam beschlossenen zentralen wirtschaftlichen Verwaltungsorgane errichtet werden konnten. Unterdes wurde die Errichtung der anglo-amerikanischen Bizone, die ebenfalls in der Rede erwähnt wurde, durch erste Abkommen, an denen auch die Deutschen auf amerikanisches Betreiben beteiligt waren, besiegelt (257) und die Änderung des Industrieniveauplans, d.h. die Erhöhung der zulässigen sowie der ausschöpfbaren Produktionskapazität, in Aussicht gestellt. Die Anweisung zur Ausarbeitung eines solchen neuen Planes für die Bizone erfolgte allerdings erst nach Moskau (258), so daß der revidierte Plan erst am 29.8.1947 vorlag (259). Angeblich hatte man abwarten wollen, ob sich in Moskau eventuell doch noch Übereinstimmungen zwischen Sowjets und Westalliierten ergeben würden (260). Inzwischen aber war Außenminister *Byrnes* mit seinem Konzept der Eindämmung des kommunistischen Einflusses im Januar 1947 durch Außenminister *Marshall*, einen General, ausgetauscht worden, der das aggressive machtpolitische *Programm des Roll back* vertrat. Am 17. Januar 1947 hatte zudem der einflußreiche Republikaner John-Forster Dulles eine berühmte Rede gehalten, in der er die „sowjetische Herausforderung durch soziale Revolution und nationalistische Expansion" analysierte (261). Und sozusagen als Startschuß zur Eröffnung der Moskauer Konferenz, auf die man hinsichtlich einer alliierten Übereinkunft doch so große Hoffnungen auf einen Durchbruch gesetzt hatte, übergab der amerikanische Präsident dem Kongreß in Washington eine Botschaft – seither als *Trumandoktrin* bekannt. Dieser 80. Kongreß, im November 1946 gewählt, hatte eine republikanische Mehrheit, der ohnehin „neben einer Wahrung der strategischen und militärpolitischen Interessen... in starkem Maße an der Sicherung und Ausdehnung privater Kapitalanlagen im Ausland gelegen" war (262). Die vom Kongreß daher anstandslos genehmigte Botschaft nun beinhaltete „in erster Linie (amerikanische Hilfe) in Form wirtschaftlicher und finanzieller Unterstützung..., die für eine wirtschaftliche Stabilität und geordnete politische Vorgänge wesentlich ist" (263) sowie „die Entsendung von zivilen und militärischen Fachkräften nach Griechenland und der Türkei" (264), deren Regierungen und Staaten „durch den Terror einiger tausend bewaffneter Männer, die von den Kommunisten angeführt werden" „in den Grundlagen seiner (auf Griechenland bezogen, L-Qu) Existenz" bedroht werden (265). So die Botschaft, die als erste offizielle Grundsatzerklärung „den kalten Krieg als Hauptfaktum der Weltsituation und damit auch der amerikanischen Außenpolitik benannte" (266). Was die viel dargestellte „Hoffnung auf Moskau" betrifft, so warteten die Amerikaner – da sie zum Abgehen von ihrer Linie der „Verwirklichung der Potsdamer Beschlüsse" keinesfalls bereit waren – lediglich legitimationshalber jeweils gewisse äußere Daten ab, bevor sie demonstrativ unmittelbar nach solchen Daten neue Schritte unternahmen, die die Entwicklung wieder ein Stück in Richtung Weststaatslösung nach amerikanischen Vorstellungen vorantrieben. Das Abwarten hatte zwei eng zusammenhängende sehr plausible Gründe: einerseits wollte man in gewissem Umfang auf die Gefühle der Deutschen Rücksicht nehmen, um sie emotional auf die eigene Seite zu ziehen. Zum anderen wollte man verhindern, weltöffentlich als der an der deutschen Spaltung „Schuldige" dazustehen (267).

Die Geschichte der *Bizone,* d.h. ihrer mehrmaligen Umorganisation durch die Amerikaner bis hin zu einem regierungsähnlichen Apparat, ist nicht mehr nur ein Beispiel für die Prädominanz der amerikanischen ökonomischen Interessen in Europa bzw. in der Besatzungspolitik. Im Verlauf dieser angeblich wirtschaftlichen Entscheidungen, die tatsächlich eminent politische Fakten schufen, werden auch Elemente zumindest der politischen Verhältnisse und in Ansätzen auch schon der *Demokratiekonzeption deutlich,* die von der „realpolitischen" Seite für den zukünftigen Weststaat angestrebt wurden. Zunächst einmal zeigte sich, daß die propagandistisch so hervorgehobenen Demokratisierungsfortschritte der amerikanischen Zone durch Parlamentswahlen, Verfassungsgebungen etc. mehr deklamatorischen Wert hatten. Es wurde nicht nur die Regelung „finanzielle(r) und wirtschaftliche(r) Angelegenheiten" bereits Anfang 1947 der Zwei-Zonenverwaltung übertragen (268), so daß die inzwischen durch Wahlen bestätigten Ministerpräsidenten, die den Länderrat bildeten, ihre wichtigsten Kompetenzen zugunsten eines wiederum nicht parlamentarisch legitimierten Gremiums abgeben mußten, obwohl der Länderrat vor allem zur Beschleunigung des von den Amerikanern geplanten wirtschaftlichen Wiederaufbaus ins Leben gerufen worden war, sondern die Amerikaner verfügten außerdem, daß die gewählten Parlamente der Autorität der Bizonen-Behörden und eventuell anderer Behörden, die dazu ermächtigt werden konnten, untergeordnet seien (269). Darüber hinaus behielt sich die Militärregierung die gesetzgebende Gewalt ohnehin in Bereichen vor, „die nach keiner Seite abgegrenzt waren", so daß „die verfassungsmäßig gewählten Regierungen in der amerikanischen Zone praktisch unbegrenzte Einschränkungen ihrer Autorität und Handlungsfreiheit hinnehmen" mußten (270). Die Ursache für die amerikanische Politik, „den Deutschen möglichst wenige Vollmachten zu übertragen" (271), war u.a. durch die fortschreitende Demokratisierung hervorgerufen worden. Denn nach den Wahlen in der amerikanischen Zone stellten die Sozialdemokraten alle 8 Wirtschaftsminister in der Bizone (272). Sie konnten daraufhin den CDU-Mann Rudolf Mueller (273), der den Vorsitz im Verwaltungsrat für Wirtschaft, der „Schlüsselbehörde für die wirtschaftliche Gesundung der Bizone" hatte (274), durch den Sozialdemokraten Victor Agartz, die rechte Hand von Schumacher, ersetzen, so daß die Besatzungsmacht nunmehr die Durchsetzung des sozialen wirtschaftsdemokratischen Programms befürchten mußte. Die Amerikaner jedoch wollten „nicht Partner in einer Planwirtschaft werden..., die Tendenz zum Sozialismus und zur Verstaatlichung in Deutschland verstärken würde" (275). Daher wurde die Bizonen-Verwaltung — ebenfalls gleich nach Moskau (276) — gegen den Einfluß der Länderregierungen und damit der SPD umstrukturiert (277) und ganz in der amerikanischen Zone angesiedelt, d.h. unter direkter amerikanischer Kontrolle. Optisch war diese Umorganisation, bei der die Deutschen nicht einmal konsultiert wurden (278), sehr geschickt konzipiert: Die Amerikaner schufen eine Art Parlament. Allerdings durfte nicht der deutsche Wähler direkt über die Zusammensetzung entscheiden, sondern die Landtage delegierten Abgeordnete zum Wirtschaftsrat. Die amerikanischen Besatzer machten nun diesen zur obersten Instanz der neuen Zwei-Zonenwirtschaftsverwaltung (279), denn die bürgerlichen Parteien hatten hier zusammen mit 29 gegenüber 20 Abgeordneten der SPD und drei der KPD eine solide Mehrheit (280). Die Wirtschaftsminister dagegen, die ursprünglich als Vertreter der Länderregierungen die „Schlüsselbehörde" gebildet hatten, konnten jetzt lediglich in einen sogenannten Exekutivrat delegiert werden, der nur noch Vorschlags- und Kontrollrechte hatte und vor allem von der bürgerlichen Mehrheit im Wirtschaftsrat überstimmt werden konnte (281). In falscher Einschätzung der Lage brachte sich die SPD gänzlich um ihre überzonalen wirtschafts- und gesellschaftspolitischen Gestaltungsmöglichkeiten zu dieser Zeit, indem sie — als sie ihre personellen Vorstellungen bei der Besetzung des in der neuen Struktur wichtigsten Postens, des Direktors der Verwaltung, aufgrund der Mehrheitsverhältnisse nicht durchsetzen konnte — diesen einschließlich aller übrigen zu besetzenden Posten, ohne einen Kompromiß auszuhandeln, (282) resigniert der CDU überließ (283). Die fünf Verwaltungsstätten zusammen bildeten quasi eine für Wirtschaftsfragen zuständige bizonale Regierung (284). Die wirtschaftspolitisch bedeutsamen Entscheidungen fielen künftig auf dieser überzonalen Ebene, so daß die Besetzung aller Länderministerien durch die SPD demgegenüber vergleichsweise unbedeutend war. Anfang 1948, nach der gescheiterten Londoner Außenministerkonferenz, nahm eine nochmalige Reorganisation der SPD „die letzten direkten Einflußmöglichkeiten auf den Kurs der Wirtschaftspolitik" und verlieh der bizonalen Verwaltung fast den „Charakter einer echten Regierung" (285). Auch zentrale Organe wie Obergericht, Rechnungshof, Bank deutscher Länder und statistisches Amt wurden bereits geschaffen (286), so daß das vereinigte Wirtschaftsgebiet „zur Vorform der Bundesrepublik Deutschland" wurde (287). Da die Amerikaner inzwischen alle finanziellen Kosten, die in der Bizone zu tragen waren, übernommen hatten, vereinigten sie aufgrund der „Koppelung von Finanzleistung und Stimmrecht" (Hartwich) praktisch die gesamte Entscheidungsbefugnis auf sich.

Die Geschichte des bizonalen Interregnums mit seinen mehrmaligen Umstrukturierungen, die nach offizieller Sprachregelung jedoch zur „Effektivierung" der anfangs nur wenig funktionsfähigen Organe vorgenommen wurden, — so wird es auch in der deutschen Literatur überwiegend dargestellt (288) — ist ein Beispiel dafür, auf welche verschiedenen Weisen die Amerikaner versuchten, das Dilemma zu lösen, den Besiegten die Demokratie zu bringen, und zwar die Form der Demokratie, die sie für richtig hielten. Des Problems bewußt, waren sie im großen und ganzen bemüht, allzu spektakuläre und allzu direkte Eingriffe zu vermeiden. Stattdessen benutzten sie, wie hier deutlich wurde, sehr geschickt institutionelle Möglichkeiten, um auf der innenpolitischen Szene in Deutschland die bürgerlichen Parteien zu unterstützen, von denen sie eher erwarten konnten, daß diese ähnliche wirtschaftspolitische Vorstellungen verwirklichen wollten, wie sie selbst. Verschleiert durch vorgeschobene Effektivitätsgesichtspunkte wurde der sozialdemokratische Einfluß zurückgedrängt, offenbar ohne daß man damals konkret nachweisen konnte, daß dies eine zielstrebige Strategie war.

Im folgenden wird gezeigt, daß die Amerikaner noch eine Reihe von anderen Mitteln und Maßnahmen benutzten, um ihre politisch-wirtschaftlichen Vorstellungen durchzusetzen.

Das *europäische Wiederaufbauprogramm* nahm dabei einen vorrangigen Platz ein. Gegenüber der Mangel leidenden Bevölkerung als Wirtschaftshilfe deklariert, und von den unmittelbaren Auswirkungen her tatsächlich Notzustände lindernd, war der Marshallplan ebenfalls eine genau überlegte sehr geschickt eingesetzte politische Maßnahme zur Bekämpfung angeblich drohender kommunistischer Machtausdehnung, aber ebenso zur Verhinderung sozialistisch-sozialdemokratischer Alternativen zur von den Amerikanern für richtig gehaltenen kapitalistischen Wirtschaftsordnung und der zu ihr passenden Regierungsform. In der dieser Zielvorstellung zugehörigen amerikanischen Terminologie heißt dieser Tatbestand — neutral und unverfänglich formuliert, und als solcher ist er allgemeine Überzeugung und Grundkonsens im amerikanischen Demokratieverständnis —: „Gesunde wirtschaftliche Verhältnisse" sind die Voraussetzung für die „politische Stabilität" einer freiheitlich-demokratischen Regierung. Nicht nur der Marshallplan, auch alle anderen programmatischen Äußerungen zur amerikanischen Besatzungspolitik forderten, diese „gesunden" ökonomischen Verhältnisse schnellstmöglichst herzustellen, wenn andere Besatzungsmaßnahmen überhaupt Erfolg haben sollten (289). In der amerikanischen Öffentlichkeit durch viele Berichte vorbereitet, die die katastrophale Lage in Deutschland schilderten und die zugunsten einer Restauration des privatkapitalistischen Wirtschaftssystems votierten (290), war inzwischen im *Juli 1947* auch die *neue Direktive JCS 1779* herausgegeben, die die von Clay längst verfolgte und bisher nur durch das „Potsdamer Abkommen" legitimierte Politik offiziell absicherte und auch für die angekündigte Finanzhilfe die notwendigen Grundlagen lieferte. Die dem entsprechenden Kernsätze lauteten: „Ihre Aufgabe besteht daher im wesentlichen Teil darin, daß sie helfen, die wirtschaftliche und erzieherische Grundlage für eine gesunde deutsche Demokratie zu legen" (291) und: Es ist Ihre Pflicht, „dem deutschen Volke die Möglichkeit zu geben, die Grundsätze und Vorteile einer freien Wirtschaft kennenzulernen" (292).

Diese ideologischen Termini sprachen vor allem die humanitären Aspekte an, die die Kapitalzuschüsse zweifellos hatten und haben sollten. Gerade diese einfachen Worte zielten darauf ab, der darbenden Bevölkerung die Vorteile des Kapitalismus vor Augen zu führen, um die Gefahr der Abwendung vom kapitalistischen Wirtschaftssystem, das von den Deutschen z.T. als das für die Hitlerdiktatur und den Weltkrieg verantwortliche System betrachtet wurde, zu bannen. Die Landtagswahlen in den 3 Westzonen hatten immerhin den sozialistischen und kommunistischen Parteien einerseits und den bürgerlichen andererseits fast die gleichen Stimmzahlen gebracht: SPD und KPD = 8,11 Mill., CDU/CSU und liberale Parteien = 8,17 Mill. Wähler (293). Das Schlagwort von der freien Wirtschaft zielte daher darauf ab, eine emotionale Befürwortung zu provozieren, weil die wirtschaftspolitischen Maßnahmen in der sowjetisch besetzten Zone Unbehagen auslösten. Es war außerdem geeignet, eine Polarisierung in Gang zu setzen, die die Differenzierung und die Entscheidung für einen „dritten Weg" zwischen einer angeblich freien Wirtschaft und einer dirigistischen Zentralverwaltungswirtschaft immer weniger wünschenswert erscheinen ließ. Zudem täuschten diese „gesunden freien wirtschaftlichen Verhältnisse" darüber hinweg, daß damit die Restauration des Kapitalismus verbunden war und somit vor allem die Freiheit der Unternehmer gemeint war zu produzieren, was sie für richtig hielten und Gewinne zu machen. Daß diese „freie Wirtschaft" für die Masse der Bevölkerung keine Mitbestimmungsrechte, keine Gestaltungsmöglichkeiten enthielt, das verschleierte der Begriff „frei" vorzüglich. Überhaupt die Tatsache, daß die Amerikaner die Ausübung ihrer Besatzungsmacht mehr und mehr so darstellten, als ginge es ihnen darum, über die wirtschaftliche Gesundung das Wohl der Bevölkerung zu bessern, lenkte davon ab, daß dieselben Maßnahmen handfeste Fakten und damit Präjudizierungen nicht nur für das Wirtschafts-, sondern auch für das politische System schufen. Diese Verschleierung wurde von der amerikanischen Besatzungsmacht ganz bewußt als politische Linie betrieben. Die Direktiven verlangten die Neutralität der Militärregierung gegenüber den politischen Gruppen und Parteien (294). Und Clay stellte seine Politik noch 1950 in seiner Monographie als absolut unparteiisch dar. Er schrieb: „Robertson und ich beschlossen, keine Maßnahmen zu ergreifen, die ein bestimmtes Wirtschaftssystem für das deutsche Volk im voraus festgelegt hätten" (295).

Ein wichtiger Schritt auf dem Weg der Unterstützung der Wettbewerbswirtschaft in ganz Europa, besonders aber in Westdeutschland, wo große Teile der Bevölkerung und anfänglich nicht nur der sozialdemokratischen, sondern auch der bürgerlichen Parteien, zumindest Sozialisierungen der Schlüsselindustrien befürworteten, war das ebenfalls bald nach Moskau von (296) Marshall angekündigte European-Recovery-Program (ERP). Ein wesentliches Problem in Westdeutschland war bis dahin gewesen, daß nicht genügend Devisen zur Finanzierung der notwendigen Importe vorhanden waren. Die amerikanische Verwaltungsbehörde für den Marshallplan in Washington

(EAC) stellte daher auf Anforderung der Militärgouverneure — zunächst allerdings nur in beschränktem Umfang — (297) amerikanischen Firmen bestimmte Dollarbeträge zur Verfügung. Diese lieferten im selben Wert Waren nach Westdeutschland. Der Gegenwert für diese Waren, d.h. der statt in Dollar nun in DM berechnete Preis mußte von den deutschen Importeuren auf sogenannten Gegenwertkonten gezahlt werden. Diese in deutscher Währung angesparten Gegenwertmittel bildeten das ständig wachsende ERP-Sondervermögen, das nun für zu verzinsende Investitionskredite zum Wiederaufbau verwendet werden konnte, aber — nur mit amerikanischer Zustimmung (298). Diese von den Amerikanern als Voraussetzung für die Gewährung der ERP-Mittel genau durchdachten Bedingungen, die nicht umsonst dazu führten, daß die im kommunistischen Machtbereich liegenden Länder, die Interesse an den Geldern hatten, von der Sowjetunion gezwungen wurden, sie abzulehnen (299), brachten den Amerikanern mit ihren europäischen Anlage- und Marktinteressen viele Vorteile und direkte Eingriffsmöglichkeiten. Erstens erhielten sie direkte Gelegenheit zum Absatz amerikanischer Produkte, ein wichtiges Ventil in einer Zeit der Umstellung von Kriegs- auf Friedenswirtschaft mit der Gefahr einer Überproduktion und einer darauf folgenden Rezession (300). Zweitens sicherten sie sich langfristig ein kaufkräftiges Exportgebiet, denn nur wirtschaftlich hochentwickelte Länder kommen als Absatzmärkte in Frage. Drittens konnten sie über eine gezielte Investitionslenkung bzw. Investitionskontrolle den Aufbau der Wirtschaftsstruktur des europäischen Marktes selbst beeinflussen, und last not least halfen sie viertens mit dem zur Verfügung gestellten Kapital zur Erholung der privaten Wirtschaft innerhalb kürzester Zeit. All' dies jedoch blieb für die Mehrheit der Bevölkerung hinter dem Anschein der großzügigen Geste zur Behebung der wirtschaftlichen Not verborgen.

Diese — oberflächlich betrachtet — ökonomischen Ziele des Marshallplans waren jedoch tatsächlich nur ein Hebel zu der von den Amerikanern gewünschten politischen Umwälzung der Verhältnisse. Dies wirkte sich in den Nachbarländern Deutschlands sogar direkt in Regierungsumbildungen heraus, so daß der politische Druck dort noch offensichtlicher war als in dem besetzten Land, in dem den Amerikanern eine Vielzahl von Einwirkungsmöglichkeiten zur Verfügung stand. „Bereits in der Vorphase des Marshallplanes machten sie ... bei Anleiheverhandlungen mit Frankreich und Italien klar, daß sie als flankierende Maßnahme die Absicherung gegen eine revolutionäre Reaktion der Arbeiterbewegung bzw. die Eindämmung ihres Einflusses sowie der antikapitalistischen Stukturreformen erwarteten. Grundlegende Bedeutung hatte dafür die Auflösung der Bindungen mit den Kommunisten in den Regierungen und Gewerkschaften. Mit der Entlassung der Kommunisten aus der französischen Regierung und der Abspaltung einer christlichen Gewerkschaft in Italien wurden die Voraussetzungen der Kapitalhilfe geschaffen" (301). Ebenso deutlich wurden die amerikanischen politischen Zielsetzungen des Marshallplans (301a) — aber auch die entgegengerichteten der UdSSR — am Beispiel der CSSR, die nach sowjetischer Wunschvorstellung „als unbesetztes Land ... das Musterbeispiel des ‚antifaschistisch-demokratischen' Übergangs zum Sozialismus im Gewand der bürgerlichen Republik" sein sollte (302). Der tschechische Wunsch, die amerikanischen Gelder zu erhalten, galt daher „als Indiz, daß die Eindämmungspolitik der USA bereits ‚Roll-back'-Erfolge hatte" (303). So war die sowjetische Reaktion der Prager Umsturz vom Februar und März 1948, der in Westeuropa zum psychologischen Schlüsselereignis" wurde und hier die weitgehende Isolierung der Kommunisten nach sich zog (304). Auf diese Weise brachte der Marshallplan für die Amerikaner gerade in der Zurückdrängung der nach dem Weltkrieg überall in Europa starken sozialistischen Bewegung, die in Westeuropa allerdings bislang demokratisch-sozialistisch war, große Erfolge.

In Bezug auf die amerikanische Demokratiekonzeption wird an der in dem Marshallplan zum Ausdruck kommenden Roll-back-Politik deutlich, daß die Amerikaner nicht nur kommunistische Bestrebungen ausschalten wollten, sondern auch bestrebt waren, sozialistische und sozialdemokratische Einflüsse soweit wie möglich zurückzudrängen. Sie unterstützten, wo immer sie es konnten, die bürgerlichen Parteien, von denen sie eine aktive Politik zur Restabilisierung kapitalistischer Produktions- und Verteilungsmechanismen erwarten konnten. Bis die amerikanische Wirtschaftshilfe im September 1948 den drei westdeutschen Besatzungszonen tatsächlich gewährt wurde (305), waren einige Voraussetzungen geschaffen, die für die schnelle Wirksamkeit des amerikanischen Kapitals den Boden bereitet hatten. Die zweite Umorganisation der Bizone und die Absetzung des an amerikanischen Maßnahmen Kritik übenden Direktors der Wirtschaftsverwaltung Semler, sowie die weitere machtpolitische Zurückhaltung der SPD hatten die Wahl des bayerischen Wirtschaftsministers Ludwig Erhard zum Wirtschaftsdirektor der Bizone ermöglicht. In der in diesem Zusammenhang abgegebenen „Regierungserklärung" wurde angekündigt, daß es beabsichtigt sei, die „Zwangswirtschaft" weitgehend abzubauen (306) — gemeint war die nach dem Krieg wegen des akuten Mangels an Lebensmitteln und sonstigen Wirtschaftsgütern notwendige Bewirtschaftung. Der Wirtschaftsdirektor aber war in der Lage, „schon in der Phase der systematisierten Bewirtschaftung seine neue Konzeption vorzubereiten und abzusichern", z.B. dadurch, daß er Hortungen duldete und damit das Nichtfunktionieren der Lenkungswirtschaft demonstrierte (307).

Am *20. Juni 1948* führten die Amerikaner daraufhin die *Währungsreform* durch, nachdem sie bereits im Frühjahr eine Zentralbank, die Bank deutscher Länder, gegründet hatten (308), die dann im Zusammenhang mit der Währungsreform den Charakter einer Notenbank erhielt (309). Die Geldreform war mit einer Reihe von der Militärregierung verfügten Gesetzen und Verordnungen (310) und einer vorläufigen Neuordnung der wichtigsten deutschen Steuergesetze verbunden (311). Die Versuche, „die Alliierten für Grundgedanken deutscher Währungsreformpläne zu gewinnen", waren im wesentlichen erfolglos gewesen, so daß die Währungsreformgesetze „insgesamt betrachtet, ein Werk der Besatzungsmächte" waren (312). Zu den wichtigsten gesetzgeberischen Maßnahmen zählten „die massive einkommensteuerliche Begünstigung der Selbstfinanzierung der Wirtschaft", also die Schaffung von Investitionsanreizen durch Steuervergünstigungen, die Neubewertung der Sach- und Geldwerte der Unternehmen (313), die einseitig war und eine „Enteignung der Geldwertbesitzer dar(stellte), da lediglich eine Abwertung des Geldes vorgenommen wurde und der Besitz von Grund und Boden, Produktionsmitteln oder gehorteten Waren nicht in die Neuordnung einbezogen" wurde (314). Zu den besatzungsrechtlichen Maßnahmen gehörte außerdem das „Verbot defizitärer staatlicher Fiskalpolitik", wodurch „das Prinzip des ausgeglichenen Haushaltes" erzwungen und Haushaltsdefizite des Bundes verboten wurden (315). Die Militärregierung behielt sich vor, „in Haushaltsangelegenheiten einzugreifen, wenn die Aufrechterhaltung dieser Grundsätze gefährdet ist" (316). Dies sollte verhindern, daß z.B. die SPD, sollte sie in der Bundestagswahl 1949 die Mehrheit erhalten, eine staatliche Kreditpolitik als Mittel der zentralen Steuerung von Investitionen beim Wiederaufbau hätte einsetzen können, eine Maßnahme, die sie auf dem Parteitag 1946 gefordert hatte, da sie die Investitionstätigkeit insgesamt „dem Staat zur vollständigen Kontrolle zu überantworten" gedachte (317). Wie schon dargestellt, hatten die Amerikaner für sich dagegen zur Gewährung von Marshallplangeldern die Investitionskontrollen zur Bedingung gemacht, d.h. sie wollten lediglich die Investitionslenkung als Mittel demokratisch-sozialistischer Politik verhindern, scheuten sich jedoch nicht,

dieselbe als ausländische Macht im Interesse ihrer eigenen amerikanischen Wirtschaft zu benutzen.
Während die Währungsreform Besitzer von industriellem Kapital, also Unternehmer, von Waren, also Geschäftsleute und von anderen Sachwerten, auch Schuldner begünstigte, d.h. also Privateigentümer, verschlechterte sie die Situation für die Lohnabhängigen. Denn im Zusammenhang mit der Geldumwertung hatte die bürgerliche Mehrheit im Wirtschaftsrat — wie schon in der zitierten ‚Regierungserklärung' angekündigt — eine Lockerung des Bewirtschaftungsgesetzes und des Preisstops, nicht jedoch des Lohnstops, der erst im Dezember 1948 endgültig aufgehoben wurde, durchgesetzt. Die Preise für Verbrauchsgüter jedoch, die am Tage nach der Währungsreform in Fülle vorhanden waren, gingen gegenüber dem ersten Halbjahr 1948 um 18,31% in dieHöhe (318). Auch die von der SPD und den Gewerkschaften geforderte Neuverteilung des Besitzes durch eine Aufteilung der Lasten in einem Lastenausgleich fand nicht statt, weil die Alliierten sich weigerten, ,,den Lastenausgleich mit der eigentlichen Währungsreform zu verbinden" (319), sondern dies der bürgerlichen Mehrheit im Wirtschaftsrat überließen, die die Durchführung aufschoben, wodurch ,,augenblicklich wieder Vertreter der alten besitzenden Klassen, das Besitzbürgertum der Weimarer Zeit und der Naziära, in machtvollen und einflußreichen Stellungen auftauch(t)en" (320). Zwar waren die Lockerung des Bewirtschaftungszwanges und des Preisstops deutsche Gesetze. Es ist jedoch, wie auch Hartwich schreibt, ,,nicht sinnvoll, institutionell orientiert zwischen den Maßnahmen der Besatzungsmächte und denen des Wirtschaftsrates zu trennen. Sie bilden als konstituierende Elemente eines neuen Wirtschaftssystems und neuer Lenkungsprinzipien gegenüber Wirtschaft und Gesellschaft eine Einheit" (321). Und man kann wohl davon ausgehen, daß die Amerikaner den gesamten mit der Währungsreform verbundenen Komplex von Maßnahmen — mit der ,,die prinzipielle Zielsetzung der bis dahin durch das Bewirtschaftungsnotrecht geprägten Wirtschaftspolitik" (Hartwich) nun in Richtung auf die Erhard'sche Marktpolitik verändert wurde —, nur einzuleiten bereit waren, weil inzwischen eine Übereinstimmung zwischen der bürgerlichen Mehrheit und ihnen sichergestellt war und sie davon ausgehen konnten, daß der Wirtschaftsrat die notwendigen Gesetze — wenn auch gegen die Stimmen der Sozialdemokraten — so doch mehrheitlich verabschiedete.
Mit relativ hoher Wahrscheinlichkeit kann man davon ausgehen, daß die Amerikaner die im selben Jahr eingeleitete *Gründung der Bundesrepublik* so zügig vorantrieben, weil sie — ausgehend davon, daß durch Währungsreform und Marshallplan ein Wirtschaftsaufschwung einsetzen würde — die Chancen der bürgerlichen Parteien in einer Bundestagswahl besser einschätzten als die der SPD und daher mit einer Fortsetzung der 1948 eingeleiteten Wirtschaftspolitik rechneten. Kurz nach der Währungsreform am 1.7.1948 übergaben sie den Ministerpräsidenten in Frankfurt die Londoner Empfehlungen, die aus einer Konferenz der drei westlichen Besatzungsmächte sowie der Beneluxländer hervorgegangen waren, die sich im Frühjahr bereits zur OEEC, der Organisation für europäische wirtschaftliche Zusammenarbeit bzw. zum Brüsseler Pakt über kollektive Selbstverteidigung zusammengeschlossen hatten. Diese sogenannten Frankfurter Dokumente (322) enthielten den ohne Konsultation der Deutschen zustande gekommenen Beschluß der Westmächte, eine westdeutsche Regierung zu bilden. Als Vergeltungsmaßnahme gegen diesen Beschluß hatten die Sowjets inzwischen die Berlin Blockade begonnen; dieser Anlaß für die Blockade wurde im Westen sorgfältig heruntergespielt in konsequenter Fortsetzung der Bemühungen, die Sowjets als Verursacher der deutschen Spaltung erscheinen zu lassen (322a), ebenso wie man die anfänglichen hartnäckigen Widerstände der Franzosen gegen die gesamte von den

Amerikanern in Potsdam durchgesetzte Linie, Deutschland als Einheit zu behandeln und zumindest zentrale Verwaltungsgremien zu schaffen, erfolgreich herunterspielte und Frankreich so lange mit wirtschaftlichen Vorteilen und geographischen Versprechen (Saargebiet) lockte, bis es schließlich Schritt für Schritt seine Sicherheitsinteressen gegenüber Deutschland – weiterhin unter großen Bedenken – zurückstellte (323). Die Alliierten hatten den Ministerpräsidenten praktisch nur die Wahl gelassen, ja oder nein zur Weststaatsgründung zu sagen (324). Da ein Nein vermutlich nicht nur für die amerikanische Haltung in der Berliner Blockade Folgen gehabt hätte, sondern für die Bereitwilligkeit der Amerikaner, den schrittweisen Weg der Westdeutschen in die Souveränität und in die wirtschaftliche Prosperität weiter zu öffnen (325), blieb den Deutschen angesichts der verschärften weltpolitischen Situation und dem bereits ausgeweiteten kalten Krieg nach einem ersten „Jein" (326) und dem daraufhin deutlich werdenden amerikanischen Druck im Grunde nur die Möglichkeit des gezwungen-freiwillig abgegebenen „Nja". Gerade auf diese „Freiwilligkeit" der sich bereits in einer Einbahnstraße befindenden Deutschen, zu der sich infolgedessen alle demokratischen westdeutschen Parteien – wenn auch unter Zweifeln und Bedenken – durchringen mußten, kam es den Alliierten, speziell den Amerikanern an, weil diese freiwillige Übernahme der Mitverantwortung der deutschen Spaltung eine wesentliche Voraussetzung dafür war, daß der neue Staat nicht aus nationalen oder nationalistischen Gründen von innen her angezweifelt oder bekämpft werden würde, sondern daß die Legitimität seiner Existenz auf der Einsicht der Bevölkerung in die Notwendigkeit seiner Gründung und seines Bestehens beruhen konnte. Außerdem entsprach die amerikanischerseits gewünschte Freiwilligkeit ihrem – in der Absicht, eine Demokratie zu errichten, begründeten – schon mehrfach erwähnten Konzept, die Ausübung ihrer Besatzungsmacht, wenn möglich, demokratisch erscheinen zu lassen und außer dem Setzen von Rahmenbedingungen indirekte Beeinflussungsmethoden sowie wirtschaftliche Anreize etc. zu bevorzugen. Gleichzeitig waren die Alliierten nicht bereit, sich auf der geplagten Regierung zugestandenen Freiheitsspielraum festzulegen bzw. den Umfang der alliierten Vorbehaltsrechte schon jetzt klar in einem Besatzungsstatut zu definieren (327). Dazu wollte man erst das deutscherseits vorzulegende Ergebnis, die Verfassung, vorliegen haben, um sicher zu gehen, daß sie in gewünschtem Sinne ausfiel. Das Frankfurter Dokument Nr. III reservierte den Alliierten recht umfassende und „sehr dehnbare Sonderrechte" (Gimbel), vor allem hinsichtlich wirtschaftlicher Kontrollen sowie allgemein „bezüglich der Demokratisierung des politischen Lebens, der sozialen Beziehungen und der Erziehung (328), so daß die Deutschen „im wesentlichen nur jeweils unter der Genehmigung der Militärregierung" (329) relativ enge Entscheidungsspielräume hatten (330).
Bisher sind die Entscheidungen und Maßnahmen der Amerikaner dargestellt worden, die zum Teil ohne vorherige Abstimmung mit den Deutschen, zum Teil sogar gegen ihre Überzeugungen und Wünsche, die Entwicklung in Deutschland im Sinne der Verwirklichung des Potsdamer Abkommens, wie es von den Amerikanern interpretiert wurde, vorantrieben – zunächst in der Hoffnung, die Einheit ganz Deutschlands erreichen, notfalls erzwingen zu können, dann in der Absicht, wenigstens die drei Westzonen vereinen zu können und sie nach amerikanischen Vorstellungen zu demokratisieren.

„Die Zeit ist auf unserer Seite". „Wenn wir daher die Angelegenheit (einer Volksabstimmung über Sozialisierungsparagraphen in deutschen Länderverfassungen, die Verf.) hinauszögern können, während die freie Unternehmerwirtschaft fortfährt zu arbeiten und wirtschaftliche Verbesserungen sich einstellen, dann wird sich die Frage dem deutschen Volk vielleicht gar nicht mehr stellen". (Lucius D. Clay, 20. Oktober 1947)

3.1.3.2.2. Eingriffe der Amerikaner in deutsche Entscheidungsprozesse, um die westdeutsche Wirtschaftsordnung zu präjudizieren

Mit dem Zusammentritt des Parlamentarischen Rates, der von den Alliierten auf den 1. September 1948 festgelegt war, ging die Initiative über das weitere Vorgehen zu einem großen Teil in deutsche Hände über. Die deutschen Parteien und gesellschaftlichen Organisationen mußten ihre Pläne darlegen und versuchen, Kompromisse zu finden. Die Alliierten waren, nachdem sie den Rahmen vorgegeben hatten, jetzt eher auf das Reagieren angewiesen. Da die unterschiedlichen gesellschaftspolitischen Ansichten und die sich hieraus ergebenden Vorstellungen für den verfassungs-organisatorischen Rahmen der zukünftigen deutschen Demokratie sich bereits während der Beratung der Länderverfassungen entwickelten und schon hier mit den Auffassungen der Besatzungsmächte zusammenstießen, speziell denen der amerikanischen, die sich auch in der britischen Zone durchsetzen konnten, sollen vor den Verfassungsberatungen für den Bund die die Entwicklung bereits präjudizierenden Eingriffe der Amerikaner aus der Zeit bis 1948 hin, die entweder die Realisierung deutscher Neuordnungsvorstellungen verhinderten, oder aber überkommene Gesellschaftsstrukturen konservierten, dargestellt werden.

Auch hier ist das Untersuchungsanliegen nicht der Versuch des Nachweises, die Amerikaner seien „schuld" an der westdeutschen Restauration. Ob die deutschen Neuordnungsvorstellungen sich auf Dauer ohne alliierte Eingriffe hätten durchsetzen können, ist angesichts der internationalen Nachkriegskonstellation eine allzu theoretische Frage und angesichts der Tatsache eines von Deutschland begonnenen und verlorenen Krieges möglicherweise sogar eine Frage ohne moralische Berechtigung. Worum es in dieser Arbeit geht, ist, in einer Zusammenschau bisher bekannter Tatsachen aus der Vorgeschichte und den Anfängen der Bundesrepublik Deutschland, die gerade auch von den Amerikanern forcierten Weichenstellungen zu verdeutlichen, die deutsche Entscheidungsprozesse kanalisiert, behindert oder vorprogrammiert haben, auch wenn sie teilweise Unterstützung bei bestimmten deutschen Parteien fanden. Unter der Fragestellung nach die diese Entscheidungen bedingenden amerikanischen Demokratiekonzeption dient die Darstellung dieser gesellschaftspolitischen Präjudizierungen dazu, den Rahmen für die amerikanischen Modelle politischer Bildung 1945 zu verdeutlichen und damit den Gefahren vorzubeugen, die bei einer reinen Interpretation solcher Modelle entstünden. Die dabei oft nicht sichtbaren Prämissen können aufgedeckt werden, so daß damit auch die durch die verwirklichte Verfassungskonzeption und Regierungsform ausgeschlossenen demokratietheoretischen, gesellschaftspolitischen Alternativen in den Blick kommen können.

Im folgenden Abschnitt geht es um *Präjudizierungen der sozialstaatlichen Verfaßtheit* der amerikanischen bzw. der westdeutschen Besatzungszonen. Hierzu sind zunächst Vorentscheidungen über die möglichen Organisationsformen der gesellschaftspolitisch relevanten Kräfte (Unternehmer und Gewerkschaften) zu zählen, des weiteren Bestimmungen über Eigentumsformen (Privatbesitz an Produktionsmitteln oder Gemeinwirtschaft), Festlegungen über die Ausgestaltung der Gewerbefreiheit sowie über Unternehmensformen unter dem Gesichtspunkt der Kontrolle wirtschaftlicher Macht (Entflechtung oder Konzentration), und last not least gehören dazu Fragen der

Entscheidung über wirtschaftliche Prozesse sowohl im einzelbetrieblichen als auch im gesamtwirtschaftlichen Bereich (Mitbestimmung der Arbeitnehmer, Verbraucher etc.). Von der britischen Zone ist bekannt, daß die Fachverbände der Wirtschaft schon im Oktober 1945 wieder aufgebaut werden durften und im August 1946 durch die Militärregierung endgültig zu Interessenvertretungen der Wirtschaft erhoben wurden (331). Die ebenfalls im Oktober 1945 wieder eröffneten alten Industrie- und Handelskammern, für die die deutschen Neuordnungspläne durch Gewerkschaften und Arbeitgeberverbände paritätisch besetzte Wirtschaftskammern forderten (332), wurden nach einer Anordnung der Militärregierung vom November 1946 als privatwirtschaftliche Interessenorganisationen frei von öffentlich-rechtlichen Aufgaben anerkannt (333). Auch einzelne Arbeitgeberverbände entstanden 1946 bereits wieder, so daß „die Arbeitgeberseite auf drei verschiedenen Ebenen tätig werden konnte" (334), auf der der Fachverbände, der der Arbeitgeberverbände und der der Industrie und Handelskammern. Der Zusammenschluß allerdings zu „einer machtvollen zentralen Interessenvertretung der deutschen Industrie", den die Fachverbände beantragten, wurde ihnen verweigert, so daß der Bundesverband der deutschen Industrie (BDI) erst 1949 entstand (335). Auch der überzonale Arbeitgeberverband wurde im Februar 1949 von Clay und Robertson genehmigt (336), immerhin neun Monate bevor die Gewerkschaften überzonal gegründet werden konnten (337).
Die *Neugründung der Gewerkschaften* wurde im Vergleich zu der ausgesprochen liberalen Praxis gegenüber den Unternehmern in der amerikanischen wie auch in der britischen Zone (338) außerordentlich behindert, obwohl gerade hier sehr konkrete Vorstellungen über eine künftige deutsche Demokratie und das nötige Engagement für eine sofortige politische Betätigung vorhanden waren und man sich deutscherseits sofort um eine Zusammenarbeit mit den Alliierten bemühte (339). Aus Sorge, die Kommunisten könnten einen Vorteil aus dem Chaos der Nachkriegszeit ziehen, entwickelten die anglo-amerikanischen Alliierten ein Genehmigungsverfahren für die Gewerkschaften, das den Aufbau in drei organisatorisch wie zeitlich nacheinander liegenden Phasen von der betrieblichen und örtlichen Ebene ausgehend verlangte. Die Genehmigung für die zweite Phase (Erlaubnis, Beiträge zu kassieren, örtliche Mitgliederwerbung zu betreiben und Büroräume zu mieten) hing davon ab, ob die Deutschen der alliierten Voraussetzung nachkamen, eine Gewerkschaft auf Industrieverbandsprinzip, d.h. branchenmäßig organisiert, zu gründen. Nach den Erfahrungen aus der Weimarer Zeit, in der die Organisierung der Arbeiterschaft in vielen einzelnen, untereinander nicht verbundenen Gewerkschaften viel zu ihrer Lähmung gegenüber dem Nationalsozialismus beigetragen hatte, bestand bei vielen deutschen Gewerkschaftern weitgehende Übereinstimmung über die Errichtung einer *Einheitsgewerkschaft,* in der Arbeiter und Angestellte zusammen organisiert sein sollten. Auch auf verschiedene weltanschauliche Richtungsgewerkschaften wollte man verzichten (339a). Eine solche „Einheitsgewerkschaft im strengen Sinne" (E. Schmidt) hätte bedeutet, daß alle Mitglieder dieser einen Gewerkschaft *direkt* angehört hätten. Zwischen dieser Einheitsgewerkschaft einerseits und der Industrieverbandsgewerkschaft andererseits wurde noch die Einheitsgewerkschaft als Dachverband einzelner Industriegewerkschaften diskutiert, in der Gewerkschaftsmitglieder dem Dachverband nur korporativ über ihre Industriegewerkschaft angehören.
Unter dem Damoklesschwert, als Gewerkschaften machtlos auf die lokale Ebene beschränkt zu bleiben, erzwangen die Alliierten nach und nach die „freiwillige" Annahme des Industrieverbandsprinzips (340), genehmigten aber außerdem eine separate Angestelltengewerkschaft, die DAG. Gleichzeitig hatten sie mit den Beschränkungen der Selbstorganisation die „schnelle gewerkschaftliche Machtbildung bei

höheren Führungskadern der Weimarer Zeit" verhindert (341). Der zonale Zusammenschluß der jeweiligen Industriegewerkschaften wurde in dem britisch besetzten Gebiet erst im April 1947 gestattet, während er in der amerikanischen Zone gar nicht zustande kam. Der DGB als Dachverband konnte daher erst nach Errichtung der Bundesrepublik Deutschland im Oktober 1949 gegründet werden. Damit sind die organisierten gesellschaftlich relevanten Kräfte, die kontroverse Vorstellungen für die Ausgestaltung des Sozialstaats hatten und durchzusetzen versuchten, benannt.

Die Politik der Amerikaner zur Durchsetzung ihrer Demokratiekonzeption läßt sich am deutlichsten an der *Sozialisierungsfrage* nachweisen, die im Nachkriegsdeutschland sehr aktuell war, weil die Sozialdemokraten, zum Teil mit der Unterstützung bürgerlicher Parteien in mehreren Ländern, Gesetze dazu einbrachten oder Sozialisierungsermächtigungen sogar in den Landesverfassungen verankert hatten (Hessen und Bremen) (342). Die Amerikaner, konkret der Heeres- und der Verteidigungsminister wie auch Clay (343) und sein Mitarbeiterstab, entschiedene Vertreter der privatwirtschaftlichen Organisation der Wirtschaft, waren entschlossen, Sozialisierungen in Westdeutschland zu verhindern. Eigens zu diesem Zweck hatten sie 1947 mit den Engländern ein Abkommen geschlossen, in dem sie einen Aufschub für die Sozialisierung der Kohlebergwerke um 5 Jahre durchsetzten (344). Im November 1948 gelang es ihnen zusätzlich zur Kohle — für die Eisen- und Stahlindustrie gesetzlich festzulegen, daß nur einer deutschen Regierung eine Entscheidung über die Eigentumsverhältnisse zusteht (345). Nach der neuen Direktive JCS 1779 fühlten sich die Amerikaner ohnehin „verpflichtet", „auf die Vorzüge eines freien Unternehmertums hinzuweisen" (346). Andererseits lag ihnen sehr daran, ihre Politik nach außen parteipolitisch neutral erscheinen zu lassen, die konkreten Vorstellungen für die Gestaltung der zukünftigen deutschen Wirtschafts- und Gesellschaftsordnung möglichst wenig sichtbar zu machen. Ihren Absichten hätte es entsprochen, die Gesetze und Verfassungsbestimmungen einfach zu verbieten. Sie versuchten zunächst (in Hessen), durch ein Spezialplebiszit den Sozialisierungsartikel durch die hessische Bevölkerung wieder aus der Verfassung herauszustimmen zu lassen, obwohl diese die Verfassung insgesamt bereits gebilligt hatte. Aber selbst in dieser nachträglichen Sonderabstimmung erhielt der Artikel 72% Befürwortung (347). Nun hatten die Amerikaner keine andere Wahl, als wesentliche Teile des Verfassungsartikels (im Dezember 1946) zu suspendieren (348) und später, (im Dezember 1948) als die hessische Regierung ihre so beschnittenen Sozialisierungspläne immer noch weiter verfolgte, diese „bis auf weiteres" zu verbieten (349). Solche „unvermeidbaren" Eingriffe versuchte man sorgfältig zu legitimieren, bzw. über die dahinterstehende Absicht hinwegzutäuschen. Aber das ist noch wohlwollend formuliert.

In Anbetracht der Tatsache, daß in der neuesten Literatur gerade diese These von der Täuschung der deutschen Bevölkerung bestritten wird (350), soll diese schon im vorigen Punkt mit Beispielen versehene These sorgfältig belegt werden. Eines der offiziellen Argumente bei der Suspendierung bzw. dem Verbot von Sozialisierungsbestimmungen oder -gesetzen lautete, daß die künftige deutsche Regierung nicht im voraus durch Maßnahmen einzelner Länder festgelegt werden dürfe (351), oder noch mehr mit dem Anschein, demokratische Rechte zu wahren, ausgedrückt: „es könne nichts sozialisiert werden, auch nicht in einem Land, ehe nicht ein Entscheid des gesamten Volkes vorliege (352) (zu dieser Argumentation vgl. weiter unten die Darstellung zur Gewerbefreiheit). Die Unaufrichtigkeit dieser Argumentation liegt einmal in der Tatsache, daß die Amerikaner — als es soweit war — vom Parlamentarischen Rat verlangten, die Vorranggesetzgebung, die unter Punkt 14 des Art. 36 speziell auch „die Überführung von Grund und Boden, von Naturschätzen und Produktionsmitteln in Gemeineigentum..." enthielt, — im Gegensatz zu den deutschen Vorstellungen — den einzelnen Ländern einzuräumen (353). Die Unaufrichtigkeit fällt auf, wenn man bedenkt, daß Clay zur gleichen Zeit in einer Note forderte, die Amerikaner dürften nicht zulassen, daß das deutsche Volk seine Meinung frei äußere, bevor die wirtschaftliche und politische Stabilität in Deutschland hergestellt sei (354). Nach amerikanischem Sprachgebrauch heißt das: bevor stabile kapitalistische Verhältnisse gesichert sind. Die ganze Unwahrhaftigkeit wird jedoch erst deutlich, wenn man dem „Beschluß" Glauben schenkt, „keine Maßnahme zu ergreifen, die ein bestimmtes Wirtschaftssystem für das deutsche Volk im voraus festgelegt hätte, damit es seine Wahl zwischen freier und sozialistischer Wirtschaft selbst treffen konnte" (355). Indem man den finanziell von Amerika abhängigen Engländern mit diesem „Beschluß" den Verzicht, ihre Sozialisierungspläne in der britischen Besatzungszone und d.h. im Ruhrgebiet zusammen mit den Deutschen durchzusetzen, abverlangt hatte, ging man amerikanischerseits daran, in der Bizonenumorganisation die Basis für die Errichtung des kapitalistischen Wirtschaftssystems zu legen und dies mit Währungsreform und Marshallplan und anderen Mitteln, die noch aufgezeigt werden, in Schwung zu bringen, so daß Clay sehr viel Grund zu der Hoffnung hatte: „Wenn wir daher die (Sozialisierungs)angelegenheit hinauszögern können, während die freie Unternehmerwirtschaft fortfährt zu arbeiten und wirtschaftliche Verbesserungen sich einstellen, dann wird sich die Frage dem deutschen Volk vielleicht gar nicht mehr stellen" (356). Diese von den Amerikanern forcierte Präjudizierung des Wirtschaftssystems fand mehr als ein Jahr, bevor die gesamte Bevölkerung der Bundesrepublik Deutschland gefragt wurde, statt, und zwar, wie das Clay'sche Zitat zeigt, in der bewußten Absicht, Vorentscheidungen zu fällen, verknüpft mit der Erwartung, daß die deutsche Bevölkerung diese aufgrund der normativen Kraft des Faktischen gutheißen würde, aber – wie noch zu zeigen sein wird, – auch mit der Möglichkeit, falls die Deutschen anders entscheiden würden, die Zügel selbst in der Hand zu behalten und Sozialisierungen weiterhin mit dem Besatzungsrecht zu verhindern.

Die schnellstmögliche Wiederherstellung normaler Bedingungen für die Zivilbevölkerung, wie CCS 551 es als oberstes positives Ziel gefordert hatte (A 14), war durch ein Anknüpfen an das schon in Weimar Bestehende leichter und schneller erreichbar, als bei großen Neuerungen und Umwälzungen, die eher Unruhe fördern. Um jeden Preis mußte man verhindern, in den Augen der westdeutschen Bevölkerung als Schuldiger an der deutschen Spaltung dazustehen, wenn der neue Staat nicht schon durch einen neuen Nationalismus gefährdet sein sollte. Und sicher spielte auch die Tatsache der zwei unterschiedlichen Richtungen in der Deutschlandpolitik eine Rolle. Man hatte wohl kaum Interesse, die Zwiespältigkeit gegenüber dem Besiegten publik zu machen. Es galt auch, auf die Emotionen des eigenen amerikanischen Volkes, auf die der Alliierten sowie der von Deutschland geschädigten Nationen Rücksicht zu nehmen. Dies und die Absicht, möglichst wenig sichtbar zu regieren, sind vielleicht die wesentlichsten, aber sicher nicht alle Gründe dafür, die Öffentlichkeit nicht über den vollen Umfang der besatzungspolitischen Ziele aufzuklären. Für die deutsche Öffentlichkeit wurde der amerikanische Kurs daher erst mit der Währungsreform und der Luftbrücke zunehmend deutlich. Zu diesem Zeitpunkt begann er der knappen Mehrheit im Zuge der Emotionalisierung des Ost-West-Konfliktes durch die Blockade und den ersten Hoffnungsschimmer, daß es eine Alternative zum Elend gab, als das kleinere Übel zu erscheinen, zumal die im Vergleich „zur sowjetischen Zone bessere Versorgung der Bevölkerung in den Westzonen mit Konsumgütern" allmählich sichtbar wurde und half, die soziale Schlechterstellung der Arbeiter zuzudecken (357). Die *Bundestagswahl 1949* zu Gunsten der bürgerlichen Parteien ist daher sicherlich zu recht als Entscheidung der Westdeutschen für den „amerikanischen" Weg zu betrachten, auch wenn der Vorsprung von der CDU/CSU zur SPD nur 1,8% betrug und die CDU/CSU gegenüber den

Landtagswahlen 6,6% verloren hatte (358). Wichtig ist aber die Feststellung, daß zu diesem Zeitpunkt die Weichen von den „realpolitischen" Amerikanern bereits einseitig gestellt waren und die Bevölkerung erst nachträglich gefragt wurde. Es ist schlichtweg falsch, die These, „daß der Kapitalismus damals gleichsam hinter dem Rücken der westdeutschen Bevölkerung und ohne ihre Zustimmung restauriert worden sei", wie Schwarz die bisherige Literatur zu diesem Thema zusammenfaßt, mit dem Argument zurückzuweisen," daß die ordnungspolitischen Vorstellungen der amerikanischen Führungsmacht auch in diesem Punkt (der Wirtschaftsordnung, L-Qu) durch die Wahlentscheidungen der westdeutschen Bevölkerung legitimiert wurden" und zwar durch die in dieser Hinsicht schlechthin entscheidenden (359) Wahlen der Jahre 1946/47. Abgesehen von den noch völlig verdeckten Karten der amerikanischen Politik, die mit der Stuttgarter Rede öffentlich gerade erst ein erstes Zeichen der Abkehr ihrer bis dahin nach außenhin sehr negativ aussehenden Politik für die amerikanische Zone gesetzt hatte, fanden diese Wahlen erstens in drei Besatzungszonen statt, deren Mächte zu dieser Zeit noch eine z.T. der amerikanischen entgegengesetzte Politik trieben, und zweitens machte die CDU zu dieser Zeit wirtschaftspolitisch noch keineswegs eindeutige Aussagen, man denke nur an das Ahlener Wirtschaftsprogramm der nordrhein-westfälischen CDU von 1947. Eingedenk auch gerade solcher Faktoren, sind 600.000 Wählerstimmen bzw. 2,5% mehr für die bürgerlichen Parteien (360) ohnehin nicht ein sehr eindeutiges Votum, sondern sprechen eher für die in dieser Arbeit vertretene These, daß „das Rennen" in diesen ersten Nachkriegsjahren völlig offen war und die Amerikaner mit dem gleichen Geschick eine freiheitlich-sozialistische Demokratie hätten inaugurieren können, wenn dies ihr Interesse gewesen wäre (360a).

Zu der Beweisführung dieser Arbeit sind überdies noch einige Punkte hinzuzufügen. Die Vermutung spricht dafür, daß die in der Direktive JCS 1067 geforderten *Entflechtungsmaßnahmen* eine enge Beziehung zu der amerikanischen Antisozialisierungspolitik aufweisen. Die Vereinigten Staaten waren das Land, in dem der Kapitalismus sich im 19. Jahrhundert ungezügelt durch regulierende Staatseingriffe nach dem reinen laissez-faire-Prinzip hatte entfalten können. Ab 1870 jedoch hatten Farmer sowie Klein- und Mittelunternehmer zu realisieren begonnen, daß durch die schnell um sich greifende Konzentration und Monopolbildung die Marktkräfte, die ursprünglich die Freiheit aller garantieren sollten, immer mehr zerstört wurden, und daß ein hemmungsloser Vernichtungswettbewerb Platz griff. Übrig geblieben war die Freiheit einiger weniger riesenhafter Wirtschaftsimperien, die soviel Macht auf sich vereinigten, daß sie die Gesetze des Wettbewerbs außer Kraft setzen konnten. Gegen dieses Big Business waren auf Druck des sich organisierenden Small-Business die Antitrust-Gesetze konzipiert worden. Sie sollten staatlicherseits gewährleisten, daß das Prinzip der Konkurrenz und des ungehinderten Marktzuganges für jeden erhalten blieb. Die USA sind also als das Ursprungsland einer Kartellgesetzgebung zu bezeichnen (361). Wie in der Analyse der Zielsetzungen amerikanischer Deutschlandpolitik für die Besatzungszeit sichtbar geworden ist, war die in *JCS 1067* niedergelegte Forderung einer Dekartellisierungspolitik als Kompromiß zwischen der Morgenthauschen Vorstellung einer Zerstörung der deutschen Industrie sowie der Reagrarisierung des Landes und der vom Außen- und Kriegsministerium vertretenen Position des Wiederaufbaus der deutschen Wirtschaft zustande gekommen. Dabei war das Konzept der Entflechtung mit dem Ziel der Zerschlagung wirtschaftlicher Machtzusammenballungen ein in den USA von den New Dealern ab 1938 forciertes Programm, mit dem Roosevelt nach verschiedenen erfolglosen Anläufen nun gegen den Widerstand von Big Business versucht hatte, dauerhafte staatliche Regulierungs- und Interventionsmöglichkeiten zu schaffen (362). Die außenpolitisch „linke" Schule hatte sich, nachdem sie in der Deutschlandpolitik mit dem Tod Roose-

velts erstaunlich schnell ihren Einfluß verloren hatte (363), neben der Entnazifizierungspolitik vor allem auf die Dekartellisierungsbehörde konzentriert, in der Absicht, durch eine rigorose Antikonzentrationspolitik, also eine weitgehende Entflechtung, wenigstens die deutsche Wirtschaftsstruktur zu ändern und die besonders von den großen Konzernen ausgehende Macht zu brechen. Im Gegensatz zu Clay und seinen Beratern, die mit den Kreisen der Hochfinanz aufs engste verbunden waren, galten die „rasch wechselnden Leiter der Entflechtungsabteilungen" als „Morgenthauboys" (364), so daß man an sich von vornherein einen Widerspruch zwischen den Zielen und Absichten Clays einerseits und den „Konzentrationspolitikern" andererseits vermuten müßte. Bei einem aufmerksamen Studium der gesamten Dekartellisierungspolitik ist dieser auch feststellbar, wenn auch in den ersten Jahren sehr verdeckt. Der Schlüssel zur Aufdeckung des eigentlichen Widerspruchs war jedoch die Eigentumsfrage. Die Engländer waren für die Sozialisierung und gegen eine Entflechtung und auch gegen die Unterstellung der entflochtenen Betriebe unter deutscher Treuhänder (365). *Clay* jedoch benutzte die Entflechtungspolitik in der Absicht, erstens durch sie eine Sozialisierung zu verhindern (366), zweitens mit dem Ziel, über die Einsetzung deutscher Treuhänder, die meist aus dem Management der von der Entflechtung betroffenen Betriebe stammten, die allmähliche Rückgabe der Werke an die Eigentümer vorzubereiten (367), weil auch von ihnen ein Widerstand gegen die Sozialisierung zu erwarten war (368), und drittens um durch diese Maßnahmen die alten Strukturen — nur unwesentlich verändert — solange zu konservieren, „bis eine freigewählte (west-)deutsche Regierung" in der Lage sein würde, entsprechend den amerikanischen Vorstellungen die alten Eigentumsverhältnisse wiederherzustellen (369). Während Clay so die Entflechtung der Riesentruste förderte, obwohl er im Grunde zu denen gehörte, die wie das Big Business der Meinung waren, daß eine Dekonzentration den Wiederaufbau hemme, behinderte er im allgemeinen die Arbeit des „Decartelization Branch", so gut das verdeckte Spiel es zuließ. Für diese Interpretation spricht auch, daß die Amerikaner sich von den Engländern „abhandeln" ließen, ihre frühen scharfen Bestimmungen einer übermäßigen Zusammenballung wirtschaftlicher Macht bei einer Beschäftigung von nur 3.000 Personen auf mehr als 10.000 Beschäftigte zu mildern (370). Auch Clays Argumente, „daß sich gar nicht genau sagen läßt, was eine ‚übermäßige Zusammenballung wirtschaftlicher Macht ist' ", und daß man nicht „durch zwingende Vorschriften die Anlegung vernünftiger Maßstäbe ausschalten" sollte, sind Zeichen seines Doppelspiels (371). Seine prinzipielle Abneigung konnte er nicht aufdecken. Also rechtfertigte er die Blockierungsbemühungen seiner Behörde folgendermaßen: „Die Dekartellisierungsgruppe bestand aus Extremisten, die es zwar gut meinten, die aber fest entschlossen waren, die deutsche Industrie ohne Rücksicht auf ihre wirtschaftliche Lebensfähigkeit in kleine Einheiten zu zerlegen" (372).
Ein weiterer Beweis für die Alibifunktion der amerikanischen Antitrustpolitik in Deutschland ist die Tatsache, daß das Dekartellisierungsrecht, das die Amerikaner sich im Besatzungsstatut noch vorbehalten hatten, das zusammen mit dem Grundgesetz im Mai 1949 in Kraft trat, schon im Petersburger Abkommen vom 22.11.1949 zur selbständigen Regelung durch die deutsche Regierung praktisch abgetreten wurde (373). Denn inzwischen hatten die bürgerlichen Parteien in der Bundesrepublik Deutschland durch die erste Bundestagswahl die Mehrheit erhalten. Die Gefahr von Sozialisierungen war damit erstmal gebannt, eine effektive Antitrustgesetzgebung lag nicht (mehr) im Interesse des amerikanischen Großkapitals mit seinen europäischen Anlage- und Marktinteressen (374), das im amerikanischen Hochkommissar McCloy einen ebenso guten Vertreter wie in Clay hatte. Zwar hatte die CDU selbst ausgehend vom Ordoliberalismus zunächst ein Interesse an der Stützung der mittelständigen Wirtschaft, aber das erst

1957 erlassene bundesdeutsche Kartellgesetz entsprach keineswegs den Vorstellungen der New Dealer.

Was die *Rückgabe der deutschen Konzerne* an ihre Alten Besitzer betrifft, so traf die amerikanische Hohe Kommission (HICOG) nach Einsetzung der Bundesregierung hierfür noch selbst die Voraussetzung: Durch Gesetz sagte sie zunächst 1950 den ehemaligen Aktionären „eine angemessene und geeignete Entschädigung" zu und erklärte etwas später „die Mitglieder der Vorstände der zu liquidierenden Konzerne selbst zu Liquidatoren" (375). 1951 schließlich verfügte die HICOG, daß „die Aktien der neu gebildeten Gesellschaften an Privatpersonen ausgegeben werden sollten", womit die Eisen- und Stahlindustrie endgültig wieder in den Händen der alten Besitzer war (376). Die Reparations- und Demontagepolitik, von JCS 1067 vehement gefordert, von den „Realpolitikern" schon früh als ineffektiv und realitätsblind verworfen (376a), war schon mit dem Petersburger Abkommen beendet worden (377), nachdem die Liste vorher wiederholt nach unten revidiert worden war (378). Ordnungspolitisch war sie ohnehin neutral gewesen, da den betroffenen Firmen daraus ein Entschädigungsanspruch gegen den deutschen Staat entstand (379). Gerade diese von HICOG – nach der Genehmigung des Grundgesetzes und nach Aufnahme der Regierungstätigkeit durch eine von der Mehrheit des deutschen Volkes eingesetzte Regierung – ausgeübten Hoheitsrechte zeigen, daß die Amerikaner nicht gewillt waren, anderen als den von ihnen bisher getroffenen Entscheidungen über die Grundordnung der Wirtschaft Raum zu geben. Sicherheitshalber hatten sie sich alle diesbezüglichen Rechte weiterhin vorbehalten.

Die Differenzen zwischen der amerikanischen Besatzungsmacht und dem Wirtschaftsrat bzw. dem späteren Bundesgesetzgeber über die *Gewerbefreiheit* sind einmal insofern beachtenswert, als sie zeigen, daß das von den Amerikanern vertretene Wirtschaftsmodell entgegen traditionellen deutschen Vorstellungen die völlige Gewerbefreiheit als Voraussetzung hatte und damit konsequent kapitalistisch war (380). Zum anderen sind sie ein Beispiel dafür, daß die Argumentation Clays je nach dem von den Amerikanern verfolgten Ziel beliebig wechseln und genau gegenteilig verlaufen konnte, wenn die amerikanischen Vorstellungen sonst nicht durchzusetzen waren. Durch die amerikanischen Eingriffe in die Erteilung von Gewerbelizenzen kam es nämlich zu einer völligen Uneinheitlichkeit in den einzelnen westdeutschen Ländern, während eins von Clays Hauptargumenten bei der Verhinderung von Sozialisierungen war, „eine deutsche Bundesregierung sei nicht lebensfähig, wenn einige Länder sozialistisch regiert würden, andere marktwirtschaftlich und wieder andere gemischt" (381).

Bleibt zur Kennzeichnung der Präjudizierungsbemühungen des deutschen Sozialstaatsmodells durch die Amerikaner die Nachkriegsdiskussion um die Forderungen der gewerkschaftlich organisierten Arbeiterschaft nach *Mitbestimmung* auf verschiedenen gesellschaftlichen Ebenen. Die Gewerkschaften waren nach 1945 bestrebt, auf 3 Ebenen demokratische Mitbestimmungsrechte durchzusetzen:
1. auf der Ebene zentraler Planung; 2. auf der überbetrieblichen Ebene, d.h. in den Unternehmen, in den Treuhandverwaltungen und in den Selbstverwaltungskörperschaften der Wirtschaft, d.h. den Industrie- und Handelskammern und 3. auf der betrieblichen Ebene.

Es scheint, daß Verhandlungen über die Forderung der Gewerkschaften der amerikanischen und britischen Zone, einen paritätischen Verwaltungsausschuß beim bizonalen Zentralamt in Minden einzusetzen, gar nicht in ein konkretes Stadium getreten sind (382).

Über die Tatsache, daß die Industrie- und Handelskammern laut Militärregierungsbeschluß in rein privatwirtschaftlicher Zusammensetzung wieder errichtet wurden, ist schon berichtet worden. Für die Treuhandverwaltungen und die Unternehmen forderten die Gewerkschaften die Mitwirkung bei Kalkulation, Produktion und Warenverteilung (383). In der Montanindustrie in der britischen Zone erreichten sie im Februar 1947 die Einführung der paritätischen Mitbestimmung in den Aufsichtsräten und die Beteiligung eines Arbeitnehmerrepräsentanten in den Vorständen der treuhänderisch verwalteten, entflochtenen Unternehmen. In der ab September 1949 aus elf Mitgliedern bestehenden Stahltreuhandverwaltung waren die Gewerkschaften ebenfalls nur mit einem für Personalfragen zuständigen Mitglied vertreten (384). Mit der 1953 erfolgten Auflösung der Treuhandverwaltung und der Rückkehr der früheren Eigentümer verloren die Gewerkschaften diesen Einfluß jedoch wieder, so daß auf überbetrieblicher Ebene lediglich das 1951 durch das Montanmitbestimmungsgesetz festgelegte Recht der gewerkschaftlichen Mitwirkung in den Unternehmen der Kohle-, Eisen- und Stahlindustrie übrig blieb.

Auf der untersten Stufe der Absicherung der betrieblichen Mitbestimmung waren die Gewerkschaften zunächst erfolglos den Weg von Betriebsvereinbarungen mit den Arbeitgebern gegangen. Es wurden nirgends mehr als zwei Vertreter der Arbeitnehmer für die Aufsichtsräte bestimmter Betriebe durchgesetzt (385). Bei der Verabschiedung der Verfassungen in der amerikanischen und französichen Zone 1946 und 1947 waren jedoch z.T. recht weitgehende, den gewerkschaftlichen Vorstellungen durchaus entsprechende Artikel verabschiedet worden (die Verabschiedung von Verfassungen in der britischen Zone ließ auf sich warten). Aufgrund der Verfassungsartikel mußten nun die Ausführungsgesetze erlassen werden, auf die es entscheidend ankam. Bei diesen Betriebsrätegesetzen ging es für die Gewerkschaften darum, neben dem personellen und sozialen vor allem das wirtschaftliche Mitbestimmungsrecht zu sichern.

Die Behandlung dieser Gesetze durch die Amerikaner ist erneut ein Beispiel für das von ihnen in Westdeutschland kompromißlos durchgesetzte liberalistisch-konkurrenzkapitalistische Demokratiemodell und die Prädominanz besatzungsrechtlicher unternehmerfreundlicher Entscheidungen vor demokratischen deutschen Willensbildungsprozessen, die das Ziel hatten, die absolute privatwirtschaftliche Entscheidungsfreiheit zu beschneiden. Am hessischen Beispiel ist dies wiederum am deutlichsten demonstrierbar. Clay hatte schon im September 1947 unmißverständlich gesagt, daß er Gesetze, „nach denen Betriebsräten ein Mitbestimmungsrecht in der Betriebsführung eingeräumt wurde" nicht billigen würde (386), erneut mit dem Hinweis darauf, daß eine unterschiedliche Gestaltung der wirtschaftlichen Verantwortlichkeiten in den einzelnen deutschen Ländern den Wiederaufbau behindern würde. Als die Hessen im Mai 1948 mit den Stimmen von SPD, CDU und KPD ein den gewerkschaftlichen Vorstellungen entsprechendes Gesetz verabschiedeten, versuchte Clay zunächst wieder auf unauffälligem Weg, die hessische Regierung zu veranlassen, den die unternehmerische Freiheit am stärksten beschneidenden Teil, die wirtschaftliche Mitbestimmung zu entfernen (387). Als der bevorzugte „elegante" Weg fehlschlug und sich die Angelegenheit schließlich wegen öffentlicher gewerkschaftlicher Protestkundgebungen (388) nicht noch weiter verzögern ließ, wurde das Gesetz unter Suspendierung der betreffenden Artikel im September genehmigt. Die Suspendierung war gegenüber einem Verbot wiederum weniger drastisch, weil sie jeweils mit dem Hinweis verbunden wurde, daß sie nur solange gelte, bis eine Bundesregierung sich mit der Sache befassen könne und dann in der Lage sei, eine einheitliche Regelung zu treffen. Am Beispiel des Betriebsrätegesetzes läßt sich besonders gut zeigen, daß auch dieses Argument nur vorgeschoben war, um drastischere Maßnahmen zu vermeiden in der Hoffnung, durch noch weitere Verschiebung die Sache so lange hinauszuzögern, bis die Mehrheit der Deutschen mit der inzwischen verbesserten wirtschaftlichen Lage so zufrieden sein

würde, daß sie derartige Eingriffe in die privatwirtschaftliche Unternehmensorganisation nicht mehr für nötig hielt. Als nämlich die angeblich notwendige Einheitlichkeit tatsächlich herstellbar war, jedoch drohte, im Sinne demokratischer Eingriffe auszufallen, scheute Clay sich nicht, sie mit wiederum möglichst nicht durchschaubaren Machenschaften zu verhindern. Nach Beendigung des Verfahrens im hesssischen Landtag stand das hessische Betriebsrätegesetz zur Behandlung im Länderrat an, der die Einheitlichkeit für die amerikanische Zone herstellen wollte. Eine Weiterverweisung auf bizonale Ebene war im Sommer 1948 noch immer ausgeschlossen, weil die Amerikaner die Einrichtung des dafür notwendigen Verwaltungsapparates so lange hinauszögerten, bis die Bildung der westdeutschen Regierung kurz bevorstand (389), so daß man mit einiger Plausibilität behaupten konnte, daß man dieser in so entscheidenen Fragen nicht mehr vorgreifen wollte. Als daher im Mai 1948 das hessische Betriebsrätegesetz auf dem Arbeitsplan des Länderrates stand, weil dieser die Angelegenheit nicht bis zur sich immer wieder verzögernden Einrichtung der bizonalen Arbeitsverwaltung liegenlassen wollte, beschloß Clay am 17. Mai kurzerhand, den Länderrat aufzulösen (390). Den daraufhin noch von den einzelnen Ländern vor Konstituierung der Bundesregierung erlassenen Betriebsrätegesetzen widerfuhr ein dem hessischen Gesetz entsprechendes Schicksal (391). Das *1952 vom Bund verabschiedete Betriebsverfassungsgesetz* enthielt von den geforderten wirtschaftlichen Mitwirkungsrechten nur noch einen Anspruch auf Unterrichtung durch die Betriebsleitung (heutige Fassung § 106) unter gleichzeitiger Verpflichtung zur Geheimhaltung der von der Betriebsleitung ausdrücklich genannten Informationen (heutige Fassung § 79). Selbst das soziale und personelle Mitbestimmungsrecht wurde unter die Klausel gestellt, daß es dabei um das „Wohl des Betriebes und seiner Arbeitnehmer unter Berücksichtigung des Gemeinwohls" ginge (ursprüngliche Fassung § 49, heutige Fassung § 2) (392). Daß eine vielfach zögernde Haltung der Gewerkschaften bezüglich einer Anwendung der ihr eigenen Kampfmittel von Arbeitsniederlegungen bis zum Generalstreik der konservativen Seite die Durchsetzung ihrer Vorstellungen erleichterte, soll nicht verschwiegen werden. Gleichzeitig muß aber deutlich angemerkt werden, daß die Alliierten erstens generell angedroht hatten, jeder aufkommenden Unruhe, sobald sie größere Ausmaße annähme, aus Sicherheitsgründen entgegenzutreten, daß sie zweitens die Gewerkschaften immer wieder hinhielten oder sie unter Druck setzten, z.B. mit Argumenten wie, die Gewerkschaften wären verantwortlich, wenn die Amerikaner z.B. im Falle eines Streiks dann nicht länger zu wirtschaftlichen Hilfen und Unterstützungen bereit wären, sondern z.B. die Lebensmittellieferungen kürzen würden und daß sie drittens bei gegebenen Anlässen militärisches Eingreifen androhten oder praktizierten und auch mit Verhaftungen und sogar mit der Todesstrafe drohten (393).
Wie schon angedeutet, blieben auch die *Grundgesetzberatungen* nicht von alliierten Eingriffen verschont. Nicht nur, daß durch die Frankfurter Dokumente der Rahmen von vornherein abgesteckt war, sondern während der Beratungen griffen die Alliierten mehrfach in den deutschen Kompromißfindungsprozeß ein, so besonders am 22.11. 1948 und am 2.3.1949 (394). In den Memoranden wurde klargestellt, daß die Kompetenzen der Bundesregierung sich nicht auf den Bereich des Kultur- und Erziehungswesens erstrecken dürften und daß sie selbst „auf dem Gebiet der öffentlichen Wohlfahrt" nur auf die Koordinierung sozialer Maßnahmen beschränkt wären (22.11.1948 Punkt c). Da es bei einigen an sich zentralistisch eingestellten Sozialdemokraten Befürchtungen gab, eine Bundeszuständigkeit für Bildungsfragen könne für die progressiveren Länder einen Zwang zum Kompromiß auf eine mittlere, weniger fortschrittliche Bildungskonzeption bedeuten, unternahmen die Sozialdemokraten — auch in Anbetracht der zu erwartenden alliierten Widerstände — gar keinen Versuch, das besatzungsrechtliche

Verbot zu revidieren. Die mehr föderalistisch eingestellte CDU hatte ohnehin kein Interesse daran. Abgesehen von diesem Fall sprach die Note vom 22.11.1946 fünf zentrale Punkte an, die zwischen den beiden großen Parteien grundsätzlich umstritten waren. Auf vier dieser Gebiete erfolgte die Intervention zur Verstärkung der föderalen Kompetenzen und Befugnisse (22.11.1948, Punkte a), b), d), f), auch c) galten der Stärkung der Länder), auf dem fünften geschah der Eingriff zur Durchsetzung einer klaren horizontalen Gewaltenteilung (22.11., Punkt e)). Alle angesprochenen Punkte zusammen zielten darauf ab, die Gewalt der Legislative, des direkt vom Volk gewählten Parlaments und seiner Regierung zu begrenzen. Es ging dabei um eine starke Stellung der zweiten Kammer (2.11.1948, Punkt a)), um die möglichst engen, verfassungsmäßig genau festgelegten Zuständigkeiten der Bundesexekutive (2.11.1948, Punkt b)) mit dem Ziel, die Vorranggesetzgebung den Ländern vorzubehalten (2.3.1949, Punkt 3.), um eine weitgehende Beschränkung der Finanzhoheit des Bundes (2.11.1948, Punkt d)) sowohl hinsichtlich der Steuergesetzgebung (2.3.1949, Punkt 5. Art. 122 b. + 123.3.) und der Erhebung von Einnahmen (Art. 122 b.), sowie der Verfügung über die Geldmittel (Art. 123.2.). Schließlich sollte darüber hinaus die Verwaltung auch von sonstigen Bundesangelegenheiten weitgehend den Ländern übertragen werden (2.11.1948, Punkt f)); die Möglichkeit, eigene Bundesbehörden zu errichten, sollte eng begrenzt werden (2.3.1949, Punkt 7.). Bei der Durchsetzung der horizontalen Gewaltenteilung verlangten die Alliierten eine „unabhängige Gerichtsbarkeit", die unter anderem sowohl Bundesgesetze überprüfen, d.h. notfalls für verfassungswidrig erklären sollte, wie auch die Ausübung der Regierungsgewalt kontrollieren sollte (2.11.1948, Punkt e)).
In allen genannten Punkten hatten die deutschen Sozialdemokraten Vorstellungen, die eine eindeutige starke Stellung der zentralen gesetzgebenden Gewalt für nötig hielten, um sicherzustellen, daß ihre vergleichsweise zur deutschen Tradition weitgehenden demokratischen Neuordnungsvorstellungen für Familie, Erziehungswesen (sepziell Schulstruktur) und Wirtschaft auch durchgesetzt werden könnten, wenn die Mehrheit des Volkes das Parlament hierzu legitimiert. Eine Beschneidung der Bundesbefugnisse in Gesetzgebung und Verwaltung und besonders in der Finanzhoheit und eine Stärkung der Länder bedeutete in diesem Zusammenhang die Verhinderung von Neuordnungsbemühungen bzw. die Behinderung der Chancen, die dann gegeben gewesen wären, wenn die SPD allein oder als Koalition die Regierung hätte stellen können. Eine Betonung des von der CDU/CSU mehrheitlich befürworteten Föderalismus bedeutete nicht nur die Unterstützung der von den Alliierten, besonders den Franzosen gerne gesehenen partikularistischen deutschen Tendenzen, also eine Schwächung einer zukünftigen deutschen Machtposition. Sondern sie bewirkte vor allem die Förderung der in der deutschen Gesellschaft ausreichend vorhandenen konservativen Kräfte, die Neuordnungen ablehnten. So war bereits auf einer ersten Ebene des Reformprozesses, der Ebene der Gesetzgebung von einer weitgehenden Gleichberechtigung der zweiten Kammer beim Gesetzgebungsverfahren ein retardierendes Moment zu erwarten, besonders wenn die Länderkammer „richtig" zusammgesetzt war. Großes Anliegen der CDU war daher zu verhindern, daß die Länder mit gleicher Stimmenzahl vertreten und daß Berlin stimmberechtigt sein würde, weil dann der Bundesrat „wahrscheinlich immer eine sozialdemokratische Mehrheit" gehabt hätte (Adenauer) (395).
Eine konkrete Studie, die den direkten wie auch den indirekten Einfluß, den die Amerikaner tatsächlich auf die Entscheidungen beim Zustandekommen des Grundgesetzes hatten, nachweist, steht aus (396). Die Vermutung spricht stark dafür, daß die allgemein gehaltene Formulierung des Memorandums vom 22.11.1948, daß das Grundgesetz „in möglichst hohem Grade" ein Zwei-Kammer-System vorsehen sollte, dazu

157

angetan war, die CDU/CSU-Forderungen wirksam zu unterstützen. Wie zur Zeit der SPD-Koalitionsregierung in den 70er Jahren besonders gut sichtbar, konnten die CDU/CSU-Vorstellungen sich nicht nur in der Tendenz durchsetzen, sondern bewirkten auch sehr effektiv schon auf der Ebene der Gesetzgebung die Verzögerung der Verabschiedung von Reformgesetzen bzw. deren Veränderung in wesentlichen Punkten durch die Länderkammer, in schlimmen Fällen sogar die Verhinderung. Daß die Amerikaner die CDU/CSU-Positionen sehr gut kannten und daß ihnen die Zusammenhänge zwischen Verfassungskonstruktion und Verwirklichung von Reformvorhaben bestens bekannt waren, dafür hat diese Arbeit schon eine Reihe von Beispielen angeführt. Hinzugefügt werden kann der Hinweis, daß Adenauer als Präsident des Parlamentarischen Rates anläßlich der Entgegennahme des Aide-mémoires vom November ausgerechnet die Zweikammerfrage und die Finanzfassung bei einer Erörterung mit den Alliierten zur Sprache brachte, obwohl eine Einigung zwischen den Fraktionen der Deutschen noch ausstand (397) und dies ausdrücklichen vorherigen Vereinbarungen zwischen ihnen widersprach (398). Die Vermutung spricht außerdem dafür, daß – mit Ausnahme des Punktes der „Vorranggesetzgebung", die dann deutscherseits konzessionsbereit „konkurrierende Gesetzgebung" genannt, aber im wesentlichen dem Bund zugesprochen wurde (398a) – ein weitgehender Einfluß der Alliierten die starke Stellung der Länder in der endgültigen Fassung des Grundgesetzes und in der durch die Interpretationen des Bundesverfassungsgerichts weiter in eine konservative Richtung ausgeprägten Verfassungswirklichkeit gefördert und die konservative Grundtendenz begünstigt hat (399). Sicherlich ist dieser Einfluß insofern schwer meßbar, als in den deutschen Parteien selbst, besonders in der CDU/CSU, wenn auch nicht in allen relevanten Gliederungen, viele Tendenzen vorhanden waren, die in die gleiche Richtung gingen. In diesem Zusammenhang ist aber der Hinweis wichtig, daß der von den Amerikanern so forcierte Föderalismus „im wesentlichen pragmatisch war ... und nicht so sehr eine Sache des Grundsatzes" (400). Die „realpolitischen" Amerikaner beschworen ihn eigentlich nur dann, wenn konkrete Konflikte auftraten, z.B. mit Frankreich, das sich gegen ein starkes Deutschland wehrte, besonders aber dann, wenn man damit die Durchsetzung sozialistischer Tendenzen verhindern konnte (400a). Anders ausgedrückt: hätten die Amerikaner eine Präferenz für eine demokratisch-sozialistische Gesellschaftsordnung gehabt, so spräche die Vermutung dafür, daß es ihnen – bei der starken Stellung der sozialdemokratischen Partei und den auch in den anderen Parteien anfangs deutlich vorhandenen Neigungen, das Wirtschaftssystem entscheidend zu verändern – gelungen wäre, eine freiheitlich-sozialistische Gesellschaftsordnung in Westdeutschland in einem zentralistisch organisierten Staat zu inaugurieren.

Ohne daß man in diesem oder jenem Fall von Oktroy oder Diktakt sprechen kann, soll das Aufzeigen dieser Alternative noch einmal deutlich machen: „Der Freiheitsspielraum, dessen sich die Deutschen erfreuten, ging im Grunde nur soweit, als die deutsche Politik mit den alliierten Interessen hinreichend übereinstimmte und die Alliierten deswegen nicht einzugreifen brauchten". (401)

Nicht nur die besatzungspolitischen Vorentscheidungen fielen zugunsten der kapitalistischen Ordnung und der diese absichernden bürgerlichen Parteien aus. Auch die Vorkehrungen des am 12. Mai 1949 von den Militärgouverneuren genehmigten und am 23.5.1949 in Kraft getretenen Grundgesetzes boten den Alliierten nicht hinreichende Sicherheit. Im *Besatzungsstatut,* das mit der Vereidigung des ersten Bundeskabinetts am 20. September zusammen mit einer Dreiervereinbarung, die gleichzeitig die alliierte Hohe Kommission ins Leben rief, in Kraft trat (402), behielten sie sich ein besatzungsrechtliches Primat „gerade auf entscheidenen Gebieten – Gewerbefreiheit, Eigentum in den Grundstoffindustrien, Bankkonzentration, Steuerpolitik u.ä." vor. (403,403 a)

Daß die Amerikaner von den Vorrechten, die sie sich so gesichert hatten, Gebrauch machten, um die privatkapitalistische Wirtschaftsordnung weiter auszubauen, ist bereits dargestellt worden. Diese Tatbestände legitimieren noch einmal die These, daß die Amerikaner jede Chance nutzten, die bürgerlichen Parteien in ihren Bemühungen zu stärken, die privaten Unternehmerrechte zu festigen. Darüber hinaus lassen gerade die genannten wirtschaftspolitischen Vorrechte — deren Ziel analog dem „realpolitischen" ökonomischen und machtpolitischen Konzept ja keineswegs mehr eine Schwächung der deutschen Wirtschaft war, sondern deren Wiederaufbau nach kapitalistischen Prinzipien — zwei weitere weitreichende Schlußfolgerungen zu: die erste ist die, daß die Alliierten sich genügend Befugnisse vorbehalten hatten, um bei einem möglichen SPD-Wahlsieg weiterhin gesellschafts- und vor allem wirtschaftspolitische Neuordnungen durch den Bundesgesetzgeber zu verhindern bzw. zu kontrollieren (404). Gimbel, der die erste bundesdeutsche Regierung überhaupt nur als deutsche Auftragsregierung der Amerikaner sieht, zieht eine noch schärfere Schlußfolgerung. Er versucht nachzuweisen, „daß die Anstrengungen, bestimmte alliierte Ziele und Bemühungen weiter zu verfolgen, (nach Einsetzung dieser Regierung sogar) noch verstärkt wurden" (405).

Ob das Sozialstaatsmodell schon vor der Wahl der ersten Bundesregierung durch die Gesetzgebung des Wirtschaftsrates bereits soweit präjudiziert war, daß die bei den Verfassungsberatungen von der SPD bewußt offengehaltene wirtschaftspolitische Verfaßtheit des Grundgesetzes nicht mehr im Sinne einer demokratisch-sozialistischen Planwirtschaft hätte ausgebaut werden können bzw. noch ausgebaut werden könnte, ist eine Beurteilungsfrage (406). Sieht man die wirtschafts- und sozialpolitische Offenheit des Grundgesetzes als gegeben an und bedenkt gleichzeitig den von den deutschen Parteien gemeinsam gegen die Alliierten durchgesetzten weiten Zuständigkeitskatalog in der Bundesgesetzgebungskompetenz, geht man zudem von einer Konstellation aus, die gleichzeitig im Parlament wie in der Länderkammer eine progressive Mehrheit denkbar macht und hält man außerdem noch eine Zusammensetzung des Bundesverfassungsgerichts dergestalt für möglich, daß das Offenheitspostulat auch von dieser Seite nicht in Frage gestellt wird und Gesetze, die die Wirtschaftsordnung unserer Gesellschaft grundlegend verändern, nicht von vornherein als verfassungswidrig abgelehnt werden, so sind Reformen auf der Ebene der Gesetzgebung durchaus denkbar.

Eine zweite Schlußfolgerung aus der Analyse der Besatzungspolitik und ihrer Zielsetzung ist die, daß Anlaß zu der Vermutung besteht, daß die durch die Wahl einer bürgerlichen Mehrheit im ersten deutschen Parlament sichergestellte Fortführung der Übereinstimmung zwischen Amerikanern und Bundesdeutschen gerade in wirtschaftspolitischen Fragen eine schnellere schrittweise Aufgabe besatzungsrechtlicher Vorbehalte bewirkte, als es bei einem Dissens zu erwarten gewesen wäre (407).

> „Viele amerikanische und deutsche Beobachter stimmen darin überein, daß der 8. Mai 1945 ein Nullpunkt war, daß die Erklärung der Alliierten vom 5. Juni 1945 und die vollständige Übernahme der Staatsgewalt durch die Besatzungsmächte Deutschland die Gnade des Nullpunktes gewährt hat. Danach war der 8. Mai ein Punkt, an dem Deutschland einen neuen Anfang machen konnte . . ." (John Gimbel).
>
> Die Restaurationsthese ist „auf die Legenden von der Stunde Null und von der unterschiedlichen Qualität der US-Interessen vor und nach dem Ende der Anti-Hitler-Koalition bzw. vom revolutionären Charakter des NS-Regimes angewiesen" (Lutz Niethammer).

3.1.3.3. Neuordnung — Rekonstruktion — Restauration: eine Kontroverse

Der Ablauf der Besatzungsgeschichte in Westdeutschland macht von Beginn an in ständig zunehmendem Maße deutlich, daß die Ingangsetzung und Festlegung einer kapitalistischen Wirtschaft für die Amerikaner höchste Priorität hatte. Die Ankurbelung der Wirtschaft sollte zwar durch Währungsreform und Steuergesetzgebung beschleunigt werden, aber sonst hatte die Wirtschaftsordnung von staatlichen Eingriffen, wie Investitionspolitik, deficit spending etc. (407a) frei zu bleiben. Mit diesem Ziel Hand in Hand ging die Abwehr jeglichen Versuchs, steuernde, planende Elemente in die staatliche Wirtschaftspolitik einzubauen, Eingriffe in die Eigentumsformen vorzunehmen, oder den Unternehmer in anderer Form in seiner alleinherrschaftlichen Entscheidungsgewalt einzuschränken, sei es durch Mitbestimmung oder durch Tarifgespräche, die über Lohnforderungen hinausgingen. Da sowohl die Gewerkschaften wie die Sozialdemokratische Partei aus der Sicht der („realpolitischen") Amerikaner in dieser Richtung sehr weitgehende, die kapitalistische Wirtschaftsordnung in einigen Kernbereichen tangierende Vorstellungen hatten, mußte die Politik der Wiederbelebung des Kapitalismus die Unterstützung aller bürgerlichen Parteien in Westdeutschland durch die Amerikaner bedeuten und zumindest die gleichzeitige Erschwerung, wenn nicht gar Verhinderung jeder explizit sozialdemokratischen das Wirtschaftssystem tangierenden Politik, sowie die sukzessive Ausschaltung der kommunistischen Politik. (An dieser Ausschaltung beteiligten sich die Sozialdemokraten und Gewerkschaften mit Beginn der Auseinandersetzungen um den Marshallplan aktiv (408)). Die Auswirkung der ordnungspolitischen Vorstellungen der Amerikaner zur Wirtschaft auch auf die allgemeinen verfassungspolitischen Grundsätze sowie die konkrete Regierungsform wurde besonders an den alliierten Noten vom November 1948 und März 1949 deutlich. Sie führte nicht nur zur Unterstreichung und Stärkung der vertikalen Gewaltenteilung zwischen Bund und Ländern, um so die unmittelbare Machtausübung des Parlaments auf der Ebene der Gesetzgebung und der Verwaltung zu beschränken, sondern auch zu der ebenfalls durchgesetzen, von der SPD abgelehnten horizontalen Gewaltenteilung in der besonderen Ausprägung des Verhältnisses von Legislative und Verfassungsgerichtsbarkeit. Hiermit wurde das Ziel verfolgt, eventuell trotz all der eingebauten Hindernisse zustandegekommene Reformgesetze nochmals von einer von der Mehrheit des Parlaments unabhängigen Instanz, dem Bundesverfassungsgericht, überprüfen lassen zu können, um sie gegebenenfalls mit dem Verdikt der Verfassungswidrigkeit zurückweisen zu können. Auch auf diesem Gebiet gibt es seit Bestehen der SPD/FDP-Koalitionsregierung Beispiele, die zeigen, daß die damaligen christdemokratischen wie amerikanischen verfassungspolitischen Intentionen, möglichst viel „checks and balances" im Grundgesetz zu verankern, erfolgreich waren und sich noch heute für die CDU/CSU, obwohl zur Zeit in der Opposition, auszahlen, indem sie weitgehende gesellschaftspolitische Reformen — man denke z.B. an den § 218 — verhindern bzw. verwässern kann, wenn nicht über den Bundesrat, dann über den Versuch, das Reformgesetz durch das Bundesverfassungsgericht für verfassungswidrig erklären zu lassen.

Das Ergebnis der Analyse der Besatzungsziele der „Realpolitiker" sowie ihrer Besatzungspolitik ist also, daß diese amerikanischen Besatzungsinteressen, die vorrangig und durchgängig vom Beginn an wirtschaftliche Interessen waren, daß diese ökonomischen Interessen auch die institutionelle Form der bundesrepublikanischen Demokratie bedingt haben. Die politische Ordnung der Demokratie erwies sich damit als die einer bürgerlichen Demokratie, die allgemein wie auch in dem speziellen Fall der Besatzungspolitik primär dazu dient, den staatlichen Rahmen für die Entfaltung der ökonomischen Interessen des Bürgertums im kapitalistischen Wirtschaftssystem zu stellen.

Die Geschichte der amerikanischen Besatzungspolitik bietet damit die Gelegenheit, in der heutigen Zeit noch einmal nachzuforschen und nachzuvollziehen, was in den westlichen Industrienationen am Beginn der bürgerlichen Epoche geschah. Die reprä-

sentative Demokratie, die, wie am amerikanischen Beispiel gezeigt, von den Verfassungsvätern geschaffen wurde, um ihre frühkapitalistischen wirtschaftlichen Interessen vor dem Zugriff der kleinen Landwirte und Gläubiger zu schützen und um zu ihrer Entfaltung, d.h. zur ungehinderten Akkumulation beizutragen, war der notwendige institutionelle politische Rahmen, den das Großbürgertum brauchte, um die neue Wirtschaftsordnung durchsetzen und befestigen zu können. Dies wußten nicht nur die amerikanischen Verfassungsväter, sondern auch die „Realpolitiker" unter den amerikanischen Besatzern. Hier soll ausdrücklich darauf hingewiesen werden, daß dieser Analyse damit ein sehr anderes Verständnis der Zusammenhänge zugrundeliegt, als dies bei Gimbel der Fall ist, der als Erster die Vorrangigkeit und Durchgängigkeit der wirtschaftlichen amerikanischen Interessen nachgewiesen hat. Während Gimbels immer wiederholte These die ist, daß diese „Interessen in bestimmten entscheidenden Fragen den Vorrang vor demokratischen Idealen hatten" (409), wird hier die Auffassung vertreten, daß diese amerikanischen Besatzungsinteressen konstitutiv für die institutionelle Form der bundesrepublikanischen Demokratie waren. Mit diesen Ausführungen soll nicht bestritten werden, daß es demokratische Ideale gibt, die mit dem Beginn der Erkämpfung der bürgerlichen Demokratie entstanden und allgemein gültig für alle Menschen formuliert und gefordert worden sind und die auch heute noch als individuelle Grundrechte bei einer demokratischen Verfassungsgebung von allen vertreten werden. Die historische Entwicklung hat jedoch deutlich gemacht, daß diese demokratischen Ideale vom Bürgertum in dem Moment, als es zur herrschenden Klasse geworden war, meist nur noch zur Legitimierung seiner Herrschaftsordnung betont wurden und werden und nicht, wenn es darum geht, aus ihnen soziale Grundrechte abzuleiten und nicht nur die politische Ordnung, sondern auch die Rechtsordnung sowie die Wirtschafts- und Gesellschaftsordnung nach diesen Grundsätzen zu gestalten.
Die amerikanische Besatzungsmacht aber behielt in Westdeutschland so lange die Kontrolle, bis das deutsche Bürgertum – nach seiner Kompromittierung durch den Nationalsozialismus – mit amerikanischer Starthilfe und finanzieller Unterstützung wieder genügend Selbstvertrauen und Willen zur Macht gefaßt hatte, um sich keine Zugeständnisse an Neuordnungsvorstellungen der Gesellschaft und speziell der Wirtschaftsordnung mehr abhandeln zu lassen. Die Restauration in der westdeutschen Gesellschaft hatte sich mittlerweile auf allen Ebenen festigen können.
Familiale *(= primäre)*, schulische *(= sekundäre)* und berufliche *(= tertiäre)* Sozialisation hätten verändert werden können und müssen, um eine freiheitlich-sozialistische Demokratie zu begründen. Da die „realpolitischen" Amerikaner nicht bereit waren, langfristig die gesellschaftlichen Strukturen im Ausbildungssektor und in der Arbeitswelt im Sinne einer umfassenden Demokratisierung zu beeinflussen, konnten sie auch am Klima der familialen Sozialisation in Deutschland, das sie für die deutsche Autoritätsgläubigkeit verantwortlich machten, nichts ändern. Für den Bereich der sekundären Sozialisation und der diese bedingenden Strukturen ist dargestellt worden, daß bis 1945 auf keiner der beiden Planungsseiten konkrete Konzepte oder Absichten vorhanden waren, strukturelle Änderungen durchzusetzen. Vorwegnehmend kann gesagt werden, daß im Endergebnis solche auch nicht vorgenommen worden sind. Was die tertiäre Sozialisation betrifft, so hat diese Arbeit deutlich gemacht, daß die Amerikaner (auch die der „linken" Schule zuzurechnenden) keinerlei Interesse hatten, das Verhältnis zwischen Arbeitnehmer und Arbeitgeber in der privaten Wirtschaft durch erweiterte Mitbestimmungs- oder Teilhaberechte zu verändern und als Folgewirkung z.B. von diesem Bereich her hierarchische Gesellschafts- und Familienstrukturen aufzubrechen. Daß im industriellen Bereich Neuordnungen mit den verschiedensten Mitteln verhindert wurden, ist vielfältig dargestellt worden. Zu ergänzen ist, daß die in Potsdam verein-

barte Bodenreform in den Westzonen mit wenigen Ausnahmen nicht durchgeführt wurde, so daß auch die Strukturen der Agrarwirtschaft unverändert erhalten blieben. Über die Restabilisierung der traditionalen Strukturen im öffentlichen Beschäftigungsbereich der Verwaltung und der Justiz wird noch berichtet. Auf dem Weg zum Weststaat wurden sie beschleunigt rekonstruiert (Niethammer), obwohl der bürokratische Geist der Deutschen in den USA als ein spezifisch deutsches Übel gelten hatte.

Zwar ist die These, daß das kapitalistische Wirtschaftssystem mit sehr tatkräftiger Hilfe und Förderung durch die Amerikaner in Westdeutschland errichtet wurde, nicht widerlegt worden. Im Gegenteil, es sind eine Reihe von Detailuntersuchungen erschienen, die die These bestätigen und die allgemein für die gesellschaftliche und politische Ordnung der Bundesrepublik Deutschland von „verhinderter Neuordnung" oder „Restauration" sprechen.

Seit 1973 jedoch werden *Versuche* unternommen, die umfassende *Restaurationsthese einzuschränken* oder sogar zurückzuweisen. Diese Literatur soll hier zwei verschiedenen Gruppen zugeordnet werden, da sie ausgehend von verschiedenen Phänomenen zu dem jeweiligen Urteil kommt. Die *erste Gruppe* urteilt ausgehend von der amerikanischen Besatzungspolitik und deren vermeintlicher Zielsetzung, die *zweite* beurteilt den deutschen Nachkriegsstaat zum Teil unabhängig davon. Auf letztere, ohnehin nicht ins Detail gehende, ihre Antithese nicht belegende Literatur wird nur eingegangen, weil die Autoren namhafte Politologen sind, deren Behauptungen von späterer Literatur gleich als bedeutsam erwähnt werden. Auf die erste Gruppe ist ausführlich einzugehen, weil sie von einer durchaus ernstzunehmenden und auch nicht gänzlich unberechtigten Interpretation amerikanischer Besatzungspolitik ausgeht.

Gegenüber der Restaurationsthese erscheint *Niethammer* „der *langfristige Trend* der Besatzungspolitik in den Westzonen eher in dem Begriffspaar politische *Liberalisierung* und *Rekonstruktion* der materiellen Lebens- und Produktionsbedingungen, was zusammengenommen die Stabilisierung der gefährdeten Gesellschaftsordnung mit umgreift, eingefangen werden zu können" (410) (Hervorhebung von der Verf.). Zu der Zurückweisung der Restaurationsthese kommt Niethammer, obwohl er der amerikanischen Besatzungsmacht eine „defizitäre Bilanz ihrer Liberalisierungspolitik" bescheinigt und von den „beiden größten Unternehmungen, der Entnazifizierung und der Dekartellisierung" sagt, daß deren „Fehlschlag" „meist als irreversibel hingenommen" wurde (411). Das „Reformdilemma der Besatzungszeit" analysiert er selbst an Hand der ebenfalls steckengebliebenen Neuordnung des öffentlichen Dienstes.

Entnazifizierung, Dekartellisierung und Beamtenreform jedoch sind Niethammer Beweis für die von *der* amerikanischen *Besatzungsmacht* geplanten Liberalisierungspolitik, *die* seines Erachtens *sowohl personelle wie strukturelle Reformen vornehmen wollte*.

Ausgehend von der in dieser Arbeit vorgelegten Analyse der unterschiedlichen Zielvorstellungen kann hier gesagt werden, daß es sich weniger um ein Reformdilemma der Besatzungszeit als um Dilemmata der gesamten bisherigen Literatur zur Besatzungszeit handelt. Obwohl für die Planungszeit meist auf die sich bekämpfenden Richtungen in Amerika hingewiesen wird, die allerdings hier erstmals als geschlossene Konzepte dargestellt worden sind, lag bis heute keine Analyse vor, die die verschiedenen Erscheinungsformen der Politik diesem oder jenem der beiden gegensätzlichen, sich einander an sich ausschließenden Konzepte zuordnete. Zwar vertrat ein Teil der Literatur die These, die amerikanische Politik sei ambivalent gewesen, ein anderer Teil die These, sie sei anfangs (bis 1947) richtungslos gewesen, während *Gimbel* sie als von Anfang an eine kontinuierliche Linie verfolgend dargestellt hat. Ausgehend von der Meinung, daß die Amerikaner eine „breite Skala von Interessen" verfolgten, sieht Gimbel zwar, daß „einigen dieser Interessen . . . besonderer *Vorrang* nur während bestimmter, zeitlich begrenzter Perioden eingeräumt" wurde (Hervorhebung von der Verf.), aber er summiert: „*Die* Amerikaner wollten Deutschland und die Deutschen nicht nur entnazifizieren, entmilitarisieren, entflechten, demokratisieren und reorientieren, sie waren auch im Interesse der Wahrung ihrer eigenen Sicherheit darauf bedacht, Deutschland und Europa wieder wirtschaftlich gesunden zu lassen und den Bestand des freien Unternehmertums zu gewährleisten" (412). (Hervorhebung von der Verf.). Die „realpolitischen" Amerikaner jedoch wollten nicht entnazifizieren, entmilitarisieren oder entflechten. Unter Roosevelt konnten sie sich allerdings mit ihren im Gimbelschen Zitat zuletzt genannten wichtigsten Zielen nicht behaupten. Sie konnten lediglich die Freigabe des Ziels der industriellen Verwüstung Deutschlands verhindern. Angefangen mit Roosevelts Tod aber setzten die „realpolitischen" Amerikaner sich immer mehr durch, so daß tatsächlich eine kontinuierliche wirtschaftspolitische Linie erkennbar wurde, die auch die Verwirklichung eines geschlossenen Demokratiekonzeptes nach sich zog. Aber Entmilitarisierung, Entindustrialisierung, Entnazifizierung und Entflechtung waren ebensowenig konstitutiv für dieses Programm wie die Beamtenreform oder die politische Dezentralisierung. Dies ist am Anfang dieses Kapitels bereits aus dem Abriß der „realpolitischen" Vorstellungen deutlich geworden. Es soll hier an einer kurzen Abhandlung dieser in der Mehrzahl bisher in der Besatzungspolitik nicht dargestellten Punkte zusammenfassend herausgearbeitet werden.

Das Scheitern der *Entmilitarisierungs/Entindustrialisierungspolitik* der „Linken" bahnte sich sehr früh an: in Bezug auf die dem „Osten" zugesprochenen Werke, noch bevor die Demontage begonnen hatte, im Mai 1946 und gegenüber den übrigen durch Deutschland geschädigten Nationen mit der Ankündigung der Revision des Industrieniveauplans in Stuttgart im September 1946. Die ursprünglich 1.636 zu demontierenden Industrieanlagen bzw. Teile davon wurden im 2. Plan um fast 1.000 reduziert, der Abbau auch dieser Fabriken immer wieder verzögert, die Pläne weiter revidiert und die Demontagen schließlich 1950 ganz eingestellt (413). Daß die deutsche Wiederbewaffnung in amerikanischen Militärkreisen bereits 1947 erwogen (414) und 1949 ernsthaft diskutiert wurde, zeigt, wie marginal das Entmilitarisierungs-/Entindustrialisierungskonzept für „Realpolitiker" war und wie wenig es mit Demokratisierungsabsichten zu tun hatte. Im April 1950 war auf der Ebene der Vereinigten Stabschefs (JCS) bereits die Entscheidung über die Unverzichtbarkeit eines deutschen Verteidigungsbeitrags im Rahmen der – im Anschluß an die Gründung der NATO im April 1949 entwickelten – Vorwärtsstrategie gefallen (415). Der Ausbruch des Korea-Krieges am 25. Juni 1950 beseitigte die psychologischen Hemmnisse, dieses Thema auch in Amerika öffentlich zu behandeln; in Deutschland hatte Adenauer ohnehin schon im Dezember 1949 die Diskussion darüber begonnen (416). Schon am 9. September 1950 lag das Placet des amerikanischen Präsidenten vor. Damit war selbst der Weg zur deutschen Wiederaufrüstung frei, auch wenn es noch einige Jahre dauerte, bis ein Weg gefunden wurde, dem alle westlichen Partner zuzustimmen bereit waren.

Die *Entnazifizierungspolitik* war an sich schon von ihrer Anlage her zum Scheitern verurteilt. Die von den Linken vertretene Kollektivschuldthese war verantwortlich für eine ständige Ausdehnung des Personenkreises. Dadurch wurde die Entnazifizierungspolitik undurchführbar, und es ergaben sich zahllose Verfahrensmängel (417). Für eine grundlegende Demokratisierung der Politik sowie der Gesellschaft war sie insofern irrelevant, als sie die wirtschaftlichen und gesellschaftlichen Grundlagen der Betroffenen langfristig kaum antastete (418). Zu einem totalen Fehlschlag aber wurde sie, als Heeres- und Außenministerium im August 1947 plötzlich auf mildere Anwendung der Bestimmungen besonders für Beschäftigungsverhältnisse im privaten Bereich und einen raschen Abschluß drängten (419), zu einem Zeitpunkt, als die Masse der Mitläufer härter als in allen anderen Zonen verurteilt worden war, „die wirklichen Nazis" aber noch auf ihre Verfahren warteten. 1948 stellten die Amerikaner dann Mitarbeit und Überwachung ganz ein (420). Sie hatten inzwischen auch Frankreich und die Beneluxländer von der Notwendigkeit des deutschen Wiederaufbaus für Europa überzeugen können und die Weststaatsgründung durchgesetzt. Die Entnazifizierung, die für die „Realpolitiker" bis dahin gegenüber der amerikanischen wie auch der Weltöffentlichkeit einmal Legitimationsfunktion gehabt hatte (in dem Sinn: wir tun ja alles, um ein anderes Deutschland entstehen zu lassen), zum anderen aber auch Verschleierungsfunktion für den tatsächlich schon früh in Angriff genommenen Wiederaufbau, der sowohl die Erhaltung wie auch die Restauration des Kapitalismus umfaßte, war für die „Realpolitiker" keine Überzeugungstat. Das Militär hatte die schärferen Bestimmungen von JCS 1067 erst in dem Moment unterstützt, als es in den USA aufgrund der durch CCS 551 legitimierten Weiterverwendung von Nationalsozialisten für Verwaltungszwecke in den anfangs besetzten Grenzgebieten bei Aachen scharfe Kritik geerntet hatte (421). Da 1947 inzwischen auch in der amerikanischen Öffentlichkeit Kritik an der Entnazifizierungspraxis lautgeworden war und da Marshallplan und Entnazifizierung nicht zusammenpaßten, weil die Entnazifizierung einer Vermehrung der Produktion im Wege stand, wollte man die Verantwortung dafür so schnell wie möglich los sein (422), weil man sie ohnehin nie als strukturelle Voraussetzung für die vornehmlich formale, auf politische Institutionen beschränkte Demokratisierung Deutschlands begriffen hatte, sondern nur als negative Bestrafungsmaßnahme.

Die Alibifunktion, die die *Entflechtungspolitik* für „Realpolitiker" hatte, ist bereits aufgezeigt worden. Aber auch unabhängig davon hätte sie langfristig ebensowenig wie die Entnazifizierung zu einer Demokratisierung in diesem Fall der Wirtschaft beigetragen, denn die Dekartellisierungspolitik als Programm mittelstandsorientierter Anhänger der Wettbewerbsideologie ging von der falschen Voraussetzung aus, daß einige marginale Entscheidungen und Gesetze, die den Kern des Kapitalismus: die private Gewinnmaximierung nicht antasteten, in der Lage seien, die Wirtschaftsstruktur entscheidend zu ändern. Eine Analyse der amerikanischen Erfahrungen mit der Antitrust-Politik hätte ihnen den unaufhaltsamen Trend des kapitalistischen Systems zur Konzentration und Monopolisierung als Ausdruck der Gewinnmaximierung, als immanente Gesetzmäßigkeit der kapitalistischen Wirtschaft erkennbar machen müssen (423). Die Geschichte der amerikanischen Konzentrationspolitik hätte ihnen zeigen können, daß die Unternehmen immer wieder Wege zur Umgehung der beschlossenen Antitrust-Gesetze finden und so erneut wirtschaftliche Machtzusammenballungen schaffen. Selbst wenn die Militärregierung aus Überzeugung hinter der Entflechtungspolitik gestanden hätte, wäre ihr also kein dauerhafter Erfolg beschieden gewesen. Darüber hinaus war auch diese Maßnahme von der Planung her ebensowenig eine strukturelle Voraussetzung für ein bestimmtes Demokratiemodell wie die vorgenannten Programme. Entmilitarisierung und Entflechtung waren Restbestand des Zerschlagungskonzepts, das man für die deutsche Industrie hatte.

Dafür, daß die „Realpolitiker" eine *Beamtenreform* in Deutschland durchführen wollten, gibt es keinerlei Anzeichen. Zwar dachte man daran, starke Befürworter des Nationalsozialismus zu entlassen und eine relativ eng begrenzte personelle Umgestaltung durch Entnazifizierung vorzunehmen, sowie daran, die Aktivitäten aller Parteiorganisationen zu unterbinden, aber nur soweit dies der Aufrechterhaltung einer funktionierenden Verwaltung nicht im Wege stand (424). An Demokratisierung durch Neurekrutierung war nicht gedacht (425), im Gegenteil, die Rehabilitierung von 98% der zunächst

durch die von den „Linken" ausgeweiteten Entnazifizierungsverfahren aus dem Beruf entfernten Beamtenschicht wurde schon ab Winter 1945/46 vorbereitet (426). Außer aus allgemeinen Effizienzgründen wurde der Beamtenapparat damit nach der ersten Entnazifizierungswelle von den „realpolitischen" Amerikanern besonders zur Stabilisierung der bizonalen Wirtschaftsverwaltung restauriert (427).
Nachdem die verbliebenen „Linken" unter den Besatzern schon das Scheitern all' ihrer übrigen Programme hatten hinnehmen müssen, machten sie 1949 (428) plötzlich einen verzweifelten Versuch, durch Militärregierungsgesetz die Struktur der Verwaltung zu verändern. Zu den vom Wirtschaftsrat noch vor Gründung der Bundesrepublik Deutschland unternommenen Bemühungen, die alte (Weimarer) Wirtschafts- und Gesellschaftsordnung zu restaurieren, gehörte auch der von einigen (nicht allen) sozialdemokratisch regierten Ländern abgelehnte Plan, das Berufsbeamtentum „mit der schon von der Monarchie übernommenen Dreiteilung des Öffentlichen Dienstes in Beamte, Angestellte und Arbeiter, aber auch mit der lebenslänglichen Berufung der Beamten", wiederherzustellen (429). Da das Grundgesetz jedoch „die Garantie der wohlerworbenen Rechte des Beamtentums der Weimarer Verfassung übernommen" hatte (430) ohne hierin von den Alliierten beanstandet worden zu sein, blieb das insgesamt zu spät oktroyierte Gesetz erfolglos. Die deutsche Bundesregierung erließ 1950 im Anschluß an die Vorkehrungen des Grundgesetzes die Bundesfassung des deutschen Beamtengesetzes, dem schließlich auch die anders gesinnten sozialdemokratischen Länder ihr Landesrecht anpassen mußten (431). 1951 wurde dann zusätzlich noch Bund, Ländern und Gemeinden in Ausführung von Artikel 131 Grundgesetz die Pflicht zur Wiedereinstellung der aus dem Öffentlichen Dienst Ausgeschiedenen, sofern sie nicht ausdrücklich als hierfür untragbar bezeichnet worden waren, auferlegt und eine gleichzeitige Einstellungssperre für andere Personen verhängt bzw. eine Abgabepflicht eingeführt für Behörden, die nicht die 131er Mindestquote beschäftigten (432). Dies geschah zu der gleichen Zeit, als die Alliierte Hohe Kommission aufgrund ihrer Vorbehaltsrechte zahlreiche wirtschaftspolitische Entscheidungen, wie z.B. die Zurückführung von Betrieben in private Hand, traf. Die Gleichzeitigkeit zeigt und beweist noch einmal sehr deutlich, daß es den entscheidenden „realpolitischen" Kreisen unter den Besatzungsoffizieren (433), die sich inzwischen voll durchgesetzt hatten, in keinem dieser Punkte um gesellschaftliche Reformen oder wie es bei den Kritikern der Restaurationsthese auch heißt, um eine Liberalisierung der deutschen Gesellschaft ging. Die 1949 versuchte Strukturreform des bürokratischen Apparates mußte scheitern, nachdem vier Jahre lang andere Prioritäten gegolten hatten, die 1949 schließlich nicht über Bord geworfen wurden, und nachdem alles getan worden war, um die alten Strukturen zu restaurieren. Kurz erwähnt sei, daß mit der hierarchischen Struktur nicht nur das Juristenmonopol in der Verwaltung erhalten blieb (434), sondern daß sich auch in den Institutionen der Justiz nichts an der „aus vordemokratischen Zeiten überkommenen Atmosphäre der Autorität" änderte, so daß auch für diesen Bereich von Restauration gesprochen werden muß (435).

Auch die *politische Dezentralisierung* wird vereinzelt als Liberalisierungskonzept genannt. Gimbel erklärt dies, den typisch amerikanischen Idealismus charakterisierend, folgendermaßen: „Das reformerische Beamtentum, die reformierten Schulen, die örtliche Selbstverwaltung mit ihren Bürgerversammlungen und Forumsdiskussionen und die verantwortlichen, verfassungsmäßigen, direkt gewählten örtlichen Verwaltungen und Landesregierungen sind den neuen Einrichtungen verwandt, die amerikanischen Pioniere in den Gemeinden der frontier (die jeweilige Besiedlungsgrenze in Amerika, die Verf.) schufen ... kurz, die Amerikaner glaubten, daß der demokratische Impuls der Menschennatur angeboren sei und daß es nur erforderlich sei, die richtige Atmosphäre zu schaffen und die bösen Kräfte zu vertreiben oder auszuschalten, damit sich die Demokratie in einem natürlichen Prozeß von selbst entwickele" (436). Aus der *Analyse der Zielsetzungen* wissen wir bereits, daß die politische Dezentralisierung nicht zum Programm der „Realpolitiker" gehörte, sondern von ihnen nur zur Verhinderung der geplanten Zerstückelung des deutschen Reichsgebietes aufgegriffen wurde, während der Stellenwert der politischen Dezentralisierung in Morgenthaus Vorstellungen klar der Zurückwerfung Deutschlands in einen Zustand der Kleinstaaterei mit der Hoffnung auf die im 19. Jahrhundert vorhandene politische Zerrissenheit war und mit Demokratisierung nichts zu tun hatte. Die *Analyse der* „realpolitischen" Besatzungs*politik* hat gezeigt, daß das nach Potsdam — aufgrund der Furcht vor einem politischen Vakuum, das die Kommunisten nutzen könnten — wieder zugelassene politische Leben vor allem wegen der besseren Kontrollierbarkeit Schritt für Schritt von der örtlichen zur überzonalen und schließlich zur Bundesebene aufgebaut wurde, daß aber mit jedem neuen Schritt auch die Kompetenzen auf die neue höhere Stufe gelegt wurden, die Dezentralisierung also auch in der Praxis nichts mit einem Liberalisierungskonzept gemein hatte.

Das Gimbel-Zitat liefert aber den Schlüssel zur Erklärung der aufgrund der hier vorgelegten Analyse fast unverständlich erscheinenden Interpretation der genannten Programmpunkte als Liberalisierungsabsichten. Am Beginn des Kapitels 3.1. hieß es, daß zur idealtypischen Verdeutlichung der verschiedenen Planungseinrichtungen in Washington hier die beiden gegensätzlichsten Konzepte dargestellt werden, ohne auf die dazwischen liegenden Positionen und Schattierungen einzugehen. Weiterhin wurde gesagt, daß nicht betritten werden soll, daß es, nachdem sich anfangs keines der beiden Konzepte hatte durchsetzen können, einige *Idealisten* unter den Besatzern gegeben haben mag, die versuchten, ausgehend von den amerikanischen Idealen, einige Voraussetzungen für die Möglichkeit einer Demokratisierung Deutschlands — dem amerikanischen idealistisch-liberalen Verständnis entsprechend — zu schaffen. Von dieser Annahme ausgehend sind offenbar die Interpretationen der Besatzungszeit entstanden, die den Amerikanern Liberalisierungsabsichten zugute halten. Soweit es sich um deutsche Arbeiten jüngerer Autoren handelt, ist eine solche Interpretation auch durch das der deutschen Nachkriegsgeneration in der Schule vermittelte positive Bild von den Amerikanern erklärlich. Soweit es sich um amerikanische Autoren handelt, macht das amerikanische Credo, mit dem jeder Amerikaner aufwächst, eine solche bejahende Sicht der eigenen Rolle verständlich.

Die *Direktive JCS 1067* selbst jedoch gibt den Besatzungspolitikern sehr deutlich als Behandlungsmaxime für deutsche Angelegenheiten die Devise „Deutschland wird nicht besetzt zum Zwecke seiner Befreiung, sondern als ein besiegter Feindstaat" (Punkt 4. b)). Der einzige Hinweis auf eine etwaige Demokratisierung in der 43 Punkte — jeweils meist mehrere Sätze — umfassenden Direktive ist der Satz*teil*, daß zu den Besatzungszielen auch „die Vorbereitungen zu einem späteren Wiederaufbau des deutschen politischen Lebens auf demokratischer Grundlage" gehören (Punkt 4. c)). Keiner der in der Literatur als Liberalisierungsprogramme bezeichneten Punkte enthält in der Direktive auch nur einen Hinweis auf eine damit verbundene Demokratisierungsabsicht oder darauf, daß dieses Konzept zum Beispiel als notwendige Voraussetzung für eine spätere Demokratisierung anzusehen ist. Fazit: Selbst wenn einige Individuen unter den Besatzern in idealistischer, gutwilliger, von der amerikanischen Mission überzeugten Absicht nach Deutschland kamen, so gab es doch kein irgendwie geartetes „linkes" oder „liberales" Demokratisierungs*konzept*, das solchen Ideen auf der Ebene der Planung entsprochen hätte und dessen integraler Bestandteil die sogenannten Liberalisierungsprogramme gewesen wären. Entmilitarisierung/Entindustrialisierung, Entnazifizierung und Entflechtung müssen daher auch nach dieser Analyse weiterhin als negative Programme gewertet werden (437). Die „Realpolitiker" warfen sie jeweils zu gegebener Zeit einfach über Bord. Selbst wenn zum Beispiel die Entnazifizierung anfänglich von der Militärregierung insgesamt forciert worden ist, so hat die Analyse der Besatzungspolitik unter der Frage nach dem sie leitenden Demokratiekonzept ergeben, daß es nicht einmal gerechtfertigt ist zu sagen, daß einigen („linken") Konzepten „während bestimmter, zeitlich begrenzter Perioden (Vorrang) eingeräumt" worden ist (438). Da die negativen Ziele von JCS 1067 aber zunächst auch in Politik umgesetzt wurden, erschien die amerikanische Besatzungspolitik anfangs zwiespältig und war es auch, obwohl die Wirtschaftspolitik bereits eine einheitliche Linie verfolgte und sich immer mehr durchsetzte. Ausgehend von der immer deutlicher werdenden Zielsetzung dieser Wirtschaftspolitik weist Gimbel die Ambivalenzthese zurück. Die anfängliche Zweigleisigkeit der amerikanischen Politik aber war trotz der wirtschaftspolitischen Kontinuität gegeben. Sie beruhte auf der Tatsache, daß Teile des negativen Konzepts eine Zeitlang beibehalten wurden, ohne daß es gelang, sie in das „realpolitische" Demokratisierungskonzept zu integrieren. Sie waren nicht nur nicht integrierbar, weil sie eine negative Wurzel hatten, sondern auch weil das „realpolitische" Demokratisierungskonzept keine Strukturreformen beinhaltete, sondern von vorneherein Restauration wollte.

Die *zweite Literaturspezies, die* die Restaurationsthese zurückweist und eine *Neuordnung postuliert,* geht vom äußeren Eindruck, den bundesrepublikanische politische Verhältnisse im Vergleich zu Weimar machen, aus. Oberflächlich betrachtet, konnte in der ersten bundesrepublikanischen Zeit, der sogenannten Adenauer-Ära, der Eindruck entstehen, als wäre tatsächlich eine neue Gesellschaft auf westdeutschem Boden entstanden, als akzeptierten nicht nur die schon in Weimar republikanisch gesonnenen Kräfte die politische demokratische Ordnung, sondern auch die große Mehrheit des in Weimar national-nationalistisch-antidemokratisch eingestellten Bürgertums (439), und als seien die vom Nationalsozialismus Überzeugten auf ein irrelevantes Häuflein zusammengeschmolzen. Das Bürgertum allerdings hatte zunächst nicht einmal die Aussicht gehabt, wieder die Herrschaft übernehmen zu können, denn im Gegensatz z.B. zur Sozialdemokratie waren führende bürgerliche Kreise in Wirtschaft, Militär und Bürokratie durch ihre Zusammenarbeit mit den Nationalsozialisten aufs äußerste kompromittiert. Für das Bürgertum wurde jedoch bald erkennbar, daß die Amerikaner durchaus zur Zusammenarbeit mit ihm gewillt waren, und daß die Errichtung der demokratischen Regierungsform für seine Rückkehr zur Macht nicht nur Voraussetzung war, sondern geradezu die Chance. Dies wird von den Antirestaurationsvertretern ebenso übersehen wie die Tatsache, daß die Amerikaner außerdem noch gegen die sozialistischen Kräfte eingestellt waren. Solange die demokratische Regierungsform dem Bürgertum also diese Chance bot, konnte es der Oberschicht und den Beamten nicht allzu schwer fallen, sich mit der von den Amerikanern geförderten Demokratie anzufreunden. D.h. aber, diese zunächst äußerliche Versöhnung spricht nicht gegen die These von der grundsätzlich stattgefundenen Restauration. Diese Arbeit hat belegt, daß sie auf allen behandelten gesellschaftlichen Gebieten stattfand, daß frühere gesellschaftliche Strukturen, in diesem Fall der von Weimar, weitgehend wiederhergestellt worden sind. Das heißt gleichermaßen, daß eine grundlegende Neuordnung, eine Veränderung gesellschaftlicher Strukturen nicht stattgefunden hat. Die Betonung liegt dabei auf Strukturen. Die Gegner der Restaurationsthese sprechen daher auch lediglich von der bedeutenden Änderung von Lebensformen (440) und meinen damit allgemein die politische Lage (440 a).

Die *Veränderung der politischen Lage* jedoch ist im Vergleich zu einer Neustrukturierung sehr oberflächlich und kann bei veränderten Rahmenbedingungen schnell wieder wechseln. Nicht umsonst tauchte mit dem Ende der sogenannten Adenauer-Ära im In- und Ausland die bange Frage auf: „Ist Bonn doch Weimar?" Als dann zwanzig Jahre nach Gründung der Bundesrepublik die Alleinherrschaft des Bürgertums erstmals durch eine sozialdemokratisch geführte Koalition nur mit der kleineren bürgerlichen Partei beendet wurde, reagierten die in die demokratische Opposition versetzten bürgerlichen Parteien sowie einige Abgeordnete der weiterhin mitregierenden bürgerlichen Partei undemokratisch. Sie akzeptierten nicht die Grundvoraussetzung für das Funktionieren einer bürgerlich-pluralistischen Demokratie, die Austauschbarkeit von Regierungspartei und Oppositionspartei aufgrund einer vorausgegangenen Wählerentscheidung. Die Mehrheit des Bürgertums der Bundesrepublik Deutschland, vertreten in der Partei CDU/CSU, bestand die Bewährungsprobe einer westlich-liberal-demokratisch-kapitalistischen Herrschafts- und Gesellschaftsordnung 1969 nicht. Zwar hatten auch die Amerikaner in der Besatzungszeit alle Anstrengungen unternommen, die Verwirklichung sozialdemokratischer Regierungsprogramme in den Ländern, in denen die SPD die Regierung führte zu verhindern, die Sozialdemokraten aber hatten, als sie 1969 die Führung in der sozial-liberalen Koalition übernahmen, ihre die ökonomische Machtstellung des Bürgertums einschränkenden freiheitlich-sozialistischen Gestaltungspläne für den Wirtschafsbereich längst aufgegeben bzw. sehr stark modifiziert und sich voll zur bürgerlich-liberalen Demokratie bekannt, womit die Restauration zumindest des Kapitalismus übrigens endgültig „gelungen" ist. Die CDU/CSU dagegen, so scheint es, hat sich in der Zerreißprobe ihres Oppositionsdaseins noch immer nicht voll mit den Spielregeln einer pluralistischen Demokratie abgefunden. Während es in den ersten Jahren bis hin zum gescheiterten Versuch mit einem konstruktiven Mißtrauensvotum aussah, als versuche die Partei über die Abwerbung von Abgeordneten wieder an die Macht zu kommen, so hat man bis heute den Eindruck, als sei sie nicht zur Aufstellung eines alternativen Regierungsprogrammes fähig. Auch in der demagogischen Verteufelung der Sozialdemokraten, die mit dem Slogan „Freiheit statt Sozialismus" oder Sozialismus" auch weiterhin versucht, ihr den liberal-demokratischen Impetus abzusprechen, sie in die kommunistische Ecke zu stellen und dem Wähler Angst vor dem Verlust seines persönlichen Eigentums sowie der bürgerlichen Freiheiten einzujagen, erweist sich die CDU/CSU nicht als liberale demokratische Partei, die aufgrund eines besseren Programms um die Gunst des Wählers wirbt. Noch heute gibt es also Anzeichen, daß die Christdemokraten die Oppositionsrolle nicht akzeptiert haben. Von einer „Selbstverständlichkeit" im Umgang mit „demokratischen Regeln" jedenfalls kann sicher nicht die Rede sein (441).

Nach *Schwarz* gibt es allerdings eine Hoffnung, daß das am Ausgang der 60er Jahre allenthalben diskutierte Problem, ob aufgrund der insgesamt ähnlichen Strukturen in Bonn und in Weimar immer noch ein Umschlagen in einen neuen Nationalismus oder Faschismus möglich sei, obsolet geworden ist. Die Hoffnung liegt darin, daß die im Unterschied zu Weimar langen Jahre der Stabilität — die die Bundesrepublik Deutschland vielleicht der Restauration auf der Basis der Westintegration verdankt (442) —, daß diese langen Jahre eine neue jüngere Führungsmannschaft in der christdemokratischen Partei, die den liberal-pluralistischen Prinzipien der westlichen Demokratie näherstehst als die alte der autoritären Kanzlerpartei, so stark hat werden lassen, daß diese sich gegenüber den alten national orientierten Kräften in den nächsten Jahren endgültig durchsetzt und den diese repräsentierenden Flügel dann nicht mehr nur integriert hat, sondern ihn auch eindeutig dominiert (442 a). Erst wenn dies eindeutig ist, wird man sagen können, daß die unter großer Beihilfe der Amerikaner in Westdeutschland entstandene Demokratie ihre Bewährungsprobe endgültig bestanden hat. Aber selbst das bedeutet in keiner Weise, daß damit die Restaurationsthese hinfällig wird.

Der Kern der Schwarz'schen Gegenargumentation also ist schwer zu finden. Schwarz stellt simpel die Behauptung auf, „daß das, was von den Unterlegenen als ‚verhinderte Neuordnung' kritisiert wird, tatsächlich eine geglückte Neuordnung war" (443). Als Kriterium für die Neuordnung führt er lediglich die Verbindung zwischen freiheitlicher Demokratie und leistungsfähiger Wirtschaft an. Zwar haben sich die führenden Wirtschaftskräfte auf die bürgerlich-demokratische Regierungsform hin orientiert, aber im Vergleich zu Weimar sind nicht einmal die Führungskräfte ausgetauscht worden. Was also wurde neugeordnet?

Die in dieser Arbeit umfassend erhärtete These von der Restauration besagt allerdings, daß *1945 die Chance eines Neubeginns* gegeben war (444). Es ist gezeigt worden, daß starke Kräfte in Deutschland, in der SPD und den Gewerkschaften wie auch in den anderen Parteien, überzeugt waren, daß „nur eine Neuordnung von Grund aus erfolgen" könne, weil „das kapitalistische Wirtschaftssystem ... den staatlichen und sozialen Lebensinteressen des deutschen Volkes nicht gerecht geworden (ist)" (445). Zwar gab es wohl kaum eine revolutionäre Stimmung in Deutschland, aber eine starke Neigung zu Sozialisierungen von christlich-sozialem über sozialdemokratisches Gedankengut bis hin zu sozialistischem und kommunistischem. Ob die Restauration sich in Anbetracht dieser anfänglichen Grundstimmung ohne die amerikanische Unterstützung hätte durchsetzen können, erscheint zumindest fraglich. Unter anderen besatzungsrechtlichen Umständen und Zielsetzungen hätte die Niederlage 1945 daher durchaus zur Stunde Null werden können, und eine sehr andere gesellschaftliche und politische Ordnung hätte in Deutschland entstehen können, zumindest dann, wie schon gesagt, wenn die Amerikaner für diese eine eben solche Präferenz gezeigt hätten, wie sie es für die Restauration taten.

Dies sollte man jedoch nicht schreiben, ohne einige Grunddaten zu nennen, die damals nicht wegzudiskutieren waren bzw. die gegeben gewesen wären, wenn die Amerikaner sich ordnungspolitisch neutral verhalten hätten. Z.B. unter Roosevelt wäre ein baldiger Rückzug der Amerikaner denkbar gewesen. Deutschland wäre dann den Interessen der anderen Siegermächte wie der besiegten Nationen „ausgeliefert" gewesen. Dem französischen Sicherheitsinteresse widersprach ein zentralistischer deutscher Staat. Die Franzosen hätten einen solchen mit allen Mitteln zu verhindern gesucht. Die Engländer hätten vermutlich sozialistische Neuordnungsbemühungen gefördert. Aber sie hätten wohl kaum Mittel gehabt, um Unterstützung zu gewähren. Ob die Sowjets das Experiment eines freiheitlich-demokratischen Sozialismus auf die Dauer geduldet hätten, gehört dem Bereich der Spekulation an. Selbst wenn die von Morgenthau proklamierte Zerstörung der deutschen Industrie nicht in dem geplanten Ausmaß stattgefunden hätte, wäre Deutschland wirtschaftlich auf Jahre hinaus äußerst schlecht versorgt gewesen. Ob eine lange Periode des Elends nicht möglicherweise einem neuen Nationalismus Raum und Auftrieb gegeben hätte, ist ebenfalls offen. Die kurze Skizzierung äußerer Rahmenbedingungen unter Wegfall amerikanischen Engagements soll andeuten, welche groben Perspektiven die Deutschen, die sich damals freiwillig-gezwungen zur Westintegration entschieden, sahen. Man sollte sie auch heute nicht verschweigen, wenn man zu der Behauptung kommt, daß mit der Akzeptierung des Marshallplanes endgültig der Weg der Tolerierung der Restauration auch von SPD und Gewerkschaften beschritten wurde. Damit soll noch einmal gesagt sein, daß es beim Aufzeigen dieses Weges und seiner Stationen nicht um Schuld und Anklage geht, sondern um die Bewußtmachung des zeitgeschichtlichen Bezugrahmens zur Verdeutlichung der gesellschaftspolitischen Grundlagen unserer Gesellschaft und der Möglichkeiten, diese zu verändern.

Der 8. Mai 1945 wurde nicht zu der Stunde Null, die er hätte sein können (446). Die *Besatzungszeit* zweifellos war kein Zwischenspiel, kein Interregum (447), sondern sie ist als *Vorgeschichte der Bundesrepublik Deutschland* zu betrachten, in der Gesellschaft und Staat ihre bis heute gültigen durch das kapitalistische Wirtschaftssystem geprägten Strukturen erhielten. Da das Grundgesetz jedoch „zur Zukunft offen" angelegt worden ist und da sein emanzipatorischer Gehalt noch keineswegs realisiert worden ist (448), soll diese Arbeit dazu beitragen, die Determinanten der Entstehung der Bundesrepublik aufzudecken und bewußt zu machen, um mögliche Alternativen wieder in den Blick zu rücken.

3.1.4. Vorrang und normative Kraft des Faktischen.
Die politischen Erfahrungen der Westdeutschen

Die in diesem Kapitel aufgezeigten Daten, die essentials und Prioritäten der amerikanischen Besatzungspolitik wurden dargestellt, um den äußeren Rahmen deutlich zu machen, in dem die Schulpolitik der Amerikaner stattfand. Diesen Rahmen konnten die Schulpolitiker unter den Besatzern nicht sprengen, weil sie nur ein Teil des Ganzen waren und weil sie die Prioritäten nicht bestimmen konnten. Im Hinblick auf die Schulpolitik sollen hier einige Punkte der allgemeinen Besatzungspolitik unterstrichen werden. Aus der Analyse dieser politischen Vorgaben lassen sich bereits einige Schlußfolgerungen im Hinblick auf die politische Bildung und Erziehung in und für eine Demokratie ziehen.

Bemerkenswert ist, daß zunächst sowohl die Morgenthau – wie auch die „realpolitische" Seite lediglich planten, politische Betätigung zu verbieten. Auffällig ist weiterhin, daß die Direktive CCS 551 (App. D. (9)) „die Bildung freier wirtschaftlicher Vereinigungen" gestattete, wie auch die einer „demokratischen Gewerkschaft". Die Anträge von Gewerkschaften allerdings prüften die Amerikaner, „einzeln und peinlich genau", angeblich weil sie Angst hatten, es könne sich dabei um eine getarnte Form politischer Aktivitäten handeln. (449) Ab August 1945 wurde dann plötzlich die Gründung politischer Parteien und besonders die Demokratisierung durch Wahlen und Verfassungsgebungen stark forciert, die Organisierung der Arbeitnehmer in Gewerkschaften jedoch weiterhin sehr verzögert – beides aus der Befürchtung heraus, wenn man anders verfahre, könne kommunistisches Gedankengut zu sehr Platz greifen und kommunistische Aktivität und Einsatzbereitschaft könnten die Arbeiter beeindrucken und allmählich eine Massenbasis für die kommunistische Partei schaffen. Dieser von den Amerikanern von vornherein gezielt gesteuerte und sorgfältig kontrollierte Prozeß des gleichzeitigen Zügelns und Antreibens der Demokratisierung im Sinne der liberalen bürgerlichen Tradition fand Ende 1945 und das ganze Jahr 1946 über statt, als auf dem Felde der politischen Bildung oder Erziehung durch Institutionen keinerlei Maßnahmen ergriffen wurden (450). Abgesehen von einer Kommission, die zur Beurteilung der Lage und zur Unterbreitung von Vorschlägen nach Deutschland entsandt wurde, kamen die ersten Social Studies Experten erst ab Anfang 1948 in Deutschland an, also praktisch erst in dem Moment, in dem die „Bizone" ein zweites Mal umorganisiert wurde und die bürgerliche Mehrheit und Machtausübung voll gesichert war, als die in den deutschen Länderverfassungen vorgesehenen Sozialisierungsparagraphen bereits ausgesetzt waren und die Gewerkschaften das Junktim zwischen Gewährung und Annahme des Marshallplanes einerseits und Aufschub der Sozialisierungs- und Mitbestimmungsvorhaben und der Bekämpfung des noch vorhandenen kommunistischen Einflusses in den Gewerkschaften andererseits (451) längst begriffen und sich für die amerikanische Kapitalhilfe entschieden hatten. Das Programm, die politische Bildung in den deutschen Schulen zu beeinflussen, rollte also erst in dem Moment an, als die unmittelbare „Gefahr" drohender Sozialisierungen gebannt war und gesichert war, daß vorerst keine planwirtschaftlichen Elemente in der Wirtschaftspolitik die Entfaltung bzw. das Wiedererstarken des privatwirtschaftlichen, am Gewinn orientierten Wirtschaftssystems hemmen würden. Eine institutionelle politische Bildung begann man offenbar erst in dem Moment für notwendig zu halten, und in einer bestimmten Weise zu beeinflussen, in dem „amerikanische" Währungsreform und Wirtschaftshilfe die zukünftige Wirtschaftsordnung weitgehend präjudiziert hatten. Die genannten Tatbestände der Besatzungspolitik prägten das wirtschaftliche, wie auch das politische System entscheidend, so daß die Errichtung des Weststaats, genannt Bundesrepublik Deutschland, nur die konsequente Fortsetzung, allerdings noch nicht der Schlußstein, der Besatzungspolitik war. Doch nicht nur diese Tatbestände lieferten den äußeren Rahmen für die beginnenden Social Studies Programme.

Auch ohne daß amerikanischerseits direkte Pläne für die Einwirkung auf die politische Bildung des deutschen Volkes bestanden oder in Angriff genommen worden waren, wurde die Einstellung der Westdeutschen zur Demokratie und zur Politik durch die Vorgänge bei der gezügelt-angetriebenen formalen Demokratisierung beeinflußt, vielleicht sogar geprägt. Zwar lassen sich solche Einflüsse nicht konkret messen, zumal sie von anderen Ein- oder Nachwirkungen, z.B. denen des Dritten Reiches nicht isolierbar sind und auch, weil oft nur ein Teil der Bevölkerung bestimmte Erfahrungen machte, aber es ist trotzdem politologisch erforderlich, einige Feststellungen, die allerdings nur grob umrissen werden können, hierzu zu machen. Fest steht auf jeden Fall, daß die Deutschen aufgrund der besatzungsrechtlich gesteuerten politischen Entwicklung politische Lernprozesse – z.T. reflektiert, vielfach möglicherweise auch unreflektiert – vollziehen mußten, bevor sie mit amerikanischen Programmen politischer Bildung konfrontiert wurden.

Rückblickend stellen sich *die etwa bis 1948 vollzogenen politischen Erfahrungen der Westdeutschen* folgendermaßen dar:
In den ersten Nachkriegsjahren 1945 und 1946 scheint insgesamt durchaus ein konkretes Engagement in allen Schichten der deutschen Bevölkerung vorhanden gewesen zu sein, den Nationalsozialismus zu bewältigen und Gesellschaft und Politik nach neuen Prinzipien zu ordnen. Dafür spricht noch nicht unbedingt die hohe Wahlbeteiligung, die trotz der vielen aufeinanderfolgenden Wahlen in einem Jahr immerhin zwischen 70% und mehr als 85% lag; (452) ein aufschlußreiches Indiz für den Neuordnungswillen ist aber die in einem Sonderplebiszit zum Ausdruck gekommene Befürwortung für den weitgehendsten Sozialisierungsartikel der westdeutschen Länderverfassungen überhaupt, für den hessischen. Dieses Wähler-Votum zugunsten grundlegender Veränderungen des Wirtschaftssystems lag mit 72% außerordentlich hoch und nur um 4,6% niedriger als die allgemeine Zustimmung zur hessischen Verfassung (453).

Die *erste* negative Erfahrung, die die Deutschen, besonders die politisch aktiven dann mit dem neuen allmählich von unten nach oben aufgebauten Regierungssystem machen mußten, war die, daß mit dem zunehmenden Aufbau höherer Entscheidungsgremien auch die Kompetenzen immer weiter nach oben verlagert wurden, so daß sich die durch die amerikanische Politik anfangs geförderte, vielleicht naive Vorstellung, schon an der Basis autonome Entscheidungen treffen zu können und ein demokratisches Leben nach dem Prinzip der weitgehenden Selbstverwaltung zu verwirklichen, nicht erfüllte.

Die *zweite* für die gewünschte Zuwendung des Volkes zur Demokratie sehr nachteilige Erfahrung war die durch die Suspendierung von nicht nur vom Parlament verabschiedeter, sondern sogar ausdrücklich per Volksabstimmung zustandegekommener Gesetze hervorgerufene Erkenntnis: der Wähler wird zwar zur Entscheidung aufgerufen, aber wenn diese nicht in dem von der Besatzungsmacht gewünschten Sinne ausfällt, ist seine Entscheidung wertlos. Sie wird sozusagen für ungültig erklärt. Es stimmt also gar nicht, daß das Volk selbst entscheiden darf. Die *dritte* Erfahrung war die, daß gleichzeitig ersatzweise politische Entscheidungen von oben unklar blieben, schwer durchschaubar und unverständlich, weil nicht offen gesagt wurde, z.B., wir sind gegen Sozialisierungen und für die Wiederherstellung des kapitalistischen Wirtschaftssystems, sondern z.B. nur daß es ein Fehler wäre, sich jetzt mit solch politischen Fragen zu beschäftigen, die heftige politische Gegensätze auslösen könnten, daß es viel wichtiger sei, sich erstmal mit den dringendsten wirtschaftlichen Fragen zu befassen (454) etc.

Daß in der gleichen Zeit von der Besatzungsmacht eminent tiefgreifende Präjudizierungen genau der entgegengesetzten politischen Art getroffen wurden, wurde von den Besatzungsmächten ebenfalls nicht gesagt. Im Gegenteil: drohte die Gefahr, daß deutscherseits versucht wurde, einen Bewußtmachungsprozeß in Gang zu setzen und z.B. mit gewerkschaftlichen Organisationsmitteln wie Demonstration oder Streiks die eigene politische Meinung zum Ausdruck zu bringen, so mußte *viertens* die Erfahrung gemacht werden, daß die Okkupanten jedes Druckmittel bis zum Einsatz militärischer Gewalt und der Drohung mit der Todesstrafe anzuwenden bereit waren, um ihnen unliebsame Kundgebungen politischen Engagements oder auch nur wirtschaftlicher Not zu verhindern.

Diese alliierte Politik blieb natürlich nicht ohne Auswirkungen auf die an sich den besatzungsrechtlichen Maßnahmen gegenüber oppositionelle Haltung der SPD und der Gewerkschaften, zumal auch massive Hinweise auf Kürzungen der Lebensmittelrationen u.ä. eingesetzt wurden, so daß schon die wirtschaftliche Notlage politisches Wohlverhalten erzwang. Die Führungskreise von SPD und Gewerkschaften fühlten sich daher in die Position gedrängt, den Mitgliedern und Anhängern gegenüber die tiefgreifenden Differenzen herunterzuspielen und aufkommende Unruhe selbst abzuwiegeln. Der Weg, den man deutscherseits dazu wählte, war der, selbst auch die Konflikte nicht mehr offen darzulegen, politische Aufklärung, aus Angst für eine noch größere allgemeine Notlage verantwortlich gemacht zu werden, selbst nicht mehr zu verlangen oder zu fördern, sondern im Gegenteil die politischen Entscheidungen – losgelöst von der Mitgliedschaft – an der Spitze zu treffen (455), sie als einzig mögliche darzustellen, Opposition dagegen aus den eigenen Reihen taktisch auszuschalten und zu bekämpfen und die bloße Akklamation der Anhänger zu fördern. Die *fünfte* politische Erfahrung also war die, daß die Führungskreise der Neuordnungsvertreter mit der Erkenntnis konfrontiert wurden, entweder wir akzeptieren den amerikanischen Weg oder aber uns droht Hunger, Chaos und die harte Hand (456) der Besatzungsmacht. Die Erfahrung der zum Fußvolk degradierten Mitgliedschaft aber war die, daß Demokratie nicht innerparteiliche oder innerorganisatorische Demokratie, nicht Beteiligung der zum Engagement bereiten einfachen Bürger an den grundlegenden Entscheidungen bedeutet, sondern daß oben entschieden wird und daß nur die Zustimmung dazu gewünscht wird. Die *sechste* Erfahrung war darüber hinaus die, daß derjenige, der trotzdem versuchte, sich gegen diesen Strom zu stellen, um andere politische Alternativen durchzusetzen – das wagten dann meist nur noch kommunistische Kräfte – solange bekämpft wurde, bis sein Einfluß gebrochen und seine Machtposition verloren war, bzw. bis er schlimmstenfalls sogar aus der Organisation ausgeschlossen wurde. Der Antikommunismus war damit zum konstitutiven Element der bundesrepublikanischen Demokratie geworden. Den konsequenten Schlußstein unter diese Politik der Alternativlosigkeit setzte später das Bundesverfassungsgericht mit dem Verbot der kommunistischen Partei, die für die betroffenen Individuen vielfach bis zu einer die berufliche Existenz bedrohenden Bestrafung wurde. Das Prinzip der „wehrhaften Demokratie" wurde damit so sehr auf die Spitze getrieben, daß individuelle Grundrechte, wie z.B. das Recht der freien Meinungsäußerung, die Freiheit der Berufswahl u.a. für diesen Personenkreis eingeschränkt bzw. außer Kraft gesetzt und eine Atmosphäre der Intoleranz geschaffen wurde, die die Entfaltung eines weitreichenden demokratischen Bewußtseins von vornherein beschränkte und eine starke Ideologiebildung förderte, die auch das Bewußtsein, daß es mögliche Alternativen gab, immer mehr verdrängte. Die *siebte*, sich aus dieser gesamtpolitischen Situation ergebende Erkenntnis war die, daß die SPD selbst da, wo sie durch das eindeutige Votum der Wähler die politische Macht in Händen hatte und außerdem eine breite zusätzliche Unterstüzung durch die Gewerkschaften fand, in den entscheidenden Fragen machtlos war, weil die Besatzungsmacht die Verwirklichung geplanter Neuordnungsvorstellungen unterband und damit auch die Konkretisierung und Verdeutlichung des von dieser Seite befürworteten dritten Weges einer freiheitlich sozialistischen Demokratie verhinderte. Die Amerikaner erreichten damit *achtens*, daß als Alternative zur Weststaatslösung nur noch das immer mehr abschreckende Beispiel der Neuordnung in der sowjetisch besetzten Zone bzw. des gesamten Ostblocks gesehen wurde, das mit Prager Umsturz und Berliner Blockade immer furchterregender wurde und aufgrund dieser gewaltsamen Maßnahmen auch als Existenzbedrohung erschien. Die Polarisierung und die Darstellung der Sowjetisierung als einzige Alternative, auf die die von der SPD und den Gewerkschaften gewollten Neuordnungsvorstellungen ebenfalls angeblich hinausliefen, wurde von bürgerlicher Seite bewußt gefördert. Damit wurde nicht nur die emotionale Zuwendung der Bevölkerung zur angeblich allein freiheitlichen, westlichen Lösung erreicht, sondern der Druck auf die SPD und die Gewerkschaften, sich von linken Kräften und alternativen Lösungen zu distanzieren, außerordentlich verschärft. Gleichzeitig bewirkten Währungsreform und amerikanische Kapitalhilfe einen wirtschaftlichen Aufschwung, eine „erste sichtbare Abkehr von der Misere des Zusammenbruchs" (457), auch wenn es der Masse der Bevölkerung zunächst sogar schlechter ging (458). Die Zeit bis zur Bundestagswahl im Sept. 1949 jedenfalls reichte, „um genügend Wählern jene Hoffnung auf eine bessere Zukunft zu geben, die in den allerersten Nachkriegsjahren geschwunden war" (459). Die Versprechen der Politiker auf eine bessere Zukunft begannen offenbar sich zu erfüllen. Die *neunte* Erfahrung war die, politisches Wohlverhalten wird anscheinend honoriert. „Die da oben machen und schaffen es offenbar. Also laß sie mal. Am besten ist es wohl abzuwarten, was ‚Vater Staat' macht. Offenbar sorgt er für Sicherheit, Ordnung und Wohlergehen auch ohne unser Zutun". Zusätzlich hatten große Teile der Bevölkerung negative Erfahrung mit der Entnazifizierung gemacht, die auf die Quintessenz hinausliefen, „Die Kleinen hängt man, die Großen läßt man laufen" (460). „Meine individuelle politische Einstellung und mein Verhalten werden bestraft, obwohl ich gar keine wichtige Funktion im Nationalsozialismus hatte und die Machtelite doch ohne mich entschieden hat. Diese aber wird nicht bestraft. Und nun soll ich mir schon wieder die Finger an der Politik verbrennen?" Dabei hatte es anfangs eine breite Übereinstimmung und Bereitschaft in den Parteien und im ganzen deutschen Volk „zu einer spontanen Selbstreinigung im Sinne einer Bestrafung der großen und kleinen ‚Nazis' " gegeben (461), die sogar soweit ging, daß sich in der SBZ in einem Volksentscheid im Juni 1946 77,7% für die „entschädigungslose Enteignung der sequestrierten Betriebe der Kriegsverbrecher und aktiven Faschisten" aussprachen, „in einem durchaus korrekt durchgeführten Verfahren", wie der Verfasser ausdrücklich betont (462). Aufgrund der verfehlten Verfahrensweise und anderer Mängel der Entnazifizierungspolitik gerieten andererseits die Antifaschisten und Sozialdemokraten, die in erster Linie die Spruchkammern besetzten, in den Augen der Bevölkerung immer mehr in Mißkredit. Die Entnazifizierung entwickelte sich zur höchst undankbaren Aufgabe, zumal mit ihrer Beendigung das Spruchkammerpersonal mit einer Übergangshilfe aus dem Staatsdienst entlassen wurde und „in der schweren sozialen Krise, die der Währungsreform folgte, wieder auf der Straße stand", während Pgs wieder in den Staatsdienst aufgenommen wurden (463). Die *zehnte* Erfahrung also, die einerseits die vielen „Kleinen" machten, die entnazifiziert und bestraft wurden und andererseits ebenso die, die aus demokratischem Engagement heraus die Entnazifizierung durchführten, war die: Politisches Engagement lohnt sich nicht nur nicht, sondern wenn sich die Umstände ändern, wird man möglicherweise dafür auch noch bestraft. Dann ist es doch besser, sich still und angepaßt zu verhalten und die Politik, das schmutzige Geschäft, denen da oben zu überlassen. *Zu diesen Erfahrungen hinzu kam* außerdem die durch die alte deutsche politische Tradition und frühere Staatsführungen verbreitete Auffassung: „Ruhe ist die erste Bürgerpflicht", sowie die vom deutschen Bildungsbürgertum vertretene Haltung der Abwendung von der Gesellschaft und der Politik und ihren Problemen. Die politische Unmündigkeit in der die Deutschen während des Kaiserreichs bewußt gehalten wurden, konnte in Weimar u.a. aufgrund unzureichender Erkenntnisse hierüber bei den Demokraten nicht abgebaut werden. Das dritte Reich war daher in der Lage gewesen, das deutsche Volk zu manipulieren. Die deutsche Tradition und die neuen politischen Erfahrungen nach 1945 waren dazu angetan, zusammen erneut politisches Desinteresse und politische Apathie in weiten Teilen der deutschen Bevölkerung für viele Jahre zu bewirken und die Bildung eines demokratischen Bewußtseins, das zur Mitentscheidung und Mitgestaltung, also zum Engagement drängen sollte, zu verhindern.

Brachten die Amerikaner einerseits die Institutionen und Formen der liberalen westlichen Demokratie, so bewirkte andererseits die Art und Weise, wie sie ihre Besatzungsherrschaft ausübten und oppositionelle Alternativen unterdrückten, um sicherzustellen, daß die Demokratisierung amerikanischen Vorstellungen entsprach, in der Bevölkerung und bei den Entscheidungsträgern gleichermaßen die Förderung der traditionell vorhandenen Hegel'schen Staatsauffassung in Deutschland, die Staat und Gesellschaft immer trennte, Parteien und Politik als etwas dem Staat Fremdes, ihm Feindliches einstufte und Opposition per se als negativ und gegen den Staat gerichtet ablehnte. Das obrigkeitliche deutsche Staatsverständnis wurde außerdem von den Amerikanern insofern unterstützt, als sie auf einer strikten Gewaltenteilung von Politik und Justiz bestanden und damit die konservative deutsche Tradition bestärkten, die im Gegensatz zu sozialdemokratischen Vorstellungen erneut das „Recht als Ordnungsfaktor jenseits der politischen und gesellschaftlichen Kräfte" (464) verankerte.

Als also die Arbeit der Social Studies Experten in Westdeutschland begann, zeichnete sich bereits eine Verfestigung der traditionellen deutschen autoritären Staatsauffassung ab. Ein neues Verständnis von der Demokratie als Gesellschafts- und Lebensform, das die Amerikaner den Deutschen eigentlich vermitteln wollten und für dessen Verwirklichung es bei manchen Deutschen nach 1945 Ansätze und Engagement gegeben hatte, wurde durch die Politik der amerikanischen Besatzungsmacht nicht nur nicht gefördert, sondern von Anfang an im Keim erstickt.

"Und darauf brannte unser Herz, daß wir wieder in innerer Wahrhaftigkeit vor unsere mißleitete Jugend treten könnten, um ihr von echten Werten zu künden und ihr wieder wahre Gehalte zu bieten. Das würde die Stunde des Erziehers sein, dann würde es auf einen neuen Geist ankommen, daran dachten wir. Aber wir dachten kaum an eine Schulreform im Sinne eines organisatorischen Neubaues. Wir fühlten nur, von innen her müsse sich die Wendung vollziehen, und befürchteten wohl geradezu, daß sich der Wille zur Umkehr zu sehr nach außen wenden könnte." (Ein nordrhein-westfälischer Schulrat, stellvertetend für die Mehrheit der Volksschullehrer)

3.2. Schulpolitik in Westdeutschland

Die Umerziehung des deutschen Volkes, die Absicht, seine politischen Einstellungen und sein politisches und soziales Verhalten zu ändern, gehörte sowohl zum „linken" wie auch zum „realpolitischen" Programm der Amerikaner.

Die *Geschichte der Entwicklung des amerikanischen Schulsystems* hat deutlich gemacht, wie sehr in der amerikanischen Gesellschaft von Anfang an das Bewußtsein vorhanden war, daß die Demokratie eine umfassend „gebildete" Bevölkerung benötigt, um funktionieren zu können. Die Intentionen, die zu dem einheitlichen amerikanischen Schulsystem führten, beruhten zwar nicht nur auf fortschrittlichen, auf Demokratisierung gerichteten Interessen. Neben der Erkenntnis, daß eine entwickelte Industriegesellschaft von der Höherqualifizierung breiter Schichten profitiert, war es vor allem auch die Integrationsfunktion der Gesamtschule – die Entschärfung der bestehenden Klassenunterschiede durch jahrelanges Miteinander in der Schule und durch die Möglichkeit, aufgrund einer guten Schulbildung in eine höhere Schicht oder Klasse aufzusteigen –, die auch konservative Schulpolitiker zur Befürwortung der amerikanischen comprehensive high school bewog. Andererseits hatte sich die früh begonnene demokratische Bildungstradition in einem demokratischen Regierungssystem fortentwickeln können, dessen Werdegang vergleichweise zu Deutschland nicht durch feudale Strukturen vorgeprägt oder durch eine Restaurationsperiode unterbrochen worden war. Ohne diese Reformtradition, die immer wieder auch große Reformer und Reformentwürfe hervorbrachte, wäre die Herausbildung des für eine kapitalistische Gesellschaft lange Zeit „einzigartigen" demokratischen Schulsystems vermutlich nicht denkbar gewesen. Die wiederholten Reformbestrebungen waren also eine Vorbedingung für die Erlangung demokratischer Schulstrukturen sowie für die Entwicklung von Lehr- bzw. Lerninhalten, die auf die Förderung demokratischer Einstellungen bezogen sind.

Betrachtet man die *deutsche Schulgeschichte* der letzten zweihundert Jahre, so fällt auf, daß in Deutschland im Zusammenhang mit oder nach Krisen, die die überkommene politische Ordnung bedrohten und zeitweise schwächten, die Forderung nach gewissen Reformen oder Änderungen im Schulwesen erhoben und Pläne dafür gemacht wurden. So nach 1806, 1848, nach dem 1. Weltkrieg und nach 1933 und so auch wieder nach dem 2. Weltkrieg. Aber selbst, wenn sich anfangs gewisse Reformen durchsetzen konnten, wurden diese – jeweils nachdem sich die traditionellen politischen Mächte wieder etabliert, die Restauration sich konsolidiert hatte – nicht zu Ende geführt bzw. auf- oder abgefangen oder sogar rückgängig gemacht, so daß die von den Reformern intendierte Wirkung nicht erzielt wurde. (Nur im Nationalsozialismus behielten die Änderungen für die Zeit seiner Herrschaft Gültigkeit.)

Der enge Zusammenhang zwischen politischem Regierungssystem und Schulsystem, die Bedeutung einer je spezifischen Bildung und Erziehung als Grundlage für politische Herrschaft ist also auch in Deutschland sowohl den traditionellen Machthabern, als auch den nach der politischen Verantwortung oder der Teilhabe an der Macht strebenden Kräften bewußt gewesen. Es ist allerdings offensichtlich, daß Thron und Altar (in Weimar entsprechend: Nationale und Zentrumsparteien) ihre Interessen sehr viel effektiver durchzusetzen wußten als die Reformkräfte, so daß die deutsche Schule bis 1933 weitgehend im Dienste beider Mächte agierte. Die Sozialdemokratie hatte zwar die wichtigsten 1906 formulierten Vorstellungen zur „Volkserziehung" in Weimar zu Programmpunkten erhoben (465), jedoch erst, nachdem die Verfassungsgebung sowie die wichtige Reichsschulkonferenz — weitgehend erfolglos — abgeschlossen waren. Ihre wesentlichste Forderung aber, die nach der Weltlichkeit der Schule, hatte die SPD dem Weimarer Schulkompromiß geopfert, so daß in Weimar keine einzige auf die durchgreifende Demokratisierung des Schulsystems, eine auf mehr Chancengleichheit gerichtete Reform mehr in Angriff genommen werden konnte. Die Bildung und Erziehung des Volkes, speziell der Unterprivilegierten, blieb ob der Dominanz der Bekenntnisschulen nicht nur weiterhin unter dem starken Einfluß der Kirchen, sondern es konnte sich wiederum keine Reformtradition und außerdem auch kein Bewußtsein von der Notwendigkeit einer grundlegenden Reform des Schul- und Erziehungssystems entwickeln. Die SPD war dafür z.T. selbst verantwortlich. Ein Grund war z.B. die von der Partei selbst verfügte Mitarbeit sozialdemokratischer Lehrer in dem die bürgerliche Mehrheit der Volksschullehrer vertretenden Deutschen Lehrerverband, der nicht die Emanzipationsinteressen der Arbeiterkinder vertrat, sondern die Standesinteressen der Volksschullehrer.

Während die oberen Schichten ihre Bildungsprivilegien konsequent verteidigt und uneingeschränkt erhalten hatten, gelangten die Unterprivilegierten auch in Weimar nicht einmal zum Bewußtsein ihrer Benachteiligung (466), geschweige denn dazu, das dreigliedrige Schulsystem als ungerecht zu empfinden.

Für dieses Teilkapitel stellt sich daher die Frage, wieweit einerseits den politisch relevanten Kräften in Westdeutschland, soweit sie für die Errichtung eines demokratischen Regierungssystems plädierten, bewußt war, daß besonders die Demokratie nicht nur einer intentionalen politischen Erziehung ihrer Bevölkerung bedarf, sondern daß bereits die Schulinstitution, die Struktur der Schule, die z.T. dadurch entstehende Schulatmosphäre, das z.T. davon abhängige Lehrerverhalten und die wiederum teilweise dadurch, wie durch die Organisation der Lerninhalte bedingte Lernbereitschaft der Kinder, daß diese Faktoren vor Beginn jeder intentionalen Erziehung ein entscheidender Faktor der politischen Sozialisation der Kinder und über sie auch ihrer Eltern sind. Welche Vorstellungen und welche Programme zur Organisation des deutschen Schulsystems waren nach dem 2. Weltkrieg in Westdeutschland vorhanden?

Andererseits steht zur Debatte:

Standen die amerikanischen Vorstellungen diesen im Wege, behinderten sie ihre Durchführung oder förderten sie deren Verwirklichung? Mit anderen Worten: wieweit knüpften die Amerikaner bewußt an deutsche, d.h. Weimarer Reformbemühungen an, bzw. wieweit ließen sie sich in ihrer Re-education-Politik gegenüber dem deutschen Erziehungssystem von ihrer eigenen schulpolitischen Tradition leiten? Wieweit versuchten sie, ihre Erkenntnis von der Integrationsfunktion, die einer demokratisierten Schulstruktur eignet, die die Jugendlichen der verschiedenen sozialen Schichten oder Klassen eines Volkes nicht voneinander trennt, den Deutschen zu vermitteln oder gar ihnen aufzuzwingen. Letzteres ist den Amerikanern von konservativen bis reaktionären deutschen Bildungspolitikern und maßgeblichen gesellschaftlichen Gruppen und Kräften unter dem Stichwort der „Überfremdung" bzw. „Amerikanisierung" des deutschen Bildungswesens damals vehement vorgeworfen worden.

Die Darstellung der deutscherseits nach 1945 vertretenen Positionen geschieht daher vor allem unter der Frage, wieweit die Deutschen selbst nach dem Zusammenbruch des Dritten Reiches und der nationalsozialistischen Schulpolitik die Initiative zu einer grundlegenden Demokratisierung der Schulstruktur und des Bildungswesens ergriffen, um beurteilen zu können, ob diese Vorstellungen mit den amerikanischen übereinstimmten, ob sie sich gegenseitig ergänzten oder blockierten bzw. wieweit die Amerikaner den Wünschen deutscher gesellschaftlich relevanter Kräfte entgegenkamen.

Im Zusammenhang damit ist auch die Frage zu behandeln, wie gut die Amerikaner auf ihr Re-education-Vorhaben vorbereitet waren, wie gut sie die Interessenpositionen der verschiedenen relevanten deutschen Gruppen kannten und – nicht aus Opportunität oder aber unflexiblem Reformwillen, sondern aus Unkenntnis oder Fehleinschätzung der Situation eine ihren eigenen Interessen zuwiderlaufende Politik machten. Schließlich wird die Darstellung der amerikanischen Schulpolitik unter dem Gesichtspunkt vorzunehmen sein, wieweit die Hauptziele der amerikanischen Besatzungspolitik, die Restauration eines kapitalistischen Wirtschaftssystems in Deutschland bzw. zumindest im westlichen Teil Deutschlands und die Einsetzung einer deutschen Regierung die Ziele der Re-education-Politiker beeinflußten im Sinne einer Förderung oder aber einer Beschränkung bzw. Behinderung; d.h. es ist die Frage danach zu stellen, wieweit eine demokratische Schulpolitik der Re-education-Politiker im Sinne der Fortsetzung der progressiven oder aber (und) der konservativen amerikanischen Schultradition unter der Voraussetzung der Verwirklichung einer Demokratiekonzeption möglich war, der es um die Errichtung einer formalen Demokratie ging, die vornehmlich den institutionellen Rahmen liefern sollte, in dem die „liberalen" gesellschaftlichen Interessen sich frei entfalten konnten.

> „Das deutsche Volk muß in seinem ganzen Denken und Fühlen umgezogen werden".
> (Konrad Adenauer 1946 in der Kölner Universität)

3.2.1. Deutsche Nachkriegsvorstellungen zur Schulpolitik in Westdeutschland

Sowohl die SPD, wie auch die CDU, die von den ersten Wahlen an mehr als zwei Drittel der westdeutschen Bevölkerung repräsentierten, erwähnten in ihren programmatischen kulturpolitischen Äußerungen nach dem Ende des Nationalsozialismus die Umerziehung. Die SPD sprach von der notwendigen Aufarbeitung der Hinterlassenschaft des Totalitarismus durch eine „vollständige Umerziehung unseres Volkes", (467) und die CDU stellte einen direkten Zusammenhang zwischen einer notwendigen Schulreform und der Umerziehung her: „Die Umerziehung des deutschen Volkes beginnt mit der Umerziehung der Jugend, also mit der Umbildung der Schule". (468) Es ist nun zu untersuchen, wie diese Programmsätze zu interpretieren sind und welche Bedeutung ihnen zukam.

> Ist die Katastrophe von 1933 eine Folge unserer Schule und müssen wir daraus Konsequenzen ziehen für die Neuordnung? Diese Frage möchte ich verneinen. ... Ich möchte aber darauf hinweisen, daß gerade der Kreis der humanistisch Gebildeten ... dem Nationalsozialismus gegenüber die stärkste Widerstandskraft bewies". (Hundhammer (CSU) auf der Konferenz der deutschen Erziehungsminister in Stuttgart-Hohenheim im Februar 1948).

3.2.1.1. Das konservative Lager

Der Nationalsozialismus hatte die schulpolitische Tradition des Konservatismus und der Reaktion zwar unterbrochen, aber wie sich nach 1945 erweisen sollte, nicht abge-

brochen. Den noch in der ersten deutschen Republik dominierenden Klerikalen und antidemokratischen schulpolitischen Interessengruppen erwuchsen aus dem nationalsozialistischen Scherbenhaufen am Ende des 2. Weltkrieges neue Kräfte.
Sie, die einst mit den Stiehl'schen Regulativen und der darin zum Ausdruck kommenden Auffassung christlich-konservativer Kreise, „daß zu weit gehende Bildung der unteren Schichten und vor allem der Lehrer soziale Unzufriedenheit und politisches Aufbegehren begünstige", sie, die die „Emanzipation der Schule von der Kirche (und) eine Emanzipation des Lehrerstandes von der Autorität (468a) erfolgreich verhindert und schon hierdurch viel zur Aufnahmebereitschaft für obrigkeitliche und später nationalsozialistische Ideologien beigetragen hatten, sie nahmen nun erneut ihre verhängnisvolle Tradition auf: „Wir wollen, daß die Jugend wieder gottesfürchtig werde, gehorsam und ehrfurchtsvoll den Eltern, dem Alter, Lehrern und Trägern staatlicher Autorität gegenübertrete, daß sie sich als werdendes Glied des eigenen Volkes und der Menschheit fühle...." (468b)
Aus der Tatsache, daß der Nationalsozialismus ihnen einige traditionelle Vorrechte genommen hatte, leitete das konservative Lager nun die Behauptung ab, alle Entartung sei eine Folge der Abkehr vom Christentum, die u.a. in der Abschaffung der Bekenntnisschulen durch das Dritte Reich zum Ausdruck gekommen sei, sowie eine Folge der Abkehr von den Lehren echter Humanität, die ihren Ausdruck in der Abschaffung des humanistischen Gymnasiums gefunden habe und außerdem in der Verhinderung der Mitwirkung des Elternhauses an der schulischen Erziehung. Das Christdemokratische Resümee aus obiger Analyse hieß: „Die deutsche Schule ist in den letzten 12 Jahren auf den Hund gekommen... Deshalb ist eine gründliche Erneuerung des Schulwesens *nach Geist und Methoden* eines unserer dringlichsten Anliegen" (469) (Hervorhebung v. der Verf.). Da es bei dieser angeblichen Erneuerung um die Restauration möglichst vieler Privilegien ging, kannten die um ihre alten Vorrechte kämpfenden Kreise ihre diesbezüglichen Interessen und Forderungen von Anfang an und formulierten sie schon am 26. Juni 1945 im ersten Aufruf der Christlich-Demokratischen Union:
1. „Das Recht der Eltern auf die Erziehung der Kinder muß gewahrt werden."
2. „Der von der Kirche geleitete Religionsunterricht ist Bestandteil der Erziehung".
3. „Die Lehren echter Humanität... sollen den sittlichen Wiederaufbau unseres Volkes tragen helfen". (470)
4. „Der Zugang zur höheren Schule soll erschwert werden." (471)
Die Bedeutung dieser Grundsätze, die in einem für die Mehrzahl der Bevölkerung unverfänglich klingenden Vokabular formuliert sind, muß ausgeführt werden. Die Christdemokraten nahmen für sich in Anspruch, von der Überzeugung getragen zu sein, „daß nur eine Demokratie, die in der christlich-abendländischen Weltanschauung, in dem christlichen Naturrecht, in den Grundsätzen der christlichen Ethik wurzelt, die große erzieherische Aufgabe am deutschen Volke erfüllen und seinen Wiederaufstieg herbeiführen kann." (472) Als erzieherische Aufgabe definierte Adenauer, der diesen politischen Rahmen für die weltanschauliche Arbeit seiner Partei formulierte:
„Das deutsche Volk muß in seinem ganzen Denken und Fühlen umgezogen werden." (473) Eines der wichtigsten christdemokratischen Hilfsmittel zur Durchsetzung der Umerziehung zur christlich-abendländischen Kultur war *das Elternrecht*. Hinter dieser neutral erscheinenden Forderung nach dem natürlichen Recht der Eltern zur Erziehung ihrer Kinder stand eine einseitige kirchliche Interessenpolitik der CDU/CSU (473a), denn sie forderte damit vor allem, „daß der Wille des Erziehungsberechtigten, der Eltern, über die weltanschauliche Gestaltung der Volksschule entscheiden soll". (474) Wie eh und je, sollte besonders die Volksschuljugend „wieder zur Erkenntnis wahrer

sittlicher Werte geführt werden" (475). Dies war die der Volksschule von der CDU/CSU zugedachte Funktion. Ausdrücklich formulierte Adenauer: „Die Erziehung ist bei der Volksschule wesentlicher als die Vermittlung von Wissen" (476). Die Masse des Volkes sollte in der Schule wiederum einer — von den beiden meistens tagsüber arbeitenden Eltern nicht ausreichend zu leistenden — „Gemütsbildung" unterzogen werden. Ein „wissendes" Volk war weiterhin unerwünscht. In der religiösen „Bindung" an eine Kirche sah man den Garanten für ein Volk, das sich der Autorität einer christlichen Partei anvertrauen und nicht dem Sozialismus verfallen würde, denn den „stärksten geistigen Widerstand" hatten diejenigen katholischen und evangelischen Teile in Deutschland geleistet, „die am wenigsten der Lehre von Karl Marx, dem Sozialismus verfallen waren!!" (sic!). Das steht absolut fest, so Adenauer. (477)
Diese Gebundenheit an *eine* Kirche war in einer christlichen Gemeinschaftsschule, in der evangelische und katholische Schüler — mit Ausnahme des Religionsunterrichts — in allen Fächern gemeinsam, also in einem Geiste erzogen werden, nicht erreichbar. „Die Wiederherstellung der bekenntnismässig gegliederten Volksschule als *Regelschule*" (478) (Hervorhebung v. der Verf.) war daher das noch hinter den Schulkompromiß von Weimar zurückfallende Länderverfassungsziel der CDU/CSU. Wo dies jedoch aufgrund der Mehrheitsverhältnisse nicht möglich war, sollte die Verankerung des Elternrechts die Verwirklichung dieses Zieles durch die Hintertür ermöglichen. Man mußte für diesen Fall darauf vertrauen, daß die Bindung der Mitglieder an ihre Kirchen bzw. die Macht der Kirchen über ihre Gemeinde noch stark genug sein würde, um die Eltern zum Antrag für die Errichtung einer Volksschule ihres Bekenntnisses zu bringen. Wie das nach außen so stark betonte Elternrecht allerdings in einem Land gehandhabt wurde, in dem es doch gelang, die Konfessionsschule als Regelschule verfassungsmäßig zu verankern, soll am Beispiel Bayerns, in dem sowohl die Regierung, wie auch das Kultusministerium mit nur gut einjähriger Unterbrechung von „christlichen" Politikern geführt wurde, gezeigt werden.
Art. 135 der Bayerischen Verfassung vom 2. Dezember 1946 ermöglichte die Ausübung des Elternrechts zwar „nur an Orten mit bekenntnismäßig gemischter Bevölkerung", aber zumindest hier waren aufgrund dieses Artikels Gemeinschaftsschulen „auf Antrag der Erziehungsberechtigten zu errichten". Die Realität jedoch sah anders aus: Die Kirchenbehörden stellten Anträge auf Umwandlung der noch vom Dritten Reich her bestehenden Gemeinschaftsschulen in Bekenntnisschulen. Das Votum der Eltern, Lehrer und Gemeindebehörden für die Beibehaltung wurde vom Kulturministerium ignoriert mit dem Argument, daß die Kirchenanträge aufgrund der verfassungsmässigen Bestimmung der Bekenntnisschule zur Regelschule nur „Erinnerung auf Pflichterfüllung" seien, ihnen also stattgegeben werden müsse und daß darüber hinaus die Elternwahl erst ausgeübt werden könne, wenn beide Schularten nebeneinander bestünden etc. (479). Die Möglichkeit der Elternwahl jedoch wurde bis zum Ergehen eines Schulgesetzes, das bis 1950 hinausgezögert wurde, nicht eröffnet. (480)
Wie der CSU Abgeordnete Dr. Merkt es 1966 in einer Landtagssitzung sehr offen definierte, bedeutet das Elternrecht, daß die Eltern „mitspracheberechtigt durch die Verträge, das Konkordat und die Kirchen" sind (481), d.h. also die Ausübung des sogenannten Elternrechts wird nur erlaubt, wenn sie in Übereinstimmung mit der Kirche geschieht. Heinrich Rodenstein, von 1960-1968 als Nachfolger von Max Traeger, 1. Vorsitzender der GEW, formulierte 1952: Das sogenannte naturrechtliche Elternrecht stellt „— von Klerikalen ferngesteuert — nichts anderes als ein säkular geschminktes Kirchenrecht und eine kümmerlich getarnte Wiederherstellung einer geistlichen Schulaufsicht dar, ... die wir in unserem unvorsichtigen Vertrauen auf vollzogene Entwicklungen schon endgültig überwunden glaubten." (482)

Eine möglichst weitgehende geistliche Schulaufsicht versuchte die CDU/CSU noch mit einem weiteren Programmpunkt erneut zu festigen und auszuweiten: „Den christlichen Bekenntnissen erkennen wir das Recht zur Einrichtung und Führung eigener *Privatschulen* zu." (Hervorhebung v. der Verf.) Diesen „sollen vom Staat verhältnismäßig die gleichen geldlichen Zuwendungen gemacht werden, wie den Staatsschulen selbst." (483) Selbst die öffentlichen Bekenntnisschulen genügten den Vorstellungen der Christdemokraten offenbar noch nicht, obwohl nach Bestimmung der bayerischen Verfassung an ihnen nur solche Lehrer „verwendet" werden dürfen, „die *geeignet* und bereit sind, die Schüler nach den Grundsätzen des betreffenden Bekenntnisses zu unterrichten und zu erziehen." (Art. 135; Hervorhebung v. der Verf.) (mit dieser Bestimmung ist übrigens nicht der Religionsunterricht gemeint, für den noch einmal ganz besonders „hohe" Anforderungen gelten, die in einem besonderen Verfassungsartikel niedergelegt sind. Art. 136).
Die frühe zweite Forderung der CDU nach *kirchlicher Leitung des Religionsunterrichts* sollte sicherstellen, daß, wenn alle christdemokratischen Bemühungen nach der Bekenntnisschule als Regelschule, nach kirchlichen Privatschulen und auch nach Festschreibung des Elternrechts scheitern sollten, zumindest verfassungsmäßig abgesichert wäre, daß die dann vermutlich weiterbestehenden Gemeinschaftsschulen christliche würden und außerdem, daß nicht ein beliebiger Lehrer Religionsunterricht, evtl. sogar gemeinschaftlichen erteilen könnte, sondern daß der christliche Unterricht des jeweiligen Bekenntnisses nur „in kirchlichem Auftrag" „nach Bestimmung der Eltern" stattfindet. (484) Die Bayerische wie auch die Rheinland-Pfälzische Verfassung bestimmen sogar ausdrücklich — erneut in einem eigenen Artikel —, daß die Entscheidung über die Teilnahme am Religionsunterricht der Willenserklärung des Schülers erst nach vollendeten 18. Lebensjahr überlassen bleibt, obwohl schon in Weimar die Religionsmündigkeit reichseinheitlich gesetzlich auf 14 Jahre festgesetzt worden war. (485) Für diese Achtzehnjährigen mußte dann allerdings noch ein „Unterricht über die allgemein anerkannten Grundsätze" des natürlichen Sittengesetzes eingerichtet werden. (Art. 137 Bayerische Verfassung; Art. 35 Rheinland-Pfälzische Verfassung).
Anhand der Darlegungen dürfte deutlich geworden sein, daß die CDU/CSU in den angegebenen Punkten nicht nur in eigener Sache Politik gemacht hat. Hinter ihrem Kampf für das Elternrecht standen massive Interessen der Kirchen, ganz besonders der *katholischen Kirche,* die über vielfältige Kanäle Druck ausübte, über Bischofskonferenzen, über das Zentralkomitee der deutschen Katholiken und last not least jeden Sonntag aus dem Mund zahlreicher Priester von der Kanzel, um nur einige Wege zu nennen.
Die *evangelische Kirche* trat seit dem Stuttgarter Schuldbekenntnis des Rates der evangelischen Kirche Deutschlands vom 19. Oktober 1945 etwas zurückhaltender auf. 1958 schließlich bekannte sich die Synode der Ev. Kirche in Deutschland in ihrem „Wort zur Schulfrage" zur christlichen Gemeinschaftsschule. (486)
Der dritte 1945 von der CDU aufgestellte Grundsatz ist vielfältig mit den schon erläuterten Implikationen, die sich hinter dem Begriff des Elternrechts verbergen, verknüpft. Zusätzlich kaschiert dieser Programmsatz jedoch noch eine Reihe weiterer speziell auf die höhere Bildung bezogener Forderungen. War das von der CDU/CSU aufgegriffene Erbe der Vergangenheit, das sie besonders für die Erziehung der Massen für wichtig hielt, christlicher Natur, so war das der Elite vorbehaltene Erbgut humanistischer Provenienz. Die Verbindung zwischen beiden lag allerdings darin, daß außerordentlich häufig die Kirchen Träger der humanistischen Gymnasien waren. So hieß das Programm auch: *Rückkehr zu den Grundlagen christlich-abendländischer Kultur* (487) (Hervorhebung v. der Verf.).

Bei dem „sittlichen Wiederaufbau" des deutschen Volkes dachte die CDU/CSU erneut an einen von den gesellschaftspolitischen Tatbeständen unberührten, an einen an die alte neuhumanistische Tradition des deutschen Bildungswesens anknüpfenden Wiederaufbau. Denn – abgesehen von Ausnahmefällen, so z.B. Kultusminister Bäuerle, dessen Reformpläne bezeichnenderweise keinen Bestand hatten – vertrat man in der CDU/CSU die Ansicht, „daß die humanistische Bildung den Menschen mit einer sehr beachtlichen Widerstandskraft gegenüber den oberflächlichen nationalsozialistischen Theorien ausstattete" und daß aus der Tatsache, daß das deutsche Volk anfällig für einen „Hitler mit seiner diabolischen Besessenheit und Wirkungskraft" war, nicht folge, daß das Schulwesen neugeordnet werden müsse (488). Ganz besonders jedoch wandte man sich in der CDU/CSU gegen jede Reformbestrebung, die den Anschein erweckte, das höhere Schulwesen und speziell das humanistische Gymnasium, das traditionell in der Sexta, also im 5. Schuljahr mit Latein begonnen hatte, zu verändern. Man wies darauf hin, „daß die höhere Schule, wie wir sie heute in Deutschland haben, in Jahrhunderten organisch gewachsen ... zu einem wesentlichen Organ ... unseres gesamten Bildungswesen" geworden sei und daß ein „chirurgischer Eingriff ... das Leben des Ganzen ... gefährden" würde (489). Die höhere Schule sollte jedoch auf ihrem Stand „nicht nur gehalten" werden. Da man behauptete, daß die kulturellen Leistungen und die Qualität des deutschen Bildungswesens das einzig verbliebene Kapital für den wirtschaftlichen und politischen Wiederaufstieg seien (490), hingegen beklagte, daß die „Gymnasien" aber durch den Nationalsozialismus angeschlagen seien, folge daraus, daß man sich gerade um die humanistische Bildung besonders bemühen müsse (491). Gerade die Gymnasien galten als Garanten dafür, daß das alte hohe Niveau des Bildungswesens wieder erreicht werden könne. Inhaltlich wurde hierbei mit großer Regelmässigkeit auf die große Bedeutung des Lateinunterrichts verwiesen. Kaum ein Redner aus den Westzonen machte diesem Unterricht auf der Kultusministertagung 1948 nicht seine Referenz. Besonders weit gingen die Universitäten – vehmente Verfechter der ungeschmälerten gymnasialen Vorbildung als Voraussetzung für ein Studium – in ihren elitären Forderungen. Sie schlugen Latein generell „als erste systematisch zu erlernende Fremdsprache" der höheren Schulen vor, um so die „gediegene Grundlage" des deutschen Schulwesens der vornationalsozialistischen Zeit wiederherzustellen, und so auch eine „weitere Zurückdrängung des humanistischen Unterrichts" zu verhindern. (492)
Die Universitäten übten ihren Druck aus über die Rektorenkonferenz, Hochschul- und Akademikertage, Denkschriften, u.a.m., sie nahmen Einfluß über die Zugehörigkeit zu Beratergremien, Kommissionen, in die sie von der CDU/CSU mit Vorliebe gewählt wurden und auch gerade, wenn sie nicht Pädagogen und schon gar nicht Schulpädagogen waren. Außerdem trugen von den Ländern vergebene Forschungsaufträge und Gutachtertätigkeiten außerordentlich zur Stärkung des konservativen bis reaktionären, reformfeindlichen Lagers bei u.a. deswegen, weil sowohl pädagogische, wie auch psychologische Lehrstühle nach 1945 mit älteren Weimarer Pädagogen besetzt wurden, die keinen Kontakt zur neueren internationalen Forschung hatten und die nicht hatten emigrieren müssen, wie beispielsweise Adorno, Horkheimer, König, Lewin, Mannheim, Marcuse, Oppenheimer, Plessner, Wertheimer u.a. es aufgrund ihrer kritischen sozialwissenschaftlichen und tiefenpsychologischen Forschungen tun mußten, die in „heftige Kritik an der elitären Ausrichtung der deutschen Schule" gemündet war (493). Auch die Industrie- und Handelskammern meldeten sich in Fragen der Schulreform und der Erhaltung der gymnasialen Bildung sowie des Lateinunterrichts zu Wort, wodurch die Motive für die Befürwortung sehr viel klarer wurden, als in den von den Philologen und Altphilologen und ihren Verbänden angegebenen Gründen,

die den „ethischen Wert", die Förderung logischen Denkens, Latein als Grundlage für die Erlernung moderner Fremdsprachen, Latein als Kulturträger u.ä.m. vorschoben. Man schätzte Fächer wie das Lateinische „eher wegen ihrer Auslesefunktion, als ihres Gehaltes wegen" (494). Hiermit ist gleichzeitig der vierte schon früh von der CDU formulierte Programmpunkt, der der *strengen und frühzeitigen Auslese* angesprochen, der aufs engste mit der dritten Forderung nach Förderung der höheren, speziell der humanistischen Bildung zusammenhängt. Denn alle Beteuerungen und Beschwörungen, daß die Qualität der höheren und der Hochschulbildung „für die Gesamtheit unseres Volkes eine Bedeutung" habe, (495) sollten nur den harten Kern des christdemokratischen Kampfes verdecken, der war: keine Veränderung der Schulstruktur, der vertikalen Dreigliedrigkeit; Erhaltung der schmalen Bildungspyramide, die gesellschaftlich die Konsequenz einer hoch über den Massen stehenden Führungsschicht, einer eng begrenzten Elite bedeutete. Was Akademiker wie Ärzte, Juristen, Theologen, Pfarrer, Philologen und auch die Realschullehrer, die Beamten, die Kirche und vor allem die Politiker nicht so ungeschminkt sagen mochten, die Spitzenverbände der Wirtschaft in Gestalt von Arbeitgeberverbänden, Industrie- und Handelstag, Unternehmerverbänden und Industrieinstituten brachten deutlich ihr Interesse an der Aufrechterhaltung der Sozialstruktur mit Hilfe der schulischen Auslese zum Ausdruck. Die Begabungsförderung der unteren Schichten solle nicht zu weit getrieben werden, der Arbeiter solle „als Arbeiter in der Gesellschaft seinen anerkannten Platz finde(n), und nicht dadurch, daß sich seine Kinder als potentielle Akademiker fühlen dürfen". (496) Der Kardinalpunkt, um den es bei den Reformen ging, gegen die man Front machte, war die Frage der Verlängerung der vierjährigen Grundschulzeit auf eine sechsjährige. Zahlreiche Erfahrungen erwiesen, daß der Auswahlzeitpunkt nach dem 10. Lebensjahr zu früh liegt, daß nach sechs Schuljahren mit sehr viel größerer Sicherheit die richtige Prognose über den adäquaten Bildungsweg getroffen werden kann – im Rahmen der Aufrechterhaltung der vertikalen Dreigliedrigkeit. Die Reformen gingen dabei davon aus, daß nach dem 12. Lebensjahr ein mehr Kinder aus sozial niedrigeren Schichten in Lernbereitschaft und Lernvermögen soweit entwickelt hätten, daß für sie der Übergang zum mittleren und höheren Bildungswesen möglich sein würde. Genau den vermehrten Übergang jedoch wollten die in der CDU/CSU repräsentierten gesellschaftlichen Interessengruppen verhindern, da dies langfristig zu mehr gesellschaftlicher Mobilität führen und die Selbstrekrutierung der Führungsschicht bedrohen würde. Für die weniger intellektuell als technisch begabten Kinder aus der manuell arbeitenden Bevölkerung würde eine rein auf geistige Fähigkeiten abgestellte Sprachbildung einen sehr effektiven Auslesecharakter haben. Je früher man die Auslese betrieb, je mehr man den Zugang zur höheren Schule erschwerte, desto eher konnte man sicherstellen, daß die „Elite" unter sich blieb.

In diesem Zusammenhang spielte auch die *Begabungsforschung* eine wichtige Rolle. Die psychologische Wissenschaft war z.T. schon vor der Weimarer Zeit zu Ergebnissen gelangt, die besagten, daß Begabung nicht schichtabhängig sein müsse, wenn die Kinder genügend gefördert würden und ausreichend Zeit für ihre Entwicklung hätten (497). Aufgrund der Emigration solcher Wissenschaftler jedoch wurde dieses Feld nach dem 2. Weltkrieg weiterhin von Eugenikern des Dritten Reiches und ihren Schülern wie W. Hartnacke und Karl Valentin Müller beherrscht, die über pädagogische Fachzeitschriften, Philologenblätter und Kongresse erhebliche Multiplikatorenwirkung hatten und die Unterschichtkinder pauschal als weniger begabt abqualifizierten. (498) Die aus Ländermitteln großzügig unterstützten begabungsstatistischen Untersuchungen (499) dieser Wissenschaftler ohne Konkurrenz konnten erfolgreich Ministerien, Schulverwaltungen, Berufs- und Wirtschaftsverbänden sowie Landtagen vermittelt werden. (500)

Die „wissenschaftlich gestützte Auslese-Ideologie" hatte den Zweck, gerade die größere Chancengleichheit zu verhindern. Je mehr sich die gesellschaftlichen Führungskreise, die durch den Nationalsozialismus und den 2. Weltkrieg diskreditiert waren, wieder etablierten, je mehr die Restauration fortschritt, desto deutlicher wurden die Aussagen der CDU/CSU über die unerwünschten gesellschaftlichen Auswirkungen einer Schulreform. *In der amerikanischen Zone* waren während der Zeit, in denen Schulreformen besonders auf Anregung und Initiative der Amerikaner verstärkt diskutiert wurden, in allen drei großen Ländern, in Bayern, Hessen und Württemberg-Baden die Kultusminister Mitglieder der CDU/CSU. Während *Hundhammer* in Bayern von vornherein keinen Hehl daraus machte, daß er außer Rechristianisierung der Volksschulen und Rehumanisierung des höheren Schulwesens gegen jede Reform war — er lehnte sogar die Schulgeldfreiheit für die Volksschule ab — (501), legten die beiden anderen Minister nach Aufforderung durch die Amerikaner und aufgrund der amerikanischen Richtlinien Reformpläne vor, denen man eine gewisse Aufgeschlossenheit gegenüber partiellen Verbesserungen nicht absprechen kann, die aber im Ganzen gerade, was die Einführung einer sechsjährigen Grundschule betrifft, als Vorspiegelung falscher Tatsachen zu werten sind. Denn die in beiden Plänen vorgesehene Differenzierung des Unterrichts auf der Basis des Ausleseprinzips wie bisher nach dem 4. Jahr war geeignet, von vornherein die angeblichen Möglichkeiten, die Übergänge von einem Zweig auf den anderen offenzuhalten, schon im Keim zu ersticken. Die Pläne wurden ohnehin nie Wirklichkeit, weil die bereits erwähnten gesellschaftlichen Interessengruppen, deren Angehörige die CDU/CSU von ihren Wählergruppen her repräsentierte, selbst gegen diese minimalen Veränderungen im Schulsystem einen demagogischen Kampf begannen und weil der hessische Minister *Erwin Stein* persönlich es trotz der Pläne als unverantwortlich bezeichnete, „die Schulreform sofort mit durchgreifenden organistaorischen Umgestaltungen am Aufbau der Schule zu beginnen" (502). Je näher aber die Verwirklichung der Staatsgründung Bundesrepublik Deutschland und die Realisierung der weitgehenden Autonomie der Deutschen in Bildungsfragen kamen — das Besatzungsstatut erhob keine Vorbehaltsrechte in kulturellen Angelegenheiten und Bildungsfragen —, desto mehr arbeiteten die Christdemokraten mit weiteren Verzögerungsmanövern. In Ländern, in denen sie vorsichtiger als in Bayern versuchen mußten, Reformen zu verhindern, versteckten sie ihren Reformunwillen hinter vorgeblich demokratischem Verhalten. Nordrhein-Westfalens Kultusminister *Frau Teusch*: „Ich darf nicht, wie es Hitler und seine Mitarbeiter gemacht haben, dem Land ein Schulgesetz aufzwingen, sondern muß die Reform in vernünftiger, sachverständiger Vorberatung in einer Art Schulkonferenz des Landes in die Wege leiten". (503) Dienten solche Vorwände 1948, nach dem die Reformdiskussionen ihren Höhepunkt schon fast überschritten hatten, einmal dem Ziel, erneut Zeit zu gewinnen, so wurden solche Beraterkommissionen zum Zweiten einseitig zusammengesetzt. Die Akademiker, deren reformfeindliche Haltung bereits zur Genüge dargelegt worden ist, waren in ihnen „in der erdrückenden Mehrheit", (504) so daß nicht nur keine reformfördernde Wirkung von ihnen ausging, sondern ihre Arbeit „als Grundlage zur Novellierung von Schulgesetzen im Sinne einer Zurücknahme von Schulreformen" diente (505), wie z.B. in Hamburg und Bremen (ähnlich in Berlin), wo es dem konservativen Bürgerblock mit jeweils weniger als 10 Stimmen Anfang der fünfziger Jahre gelang, die eingeführten Reformen, besonders die sechsjährige Grundschule, rückgängig zu machen. Reformen zu verhindern, dazu wurden außerdem die Oberschichteltern selbst vielfältig mobilisiert. Die aktiven Reformgegner begnügten sich „nicht nur mit Denkschriften und Rücksprachen im Ministerium", sondern rühmten sich: „Wir haben unser Material an sämtliche Landtagsabgeordnete geleitet. Wir haben die Elternbeiräte im ganzen Land in

Bewegung gesetzt ... Wie gesagt, sind dann aus dem ganzen Lande dem Ministerium Entschließungen der Elternbeiräte zugeleitet worden..." (506) etc. Ein mit der Schulreform zusammenhängendes Gebiet, auf dem die Antireformer Änderungen verhindern konnten, ist abschließend zu erwähnen. Die Rektorenkonferenz meldete sich in Fragen der *Lehrerbildung,* die nach progressiven Vorstellungen endlich einheitlich universitär stattfinden sollte, unüberhörbar zu Wort: Imdem sie postulierte, daß den „einzelnen Schularten ... ihnen eigentümliche Aufgabenbereiche zu(kommen), deren Verschiedenheit aus sachlichen Gründen nicht verwischt werden darf", stellte sie die Forderung einer wissenschaftlichen Ausbildung für „die Lehrer der höheren Schulen" auf, „nicht aber allgemein für die Lehrer der Volksschule" und folgerte daraus einerseits, daß „Pädagogische Falkultäten mit Promotions- und Habilitationsrecht ... der besonderen Aufgabe und Eigenart der deutschen wissenschaftlichen Hochschule widersprechen" und andererseits, daß „Pflichtvorlesungen in einer Pädagogischen Fakultät" ... (in Pädagogik und Didaktik, L.-Qu.) „die fachwissenschaftliche Ausbildung des Lehrers an höheren Schulen zum Schaden der Sache verkürzen (würden)" (507).

Die Analyse hat gezeigt:
Die „christliche" Umerziehung — soweit sie überhaupt ernst gemeint war — sollte wie in der Zeit vor dem Nationalsozialismus eine Erziehung der Massen zur „christlich-abendländischen Kultur", d.h. zum christlichen Gehorsam und zur Autoritätsgläubigkeit sein auf der Grundlage der fraglosen Anerkennung der kleinen „gebildeten" Elite und der Fortexistenz der gesamten Sozialstruktur des vorigen Jahrhunderts und des aus diesem überkommenen gesellschaftlichen status quo, der in Deutschland noch weitestgehend an feudal-aristokratischen Maßstäben ausgerichtet war. Die „christlichen" Politiker hatten nicht pädagogische, nicht gesellschaftlich-soziale, schon gar nicht demokratische Motive, sondern nur politisch-weltanschauliche Gründe für eine Wertekorrektur der Schulerziehung. Da diese den auf mehr Chancengleichheit gerichteten Intentionen der Reformer wie auch der Amerikaner widersprach, wollte man sich „ausländischen Pressionen" auf keinen Fall beugen: (508) „Die Schulstruktur mußte unbedingt erhalten bleiben, denn die der sowjetischen Besatzungszone aufgezwungene Schulreform zeigte ja, daß das Ergebnis nur ‚geistige Demontage' und dessen Folge eine nivellierte, einförmige Gesellschaft ist und allein dem kommunistischen Ziel der Gleichmacherei dient!" Daher sollte alles beim Alten bleiben, d.h. die Werte der Schulerziehung sollten wieder an voraufklärerischen, vorindustriellen, ständischen Prinzipien ausgerichtet werden.
Der dargestellte vielfältige Druck war auf die Dauer erfolgreich. Es blieb alles beim Alten. Warum? Wo lag die Schwäche der Reformer?

> „Wenn die Schule überhaupt einen Sinn hat, dann ist es nur der, daß sie Dienerin des werdenden Menschen zu sein hat, und demgegenüber ist die Frage, in welcher Organisationsform wir das erreichen, stets sekundär. Das Entscheidende sind nicht die Formen, sondern entscheidend ist das Bildungsgut ... wobei es meines Erachtens gleichgültig sein müßte, welches Gut genommen wird, soweit es nur positive Werte schafft". (Grimme (SPD) auf der Konferenz der Erziehungsminister in Stuttgart-Hohenheim 1948.)

3.2.1.2. Die reformzugewandte Seite

Im Gegensatz zur CDU zeichnete sich der erste Aufruf der SPD vom 15. Juni 1945 durch unspezifische, deklamatorisch unkonkrete Formeln aus. (509) Im Oktober 1945 erschien zwar ein gemeinsamer Aufruf von KPD und SPD (510), der konkrete schulpolitische Forderungen aufstellte, die in der Berliner Schulpolitik große Bedeutung hatten, auf den hier jedoch nicht eingegangen werden soll, da die SPD in Westdeutschland diese Forderungen nicht aufgriff. Aber obwohl die West-SPD den dafür verantwortlichen Berliner Zentralausschuß „nur als maßgeblich für die östliche Besatzungszone" ansah, äußerte sich die SPD in Westdeutschland nicht vor dem Parteitag in Hannover im Mai 1946 zu Fragen der Kulturpolitik. Selbst diese Leitsätze blieben jedoch sehr vage. (511) Auch frühe programmatische Erklärungen Schumachers z.B. gehen auf Probleme der Erziehung und Schulreform ebensowenig ein (512) wie grundsätzliche Parteitagsreden. (513)

Die Sozialdemokraten gaben ausgehend von dem Grundtenor ihrer Analyse, „daß die Demokratie von 1918 auch deshalb machtlos war, weil sie nur den Staat, nicht aber die Wirtschaft zu demokratisieren unternahm", (514) eindeutig sowohl wirtschaftsdemokratischen Zielvorstellungen wie auch der Besetzung der Posten der Wirtschaftsminister in allen Länder-Koalitionskabinetten, denen sie angehörten, absoluten Vorrang. So waren die Kultusministerposten der drei großen Länder der amerikanischen Zone in der Besatzungszeit nicht in sozialdemokratischer Hand. (Lediglich in Bayern stellte die SPD ein Jahr lang den Kultusminister Dr. Franz Fendt, der jedoch nicht viel ausrichtete.

Unabhängig von dieser Prioritätensetzung scheinen der SPD nach dem 2. Weltkrieg außerdem entweder herausragende Kulturpolitiker — vielleicht mit Ausnahme des Bremer Kultursenators *Paulmann* (515) — gefehlt zu haben oder aufgrund der Weimarer Erfahrung, auf Koalitionen mit bürgerlichen, z.T. „christlichen" Politikern angewiesen zu sein, griff sie bewußt von Anfang an auf Personen zurück, die nicht der sozialdemokratischen Tradition entstammten (516), sondern von denen einige erst spät aus bürgerlichen Parteien zur SPD übergetreten waren, wie z.B. der Hamburger Senator *Landahl* und der niedersächsische Minister *Adolf Grimme*. Hinzu kam, daß Männer wie *Grimme* oder *Carlo Schmid*, der sich als Staatspräsident in Württemberg-Hohenzollern und später als führendes Mitglied im Parlamentarischen Rat für Bildungsfragen interessierte, vom religiösen bzw. katholischen Sozialismus, ausgingen. Der religiöse Sozialismus hatte von der evangelischen Kirche um Paul Tillich und Eduard Heimann kommend, der katholische Sozialismus aus Kreisen um Heinrich Mertens kommend, ein positives Verhältnis zur Sozialdemokratie gefunden (517).

Die Kulturpolitik solcher Männer mußte notwendigerweise in Fragen des Verhältnisses von Schule und Kirche von der früheren, marxistisch geprägten, z.T. antikirchlichen Haltung der SPD abweichen. So beklagte SPD-Minister *Dr. Fendt* beispielsweise 1946, „daß die schulreformerischen Bemühungen der letzten sechzig Jahre (angefangen mit der Reformpädagogik, L-Qu) bewußt oder unbewußt eingegeben und gelenkt waren von der materialistischen Weltanschauung", forderte deren erneute sittliche Fundierung, wobei er betonte, „daß es mir als Staatspolitiker gleich sein kann, auf welchem dogmatischen Fundament dieser sittliche Wertbezug beruht, ... auf Kant ... (oder) auf den Dogmen der katholischen Kirche." (518)

Die Ernennung von Personen zu sozialdemokratischen Kultusministern, die nicht von der marxistischen Weltauffassung her zur SPD gekommen waren, scheint durchaus symptomatischen Charakter für die Nachkriegs-SPD gehabt zu haben, denn die Spitzenpolitiker hielten es für notwendig, daß „die Partei der armen Leute" (Schumacher) eine breitere Mitgliedschaft erhielt als vor dem Krieg. Die Hoffnung, der aus ethischer Gesinnung heraus mit Christen u.a. gemeinsam geführte Kampf gegen den Nationalsozialismus gebe die Basis für eine sozialdemokratische Volkspartei ab, stand dahinter. In kaum einer Rede oder Erklärung Schumachers fehlte der Hinweis auf diese Zusammenhänge: „Die geistigen und die Menschen von kulturellem Verantwortungsbewußtsein sind politisch heimatlos geworden". „Mag der Geist des Kommunistischen Mani-

festes oder der Geist der Bergpredigt, mögen die Erkenntnisse rationalistischen oder sonst irgendwelchen philosophischen Denkens ihn bestimmt haben oder mögen es Motive der Moral sein, für jeden, die Motive seiner Überzeugung und deren Verkündung ist Platz in unserer Partei" (519). Diese angestrebte Verbreiterung war nach Ansicht der Parteispitze nur möglich, wenn sie „vor allen Dingen" den „Kulturkampf gegen irgendeine Kirche" vermied (520). Zum anderen hielt man die Abwerfung der „Eierschalen vergangener Jahrhunderte" für notwendig (521).
Über die weltanschauliche Fundierung hinaus unterschieden sich die „neuen" Kulturpolitiker der SPD von ihrer Herkunft her in noch einem anderen Punkt, der nicht unwesentlich war, von früheren sozialdemokratischen Vorkriegskulturpolitikern, z.B. von Heinrich Schulz. Während dieser Volksschullehrer war, kamen die neuen Schulreformer aus der humanistischen Bildungstradition und waren stark von ihr geprägt oder gar ihr verhaftet. So wollte Dr. Fendt, daß nur der Schüler, der durch die einzige von ihm geplante „Höhere Lehranstalt" gegangen war, „die absolute Berechtigung haben (sollte), auf der Hochschule zu studieren." „Spätbegabte" und Jugendliche, die Sonderwege gingen, verwies er auf den beschwerlichen Weg über mehrsemestrige Hörerschaft, anschließende Begabungsprüfung etc. (522), anstatt ihnen, sozialdemokratischer Tradition entsprechend, die Wege zu ebnen. Und Minister Grimme beklagte, „daß man eine wirkliche Bildungsidee in unserem Schulwesen eigentlich das letztemal gesehen hat zur Zeit Wilhelm von Humboldts" und daß „die Humanoria" seitdem immer mehr zurückgetreten seien. Folglich vertrat er die Ansicht, „daß jeder, der durch den Lateinunterricht gegangen ist, auch ethisch etwas mitbekommen hat" und „daß wir den lateinischen Unterricht viel viel mehr an die heranwachsende Jugend heranbringen müßten" und „daß wir auch Griechisch nicht völlig unter den Tisch fallen lassen sollen" (523).
Auch diese stark neuhumanistische Ausrichtung der SPD-Nachkriegskulturpolitik hat symptomatischen Charakter. Die Festmachung an Namen soll die Parteigeschichte keineswegs personalisieren. Die grundlegende Bedeutung wird, unter anderem daran deutlich, daß Adolf Grimme und Heinrich Landahl beispielsweise sich mit dem geisteswissenschaftlichen Pädagogen *Hermann Nohl* in einem Kreis zusammenfanden, um Grundsätze für das zu erneuernde deutsche Bildungswesen zu entwickeln, die weiterhin vom tradierten, wenngleich im Mittelbau modifizierten dreigliedrigen System ausgingen. Die Bemühungen der Militärregierungen wurden von diesem Kreis abgelehnt, weil sie „ohne Zusammenhang mit der echten deutschen Überlieferung" waren (524). Ein solches Zusammengehen mußte sozialdemokratischer Politik abträglich sein, denn gerade der geisteswissenschaftlichen Pädagogik war es vornehmlich um die Begründung ihrer Autonomie gegangen, d.h. um die Fernhaltung von Weltanschauungen und gesellschaftspolitischen Interessen von der Erziehungspraxis. Dabei wurde die gesellschaftliche Vermittlung des Erziehungsprozesses nicht zum Gegenstand der Reflexion, so daß „Erziehung in einem vorgesellschaftlichen, herrschaftsfreien, unpolitischen Raum angesiedelt" wurde. Durch diese „Konstruktion einer pädagogischen Gegenwelt", die nur durch den „pädagogischen Bezug" zwischen Erzieher und Zögling orientiert am Wohl des Kindes bestimmt war, werden Konflikte verharmlost und entpolitisiert. Die Probleme der industriellen Gesellschaft, der Arbeiterschaft, der schichtenspezifischen Sozialisationsbedingungen etc. blieben „aus dem Horizont pädagogischer Theorie" ausgespart. (525) Eine spezifisch sozialdemokratische Politik war ausgehend von einer solchen Theorie nicht zu leisten.
Der Beginn der Öffnung der Partei für neue Schichten hatte, wie die Beispiele andeuten, im Gegensatz zur Wirtschaftspolitik für die sozialdemokratische Kulturpolitik von Anfang an weitreichende Folgen, die so sehr ins Grundsätzliche gingen, daß jegliche

Festlegung auf ein *Kulturpolitisches Programm,* selbst in der Minimalgestalt zumindest eines durch die Zeiterfordernisse dringend notwendigen schulpolitischen Programmes, bis 1952/54 unterblieb. Schon die Schulpolitik in Weimar hatte den Zusammenhang zwischen der Forderung nach der Weltlichkeit der Schule und weiteren Bestrebungen zur Erreichung einer einheitlichen demokratischen Schulstruktur deutlich gemacht. Die katholische Kirche ist bis zum heutigen Tag der vehementeste Verfechter sowohl von Privatschulen — mit dem Ziel der Errichtung möglichst vieler Bekenntnisschulen mit Hilfe des Elternrechts (526) — wie auch des dreigliedrigen Schulsystems (527) und besonders der früher fast immer in ihrer Trägerschaft befindlichen humanistischen Gymnasien geblieben. Der Wunsch der SPD, auch für gläubige Christen endlich wählbar zu werden, war i.E. daher nur erreichbar durch eine Absage an ihre traditionelle Forderung der Trennung von Staat und Kirche, die für die sozialdemokratische Kulturpolitik die größte Bedeutung gehabt hatte. In der Zeit bis 1952 waren die Sozialdemokraten daher damit beschäftigt, „die philosophischen Grundlagen der sozialistischen Bewegung neu zu studieren". (528) Als Ergebnis dieses Prozesses, der mit dem Godesberger Programm von 1959 einen vorläufigen Abschluß fand, wurden besonders folgende noch 1925 in Heidelberg erhobenen Forderungen über Bord geworfen: „Trennung von Staat und Kirche, Trennung von Schule und Kirche, weltliche Volks-, Berufs- und Hochschulen. Keine Aufwendungen aus öffentlichen Mitteln für kirchliche und religiöse Zwecke. Einheitlicher Aufbau des Schulwesens. . . . Einheitliche Lehrerbildung auf Hochschulen" (529). Selbst die Frage: öffentliches oder privates Schulwesen, hinter der sich vor allem das Problem der Trägerschaft durch den Staat oder die Kirchen verbirgt, wurde 1952/54 nicht mehr angeschnitten (530). Die SPD sagte im Unterschied zu früheren präzisen Formulierungen nur noch, sie strebe einen Unterricht „ohne Unterschiede der Konfessionen", also nicht einmal einen gemeinsamen Unterricht aller Kinder an, so daß die Tür für ein konfessionelles Privatschulwesen offen blieb. Die SPD sprach weiter von einem „organisch gegliederten Schulsystem" und erwähnte sogar ausdrücklich „die Volksschule", die „Mittel- und (die) Oberschule". In dem Maße also, indem die SPD ihre Bestrebungen, das Schulwesen von dem Einfluß der Kirche zu emanzipieren, aufgab, sah sie sich gezwungen, auch ihre explizite Forderung nach der Einheitsschule, in der alle Kinder aus allen sozialen Schichten und Klassen gemeinsam in einem von der Mittelstufe ab differenzierten Angebot je nach Lernfähigkeit unterrichtet werden sollten, fallen zu lassen. Die Organisationsform der Schule war schon 1948 von Minister Grimme als „sekundär" bezeichnet worden, (531) nur auf die „sechsjährige Grundschulpflicht" hatte sich der Parteitag von 1948 neben der Forderung nach „Schulgeld- und Lehrmittelfreiheit", sowie der „Gewährung von Erziehungsbeihilfen" noch einigen können (532). Vor Gründung der Bundesrepublik setzte die SPD sich für diese Forderungen besonders in den Ländern, in denen sie über einen soliden Stimmenvorsprung verfügte, wie in Bremen, Hamburg, Berlin und Schleswig-Holstein, auch erfolgreich ein. Als diese jedoch vom Bürgerblock in den frühen fünfziger Jahren zugunsten der frühen Auslese nach vierjähriger Grundschulzeit wieder abgeschafft wurden und die Forderung nach gemeinsamer sechsjähriger Volksschule in dem 1952/54er SPD-Programm nunmehr ebenfalls fehlte, setzten sich die in den gleichen Ländern nach einer Wahlperiode wieder regierenden Sozialdemokraten sogar für diese — gerade die aus unteren Schichten kommenden Kinder begünstigende — Regelung nicht wieder ein. Ein Grund dafür mag auch gewesen sein, daß es durch die Umschichtung in der Partei inzwischen eine Reihe von der SPD angehörenden Eltern gab, die ihre Kinder nicht „mit den Langsamen" in eine Schule gehen lassen wollten. Der einzige Passus in dem Programm, mit dem die traditionellen Sozialdemokraten hofften, wenigstens einen Teil ihrer Vorstellungen gerettet zu haben, um ihn in müh-

seliger Kleinarbeit später verwirklichen zu können, hieß: „Im Interesse des pädagogischen Fortschritts werden Versuchsschulen, Landerziehungsheime, Schullandheime und ähnliche Einrichtungen gefördert". Im Godesberger Programm fehlte auch er. Zu erwähnen ist noch, daß mit der Aufgabe des einheitlichen Schulaufbaus notwendigerweise auch das Programm einer einheitlichen, wissenschaftlichen Lehrerbildung an Universitäten fallengelassen werden mußte. Man forderte nun nur noch eine „gleichwertige" Ausbildung an „Hochschulen".
Die Analyse der Entwicklung der kulturpolitischen Forderungen der SPD über die Gründungsjahre der Bundesrepublik Deutschland hinaus, war notwendig, um Klarheit über die schulpolitischen Tendenzen der Seite zu erhalten, die man von der Tradition her als reformfordernde bzw. Reform vorantreibende Kräfte einschätzen mußte. Die fundamentalen Veränderungen der Nachkriegssozialdemokratie hatten für die kulturpolitische Entwicklung in Westdeutschland Auswirkungen, da die SPD bis dahin die bedeutsamste und größte gesellschaftlich-politische Kraft gewesen war, die für Schulreformen eingetreten war. Es gab keine Organisation, die diese Rolle hätte übernehmen können. Den *Gewerkschaften* war die Errichtung einer Einheitsgewerkschaft, wenn auch nach Industrieverbänden gegliedert, so wichtig, daß sie dieses Ziel nicht durch die Aufgreifung weltanschaulich belasteter Konflikte, die die Schulreform neben dem sozioökonomischen Konfliktpotential kennzeichneten, gefährden wollte. Ihre nichtssagenden Beschlüsse erläuterte das Gewerkschaftsblatt der britischen Zone so, daß man für einen „Aufstieg der Allerbesten aus allen Schichten des Volkes" sei und „echte Bildung in allen Lebenskreisen" vermitteln wolle. (533) So blieben die *Volksschullehrerverbände*, die schon früher — in erster Linie ausgehend von ihren Standesinteressen — für eine Schulreform eingetreten waren, mit ihren über die sechsjährige Grundstufe hinausgehenden Forderungen nach einer differenzierten Mittelstufe und einer „gleichen pädagogischen und psychologischen Grundausbildung aller Lehrer", praktisch allein. (534)
Durch die Benennung der Gruppierungen der reformzugewandten Seite, die hiermit erschöpft ist, wird deutlich, daß diese bereits rein numerisch den zahlreichen und starken Interessengruppen des konservativen Lagers hoffnungslos unterlegen waren. Es war im übrigen nicht nur so, daß sich die *Eltern der Volksschulkinder* für Schulfragen nicht mobilisieren ließen und schon gar nicht für Schulreformfragen. Sie zeichneten sich in die Schulbildung betreffenden Angelegenheiten eher durch die später so benannte Bildungsabstinenz aus im Gegensatz zu den Eltern aus der Mittel- und Oberschicht, die für die Aufrechterhaltung des höheren Schulwesens auf die Barrikaden gingen. Hinzu kam, daß das humanistische Bildungsideal, das ohnehin schon so vehemente Verteidigung fand, darüber hinaus auch nach dem 2. Weltkrieg wieder neue, zusätzliche Trägergruppen erhielt, die durch die Kriegsfolgen vom sozialen Abstieg bedroht waren und ihre Chance, wieder „nach oben" zu kommen, nur noch über den Weg der höheren Bildung realisierbar sahen: die Flüchtlinge und ihre in den ersten Nachkriegsjahrzehnten kampfkräftigen, einflußreichen Organisationen.
Abgesehen von diesen bereits sehr ungünstigen Voraussetzungen für eine durchgreifende Demokratisierung der Schulstruktur kam — wie die Analyse der schulprogrammatischen Entwicklung der Sozialdemokraten gezeigt hat — dazu, daß die traditionell reformwilligen Vertreter weitestgehend ohne Programm in die kulturpolitischen Auseinandersetzungen gingen, die während der Diskussion um die Länderverfassungsgebung einen ersten Höhepunkt erreichte und daß es darüber hinaus in der SPD selbst inzwischen eine Schicht gab, die in gewisser Weise dem humanistischen Bildungsideal verhaftet war. Ein *Überblick über die Länderverfassungen* der amerikanischen und der französischen Zone (die Länder der britischen Zone erhielten erst nach Erlaß des

Grundgesetzes Verfassungen) bestätigt denn auch die aufgrund der Voruntersuchungen naheliegende Vermutung, daß die vier anfangs analysierten konservativ-reaktionären Programmpunkte der CDU/CSU großenteils Verfassungsrang erhielten. Bremen ausgenommen, das ein etwas demokratiegemäßeres Vokabular gebrauchte, fehlte das natürliche Recht der Eltern bzw. die Berücksichtigung ihres Willens in keiner Verfassung, auch wenn die Sachverhalte verschieden formuliert wurden. Das damit zusammenhängende Problem der Errichtung von Privatschulen wurde ebenfalls in jeder Verfassung im Sinne der Genehmigung entschieden. Einige Verfassungen erhoben jedoch die Bekenntnisschule, um die es dabei in erster Linie ging, gleich zur Regelschule. Auch der bekenntnismäßige Religionsunterricht wurde mit Ausnahme von Bremen, wo der Unterricht nicht gebunden sein sollte, überall festgeschrieben. Zur Schulorganisation sagten die Verfassungen – mit Ausnahme von Bremen, das von organischer Ausgestaltung sprach –, daß die Mannigfaltigkeit der Lebensberufe den Aufbau bestimmen sollte, eine Umschreibung der Dreigliedrigkeit, die z.T. aber auch gleich mit Grund-, Mittel- und Höheren Schulen beim Namen genannt wurde. Der Zugang zum Höheren Schulwesen wurde – Bremen ausgenommen, das das gleiche Recht auf Bildung festschrieb –, mit Formeln wie, jeder solle eine seinen erkennbaren Fähigkeiten und seiner inneren Berufung entsprechende Ausbildung erhalten, erschwert (535).

Da sich das Engagement für eine – der angestrebten Demokratie gemäße – Schulstruktur bis zur Ausarbeitung des *Grundgesetzes* nicht erhöht hatte, sondern die einseitige Annäherung der SPD an die Kirchen eher noch weiter vorangeschritten war und auch in Carlo Schmid, dem führenden Sozialdemokraten im Parlamentarischen Rat, übermächtig repräsentiert wurde, sind die konservativ-reaktionären Interessen im unveränderbaren, unantastbarem Grundrechtsteil festgeschrieben worden sowie in Art. 140, der die diesbezüglichen Artikel der Weimarer Verfassung übernahm.

Zwar hatte anfangs Einigkeit zwischen den großen Parteien bestanden, nur naturrechtlich begründete individuelle Grundrechte zu garantieren. Aber nach massiver Einflußnahme der Kirchen und dem von ihr gesteuerten Teil der Öffentlichkeit, gelang es den deren Interessen vertretenden Parteien, auch den Großteil ihrer Forderungen, die die Kulturordnung betreffen, im Grundgesetz zu verankern. Sie erreichten sogar deren Fixierung in Grundrechten für familien-, schul- und kirchenrechtliche, also korporative Lebensordnungen, während die SPD und die Gewerkschaften darauf verzichteten, den noch „offen" gelassenen Sozialstaatsgrundsatz durch die Festlegung sozialer Grundrechte auszufüllen. Auch dies muß wohl als Folge des bereits beschriebenen parteiinternen programmatischen Umschichtungsprozesses gewertet werden, an dessen Ende auch ein neues sozialdemokratisches Staatsverständnis stand, in dem nun die Freiheit des einzelnen Vorrang vor dem Gemeinwohl bzw. der Freiheit des Proletariats erhalten hatte. (536)

In den Untersuchungen über die reformzugewandte Seite wurden hauptsächlich programmatische Äußerungen analysiert. Dies ist insofern gerechtfertigt, weil sich allein daraus schon ableiten läßt, daß es keine Ansätze für eine durchgreifende deutsche Reformpolitik geben konnte. Die Frage ist daher, welche Reforminitiativen von den Amerikanern ausgingen und warum (auch) diese scheiterten.

„The more indirectly these (american) wishes could be expressed, the more the iron hand was kept in the velvet glove, the more the preparation of detailed plans was made a German responsibility, and the more subtly Anglo-American ideas were insinuated in conferences held to review these plans, the more effective would our work be in the long run." (Marshall Knappen 1947)

3.2.2. Amerikanische Schulpolitik in Westdeutschland

„We were all products of the environmentalist teaching of American colleges and universities". (Marshall Knappen (1947), zusammen mit John Taylor, einer der wichtigsten „realpolitischen" Planer in London und Umerziehungsoffizier).

3.2.2.1. Zur Charakterisierung der amerikanischen Besatzungsoffiziere für Umerziehung

Die Besetzung der führenden Posten der Re-education-Politiker in der Besatzungszeit zeichnete sich durch eine an die Planungsphase in England anknüpfende Kontinuität aus. In den ersten zwei Jahren hatte sogar derselbe Mann, der die Grundzüge der amerikanischen Schulpolitik geplant hatte, John Taylor, die Leitung der Re-education-Besatzungspolitik. Da er jedoch aufgrund des Eingreifens von Morgenthau bei der Planung behindert worden war, lag über die dünnen Passagen von JCS 1067 hinaus bei Besatzungsbeginn keine ins einzelne gehende Direktive vor.

Das heißt, die große politische Linie betreffend, sind die Re-education-Politiker in Deutschland der „realpolitischen" Seite zuzurechnen. Sie sahen die Rehabilitation der Deutschen, den Wiederaufbau und einen gewissen Lebensstandard als Voraussetzung (537) für den etwaigen Erfolg amerikanischer Re-education-Bemühungen zur Demokratisierung an. (538)

Als amerikanische Erziehungsexperten allerdings scheinen sie im Vergleich zu den anderen „Realpolitikern", die mit politischen, wirtschaftlichen und anderen Fragen beschäftigt waren, eine Sonderstellung eingenommen zu haben insofern, als sie von dem typisch amerikanischen Glauben an die Macht der Erziehung beseelt waren und wohl von daher auch an die Möglichkeit einer Reorganisation des deutschen Bildungswesens und an einen Erfolg der amerikanischen Umerziehungsbemühungen glaubten. Insofern waren die „Re-education-Amerikaner" im Gegensatz zu den „Wirtschafts-Wiederaufbau-Amerikanern" wohl doch eher von einer Art Sendungsbewußtsein und einer Mission getragen, allerdings zunächst unter dem Vorsatz, nur anregend und helfend zu kommen und die Initiative und Durchführung dem erwarteten spontanen Erneuerungswillen der Deutschen zu überlassen. Sie zeichneten sich zunächst auch durch die typische — schon bei John Dewey beobachtete — Unbekümmertheit aus betreffend die Frage, wie solche tiefgreifenden Reformen wohl verwirklicht werden könnten. Sie standen so sehr in der Tradition der „Philosophie der amerikanischen Demokratie" und besonders in dem — von Dewey in den vorhergehenden Jahrzehnten beeinflußten — Glauben, daß die Erziehung in der Lage sei, eine Gesellschaft zu demokratisieren und daß die Schule der beste Ort für eine demokratische Erziehung sei (539) und sogar eine autoritäre Familienerziehung allmählich korrigieren könne (540), daß keinerlei Zweifel an der Möglichkeit des Umerziehungsvorhabens und zunächst offenbar nicht einmal Zweifel am guten Willen der Deutschen vorhanden gewesen zu sein scheinen. (541)

Gerade das vermehrte Aufkommen der faschistischen Diktaturen in Europa in den 20er und 30er Jahren hatte das Bewußtsein von der Notwendigkeit und Wichtigkeit eines demokratisch organisierten Schulsystems und einer systematischen Erziehung zur Demokratie in den USA noch einmal gestärkt und zur Betonung der sozialen

Pflichten der Erziehung, die einer „assoziierten Wirtschaftsform dienen müsse", geführt (542). Das in den aufgrund dieser Herausforderung angefertigten Berichten niedergelegte Verständnis wurde den „Umerziehungsexperten" in Zusammenfassungen, in Auszügen, in Gastvorlesungen bedeutender Pädagogen, von Russell, dem Dean des Teachers College von Columbia, wo Dewey seine Hauptwirkungsstätte hatte und in Berichten eigens mit auf den Weg gegeben: „Demokratische Erziehung läßt jedem Individuum Gerechtigkeit widerfahren, indem sie jedem gleiche Erziehungs- und Bildungschancen anbietet, unabhängig von seiner Intelligenz (sic!), Rasse und Religion, von seinem sozialen Status, den ökonomischen Bedingungen oder den beruflichen Plänen (sic!) ..." (543). In diesem Sinne war die Idee der Sekundarerziehung für „alle Kinder aller Bürger" von den Anfängen, die Harris gelegt hatte, inzwischen weiterentwickelt worden. (544) Der berühmte Harvard-Ausschuß hatte das gesamte Problem der Erziehung in einer Demokratie noch einmal grundsätzlich aufgerollt und definiert, daß das Ziel dieser Erziehung sei, die „Gefahr gegenseitigen Nichtverstehens und sozialer Gegensätze" zu verhindern, andererseits aber jeden einzelnen trotz größter unterschiedlicher Anfangsvoraussetzungen optimal zu fördern. (545) In einem 1945 vorgelegten Bericht formulierte er das Problem der Sekundarerziehung für alle so: „Das Ideal aber wäre ein Verfahren, das sowohl den rascher, wie den langsamer Auffassenden, sowohl den mehr praktisch, wie den mehr theoretisch veranlagten Schülern gleichermaßen entgegenkommt, das dabei aber trotz aller Berücksichtigung der besonderen Bedürfnisse jenes Gemeinschaftsgefühl zwischen Mensch und Mensch pflegt, das die tiefste Wurzel der Demokratie ist." (546) In dieser programmatischen Aussage sind die beiden großen Linien, die sich durch die Geschichte der amerikanischen Erziehung ziehen und die dort abwechselnd zum Tragen kamen und die später auch in der Reeducation-Zeit beide miteinander ringen sollten und nacheinander die Politik bestimmten, gleichermaßen aufgezeigt. Während es den fortschrittlichen Pädagogen immer mehr um die Verwirklichung der Gerechtigkeit für alle gegangen war, ohne daß sie die Notwendigkeit einer Erziehung zur Demokratie in Frage stellten (547), war das Anliegen der Konservativen immer mehr die Integration, die Einpflanzung des Gemeinschaftsgefühls gewesen. Auch diese Komponente war in den „ausgewählten Ausschnitten" der aktuellen im Kriege angefertigten Berichte für die amerikanischen Umerziehungsfachleute enthalten: „Die moralische Verteidigung der Demokratie verlangt die Entwicklung tief sitzender Loyalitäten für die zentralen Werte der Demokratie in allen Bürgern von den frühesten Jahren an" (548)

Abgesehen von diesem traditionellen amerikanischen Hintergrund, in den die Reeducation-Besatzer eingebunden waren, bemühten sich die Amerikaner aber auch, an die deutsche Reformtradition – soweit man die wenigen Veränderungen im deutschen Schulsystem mit einem so anspruchsvollen Begriff belegen kann – anzuknüpfen und immer wieder darauf hinzuweisen, daß sie lediglich eine Weiterführung dieser Reformen erreichen wollten. (549) Auch hierzu lagen ihnen verschiedene schriftliche Ausarbeitungen vor, die sie im einzelnen informierten. (550) Diese Überblicke ließen allerdings keinen Zweifel daran, daß das Ergebnis Weimarer Reformen nur „Flickwerk" war und daß „eine wirklich demokratische Erneuerung des Erziehungssystems nicht erreicht worden war." (551) Den amerikanischen Idealisten, die der fortschrittlichen Seite zuzurechnen waren, stellte sich das deutsche Schulwesen als ein autoritäres System dar. Sie charakterisierten es als „zweigleisige Eisenbahn, deren eine Strecke zu den gewöhnlichen Wegen im Leben führt und die andere zu den gelehrten Berufen und der Regierungstätigkeit ... Die erste ist für arme Leute; es braucht einen gewissen Wohlstand oder außergewöhnliche Fähigkeiten, um auf die zweite zu gelangen." Äußerlich allerdings wirkten beide Schulzweige auf den amerikanischen Besucher gleich. Das lag an Geist und Methoden des Unterrichts. Der Erziehungsplan machte auf sie den Eindruck, „disziplinierte, gehorsame, vermutlich unterwürfige Staatsdiener, froh das tun zu können, was ihnen von einem Übergeordneten angewiesen wird, zu produzieren, die glücklich und gewillt, ja eifrig sind, jemanden zu finden, der ihnen Befehle gibt und dem sie gerne gehorchen." (552)

Der Vorsatz der Amerikaner, die Deutschen bei einer demokratischen Umorientierung ihres Erziehungswesens anzuleiten, kam allerdings nicht – wie die obige Analyse schließen lassen könnte – aus einer überheblichen Position heraus, sondern aus der Position dessen, der den geschilderten negativ bewerteten Zustand, selbst gerade überwunden und hinter sich gelassen zu haben. Denn – auch hierin offenbar von Dewey geprägt – die amerikanischen Reformer hatten ein lebendiges Bewußtsein von der eigenen Geschichte ihres Bildungswesens und wiesen ausdrücklich auf dessen europäische Wurzeln und die erst allmähliche Entwicklung zu einem demokratischen Erziehungssystem hin. Auch betonen sie zumindest z.T. in ihren Analysen nicht so sehr die Besonderheit der deutschen Bildungsgeschichte als die einer spezifisch autoritären, militaristischen Entwicklung, sondern konfrontierten das europäische System einerseits und das amerikanische andererseits, das traditionelle und das fortschrittliche. Hierin sowie in der Betonung der vielfältigen gegenseitigen Befruchtungen beider Bildungssysteme durch die vergangenen Jahrhunderte ist das amerikanische Bemühen zu erkennen, die Rolle der Besatzungsmacht möglichst zurücktreten zu lassen und dem ganzen Umorientierungsunternehmen den Anstrich des Zwanghaften zu nehmen. (553) Dies kann auch als Hinweis auf die tiefe Überzeugung der Amerikaner, zumindest der Umerziehungsexperten gewertet werden, daß eine Demokratie nur von Dauer sein kann, wenn das Bildungswesen demokratisch strukturiert ist und eine bewußte Erziehung zur Demokratie stattfindet. Außerdem ist es allerdings auch Zeichen dafür, daß die Umerziehungsexperten die Umorientierung der Deutschen für eine unabdingbare Voraussetzung für eine beständige Friedfertigkeit des deutschen Volkes hielten. (554)

Damit wird deutlich, daß es sich bei den Umerziehungsoffizieren in keiner Weise um Leute aus der Morgenthau-Schule handelte, die aus einer negativen Einstellung heraus die Umerziehung der Deutschen als Ersatz für die von ihnen ohne Erfolg propagierte Zerstörung der wirtschaftlichen Macht der Deutschen angesehen hatten.

> „Trotz der amerikanischen Überzeugung, daß der Zusammenhang zwischen der Reorientierung und einer gesellschaftlich verankerten politischen Demokratie auf der Hand liege, hat OMGUS die Programme zur ideologischen Reorientierung und die für den politischen Aufbau niemals organisatorisch miteinander verknüpft."
> (John Gimbel (1968))

3.2.2.2. Die Vorstellungen der amerikanischen Besatzungsoffiziere für Umerziehung im Kampf um ihre Durchsetzung und Verwirklichung

Auf diesem Hintergrund ist es zunächst erstaunlich, daß 1945 und 1946 außer Entnazifizierung und Wiedereröffnung der Schulen von den Amerikanern offenbar nur wenige konkrete Schritte zur Ingangsetzung einer Reform des deutschen Bildungswesens unternommen wurden. Es gibt drei mögliche Erklärungen hierfür:

1. Die Amerikaner wollten den Deutschen Zeit lassen, ihre eigenen Ideen zu entfalten und selbst die Initiative zu ergreifen.
2. Der Prinzipienstreit zwischen Morgenthau-Anhängern und „Realpolitikern" war auf dem Re-education-Gebiet noch nicht beendet und lähmte wie schon vom Herbst 1944

an, als die Londoner Planer ihre Ausarbeitungen vergeblich zur Abzeichnung vorgelegt und ohne Entscheidung zurückerhalten hatten, weiterhin die Möglichkeit, etwas zu tun.
3. Für die Re-education-Politik – sowohl für die weitere Planung, wie auch für die Durchführung – galten, da sie Bestandteil der gesamten Besatzungspolitik war, die selben politischen Setzungen: Bis zur Außenministerkonferenz in Paris im Frühjahr 1946, auf der erstmals nach Potsdam wieder über alle Besatzungsprobleme, besonders über die Verwirklichung der in Potsdam beschlossenen wirtschaftlichen Einheit als Voraussetzung einer gemeinsamen Viermächteverwaltung verhandelt werden sollte, wollten die Amerikaner keine spektakulären Schritte unternehmen, die von ihnen aus die Chance, doch noch Einfluß auf ganz Deutschland zu gewinnen, in Frage gestellt hätte (555). Sollte die Pariser Konferenz den Eindruck verstärken, daß die übrigen Mächte, besonders die Sowjetunion, sich nicht auf die amerikanischen Vorstellungen und ihre Interpretation der Potsdamer Abmachungen einlassen würden, hatte man die Möglichkeit, vor aller Welt die Sowjetunion der Nichteinhaltung des „Abkommens" zu bezichtigen und man erschien nach außen legitimiert, nun eine eigenständige Politik für das amerikanische Gebiet zu betreiben in der Hoffnung, auf Grund der Weltmachtstellung die anderen westlichen Alliierten über kurz oder lang auf den Kurs der Integration ihrer Besatzungsgebiete in die westliche Welt zu verpflichten.
Wahrscheinlich spielten alle drei Gründe zusammen eine gewisse Rolle für die amerikanische Zurückhaltung auch in der Re-education-Politik. Der zweiten Alternative kommt insofern größerer Erklärungswert als der ersten zu, als mit Archibald McLeish im Außenministerium, das im wesentlichen „realpolitisch" orientiert war, auf dem Staatssekretärsposten ein Mogenthau-Anhänger saß, der ein Grundsatzpapier nach dem anderen verfaßte und versuchte, Byrnes u.a. für sein anmaßendes Umerziehungskonzept (556) zu gewinnen und es zur offiziellen Politik zu erheben. Die dritte Erklärung stellt den Hintergrund dar, auf dem die ersten beiden Punkte Bedeutung erlangen konnten. Der Gesamtzusammenhang der amerikanischen Besatzungspolitik, den die Analyse in 3.1. „Grundzüge der Planung von Besatzungsmaßnahmen und Hauptlinien der amerikanischen Besatzungspolitik" ergeben hat, läßt der Interpretation im 3. Punkt einen hohen Grad an Wahrscheinlichkeit zukommen.
Erst ab Mai 1946 fielen neue Entscheidungen, die sich dann ab Januar 1947 konkret auszuwirken begannen. Bis zu diesem Zeitpunkt beschränkten sich die Umerziehungsbesatzer – entsprechend der frühen reapolitischen Direktive CCS 551 der indirekten Herrschaft – darauf, „die zuständigen deutschen Beamten zur schriftlichen Niederlegung der Erziehungsziele für das Bildungswesen ihres Landes aufzufordern". Diese wollten die Amerikaner dann auf ihre Übereinstimmung mit vorher festzulegenden allgemeinen Leitlinien überprüfen und billigen, allerdings ohne „unmittelbare Vorschriften" zu machen (557). Diese Politik basiert noch auf dem schon in der Planungsphase in England aufgestellten „realpolitischen" Grundsatz, daß „dem deutschen Erziehungssystem neue Ideen zur Erziehungstheorie oder -philosophie nicht aufgezwungen werden dürfen." (558) Sie spiegelt sowohl einen recht großen Optimismus wieder bezüglich der deutschen Bereitwilligkeit zu Reformen, wie auch das von den „Realpolitikern" empfundene Dilemma, die Besiegten als Besatzer zur Demokratisierung zu veranlassen. Als „Encouragement of Democratic Ideas" ging diese Politik – damit dem allgemeinen Direktivengrundsatz entsprechend – in die Military Government Regulations (MGR) ein, die für das Erziehungswesen am 15. März 1946 herausgegeben wurden. Der „Title 8", Education and Religious Affairs, erhielt bis zum Change 3 am 14. März 1947, als sich die neue politische Linie in Direktivenform niederschlug, nur geringfügige Änderungen (559).
Gleich nach dem Treffen *Byrnes/Clay* im Frühjahr 1946 in Paris, auf dem die in

Stuttgart publikumswirksam bekanntgegebene „Wende" zur konstruktiven Politik vereinbart wurde, begannen die Amerikaner, ihre Re-education-Politik zu forcieren.
Kurz nachdem am 3. Mai mit dem Reparationsstop das erste offizielle Zeichen gegeben war, daß man nicht länger darauf hoffte, ganz Deutschland in seinen Einflußbereich ziehen zu können und daß man deshalb mit dem Beginn einer allmählichen Westintegration nicht länger warten wolle, wurden am 16. Mai 1946 die ersten langfristigen Richtlinien für die amerikanische Umerziehungspolitik (560) verabschiedet. Sie waren bereits im Mai/Juni 1945 unter der Überschrift „Long-Range Policy Statement for German Re-education" von einer vom State Department berufenen Hochschullehrerkommission entworfen worden und wurden nun, ein Jahr später, im wesentlichen unverändert als SWNCC 269 (561) von einem aus der alten „realpolitischen" Koalition zusammengesetzten Ausschuß der Ministerien State, War and Navy verabschiedet. Inhaltlich enthielt das Papier keinerlei konkrete Reformvorstellungen, sondern lediglich einige „universal gültige Prinzipien der Gerechtigkeit". Die *Bedeutung von SWNCC* liegt vielmehr in der Festsetzung globaler „realpolitischer" Rahmenbedingungen für die Re-education-Politik: „Die Umerziehung des deutschen Volkes kann nur dann wirksam sein, wenn sie integraler Bestandteil eines umfassenden Programms zu einer Rehabilitierung ist. Die kulturelle und moralische Umerziehung der Nation muß daher in Verbindung mit einer Politik stehen, die die Stabilität einer friedlichen deutschen Wirtschaft wiederherstellt..." (Punkt 1). Und: „Der kulturelle Wiederaufbau sollte vornehmlich das Werk der Deutschen selbst sein." (SWNCC 269/5; Punkt 6) (562).
Auf der Grundlage von SWNCC konnte nun die konkrete amerikanische Re-education-Planung in Angriff genommen werden, die inhaltlich durchaus Kontinuität mit den von den in Deutschland befindlichen Re-education-Politikern bereits niedergelegten Vorstellungen aufwies (563). In der Art der Durchsetzung allerdings wurden gemäß der proklamierten konstruktiven Politik für 1947 aktivere Formen vorgeschlagen und auch gewählt. Auf Veranlassung des State- und War-Departments wurde im Juli 1946 ein neuer Professorenausschuß berufen, der in einer einmonatigen Reise zu den amerikanischen Erziehungskommissionen der drei großen Länder in der amerikanischen Besatzungszone eine Bestandsaufnahme des wieder in Gang gesetzten deutschen Schulwesens und der – bisher nicht eingetretenen – Erfolge der amerikanischen Re-education-Bemühungen im sogenannten Zook-Report vorlegte. Darüber hinaus enthielt dieser Bericht die Vorstellungen der Amerikaner zur Demokratisierung des deutschen Bildungswesens.
Der *Bericht der Erziehungskommission* ist in dreierlei Hinsicht von Bedeutung:
1. Er ist deutlich eingebunden in das „realpolitische" Gesamtkonzept der Besatzungspolitik. Er zitiert anfangs ausdrücklich die soeben wiedergegebene SWNCC-Passage (S. 3) und verleiht ihr mit eigenen Ausführungen zur katastrophalen wirtschaftlichen Lage, in der Nachkriegsdeutschland sich befand und in der keine demokratische Überzeugung gedeihen könne, Nachdruck (S. 4). Und er beruft sich abschließend ausdrücklich auf die Stuttgarter Rede von Byrnes, besonders auf die dort angedeutete Perspektive, die Besatzung nicht mehr nach zwei Jahren zu beenden (S. 49), wie es dem Morgenthau'schen Konzept entsprochen hätte. Zur Verwirklichung einer Demokratisierung des deutschen Erziehungswesens hielten die Umerziehungspolitiker eine lange Zeit für erforderlich, womit bereits der nächste Punkt von Bedeutung angesprochen ist.
2. Aufgrund der eindringlichen Hinweise und Appelle der in Deutschland arbeitenden amerikanischen Erziehungsoffiziere (S. 50), die aus der bisherigen Erfolglosigkeit ihrer Bemühungen zur Anregung von Reformen resultierten (564), forderte die Kommission, a) daß die bisher einzige Kompetenz, „die beratende Funktion durch *das Vetorecht*

ergänzt werden soll, das immer dann ausgeübt werden soll, wenn das erklärte amerikanische Ziel der Entwicklung einer demokratischen Erziehung gefährdet erscheint." (S. 43)
Unter der Weiterführung des Prinzips, den Deutschen möglichst viel Verantwortung zu übertragen, solle die „ultimate authority" weiterhin bei der Besatzungsmacht liegen (S. 43).
Da die Verfassungsgebung der Länder mit der Vorlage der Verfassungen am 15. September 1946 praktisch abgeschlossen war, jene aber den Vorstellungen der amerikanischen Erziehungsabteilung keineswegs entsprachen (565), war dieser inzwischen klar geworden, daß sie auf dem bisherigen Weg kaum Erfolg haben würde. Die im Anschluß an solche Bestandsaufnahme im Zook-Report geänderte Fassung der MGRs vom 14.3.1947 folgte nunmehr den – im Gegensatz zur Ansicht anderer Abteilungen – von der Erziehungsabteilung eindringlich geäußerten Wünschen, solche weitergehenden Kontrollbefugnisse aufzunehmen. (566)
Diese Verordnungen (MGR) standen der amerikanischen *Direktive vom 30.9.1946* über die neuen Beziehungen zwischen deutschen Regierungsstellen und der Militärregierung nach der Annahme der Länderverfassungen entgegen, die eine größere Eigenverantwortlichkeit der Deutschen festlegte und eine stärkere Beschränkung der Besatzungsmacht auf bloße Beraterfunktionen (567). Aufgrund dieser Direktive hatte die Militärregierung auch eine Anordnung erlassen, derzufolge „die Erteilung von Genehmigungen auf dem Gebiete des Erziehungs- und Bildungswesens, die bisher der Militärregierung vorbehalten waren, in weitem Umfang den zuständigen deutschen Behörden überlassen worden" war, so die Bekanntgabe des bayerischen Kultusministerium vom 12.12.1946 (568).
Mit den MGRs wurde nun dagegen „die endgültige Zustimmung von OMGUS" für „alle wichtigen politischen Entscheidungen" für notwendig erklärt (8-201). Die betreffenden Materien wurden dann im einzelnen ausführlich aufgezählt und beschrieben (8-202). Es ging dabei keineswegs nur um Schulgesetze und um curriculare Rahmenrichtlinien für Bildungseinrichtungen aller Art (die Verfassungen waren zu diesem Zeitpunkt ja bereits verabschiedet, ohne daß die Erziehungsabteilungen Eingriffsmöglichkeiten gehabt hatten), sondern um die Genehmigung von Textbüchern und Lehrmaterialien ebenso wie um die Eröffnung neuer Schultypen, um Verwaltungsreformen, überregionale Erziehungsorganisationen u.ä.. Darüber hinaus hieß es, daß eine von den Deutschen vorgeschlagene Reform nur dann genehmigt werden solle, wenn sie wirklich einen „weiten Schritt nach vorn" darstelle im Hinblick auf die in der gleichen Verordnung aufgestellten Prinzipien. „Um solche Veränderungen in einer vernünftigen Zeitspanne zu erreichen, sollen in periodischen Intervallen von OMGUS Stichtage für die Abgabe aufgestellt werden" (8-201.2).
In diesem Sinne führte die am 17. Juli 1947 sehr verspätet erlassene neue *Direktive JCS 1779* (569), nach deren Geist inzwischen längst verfahren wurde und die JCS 1067 ersetzte, dann unter dem Punkt „Die politischen Ziele der Vereinigten Staaten in Deutschland" aus: Die Aufgabe der Besatzungsstreitkräfte besteht „im wesentlichen darin, zu helfen, die wirtschaftliche *und* erzieherische Grundlage für eine gesunde deutsche Demokratie zu legen..." (Punkt 5) (Hervorhebung v. der Verf.) und „sie haben von den Behörden der deutschen Länder die Anwendung und Verwirklichung von Erziehungsprogrammen zu verlangen, die geeignet sind, ein gesundes demokratisches Bildungssystem zu entwickeln, das jedem einzelnen entsprechend seinen Fähigkeiten gleiche Möglichkeiten bietet" (Punkt 23 a). Weiter hinten heißt es sogar, „daß die Erziehung eines der primären Mittel ist, um ein demokratisches und friedliches Deutschland zu schaffen". (Punkt 23)

Andererseits stand dieses gegenüber den Anfängen entschiedenere amerikanische Vorgehen in Erziehungsangelegenheiten klar unter der in der neuen Direktive formulierten Devise, daß die amerikanische Regierung einerseits „Deutschland nicht ihre eigenen, geschichtlich entwickelten Formen der Demokratie und der gesellschaftlichen Ordnung aufzwingen" will (570), daß sie aber andererseits „ebenso fest davon überzeugt (ist), daß ihm keine anderen, fremden Formen aufgezwungen werden sollten" (Punkt 6.c). In dem seit gut einem Jahr (Reparationsstop Mai 1946) immer deutlicher werdenden Kalten Krieg ist dies ein nicht zu übersehender früher Hinweis in einem offiziellen Dokument von höchster Bedeutung, daß die gesamte amerikanische Politik, also auch die im vorhergehenden Punkt 5 angesprochene Erziehungspolitik im Rahmen der Demokratisierung einerseits und der Abwehr des Kommunismus andererseits zu sehen ist. In diesem Zusammenhang sei kurz ins Gedächtnis zurückgerufen, daß Marshall mit seinem Rollback-Konzept seit gut einem halben Jahr Außenminister war, daß die Moskauer-Konferenz inzwischen gescheitert, der Marshallplan verkündet und die Umorganisation der Bizone zur Ausschaltung der SPD bei Erlaß dieser Direktive bereits verwirklicht waren. Es sei auch daran erinnert, daß die gleiche Direktive den Militärgouverneur in wirtschaftlichen Fragen gerade nicht zur Zurückhaltung anhielt und keineswegs zur Gewährleistung der Entwicklung einer selbständigen deutschen Wirtschaftsordnung aufforderte, sondern ihn im Gegenteil direkt verpflichtete, „dem deutschen Volk die Möglichkeit zu geben, die Grundsätze und Vorteile einer freien Wirtschaft kennenzulernen" und d.h. der amerikanischen Form des kapitalistischen Wirtschaftssystems.

b) Die Erziehungskommission hatte zusätzlich zum Kompetenzproblem darauf hingewiesen, daß der untergeordnete Status der Erziehungsdienststellen im Besatzungsapparat sowie die personelle Besetzung der Bedeutung der erzieherischen Aufgabe (educational task) der Amerikaner nicht gerecht werde, zumal die Umerziehung nach Aussage der bedeutendsten Erziehungsoffiziere sowohl das schwerste, wie auch das wichtigste Unterfangen sei. Sie schlug daher eine Verdoppelung des amerikanischen Erziehungsstabes vor sowie eine Reorganisierung. Die z.T. nur als Unterabteilungen (branch) fungierenden Dienststellen für Erziehung sollten in allen drei Ländern zur Hauptabteilung aufgewertet werden. Ihre Leiter sollten direkten Zugang zum jeweiligen Direktor der Militärregierung des Landes erhalten. Der erste Mann der Erziehungsabteilung von OMGUS (zuerst John Taylor, dann Tom Alexander, dann Hermann B. Wells, schließlich Alonzo Grace bis 1949, dann unter HICOG James Morgan Read) sollte dem stellvertretenden Militärgouverneur (Clay) direkt berichten (S. 43f, S.50).

Vermutlich u.a. aufgrund dieser von den Erziehungsoffizieren in Deutschland nahegelegten Empfehlungen, sowie aufgrund des am 24.10.1946 von SWNCC verabschiedeten Statements 269/8 (571), das sich ausdrücklich auf das Long-Range-Policy-Statement vom Mai 1946 bezog, trat am 30. Juli 1947 *Hermann B. Wells* als Berater in kulturellen Angelegenheiten für General Clay seinen Dienst an. (Clay war inzwischen vom Stellvertreter zum Militärgouverneur ernannt worden). Als erfolgreicher Organisator bekannt, sollte er einmal die Umgestaltung des ERA (Education and Religion Affairs Branch) – bislang nur eine Unterabteilung – vornehmen, was die Erweiterung ihrer personellen Basis einschloß, sowie andererseits die Voraussetzungen für das in SWNCC 269/8 niedergelegte *Austauschprogramm* schaffen, das vornehmlich unter dem Begriff der „Democratic Reorientation" lief. Dieses sah anfangs vor allem den Besuch amerikanischer Experten in Deutschland bzw. in der amerikanischen Besatzungszone vor (App; A. Punkt 3.c. (3) e.) sowie später auch den Besuch deutscher Personen in den USA, die von ihrem Aufgabengebiet sowie von ihren Interessen her selbst besonders um eine „Reorientierung" des deutschen Volkes bemüht waren (App. a, Punkt 3.6. (1)). Bis zum 1.3.1948 hatte Wells die organisatorischen Voraussetzungen für ein großes Revirement der die Erziehungsarbeit der Amerikaner betreffenden Angelegenheiten geschaffen:

(1) Alle hiermit zusammenhängenden Aufgaben wurden nunmehr in einer eigenen Hauptabteilung, der Education and Cultural Relations Division (ECR), koordiniert. Von den vier Unterabteilungen war eine der Education Branch (572).

(2) Es gelang ihm, eine Reihe von neuen Leuten anzuwerben, was eine erhebliche Ausweitung des Personals bedeutete. Die ERA hatte mit nur 55 Mitgliedern gearbeitet (573) im Vergleich zu 150 Mitarbeitern der britischen Umerziehungsabteilung (574). Als in Aussicht zu nehmenden Leiter für die neue Hauptabteilung schlug Wells Alonzo Grace vor (575), der allerdings erst zum Herbst gewonnen werden konnte. Bis dahin führte Wells als amtierender Chef die neue Hauptabteilung (576) und nicht der bereits mit der inhaltlichen Arbeit als Leiter der ERA Unterabteilung vertraute engagierte Reformkämpfer Tom Alexander, der 1947 hauptverantwortlich für das entschiedenere Vorgehen gewesen war.

(3) Durch intensive Bemühungen konnten sowohl ein erheblicher Fond von Reichsmark für alle Reorientierungsbemühungen (= Austauschprogramm) bereitgestellt werden, wie auch erstmals ein Budget von $ 900 000 allein für die Arbeit der einen Unterabteilung des Education Branch, die vornehmlich der Arbeit für das Schulwesen galt. (577)

(4) Wells erreichte die Gründung einer offiziösen Organisation in den Vereinigten Staaten zur Unterstützung des kulturellen Austauschprogramms, das sich von „normalen" Austauschprogrammen „in Zweck und Umfang" unterscheiden sollte. (578)

Die hier genannten Punkte haben nicht so sehr – wie es hier scheinen mag – organisatorische Bedeutung, sondern sind im Zusammenhang mit der *politischen Entwicklung zur Eigenstaatlichkeit* der Bundesrepublik Deutschland zu sehen, auch wenn das zunächst paradox klingen mag. Vor der Darstellung dieser Entwicklung ist jedoch zunächst die dritte Bedeutung des Zook-Reports aufzuzeigen.

3. Sie liegt darin, daß viele der inhaltlichen Vorschläge des Zook-Reports (aber nicht alle!) erstmals mit Clays Befehl vom 10. Januar 1947 und erneut in den darauffolgenden amtlichen Verlautbarungen (MGR 14.3.1947 und Kontrollratsdirektive Nr. 54 vom 25. Juni 1947) als Prinzipien für die Prüfung der Reformfreudigkeit der von den Deutschen geforderten Erziehungsprogramme aufgestellt wurden. Auf die inhaltlichen Forderungen, die vor allem das Thema der politischen Bildung betrafen und die innerhalb der weiteren Tätigkeiten der Erziehungsabteilung zu einem Schwerpunkt wurden, wird im nächsten Teil der Arbeit gesondert eingegangen, ebenso auf die Lehrmethoden, die gleichfalls unter dem Gesichtspunkt Erziehung zu demokratischem Verhalten vorgeschlagen wurden. Hier sollen vor allem die mit der Struktur der Schule zusammenhängenden Fragen weiter verfolgt werden sowie die die gesellschaftlichen Bedingungen für die Arbeit der Schule betreffenden Probleme.

Clays Order setzte erstmals Termine für die schon lange von den deutschen Unterrichtsministerien geforderten Aufstellungen a) „der allgemeinen Aufgaben und Ziele" und b) „eines Erziehungsplanes auf lange Sicht". Sie waren am 1. April bzw. b) am 1. Juli 1947 vorzulegen. Die „Leitsätze" mit denen sie „in Einklang" stehen sollten, wurden dann definiert. (579) Wichtiger als die in Clays Telegramm vom 10.1.1947 angegebenen Unterrichtsziele sind die endgültig in den MGRs festgelegten Prinzipien, die die inhaltlichen Forderungen für die nächste Zeit verbindlich festlegten. Zook-Report und Telegramm waren demgegenüber stärker am amerikanischen Schulmodell orientiert (integrierte Berufsausbildung und Allgemeinbildung (580)), Clays Telegramm allerdings bereits weniger als die Vorschläge der Kommission. Die Regulations forderten neben der generellen Leitlinie, der gleichen Bildungschancen für alle, konkret Schulgeldfreiheit für *alle* öffentlichen Schulen, also auch die höheren, Lehr- und Lernmittelfreiheit sowie Unterstützungsbeihilfen für diejenigen, die Hilfe brauchen (8-101.3.b). Die volle Schulpflicht soll vom 6. bis zum 15. Lebensjahr gehen, also mindestens ein Jahr länger dauern, als es die Weimarer Verfassung vorgeschrieben hatte (c). Für diese Zeit der vollen Schulpflicht sollen die Schulen für alle Jugendlichen gemeinsam ein zusammenhängendes Erziehungssystem bilden (schools... shall form a comprehensive educational system). Das zweizügige System und alle Überschneidungen von Elementar- und Sekundarschulen sollen beseitigt werden. Grundschulen und höhere Schulen sollen nicht zwei verschiedene Schularten mit unterschiedlicher Leistungsfähigkeit sein, sondern zwei *aufeinander folgende Schulstufen* (d). Damit sollten Übergänge innerhalb einer Stufe jederzeit möglich sein. Die Lehrerausbildung soll hinfort Universitätsrang haben (i). Die Schulgesetze sollen auf die Wahrung des gleichen qualitativen Standards von Bekenntnisschulen und Gemeinschaftsschulen achten (j).

In Clays Leitsätzen hatte es noch etwas spezieller geheißen: Nicht in Klassen unterteilte Schulen (sog. Zwergschulen) sind nach Möglichkeit zusammenzufassen (Punkt 4). Darüber hinaus wurden in seinem Telegramm Privatschulen, die in (j) mitgemeint, aber nicht eigens genannt sind, ausdrücklich erlaubt (Punkt 8).

Auch in den Vorschriften für die Verwaltung waren die MGRs weniger konkret als Clay: Die Schulverwaltung soll demokratisch sein und aufgeschlossen für die Wünsche der Bevölkerung (k) (581).

Zu der Frage, wieweit und mit welchem Vorgehen die Amerikaner versuchten, diese *Vorstellungen zu verwirklichen,* ergibt sich folgendes Bild: Nur die wichtigsten Daten werden erwähnt.

Im Jahre 1947 wurden entschiedene Anstrengungen unternommen, die Deutschen zur Entwicklung von Reformplänen anzuleiten. Die Amerikaner setzten Termine zur Abgabe solcher Pläne und erläuterten dazu mehrfach schriftlich ihre Richtlinien. Sie arrangierten immer wieder Besprechungen mit den Vertretern der Kultusbürokratie, z.T. sogar wöchentlich.

Nun endlich wurde auch der schon im Herbst 1945 konstituierte Länderrat Ende September 1946 durch einen Sonderausschuß (582) für Kulturpolitik erweitert, dem die Kultusminister der drei großen Länder und von Bremen angehörten sowie der Generalsekretär des Länderrats. Die Minister der englischen Zone nahmen an den Sitzungen teil. Im Dezember 1946 erhielt der Kulturpolitische Ausschuß *vier Arbeitsgemeinschaften* beigeordnet, je eine für Hochschulfragen, für das Schulwesen, für Schulbücher und für wissenschaftliche Bibliotheken. Die AGs für Schulwesen und Schulbücher wurden geschaffen, „weil OMGUS diese Angelegenheiten an den Länderrat herangetragen hat" (583). Später kamen noch die AGs für die gegenseitige Anerkennung von Prüfungen und für das Medizinstudium dazu. Die AGs hatten jedoch nur beratenden Charakter, und Beschlüsse des Ausschusses mußten einstimmig gefaßt werden (584).

Die 1. Fassung der von OMGUS verlangten deutschen Entwürfe, die zum 1. April 1947 eingingen, wurde von den Ländermilitärregierungen und von OMGUS gründlich analysiert.

Obwohl der hessische Plan weiterhin von der vierjährigen Grundschule ausging und der württemberg-badensche zwar die sechsjährige Elementarstufe vorsah, aber mit der Differenzierung bereits im 5. Schuljahr mit der Wahl einer Fremdsprache begann, und, obwohl viele andere Vorschläge nicht den amerikanischen Richtlinien entsprachen, wurden die Pläne nicht grundsätzlich abgelehnt, sondern nur zur Verbesserung und weiteren Präzisierung zur Neuvorlage am 1.10.1947 zurückgegeben. In der AG Schulwesen einigten sich Bremen, Hessen und Württemberg-Baden schließlich im September 1947 vor Abgabe der 2. Reformpläne auf die sechsjährige differenzierte Grundstufe. Kern des gemeinsamen Unterrichts sollten Deutsch, Heimat- und Erdkunde, Geschichte, Staatsbürgerkunde und Wirtschafts- und Gesellschaftskunde sein (585).

Die amerikanischen Erziehungsabteilungen waren inzwischen zu weitgehenden inhaltlichen Konzessionen an die deutschen Vorstellungen bereit. Die Militärregierung erklärte Ende Januar 1948 ausdrücklich, daß sie zwar die sechsjährige Grundschuldauer wolle, daß aber die Differenzierung der Elementarstufe erlaubt sei. Damit war die Möglichkeit, nach dem 4. Schuljahr mit alten Sprachen zu beginnen, gegeben. Darüber hinaus erklärte sie, daß sie auf den Ausbau des Schulsystems nach der Grundstufe keinen Einfluß nehmen wolle und daß weder an die Abschaffung des Humanistischen, noch des Realgymnasiums gedacht sei (586).

Damit jedoch waren die wesentlichen amerikanischen Forderungen zur Reform der Schulstruktur, zur Abschaffung der Zwei- bzw. Dreigliedrigkeit der deutschen Schule und ihrer Ersetzung durch eine integrierte Gesamtschule, die in den amerikanischen Richtlinien des Jahres 1947 vorgeschrieben worden waren, bis zur Bedeutungslosigkeit entschärft.

Am *bayerischen* Beispiel war den Amerikanern inzwischen deutlich geworden, wie gering die Spielräume für amerikanische Erziehungspolitik waren, wenn die Deutschen sich konsequent jedem Reformversuch verweigerten. Die Bayern hatten zum 1. April einen Plan vorgelegt, der keinerlei Strukturreformgedanken enthielt und als „completely inadequate" gänzlich abgelehnt wurde. Er provozierte den Einsatz nicht nur der für ganz Deutschland zuständigen OMGUS-Education-Abteilung zusätzlich zur Ländermilitärregierung von Bayern, sondern der Militärgouverneur Clay persönlich teilte zunächst dem Kultusminister, später, nachdem der 2. Entwurf, der am 1.10.1947 vorliegen mußte, eher „noch reaktionärer" ausgefallen war, sogar dem Ministerpräsidenten persönlich seine Ablehnung und Enttäuschung mit. Der Kultusminister Hundhammer jedoch wurde keineswegs entlassen, wie z.B. Semmler als Direktor der Verwaltungsabteilung für Wirtschaft beim Frankfurter Wirtschaftsrat, der zwar im Großen und Ganzen in seiner Politik mit der amerikanischen Wirtschaftspolitik übereinstimmte, aber einen Teil davon kritisiert hatte. Im bayerischen Fall wurden lediglich die amerikanischen Richtlinien aus dem Clay-Telegramm, den MGRs und der Kontrollratsdirektive Nr. 54 zu Befehlen erklärt. Für die Vorlage eines neuen Planes wurde der bayerischen Regierung nach der am Jahresende erfolgten Zurückweisung diesmal nur noch einen Monat Zeit gelassen bis zum 1. Februar 1948 (587).

Der *Befehl* diente jedoch ohnehin nur der Vorlage eines ministeriellen *Plans.* Mit der Vorlage, die tatsächlich übersandt wurde, für die jedoch weder der Kultusminister, noch der Ministerpräsident die Verantwortung übernahmen, war noch keine Reform begonnen, und der bloße Plan hatte keine rechtliche Wirkung, da er durch keine parlamentarische Entscheidung legitimiert war und die bayerische Regierung die von den Amerikanern vorgeschlagene Umgehung des Parlaments wohlweislich ablehnte. Einer Reform also kam man dadurch nicht näher. Die Besatzungspolitik zur Veränderung der Schulstruktur war damit gescheitert, und das nicht nur in Bayern. Bayern hatte mit seiner beharrlichen Politik der Verweigerung über seine Grenzen hinaus den Reformgegnern in ganz Westdeutschland vorexerziert, wie man Neuerungen im Schulwesen von vornherein konsequent verhindern kann. Bayern hatte dabei mit Erfolg von der Taktik des Verzögerns Gebrauch gemacht.

Konservativen Politikern war sicherlich der Widerspruch zwischen der Direktive vom 30.9.1946 sowie der darauf folgenden Anordnung betreffend die größere Selbstverantwortlichkeit der Deutschen in Erziehungsangelegenheiten und den Anordnungen des Jahres 1947 nicht entgangen. Sie wußten wohl, daß den Amerikanern nicht mehr viel Zeit für die autoritative Ausübung von Besatzungsvollmachten blieb, wenn sie auf die Loyalität der Deutschen bei der weiteren Westintegration rechneten (588). Die amerikanische Abteilung für Zivilverwaltung war bereits 1946 der Meinung, daß die amerikanische Politik und besonders die Septemberdirektive „Weitere direkte amtliche Eingriffe der Militärregierung in Erziehungsfragen ... nicht mehr zulasse" (589). Für ein Jahr hatte sich die Erziehungsabteilung dagegen durchsetzen können. 1948 jedoch, zur selben Zeit, zu der in London bereits die Verhandlungen über die Gründung eines eigenständigen westdeutschen Staates geführt wurden, konnte man tiefgreifende Reformen des Schulsystems, die eine breite Verankerung in der Bevölkerung, in der Lehrerschaft und in Parteien, Verwaltung und Regierung bedurften, um erfolgreich zu sein, nicht (mehr) mit Befehlen verwirklichen. Allenfalls Befehle zur Einführung der Schulgeldfreiheit und zur akademischen Lehrerbildung, die auch in der deutschen Bevölkerung eine breite Basis hatten, hatten noch Aussicht auf Erfolg (589a).

Offenbar wurde bereits die Reorganisation der Umerziehungsangelegenheiten zum 1. März 1948 – einem Zeitpunkt, zu dem die Bizonenreorganisation den Deutschen bereits eine regierungsähnliche Behörde beschert hatte – zum Anlaß genommen, den entschiedensten amerikanischen Reformer, Tom Alexander, durch einen Mann zu ersetzen, der mit der Politik der Befehle nichts zu tun gehabt hatte – Hermann B. Wells.

Unter *Wells* ist bereits eine Verlagerung des Schwerpunktes erkennbar weg von der unmittelbaren Beeinflussung der deutschen Vorstellungen von Schulstruktur hin zu einem extensiven Austauschprogramm als der „effektivsten Methode" (590) zur Reorientierung der Deutschen. Als im Sommer 1948 anläßlich der Währungsreform zu Finanzierungsschwierigkeiten der Umerziehungs- und Reorientierungsprogramme kam, schwand das Interesse der übergeordneten Stellen in Washington (Außen- und Heeresministerium) und der Militärregierung (Clay) erneut. Sie waren für einen Abbau der Umerziehungsbemühungen, weil sie die Londoner Beschlüsse, die die Begrenzung der allgemeinen Machtbefugnisse auf die im Besatzungsstatut festgelegten Tatbestände zur Folge haben würden und direkte Maßnahmen für unvereinbar hielten (591). Zwar konnten sich die Erzieher, die sich sämtlich auf eine lange Re-education-Zeit von mindestens fünf bis hin zu zwanzig Jahren (592) eingestellt hatten, mit ihrem Wunsch, weiterzuarbeiten, noch einmal durchsetzen, allerdings nur um den Preis eines eklatanten Wechsels in der weiteren Umerziehungspolitik, der im Oktober in Berchtesgaden von Clay persönlich (593) sowie von dem neuen Leiter *Alonzo Grace* bekanntgegeben wurde (594). Die neue Devise hieß „From Directive to Persuasion", Überzeugung statt Direktiven, persönliches Vorbild statt ständiges Gerede von demokratischen Idealen (595) und formelle Programme (596), Arbeit an der Basis (education of the people at the grass roots level) (597) statt Einwirkung auf Ministerien. Diese neue Devise konnte nur die endgültige Absage an jede Strukturreform bedeuten. Jetzt hieß es: „Die wahre Reform des deutschen Volkes wird von innen kommen. Sie wird geistig und moralisch sein. Die Organisations- oder Strukturtypen der Schule z.B. sind weniger wichtig für Deutschland und die Welt als das, was gelehrt wird, wie es gelehrt wird und von wem es gelehrt wird" (598). Der Sturm aller bisher in Deutschland arbeitenden Erziehungsexperten gegen diesen Wechsel der Politik war erfolglos (599). Die weitgehende Reduzierung auf das bereits im Herbst 1946 geplante Austauschprogramm war schon mehr, als Washington von sich aus zuzugestehen bereit war. Das wurde endgültig mit der Ausarbeitung des Besatzungsstatuts deutlich. Trotz entschiedener Anstrengungen der drei Direktoren der westalliierten (amerikanische, britische, französische) Erziehungsabteilungen (600) und trotz gemeinsamer Bemühungen der bedeutendsten Persönlichkeiten (601) und Organisationen (602) der pädagogischen Szene der USA wurde die Umerziehung kein Vorbehaltsrecht der Besatzungsmächte. Das Besatzungsstatut wurde dem Parlamentarischen Rat bereits am 10. April 1949 übermittelt. Es trat zwar erst am 20. September 1949 in Kraft, aber die konservativen Deutschen konnten ihre verzögernde Politik nun noch konkreter daran ausrichten. Erst am 17. November 1949 erhielt die nunmehr in ziviler Hoheit vom State Department geführte, die Besatzungsherrschaft ausübende Hohe Kommission eine neue politische Direktive, in der es hieß, „daß die Westmächte trotz des Besatzungsstatuts weiterhin Interesse an Fragen der Erziehung bewahren würden" (603). Im Dezember folgte lediglich noch ein unverbindlich gehaltenes Dokument des State Departments, das inhaltlich keine Reformforderungen mehr erhob (604). Da die bisherigen, seit 1947 gültigen Verordnungen mangels einer Einigung auf neue Richtlinien jedoch nicht außer Kraft gesetzt wurden, (605) betonten die Erziehungsoffiziere in einer Konferenz im Dezember 1949 in 57 Punkten die schon vom Anfang der Besatzungszeit an verfolgten Ziele als weiterhin für sie richtungweisend (606). Politische Mittel, diese durchzusetzen, standen ihnen jedoch nicht zur Verfügung, und das Re-education-Personal war mit 42 Mitarbeitern zahlenmäßig geringer als es vor der Aufwertung der ERA zu einer Hauptabteilung gewesen war (607).

> Wesentlich ist, daß die Jugend nach der nach dem 2. Weltkrieg stattgefundenen „systematischen Umerziehung wieder zu erkennen beginnt, was Wahrheit und was Lüge ist". (HIAG Altfunktionär Gerhard Volkmar auf der Feier zum 25jährigen Bestehen der HIAG, einer Gemeinschaft ehemaliger Angehöriger der Waffen-SS im Oktober 1976.)

> „Das Hauptanliegen der Re-education, das politische Bewußtsein der Deutschen zu beeinflussen, die Deutschen von ihren traditionellen autoritären Denk- und Verhaltensmustern ... abzubringen und zu demokratischem Denken und Handeln zu erziehen, schien weder zum Ende der Besatzungszeit erfüllt gewesen zu sein, noch scheint heute ein merklicher Fortschritt zu seiner Erfüllung sichtbar zu werden." (Karl Ernst Bungenstab, 1970)

> „An den Widersprüchen der ‚Umerziehungs-Politik' wird der ideologische Charakter dieser politischen Parole und ihre Verwendung zur Verhinderung tiefgreifender sozialer Reformen von seiten der amerikanischen Besatzungsmacht deutlich." (Ute Schmidt, Tilman Fichter, 1971)

3.2.2.3. Charakterwäsche — Amerikanisierung — Demokratisierung — Restauration: eine Kontroverse

Das Ergebnis der Analyse der amerikanischen Demokratievorstellungen, die in der amerikanischen Besatzungspolitik deutlich wurden, in der sich die „Realpolitiker" zunehmend auf allen Gebieten durchsetzten, war das „realpolitische" Interesse an der Restauration des kapitalistischen Wirtschaftssystems und der Konstituierung der von ihnen zur Stabilisierung dieser Wirtschaftsform für notwendig gehaltenen politischen Institutionen. Hier stellt sich die Frage, ob mit dieser Prioritätensetzung von vornherein auch die Restauration des deutschen Erziehungswesens von den „realpolitischen" Amerikanern angestrebt wurde oder ob die Re-education-Politik einen Sonderstatus einnahm.

In diesem Zusammenhang ist auch zu fragen, wieso die Umerziehung, ein in der Nachkriegszeit auch von den führenden Deutschen der beiden großen Parteien gebrauchter Begriff, so „einen dubiosen und maliziösen Klang" bekommen hat (608), der in dem Extrem der „Charakterwäsche" schließlich auf einen zugespitzten Begriff gebracht wurde.

Wie der Teil über die amerikanische Besatzungsplanung am Anfang vom 3.1. gezeigt hat, gab es bei der „Linken", nachdem der Morgenthauplan selbst weitestgehend gescheitert war, durchaus Überlegungen, wie der Charakter des deutschen Volkes am besten zu ändern sei. Die Umerziehung wurde hier als das wichtigste Mittel dazu deklariert. Jede Maßnahme sollte im Hinblick darauf geprüft werden.

Obwohl Entwürfe solcher Art sogar an Außenminister Byrnes herangetragen wurden, waren sie jedoch für die Besatzungspolitik in keiner Weise von Bedeutung weder von der planerischen noch von der personellen Seite her. Die Tatsache allerdings, daß ein Vertreter dieser Schule zeitweilig bis in eine Staatssekretärsposition im Außenministerium vorgedrungen war und daß einige Vertreter Einfluß auf die amerikanische Informations- und Medienpolitik im besetzten Deutschland hatten, so daß dort die Kollektivschuldthese relativ lange vertreten wurde (608a), ließ in der deutschen Bevölkerung und auch in einem Teil der bisherigen Forschung ein falsches Bild über die Umerziehungspolitik der Amerikaner entstehen, weil in der Darstellung nicht getrennt wurde zwischen Äußerungen dieser und der „realpolitischen" Seite. So wird z.T. der Zook-Report unter dem Charakteristikum dargestellt, er sei „eine unmißverständliche Absage an das negative Verständnis der Re-education-Politik, die darauf aus war, das Feindesland in eine ‚moralische Besserungsanstalt' zu verwandeln" (609), womit behauptet wird, daß bis Ende 1946 dieses negative Verständnis die amerikanische Umerziehungspolitik beherrscht habe (610). Dies aber ist falsch (611).

Die Re-education-Politik wurde, wie im vorigen Abschnitt ausführlich analysiert, durchgängig von der „realpolitischen" Seite bestimmt. Hier ist nun die Frage, die sich aus den Wendungen der Re-education-Politik ergibt, welche Bedeutung die Umerziehungspolitik für die „Realpolitiker" hatte. Die Antwort hierauf ist höchst komplex und nicht einfach und kann z.T. nur in Form mehrerer Hypothesen gegeben werden. Zunächst muß unter den „Realpolitikern" m.E. deutlich unterschieden werden zwischen den Erziehungsexperten selbst und zwischen den verantwortlichen Washingtoner Ministerien sowie den „nicht-Erziehungs-Politikern" der Militärregierung.

Für die *Umerziehungsoffiziere* selbst hatte die Re-education innerhalb der gesamten Besatzungspolitik gleich hinter dem wirtschaftlichen Wiederaufbau, den man als notwendige Voraussetzung ansah, höchste Bedeutung. Sie befaßten sich vor allem mit der Schule als wichtigster Erziehungsstätte und hofften zunächst auf das Interesse der Deutschen an einer Schulreform und auf deren positive Mitarbeit daran. Nachdem sie in Deutschland die Erfahrung machten, wie wenig aufgeschlossen die Deutschen selbst waren, stellten sie sich alle auf eine etwa zwanzigjährige Periode der Anleitung, Beratung und Ermutigung ein sowie auf die Möglichkeit, auch effektivere Maßnahmen der Besatzungspolitik, wie zum Beispiel die Sperrung bestimmter Finanzmittel etc., zu gebrauchen. Sie waren von der Notwendigkeit der Demokratisierung der Schulverwaltung, der Schulstruktur, der Unterrichtsmethoden sowie der Inhalte überzeugt und bereit, den Reformprozeß einzuleiten und sahen dies als Voraussetzung für die Schaffung einer dauerhaften Demokratie in Deutschland an.

In diesem Zusammenhang ist ihnen damals von *den* Deutschen, die Strukturreformen gerade um des Ergebnisses der Demokratisierung willen abgelehnt, vielfach der *Vorwurf der Amerikanisierung* des deutschen Schulwesens bzw. der „unorganischen Verpflanzung eines fremden Bildungssystems" gemacht worden. Dieser Vorwurf eignete sich zur polemischen Zurückweisung amerikanischer Reformvorstellungen damals besonders gut. Die im Zook-Report vorgeschlagenen Neuerungen hätten bei ihrer konsequenten Durchführung ein dem amerikanischen sehr ähnliches, den Erfordernissen einer industriellen westlich demokratischen Gesellschaft angepaßtes Schulsystem ergeben, denn die amerikanischen Erzieher befürworteten aus Überzeugung auch für deutsche akademische Sekundarstufen (= höhere Schulen) die Vermittlung von beruflichen Erfahrungen. Möglicherweise hätte die Verwirklichung dieser Vorstellungen damals wenig Raum für die Entwicklung deutscher Vorstellungen für ein modifiziertes Modell einer demokratischen Schulstruktur gelassen, denn in Europa gab es zu dieser Zeit noch kein solches Schulsystem. Die starre Mehrgleisigkeit war Kennzeichen nicht nur des deutschen Schulwesens. England hatte allerdings das Problem erkannt und mit dem Education Act von 1944 eine Demokratisierungspolitik begonnen. Der Zook-Report, der diese weitgehenden Vorstellungen enthielt, war — ins Deutsche übersetzt — in der Neuen Zeitung abgedruckt worden und zusätzlich in 35.000 Sonderdruckexemplaren an deutsche Erzieher und andere Interessenten verteilt worden. (612) Und die Umerziehungsoffiziere selbst waren wohl zum größten Teil ähnlicher Ansicht; das zeigen z.B. die in Bad Nauheim im Dezember 1949 von ihnen erneut bekräftigten Grundsätze, die sie für ihre weitere Arbeit für verbindlich erklärten, obwohl Erziehung nach dem Besatzungsstatut kein Vorbehaltsrecht war und ihnen keine Mittel zur Durchsetzung ihrer weitgehenden Vorstellungen zur Verfügung standen. So werden z.B. bei diesen Punkten auch wieder „berufliche Erfahrungen" für die akademische Sekundarstufe genannt, (613) obwohl diese in den MGRs vom März 1947 nicht enthalten waren.

Ob die Umerziehungsbemühungen auf eine unhistorische Aufpfropfung einer anderen Schulorganisation hinausliefen, kann heute nicht nach den Vorstellungen einer Kommission, die Vorschläge ausarbeiten sollte und nach den persönlichen Überzeugungen einiger in Deutschland tätiger Umerzieher beurteilt werden, sondern muß nach den gültigen Richtlinien der in den MGRs und der Kontrollratsdirektive niedergelegten Politik gewertet werden sowie den daraufhin von den Amerikanern unternommenen Maßnahmen. Die hier festgelegten Ziele aber waren vor allem allgemeine Schulgeld- und Lernmittelfreiheit, die sechsjährige Grundstufe sowie die Organisierung der Schulstruktur dergestalt, daß Übergänge jederzeit möglich sein sollten und nicht mehr verschiedene gegeneinander abgeschlossene Züge bestehen sollten und als Voraussetzung für diese Reformen die akademische Lehrerbildung für alle.

In der Praxis war dieses Programm nochmal wieder eingeschränkt bzw. konzentriert auf das kostenlose Lernen und die Verlängerung der gemeinsamen vierjährigen Grundschulzeit auf die sechsjährige, wobei sogar Differenzierung schon nach der vierten Klasse zugestanden wurde sowie auf die Lehrerbildung. Diese Forderungen aber bedeuteten tatsächlich lediglich eine reduzierte Aufnahme der z.T. seit 1848 in Deutschland aufgestellten Programme der Lehrervereine wie der Sozialdemokraten und ein Anknüpfen an die in Weimar begonnenen Reformen, die partiell über die amerikanischen Bemühungen hinaus vor allem eine Trennung von Staat und Kirche gewollt hatten. Das aber bedeutet, daß es eindeutig demagogisch war, wenn Alois Hundhammer als wortgewaltiger Anführer der deutschen Reaktion von „einem völligen Umsturz und radikalen Bruch mit einer in jahrhundertelangem Wachstum gewordener Kultur" redete. (614) Das Schlagwort der Amerikanisierung diente einmal dazu, besonders jede Reform der Schulstruktur abzulehnen. Von den Amerikanern vorgeschlagene inhaltliche Reformen und eine Demokratisierung der Lehrmethoden und der Lernorganisation wurden z.T. mit dem Hinweis auf das schlechte Niveau der amerikanischen High School und auf den „entschiedenen Mangel an geistiger Disziplin" in den letzten 20 Jahren (also seit Durchsetzung des Deweyismus) abgewehrt. (614a) Ohne sich inhaltlich überhaupt mit den diesbezüglichen Reformforderungen auseinanderzusetzen, wurde behauptet, daß die High School „dem Schüler weder eine angemessene Vorbereitung für höhere Studien vermittelt, noch ihn mit grundlegenden Erfordernissen einer allgemeinen Bildung ausstattet." (615) Hinter der Formel der „Amerikanisierung" versteckte die deutsche schulpolitische Reaktion ihr wirkliches Motiv, und das war, eine

Demokratisierung der Schulstruktur, die – wie in Amerika sichtbar – Auswirkungen auf die gesellschaftliche Mobilität hat, um jeden Preis zu verhindern und so den Zugang zur Oberschicht, der vornehmlich über die Auslese im Schulsystem reguliert wurde, gering zu halten. Denn die Konfrontation des deutschen Erziehungswesens mit dem vergleichsweise demokratisch organisierten amerikanischen in der Besatzungszeit bedeutete für das noch weitgehend obrigkeitsstaatlich ausgerichtete deutsche Schulsystem eine grundsätzliche Infragestellung.

Im Anschluß an den Amerikanisierungsvorwurf ist auch die *Behauptung*, die Amerikaner hätten durch ihre *Re-education-Politik* geradezu *deutsche Reformen* durch ihre starren Anforderungen *behindert*, klar zurückzuweisen. Die dahinter stehende Meinung, ohne amerikanische Richtlinien wäre eine deutsche Reform in Bayern, Hessen und Württemberg-Baden zustandegekommen (616), ist einfach falsch. Von konservativer deutscher Seite wird darauf angespielt, die Amerikaner hätten durch ihr Eingreifen Widerstand gegen ihre Fremdherrschaft provoziert (617), und dem so mobilisierten Widerstand seien schließlich auch die von den Deutschen selbst gewollten Reformen zum Opfer gefallen. Diese Beschuldigung hat wie der Amerikanisierungsvorwurf reinen Ablenkungscharakter. Ausgehend von der Analyse der deutschen Nachkriegsvorstellungen ist nach der Klarstellung, daß die Amerikaner Reformen (Berlin hier einmal ausgenommen, darauf ist weiter unten gesondert einzugehen) nicht blockiert haben, im Gegenteil vielmehr die Frage zu stellen, ob ohne die Amerikaner eigentlich überhaupt Reforminitiativen in Gang gekommen wären. Die SPD hatte ja für die Westzonen lange Zeit kein kulturpolitisches Programm entwickelt. In Bremen, einem Land mit SPD-Regierung und nach einigem Hin und Her zur amerikanischen Zone gehörig erklärt, begannen Reforminitiativen erst, nachdem im Oktober 1947 eine neue Verfassung vorlag und der Schulunterricht bereits wieder in „einigermaßen geordneten" alten Bahnen verlief (618). Es ist insofern an diesem Beispiel schwer nachzuweisen, wieweit die Bremer Reformen auch ohne amerikanische Initiativen in Gang gekommen wären und Erfolg gehabt hätten. Lediglich von Hamburg und Schleswig-Holstein ausgehend, die nicht in der amerikanischen Zone lagen, aber während der Zeit einer SPD-Regierungsmehrheit 1948/49 die sechsjährige Grundschule einführten, kann man schließen, daß mehrheitlich SPD-regierte Länder – also wohl auch Bremen – diese Reform auch ohne amerikanische „Hilfe" eingeführt hätten (und auch ohne „sowjetische Hilfe", also auch Berlin). Die Pläne von Hessen und Württemberg-Baden dagegen, die unter der Angabe, demokratische Reformpläne zu sein, in den Jahren 1947 und 1948 entwickelt wurden, kamen eindeutig erst auf amerikanische Anforderung zustande. In Hessen hatten sogar mehrere Ministerwechsel vorgenommen werden müssen, um einen Mann zu ernennen, der zur Vorlage eines solchen Planes bereit war. In Bayern war ohne Befehl gar kein Plan vorgelegt worden. Die konservativen Kräfte kannten nur das Bestreben, das christlich-humanistische Element zu stärken, d.h. wenn möglich wieder mehr Bekenntnisschulen einzurichten und die humanistischen Gymnasien zu unterstützen. Eine demokratische Reforminitiative ging von dieser Seite nicht mal im Bemühen um unentgeltlichen Unterricht für alle aus. Es ist also hier ganz klar festzustellen, daß in den drei großen Ländern der amerikanischen Zone, von denen vor Gründung der Bundesrepublik Deutschland keines mehrheitlich von der SPD regiert wurde und in denen es auch keine SPD-Kultusminister gab (mit Ausnahme der einjährigen Amtszeit Dr. Fendts in Bayern), daß in diesen Ländern ohne die Amerikaner keinerlei Initiative zur Demokratisierung der Schulstruktur oder der Lehrinhalte in Gang gekommen wäre. (619)

Von enttäuschten Reformern ist deshalb den Amerikanern ein dem Schlagwort von der Amerikanisierung gerade entgegengesetzter *Vorwurf* gemacht worden, der, die

Amerikaner hätten *die Chancen der ersten Stunde vertan*. Gemessen an der kurzen Zeit, die ihnen bis zur Etablierung der Bundesrepublik zur Verfügung stand, hätten sie kostbare Zeit verstreichen lassen, bevor sie sich um weitergehende Befugnisse zur Durchsetzung von Reformen bemühten. Die deutsche Reaktion wäre so früh noch nicht etabliert genug gewesen für eine so nachhaltige Reformverweigerung, zumindest hätte sie ihre Verzögerungstaktik eineinhalb Jahre länger durchhalten müssen.
Abgesehen davon, daß die deutschen Reformer selbst in Hamburg und Schleswig-Holstein erst 1948/49 begannen, Reformen gesetzmässig zu verankern und daraufhin zu verwirklichen, ist dreierlei zu diesem Vorwurf zu sagen:

1. Zwar war es von der deutschen Schultradition her denkbar, unmittelbar nach dem Krieg, Schulreformen einzuleiten. Die Geschichte hat aber gezeigt, daß die Reaktion nach einer gewissen Zeit immer wieder so erstarkte, daß sie die neuen Ansätze rückgängig machen oder umfunktionieren konnte.
Nach dem 2. Weltkrieg war es, wie die Analyse gezeigt hat, einmal so, daß die konservativen Deutschen ihre Interessen im Gegensatz zu den deutschen Reformern von Anfang an kannten. Zum anderen zeigte der tatsächliche Ablauf der amerikanischen Reformversuche, daß die deutsche Reaktion in dem Augenblick, in dem die Amerikaner entschiedener vorgingen und einige schon aus dem Zook-Report bekannte Vorschläge für verbindlich erklärten, auch unmittelbar einsetzte (620). Nichts spricht dafür, daß sie anderthalb Jahre früher ausgeblieben wäre. (621) Übrigens sind in den USA große umwälzende Neuerungen des Schulsystems generell in Zeiten allgemeiner Ruhe und Konsolidierung vorgenommen worden und gerade nicht im Anschluß an nationale Krisen.
2. Das „realpolitische" Besatzungskonzept war gerade durch die Maxime der „indirekten Machtausübung" gekennzeichnet, ein Grundsatz, der prinzipiell auch mit den MGRs vom März 1947 nicht verlassen wurde. Dem ganzen Konzept widersprach es grundlegend, die Deutschen mit oktroyierten Reformen zu überrumpeln. Selbst bei der Politik der Restauration des Kapitalismus operierten die Amerikaner insgesamt eher mit Suspendierungen und Vorbehaltsrechten, als mit direkten Befehlen.
3. Die amerikanischen „realpolitischen" Umzieher gingen ziemlich übereinstimmend alle von einem ihnen zur Verfügung stehenden Zeitraum von etwa zwanzig Jahren aus, gerade weil sie behutsames Vorgehen für sinnvoller hielten als Zwang.
Das bedeutet, daß der Vorwurf der von den Amerikanern verlorenen Zeit in Unkenntnis des „realpolitischen" Konzepts erhoben wurde und daß er von dem — vielleicht uneingestandenen — Wunsch getragen war, die Besatzungsmacht hätte kurzerhand ein demokratisches Schulsystem oktroyieren mögen, weil die Deutschen selbst nicht zu einer grundlegenden Demokratisierung in der Lage seien.
Andererseits wurde an dem dritten Punkt deutlich, daß die „realpolitischen" Umzieher selbst offenbar in Unkenntis der globalen Ziele und Interessen der amerikanischen Besatzungspolitik handelten und offenbar nicht nur über die ihnen zugestandene Zeitspanne im Unklaren waren.
Bevor jedoch diesen übergeordneten, von den gesamt-verantwortlichen „Realpolitikern" zu vertretenden Gründen für das Scheitern amerikanischer Bemühungen zur Demokratisierung der Schulstruktur nachgegangen werden soll, ist noch auf einige *Eigentümlichkeiten des Umerziehungskonzepts* selbst einzugehen, die — in der Mehrzahl ungewollt — nicht nur eine reformhemmende Wirkung hatten, sondern schließlich sogar, ohne daß die Amerikaner darauf noch direkten Einfluß hatten, dazu beitrugen, die wenigen Reformen, die in Westdeutschland und in Berlin verwirklicht worden waren, wieder rückgängig zu machen.

Einen Weg hielten die Umerzieher für besonders erfolgreich und für eine wichtige Voraussetzung zur Demokratisierung des Schulsystems, den Weg, die Lehrerschaft und die Eltern zu mobilisieren, den politischen Gremien Ausschüsse (von unten) an die Seite zu stellen, die die Grundzüge der Reform bestimmen sollten. Die amerikanischen Reformer hielten diese Ausschüsse für so wichtig, daß sie z.B. bereit waren, die eigene angemessene Stellungnahme zum 1. vorgelegten hessischen Plan (1.4.47) aufzuschieben, nur weil inzwischen die von ihnen geforderten Ausschüsse mit der Arbeit begonnen hatten und sie den Beratungsprozeß nicht durch festlegende Äusserungen stören wollten. (622) Die Amerikaner schätzten die Bedeutung solcher Ausschüsse jedoch völlig falsch ein, weil die zugrundeliegende Annahme, die Bevölkerung als Ganzes müsse für Erziehungsfragen aufgeschlossen und engagiert sein, eine Übertragung amerikanischer Erfahrungen auf deutsche Verhältnisse war. In Deutschland erwies sich, daß die Mittel- und Oberschicht weiterhin für ihre Privilegien kämpfte und daß die in der Volksschule vornehmlich zum Gehorsam und zur Zufriedenheit mit ihrem Leben erzogenen Volksschuleltern sich nicht engagierten, vermutlich weil sie gar nicht wußten, worum es ging. Eigentlich hätten die Amerikaner dies voraussehen müssen, denn sie hatten den „Untertanengeist" der Masse der Bevölkerung in jedem ihrer Berichte erschrocken konstatiert. Die Kommissionen stellten „einen repräsentativen Querschnitt der *informierten und interessierten* Öffentlichkeit" dar (623) Hervorhebung v. der Verf.) und nicht etwa der Mehrheit der Bevölkerung. Diese wohl vor allem an der Aufrechterhaltung ihrer Privilegien interessierte Öffentichkeit aber urteilte nicht nach pädagogischen, sondern nach politischen Kriterien (624). Zum Teil waren die Kommissionen von den Deutschen „überhaupt in der Erwartung, Reformen zurückzunehmen, eingesetzt" worden (so z.B. in Bremen und Hamburg). (625)
Wählten die Amerikaner hier Wege, die die Reformarbeit nicht nur verzögerten, sondern behinderten, so versäumten sie andererseits, andere wichtige Erfahrungen aus ihrer eigenen Schulreformgeschichte in Deutschland ebenfalls anzuwenden. In Amerika hatte sich die allgemeine Schulpflicht vor allem deshalb durchsetzen können, weil Männer wie Horace Mann und Henry Barnard besonders die Unternehmer dafür interessiert hatten und sie schließlich überzeugen konnten, daß ein besseres Allgemeinwissen auch der Produktivität zu Gute kommen würde. In Deutschland versäumten es die Amerikaner, sich mit Schulreformgedanken überhaupt an die großen wirtschaftlichen Interessenverbände zu wenden. Da die amerikanische Wirtschaftspolitik gerade den Arbeitgebern zu Gute kam, hätte es hier sicher eine hervorragende Basis für Überzeugung, aber evtl. auch für milden Druck gegeben. Da diese Industrieverbände u.a. das konservative Lager wesentlich im Kampf für die Erhaltung der Dreigliedrigkeit des deutschen Schulsystems bestärkten, wäre dies ein wichtiger Ansatzpunkt für eine durchgreifende Reformpolitik gewesen, zumal die Amerikaner die beiden großen gesellschaftlichen Gruppen, die von sich aus am ehesten für eine Unterstützung der Reform in Frage kamen, die sozialdemokratische Partei und die Gewerkschaften nicht nur nicht förderten, sondern durch ihre Besatzungspolitik lähmten und sie gegenüber ihrer Basis ausspielten bzw. z.T. in die Unglaubwürdigkeit hineinmanövrierten.
Statt jedoch den Hebel bei den wirtschaftlichen Machtgruppen der Gesellschaft anzusetzen, auf die sie aufgrund ihrer wohlwollenden Politik einen Einfluß hätten haben können, unterstützten die Amerikaner ausgerechnet eine in Kulturfragen traditionell reaktionäre und zudem äußerst einflußreiche gesellschaftliche Macht, die Kirchen. Ausgehend von der Annahme, daß die Kirchen dem Nationalsozialismus am ehesten Widerstand geleistet hätten und ausgehend von der Annahme, sie würden einen entscheidenden Faktor bei der Umerziehung darstellen, enthielt bereits die Direktive JCS 1067 die Grundlage für die amerikanische Kirchenpolitik, die im wesentlichen unverändert

die gesamte Besatzungszeit über beibehalten wurde, obwohl den Erziehungsexperten bald klar wurde, daß die Kirchen ein Hemmschuh auf dem Weg zur Reform waren. In JCS hieß es: „Es ist nicht beabsichtigt, daß die Militärregierung sich in Fragen der konfessionellen Beaufsichtigung deutscher Schulen oder des Religionsunterrichts in deutschen Schulen einmischt", abgesehen von Problemen, die sich evtl. mit der Durchführung der Entnazifizierung ergeben. (Punkt 14d) In den MGRs war der einschränkende Satz insofern etwas erweitert, als es hieß: abgesehen davon, daß sich auch die kirchlichen Schulen an die in den MGRs aufgestellten Grundsätze halten müssen (8-112, März 1947). Aufgrund dieser Politik wurde nicht nur die öffentliche Bekenntnisschule als Regelschule in Bayern unwidersprochen hingenommen (626) sondern eine Zusatzbestimmung aus dem Clay-Telegramm sowie aus den MGRs besagte, daß die Wiedereröffnung privater Schulen zu erlauben sei (8-215 März 47) bzw. generell „Privatschulen sollen erlaubt werden" (Clay T. Punkt 8). Privatschulen, soweit sie nicht fachlicher Natur waren, aber waren meist kirchliche Schulen. Speziell humanistische Gymnasien waren besonders oft in kirchlicher Hand gewesen.

In *Berlin* nun ist besonders gut nachweisbar, daß die amerikanischen Richtlinien zur Kirchen- bzw. Privatschulpolitik effektiv dazu beitrugen, die reformhemmenden Kräfte zu unterstützen und zu stärken und auf diese Weise überall direkt die deutsche Opposition gegen die eigenen Reformpläne zu fördern. In Berlin waren sich nämlich die sozialdemokratischen und die kommunistischen Schulpolitiker in der prinzipiellen Zielrichtung der Trennung von Staat und Kirche und des Verbots privater Schulen mit Ausnahme solcher fachlicher Art einig. (627) Da sie in den Oktoberwahlen von 1946 eine breite parlamentarische Mehrheit von 68% bzw. 89 von 130 Sitzen erhalten hatten, hätten sie die beabsichtigte klare Regelung einwandfrei durchsetzen können. Die Amerikaner hatten jedoch bereits im Januar 1946 gegen das vom (von den Sowjets eingesetzten) Magistrat erlassene Gesetz Fakten geschaffen, als sie dafür sorgten, daß die von der katholischen Kirche gerade wiedereröffneten fünf höheren Schulen erhalten blieben und auch weitere eröffnet werden konnten. (628) So verfügten sie dann auch entgegen dem vom Parlament verabschiedeten Schulgesetz die Genehmigung von Privatschulen. (629) Für diese aber waren die Grundsätze eben dieses Gesetzes, eines Einheitsschulgesetzes, das die achtjährige gemeinsame Grundschule vorsah, mit einer Differenzierung von der 7. Klasse an, nicht maßgebend.

Darüber hinaus behinderten die Amerikaner die Berliner Reform auch sonst entscheidend. Abgesehen von der Zurückweisung von Verfügungen des Magistrats zur Beseitigung der herkömmlichen Schulgliederung mit dem Hinweis auf die dafür notwendige gesetzliche Neuregelung (630) (in der Westzone versuchten die Amerikaner die Kultusminister gerade zur Umgehung des Parlaments und zur Beschreitung des Verordnungsweges anzuregen, Bayern und Bremen) (631) empfahlen die Amerikaner noch während der Schulgesetzdebatten im Parlament, „anstelle eines Gesetzes lieber vorläufige Reformen zu erproben" (632) — vergeblich: Die breite Mehrheit verabschiedete das Gesetz im November 1947. Da es jedoch erst am 22. Juni 1948 von den Alliierten mit oben erwähnter Einschränkung genehmigt wurde (633), war die Verwirklichung 1951 nach den nächsten Wahlen noch nicht weit gediehen. Eine Allparteienregierung revidierte das Gesetz.

Am Berliner Beispiel wird deutlich, daß die amerikanischen Schulreformvorstellungen auch darum keine Chance der Verwirklichung hatten, weil die Amerikaner sich ängstlich gegen jede eventuelle sozialistische Ausrichtung abgrenzten, selbst wenn sie wie in Berlin von der Mehrheit der Sozialdemokraten getragen wurde, die ja gerade nach der Abspaltung des linken Flügels und dessen Vereinigung mit der KPD zur SED, eindeutig als demokratisch galt.

Die mangelnde Unterstützung progressiver Tendenzen durch die Amerikaner aus der Befürchtung, sie könnten zu sehr von der sonstigen amerikanischen Linie abweichen und über die Schulpolitik hinaus evtl. eine Form der Demokratie bedingen, die nicht auf einem klar kapitalistischen Wirtschaftssystem beruht sowie die Entscheidung, lieber die Kirchen als entscheidenden Umerziehungsfaktor zu unterstützen, wirkte sich in ganz Westdeutschland zusammen mit der amerikanischen Wirtschaftspolitik zur Stärkung der in Deutschalnd reichlich vorhandenen restaurativen Kräfte aus. Nach anfänglich ambivalenter Politik gesellten sich *Anfang der fünfziger Jahre* auch die liberalen Kräfte zu dem — dank amerikanischer Wirtschaftshilfe — erfolgreichen Lager der Restauration. Unter anderem dadurch wurde es möglich, die wenigen Anfänge von Schulreformen in den Stadtstaaten rückgängig zu machen.

Diese Gründe allein reichen jedoch zur Erklärung der Erfolglosigkeit der amerikanischen Schulpolitik nicht aus. Die Ursachen·sind sehr viel grundsätzlicher Art und kamen bereits in der falschen Einschätzung der für das Umerziehungsprogramm geplanten Zeitspanne durch die mit der Re-education beauftragten Amerikaner zum Ausdruck. In diesem Zusammenhang ist nun die Frage nach der *zweiten,* wichtigeren *Gruppe unter den „Realpolitikern"* zu stellen, den im Rahmen der Gesamt-Besatzungspolitik auch für dieRe-education-Politik und ihre Richtlinien und besonders für die Rahmendaten, innerhalb deren sich die Umerziehungspolitik zu bewegen hatte, verantwortlichen Männern im Außen- und im Kriegsministerium und in der Militärregierung. Wie ernst war ihnen das Bedürfnis, eine Demokratisierung des deutschen Volkes, seiner politischen Einstellungen und Verhaltensweisen herbeizuführen oder wie JCS 1779 es formulierte, die „erzieherische Grundlage für eine gesunde deutsche Demokratie zu legen?" Für wie dringlich hielten diese verantwortlichen Politiker die amerikanischen Umerziehungsbemühungen? Meinten sie, eine Demokratisierung der Schulstruktur sowie der Lehr- und Lerninhalte sei die Voraussetzung für den Erfolg einer Demokratisierung der deutschen Menschen? Kurz: Welchen Stellenwert hatte die Re-education-Politik für sie, die das klare Ziel der Westintegration Deutschlands bzw. der Nicht-Sowjetischen-Besatzungszonen verfolgten? Gaben sie dieser Politik einen gleichbleibenden Stellenwert oder beurteilten sie die Re-education-Politik zu verschiedenen Zeitpunkten verschieden und wenn ja, warum? Spielte dabei der aufkommende Antikommunismus eine entscheidende Rolle, wie es so oft behauptet wird? Die Beantwortung keiner dieser Fragen ist einfach. Am ehesten ist die letzte Frage zu beantworten: Die Deutung, die Wende „from Directive to Persuasion" sei auf den zunehmenden Antikommunismus zurückzuführen, ist so nicht richtig, aber sie ist auch nicht völlig falsch. Richtig ist, daß die Re-education-Politik schon von der frühen Planung her, d.h. vom machtpolitischen Gesamtkonzept der „Realpolitiker" ausgehend, die Fundamente für eine Orientierung der Deutschen an den sogenannten freiheitlichen Traditionen bürgerlicher Demokratien liefern sollte. Der Zeitpunkt der mit SWNCC im Mai 1946 beginnenden Intensivierung der Re-education-Politik deutet darüber hinaus in besonderem Maße darauf hin, daß an den Einsatz der erzieherischen Mittel in erster Linie wegen der **demokratischen Erziehung** von den amerikanischen Konservativen zugeschriebenen Integrationsfunktion gedacht wurde.

Das bedeutet, daß die *Re-education-Politik* im „realpolitischen" Konzept von vornherein das Ziel hatte, die Lehre von den Vorzügen der „freien westlichen Welt" zu verbreiten *als Immunisierung gegen faschistische und kommunistische Lehren gleichermaßen und von Beginn an.* Stimmt die Hypothese über den für SWNCC bewußt gewählten Zeitpunkt, dann ist es nicht der zunehmende Antikommunismus, der die Abschwächung bzw. — nach den Vorstellungen der Verantwortlichen — sogar den Abbruch der amerikanischen Umerziehungsbemühungen bewirkte. Dann liegt die

Vermutung näher, daß sie diese Politik im Grad ihrer Nützlichkeit zur Erreichung des gewünschten Ziels – dem bei den Deutschen zu weckenden Gefühl ihrer Zugehörigkeit zur westlichen Welt – zu verschiedenen Zeitpunkten unterschiedlich beurteilten. Hier scheint es, daß man „realpolitischerseits" zunächst einfach angenommen hatte, daß die Hoffnung der Amerikaner auf Westintegration und die deutschen Wünsche sich – nach der durch das Dritte Reich hervorgerufenen Isolierung Deutschlands – weitgehend entsprechen würden und daß der Wunsch der Deutschen nach mehr Demokratie damit einhergehen würde. Trifft diese Interpretation zu, dann wäre es verständlich, daß die amerikanischen Bemühungen intensiviert wurden, als sich die amerikanische Hoffnung als falsch erwies. Die Verstärkung hätte dann unter dem Motto gestanden: wir müssen uns anstrengen, die Deutschen von der Güte unserer Lebensart, der „democracy as a way of life" zu überzeugen. Als dann jedoch Ende 1947 immer deutlicher wurde, daß die Deutschen bzw. gerade die konservativen Deutschen, die die Wirtschaftspolitik der Amerikaner und die politische Westintegration begrüßten, vehement gegen die amerikanische Einmischung in kulturelle Angelegenheiten und besonders in die Schulpolitik waren, stellte man in den USA fest, daß der Weg der Re-education nicht zum gewünschten Ziel, sondern zu Mißstimmungen mit dem Teil der Deutschen und den Parteien führte, die man sonst förderte. Im Laufe der Jahre 1947/48 wurde deutlich, daß die Re-education-Politik nur dann hätte Erfolg haben können, wenn man insgesamt die Politik der Sozialdemokraten unterstützt und versucht hätte, anstatt mit der CDU/CSU mit ihnen zu einer einverständlichen Politik zu kommen. Da dies jedoch wegen der wirtschafts- und gesellschaftspolitischen Vorstellungen der Sozialdemokraten nicht im Interesse der „realpolitischen" Amerikaner lag, waren sie eher bereit, die Re-education-Politik aufzugeben.

Der amerikanischen Umziehungspolitik wäre, wenn diese Interpretationsalternative richtig ist, nicht abzusprechen, daß sie nicht nur von den amerikanischen Erziehungsoffizieren, sondern auch innerhalb des „realpolitischen" Konzepts den Versuch darstellte, mit Hilfe der Erziehung eine Einstellungsänderung des deutschen Volkes zum Zweck der Demokratisierung im westlich verstandenen, bürgerlichen Sinn zu bewirken. Allerdings hätte eine Demokratisierung zufolge dieser Alternative im „realpolitischen" Machtkonzept einen allen Wirtschaftsordnungsfragen nachgeordneten Stellenwert. Notfalls konnte man eben auch auf sie verzichten. Sie war keine unabdingbare Voraussetzung für die Integration Westdeutschlands in die westliche Welt. Die Integration Deutschlands in den eigenen Machtbereich war wichtiger als eine Demokratisierung Deutschlands.

Es gibt jedoch noch eine *andere Möglichkeit der Interpretation* der Bedeutung, die die Re-education-Politik in den Augen der verantwortlichen „Realpolitiker" hatte. Danach hatten die verantwortlichen „Realpolitiker" selbst die Re-education-Politik von vornherein weitgehend für unwichtig gehalten und sie nur aus Legitimationsgründen zur Verschleierung ihrer sonstigen Restaurationsabsichten in ihr Programm aufgenommen. Sie konnten danach nach außen aufgrund der Bemühungen der Erziehungsoffiziere immer darauf verweisen, große Anstrengungen zur Demokratisierung der Deutschen unternommen zu haben und erklären, daß sie die Erfolglosigkeit sehr bedauerten, daß diese aber der delikaten Aufgabe als solcher zuzuschreiben gewesen sei. Die Antwort auf die Frage, gegenüber wem sie sich zur Legitimation verpflichtet fühlten, würde heißen: einmal gegenüber der amerikanischen Öffentlichkeit, der der Wechsel von Feind zu Freund klargemacht werden mußte. Diese war aufgrund der insgesamt auch noch nach Kriegsende mehr links orientierten Presse (633a) stark von den sozialpsychologisch motivierten Umziehungsvorstellungen beeinflußt und hielt diese Idee für ein besonders wichtiges Ziel der Besatzung. Zum anderen konnten sich die verantwortlichen Realpolitiker gegenüber der Weltöffentlichkeit verpflichtet fühlen, die von der Führungsmacht Amerika erwartete, daß es zur Verteidigung der Demokratie in den Krieg gezogen waren und den Frieden nun auch durch eine Demokratisierung der Deutschen abzusichern unternahm und last not least gegenüber den eigenen Erziehern, die an das demokratische Ideal glaubend die Diskussion über Umerziehung schon während des Krieges und auch in der Nachkriegszeit immer wieder leidenschaftlich führten und die – einmal damit beauftragt – an die Möglichkeit der Verwirklichung glaubten und nun nicht einfach 1946 mit ihrer Forderung nach Intensivierung zurückgewiesen bzw. 1948/49 durch eine völlige Aufgabe der Umerziehung vor den Kopf gestoßen werden konnten.

Es gibt durchaus Anhaltspunkte, die diese Alternative richtig erscheinen lassen (634). So war in der Direktive CCS 551 zur Erziehung nur der Hinweis zu finden, dazu werde später eine gesonderte Direktive ergehen. Der Planungsstab für dieses Gebiet hatte nicht nur im Verhältnis zu ökonomischen und politischen Angelegenheiten eine dritt- oder viertrangige Position, sondern auch zu Abteilungen, die sich mit öffentlichen oder z.B. rechtlichen Angelegenheiten beschäftigten. Er war nicht mal eine wichtige Unterabteilung solcher Hauptabteilungen, sondern nur ein Teil einer Unterabteilung, auch in der allerersten Besatzungszeit (635). Weiter gab es, wie bereits erwähnt, bei einem Teil der Militärregierung schon 1946 mit Erlaß der Direktive vom 30. September die Meinung, daß man die Umerziehung nicht auf-, sondern abwerten solle. Die gegenteilige Entscheidung von Clay zu diesem Zeitpunkt (636) hätte entsprechend dieser Alternative dann vermutlich vor allem der Verschleierung der – mit der gerade ausgesprochenen Suspendierung der Sozialisierungsbestimmungen der hessischen Verfassung verfolgten – Politik gedient bzw. der Ablenkung von der Tatsache, daß die recht ausführlichen Verfassungsbestimmungen zu Fragen der Schul- und Kulturpolitik, die in Bayern z.B. besonders reaktionär ausgefallen waren, nicht suspendiert wurden (637). Die Weiterführung der Re-education-Politik in der HICOG-Periode ist ohnehin ausschließlich als Rücksichtnahme gegenüber dem mit großem Einsatz betriebenen Engagement der amerikanischen Erzieher bzw. zur Beschwichtigung des von allen Erziehern gemeinsam entfachten Sturms in der Öffentlichkeit zu sehen (638). Wenn diese Interpretation zutreffen würde, müßte die Wertung der Re-education-Politik lauten: diese Politik, die Demokratisierung deutscher politischer Einstellungen, deutschen Verhaltens und schon gar gesellschaftlicher Einrichtungen wie der deutschen Schule lag nicht in der Absicht „realpolitischer" Amerikaner. Sie hielten diese für unwichtig und trugen damit zur Restauration des Althergebrachten bei – ohne allerdings auf diesem Gebiet selbst die bewußte Absicht der Restauration gehabt zu haben. Mit ihrer Politik der wirtschaftlichen Restauration, die das konservative Lager in Westdeutschland stärkte und wieder „machtfähig" machte, trugen die „realpolitischen" amerikanischen Besatzer zumindest dazu bei, daß sich in der Gesellschafts-, unter anderem in der Schulpolitik die Restauration in Deutschland erneut durchsetzen konnte. Auch die amerikanischen Umerzieher wollten über den Erziehungsbereich hinaus keine gesellschaftlichen Strukturreformen. Auch sie bejahten voll die Demokratie in ihrer bürgerlich-kapitalistischen Version und betonten die Notwendigkeit gesunder wirtschaftlicher Voraussetzungen. Insofern trugen auch sie ungewollt indirekt zur Restauration bei.

Die Materialbasis reicht nicht aus, um zwischen den beiden alternativen Interpretationen, 1. der an sich gewollten formalen Demokratisierung unter Einschluß von Maßnahmen zur Veränderung der Schulstruktur zum Zwecke der Erleichterung der Westintegration und 2. der nicht bewußt beabsichtigten Restauration des Bildungswesens, entscheiden zu können. Es ist durchaus auch möglich, daß es unter den verantwortlichen „Realpolitikern" selbst verschiedene Ansichten gab, (639) so daß evtl. Vertreter

beider Alternativen unter ihnen zu finden sind. Außerdem kann ein Vertreter der 1. Alternative, nachdem die Reaktion der Deutschen deutlich wurde, aus den genannten Legitimationsgründen die als gescheitert betrachtete Politik beibehalten haben.
Die Schulpolitik, besonders die Demokratisierung der Schulstruktur, ist der Punkt, an dem am direktesten nachweisbar ist, daß eine Demokratisierung deutscher politischer Einstellungen und Verhaltensweisen keineswegs ein vorrangiges amerikanisches Besatzungsziel war. Obwohl die Okkupanten alle in der amerikanischen Erziehungstradition groß geworden waren, hielten sie ein demokratisches Schulsystem, das bereits als Institution die politische Sozialisation des Volkes demokratisch beeinflußt, gemessen an den Zielen des Wiederaufbaus der kapitalistischen Wirtschaftsordnung und der Westintegration zumindet eines Teils von Deutschland für verzichtbar. Selbst die Vorstellungen der konservativen amerikanischen Erziehungstradition, die die Gesamtschule wegen ihrer integrierenden Wirkung als wichtigen Baustein für die demokratische Einstellung ihres Volkes betrachteten, waren den „realpolitischen" Besatzungspolitikern offenbar zumindest vergleichsweise zu den anderen Zielen unwichtig. Ein partieller Austausch der obersten Elite und die Etablierung demokratischer Institutionen der politischen Willensbildung reichte ihnen nach der erfolgten Konsolidierung der kapitalistischen Wirtschaftsordnung zur Sicherung des Ziels der Westintegration aus.
Die Darstellung der Grundzüge der amerikanischen Besatzungspolitik unter der Fragestellung nach dem in dieser Politik zum Ausdruck kommenden Demokratiemodell hat deutlich gemacht, daß die „realpolitischen" Amerikaner aufgrund ihrer Devise der indirekten Herrschaft darauf bedacht waren, die bürgerlichen Kräfte in Deutschland so zu unterstützen, daß diese von der Bevölkerung mehrheitlich, wenn auch äußerst knapp, anerkannt wurden. Damit wollten sie erreichen, daß die amerikanischen Entscheidungen und Eingriffe in die Wirtschaftsordnung immer im Sinne eines großen Teils der deutschen Bevölkerung waren und man ihnen nicht eine Willkürherrschaft vorwerfen konnte.
Hätten die „realpolitischen" Amerikaner nun aber ebensoviel Gewicht auf die Umerziehungspolitik gelegt wie auf die Wiederaufbau- bzw. Westintegrationspolitik und hätten sie versuchen wollen, diese Politik unter der Devise der indirekten Herrschaft auf ebenso geschickte wie elegante Weise mit der wenn auch äußerst knappen Mehrheit der deutschen Bevölkerung zu verwirklichen, so hätten sie insgesamt die sozialdemokratischen Kräfte unterstützen müssen. Dies jedoch lag außer jeder Diskussion. Am Berliner Beispiel wurde sogar deutlich, daß die Amerikaner nicht nur eine sozialistische Wirtschaftspolitik verhindern wollten, sondern daß ihnen bereits eine konsequente sozialdemokratische Kulturpolitik, die an die traditionellen Forderungen der Sozialdemokratie anknüpfte, suspekt war. Damit waren die Möglichkeiten amerikanischer Umerziehungspolitik denkbar gering. Es war nur konsequent, wenn die verantwortlichen „Realpolitiker" spätestens 1948 zur gänzlichen Aufgabe dieser Politik neigten.

3.2.3. Die politische Sozialisation der Bundesbürger durch strukturelle und bildungsideologische Faktoren des deutschen Schulsystems

Als Ergebnis der Untersuchungen ist festzuhalten: Die *deutsche Schulstruktur blieb unangetastet*. Die vertikale Aufgliederung in drei gegeneinander abgeschlossene Schultypen, die von vornherein auf drei unterschiedliche Lebenswege vorbereiten sollten, blieb erhalten. Nur nach dem vierten Schuljahr gab es bei Anwendung strenger Auslesekriterien eine begrenzte Möglichkeit, in einen Zug des mittleren oder höheren Schulwesens zu gelangen. Vor allem die sprachlichen Anforderungen sorgten dafür, daß im Laufe der neun höheren Schuljahre nochmal eine große Zahl von Kindern das Gymnasium wieder verlassen mußte. Das führte dazu, daß noch in den sechziger Jahren unter den Oberprimanern nur 7,7% Arbeiterkinder waren und unter den Studenten die berühmte über zwei Jahrzehnte konstante Quote von 5% (640) bei einem Gesamtbevölkerungsanteil von 45%.

Die deutsche Bevölkerung machte in diesem Zusammenhang einige an Weimarer Gegebenheiten anknüpfende Erfahrungen, die wie schon in der Zeit nach 1918 weitgehend unreflektiert blieben. Sie lassen sich etwa so umschreiben: Im Vergleich z.B. mit dem Kaiserreich hat die demokratische Regierungsform gesellschaftliche Strukturen kaum verändert. Die Demokratie bedeutet nicht, daß sich am Leben des einfachen Volkes viel verändert. Demokratie bedeutet nicht, daß der einfache Mann jetzt mehr Chancen im Leben hat, mehr Chancen, eine bessere Bildung zu bekommen und ausgehend davon mehr Chancen für beruflichen und gesellschaftlichen Aufstieg. An den Verteilungschancen gesellschaftlicher und politischer Macht ändert die Demokratie, so wie sie in Weimar oder in der Bundesrepublik Deutschland aussieht, praktisch nichts.

Dieser Erfahrungskomplex jedoch drang nicht in ein durch politische Bildung oder Erziehung geschultes Bewußtsein vor, das in der Lage gewesen wäre, solche Erfahrungen zu verarbeiten und sie etwa als einer Demokratie nicht gemäß zu werten. Zwar hatte es nach 1945 durchaus deutsches Engagement für eine neue Lebens- und Gesellschaftsform gegeben. Es war zunächst aber wohl eher auf die Errichtung einer anderen Wirtschaftsordnung gerichtet als darauf, die Zuteilung der Bildungschancen als ungerecht abzulehnen. Mit dem Scheitern der amerikanischen Schulstrukturpolitik hatte sich in Westdeutschland nicht nur das dreigliedrige Schulsystem weiter behaupten können, sondern die humanistische Bildungsidee, im Dritten Reich bekämpft, hatte in der Abwehr amerikanischer Reformvorstellungen und in der skrupellosen Verunglimpfung dieser Vorschläge ob deren „totalitären Charakters" (641) erneut Fuß fassen können und mit dem Gewinn zusätzlicher Trägerschichten wiederum für das ganze Schulwesen der Bundesrepublik prägende Kraft gewinnen können. Das bedeutete, daß die strukturellen Faktoren der institutionalisierten Bildung und die in Deutschland aufgrund der Sonderentwicklung gerade hiermit zusammenhängende Auswahl und Organisation der Lehrinhalte auf das Schulklima, das Lehrerverhalten, die Lehrererwartungen, das Schülerverhalten, die Lernbereitschaft der Kinder u.a.m. weiterhin wie bisher autoritär sozialisierend wirken konnten, noch bevor der Unterricht als solcher „bildend" wirksam zu werden begann. Der schon während des Krieges in Amerika stark betonte antidemokratische Einfluß des deutschen Schulwesens und der noch im Zook-Report deutlich aufgezeigte Zusammenhang zwischen einem insgesamt als antidemokratisch zu bezeichnenden Schulsystem und seinem Einfluß auf politisch-gesellschaftliche Einstellungen und Verhaltensweisen des betreffenden Volkes blieb unangetastet bestehen oder wurde sogar erneut verstärkt.

Das deutsche Erziehungswesen nahm auch in der Bundesrepublik Deutschland weiterhin die Funktion wahr, die sozialen Strukturen der Bevölkerung über die ungerechte Verteilung von Bildungschancen im Sinne der bereits Privilegierten aufrecht zu erhalten. Es tat dies nicht nur tatsächlich, sondern qua Institution vermittelte es zusätzlich der Bevölkerung die Einstellung, daß diese Verteilung gerechtfertigt sei. Diese Legitimierung wurde von der Bevölkerung überwiegend akzeptiert, zumal es schon immer so gewesen war. Die normative Kraft des Faktischen verhinderte auch in diesem Bereich in den fünfziger und sechziger Jahren die Entwicklung eines breiten Bewußtseins von der ungerechten Verteilung der Bildungschancen und der durch sie bedingten einseitigen Zuteilung gesellschaftlicher und politischer Macht. Die weite Verbreitung der Lehre von der „biologisch gegebenen Ungleichheit" durch die Eugeniker Hartnacke und Müller, besonders der Einfluß des jüngeren auf ganze Pädagogengenerationen, taten ein übriges, das ideologische Fundament der Theorie der den Lebensnotwendigkeiten angepaßten dreigliedrigen Schulstruktur glaubhaft zu machen. Gerade untere Bevölkerungsschichten glaubten (und tun das oft noch heute (642)), was Hundhammer 1947 als Begründung für die Ablehnung von Strukturmaßnahmen formulierte, „daß die Begabung für höhere Bildungsziele von der Natur nun einmal nur einem zahlenmässig begrenzten Personenkreis vorbehalten ist; ... daß diese Begabungen sich zwar auf alle Stände und Klassen der Bevölkerung verteilen, nicht aber so, daß sie prozentual völlig gleichmässig unter den einzelnen Schichten verteilt sind." (643)

Für eine neue, erst noch zu schaffende politische Bildung und Erziehung zur Demokratie setzten diese Fakten von vornherein einen engen Rahmen. Da die Konservativen, wie aus Hundhammers Zitat deutlich wurde, mit Hegel unter Gesellschaft „eine relative Totalität menschlicher Beziehungen und Verhältnisse auf der Basis natürlicher Ungleichheit" begriffen und nur den Staat als „eine Herrschaftsorganisation auf der Basis staatsbürgerlicher Gleichheit verstanden wissen wollten, (644) konnte eine durch christdemokratische Kultusminister zu genehmigende politische Bildung, die innerhalb des — demokratische Prinzipien widersprechenden — dreigliedrigen Schulsystems stattfinden sollte, keinesfalls als Ziel die Vermittlung eines Demokratieverständnisses haben, das eine Erweiterung der Emanzipationsmöglichkeiten des einzelnen auf dem Weg einer Fundamentaldemokratisierung der gesellschaftlichen Bereiche anstrebt.

> „The seed has been planted. The ferment ist beginning to work. Give it time, have faith and hope". (Chas, E. Scott, 1949, ein Social Studies Experte)
> „The rank and file of teachers will doubtless continue to close their minds to even the idea that improvement is needed".(Mary G. Kelty, 1950, eine Social Studies Expertin)

3.3 Die amerikanischen Social Studies Experten und die Erziehung der Deutschen zur Demokratie

Die Analyse des deutschen politischen Unterrichts in Gegenüberstellung zur politischen Erziehung im amerikanischen Schulsystem hatte — hier komprimiert zusammengefaßt — ergeben, daß es in Deutschland vor 1933 keine staatlich institutionalisierte breite Erziehung zur Demokratie gegeben hatte und damit keine schulischen Bemühungen, die den politischen, den gesellschaftlichen und den von der Struktur des Bildungssystems ausgehenden Sozialisationsmechanismen entgegenwirkten. Neben der Heranbildung einer kleinen Elite lief die *Gesamtwirkung der deutschen politischen Sozialisation* darauf hinaus, bei einer breiten Masse des Volkes *folgende Einstellungen* zu erreichen: die fraglose Hinnahme der gesellschaftlichen und politischen Machtverteilung, die unkritische Anerkennung der politischen Entscheidungen der Regierenden sowie der Bürokratie und deren widerspruchslose Ausführung, eine nationale Gesinnung, die zu der Bereitschaft führte, auch das eigene Leben für das Vaterland hinzugeben. Die soziale Verhaltensweise, die diesen politisch-apolitischen Einstellungen zu Grunde liegt, ist die des Befehlens und Gehorchens, die sich auf alle Lebensbereiche erstreckt.

In Amerika dagegen gehörte eine intensive politische Erziehung zur demokratischen Tradition. Durch die Vermittlung der demokratischen Ideale im Unterricht entstand die *prinzipielle Einstellung,* daß jeder aufgrund individueller Anstrengung bis in die Führungsschichten aufsteigen könne. Dies verhinderte, daß die auch in Amerika vor-

handene hierarchische Gliederung der Gesellschaft in Frage gestellt wurde. Aufgrund breiter durch die insgesamt demokratische Schulstruktur gegebener Bildungschancen und der theoretisch durch sie bestehenden Aufstiegsmöglichkeiten, befand sich der einzelne Amerikaner nicht von vornherein in der Position eines lebenslänglichen Untertanen, der keine andere Wahl hat, als Befehle hinzunehmen und auszuführen. Die durch den Unterricht verbreitete demokratische Idee vermittelte darüber hinaus das Bewußtsein, die Kontrolle der Regierenden sei prinzipiell notwendig. Bestimmte Kenntnisse, zumindest institutionenkundliche, wie auch ein gewisses politisches Interesse sowie eine grundlegende Informiertheit seien daher zur Ausübung dieser Kontrolle notwendig. Vom Prinzip her sei auch die grundsätzliche Bereitschaft zu Engagement und ggf. zu Teilnahme erforderlich. Wenn diese Einstellungen auch mehr formalen Charakter hatten und insgesamt dazu dienen sollten, die Aufrechterhaltung des bestehenden demokratischen Regierungssystems zu garantieren, also auch, wenn sie nicht tatsächlich zu kritischer Kontrolle der einzelnen politischen Entscheidung führten, so hatten sie doch als Grundlage andere soziale Verhaltensweisen als die autoritär geprägten deutschen Einstellungen. Die amerikanische schulische Sozialerziehung betonte das Prinzip der Kooperation, das auch in der Familie und in der Schule und in einigen Bereichen kommunaler Selbstverwaltung in den USA geübt wird. Kooperation wurde dabei teilweise im Sinne von Anpassung, Angleichung verstanden, nicht jedoch im Sinne von Unterordnung.
Die Darstellung der amerikanischen Demokratisierungspolitik gegenüber Westdeutschland hatte ergeben: Das Verhalten der amerikanischen Besatzungsmacht im Hinblick auf deutsche politische Willensäußerungen, speziell auf Neuordnungsvorstellungen politischer Linksparteien, der Versuch, das eigene amerikanische Konzept durchzusetzen auf dem Wege der Unterstützung der traditionellen deutschen Machteliten, hatte für die politische Sozialisation der Westdeutschen Folgen, die einer Erziehung zur Demokratie im Wege standen, wenn man darunter tendenziell eine auf politische Partizipation zielende Erziehung und eine kooperative oder gar eine Solidarität anstrebende Sozialerziehung versteht. Die *aus der Besatzungspolitik resultierenden politischen Einstellungen* bestärkten die traditionellen deutschen autoritären Persönlichkeitszüge und die dazu gehörigen Verhaltensweisen des „ohne mich" und „die da oben machen sowieso, was sie wollen."
Da die Besatzungsmacht ausgerechnet die parteipolitische Richtung blockierte, die schon immer – mit kurzen zeitlichen Ausnahmen in Weimar – von der politischen Gestaltung ausgeschlossen war und die schon immer von den traditionellen deutschen Regenten als staatsfeindlich und verwerflich verfemt worden war, blieb die Einstellung der Mehrheit der Bevölkerung gegenüber diesen nun als verfassungsmässig anerkannte Opposition fungierenden parteipolitischen Richtungen negativ. Damit stärkten die Amerikaner indirekt eine ebenfalls überkommene deutsche politische Einstellung, nämlich die, die eine Kritik an der Regierungsführung und damit im Prinzip auch die Kontrolle staatlicher Machtausübung überhaupt als falsch und unverständlich ansieht. Die politische Praxis der ersten Jahre trug damit nicht dazu bei, der deutschen Bevölkerung eines der wichtigsten demokratischen Grundprinzipien, das der Opposition, näher zu bringen.
Zusätzlich wurde die Entfaltungsmöglichkeit demokratischer Einstellungen von vornherein durch Intoleranz gegenüber Andersdenkenden, speziell Kommunisten, eingeengt mit massiven Ausstrahlungen auf sozialistische Alternativen. Diese emotionale Anti-Grundeinstellung wurde von der amerikanischen Besatzungsmacht bewußt gefördert.
Die Analyse der *Schulreformpolitik* hatte ergeben, daß die Nachrangigkeit dieser Politik innerhalb der amerikanischen Besatzungsziele auf dem Weg der Unterstützung

bürgerlicher Machtgruppen mit zur Neubelebung und Stärkung der traditionellen deutschen Bildungsstruktur und -idee beigetragen hat. Da die Bildungschancen sich für die Mehrheit also nicht änderten, nicht verbesserten und somit auch der gesellschaftliche status quo ante erhalten und gesellschaftlicher Aufstieg Ausnahme und Einzelfall blieb, führte dies zu der — wenn auch vermutlich weitgehend unreflektieren — politischen *Einstellung,* daß der Unterschied zwischen der Demokratie und dem früheren Kaiserreich in den Auswirkungen für die Bevölkerung gering sei und daß ein irgendwie geartetes Engagement deshalb auch nicht lohne. Die angekündigte Demokratie wurde, so wie sich die demokratischen Institutionen von 1946 ab auf der Länderebene präsentierten, von der deutschen Bevölkerung als eine Staats- und Regierungsform begriffen und nicht als eine Lebensform. Die überkommene Staatsauffassung wurde beibehalten. Hinzu kam, daß in der Nachkriegszeit von den Deutschen selbst überhaupt keine Initiativen für eine Erziehung zur Demokratie ausgingen. Auf sozialdemokratischer Seite, scheint es, fand diesbezüglich nicht einmal eine Diskussion statt. Schon schulpolitisch hatte es ja weder ein einheitliches Programm gegeben, noch Persönlichkeiten, die an die sozialdemokratische Tradition hätten anknüpfen können. Für eine Erziehung zur Demokratie hatte der SPD noch in Weimar das Konzept gefehlt. Es gab hier also gar keine Anknüpfungspunkte. Unter dem Gesichtspunkt, daß in Bezug auf die Organisation wichtiger gesellschaftlicher Bereiche Neuordnungsvorstellungen vorhanden waren, denen ein historisch-dynamisches Verfassungsverständnis zu Grunde lag, war dies für die Entwicklung des bundesrepublikanischen Demokratieverständnisses besonders bedauerlich, zumal die einem solchen Verständnis entsprechenden Konzepte für eine politische Erziehung bis über die Mitte der sechziger Jahre hin ausblieben. Bis dahin wurde die Theorie der politischen Bildung und die Didaktik allein von Vorstellungen beherrscht, die von konservativer Seite entwickelt wurden. In der Nachkriegszeit allerdings gab es auch von dieser Richtung kein erkennbares Konzept. Dies ist insofern nicht verwunderlich, als die alten Machteliten anfangs — z.T. kompromittiert durch die Untersützung des Hitler-Regimes — noch sehr verunsichert und in Bezug auf das zukünftige staatliche Gebilde und die neue Regierungsform noch völlig desorientiert waren und auch erst allmählich an die Macht zurückkehrten.
Auf diesem Hintergrund müssen folgende Fragen an das Konzept und die Tätigkeit der Social Studies Experten in der amerikanischen Besatzungszone gestellt werden:
Muß man davon ausgehen, daß die Re-education-Amerikaner — im Unterschied zu ihren schulpolitischen Bemühungen, mit denen sie versuchten, Reformprozesse zu initiieren, die demokratische Schulstrukturen zum Ziel hatten — im Hinblick auf eine politische Erziehung nur Ansätze vertraten, die zu einem rein formalen, ordnungstheoretischen Verständnis erzogen, zu weiterhin überwiegend apolitischen Verhaltensweisen, die nur zur unkritischen Stabilisierung der neuen Regierungsform dienen sollten, aber auf den alten autoritären Persönlichkeitsstrukturen beruhten und diese weiterhin stärkten? Oder haben die Social Studies Experten versucht, die Deutschen zu einer ihrem von Dewey herkommend weiteren Demokratieverständnis entsprechenden Erziehung zu überzeugen, sind aber damit an deutschem Widerstand gescheitert? Oder mußten diese amerikanischen Versuche scheitern, weil die durch die allgemeine Besatzungspolitik gesetzten konkreten Bedingungen für die Arbeit der *einzelnen* Experten — also nicht nur die in 3.1. und 3.2. beschriebenen Rahmenbedingungen — der Verwirklichung eines solchen Konzeptes im Wege standen? Oder aber lag es eher an den äußeren Bedingungen, ein Konzept von einem Land auf ein anderes zu übertragen, wo selbst bei Gutwilligkeit auf beiden Seiten Mißverständnisse entstehen oder Unvereinbarkeiten bzw. reine Verluste?
Enthielt das Social Studies Programm neben demokratietheoretischen Aspekten An-

sätze, um deren Verwirklichung noch heute bei uns gerungen wird? Waren einzelne inhaltliche Unterrichtsreformen, die in den letzten Jahren in Angriff genommen wurden, auch im Social Studies Programm enthalten? Bemühen wir uns also noch jetzt um die Verwirklichung von schon von den Amerikanern befürworteten Reformen? Mit anderen Worten: Müssen nicht nur strukturelle, sondern auch inhaltliche Reformversuche heute noch mit den gleichen Widerständen aus dem konservativen Lager rechnen wie schon vor dreißig Jahren? Oder ist das Social Studies Programm ausgehend von einem weiterentwickelten Demokratieverständnis und von heute diskutierten Anforderungen an bestimmte Schulfächer abzulehnen oder als naiv zu belächeln?

3.3.1. Das Programm für Schulen und Hochschulen

Der Vorschlag, Social Studies Experten nach Deutschland zu senden, wurde erstmals im Bericht der Erziehungskommission (Sept. 1946) gemacht, (645) deren Aufgabe die Erarbeitung des konkreten inhaltlichen Programms für das gesamte Gebiet der Umerziehungspolitik war. Die Kommission hatte ausgeführt:

„Die wichtigste Änderung, die in allen deutschen Schulen notwendig ist, ist die grundsätzliche Umgestaltung der sozial-wissenschaftlichen Fächer (a change in the whole concept of the social sciences) nach Inhalt und Form. Die Schüler müssen die aktiven Träger des Lernvorgangs sein. Dann werden die Sozialwissenschaften (Geschichte, Geographie, Staatsbürgerkunde und Heimatkunde) vielleicht den Hauptbeitrag zur Entwicklung demokratischen Bürgersinns leisten (citizenship).

Aber das Schulleben muß in allen seinen Phasen so organisiert sein, daß es Erfahrungen in demokratischen Lebensformen vermittelt. Kooperative Arbeitsprojekte, Klassenausschüsse, Diskussionsgruppen, Schülerräte, Schülerklubs, Projekte für Gemeinschaftsdienst — alle diese möglichen Formen eines gemeinschaftlichen demokratischen Schullebens sollten entwickelt werden. Die Kommission empfiehlt daher, daß in beiden, in Grundschulen und in weiterführenden Schulen, ein allgemein verbindliches Curriculum eingeführt werden soll, in dem die Sozialwissenschaften einen viel größeren Anteil haben. (646).

Der Unterricht in den anderen Fächern sollte dieser neuen Linie angepaßt werden. Auch für die Berufsschule- und Fachschulausbildung empfahl der Bericht eine grundlegende Änderung bzw. die Erweiterung um soziale und kulturelle Fächer bei Ausdehnung der Unterrichtszeit. Denn auch diese Schulen sollten „ihren Beitrag zur demokratischen Umerziehung" leisten und „dem neuen Ziel der Ausbildung tüchtiger Bürger gleiche Aufmerksamkeit" schenken wie dem bisherigen Ziel, gute Arbeitskräfte auszubilden. (647)

Neben der Forderung, die Struktur und Organisation des deutschen Schulsystems zu ändern, waren diese Vorschläge zur Änderung des Lehrplans, zur Betonung der Sozialwissenschaften sowie zur Erhebung der demokratischen Erziehung zum Unterrichtsprinzip in allen anderen Fächern die wichtigste Forderung der amerikanischen Erziehungskommission. (648) Diese Vorschläge zielten auf eine inhaltliche Neuorientierung der Schulen, auf die Hervorhebung des Ziels, einen guten demokratischen Staatsbürger zu erziehen.

Zur Verwirklichung dieser Vorschläge empfahl der Zook-Report die Entsendung amerikanischer Social Studies Experten nach Deutschland. (649)

Im *Frühjahr 1947* bereiste — als Folge dieses Berichts — das *United States Social Studies Committee to Germany* etwa zwei Monate lang Berlin und die amerikanische Zone und legte im April 1947 einen gut 60 Seiten langen Bericht mit Analysen und Vorschlägen für die Arbeit amerikanischer Social Studies Experten in Deutschland vor (im Folgenden als Social Studies Bericht bezeichnet). (650)

Zur Durchführung eines Social Studies Programms empfahlen die Fachleute, der Militärregierung jedes Landes sowie der für die ganze amerikanische Zone zuständigen Militärregierung in Berlin je einen Social Studies Spezialisten hinzuzufügen. (651)
Diese sollten sich kontinuierlich um die Umgestaltung der Fächer in Schule und Hochschule kümmern, denen schon im Zook-Report vorrangige Bedeutung für die Erziehung zu demokratischem Bürgersinn beigemessen worden war.
Diese wohl wichtigste Empfehlung der Social Studies Kommission wurde jedoch von den verantwortlichen Planern und Politikern nicht aufgegriffen. Sie wählten eine andere Lösung. 1947 war ein amerikanisches Programm begonnen worden, das die in SWNCC 269/8 vorgeschlagenen Besuchsreisen amerikanischer Spezialisten verwirklichte, denen später Reisen bestimmter deutscher Gruppen in die USA folgen sollten. Dieses Programm wurde nun nach Vorlage des Berichts vom Frühjahr 1947 um Social Studies Experten erweitert. Allerdings dauerte es bis Ende 1947, bis der erste von insgesamt wohl acht (652) Social Studies Fachleuten kam, die über das Jahr 1948 verteilt zu einem jeweils nur etwa dreimonatigen Aufenthalt anreisten. Außerdem kamen im Sommer 1949 und 1950 einige Experten zur Vorbereitung oder Durchführung von Seminaren. Sie waren ca. 14 - 30 Tage in Deutschland. 1951 kamen noch zwei Experten für citizenship jeweils für zwei bzw. drei Monate. Zusätzlich zu diesen vor allem zur Beratung der Schulen geschickten Experten kamen von 1947 - 1951 sieben amerikanische Experten für Social Sciences, d.h. für die Beratung von Hochschulen, von denen die meisten für etwa 3 Monate blieben.

Das Motto, unter dem all diese Experten in Deutschland beratend — und wie alle Re-education-Politiker ohne Anordnungskompetenzen — tätig wurden, war in dem Social Studies Bericht folgendermaßen umrissen worden: „Social Studies sind diejenigen Themenbereiche, die sich mit den Problemen menschlichen Zusammenlebens in der Gesellschaft befassen." Ein Social Studies Programm für Deutschland wird nur dann eine positive Funktion wahrnehmen, wenn es den Deutschen verdeutlicht, „wie es mit dem Rest der Welt in freundlicher Nachbarschaft leben kann". (653)
Außerdem gaben die Berichterstatter eine längere Beschreibung des amerikanischen Verständnisses der Demokratie als Lebensform, die der Entfaltung des Social Studies Programms zusammengefaßt vorangestellt werden soll, als inhaltlicher Nenner sozusagen für das Bild, das die Social Studies dem deutschen Volk von der Demokratie vermitteln sollten. Als einige der grundlegenden Charakteristiken jenes Lebensweges" nannte das Social Studies Komitee:
1. Respekt vor der Würde und dem Wert jedes einzelnen Menschen.
2. Gleiche soziale und politische „Privilegien" für alle.
In einer gerechten Gesellschaft sollte niemand aufgrund seiner Zugehörigkeit zu einer sozialen Klasse, Familie, Rasse oder Religion benachteiligt werden. (Das Problem des Ausgleichs vorhandener sozialer Unterschiede wird in diesem von dem Komitee formulierten Demokratieverständnis nicht angesprochen).
3. Freiheit, seine Meinung zu äußern und Versammlungsfreiheit als Voraussetzung dafür.
4. Eine Volksregierung, d.h. eine repräsentative Mehrheitsregierung mit angemessenen Minderheitsrechten, vor allem Recht auf Kritik.
5. Das Petitionsrecht.
6. Eine faire Anklage für Angeschuldigte und ein faires Gerichtsverfahren.
7. Gewissens- und Religionsfreiheit.
8. Gleiche Chancen für Bildung und sozialen Aufstieg und größtmögliche ökonomische Sicherheit für alle.
9. Anerkennung der Bedeutung von Kooperation und Kompromiß bei der Lösung von Problemen.
10. Die Verpflichtung von Einzelnen wie von Gruppen, ihren Teil der Verantwortung für das allgemeine Wohlergehen zu übernehmen. (654)
Als *Aufgabe der Social Studies* definierte der Bericht die Erziehung der Bürger, die Entwicklung von demokratischem Bürgersinn. (655)

Als *zentrale Kategorie* zur Beschreibung dieses angestrebten Bürgersinns ist die der „sozialen Verantwortung" zu sehen. (656) Der Bürger, der in Deutschland erzogen werden sollte, zeichnete sich nach dem Bild, das dieser Bericht liefert, vor allem durch eine soziale Haltung aus, die als „Teilnahme auf allen Ebenen menschlicher Gemeinschaft" verstanden wurde. Mithin wurde „citizenship als das Gesamt der Beziehungen und Verantwortlichkeiten jedes einzelnen Individuums zu jedem anderen und zu Gruppen jeder Größe von der Familie, der Schule und der Gemeinde hin zum Staat, der Nation und der Welt" beschrieben. Die erwünschte Haltung meinte ein kontinuierliches persönliches sich Betroffenfühlen durch das, was in diesen Nachbarschaften passiert und die Bereitschaft, egoistische Interessen hinter das Gemeinwohl zurückzustellen (657) aus einem Gefühl des Eins-Seins mit der Weltgemeinde (oneness), (658) meinte eine Bereitschaft zur Anpassung und aktiven Kooperation zugleich mit dem Ziel der ständigen Verbesserung der Gemeinschaft. (659)

Als *notwendige Einstellungen,* die man als Grundlage dieser ethischen Erziehung angab, wurden Sympathie, Hilfsbereitschaft, Fairneß, soziales Verständnis und Toleranz genannt. (660)

Die verschiedenen im Bericht angesprochenen Aspekte der den Deutschen zu vermittelnden politischen und sozialen Einstellungen gingen schließlich auf amerikanische Initiative hin und im Wesentlichen dem von ihnen vorgelegten Vorschlag entsprechend in die *Alliierte Kontrollratsdirektive Nr. 54* ein:

„Es sollen alle Schulen größtes Gewicht auf die Erziehung zu staatsbürgerlicher Verantwortung und demokratischer Lebensweise legen" (Punkt 5). „Es soll Verständnis für andere Völker und Achtung vor ihnen gefordert werden" (Punkt 6). (661)

Das Komitee machte von vornherein klar, daß zur Erreichung eines so umschriebenen Bürgers ein „kontinuierliches Training während des gesamten Erziehungsprozesses" erforderlich sei. Die verschiedenen Wege zur Verwirklichung der Social Studies, die die Social Studies Experten versuchten, den Deutschen verständlich zu machen, sollen im Folgenden, soweit möglich, zunächst ohne Kommentierung oder Wertung wiedergegeben werden mit den Begriffen, die damals gebraucht wurden.

3.3.1.1. Unterrichtsprinzip und Unterrichtsmethode

Die amerikanischen Fachleute wiesen immer wieder darauf hin, daß demokratischer Bürgersinn nicht durch die Vermittlung bestimmter Kenntnisse in einem isolierten Fach zu erreichen sei: Teilweise wurde das so dargestellt, daß es weniger um Inhalte, als um Verhaltensweisen gehe, die vermittelt werden sollten (662) bzw. daß nicht die Ansammlung eines großen Fundus von Faktenwissen das Ziel sei, sondern die Förderung von Verständnis für die Gesellschaft bzw. die jeweiligen Gemeinschaften und die Interdependenz zwischen Individuum und ihnen, d.h. die richtige Einstellung zu ihnen, die notwendige Anpassung an sie, aber auch die Erzeugung der Fähigkeit, kritisch zu denken. (663)

Von diesem grundsätzlichen Ziel wurde vielfach behauptet, daß es nicht nur über ein spezifisches Fach, sondern auch über die Social Studies hinausgehe, daß es dafür einen Oberbegriff gebe, den der *Sozialerziehung* (social education) und daß diese Sozialerziehung das ganze Curriculum durchdringen müsse. (664)

1. Das Social Studies Programm gründet sich auf das Prinzip, daß alle Schulfächer ihren Beitrag zur Sozialerziehung und zur Einübung und Erprobung des Bürgersinns leisten sollten. (665) Dies ist so zu verstehen, daß Sozialerziehung und citizenship-training bzw. Sozialerziehung mit dem Ziel des citizenship-training als *Unterrichtsprinzip* verwirklicht werden sollten. In dem naturwissenschaftlichen Unterricht sollte

es ebenso gelten, wie in der musischen Erziehung oder im Sport. Einige Experten formulierten sogar, man solle die Social Studies nicht als Fach in Deutschen Schulen realisieren, sondern die Verwirklichung als Unterrichtsprinzip und als erzieherisches Prinzip von der ersten Klasse an sei ungleich wichtiger. (666)
Als Anschauungsmaterial für den Beitrag, den z.B. der Mathematikunterricht und auch die alten Sprachen leisten sollten, seien folgende Beispiele gegeben, die auf einer sechswöchigen Arbeitskonferenz für die „Gestaltung des sozialkundlichen Unterrichts in der deutschen Schule" erarbeitet wurden, die die Amerikaner 1950 in Heidelberg für Lehrende aller deutschen Bildungseinrichtungen veranstalteten.

a) Griechisch:
  (1) die Familie,
  (2) die Stadt, Gemeinde, Staat.

Zu (1)
„Hier wäre der monogamische Aufbau der Familie zu nennen ... über die Eheschließung kann bei Gaius (666 a) ... manches Interessante nachgelesen werden ... Das Ziel der Erziehung in der Antike ist: ein guter Staatsbürger. Eine klassische Stelle dafür findet sich bei ... Ein Beispiel aufrichtiger Gattenliebe wäre ... " usw., uwf.

Zu (2)
„Jede antike Staatsgründung geht von der Polis, dem Stadtstaat aus. Am Beispiel von Athen und Sparta kann man die Gegensätze einer Regierungsform den Schülern klarmachen. Es lassen sich in ihrer Entwicklung einzelne Phasen des Verfassungslebens feststellen, man kann auf die Ausartung der Demokratie ebenso hinweisen, wie auf das Entstehen diktatorischer Gelüste." Dazu viele Beispiele (667).

Da 1950 klar war, daß die alten Sprachen ihren Stellenwert im deutschen Bildungswesen behalten würden, war dies ein Versuch, wenigstens einige Gegenwartsbezüge herzustellen.

b) Mathematik:
1. „Zur Übung einfacher und logarithmischer graphischer Darstellung, Auswertung von Tabellen, Berechnung von Durchschnittswerten und mittleren Fehlern, sowie bei ... kann der Wert und der Mißbrauch der Statistik gezeigt werden ...
Beispiele: Bewegung der Geburten und Sterbeziffern der Stadt, des Landes, des Volkes, der Welt. ... Schwankung des Arbeitslohnes, der Preise für wichtige Nahrungsmittel und Gebrauchsgüter. Prozentuale Auswertung dieser Schwankungen."
2. „Das Gebiet der Zins-, Zinseszins- und Rentenrechnung... eignet sich vorzüglich dazu, Gebiete der sozialen Einrichtungen wie Krankenkassen... durch rechnerische Übungen zu erarbeiten und damit (668) in ihrer sozialen Bedeutung und in ihrem Umfang verstehen zu lernen."
3. „In der Geometrie... Flurbereinigung, Städteplanungen ... usw." (669)

2. Das Social Studies Programm gründet sich zusätzlich zum Unterrichtsprinzip auf eine neue *Unterrichtsmethode* (670). Grundlage hierfür sollte ein verändertes Lehrer-Schüler-Verhältnis sein. Der Lehrer sollte eine „familienähnliche" Atmosphäre erzeugen, gekennzeichnet durch Vertrauen, Ehrlichkeit, Zuneigung und Kooperation. Gruppenaktivitäten, bewegliche Tische und Stühle statt festverschraubter Bänke sollten den Unterricht auflockern. (671) Lehrer und Schüler sollten gemeinsam für die erforderliche Planung, z.B. bei der Einbeziehung wichtiger Tagesfragen in den Unterricht, verantwortlich sein. Das Schwergewicht sollte dabei „auf grundlegenden Vorgängen liegen". Die Behandlung der Tagesfragen sollte ein wesentlicher Bestandteil der Social Studies sein. „Auf keinen Fall jedoch sollte der Unterricht in Tagesfragen an die Stelle von Geschichte, Erdkunde oder Staatsbürgerkunde treten." (672) Die Arbeitsmethoden sollten vielfältiger werden und „Lektüre, Beobachtung, Hören, Befragen, das Zusammentragen und Ordnen von Tatsachenmaterial, Diskussion, Arbeit in Ausschüssen" usw. einbeziehen und vielfältige Informationsquellen benutzen, wie z.B. Interviews, Ausstellungen usw. Besonders von den Amerikanern betont und mit den Deutschen

erprobt wurden verschiedene Diskussionsmethoden bzw. deren allmähliche Weiterentwicklung, angefangen beim ersten Schuljahr. (673)
3. Das Social Studies Komitee wies von Anfang an darauf hin, daß kein Social Studies Unterricht „das citizenshiptraining ersetzen könne, das durch die Teilnahme an den *Aktivitäten* des demokratisch organisierten Klassenraumes, der Schule oder der Gemeinschaft erreicht werde." (674) Als Möglichkeiten praktischer Gemeinschaftserziehung wurden genannt: Schüleraustausch, Schülerbriefwechsel, Schulwanderungen, Schullandheim, Schulzeitung, Schülervereinigungen, (675) Schulbibliothek. Neben der Institution des Klassensprechers wurde der Einrichtung der *Schülermitverwaltung* (SMV) in deutschen Schulen von den Amerikanern besondere Mühe gewidmet. Ziel der SMV sollte es sein, Schüleraktivitäten ins Leben zu rufen, d.h. das gesellschaftliche Leben der Schüler in der Schule reichhaltiger zu gestalten. Den „Erfolg" konnten die Social Studies Experten gleich und sehr viel unmittelbarer erleben als den ihrer sonstigen Bemühungen. Es gab zwei verschiedene Urteile:
1) Die Schüler seien total frustriert, weil sie nicht genug Tätigkeiten fänden für die SMV, so daß diese kein Prestige erhielte. Dafür wurden vor allem zwei Ursachen genannt: aufgrund der Ausdehnung des Gymnasiums von 10 bis zu 18 Jahren hätten die Schüler nicht genügend gemeinsame Interessen. Da die Schule auf halbe Tage beschränkt ist und das Familienleben höher rangiere als die Schule, fehle auch ein Stück Motivation. (676)
2) Die SMV funktioniere überhaupt nicht, sie vergifte das Klima, denn die Schüler versuchten, „to run the school", d.h. über alles zu bestimmen. Sie kritisierten die Lehrer und die Verwaltung und benähmen sich wie eine Schülerregierung. (677) Dies aber sollte nicht Sinn und Zweck der SMV sein. Die Ursache dafür lag aber vermutlich in dem noch wenig kooperativen Lehrer-Schüler-Verhältnis.

3.3.1.2. Social Studies in Kernfächern

Neben dem Unterrichtsprinzip der Sozialerziehung galten bestimmte Kernfächer als besonders geeignet, das Social Studies Programm aufzunehmen. Es war bei den Amerikanern unumstritten, daß *Heimatkunde, Geschichte* und *Geographie* solche Kernfächer waren. Vielfach wurde auch *Deutsch* als ein Kernfach genannt. Einige Experten aber dehnten die Liste der Kernfächer erheblich aus, so daß der Trennungsstrich zwischen Kernfach und Unterrichtsprinzip stark verwischt wurde. Religion führte die Liste der zusätzlichen Kernfächer an, die neuen Sprachen wurden genannt, aber auch die musischen bzw. künstlerischen Fächer (678) und die Naturwissenschaften. (679) Von diesen Kernfächern erwartete man direkte Beiträge zum Social Studies Programm, da sie sich nach Ansicht der Amerikaner unmittelbar mit sozialen, ökonomischen und politischen Problemen zu beschäftigen hätten. Die Amerikaner legten besonderen Wert darauf, daß die Sozialerziehung früh begann. Sie gingen davon aus, daß sich soziale Verhaltensweisen etwa im 3. und 4. Schuljahr verfestigen bzw. daß diese Einstellungen die dauerhaftesten sind. (680)
Die Amerikaner griffen das Fach *Heimatkunde* auf in der Hoffnung, darin Social Studies zu traditionellen Inhalten, die auch in späteren Klassen gelehrt werden, in eine Beziehung zu bringen. (681) Sie kritisierten an der Heimatkunde, die sie in den deutschen Schulen kennen lernten, daß sie nur Elemente der abstrakten, nicht auf die menschlichen Bedürfnisse und Tätigkeiten bezogenen Naturwissenschaften enthielt so wie Biologie, Geologie und Pflanzenkunde, daß zwar Exkursionen gemacht werden, aber nur, um den Himmel, das Wetter und die Schönheit der Natur zu beobachten und

daß der Unterricht rein auf die Gemeinde und die Umgebung ausgerichtet sei, die als lokale Heimat im engeren Sinne des Wohnortes verstanden werde. (682)
Stattdessen befürworteten die Amerikaner eine Heimatkunde, die ihr Schwergewicht auf die sozialen Aspekte menschlichen Zusammenlebens in einem bestimmten geographischen Raum, Stadt oder Land, legte. *Das Kind sollte den Wert menschlicher Arbeit kennen und schätzen lernen,* durch die die notwendigen Produkte des täglichen Bedarfs hergestellt werden. Es sollte z.B. den Bäcker in der Backstube beobachten, Maurer beim Hausbau und die Molkereiarbeiter bei der Milchverarbeitung. Auch die öffentlichen Einrichtungen, von denen das Leben und die Wirtschaft einer Kommune abhängt, sollten in den Blick genommen werden, um die Abhängigkeiten des modernen Lebens von gesellschaftlichen Diensten zu verdeutlichen. Ebenso sollten örtliche Industriebetriebe oder z.B. Frachtstationen besucht werden, um die wirtschaftliche Verwobenheit mit anderen geographischen Gebieten oder, wenn möglich, gar die Abhängigkeit vom Weltmarkt anschaulich werden zu lassen (683) und nicht den Eindruck zu erwecken, die eigene Gemeinde sei ein autarkes, vom Rest der Welt unabhängiges Gebilde.
Die Idealvorstellung der Amerikaner ging dahin, in den ersten drei Schuljahren die Beschäftigung von der Familie, über die Schule auf die Gemeinde auszudehnen und im vierten Jahr den Blick auf die übrige Welt zu erweitern. (684) Sie wollten sich jedoch auch schon zufrieden geben, wenn sie wenigstens erreichen würden, daß die sozialen Belange mit einbezogen würden, die nur im kindlichen Leben und im täglichen Leben einer Gemeinde eine Rolle spielten. Den Blick zu erweitern auf die Interdependenzen mit der übrigen Welt, könne man auch in höheren Schuljahren noch leisten. (685)
Zur Illustrierung amerikanischer Vorstellungen sei ein Beispiel gegeben, das als vorbildlich von den Experten hingestellt wurde. Vom Schulfenster aus ist ein Flachsfeld zu sehen. Im Schulgarten züchten die Kinder selbst etwas Flachs. Sie studieren das Wachstum und die Verwertung der Pflanze. Dabei lernen sie ihre Geographie, einfache Ökonomie und Rechnen. Sie erfahren etwas über die Menschen anderer Länder, in denen auch Flachs wächst und über Völker, die Baumwolle statt Flachs anbauen. Und sie singen Lieder und tanzen und hören andere Geschichten von den betreffenden Ländern. (686)
Auf einen Begriff gebracht, könnte man über den amerikanischen Versuch, der Heimatkunde neue Dimensionen zu verleihen, sagen, nicht mehr das Ding selbst sollte im Mittelpunkt des Lernens stehen, sondern seine Entwicklung und seine Beziehung zum täglichen Leben des Menschen. (687)
Das Hauptgewicht der Tätigkeit aller Social Studies Experten lag darauf, den deutschen *Geschichtsunterricht* durch Social Studies Gesichtspunkte zu erweitern, durchgängig für die Klassen 5-12. Sie hielten dazu Ansprachen, trafen sich mit Autoren und Komitees für Lehrplanfragen sowie mit Verlegern. Sie machten Vorschläge für das Schreiben von Büchern (organisatorische, arbeitstechnische und inhaltliche), betreuten Autorengruppen bei der Arbeit und versuchten, die Ministerien zu bewegen, Lehrer für die Erarbeitung von Manuskripten freizustellen.
Am deutschen Geschichtsunterricht – wie er nach 1945 praktiziert wurde – kritisierten sie die Vernachlässigung der jüngeren und jüngsten Geschichte zugunsten der Geschichte von Altertum und Mittelalter. (688)
Sie machten den Vorwurf, daß über andere Nationen, wenn sie überhaupt erwähnt würden, nur negativ berichtet würde, z.B. darüber, wie sie Deutschland beeinträchtigten. (689) Und sie beanstandeten, daß zuviel von Kriegen und Schlachten die Rede war (690) und zuviel von einzelnen Persönlichkeiten. Sie waren entrüstet darüber, daß enzyklopädische Details, chronologisch und in dreifachem Durchgang memoriert werden mußten. (691) Nach Auffassung der Social Studies Experten war das Thema

der Geschichte, wie Menschen miteinander leben. Geschichte *sollte* den Kindern verdeutlichen, was früher passiert ist, und sie sollte *dazu beitragen, die Gegenwart zu verstehen und auf die Zukunft vorzubereiten.* Sie sollte ausgewogen sein, d.h. die Darstellung von Kriegen sollte nicht den Kampf der Menschen für Frieden und wissenschaftlichen Fortschritt überschatten. Stolz auf die positiven Beiträge der eigenen Nation sei berechtigt, aber die eigene Nation müsse immer in ihrer Beziehung zu ihren Nachbarn und besonders zu den gegenwärtigen Problemen der Welt dargestellt werden. Das *Ziel* der Geschichte der Welt sollte die *internationale Verständigung* sein. Es wurde z.T. vorgeschlagen, die Behandlung der Geschichte thematisch zu organisieren. (692) Einen Überblick über die Organisation des Geschichtsunterrichts für Gymnasien geben die auf der Heidelberger Tagung vorgeschlagenen Themenbereiche bzw. „units", d.h. Lehreinheiten, in denen man nach Meinung der Amerikaner all die historisch wichtigen Ereignisse von der Frühzeit bis zur Gegenwart unterbringen könnte, die Social Studies Aspekte unterstreichen:

a) Soziale Bedingungen menschlichen Lebens
b) Der Mensch in seinem Verhältnis zur Gemeinde und zur Gesellschaft.
c) Der Mensch in seinem Verhältnis zu seiner Nation und seiner Regierung.
d) Wirtschaft
e) Recht

Zur Illustrierung seien die Organisationsprinzipien für d) angeführt:
1. Die verschiedenen historischen Abschnitte der Entwicklung der Wirtschaftsformen.
a) Die verschiedenen Typen der Landwirtschaft, einschl. der Entwicklung der Werkzeuge und Maschinen...
b) Die Fundamente für Handwerk, Spezialisierung, Teilung in Handwerk und Manufaktur. Fabriken und Industrie.
c) Handel und Gewerbe: Heimarbeit, Austausch von Gütern, Tauschwirtschaft, Marktwirtschaft, Großhandel und Welthandel.
d) Finanzen:...
2. Wirtschaftsstrukturen und Wirtschaftssysteme. Es folgen sehr viele Themenvorschläge, als letztes: geplante und freie Wirtschaft in und nach dem 2. Weltkrieg.

Zusätzlich zu den von a) bis e) benannten 5 units wurde die Zeit nach dem ersten Weltkrieg als Beispiel für eine Periode genannt, die besonders für Social Studies geeignet sei (1919-1933). Als Themenbereiche, unter denen die verschiedenen Probleme dieser Zeit behandelt werden könnten, wurden genannt:
Wechsel in den internationalen Beziehungen, Wanderungsbewegungen, Strukturveränderungen, Wachstum extremistischer Bewegungen, Abstieg der Mittelschichten, Internationale Politik der Verständigung, Bemühungen den Frieden zu erhalten, Kräfte, die den Frieden stören, Arbeitslosigkeit, ökonomische und soziale Auswirkungen der Reparationspolitik, gesellschaftskritische Ansätze (z.B. Sinclair Lewis, Upton Sinclair, Lenin), amerikanischer Isolationismus, das russische Sowjetsystem.

Hieran schlossen sich noch eine Reihe von Nennungen über „Wohltäter der Menschheit" an, die mehr Aufmerksamkeit im Unterricht erhalten sollten. (693)
Die Referierung all dieser Aspekte läßt u.U. einen falschen Eindruck in Bezug auf die Verteilung des Geschichtsstoffes auf die einzelnen Jahre entstehen. Daher muß ausdrücklich betont werden, daß die Amerikaner entschieden die Auffassung vertraten, daß die Geschichte des Altertums und des Mittelalters in Deutschland viel zu ausführlich behandelt worden sei und daß in Zukunft der Geschichte des 19. und 20. Jahrhunderts doppelt so viel Zeit gewidmet werden solle, wie der der Jahrhunderte vor der französischen Revolution. (694)
Die Durchführung eines workshops und die Beratung eines deutschen Autorenteams zur Erarbeitung eines neuen Buches waren jedoch zwei sehr verschiedenen Dinge.
Für die konkrete Beeinflussung deutscher Autoren scheint der Spielraum für die Amerikaner eng gewesen zu sein. Die Autoren waren an die Lehrpläne der Kultus-

ministerien gebunden und wählten offenbar nicht frei, welche Themen sie vorrangig behandeln wollten. So beschränkte sich die Tätigkeit der Experten oftmals darauf, in Arbeit befindliche Projekte, auf deren Konzeption die Amerikaner offenbar kaum Einfluß hatten, zu kritisieren. Ihr Augenmerk war dabei darauf gerichtet, drei Trends zu unterstreichen, die Betonung moderner und zeitgeschichtlicher Probleme (recent history and current affairs), die Erweiterung des Social Studies Ansatzes, also die Hinzufügung sozialer, ökonomischer und kultureller Aspekte und die Ausdehnung der Betrachtung auf die ganze Welt. (695) Einige Experten haben dabei die Auseinandersetzung mit Nationalsozialismus und Kommunismus als vordringliche Aufgabe betont. (696) Die Initiierung eigener Textbuchprojekte scheint in keinem Fall gelungen zu sein. Allerdings wurde unter Führung des deutsch-amerikanischen Pädagogen Fritz Karsen (697) eine mehrbändige „Geschichte unserer Welt" geschrieben und von amerikanischen sowie deutschen Behörden gut geheißen, die in der Neuen Zeitung höchstes Lob erhielt:

„Da die Verfasser ... an ihre Aufgabe in der Überzeugung herantraten, daß alle Geschichte als Ausdruck der Entwicklung menschlicher Freiheit aufzufassen sei, und da sie, ebenso grundsätzlich, Wirtschaft, soziales Leben, Politik und geistige Kultur – und zwar in dieser Reihenfolge – als gleichermaßen wichtige Faktoren des geschichtlichen Lebens bezeichnen, so ist m.E. schon durch diesen Vorsatz allein... ungewöhnliche Gewähr dafür gegeben, daß ein solches Lehrbuch ein hohes Maß objektiven Denkens, menschlichen Fühlens, ehrlichster Wahrheitssuche, nationalen und internationalen Verständnisses und moderner demokratisch-sozialer Willensbildung offenbaren werde."

Wie die Pädagogen den Blick „vom mittelalterlichen Geschichtsstoff zur Gegenwart zu lenken versuchen", sei von der verkürzten Wiedergabe der Behandlung der Kreuzzüge verdeutlicht:

„Die Frage, wie sich die von Christus gepredigte Liebe und demütige Erduldung von Unrecht mit dem Ethus des Krieges verträgt", wird an Ausführungen von Augustin über den gerechten und ungerechten Krieg behandelt. Abschließend heißt es: „Damit hat Augustin erstmals den Begriff der ‚Kriegsschuld‘, wie wir ihn noch heute fassen, geschaffen und das Ideal einer Friedensethik aufgestellt, um dessen Erfüllung wir ringen." (698)

Den Geist einer Friedensethik sollte auch die neue *Geographie* vermitteln. An der in Deutschland nach 1945 gelehrten Geographie kritisierten die amerikanischen Experten, daß sie rein physikalisch sei, eine Naturwissenschaft ohne Bezug zum menschlichen Leben und seinen sozialen und wirtschaftlich Aktivitäten. Im 5. Jahr behandele sie nur lokale Geographie, im 6. nur Deutschland, im 7. das kopernikanische Weltsystem, klimatische Zonen, den Himmel, im 8. erst westliche Kontinente. Im 9. Schuljahr, sofern es eingeführt sei, werde Deutschland und die Welt behandelt. (699)

Das neue Thema der Geographie sollte das Leben des Menschen in seiner jeweiligen geographischen Umgebung sein. Der Mensch und seine Probleme sollten in Beziehung zu den geographischen Bedingungen gesetzt und das Fach so zu einem sozialen Studienfach gemacht werden. Innerhalb des geographischen Rahmens sollten die Themen, die Bedürfnisse der Menschen in Friedenszeiten, seine Anstrengungen und die Art und Ausführung seiner Arbeit zu ihrer Verwirklichung sein. Eine Geographie der Ernährung, des Schutzes (Bauten), der Kleidung, der Medizin und Gesundheit und des Spiels sei hierfür vonnöten. Ständige Vergleiche zwischen zu Hause und anderen Teilen der Welt seien wichtig. Beide sollten als Teile eines Ganzen dargestellt werden. (700)

Die Geographie sollte also davon handeln, *wie sich eine Landschaft und ihr Klima auf die Bewirtschaftung durch den Menschen* (Agrarwirtschaft, Industriewirtschaft) *auswirkt*, was der Mensch zur Beeinflussung und Veränderung der Natur unternimmt, wie ökonomische Konflikte zwischen Menschen und Völkern um natürliche Ressourcen entstehen können. Wie das letzte Beispiel besonders zeigt, wird der Übergang von der Geographie zur Geschichte bei einem solchen Verständnis der beiden Fächer äußerst fließend. Die Amerikaner schlugen deshalb vor, zumindest beide Fächer vom Lehrplan her aufeinander abzustimmen, so daß jeweils gleichzeitig derart zusammenhängende Probleme behandelt werden könnten. (701)

Zur Illustration seien die in Heidelberg erarbeiteten Vorschläge für das Gymnasium in Kurzform wiedergegeben. Es sind 4 Themenkreise (units):
a) Der Mensch und die Region
b) Die Wirtschaft
c) Siedlungen
d) Politik

Zum Zwecke des besseren Vergleichs mit den Vorschlägen zur Geschichte sei hier wieder der Bereich der Wirtschaft näher erläutert:

1. Land- und Forstwirtschaft
   Die wichtigsten Ressourcen, ihre Verteilung, klimatische und Bodenbedingungen. Methoden der Produktion... Größenordnungen des Besitzes... Arbeitsverhältnisse... Landreformen.
2. Jagen und Fischen
3. Bergbau
4. Gewerbe und Industrie
5. Handel
   Die Verteilerfunktion des Handels, seine Abhängigkeit von Überschußerzeugung und dem Bedarf der Länder. Handelspolitik und ihre Auswirkungen (Empire-Bildung, Kolonialismus). Handel und Ausbreitung der Zivilisation.
6. Verkehr (702)

Durch das Aufzeigen der Tatsache, daß schlechte wirtschaftliche Bedingungen in einem Land die Lebensbedingungen in den Nachbarländern beeinflussen, sollte der Geographieunterricht Verständnis dafür wecken, daß Kooperation zwischen den Ländern notwendig und die Basis für ein friedliches Miteinander sei. (703)

Als letztes Beispiel eines Kernfaches sei *Deutsch* genannt, das nach Heidelberger Angaben in der Sprecherziehung, im Aufsatzunterricht, im Lesestoff, in der Sprachkunde und in der Volkskunde zum Social Studies Programm beitragen könne. Dabei könnte man entweder in geschichtlicher Folge ein Bild gesellschaftlicher Entwicklung bringen, z.B. mit der Lektüre von „Jedermann" (Hofmannsthal), „Effi Briest" (Fontane), „Die Weber" (Hauptmann) oder man könnte den Lesestoff aufgliedern nach Themenbereichen:

a) Die Menschen zwischen Politik und Sittlichkeit:
   „Wallenstein" (Schiller), „Il Principe" (Machiavelli)
b) Der einzelne und die Ordnungen der Gesellschaft:
   „Antigone" (Sophokles) „Michael Kohlhaas" (Kleist) „Mord im Dom" (Eliot).
c) Der Mensch und die Technik:
   „Die Maschinenstürmer" (Hasenclever), „Betrachtungen über die Technik" (Ortega y Gasset)
d) Der Friedensgedanke:
   „Simplizissimus" (Grimmelshausen)
e) Die Idee der Toleranz:
   „Nathan der Weise" (Lessing), „Der Großinquisitor" (Dostojewski)
f) Erziehung zur Demokratie:
   „Das Fähnlein der 7 Aufrechten" (G. Keller) (einziges Beispiel!)
g) Große Schicksale (im Dienste eines hohen Zieles oder im Kampf mit den Lebensmächten) oder der beispielhafte Lebensweg, z.B.: E. Brandström, Madame Curie, Diesel, Siemens, Schweitzer, Gandhi. (704)

3.3.1.3. Social Studies in Fachkursen

Für die Abschlußklassen der Volks- und Mittelschulen und für die Oberklassen der Gymnasien hielt der Social Studies Bericht die Vermittlung der Social Studies durch das Unterrichtsprinzip und durch Kernfächer nicht für ausreichend. Hier sollte ein

spezieller Unterricht, der sich nur mit Problemen des gesellschaftlichen und politischen Lebens beschäftigen sollte, hinzukommen. (705)
Die Einführung eines solchen Faches, von den Deutschen damals meist *Gemeinschafts- oder Sozialkunde* genannt, wurde auch von der Heidelberger Arbeitsgemeinschaft empfohlen. Sie sagte dazu: Die Social Studies (dort mit Sozialkunde übersetzt) sollten nicht ein Fach von Ansichten und Meinungen sein, sondern ein exaktes Schulfach, durch das die Schüler in Probleme der Gesellschaft, des Rechts und der Regierung eingeführt werden. (706) Die Amerikaner vergleichen dieses Fach mit ihrem Fach Citizenship (etwa mit Bürgerschaft, Bürgersinn zu übersetzen), dem Fach, das sie eine Generation früher noch civics, also Staatsbürgerkunde genannt hatten und in der Regel im 9. und im 12. Schuljahr unterrichteten. Die Inhalte waren in Amerika im Wesentlichen aktuelle Probleme in ihren sozialen, ökonomischen und politischen Bezügen. (707)
Die Heidelberger Arbeitsgemeinschaft hat zu diesem Fach keine eigenen Vorschläge ausgearbeitet, weil zu dieser Zeit bereits „Richtlinien für den *politischen Unterricht in Hessen*" vorlagen per Erlaß vom 30.6.1949, die von den workshop-Teilnehmern als ausreichende Diskussionsbasis angesehen wurden. (708) Die Amerikaner hatten schon den Entwurf als „das wichtigste Ding, das wir haben" und als „eine von Inhalt und Betonung der Themen her gute Skizze" gelobt und ihn kommentiert, „das Generalthema ist: Politik als Garant der Freiheit", das ist ein außerordentlicher Fortschritt für die politisch abstinenten Deutschen. (709)
Da die Richtlinien ein großer Schritt in die von den Amerikanern befürwortete Richtung waren, sollen kurz die charakteristischen Stellen des Vorwortes wiedergegeben werden, zumal es nicht bloße Deklamation bleibt, sondern in Anforderungen an den Unterricht umgesetzt wird. Der Einstieg ist deutlich: „Politischer Unterricht darf nicht mit Staatsbürgerkunde verwechselt werden". Hier soll nicht an Weimar angeknüpft werden. Die Weimarer „Erziehung zum ‚guten Staatsbürger'" wird als „viel zu eng und nationalistisch" für die Zeit nach 1945 mit den dazwischen liegenden negativen Erfahrungen zurückgewiesen. Inzwischen sei die „Eine Welt" geschaffen worden, „eine einzige, große arbeitsteilige Gesellschaft, die Völker und Nationen als Glieder umfaßt... Kein Gegensatz mehr zwischen Staats- und Weltbürger! Nationale Verantwortung soll zugleich Weltverantwortung sein und umgekehrt".
„Politische Erziehung... fühlt sich auf das engste mit der Ethik verbunden... Wer sich nicht zum Macchiavellismus bekennt, muß zugeben, daß Staat und Wirtschaft dem gleichen Sittengesetz wie Person, Familie und Volk unterstehen."
Die politische Ethik „bedarf zu ihrer Ergänzung einer Psychologie des Verhaltens innerhalb der verschiedenen sozialen Ordnungen, denen jeder Mensch von Jugend auf angehört".
Es wird dann deutlich gemacht, daß die traditionelle deutsche „Politikfremdheit" überwunden werden müsse und „daß Politik notwendig ist – in einer besonderen Nuancierung auch in der Schule als einem Ort des Gesellschaftslebens –, weil sie das Handeln in den natürlichen und in den zweckbestimmten Ordnungen des Lebens darstellt.... Um den Menschen geht es in der Politik".
Unter Politik wurde nicht das verstanden, „wa nit den Weltanschauungskämpfen der Parteien, mit dem machtpolitischen Ringen der Völker und den Prinzipien politischer Taktik zusammenhängt, sondern Verantwortung für das Gemeinwesen. (710)
Wie in den methodisch-didaktischen Vorbemerkungen erläutert wird, bedeutet das, daß das Ziel des politischen Unterrichts die „Erziehung und Bildung des jungen Menschen zur sozialgerichteten Persönlichkeit (ist), die sich aus freien Villen und geläuterter Einsicht in die Grundordnungen menschlichen Lebens hineinstellt und in ihnen verantwortlich tätig ist. Ausgehend von den Grundordnungen sozialen Lebens

(Familie-Gemeinde-Volk-Wirtschaft-Staat-Menschheit) bauen sich die Stoffpläne in vier konzentrischen Kreisen auf:

A. Person-Familie-Volk   ⎫ politische ⎫ Lehre von den
B. Arbeit und Wirtschaft   ⎬ Ethik   ⎬ sozialen
C. Gemeinde und Staat   ⎬ im   ⎬ Spielregeln."
D. Nation und Welt   ⎭ Grundriß   ⎭

Bei richtiger Darstellung „der Polarität von Person und Gemeinschaft" etc. „bleibt die Jugend von Anfang an vor den Einseitigkeiten des Individualismus und Kollektivismus bewahrt." (711)
1951, als der Verhandlungsbericht von Heidelberg vorgelegt wurde, waren die Hessischen Richtlinien die einzigen, die verabschiedet und ab. 1.10.1949 rechtskräftig waren. Sie enthielten Vorschriften für alle Schularten vom 5. Schuljahr an.

3.3.1.4. Social Sciences in der Lehrerbildung

In einer tiefgreifenden Analyse der Nachkriegssituation an den deutschen Universitäten kam ein amerikanischer Experte für Erziehungswissenschaft zu recht pessimistischen Einschätzungen, moderne, sozialwissenschaftliche Ansätze die Pädagogik betreffend. (712) Der Status der Sozialwissenschaften an deutschen Universitäten sei sehr niedrig, empirische Studien würden in den Sozialwissenschaften weitgehend vernachlässigt, bisher sei dort im wesentlichen nur gute systematische Arbeit geleistet worden. Der niedrige Status beruhe wohl vor allem auf dem traditionell hohen Prestige der Philosophie (713). Die Erziehungswissenschaft sei organisatorisch und inhaltlich aufs Engste mit der Philosophie verbunden, so daß eine mehr empirische und praktische Ausrichtung sich aufgrund dieser engen Verklammerung gar nicht entwickeln könne. (714) Die Philosophie aber sei noch ganz traditionell an den in Weimar geführten Diskussionen orientiert, sie sei immer noch in Schulen gespalten, die ihre prinzipiellen Unterschiede betonten, anstatt die Gemeinsamkeiten hervorzuheben, und sie sei noch heute auf die deutsche philosophische Tradition beschränkt. Die Deutschen klammerten sich an den Glauben der Überlegenheit ihrer „geistigen" Errungenschaften. (715) Das Problem sei aber, daß die Philosophie, so wie sie in den deutschen Universitäten dargeboten werde, nicht Gedanken aufgreife, die zur politischen Demokratie führen könnten. Die alte Neo-Kantianische Schule, die auf dem Feld demokratischerzieherischer Ideen Pionierarbeit geleistet hatte, sei weitgehend ausgestorben. Stattdessen gingen die Erziehungswissenschaftler entweder auf Dilthey zurück (Spranger, Nohl, Litt) oder auf die Position des katholischen Humanismus von Augustin und Thomas. (716) Während die Dilthey-Schüler die moralischen Bedingungen für das Wachstum der Persönlichkeit vernachlässigten und emotionale Desorientierung bei der Behandlung historischer Probleme zeigten, wäre die Gefahr beim Rückgang auf die Klassiker das sich Verlieren in ästetischen Betrachtungen menschlicher Weisheit, anstatt endlich den moralischen Willen aufzubringen, das Gute selbst zu schaffen. (717)
Die Urteile der Experten für Sozialwissenschaften über die deutschen Sozialwissenschaften waren ebenso hart: „untergeordnet, philosophisch und ohne Beziehung zum Leben." (718) Die Schuld daran wurde jedoch nicht nur den Philosophen gegeben, sondern ebenso den Juristen, die schon wieder dabei seien, das Monopol für Verwaltungsangelegenheiten und auch für politische Aktivitäten zu erlangen. (719) Als die sechs wichtigsten Unzulänglichkeiten der Sozialwissenschaften in Deutschland diagnostizierten die Experten:

1. Überspezialisierung,
2. ausschließlich theoretischer und philosophischer Zugang,
3. Ausschluß einer wirklich Politischen Wissenschaft,
4. Betonung einer nationalistischen und oft engherzigen Ansicht über die Welt,
5. Mangel an integrierten Forschungsprojekten,
6. totale Vernachlässigung einer Erziehung zum sozialen Zusammenleben. (720)

Die Social Sciences Experten bemühten sich darum, diese Defizite auszugleichen. Da die Amerikaner außerdem die *Lehrerrolle* neu definierten, mußten Erziehungs- und Sozialwissenschaften in den Hochschulen auch von daher neue Impulse erhalten, denn der demokratische Lehrer sollte:

1. ein Umfeld schaffen, das den Schüler anregt, zu lernen und Erfahrungen zu machen.
2. den Klassenraum zu einem sozialen Experimentierfeld machen, in dem die Schüler unter Anleitung des Lehrers die nötigen Spielregeln für ein sinnvolles Zusammenleben entwickeln und ihre eigenen Aktivitäten dirigieren lernen.
3. jedem Schüler helfen, zwischenmenschliche Beziehungen zu verstehen, seinen Platz in der Gruppe zu finden und ein Gruppenmitglied zu werden, das einen eigenen Beitrag zu gemeinsamen Unternehmungen leistet.
4. die Schüler lenken, sich selbst Ziele zu setzen und Fortschritte in Erreichung dieser Ziele zu machen ...
5. sich ständig bemühen, die Fähigkeiten, Interessen, Neigungen und Gewohnheiten jedes Schülers zu entdecken, sie als Zeichen wachsender Kräfte zu erkennen und helfen, sie dem Schüler zu enthüllen, um ihn in seiner eigenen Entwicklung zu fördern.(721)

Die *Lehrerausbildung* sollte deshalb auf einer Art studium generale basieren, mit einem Hauptgebiet im Studium der Gesellschaft und der sozialen Beziehungen. Die grundlegenden Prinzipien hierfür sollten aus der sozialwissenschaftlich orientierten Geschichte, Geographie, Soziologie, sozialen Antropologie, Wirtschaftswissenschaft, politischen Wissenschaft und Sozialpsychologie kommen. Ein großer Teil des Studiums sollte dazu dienen, menschliche Entwicklungen kennenzulernen, sowie psychologische Lerntheorien und die sozialen Kräfte zu begreifen, die die Entwicklung des Kindes beeinflussen.

Die Bedeutung von „Demokratie als Lebensform" sollte nicht nur durchs Studium, sondern durch eigene Erfahrungen erarbeitet werden, durch Gruppenleben, die Anleitung von außerplanmäßigen Aktivitäten, die Organisation von Diskussionsforen und Ausflügen, die Mitgliedschaft in Studentenparlamenten etc. Die Studienmethoden sollten Diskussion, kritisches Denken, Experimente, studentische Teilnahme an Planungen und Auswertungen und kooperativer Arbeit umfassen. Die Studenten sollten verschiedene Gemeindeformen intensiv kennenlernen durch Gemeindestudien, Teilnahme an Arbeitskonferenzen, Ferienarbeit etc. Hierbei sollten sie Feldforschung zu sozialen Problemen betreiben und Aktionsprogramme für die Gemeinden erarbeiten. (722)

Die Aufgabe der Universitäten in dieser Situation definierte der Social Studies Bericht als folgende:

1. zur Lehrerweiterbildung beizutragen,
2. graduierte Kurse anzubieten für Schulverwaltungsfachleute, Schulräte, Lehrplandirektoren und für Lehrende an Lehrerausbildungsstätten,
3. Gelegenheit für fortgeschrittene Studien in Social Sciences zu bieten und
4. die erziehungswissenschaftliche Forschung voranzutreiben und die Ergebnisse zu verbreiten.

Als wichtigster notwendiger Schritt wurde die Errichtung von gleichberechtigten sozialwissenschaftlichen Fakultäten gefordert. (723) Als zweiter Schritt wurde im November 1947 die Wiederbelebung der „Deutschen Hochschule für Politik" aus der Weimarer Zeit vorgeschlagen, die zwar eng mit den Universitäten verbunden sein, aber ein unabhängiges Institut bleiben sollte, damit die Zulassung zum Studium unabhängig von universitären Maßstäben freier gehandhabt werden konnte. Durch die Freistellung amerikanischer Gastprofessoren für dieses Institut wollte man einen Impuls für die Entwicklung von Politik- und Sozialwissenschaften geben. Zunächst war Frankfurt als Standort vorgesehen. (724) Ein dritter Vorschlag war, sofort die Behandlung aktueller Probleme in der akademischen Lehre dadurch zu ermöglichen, daß deutsche Universitäten, ohne daß für sie Kosten entstehen, amerikanische Kollegen für ein akademisches

Jahr einladen sollten, um ein Vorbild dafür zu haben. (725) Weiter wurde die konkrete finanzielle Förderung einzelner Institute vorgeschlagen.

3.3.2. *Die Durchführung des Programms*

Die Berichte der Experten, die diese jeweils am Ende ihres Aufenthaltes geschrieben haben, geben ein sehr genaues Bild ab über ihre einzelnen Schritte, also über die organisatorische Durchführung des Programms sowie über die personellen und konzeptionellen Ansatzpunkte zur Beeinflussung der Deutschen mit dem Ziel, sie zur Verwirklichung der amerikanischen Vorstellungen zu bewegen. Die Berichte enthalten außerdem fast alle eine intensive und freimütige Kritik der Experten an der Durchführung des Programms sowie Vorschläge zur Verbesserung. Sie ermöglichen damit eine Einschätzung, welchen Stellenwert die Social Studies- (und andere)Experten-Programme hatten, die alle gleich organisiert waren, d.h. wie wichtig sie den verantwortlichen Planern waren, wie ernst sie von ihnen genommen wurden. Aus diesen Darstellungen ergeben sich weitgehend die organisatorischen Mängel und Fehler bei der Durchführung. Darüber hinaus kommen vor allem die späteren Berichte zu einer Einschätzung von Erfolg oder Mißerfolg des Expertenprogramms und z.T. zu einer Beurteilung der politischen Entwicklung in Deutschland. Sie bieten damit einen Anhaltspunkt für die Einschätzung, wieweit die Deutschen den Anstoß für die „Politische Bildung" genannte Erziehung ihrer Bürger den Amerikanern verdanken.

3.3.2.1. Organisatorische Mängel und Fehler

Die äußeren Bedingungen, unter denen die Experten arbeiten mußten, waren denkbar schlecht. Die ungünstigste Voraussetzung war sicherlich der auf drei Monate befristete Aufenthalt. Hinzu kam, daß der Beginn nicht nur im Verhältnis zu anderen Expertenprogrammen sehr spät lag, sondern auch in Anbetracht der Londoner Verhandlungen und angesichts der Neigung der verantwortlichen Politiker und Militärs, die gesamte Umerziehung spätestens mit Errichtung der Bundesrepublik Deutschland zu beenden. In den Akten waren keine Hinweise auf die Ursachen für diese fast einjährige Verzögerung zu finden. Hier kann nur festgestellt werden, daß der Grund dafür nicht etwa darin liegt, daß die Social Studies Experten besonders gut ausgesucht und vorbereitet worden wären. Im Gegenteil, die Vorbereitung war äußerst dürftig. Mit Ausnahme des Komitees, das eine Bestandsaufnahme der deutschen Situation eine staatsbürgerliche Erziehung betreffend und Vorschläge erarbeiten sollte und bereits einige Tage vor der Abreise zusammenkam, um Informationen entgegenzunehmen, (726) wurden die einzelnen Experten erst nach der Ankunft in Deutschland mit dem generellen Programm der Militärregierung sowie mit ihrem eigenen speziellen Aufgabengebiet vertraut gemacht. (727) Die Consultants beklagten erstens, daß die Deutschen, mit denen sie zu tun hatten, völlig ahnungslos und uninformiert gewesen seien nicht nur über das Social Studies Vorhaben, sondern über das amerikanische Schulreformprogramm insgesamt. (728) Da die „Realpolitiker" den Grundsatz verfolgten, daß die Reform von den Deutschen selbst ausgehen sollte, unterließen sie es, „die Bevölkerung ihrer Zone für die amerikanischen Reformvorschläge zu mobilisieren." (729) Nicht einmal der Social Studies Bericht wurde amtlich übersetzt und verteilt. (730) Lediglich auf Privatinitiative einer amerikanischen Beraterin wurden im Herbst 1948 Auszüge übersetzt und in einigen Exemplaren in Bayern verteilt; (731) auf dem Heidelberger Workshop erhielten die 72 Teilnehmer einen großen Teil des Berichts in Englisch.

(732) Jeder Experte begann also mit seiner Arbeit sozusagen am Nullpunkt. Aber schlimmer noch, er wurde zweitens auch darauf, wie er und wo er arbeiten sollte, nicht vorbereitet. Die Experten bezeichneten z.T. zwar den Kommissionsbericht als „eine sehr gute Zusammenfassung der besten amerikanischen Gedanken zum Thema", die die Kommission auch ohne Aufenthlat in Deutschland hätte schreiben können. Sie kritisierten aber, daß die amerikanischen Erfahrungen, die man bis 1947 mit den Deutschen gemacht hatte, in keiner Weise ausgewertet worden waren, so daß der Bericht keinerlei Vorschläge enthielt, wie die Experten hätten vorgehen müssen oder können. (733) Vielleicht hätte dieser Mangel teilweise noch abgemildert werden können durch Vorlage der dem ständigen OMGUS-Personal zugänglichen, z.T. sogar von ihm erarbeiteten Expertisen, über die in 3.1.1.2. und 3.2. berichtet wurde, die die deutschen Bildungsideen, Strukturen und Reformversuche analysierten. Aber die Experten wurden nicht einmal über die Organisation von OMGUS ausreichend unterrichtet. (734) So begannen die Social Studies Spezialisten ihre Tätigkeit nicht nur am Nullpunkt, sondern es war für sie wie eine Reise auf einen anderen Stern, dessen Beschaffenheit sie vor Abfahrt nicht kannten, den zu kultivieren sie den Auftrag hatten mit unzulänglichem Handwerkszeug im Gepäck, den sie aber schon wieder verlassen mußten, als sie gerade soweit waren, eine erste Analyse zu erstellen. Die Experten kamen sich in Anbetracht dieser Situation vor wie „90-Tage-Wunder".

Zu diesen Mängeln kam hinzu, daß mit Ausnahme von zwei Experten immer wieder neue Experten kamen, z.T. ohne vorher Kontakt zu ihren „Vorarbeitern" gehabt zu haben. Diesen „Neuen" aber wurden nicht einmal die Berichte der jeweils vor ihnen anwesenden Experten zur Einarbeitung zur Verfügung gestellt, (735) so daß auch sie jeweils ganz vorne anfingen. Die frühen Berichte verlangten, vor der Entsendung weiterer Experten die amerikanischen Ideen für die deutschen Verhältnisse zu adaptieren, (736) sonst bestünde die Gefahr, daß die Deutschen ihre Arbeit als „kulturellen Imperialismus" ablehnen würden. (737) Aus diesen Berichten wurden jedoch politisch keinerlei Konsequenzen gezogen. An der Durchführung des Programms, das einzelne Spezialisten in Bezug auf seine Wirkung in Deutschland wiederholt als sinnlos bezeichneten, (738) wurde von den politisch Verantwortlichen nichts geändert.

Nicht einmal die zeitliche Planung stimmte. Es passierte, daß die Fachleute, nur 3 Monate anwesend, gerade am Anfang der sechswöchigen Sommerferien kamen. (739) Oder aber, wenn sie an einer Arbeitstagung, z.B. in Heidelberg, teilnehmen sollten, waren sie nur für einen Teil der Zeit eingeplant, dann kamen wieder neue, so daß nicht einmal dort Kontinuität möglich war. Auch an ihrer Auswahl, ihrer persönlichen Qualifikation, äußerte der amerikanische Tagungsleiter z.T. Zweifel. (740)

Hinzu kam vielfach die mangelnde Deutschkenntnis bei einigen — nicht allen — Amerikanern und die mangelnde Englischkenntnis bei vielen Deutschen. Auch waren die grundlegenden amerikanischen Bücher zu der Thematik nicht in deutscher Sprache vorhanden, oft aber nicht einmal in englischer.

Schließlich übten die Experten auch Kritik an der Durchführung des Austauschprogramms, mit dem Deutsche nach Amerika gesandt wurden. Die Vorwürfe lauteten, daß zu große Gruppen herübergesandt würden, daß es sich z.T. bei den Besuchen drüben um sightseeing tours handele und daß die Austauschlehrer, -studenten etc. nach ihrer Rückkehr nicht effektiv genug eingesetzt würden, so daß keine umfassende Reformwirkung von ihnen ausgehe. (741)

3.3.2.2. Falsche konzeptionelle Ansatzpunkte

Die organisatorischen Mängel des Consultantprogrammes waren bereits gravierend und geeignet, den Wert der geleisteten Arbeit stark in Frage zu stellen. Aus diesen resultierten zusätzlich eine Vielzahl von konzeptionellen Fehlern, die bei einer Erarbeitung der Adaptionsmöglichkeiten der amerikanischen Ideen an die deutschen Verhältnisse hätten ausgeräumt werden können. Diese falschen Ansatzpunkte bei der Durchführung des Programms, die nicht den einzelnen Experten angelastet werden können und die ihnen auch am Ende ihres jeweiligen Aufenthaltes meist nicht bewußt waren, die jedoch aufgrund der im 1. und 2. Kapitel dieser Arbeit geleisteten Analyse klar erkennbar sind, schmälerten die Erfolgsmöglichkeiten weiter.

Das Social Studies Komitee hatte für den Erfolg eines in deutsche Schulen zu übertragenden Social Studies Programms viele Hindernisse gesehen, die im deutschen Erziehungssystem, in der Schulstruktur und der Organisation der Lehrinhalte bedingt seien. Es nannte:

die fehlende Kenntnis der Psychologie des Kindes; die Fortdauer einer militärischen Disziplin, die die Kinder einschüchtere; die vielen sozialen Schranken zwischen Arm und Reich, Stadt und Land, Männern und Frauen und Jung und Alt; die Vorliebe für alte Sprachen und Kulturen auf Kosten eines modernen Curriculums; ein enges Verständnis von Nationalismus; das fast totale Unverständnis für das, was Demokratie bedeute; außerdem das elitäre Schulsystem sowie die Beziehung zwischen Kirchen-Staat-Schule, die das Volk zusätzlich entlang konfessioneller Linien spalte und noch dazu zu kleinen ineffektiven Schulen führe. All diese Fehler müßten ausgerottet werden, falls die Social Studies erfolgreich sein sollten. (742)

Aufgrund der gerade zur Zeit der Abfassung des Social Studies Berichtes erscheinenden neuen Fassung der Military Government Regulations (März 1947) und der Hoffnung, daß diese mehr Durchsetzungsmöglichkeiten für amerikanische Vorstellungen bieten würden, war für das Social Studies Komitee nicht absehbar, daß es keine Schulstrukturreform geben würde. Als die Experten endlich kamen, war den verantwortlichen Politikern aufgrund des hinhaltenden Widerstands der Deutschen, mit denen sie sonst zusammenarbeiteten, jedoch klar geworden, daß Strukturreformen nicht mehr realisierbar waren, daß es beim Zwei- oder Drei-Züge-System bleiben würde. Auch war bei den Ländermilitärregierungen inzwischen längst die Intimfeindschaft zwischen Volksschullehrern einerseits und Real- und Gymnasiallehrern andererseits sowie die Abneigung letzterer gegen jede Reform auch inhaltlicher Art bekannt.

Hätten die verantwortlichen Stellen wirklich Wert auf die Realisierung zumindest des Social Studies Programms gelegt, hätten sie also trotz gescheiterter Schulstrukturreform zumindest den Versuch machen wollen, die Inhalte trotzdem zu verändern, so hätte die Arbeit der Experten dieser veränderten Ausgangssituation angepaßt werden müssen. Das Programm wurde durchgeführt, als wäre die Schulstruktur schon reformiert. Die Aufgabengebiete für die einzelnen Spezialisten wurden nicht abgegrenzt. Jeder, der kam, war für jede Schulform zuständig, für Volks-, Mittel- und Oberschulen, private und öffentliche, gleich ob Zwerg- oder Mammutschule. Auch auf Arbeitstagungen wurden Lehrer aller Schulgattungen zusammengewürfelt, zusätzlich Jung und Alt, einfache Lehrer, Direktoren und Schulräte. Die Consultants waren aber außerdem auch für die verschiedenen Lehrerbildungsinstitutionen oder sonstigen Hochschulen zuständig, sei es für Land- oder Hauswirtschaft sowie für die Weiterbildung der im Dienst befindlichen Lehrer oder für die Arbeit mit Lehrerorganisationen, für die Unterrichtung der Eltern, für Diskussionen mit Schülern und Studenten, darüber hinaus für die Organisation von town meetings, also Bürgerforen, für die Beeinflussung der Kultusbürokratie oder parlamentarischer Ausschüsse, für Verhandlungen mit Verlegern, für die Arbeit mit Autoren oder Textbuchausschüssen sowie für Konferenzen und Tagungen jeder Art, und sei es mit heimkehrenden Gefangenen. Das Resultat dieser völlig unkonzentrierten Arbeit, die meist aus Besuchen unzähliger Institutionen und Veranstaltungen bestand, war, daß der einzelne Experte bei seiner Abfahrt einen relativ guten Einblick in deutsche Verhältnisse gewonnen und einen hochinteressanten Studienaufenthalt hinter sich gebracht hatte. Für die deutschen Partner jedoch waren — ausgenommen vielleicht die Arbeit mit Lehrbuchausschüssen — die Besuche so sporadisch geblieben, daß sie oft noch nicht einmal verstanden hatten, worum es den Amerikanern mit den Social Studies eigentlich ging.

Zu dieser Unklarheit trug allerdings nicht nur die mangelnde Spezifizierung des Programms auf einen Schultyp und die fehlende Zeit der Experten für kontinuierliche inhaltliche Arbeit aufgrund ihrer umfassenden Zuständigkeit bei. Hierfür gab es weitere Ursachen. In der Abhandlung über die Social Studies in den USA war schon darauf hingewiesen worden, daß die Amerikaner selbst und so auch die Experten unterschiedlicher Ansicht über die Wichtigkeit von Unterrichtsprinzip, Kernfächern und Fachkursen waren und — je nach eigener Erfahrung — das eine oder andere mehr betonten. So erhielten die Deutschen — je nach Meinung des Experten — z.T. völlig unterschiedliche Vorstellungen, was denn nun eigentlich unter den Social Studies zu verstehen sei.

Bei einer eingehenden Analyse der deutschen Situation und einer darauf aufbauenden Politik, der es um die Adaption amerikanischer Ideen hätte gehen müssen, hätte die Konsequenz lauten müssen: Es ist zwecklos, in hierarchisch gegliederte Schultypen Social Studies als Unterrichtsprinzip einpflanzen zu wollen. Man mußte davon ausgehen, daß auch die Lehrer traditionell wie der Durchschnitt des Volkes autoritätsgläubig und weitgehend unpolitisch waren und daß sie durch Entnazifizierungspolitik und durch die Unsicherheit der Nachkriegszeit über die weitere politische Entwicklung in dieser Haltung noch bestärkt worden waren. Es war zwecklos von solchen Lehrern, die noch dazu überwiegend 60 Jahre und älter waren, zu erwarten, sie wären plötzlich in der Lage, ganz andere Erziehungsmethoden anzuwenden, die Mitgestaltung der Schüler zu akzeptieren und zu fördern und zu sozialen, gesellschaftlich verantwortlichen Verhaltensweisen zu erziehen. Die Amerikaner hätten wissen können, daß sich in Deutschland hinter der Propagierung der politischen Erziehung als Unterrichtsprinzip schon immer diejenigen verborgen hatten, die nichts von politischem Unterricht hielten.

Wenn es überhaupt sinnvoll gewesen wäre, sich um seine Einführung zu bemühen, dann allein über den Weg, die Sozialwissenschaften so sehr zu stärken, daß ein sozialwissenschaftliches Studium generale für alle Lehrerstudenten realisierbar gewesen wäre und als Pflichtstudium hätte verordnet werden können. Aussichtsreicher wäre aber die Beschränkung auf die Pädagogischen Akademien und Hochschulen gewesen mit dem Ziel, das Unterrichtsprinzip langfristig in den ersten Grundschuljahren zu verankern, zumal auch in der Arbeit der Social Studies Experten deutlich wurde, daß unter Volksschullehrern eine gewisse Aufgeschlossenheit für Reformen vorhanden war. Auch für das Bemühen der Amerikaner um die Verstärkung des Social Studies Programms in den Kernfächern gilt, daß die Konzentrierung auf die Lehrerbildungsebene sinnvoller gewesen wäre. Es war utopisch, von sozialwissenschaftlich nicht ausgebildeten Lehrern plötzlich solche Ansätze in der Lehre zu verlangen, es sei denn, die Amerikaner wären zu einer systematischen Erfassung und Ausbildung wenigstens aller bereits tätigen Geschichts- und Geographielehrer in der Lage gewesen.

Wenn es amerikanisches Ziel war, etwas vom Social Studies Programm sofort in den deutschen Schulen zu verwirklichen, hätten die amerikanischen Bemühungen in erster Linie der Einführung des Fachkurses gelten müssen. Gerade gegenüber dem Fachkurs bestanden jedoch bei mehreren der amerikanischen Experten in den vierziger Jahren schon Bedenken, weil sie auch ohne empirische Untersuchungen aus eigener Erfahrung wußten, daß die amerikanischen Schüler diesen langweilig fanden. Da die Jugendlichen bereits „gut" sozialisiert waren, brachte der Kurs ihnen nichts Neues mehr. Auf die deutsche Situation traf dies jedoch keineswegs zu. Gerade dieser Kurs wäre in eine große vorhandene Lücke gestoßen. Wieviel er hätte bewirken können in einer seinen Zielen zuwider stehenden Umgebung in Gestalt von Schulstruktur und Lernorganisation, ist fraglich. Aber Kurzzeiterfolge zu erwarten, war ohnehin unrealistisch. Und die Erfolge eines solchen Kurses hingen wiederum von vielen Faktoren ab, vor allem von den tatsächlich gelehrten Inhalten sowie von der Art der Ausbildung der Lehrer.

Um nun wenigstens zunächst einmal das Fach in den Lehrkanon nicht reformierter Schulformen einzufügen, wäre die Konzentration der Expertentätigkeit besonders auf drei Ebenen erforderlich gewesen, wenn sie angepaßt an die deutschen politischen Verhältnisse gehandelt hätten und nicht von amerikanischen Erfahrungen ausgegangen wären. Anstatt Schüler, Eltern, Bürger und Lehrer anzusprechen, hätten sie auf einer ersten Ebene vor allem in den Kultusbürokratien die Überzeugung verankern müssen, daß eine Demokratie auf die politische Informiertheit und ein politisches Verantwortungsbewußtsein der Bürger angewiesen ist. Sie hätten die Anstrengung auf die detaillierte Ausarbeitung von Erlassen, Richtlinien und spezifizierten Lehrplänen richten müssen. Die amerikanischen Berater wurden z.B. von bayerischen Lehrern, die Interesse an den Social Studies hatten, wiederholt gefragt, ob die Militärregierung bereit sei, ihnen gegenüber Hundhammer den Rücken zu stärken. Die Amerikaner blieben die Antwort darauf schuldig. (743)

Angesichts der generellen amerikanischen Besatzungspolitik, die die konservativen und restaurativen Tendenzen in Westdeutschland stärkte, mußten sie die Antwort auch schuldig bleiben.

Auf einer zweiten Ebene wäre auch für die Fundierung des Fachkurses der Ausbau der Sozialwissenschaften an den Universitäten vorrangige Aufgabe gewesen und die gleichzeitige Ausarbeitung und Verankerung eines konkreten Studienganges an allen Universitäten.

Schließlich hätten die Amerikaner drittens die Einsetzung von Lehrbuchkomitees oder die Beauftragung einzelner Autoren für die Erarbeitung sozialkundlicher Materialien initiieren und deren Arbeit kontinuierlich begleiten müssen.

Auf allen drei Ebenen hätten die Bemühungen für jeden der bestehenden Schultypen ansetzen müssen, d.h. also zumindest für die Oberstufen von Volks-, Mittel und Berufsschulen sowie Gymnasien. Die Berufsschulen z. B. aber waren von den Experten weitgehend und in den ersten Jahren ganz vergessen worden. Zusätzlich zu den Bemühungen, generell in alle Schulformen einen Fachkurs mindestens für ein Schuljahr, vielleicht aber auch für mehrere Schuljahre einzuführen, wäre ein weiterer Versuch sinnvoll und nicht völlig aussichtslos gewesen. Die Experten hätten sich vehement dafür einsetzen können, den traditionellen alt- und neusprachlichen und mathematisch-naturwissenschaftlichen Zügen des Gymnasiums einen sozialkundlichen hinzuzufügen, zumindest in einigen Versuchsschulen. Der Vorschlag wurde von ihnen gemacht. (744) Da er bei den Deutschen nicht auf Gegenliebe stieß, (745) wurde er aber nicht weiter verfolgt. Auf diesem Wege hätte man schon von der Schule her Bedarf für sozialwissenschaftliche Studiengänge an den Universitäten schaffen zu können. (746)

Zu all' den organisatorischen Mängeln und den falschen konzeptionellen Ansatzpunkten, die aus mangelnder Kenntnis deutscher Eigenarten und der simplen Übertragung amerikanischer Ideen und Erfahrungen resultierten, aber der fehlenden politischen Planung des Programms anzulasten sind und nicht den Experten, die sich große Mühe gaben, zu all' diesen Unzulänglichkeiten kam hinzu, daß das inhaltliche Konzept, das die Amerikaner in Deutschland vertraten, völlig einseitig war. Bedingt durch das Besatzungsziel, die Deutschen mit Hilfe der Social Studies demokratischer und friedfertiger zu machen, wurde ein Aspekt der Social Studies besonders betont, der selbst in Amerika kaum vertreten wurde, das Einsseins mit der ganzen Welt, der world point of view, die world mindedness. Die Bewertung dieser inhaltlichen Arbeit der Amerikaner ist so wichtig, daß sie im nächsten Punkt gesondert behandelt werden soll.

3.3.2.3. Erfolge und Mißerfolge

Erfolge und Mißerfolge des amerikanischen Vorhabens, Social Studies bzw. Social Sciences in die deutschen Bildungsinstitutionen hineinzutragen und dort zu verankern, können nicht allein aufgrund der Expertenberichte beurteilt werden. Sowohl die Erwartungshaltung, wie auch der jeweilige persönliche Einsatz spielten bei ihrem Urteil über die Wirkung ihrer Arbeit eine Rolle. Die Darstellung der organisatorischen Mängel und die Analyse der konzeptionellen Fehler konnten den Eindruck erwecken, als hätte das Programm bei so vergleichsweise geringem personellen und zeitlichen Aufwand gar keine Erfolge zeitigen können.

Im Folgenden sollen einige weitere Anhaltspunkte zur Einschätzung von Erfolg und Mißerfolg zum einen in Bezug auf Unterrichtsprinzip und Kernfächer, zum anderen im Hinblick auf Fachkurs und Hochschulen gegeben werden.

1. Die Visiting Consultants selbst waren meistens von den Ergebnissen ihrer Arbeit enttäuscht. Besonders die Experten, die kontinuierlich mit Lehrbuchautoren zusammenarbeiteten und so unmittelbar überprüfbares Kontrollmaterial zur Verfügung hatten, waren betroffen, wie mühsam die Verständigung mit den Deutschen war und wie langsam Fortschritte erzielt wurden. Ihre Kritik setzte allerdings schon bei den Richtlinien an. So wurden z.B. hessische Lehrpläne für Geschichte aus den Jahren 1947/48 von den Experten auseinandergenommen und Punkt für Punkt als unzureichend kritisiert, als bloße Biographie großer Persönlichkeiten, individualistisch, ohne die kooperativen Leistungen und das Leben der normalen Menschen zu erwähnen, Deutschland-zentriert, zu wenig world point of view, ohne Verbindung der historischen und geographischen Aspekte. Die Kritik war berechtigt. (747)

Trotzdem kam der „report of textbook vetting", der Bericht der amerikanischen Kommission, die alljährlich die neuen deutschen Lehrbücher prüfte (748), 1949 — bezogen auf die Geschichtsbücher — zu dem Urteil, daß diese eine „bemerkenswerte Verbesserung" erkennen ließen in Bezug auf demokratische Einstellungen, internationales Verständnis und die Dominanz wirtschaftlicher, sozialer und kultureller Probleme über die Geschichte von Kriegen und Dynastien. In Berlin und Hessen seien auch in der pädagogischen Ausgestaltung der Bücher Fortschritte erzielt worden. (749)

In Geographie, Heimatkunde, Staatsbürgerkunde und Deutsch seien dagegen keine solchen Erfolge zu vermelden. Die Bücher seien einfach neutral. Allerdings sei wenigstens ein militaristischer Geist kaum mehr zu finden. 1947 sei er dagegen in irgendeiner Form noch in jedem Buch enthalten gewesen. (750) Insofern ging die Zahl der von den Amerikanern abgelehnten Lehrbücher stark zurück und betrug 1949 nur noch 24 von 354. (751)

Dies ist u.a. als Hinweis darauf zu werten, daß Social Studies als Unterrichtsprinzip in Fächern wie Mathematik, Sprachen etc. völlig folgenlos blieben. Es blieb reine Deklamation, wenn z.B. der „Erziehungsplan auf weite Sicht" von Hundhammer postulierte:
„Sozial — staatsbürgerliche Bildung und Erziehung ist ein verpflichtendes Unterrichtsprinzip für alle Schulen". (752)

Trotz der Enttäuschung der Experten, die großenteils auf ihre eigenen anfänglichen Hoffnungen und Erwartungen zurückging, hatten die amerikanischen Berater die

Erfolge (Abnahme von Militarismus — und Dynastiengeschichte, Zunahme internationaler Aspekte in der Geschichte) auch selbst bemerkt und 1948 übereinstimmend konstatiert, daß langsame Fortschritte bemerkbar seien. (753) Sie neigten insgesamt der Meinung zu, daß ein Anfang gemacht sei und daß ihr Einfluß — so gering er auch sein möge — weiterwirken werde. (754)

In einem *Sprung zur heutigen Zeit* seien noch einige Hinweise zur Verwirklichung der amerikanischen Kernfach-Vorstellungen angeführt, denn die Re-education-Amerikaner hatten gesagt, nach etwa 20 Jahren werde man mehr über die Erfolge ihrer Bemühungen sagen können. Dies soll keine systematische Einschätzung sein, sondern nur ein Schlaglicht werfen. Das Beispiel *Heimatkunde,* heute auch Sachkunde oder Sachunterricht genannt, wird hier herausgegriffen.

Eine 1970 veröffentlichte Analyse dieses Unterrichts im 4. Schuljahr über die Verteilung der fünf in ihn eingehenden inhaltlichen Aspekte stellte fest, daß im Schuljahr 1965/66 erdkundliche Themen 70,9% ausmachten, sozialkundliche 2,6% (der Rest biologische, geschichtliche, technische). (755) Er stellte weiter fest, daß ein großer Teil der sozialkundlichen, geschichtlichen etc. Themen lediglich als „erdkundlicher Anschlußstoff" zu identifizieren sei. (756) Die Untersuchung machte darauf aufmerksam, daß nach einer „jahrzehntelangen Ruhe" nun „erstmals" ein „Problembewußtsein der Vertreter einer wissenschaftlichen Grunddidaktik" zu registrieren sei, ob so hohe erdkundliche Aspekte dieses Unterrichts didaktisch zu rechtfertigen seien. (757) Im nächsten Heft erschien ein ausführlicher Beitrag „Social Science" — eine Anregung für den grundlegenden Sachunterricht?", in dem recht positiv über den heutigen Grundschul-Social Science-Unterricht der USA berichtet wird, der inzwischen auf der alten Basis erheblich weiterentwickelt worden ist. (758) Besonders seine Zukunftsorientierung, der Dienst, den seine inzwischen in den USA realisierten weltweiten Aspekte der Sache der Demokratie erweisen, wird in Gegensatz zur Vergangenheitsorientierung des deutschen „Heimatkundeunterrichts" gestellt. Der Aufsatz enthält keinen einzigen Hinweis auf das Re-education-Social-Studies Programm. Dieses geriet in den dazwischen liegenden 25 Jahren in Vergessenheit. Aber: die Disskussion über den „Heimatkundeunterricht" begann um *1970* und wird noch heute geführt — unter *Fragestellungen, die die Amerikaner den Deutschen schon damals zu vermitteln suchten.* Die endlich begonnene Diskussion, die hier wiedergegebene Analyse des „Heimatkundeunterrichts", die auch heute noch auf die Wirklichkeit mancher Schulstunden zutrifft, zeigt an einem Beispiel, daß die deutsche Bildungsideologie auch heute noch für große Anteile eines zumindest realitätsfernen Unterrichts in bundesrepublikanischen Schulen sorgt. Sie zeigt andererseits an einem Punkt, daß in dem letzten Jahrzehnt eine Diskussion zur Reform nicht nur der Schulstruktur, sondern auch der Inhalte in Gang gekommen ist. Einige Beispiele seien noch angedeutet: Welt- und Umweltkunde (integrierter Geschichts-, Geographie-, Sozialkundeunterricht); (759) auf der Ebene der theoretischen Diskussion, die Konflikttheorie und die emanzipationstheoretischen curricularen Bemühungen; die Diskussion um die Adaptation der neuen, seit den sechziger Jahren weiter entwickelten amerikanischen Social Studies Materialien (New Social Studies). Es scheint, als hätten viele dieser Diskussionen etwa da angesetzt, wo die Amerikaner ihre Bemühungen einstellten. Die Hoffnung heute: da diese Diskussionen von Deutschen selbst ausgehen und nicht von außen an uns herangetragen werden, da also die Notwendigkeit für Reformen heute von vielen mit der Politischen Bildung befaßten Deutschen selbst empfunden wird, ist zu hoffen, daß die Diskussionen heute insgesamt weiterführen als die amerikanischen Bemühungen.

Aus dieser Perspektive betrachtet, muß man den amerikanischen Versuch, sozialwissenschaftliche Ansätze in die Schule und besonders in einige Fächer hineinzubringen und eine Erziehung zur sozialen Gemeinschaft an die Stelle einer unverbindlich bleibenden Betrachtung der Erde und der Natur zu setzen, als *progressiv* werten. Ohne diese Bemühungen um die Kernfächer im einzelnen in ihren Unzulänglichkeiten werten zu wollen, muß man sagen, daß das Social Studies Programm ein Versuch war, die durch das Humboldt'sche Bildungsideal hervorgerufene Abkehr von den Realitäten der sozialen Umwelt zu beenden. Die sozialen Beziehungen in Produktion und Verteilung, die das menschliche Leben in einer industrialisierten, technischen Gesellschaft sehr viel stärker prägen, als die „heimatliche Scholle" und die Natur, die Abhängigkeit des einzelnen von den sozialen Leistungen der Gesellschaft, die in einer hochentwickelten Wirtschaft eine bedeutende Rolle für die Lebensqualität jedes Haushalts spielen, sollten mit Hilfe des Social Studies Programms auch beim deutschen Kind ein Verständnis für die Komplexität der heutigen Gesellschaft schaffen. Für das Scheitern des Social Studies Programms für das Unterrichtsprinzip und die Kernfächer waren viele – schon genannte – Gründe verantwortlich, angefangen bei organisatorischen Mängeln, fortwirkend falsche konzeptionelle Ansätze. Letztere waren weitgehend auf die in 3.1. dargelegte Prioritätensetzung der allgemeinen Besatzungspolitik zurückzuführen, in der die Re-education-Politik insgesamt den Charakter von Beiwerk hatte, auf das man ggf. auch verzichten konnte. Zu diesen Ursachen hinzu kam deutscherseits das von Jahr zu Jahr mehr erstarkende Humanistische Bildungsideal. Wenn auch mit bedingt durch die generelle Besatzungspolitik, die die Etablierung traditioneller deutscher Machteliten unterstützte, so ist nicht wegzudiskutieren, daß das Potential für die Rückwärtsgewandtheit, für die angeblich unpolitische deutsche Einstellung, die in der Erhaltung des status quo eminent politisch ist, eben im deutschen politischen Leben, in den Einstellungen der Bürger und ihrer Repräsentanten vorhanden war. Während „die Einführung von Latein neben Englisch im 5. Schuljahr (obligatorisch für den weiterführenden Zug) ... im kulturpolitischen Ausschuß des Landtags (20.11.1947) einstimmig Annahme (fand)" (760), wurde der Antrag der Arbeitsgemeinschaft für Schulbücher des Sonderausschusses für Kulturpolitik beim Länderrat (761) auf Zulassung von Zonenfachausschüssen für Geschichte, Erdkunde, Deutsch und „evtl. auch den für Gemeinschaftskunde" nicht angenommen. (762) Dieselbe AG äußerte gleichzeitig die Meinung, es sei richtig, „nicht zuviel Zonenfachausschüsse auf einmal zu bilden" (763) und setzte den oben erwähnten Antrag folgendermaßen fort:

„Von den vom Sonderausschuß für Kulturpolitik vorgeschlagenen 12 Zonenfachausschüssen hält die Arbeitsgemeinschaft die Bildung der folgenden für vordringlich: 1. Rechnen und Mathematik, 2. Physik, 3. Chemie, 4. Biologie, 5. Alte Sprachen, 6. Neue Sprachen." (764)

Diese Fächer seien „so wichtig, daß man sie (die Ausschüsse L-Qu) mal zusammensetzen sollte. (765) Die Akten enthalten keinen Hinweis, daß folgender Beschluß des Sonderausschusses für Kulturpolitik revidiert wurde:

„In den Fächern Deutsch, Geschichte, Erdkunde, Religion und Gemeinschaftskunde soll die Lehrbuchgestaltung zunächst in den Ländern soweit vorbereitet werden, daß die Entwürfe dann in der Arbeitsgemeinschaft angeglichen werden können." (766)

Es blieb damit dem Belieben der Länder überlassen, Materialien zu entwickeln. Eine Koordinierung in der Arbeitsgemeinschaft fand nicht statt.

Eine relevante Entscheidung allerdings fiel in den verschiedenen Arbeitsgemeinschaften des Sonderausschusses für Kulturpolitik, die nicht folgenlos blieb. Die AG für Schulwesen gab am 5.12.47 zu einer Anfrage der AG für Schulbücher vom Mai bekannt, daß sie sich folgender Stellungnahme von Kultusminister Stein anschließe:

„Die Fächer Geschichte und Gemeinschaftskunde sind als getrennte Unterrichtsfächer zu betrachten". (767)

Damit verbleibt noch, nach den Erfolgen oder Mißerfolgen der Amerikaner in Bezug auf ihre Bemühungen bei der Einführung des Fachkurses und bei der Stärkung der Sozialwissenschaften an den deutschen Hochschulen zu fragen.

2. Von einigen Arbeitstagungen ist bekannt, daß die deutschen Teilnehmer Resolutionen an die Adresse der Kultusminister verfaßten mit dem Ziel, gewisse Teile des Social Studies Programms für deutsche Bildungsinstitutionen zu übernehmen. Die Teilnehmer der Heidelberger Tagung (Lehrer, Schulräte etc.) forderten vor allem:

„Neben der Darstellung dieser Zusammenhänge in sämtlichen einschlägigen Fächern (Prinzip) ist ein eigenes Fach im engeren Sinne, das den oben umrissenen Forderungen Rechnung trägt, auf der Oberstufe aller Schulgattungen auszugestalten.
(Politik, politischer Unterricht, Gemeinschaftskunde, Sozialkunde.)" (768)

Die Teilnehmer einer nur dreitägigen Lehrertagung in Markgröningen (Hessen) forderten darüber hinaus auch die Aufnahme solcher Programme in die Lehrerbildungsanstalten unter Aufgabe der Fächerung in Geschichte und Erdkunde, und sie forderten die Einrichtung sozialkundlicher Versuchsschulen. (769)

Die Konferenz von Waldleiningen, mit Vertretern der Justiz- und Kultusministerien sowie der Universitäten und Hochschulen, im wesentlichen von Karl Loewenstein als visiting expert angeregt und geplant, (770) verfaßte u.a. folgenden Text:

„Die Einbeziehung der politischen Wissenschaften in den Studienplan der Universitäten und Hochschulen wird als unerläßlich und dringend angesehen". (771)

Als Erfolg der amerikanischen Bemühungen muß die „Entschließung der Ständigen Konferenz der Kultusminister über die vorläufigen Grundsätze zur politischen Bildung" vom Juni 1950 gewertet werden. Um den amerikanischen Einfluß, der von den Social Studies Experten ausging, sichtbar zu machen, wird hier der erste Teil der Entschließung in vollem Wortlaut mit Hervorhebungen der Passagen abgedruckt, die auf das — durch das Social Studies Konzept beeinflußte — Verständnis von politischer bzw. sozialer Erziehung hinweisen.

1) „*Die politische Bildung erstrebt auf der Grundlage sachlichen Wissens die Weckung des Willens zum politischen Denken und Handeln.* In der Jugend soll das Bewußtsein erwachsen, daß das *politische Verhalten* ein *Teil der* geistigen und sittlichen *Gesamthaltung des Menschen* darstellt.
2) In diesem Sinn ist *politische Bildung ein Unterrichtsprinzip für alle Fächer und für alle Schularten.* Jedes Fach und jede Schulart haben darum nach ihrer Eigenart und Möglichkeit zur politischen Bildung beizutragen.
Eine besondere Verantwortung trägt der *Geschichtsunterricht,* der geschichtliches Denken und Werten mit *Verständnis für die Gegenwart* verbinden muß.
3) Politische Bildung erfordert Kenntnis der wichtigsten Tatsachen, Formen und *Zusammenhänge des gesellschaftlichen, staatlichen und überstaatlichen Lebens.* Es wird empfohlen, zur Vermittlung dieses Stoffwissens und zur Auseinandersetzung mit aktuellen Fragen, soweit dies nicht in anderen Unterrichtsfächern möglich ist, *vom 7. Schuljahr ab Unterricht in besonderen Fachstunden zu erteilen.* Die Benennung dieses Faches wird freigestellt. *(Gemeinschaftskunde, Bürgerkunde, Gegenwartskunde, Politik).*
4) Die engste *Verbindung zwischen Gelehrtem und Gelebtem* gilt gerade für diesen Unterricht und bestimmt seine Methode. Ihr dienen u.a. die Erfahrungen des *Zusammenlebens in der Schule,* insbesondere die *Schülerverwaltung,* die freie *Diskussion, der Einblick in Betriebe und Verwaltungen,* in die Tätigkeit der Gerichte *und Parlamente durch Besuche und Vorträge.*
5) Es steht zu hoffen, daß solche politische Bildung *zu einer Haltung führt,* die zu *lebendigem Gemeinsinn* und *entscheidungsfreudiger Mitverantwortung* an der Gestaltung des öffentlichen Lebens *im Volk und zwischen den Völkern* den Weg weist.
6) Zur Lösung dieser Aufgabe ist eine *entsprechende Ausbildung und Fortbildung der Lehrer, die Errichtung von Lehrstühlen* und Dozenturen oder die Erteilung von Lehraufträgen für Politik und Sozialwissenschaft *an Hochschulen aller Art* und die Bereitstellung geeigneten Lehrmaterials notwendig. Rundfunk und Schulfilm können dabei wertvolle Hilfe leisten". (772)

Im inhaltlichen Kontext war bereits auf die *hessischen Richtlinien von 1949* und den in diesen bemerkbaren Einfluß amerikanischen Denkens hingewiesen worden. Für *Bremen* lag 1951 ein ebenfalls alle Schularten umfassender *Entwurf* für Gemeinschaftskunde vor, der eine Reihe von Elementen amerikanischer Vorstellungen übernommen hatte. Daneben gab es einige Vorschläge für einzelne Bildungseinrichtungen anderer Länder (773) sowie einen *Erlaß in Württemberg-Baden,* Social Studies als Fach in die Lehrpläne aller Schulen aufzunehmen. (774)
Zur Förderung der Sozialwissenschaften war im *Januar 1949 die Hochschule für Politik in Berlin wieder errichtet worden,* eine ähnliche Institution in München. Als Folge der Tagung von Waldleiningen wurden *Lehrstühle für Politische Wissenschaft* in Frankfurt, Marburg und Darmstadt eingerichtet, später auch in Tübingen, Hamburg, Mainz, Göttingen und Köln. In Heidelberg und Stuttgart wurden *Kurse für Politische Wissenschaft* eingerichtet. (775)
Die Erfolge der Amerikaner auf dem Gebiet des Politischen Unterrichts bedingen die Notwendigkeit, eine Wertung ihres Konzeptes im Hinblick darauf vorzunehmen, welches Verständnis diesem — bezogen auf demokratietheoretische Elemente — zugrunde lag.

3.3.3. Sozialerziehung oder Erziehung zur Demokratie: eine Wertung

Um den Eindruck zu beurteilen, der bei den Nachkriegsdeutschen von dem amerikanischen Social Studies Konzept bezogen auf das amerikanische Verständnis von politischer Bildung oder Erziehung zur Demokratie entstehen mußte, sind zwei Seiten zu berücksichtigen: einmal das, was die Amerikaner selbst besonders hervorhoben und betonten, zum anderen die spezielle, bei den Deutschen aufgrund ihrer Geschichte und der Erfahrungen in der Besatzungszeit vorhandene Aufnahmefähigkeit, also die spezifische Auswahl und Adaptation der amerikanischen Ideen an deutsche Vorstellungen.
Konfrontiert mit dem amerikanischen Social Studies Konzept, begannen deutsche Autoren ab 1949 die Meinung zu vertreten, die Staatsbürgerkunde alten Stils, die z.T. im Nachkriegsdeutschland wieder aufgegriffen worden war, genüge den aktuellen Erfordernissen der nachnationalsozialistischen Massengesellschaft nicht mehr. Die weltanschaulich bedingten politischen Einstellungen dieser Multiplikatoren sind kennzeichnend für die von den Deutschen entwickelte Auffassung von dem amerikanischen Anliegen. Möglicherweise ist es sogar gerechtfertigt zu sagen, daß die besonders von *Ferdinand Kopp* geäußerten Ansichten über „die Notwendigkeit der Sozialkunde in der Gegenwart" grundlegend für die deutsche Adaptation wurden. (755 a)
Kopp diagnostizierte eine „Verarmung der mitmenschlichen Beziehungen", die ihren Ursprung in dem „Verfall der Familie" hätte, der mit der Zerstörung der Großfamilie durch die Industrialisierung einsetzte. Seitdem wären die Familien „seelisch entleert durch das Schwinden des Brauchtums und religiöse Auszehrung." Die Familie, einst „Herzstück und Nährboden jeder sozialen Schulung", hätte seitdem diese Funktion nicht mehr ausüben können. An ihrer Stelle müsse jetzt eine andere Institution treten, die zu sozialen Lebensformen erziehen könne, die Schule. Ihre Aufgabe sei es nun, die als „erkrankt erkannte Sozialanlage des Menschen" gesund zu pflegen. Dafür sei es notwendig, zu einem einfachen, wesentlichen Christentum zurückzukehren, denn „mit dem besseren Christen beginnt die eigentliche Gesundung unseres gestörten und kranken Zusammenlebens." (775 b) Zur wissenschaftlichen Untermauerung griff Kopp

im Anschluß an diese in Publikationen und auf amerikanisch-deutschen Social Studies Demonstrationsveranstaltungen (775 c) weit verbreiteten Ausführungen auf die „christliche Gesellschaftslehre" des Jesuitenprofessors *Oswald von Nell-Breuning* zurück sowie auf Gedanken des von Kopp als katholischen Philosophen und Soziologen bezeichneten *Josef Piper*, dessen „Grundformen sozialer Spielregeln" — bereits Ende der Weimarer Republik erschienen — 1948 wieder aufgelegt worden waren. In deren Nachfolge ging Kopp davon aus, daß Gemeinschaft, Gesellschaft und Organisation drei Grundformen bejahender Verbundenheit seien, während die Grundformen nicht bejahter Verbundenheit, wie z.B. die Masse, ein Produkt des technischen Zeitalters sei, in dem „die moralischen Kräfte den überentwickelten intellektuellen Kräften nicht mehr gewachsen (sind)" (775 d).

Die Sozialkunde hätte deshalb die Aufgabe, wieder zum Mitmenschen zu erziehen, zu den drei Grundformen des Zusammenlebens: zu bleibendem Vertrauen, verständigem Vertragen und planmässigem Zusammenhelfen. Wichtig sei dabei, daß keine dieser Formen absolut gesetzt werde, „denn auch im vertraglichen Interessenausgleich und in der wirtschaftlichen Arbeitsteilung muß eine hintergründige, verborgene, aber ehrliche Herzlichkeit und Menschenliebe spürbar sein." (775 e)

Die von Kopp gestellte kulturpessimistische Diagnose über das ach so verderbliche Zeitalter fügte sich nahtlos in das Weltbild der CDU/CSU Parteien, die jegliche Demokratisierung von Schulstruktur und Schulorganisation genauso wie inhaltlich durchgreifende Reformen ablehnten. Was sie — von der dringend erforderlichen Umstrukturierung ablenkend — als innere Reform bezeichneten, war der rein rückwärts gewandte Versuch, den während des Nationalsozialismus zurückgedrängten christlichen Einfluß zumindest über entsprechende Unterrichtsinhalte wieder in der öffentlichen Erziehung zu verankern. Auf ein kirchlich-christliches Engagement zur Erneuerung hatten auch die Amerikaner mit ihrer Re-education-Politik gesetzt. Sie sahen deshalb keine Veranlassung, ein eben solches Engagement zugunsten christlich-ethischer Erziehungsgrundsätze für eine mitmenschliche Erziehung zurückzuweisen. Die „soziale Lebenskunde", in der nach Kopps Vorstellung das christliche Liebesgebot „die innigsten und tiefsten Motive (bietet), um jene Ichsucht und Ichbefangenheit zu überwinden, welche der eigentliche Feind jeder sozialen Bildung ist" (775 f), diese Gemeinschaftskunde ließ sich problemlos in das bestehende Schulsystem, also auch in das der politischen Auseinandersetzung abgewandte humanistische Gymnasium einfügen, denn mit abendländisch-christlichem Gedankengut war dieses ja eine enge Verbindung eingegangen. Allerdings war Kopps Ausführungen nicht der große Erfolg des Durchbruchs beschieden. Vielleicht waren seine Gedanken zu sehr von katholischem Ideengut gekennzeichnet, um bundesweit akzeptabel zu sein. Vielleicht wurden seine Äußerungen von den Deutschen auch als zu direkt, zu unmittelbar und zu wenig theoretisch empfunden. Für die Durchsetzung des Faches in dem aufgezeigten weltanschaulichen Rahmen, der ganz der zunehmenden Durchsetzung und Behauptung der bürgerlichen Parteien entsprach, erlangten zwei andere Bücher wesentlich größere Bedeutung: Das eine war das Handbuch für Lehrer „Gemeinschaftskunde" von *Otto Seitzer,* das — von den Amerikanern auf ihren Arbeitstagungen als „vortrefflich" empfohlen (775 g), den Lehrern eine konkrete Unterrichtshilfe sein wollte.

1951 erschien in Stuttgart das Buch „Wendepunkt der politischen Erziehung, Partnerschaft als Pädagogische Aufgabe", das später unter dem Titel „Partnerschaft, Die Aufgabe der politischen Erziehung" herauskam und die Konzeption wie auch die Ausführung der „Politischen Bildung" in den Schulen in den ersten Jahren der Bundesrepublik maßgeblich beeinflußte. *Friedrich Oetinger* alias *Theodor Wilhelm*, der Autor dieses Buches, hat auf eine betont konservative Weise bestimmte Aspekte der Social

Studies aufgegriffen, die in der inzwischen ganz durch den Geist der Restauration geprägten Atmosphäre des neu gegründeten Weststaates Aussicht hatten, akzeptiert zu werden.

1. Schon bei der Verwirklichung des Unterrichtsprinzips überwog in Amerika die von Dewey progressiv begründete Erziehung zur Kooperation, die durch den Deweyismus zur Kooperation um des Prinzips willen, zur Life Adjustment Education, zu einer rein affirmativen Erziehung zur Anpassung verfälscht worden war und in der die affektiven Ziele die kognitiven ins Hintertreffen geraten ließen.

Zwar wiesen die Experten sporadisch darauf hin, daß Kooperation zweierlei bedeute, Anpassung und Kritikfähigkeit, aber in dem Bemühen, überhaupt Verständis bei den Deutschen für das in Amerika so wichtige, auch schon durch das Erlebnis der Frontier bedingte Prinzip der Kooperation zu finden, wurde die Dimension der Kritikfähigkeit stark vernachlässigt.

Aufgrund der obrigkeitsstaatlichen Tradition, die auch alle gesellschaftlichen Bereiche maßgeblich beeinflußt hatte, war die generelle Überzeugung in Deutschland schon immer gewesen, daß Kritik etwas Negatives sei: besonders gegenüber Vorgesetzten hatte man höflich und zuvorkommend sein sollen. Diese „Dienstgemeinschaft" aus Pflicht, in der die Diensttuenden durchaus „auch mit dem Dienstherrn in einer Art von Solidarität" (776) verbunden waren, sollte nun durch eine „Kooperationsgemeinschaft" aus Partnerschaft (777) ersetzt werden, in der dann aufgrund der Kooperationsbereitschaft aus Verantwortungsgefühl ein „gesundes patriarchalisches System" entstehen könnte, das im Gegensatz zu früher dann nicht mehr durch „das Giftauge des Ressentiments" (778) geprägt wäre. In diesem neuen gesunden partriarchalischen System war Kritik ebenfalls nicht nötig. Da „das Menschliche" die deutsche Not überstanden hatte, wie Oetinger, ohne auf die Konzentrationslager und die nationalsozialistischen Vernichtungslager einzugehen, auszusagen wußte, da also das Menschliche „die Politik so erneuern (kann), daß sie die Hoffnung auf Frieden zuläßt", (779) blieb „der rechte Ton" bei der so neuen Kooperationserziehung auch weiterhin: „Takt, Verbindlichkeit, Höflichkeit". (780)

2. Bezogen auf die verschiedenen wissenschaftlichen Zugänge zum Fach Sozialkunde (Politischer Unterricht etc.) empfahlen die Amerikaner ausdrücklich, das Politische nicht in den Vordergrund zu stellen, sondern die historischen, sozialen und wirtschaftlichen Aspekte zu betonen. Mit ökonomischen Gesichtspunkten aber waren in keinem Fall Probleme gemeint, die sich aus den unterschiedlichen Interessen von Arbeitgebern und Arbeitnehmern in der kapitalistischen Wirtschaftsform ergeben, sondern Fragen, wo sich welche ökonomischen Ressourcen befinden, zu welchen Siedlungsformen und Lebensbedingungen sie führten etc.. Erst dann sollten auch politische Vorgänge erwähnt werden, aber auf keinen Fall sollten die kulturellen Beziehungen dahinter zurückstehen. Das bedeutet, daß dieser Unterricht das „sich gegenseitig Verstehen" in den Vordergrund stellen und Politisches nachgeordnet hinten an stellen sollte.

Das deutsche Verständnis dieses Faches war in zweierlei Weise spezifisch: die hessischen Rahmenrichtlinien für das dort „Politischer Unterricht" genannte Fach definierten Politik als das Menschliche schlechthin:

„Um den Menschen geht es in der Politik".

Als politischer Mensch wird deshalb „die sozialgerichtete Persönlichkeit" verstanden. Daß es verschiedene Interessen gibt und deshalb Konflikte, gehörte nicht zu dieser auf Verstehen begründeten Duldsamkeit, zu der als menschliche Grundhaltung erzogen werden sollte. Das Fach in den deutschen Schulen war von „einem Begriff des Politischen getragen, bei dem nicht die staatliche Macht, sondern die menschliche

Kooperation im Vordergrund steht". (781) Zum zweiten wurde von den Deutschen in das Fach all' das gepackt, was die Amerikaner in insgesamt zwölf Jahren per Unterrichtsprinzip, Kernfächern und Fachkurs dem Schüler in konzentrischen Kreisen vermittelten. Die Themen Familie, Schule, Nachbarschaft, die in den USA vor allem die Grundschuljahre beherrschten, abgestimmt auf die nach damaliger Auffassung vermeintlichen Interessen des Kindes, gingen nun im deutschen Sozialkundeunterricht in den Oberstufenunterricht ein; Hessen 10. Schuljahr (Höhere Schule) Person-Familie-Volk. 11. Schuljahr: Arbeit und Wirtschaft.

„Die Familie als Zelle und Lebensgrund von Volk und Menschheit" (782) war damit nicht nur emotional durch den Unterricht verankert, sondern auch auf kognitiver Ebene wurde die Familie und „der häusliche Friede" (783) in deutschen Schulen zum Vorbild für die wirtschaftende „Betriebsfamilie" im kapitalistischen Unternehmen. Ziel des Unterrichts darüber: „Die Zusammengehörigkeit und wechselseitige Abhängigkeit aller Betriebsgenossen" (sic!) (784)

Oetingers Unterrichtsbeispiele für einen „fruchtbaren Einstieg" in die Erziehung zur Kooperation lassen die Ebene des Staates und der Politik völlig vermissen. (785) War der Staat doch ausnahmsweise Thema des Unterrichts, wie z.B. im 12. Schuljahr in Hessen (in der Volksschule wurde die staatliche Ebene gar nicht behandelt), so wurde reine Verfassungs- und Institutionenkunde gelehrt: Vom Staat hieß es im Lehrplan: „Der Staat ist nur eine, wenn auch bedeutende Gesellschaftsform. Er steht in einer Weltrangordnung, die mit der Familie beginnt und mit den Vereinten Nationen aufhört". (786)

3. Besondere Betonung legten die Amerikaner bei der Vorstellung ihres Social Studies Konzepts auf den world point of view. Das Bewußtsein von der Verflochtenheit mit der Welt galt ihnen als wichtigstes und erfolgversprechendstes Mittel, die Deutschen für die Zukunft zur Friedfertigkeit zu erziehen. Um dieses Ziel zu erreichen, hielten die Amerikaner es für richtig, Konflikte, Probleme und Auseinandersetzungen in der Schule auszusparen. Im Social Studies Unterricht in Amerika selbst war der world point of view, wenn überhaupt, allenfalls in den letzten Kriegsjahren in den Blick gekommen.

Mit diesem Thema scheinen die Amerikaner trotzdem insgesamt am meisten Erfolg in Deutschland gehabt zu haben. Zumindest der „europäische Gedanke" fand in den fünfziger und Anfang der sechziger Jahre weite Verbreitung in Deutschland, auch durch den Schulunterricht. (787) Allerdings ist dies wohl nicht alleiniges Verdienst der Amerikaner. Andere Ursachen, wie z.B. das Ausweichen jeder Auseinandersetzung mit der eigenen Geschichte sowie die nicht vorhandene nationale Identität der geteilten deutschen Nation bedingten die Flucht in den „europäischen Gedanken" mit.

4. Bezogen auf das politische Verhalten unterstrichen die Social Studies Experten gemäß dem amerikanischen Verständnis vom demokratischer Politik in erster Linie das individuelle Verhalten, das notwendige Engagement jedes einzelnen.

Wenn diese amerikanische Auffassung vom individuellen politischen Engagement jedes Bürgers in Deutschland überhaupt verstanden wurde, dann nur in der Form des Subsidaritätsprinzips, das besagt, „daß es gegen die Gerechtigkeit verstößt, wenn das, was die kleinen und untergeordneten Gemeinwesen leisten können, vom Staate in Anspruch genommen wird," (788) d.h. vom Staat ausgeführt wird. Mit politischer Kontrolle, die im amerikanischen Verständnis auf jeden Fall mit gemeint ist, hat dies nichts zu tun.

Ein Manko war es, daß aufgrund der amerikanischen Auffassung, die den Beitrag des einzelnen als Voraussetzung für eine funktionsfähige Demokratie auffaßt, in Westdeutschland wie schon in Weimar wiederum kein Verständnis für die Parteien als repräsentative Organe gesellschaftlich-politischen Lebens gelegt wurde. Die hessischen Richtlinien von 1949, die fast vier volle Buchseiten an Stichworten für die Behandlung von „Gemeinde und Staat" im 11. Schuljahr liefern, erwähnen die Parteien als Organe demokratischer politischer Willensbildung kein einziges Mal.

5. Einige der Experten spürten während ihres Aufenthaltes die Bedeutung, die ideologische Auseinandersetzungen in Deutschland haben, z.B. die zwischen Kommunisten und Sozialdemokraten, aber auch die zwischen Sozialdemokratie und Bürgertum. Sie waren jedoch nicht in der Lage, diese in das Social Studies Konzept zu integrieren und den Deutschen eine Möglichkeit für die politische Auseinandersetzung mit solchen Fragen im Unterricht anzubieten. Das Social Studies Programm für Deutschland hatte das vorrangige Ziel, die Deutschen zu gegenseitigem, mitmenschlichem Verständnis und zu kooperativem Verhalten zu erziehen. Es wollte darüber hinaus eine friedfertige Einstellung der deutschen Menschen gegenüber der Welt erreichen. Amerikanische und westliche demokratische Traditionen, so wie sie in den Vereinigten Staaten aufgefaßt wurden, sind dabei wie selbstverständlich überliefert worden, weil die Experten davon geprägt waren. Die ideologsiche Abgrenzung vom Kommunismus scheint jedoch — abgesehen von wenigen Ausnahmen — (789) nicht spezifisch betont worden zu sein. Zumindest gibt es dafür keine schriftlichen Hinweise.

Hier ist zwar noch einmal daran zu erinnern, daß die Aktivierung der gesamten Re-education-Politik durch die „Realpolitiker" ab Mai 1946 erst in dem Moment vorgenommen wurde, als die Hoffnung auf eine Integration der östlichen Besatzungszone in den amerikanischen Einflußbereich von der „realpolitischen" Seite aufgegeben worden war. Unter diesem Aspekt könnte die — späte-Forcierung der Re-education-Politik und damit auch das Social Studies Programm als Teil einer nun für notwendig gehaltenen ideologischen Abgrenzung vom sowjetisch besetzten Teil Deutschlands begriffen werden (vgl. dazu die auf S. 192 f erläuterten Alternativen, warum die Re-education-Bemühungen solange ruhten). Wenn der Gedanke der Notwendigkeit einer auch durch die Erziehungsinstitutionen vermittelten ideologischen Abgrenzung bei der Verstärkung der Re-education-Politik ab 1946 jedoch tatsächlich eine Rolle gespielt haben sollte, so zeigt doch die auch nach 1946 weiter zu beobachtende Nachrangigkeit dieses Teils der Besatzungspolitik, daß auch diesem Aspekt insgesamt keine große Bedeutung beigemessen wurde (vgl. dazu auch nochmal die auf S. 208 ff aufgezeigten Alternativen zur Einschätzung der Bedeutung, die die Re-education-Politik bei den Verantwortlichen für die „realpolitische" Besatzungspolitik hatten).

6. Eine weitere spezifisch deutsche Einstellung wurde ebenfalls vom Social Studies Programm nicht direkt aufgegriffen und konnte somit durch den von den Amerikanern angeregten Unterricht auch nicht unmittelbar abgebaut werden: die Auffassung, daß Staat und Gesellschaft zwei voneinander getrennte Bereiche sind. Da das Social Studies Programm die soziale Erziehung zu gegenseitigem Verstehen und aufeinander Eingehen sowie zu internationaler Verständigung in den Vordergrund stellte, also eine Erziehung zu einer bestimmten Lebensform ohne konkreten Bezug zur Staatsform und da die Vermittlung des amerikanischen Verständnisses der demokratischen Regierungsform und ihrer Funktionsweise demgegenüber eindeutig zurückstanden, kam durch das Social Studies Programm der unmittelbare Zusammenhang zwischen Gesellschaft und Staat, die gegenseitige Abhängigkeit auch nicht in den Blick.

Der in einer pluralistischen Demokratie westlicher Prägung so bedeutsame Einfluß gesellschaftlicher Interessengruppen auf politische Entscheidungen und der mit harten Auseinandersetzungen hierum geführte Machtkampf wurden aufgrund der Miteinander-Füreinander-Ideologie weder in der Theorie noch in den von *Otto Seitzer* herausgegebenen Lehrbüchern thematisiert, da sie in das von ihm vertretene Konzept der „One

World" (789a) ebensowenig paßten, wie in die katholische Lehre der Mitmenschlichkeit, die auf den soziologischen Ausführungen Josef Pipers beruhte und anfangs den Boden für das neue Fach bereitet hatte.

Allerdings ist es gegenüber abstrakter Verfassungs- und Institutionenkunde ein Schritt mehr, soziale Beziehungen und gesellschaftliche Gruppen überhaupt zum Unterrichtsthema zu machen. Vielleicht waren diese — wenn auch unkritischen — Anfänge, da sie von der Politischen Bildung aufgegriffen wurden, doch ein Schritt auf dem Weg, den Einfluß der Politik, den Einfluß der jeweiligen Regierung auf die gesellschaftlichen Bereiche zu erkennen.

Gegenüber der *Weimarer Staatsbürgerkunde* waren diese sozialen Aspekte vielleicht nicht ein Schritt weiter, aber ein Schritt mehr.

Weiter in Richtung auf eine Fundamentaldemokratisierung ging das Social Studies Programm insofern nicht, als es gesellschaftliche Ungerechtigkeiten nicht thematisierte. Soweit die amerikanischen Materialien erkennen lassen, sollten nicht einmal die hierarchisch gegliederte Schule und die daraus folgenden gesellschaftlichen Konsequenzen im Fachkurs angesprochen werden, obwohl die Chancengleichheit im Bildungssektor ausdrücklich zum Verständnis der Demokratie als „a way of life" hinzugehörte.

So trug das Social Studies Programm nicht dazu bei, das traditionelle politische Wohlverhalten des deutschen Staatsbürgers, das an keine bestimmte Staatsform gebunden war, merkbar zu verändern.

Der letzte vorliegende Bericht von *1951* konstatierte resignierend, daß der „Geist der Restauration" in der Bundesrepublik immer mehr um sich greife, daß eine Rückkehr zum „Status quo ante" festzustellen sei, eine Tendenz, die generell für das deutsche Denken charakteristisch zu sein scheine und bis in die naseweisen Redensarten der Teenager hinreiche. Selbst die „guten Tendenzen", die die Social Studies Experten anfangs bemerkt zu haben meinten, schien dem letzten Visiting Consultant, der einer der wenigen war, der mehrere Male Deutschland besuchte, seien in Gefahr, wieder unterzugehen, denn mit dem „Geist der Restauration" einher gehe eine sehr starke Betonung individueller Rechte, die soziales Denken fast ausschließe. (790)

3.4. Demokratisierung der Westdeutschen durch die Amerikaner: eine Bilanz

Zur abschließenden zusammenfassenden Beantwortung der Frage: Welche politischen Einstellungen die Amerikaner bei den Deutschen für wünschenswert hielten und welche Form der Demokratie sie zum Zweck der Integration der Deutschen in den Westen als notwendig ansahen, soll vorweg eine kurze idealtypische Systematisierung verschiedener demokratischer Regierungsformen gegeben werden, allerdings ohne direkt auf die umfangreichen demokratietheoretischen Diskussionen einzugehen. Die Rahmenbedingungen für eine Demokratie, d.h. die Kriterien, die das Maß an Mitwirkungsmöglichkeiten des Volkes festlegen, bestimmen bereits weitgehend dessen politische Sozialisation. Auch deshalb ist es erforderlich, die von den Amerikanern durchgesetzte Politik an Hand der folgenden Demokratiemodelle zu bewerten.

Hier wird davon ausgegangen, daß die derzeit denkbaren *Demokratieformen* etwa *drei verschiedenen Modellen zuzuordnen* sind, die in der Reihenfolge der Darstellung jeweils ein gewisses Mehr an Mitwirkungsmöglichkeiten für die Bürger bieten. Die Kriterien für die Unterscheidung beziehen sich nicht nur auf die in der Verfassung festgelegten Rahmenbedingungen, sondern auch auf die Verfassungswirklichkeit.

Das erste Modell basiert auf rein formalen, verfassungsmäßig festgelegten Regeln, an die sich die regierende Elite zu halten hat, die aber bei Einhaltung gewisser Regeln auch veränderbar sind. Das einzige demokratische Element ist die periodische Entscheidung der Wähler über einen Elitenaustausch. Die Bürger sind vor Recht und Gesetz gleich, können sich aber nicht auf irgendwelche Grundrechte berufen, da diese verfassungsmäßig nicht abgesichert sind. Diese Demokratie ist rein als Staatsform zu verstehen, selbst Parteien müssen nicht notwendigerweise als Teil des staatlichen politischen Lebens verstanden werden. Auch wird diese Regierungsform von ihren Befürwortern als unabhängig von gesellschaftlichem Wandel und historischen Entwicklungen angesehen. Das Demokratieverständnis geht dahin, den Staat als eine über der Gesellschaft stehende Ordnungsmacht zu verstehen, die normsetzend und regulierend ins gesellschaftliche Leben eingreift, dem Bürger aber nicht zubilligt, sich ein Urteil über politische Entscheidungen des Staates erlauben zu können, geschweige denn, diese kontrollieren zu können. Der Staat hat die Aufgabe, die bestehende gesellschaftliche und staatliche Ordnung zu garantieren und aufrechtzuerhalten.

Das zweite Modell unterscheidet sich vom ersten in zweifacher Hinsicht. Erstens werden verfassungsmäßig abgesicherte Grundrechte als Bestandteil der demokratischen Institutionen angesehen. Sie dienen dazu, den Freiraum des einzelnen Bürgers zu erweitern und ihn zumindest vor gewissen staatlichen Übergriffen in die Privatsphäre, wenn auch nicht vor allen, zu schützen. Neben individuellen können auch korporative Grundrechte stehen und besonders dazu beitragen, daß bestimmte zeitlich gebundene Wertvorstellungen (z.B. kirchliche) festgeschrieben und damit auch im gesellschaftlichen Bereich für alle verbindlich erklärt werden.

Zweitens besteht in dieser Regierungsform ein größeres Interesse an einer Beteiligung der Bürger am politischen Geschehen. Dies kann auf unterschiedliche Weise geschehen:
a) durch pluralistische Interessengruppen, die zusammen angeblich ein Parallelogramm der Kräfte bilden und so die verschiedenen organisierten gesellschaftlichen Interessen ausgewogen repräsentieren und in den staatlichen Willensbildungsprozeß eingehen lassen. Dabei wird übersehen, daß es viele individuelle und soziale Interessen gibt, die dringend des staatlichen Schutzes bedürfen, aber nicht in der Lage sind, sich zu organisieren und deshalb politisch unberücksichtigt bleiben, aber möglicherweise andere Kanäle finden und dann den Ablauf „geordneter" Regierungsgeschäfte empfindlich stören können;
b) durch politische Parteien, die während der gesamten Legislaturperiode am Willensbildungsprozeß beteiligt sind und so nicht nur planend, sondern auch kontrollierend Einfluß auf die Regierungsgeschäfte ausüben. Eine institutionalisierte Opposition ist nicht nur ein legitimer, sondern ein notwendiger Bestandteil in diesem Modell;
c) durch massenhafte individuelle, z.T. unorganisierte, z.T. aber auch in Bürgerinitiativen sich artikulierende Beteiligung, die mit Demonstrationen, Petitionen, Bürgerforen, Briefen, Telefonaten, Telegrammen etc. sowohl einzelne Repräsentanten, wie auch Parteien, Parlamente und Regierende beeinflußt.

Innerhalb dieses zweiten Modells müssen unabhängig von den genannten Beteiligungs- und Mitwirkungsformen, die auch nebeneinander bestehen können, aber nicht müssen, wieder zwei Ausprägungen unterschieden werden: die eine, der es von vornherein nur um staatliche Gleichheit geht und die sich allenfalls auf ein Minimum an Sozialgesetzlichkeit beschränkt. Die andere Form dagegen versteht sich als Sozialstaat, der in der Gesellschaft entstehende Ungleichheiten ausgleichen oder zumindest mildern will entweder mit sozialpolitischen Maßnahmen, oder aber, der eine Bildungs- und Sozialpolitik treibt, die von vornherein die Entstehung von Ungleichheiten in Grenzen hält und so zur Integration unterprivilegierter Gruppen beiträgt und die Stabilität erhöht.

Das dritte Modell ist nicht nur auf die staatliche Sphäre bezogen. Hier geht man davon aus, daß in fast allen gesellschaftlichen Bereichen bestimmte Interessen geltend gemacht werden, so daß in all diesen Bereichen Entscheidungen gefällt werden, die das Leben aller Beteiligten betreffen, die ihr Leben gestalten und insofern politisch sind. Da die diesem Modell zugehörige Leitidee die Selbstbestimmung des Menschen ist, die größtmögliche Befreiung von fremder Herrschaft, geht man davon aus, daß auch die gesellschaftlichen Bereiche von demokratischen Prinzipien bestimmt werden müssen, d.h. die aktive Beteiligung der Bürger wird nicht nur für staatliche Entscheidungen gutgeheißen, sondern prinzipiell auch für alle gesellschaftlichen Belange. Hier werden nicht nur individuelle und kooperative, verfassungsmäßig garantierte Grundrechte als Voraussetzung für eine ständig zu kontrollierende Funktionsfähigkeit der Regierung angesehen, sondern ganz besonders auch soziale, denn die gesellschaftlich-politische Mitwirkung zusätzlich zur staatlich-politischen soll tendenziell dazu führen, die Chancengleichheit in allen gesellschaftlichen Bereichen herzustellen. Dazu gehört z.B. nicht nur die Schaffung gleicher formaler Voraussetzungen, also z.B. demokratischer Schulstrukturen, sondern gerade eine weitgehende individuelle schulische Förderung, die auch versucht, z.B. schon bestehende intellektuelle Unterschiede, bedingt durch familiale Sozialisation, zu nivellieren und langfristig dafür zu sorgen, daß die gesellschaftlichen Strukturbedingungen keine schichtspezifisch bedingten Sozialisationsmechanismen entstehen lassen.

Abschließend zu der Aufzählung solcher demokratie-theoretischer Aspekte ist hinzuzufügen, daß es – vermutlich *für alle Modelle*, aber für das mittlere am stärksten – *zwei differierende Verständnisse* gibt, die die jeweiligen Mitwirkungsmöglichkeiten der Bürger und ihre Freiheitsspielräume entweder einengen oder erweitern können.

Das eine ist ein *unhistorisch-formales Demokratieverständnis*, das die bestehende Regierungsform als vollendet und als die erreichbar beste verstanden wissen will, die es zu bewahren gilt. Das andere ist ein *historisch-dynamisches Verständnis*, das die vorhandene Demokratie als eine aus bestimmten Interessenkonstellationen gewordene Regierungsform sieht, die durch aktive Anteilnahme der Bürger weiter zu entwickeln und zu verbessern ist, wobei dieses Verständnis – gleich in welchem der drei Modelle es auftritt – immer auf mehr Demokratie, auf mehr Emanzipation und damit tendenziell auf das letzte Modell gerichtet ist, das jedoch aus dieser Sicht wiederum prozessual zu verstehen ist und nicht als statische Form.

Die Analyse der beiden gegensätzlichen amerikanischen Planungskonzeptionen hatte deutlich gemacht, daß die *Morgenthau'schen Ideen* nicht auf ein irgendwie geartetes Demokratiekonzept abzielten, daß sie den Deutschen die Fähigkeit zu demokratischer Reorganisation absprachen und sich auf rein negative Konzepte zur Zerstörung der wirtschaftlichen, politischen und kulturellen Macht Deutschlands beschränkten. Teile dieses Konzepts kamen in der ersten Besatzungszeit – allerdings bereits erheblich abgemildert – zur Geltung.

Das *„realpolitische" Konzept* dagegen, um dessen Durchsetzung als Leitlinie amerikanischer Politik seit 1944 gerungen wurde und das von Potsdam an Schritt für Schritt die amerikanische Politik bestimmte, müßte sich dem vorangestellten Schema zuordnen lassen. Dieses Konzept war in den ersten Jahren nirgendwo schriftlich fixiert. Erst 1947 wurden einige grundlegende Elemente des Demokratieverständnisses in der Direktive JCS 1779 angesprochen, die offiziell klarstellten, daß die Amerikaner vorhatten, eine „freie", also eine Wirtschaftsordnung ohne planwirtschaftliche Methoden

und ohne staatliche Lenkungsmechanismen, d.h. eine Marktwirtschaft kapitalistischer Prägung, in Deutschland zu verwirklichen.
In Moskau hatte der neue amerikanische Außenminister außerdem zur Abgrenzung von den in der SBZ praktizierten Formen politischen Lebens betont, daß die Amerikaner verfassungsmäßige Garantien grundlegender individueller Rechte und Freiheiten wie Meinungs- und Glaubensfreiheit und Bewegungsfreiheit als unabdingbare Voraussetzung für die Errichtung einer selbständigen deutschen Demokratie ansahen. Auch die Freiheit gewerkschaftlicher Vereinigung, die Pressefreiheit und die Freiheit der Berichterstattung durch Rundfunk wollten die Amerikaner gesichert sehen. Darüber hinaus forderten sie eine Garantie der Rechte politischer Parteien. (791)
Soweit die offiziellen amerikanischen Deklamationen, die nicht sehr zahlreich waren und weitere Details vermissen ließen.
Ist man geneigt, die Regierungsform der Weimarer Republik dem ersten Modell zuzuordnen, weil die Verfassung keine Grundrechtsgewährleistung enthielt und weil über die Formen der politischen Mitwirkung der Bürger keine Aussagen gemacht werden, so scheint es, als könne man das amerikanische Konzept dem zweiten Modell zuordnen. Die Grundrechtssicherung war unveräußerlicher Bestandteil amerikanischer Besatzungspolitik, in der es darum ging, positive Zeichen für die Beendigung jeder Form von diktatorischer Willkürherrschaft zu setzen. Auf der zweiten Ebene der Beteiligung der Bürger am politischen Entscheidungsprozeß, läßt der Versuch der Amerikaner, ein Regierungssystem mit möglichst viel checks and balances und eine Bundesregierung mit möglichst wenig Zuständigkeiten zu errichten, bezweifeln, daß die Amerikaner das deutsche Volk zu fundamentaldemokratischen Verhaltensweisen erziehen wollten. Die Praxis der amerikanischen Besatzungspolitik beeinflußte die konkrete politische Sozialisation der Deutschen nach dem Zweiten Weltkrieg ohnehin in Richtung auf vordemokratisch apolitische Verhaltensweisen, die den status quo erhalten sollen. Denn die Festschreibung einer rein marktwirtschaftlichen, kapitalistischen Wirtschaftsordnung war den Amerikanern so wichtig, daß sie bereit waren, politische Gestaltungsmöglichkeiten, die demokratisch beschlossen worden waren, sowohl im Parlament, wie auch per Volksabstimmung von den Bürgern, zu verhindern. Zusätzlich zu dem Ergebnis politisch-apolitischer Verhaltensweisen beim deutschen Volk aber heißt dies, daß die Amerikaner eine der beiden großen demokratischen Nachkriegsparteien in ihrer freien Entscheidung und in der Verwirklichung von Gesetzen und Länderregierungsprogrammen behinderten. Sie trugen damit dazu bei, die Politik der bürgerlichen Parteien ohne Alternative erscheinen zu lassen. Die Amerikaner stellten damit selbst ein Grundprinzip des demokratischen Regierungssystems, das der Opposition, in Frage. Die Stabilisierung der kapitalistischen Wirtschaftsordnung hatte darüber hinaus solche Priorität, daß die Amerikaner auf eine sozialpolitische Absicherung der neuen Demokratie verzichteten. Sie hielten es nicht für erforderlich, entstehende Ungerechtigkeiten auszugleichen, wie die von ihnen durchgeführte Währungsreform zeigte. Hatten anfangs vielleicht einige der verantwortlichen amerikanischen Politiker gemeint, durch eine demokratische Bildungspolitik die Entstehung von gesellschaftlichen Ungerechtigkeiten einzudämmen, so gaben sie auch diesen Versuch auf, als sie feststellten, daß er bei den Deutschen, die die gewünschte marktwirtschaftliche Wirtschaftsordnung aufzubauen bereit waren, nicht auf Gegenliebe stieß. Eine hierarchisch gegliederte Schulstruktur und -organisation und die Konservierung der Gesellschafts- und Klassenstruktur wurde also nicht als Bedrohung für das von den Amerikanern errichtete demokratische Regierungssystem angesehen.
Auch das Social Studies Programm blieb hinter einem möglichen von Dewey ausgehenden progressiven Demokratieverständnis weit zurück. Es geriet den Amerikanern

in seiner Vermittlung an die Deutschen zu nicht viel mehr als zu einer an die Gesellschaft heranführenden Sozialerziehung. Politische Konflikte und der Ausgleich gesellschaftlicher Benachteiligung sollten auch in der inhaltlich neu gestalteten Schule nicht thematisiert werden. Auch der zum westlichen Demokratieverständnis gehörende Kampf verschiedener Interessenorganisationen und parteipolitischer Richtungen um die Macht, die Notwendigkeit einer kritischen Kontrolle und Opposition zur amtierenden Regierung waren nicht Kern des Social Studies Programms. Allenfalls die Notwendigkeit zu individuellem Engagement wurde betont. Von den Deutschen wurde es aufgrund der durch die amerikanische Besatzungspolitik verstärkten traditionell autoritären politischen Sozialisation in eine restaurative Gesinnung hinein adaptiert. Das Programm war damit nicht dazu angetan, einen der Aspekte, die das zweite Demokratiemodell über die Grundrechtsfrage hinaus vom ersten Modell unterscheiden, zu unterstreichen.

Insofern ist die unter Beihilfe der Amerikaner realisierte Form der Demokratie von der *Verfassungswirklichkeit* her kaum dem zweiten Modell zuzuordnen, auch wenn das Grundgesetz die Mitwirkung der Parteien bei der politischen Willensbildung garantiert. Ob sich diese Verfassungswirklichkeit inzwischen weiter entwickelt hat, ist eine andere Frage. Auf jeden Fall vertraten die Amerikaner ein auf die Aufrechterhaltung der von ihnen geschaffenen Ordnung, speziell der Wirtschaftsordnung, gerichtetes Demokratieverständnis, dem es in erster Linie um die Stabilität dieses neuen Regierungssystems ging. Mit anderen Worten, das in dem amerikanischen Demokratiegründungsprozeß in Westdeutschland zum Ausdruck gebrachte *Demokratieverständnis* war ein unhistorisch-formales im vorne definierten Sinne. Einen partiellen Austausch der nationalsozialistischen politischen Machtträger, keinesfalls der gesellschaftlichen Eliten und auch schon nicht mehr des Verwaltungsapparates sowie die Errichtung formaler demokratischer Institutionen und eine Grundrechtsgarantie in der Verfassung, mehr hielten die „Realpolitiker" als Voraussetzung zur Westintegration Deutschlands nicht für erforderlich. Eine Elite, die mit ihnen kooperierte, die Sicherung einer formal-demokratischen Macht für diese Führungsschicht, das war das, was die Amerikaner in Deutschland erreichen wollten.

Insgesamt gesehen muß man heute, dreißig Jahre nach Deklamation der amerikanischen Ziele sagen, daß die „realpolitische" Politik, gemessen an ihren eigenen Zielsetzungen, erfolgreich war. Die Orientierung der Westdeutschen auf demokratische Verfahren und vor allem ihre Integration in die westliche Welt ist voll gelungen. Die kapitalistische Wirtschaftsordnung ist im Wesentlichen unverändert und wird inzwischen auch von der Sozialdemokratie weitestgehend akzeptiert, verteidigt und erhalten. Darüber hinaus ist die Bundesrepublik Deutschland besonders von der Wirtschaftskraft ein Stabilitätsfaktor ersten Ranges in der westlichen Welt geworden. Auch Revanchegelüste, die die Gefahr eines neuen Krieges heraufbeschwören würden, scheinen vor allem seit der von der deutschen Bevölkerung akzeptierten Entspannungspolitik nicht mehr zur Bedrohung des „Weltfriedens" werden zu können. Weitergehende demokratische Einstellungen der deutschen Bevölkerung aber wurden von den „Realpolitikern" gar nicht gewünscht.

Anmerkungen

zum Kapitel 1

1   „Es hat zwar in den folgenden anderthalb Jahrhunderten vielfache Modifikationen erfahren, ist aber keiner grundlegenden Umstrukturierung mehr unterzogen worden". Das schreibt *Wilhelm Roessler,* der „Die Entstehung des modernen Erziehungswesens in Deutschland", Stuttgart 1961, S. 7 aus bejahender Sicht nachzeichnet. Vgl. auch *Friedrich Immanuel Niethammer,* Philantropinismus – Humanismus. Texte zur Schulreform, bearbeitet von Werner Hillebrecht, Kleine pädagogische Texte, Bd. 29, Weinheim, Berlin, Basel 1968, S. 34.

2   Wegweisende Veröffentlichungen in der Aufdeckung dieser Problematik, die inzwischen in einer kaum übersehbaren Zahl von Veröffentlichungen behandelt worden ist, waren in der heutigen Reformdiskussion in der Reihenfolge ihres Erscheinens:
    1. *Charlotte Lütkens,* Die Schule als Mittelklasseninstitution, in: Heintz, P. (Hg.), Soziologie der Schule, Sonderheft 4 der Kölner Zeitschrift für Soziologie und Sozialpsychologie, Köln/Opladen 1959.
    2. *Hans-G. Rolff,* Sozialisation und Auslese durch die Schule, Heidelberg 1967.
    3. Heinrich Roth (Hg.), Begabung und Lernen, Deutscher Bildungsrat, Gutachten und Studien der Bildungskommission, Band 4, Stuttgart 1968.
    4. *Caspar Kuhlmann,* Schulreform und Gesellschaft in der Bundesrepublik Deutschland 1946 – 1966, Stuttg. 1970.
    Eine Ausnahme der generellen Regelung des Übergangs von der Grundschule zu weiterführenden Schultypen bilden die Länder Bremen und Berlin, die aus der Zeit der Nachkriegsreformen den Übergang nach dem 6. Schuljahr beibehalten haben. Sonstige Möglichkeiten, zu weiterführenden Schulen zu wechseln, gibt es nur vereinzelt. Vgl. außerdem die Ausführungen zu Anm. 7.

3   Die bekannteste halboffizielle amerikanische Äußerung hierzu ist im „Zook-Report" vom September 1946 enthalten, der die erste ausformulierte Grundlage der amerikanischen Schulreformpolitik werden sollte: „Dieses System hat bei einer kleinen Gruppe eine überlegene Haltung und bei der Mehrzahl der Deutschen ein Minderwertigkeitsgefühl entwickelt, das jene Unterwürfigkeit und jenen Mangel an Selbstbestimmung möglich machte, auf denen das autoritäre Führerprinzip gedieh." Department of State, Report of the United States Education Mission to Germany, Dep. of State Publication 2664, European Series 16, Washington D.C. 1946, S. 19 (eigene Übersetzung: e.Ü.)
    zit.: Zook Report.

4   Minister Bäuerle aus Württemberg-Baden sagte auf der ersten gesamtdeutschen „Konferenz der deutschen Erziehungsminister" in Stuttgart-Hohenheim, am 19. Februar 1948: „Gescheitert sind wir am Mangel an politischer Erziehung. Ich meine an der Erziehung zu politischem Denken, zu politischem Urteilsvermögen und zu der Fähigkeit, politische Grundsätze zu vertreten und zu verstehen". (Protokoll der Tagung, S. 16, Bundesarchiv Koblenz: BA, ZI-1007, S. 2-25, S. 9). Näher ausgeführt hat Bäuerle diesen Gedanken in seinem Vortrag „Der Neuaufbau unseres Schulwesens" (gehalten bei der Tagung der Schulausschüsse am 20.1.1948, S. 13 f. BA. ZI-1030, S. 282-292, S. 288 f). Er sagt dort: „Auch die Schule hat versäumt, in sich selbst und aus sich diejenigen Kräfte zu entwickeln, die für den Aufbau eines Volkes von freien, urteilsfähigen und politisch verantwortungsbewußten Menschen notwendig sind".

5   Kultusminister Grimme sagte auf der Stuttgarter Tagung: „ Wenn ich an das Jahr 1933 zurückdenke, kann ich mich des Eindrucks nicht erwehren, daß unsere Erzieher auch ein gewisses Maß an Schuld an den Zuständen tragen." (Protokoll der Tagung, a.a.O., S. 17, bzw. S. 17). Für diese Ansicht sprechen folgende Zahlen: Der „Deutsche Lehrerverein", der 70% der Volksschullehrerschaft umfaßte, die im Gegensatz zu der Realschullehrerschaft und den Philologen ausgesprochen liberal eingestellt war, verhandelte schon im April 1933 über den korporativen Anschluß an den „Nationalsozialistischen Lehrerbund". Dieser umfaßte 1936 97% der Lehrer aller Schularten. 32% der in ihm organisierten Lehrer waren Mitglieder in der NSDAP. Hinzukommt: „Fast 60% des Kreisschulungsleitungskorps der NSDAP waren von

Beruf Lehrer." (Renate Morell, Westdeutsche Lehrerbewegung nach 1945, in: „Das Argument 80, Schule und Erziehung V, S. 208-233, S. 211.

6 Eine anders akzentuierte Sicht war die, das Erziehungs- und Bildungswesen habe sich „als besonders anfällig für den Nationalsozialismus erwiesen". So z.B. SPD und KPD in Berlin in ihren Gründungsaufrufen vom Juni 1945; *Marion Klewitz,* Berliner Einheitsschule 1945-1951, Entstehung, Durchführung und Revision des Reformgesetzes von 1947/48, Historische und Pädagogische Studien, Band 1, Berlin 1971, S. 65.

7 Die sog. Oberstufenreform, die seit 1960 als erste von der Kultusministerkonferenz in einer Rahmenvereinbarung geforderte Refrom, sollte nach Beschluß der Kultusminister vom 7. Juli 1972 zum 1.8.1976 überall eingeführt werden. Zwar betrifft sie in keiner Weise die wesentlichen Strukturmerkmale des Schulsystems, denn sie bezieht sich nur auf das Gymnasium und tastet die Dreigliedrigkeit und damit die prinzipiell durch die Zugehörigkeit zu einer bestimmten gesellschaftlichen Schicht oder Klasse bedingte Zuteilung von Bildungschancen nicht an. Trotzdem wird ihre Realisierung jetzt von der CDU und von vielen Eltern höherer Schüler mit Hilfe von Gerichtsurteilen bekämpft.

Auch die Orientierungsstufe, eine Zusammenfassung aller 5. und 6. Schuljahre in einer Institution, die einer größeren Zahl von Kindern den Übergang zu weiterführenden Schulen ermöglichen soll, ist in der Regel nicht verwirklicht.

Die dem deutschen Schulsystem alternative Institution der Gesamtschule befindet sich noch immer im Stadium der Diskussion. Noch 1970 schreibt Klafki: „Eine bereits in vollem Umfang arbeitende integrierte Gesamtschule gibt es in der BRD noch nicht." (in: *Wolfgang Klafki, Adalbert Rang, Hermann Röhrs,* Integrierte Gesamtschulen und Comprehensive School, Motive-Diagnose-Aspekte, Braunschweig 1970, S. 107, zit.: Klafki, Gesamtschule). Obwohl Versuchsschulen inzwischen zu überzeugenden Erfolgen geführt haben, konnte die Gesamtschule selbst im bildungspolitisch in den vergangenen zwei Jahrzehnten fortschrittlichen Hessen nicht zur Regelschule erklärt werden, weil die an der Regierung beteiligte FDP hiergegen opponiert.

8 Eine besonders deutliche Sprache, die im Gegensatz zum neuen seit 1971 aufgegriffenen Vokabular der CDU noch nicht mit Reformvokabeln getarnt ist, sprechen immer noch der „Deutsche Philologenverband" und die Organe der Katholiken. (vgl. dazu die diesbezüglichen Dokumente in: Politik und Schule von der Französichen Revolution bis zur Gegenwart, 2. Bde., hrsg. von Berthold Michael und Heiz-Hermann Schepp, Frankfurt/M 1974, Bd.2, zit.: Politik und Schule.

9 Prototypisch für diese Haltung vieler Emigranten ist das Gutachten von 13 deutschen Chicagoer Professoren, unter ihnen Arnold Bergstraesser und Hans Rothfels, die — als Antwort auf die 1946/47 entwickelte amerikanische Schulreformpolitik — besonders den Bildungswert des Humanistischen Gymnasiums betonten und das amerikanische Schulsystem negativ bewerteten. Dieses „Gutachten" wurde von den konservativen deutschen Reformgegnern in den Ländern der amerikanischen Besatzungszone besonders gerne in ihren Kampagnen benutzt, weil die professoralen Verfasser — obwohl es sich bei ihnen nicht um Pädagogen oder Erziehungswissenschaftler handelte — mit dem Anspruch auftraten, sowohl das deutsche wie das amerikanische Erziehungswesen gut zu kennen. (vgl. dazu: *Isa Huelsz,* Schulpolitik in Bayern zwischen Demokratisierung und Restauration in den Jahren 1945 - 1950, Hamburg 1970, S. 48, S. 125; *Karl-Ernst Bungenstab,* Umerziehung zur Demokratie? Re-education-Politik im Bildungswesen der US-Zone 1945-49, Düsseldorf 1970, S. 95, zitiert: Bungenstab, Umerziehung; Gutachten abgedruckt in: Hans Merkt (Hrsg.), Dokumente zur Schulreform in Bayern, München 1952, S. 146-156.

10 Langfristig betrachtet müßte untersucht werden, inwieweit a) die Studentenrevolte, deren eine Ursache die Unzufriedenheit mit dem deutschen Ausbildungswesen war, b) die Debatten über moderne gesellschaftsbezogene Rahmenrichtlinien und neue die Struktur verändernde Schulgesetze indirekt noch u.a. auf amerikanische Bemühungen zurückzuführen sind, z.B. weil bestimmte Personenkreise durch das im Rahmen der Re-education-Politik geschaffene Austauschprogramm intensive Möglichkeiten zum Kennenlernen des amerikanischen Erziehungswesens nutzen konnten.

11 Dieses Kapitel beruht neben dem Studium einiger Quellen (Humboldt, etc.) auf einem Studium der neueren erziehungswissenschaftlichen Sekundärliteratur. Dabei der sozialgeschichtlichen Entstehung nachzugehen, ist ein noch immer nicht einfaches Unterfangen, denn das bestehende Bildungssystem ist erst kürzlich — seit Beginn seiner Infragestellung — zum Gegenstand von Forschung geworden (vgl. *Dietrich Goldschmidt, Christa Händle,* in: dies. u.a.: Erziehungswissenschaft als Gesellschaftswissenschaft, Heidelberg 1969, S. 37). Eine systematische neuere, die soziale und politische Problematik aufzeigende Geschichte des deutschen Bildungswesens gibt es bisher nicht (vgl. die Ausführungen Werner Hillebrechts hierzu: Geschichte der Erzie-

hung als kritische Disziplin, in: Dietrich Hoffmann, Hans Tütken (Hrsg.), Realistische Erziehungswissenschaft, Hannover 1972, S. 204). Läßt man die schon vom Anfang des Jahrhunderts datierende, in den fünziger Jahren neu publizierte Kritik der Alt-Pädagogen Spranger sowie die ebenfalls bewahren-wollenden kritischen Untersuchungen von Litt und Weniger (Niethammer, a.a.O., S. 30-33) beiseite, so ist erst 1969 die erste neuere von einem anderen bildungstheoretischen Standort ausgehende Auseinandersetzung mit der Bildungsproblematik in Deutschland erschienen. (Herwig Blankertz, Bildung im Zeitalter der großen Industrie; Pädagogik, Schule und Berufsbildung im 19. Jahrhundert (Das Bildungsproblem in der Geschichte des europäischen Erziehungsdenkens, Band XV), Hannover 1969). Sie ist gleichzeitig die erste einer Reihe von Publikationen, die nicht in einer pädagogischen Fachzeitschrift, sondern als Buch herausgekommen ist und damit die Diskussion über einen kleinen Kreis von Fachwissenschaftlern hinaus in eine breitere durch die neue Bildungsdebatte interessierte und zur Auseinandersetzung mit dieser Problematik motivierte Öffentlichkeit trägt. Aber auch diese neueren Untersuchungen sind in ihren Fragestellungen zum großen Teil noch relativ eng begrenzt. 1963 hatte Eugen Lemberg geschrieben, daß sich „die deutsche Erziehungswissenschaft in bewußter Selbstbeschränkung immer noch auf der Plattform der klassischen Bildungskonzeption bewegt" und daß es eine „auf die Wirklichkeit der Bildungsstruktur und des Bildungswesens gerichtete Forschung" noch nicht gibt (Eugen Lemberg (Hrsg.), Das Bildungswesen als Gegenstand der Forschung, Heidelberg 1963, S. 42). Eine darüber weit hinausgehende sozialgeschichtliche Analyse der Entstehung wurde 1963 noch nicht einmal gefordert. Die Gründe, die Lemberg für die Verspätung einer Bildungsforschung in Deutschland nennt, verschleiern die Wirklichkeit so sehr, daß sie weiterführenden Analysen geradezu den Weg verstellen. Somit kann man sie wohl selbst als ursächlich und gleichzeitig symptomatisch für das jahrzehntelange Brachliegen derartiger Forschung bezeichnen. Lemberg leitet sie einerseits aus der humanistischen Bildungsidee selbst und ihrer sozialstrukturellen Bedingtheit her, zum anderen aus der Tatsache, daß sich die Institutionalisierung systematischer Erziehung und Bildung in öffentlichen Schulen im Gegensatz zu der traditionellen „Aufzucht und Ausbildung des Nachwuchses" in der Familie erst so spät, nämlich mit der beginnenden Industrialisierung durchgesetzt habe. (Eugen Lemberg, a.a.O. S. 46).
Da jedoch die Übertragung der Erziehungsaufgabe an eigens dafür geschaffene öffentliche Institutionen sowie eine gleichzeitige Schulpflicht in allen Industriestaaten im Zusammenhang mit der zunehmenden Industrialisierung zu sehen ist und die Schulerziehung überall erst von diesem Zeitpunkt an vordringliche Bedeutung erhalten hat (Strzelewicz schreibt das ähnlich, in: *Willy Strzelewicz, Hans-Dietrich Raapke, Wolfgang Schulenberg*, Bildung und gesellschaftliches Bewußtsein, Eine mehrstufige soziologische Untersuchung in Westdeutschland, Stuttgart 1966, S. 5; vgl. auch unten das Kapitel über die Entwicklung in Amerika; daselbst auch Fußnote über Rußland. Vgl. zu Frankreich Klafki, Gesamtschule, S. 14-17), die Bildungsforschung aber in anderen Staaten wesentlich länger als in der Bundesrepublik Deutschland existierten, zeigt auch das zweite Begründungsargument von Lemberg, daß den Ausführungen die von ihm selbst geforderte gründliche Analyse nicht vorangegangen ist. Darüber hinaus erweckt das Vorwort Lembergs von 1972 zu Ralph Fiedlers Untersuchung „Die klasssische deutsche Bildungsidee" (Weinheim 1972) den Anschein, daß Lemberg selbst so stark vom deutschen Bildungsideal geprägt ist, daß ihm eine distanzierte Auseinandersetzung mit diesem auch heute noch nicht möglich ist.
Leider gilt diese Begrenzung teilweise auch für R. Fiedler selbst. Obwohl er in seiner Einleitung schreibt: „Tatsächlich dürfte auch die reine Idee kaum noch zu retten sein" (S. 5), mutet seine im ganzen luzide Darstellung dennoch — zumal im Schlußkapitel (Möglichkeiten didaktischer Neuorientierung) — wie ein Versuch des „to conserve by innovating", des das Bestehende durch mehr oder weniger (kosmetische) Reformen Bewahrenwollens an, möglicherweise ohne daß der Verfasser selbst dies realisiert. Nichtahnend, wie sehr sein Satz sowohl auf ihn selbst wie auch auf nachfolgende moderne Kritiker der Humboldt'schen Bildungstheorie zutreffen würde, schrieb Theodor Litt bezogen auf Kerschensteiner in seiner Schrift „Das Bildungsideal der deutschen Klassik und die moderne Arbeitswelt" einmal: „Wie sehr selbst diejeinigen, die mit Feuereifer für die Erschließung dieses pädagogischen Neulandes (die Berufsausbildung, L-Qu) kämpfen, der humanistischen Überlieferung verhaftet blieben, bewiesen Theorie und Praxis desjenigen, der mit anerkanntem Erfolg in die Mauern der humanistischen Feste Bresche gelegt hat" (S. 69). Daß Litt selbst als bewahren-wollender Kritiker unter dieses Verdikt fällt, zeigt er z.B. mit folgendem Gedanken: „Es ist nicht immer genügend beachtet worden, daß unser klassisches Bildungsideal kaum in einem ungünstigeren Augenblick hätte ans Licht treten können als in dem Moment, da die gesellschaftliche Welt zu einer ihrer gewaltigsten Umgestaltungen ansetzte" (S. 12). Daß diese Koinzidenz gesellschaft-

licher Veränderungen und der Entstehung einer neuen Bildungstheorie jedoch keinesfalls zufällig ist, und damit auch nicht tragisch (so jedoch Lemberg, in Fiedler, S. 1) wird die folgende Abhandlung nachweisen. Ausführliche Besprechungen über die Veröffentlichungen von Blankertz, Fiedler u.a. von der Verfasserin unter dem Titel: Vom deutschen Bildungsideal zur Re-education-Politik der Amerikaner, in: PVS, 1974, Heft 3/4, S. 550-557.

12 Die bis Anfang der siebziger Jahre erhältlichen Publikationen bleiben m.E. wirklich tiefgreifende Erklärungen schuldig, obwohl sie alle nach Gründen für das Entstehen des Neuhumanismus suchen. Zwei seien exemplarisch herausgegriffen. Im Vorwort zu Fiedlers Untersuchung, interpretiert Lemberg dessen Ergebnisse folgendermaßen: „Er zeigt,..., wie sehr es sich bei ihnen (den Neuhumanisten, L-Qu) nicht nur um eine Antwort auf das Gesellschaftsbild der Französischen Revolution und auf die Pädagogik der Aufklärung... handelte, sondern auch um die geistige und bildungspolitische Begründung einer neuen Elite..." (Fiedler, a.a.O. S. 2). Diese Behauptungen Lembergs sind keineswegs falsch. Aber es sind nur Teilwahrheiten, die den Blick auf die dahinterliegenden realen Entwicklungen, die im folgenden Teil der Arbeit nachzuzeichnen versucht werden, eher verstellen, denn so wie z.B. die Pädagogik der Aufklärung nur zu verstehen ist, wenn sie als Antwort auf bestimmte gesellschaftliche Anforderungen gesehen wird, reagieren auch die Neuhumanisten mit ihren Bildungsvorstellungen auf gesellschaftliche Veränderungen. Da sie sich diesen Veränderungen entgegenstellen — wie weiter unten ausgeführt wird — lehnen sie folgerichtig auch die Pädagogik der Aufklärung, die sich auf die gewandelten gesellschaftlichen Verhältnisse auszurichten suchte, ab. Analoges gilt für „das Gesellschaftsbild" und die „geistige... Begründung einer neuen Elite". Ein weiteres Beispiel verschleiernder Auseinandersetzung liefert Blankertz, der schreibt: „Beide Vorgänge, industrielle Revolution wie neuhumanistische Bildungstheorie, waren mit der Aufklärung zutiefst verbunden; ohne Aufklärung wären sie undenkbar gewesen". (*Blankertz*, a.a.O., S. 14). Auch diese Aussage ist nicht unrichtig, ist aber denkbar ungeeignet zur Begründung der historischen Entwicklung der klassischen deutschen Bildungsidee, denn sie stellt auf einer Ebene industrielle Revolution und Neuhumanismus nebeneinander und bezieht sie gemeinsam auf ein drittes Phänomen, die Aufklärung, ohne zu zeigen, daß die deutsche Bildungsphilosophie gerade eine Abwehr der u.a. durch die Aufklärung vorbereiteten industriellen Revolution ist. Die Gleichstellung eines als Ursache zu betrachtenden Vorganges mit der Bildungstheorie selbst ist nicht gerade hilfreich bei der Suche nach den die Entstehung des Neuhumanismus bedingenden Faktoren.
Zur Auseinandersetzung mit der neuesten, erst nach Abfassung dieses Kapitels veröffentlichten Literatur vgl. Anm. 66,75,76.

12a Die 1976 veröffentlichte Abhandlung von Achim Leschinsky und Peter Martin Roeder, Schule im historischen Prozeß, Zum Wechselverhältnis von institutioneller Erziehung und gesellschaftlicher Entwicklung, Stuttgart, erklärt die Entwicklung des öffentlichen Schulwesens als Teil des Prozesses, in dem sich der moderne zentralistische Staat herausbildet.

13 Als Literatur für diesen Teil (1.1.2.) wurden bevorzugt benutzt:
a) Georg Klaus, Manfred Buhr (Hrsg.), Philosophischens Wörterbuch, Bd. 1 u. 2, Leipzig 1971.
b) *Leo Kofler*, Zur Geschichte der bürgerlichen Gesellschaft, Neuwied und Berlin 1966.
c) *Reinhard Kühnl*, Formen bürgerlicher Herrschaft, Liberalismus — Faschismus, Reinbek b. Hamburg 1971 (zit.: Kühnl, Formen bürgerlicher Herrschaft).
d) Reinhard Kühnl (Hrsg.), Geschichte und Ideologie, Kritische Analyse bundesdeutscher Geschichtsbücher, Reinbek b. Hamburg 1973, zit.: Kühnl (Hrsg.).
e) C.B. Macpherson, Die politische Theorie des Besitzindividualismus, Von Hobbes bis Locke, Frankfurt 1973.

14 *Rolf Engelsing*, Sozial- und Wirtschaftsgeschichte Deutschlands, Göttingen 1973, S. 89.

15 Vgl. dazu *Walter Euchner*, Egoismus und Gemeinwohl, Studien zur Geschichte der bürgerlichen Philosophie, Frankfurt/Main 1973, bes. S. 23-29, S. 24.

16 Macpherson, a.a.O., S. 18.

17 Kühnl (Hrsg.) a.a.O., S. 20.

18 *Kühnl*, Formen bürgerlicher Herrschaft, a.a.O., S. 19.

19 *Kühnl*, Formen bürgerlicher Herrschaft, a.a.O., S. 13.

20 Werner Markert, Dialektik des bürgerlichen Bildungsbegriffes in: Johannes Beck u.a., Erziehung in der Klassengesellschaft, München 1970, S. 17-51; S. 31-34 (zit.: Markert in Beck).

21 *Kofler*, a.a.O., S. 177.

22 *Fiedler*, a.a.O., S. 12, vgl. auch *Werner Hofmann*, Ideengeschichte der sozialen Bewegung, Berlin 1971, S. 8 f.

23 Klaus/Buhr (Hrsg.), a.a.O., Bd. I, S. 100.

24 ders., Bd. II, S. 710.

25 *Kühnl,* Formen bürgerlicher Herrschaft, a.a.O., S. 64.
26 *Kofler,* a.a.O., S. 143.
27 ebd., S. 274.
28 *Kühnl,* Formen bürgerlicher Herrschaft, a.a.O., S. 64.
28a Unter Verlagssystem ist „die Aufteilung verschiedener Arbeitsgänge auf verschiedene Arbeiter" (*Helmut Böhme,* Prolegomena zu einer Sozial- und Wirtschaftsgeschichte Deutschlands im 19. und 20. Jahrhundert, Frankfurt 1968, S. 13) zu verstehen, die jedoch noch innerhalb der Familienwirtschaft stattfindet im Gegensatz zur Manufaktur, in der die Arbeiter bereits zentral zusammengefaßt werden.
29 *Kofler,* a.a.O., S. 282.
30 *Blankertz,* a.a.O., S. 55.
31 *Rüegg,* Bildung und Gesellschaft im 19. Jahrhundert, in: Steffen Hans (Hrsg.), Bildung und Gesellschaft, Zum Bildungsbegriff von Humboldt bis zur Gegenwart, Göttingen 1972, S. 35.
32 *Fiedler,* a.a.O., S. 15.
33 *Blankertz,* a.a.O., S. 56, vgl. *Helmut Böhme,* a.a.O., S. 33.
34 *Bruno Gebhardt,* Handbuch der Deutschen Geschichte, III. Band, Von der Französischen Revolution bis zum Ersten Weltkrieg, Stuttgart, 1960, S. 28-31; vgl.*Kühnl,* a.a.O., S. 66, vgl. auch *Niethammer,* a.a.O., S. 23.
35 *Gebhardt,* a.a.O., S. 1-5, vgl. dazu ausführlich: Klaus Epstein, Die Ursprünge des Konservatismus in Deutschland, Berlin 1973; u. Stuttgart 1973, Walter Grab, Leben und Werke norddeutscher Jakobiner.
36 *Fiedler,* a.a.O., S. 7.
37 *Gebhardt,* a.a.O., S. 32-35 und S. 50-55.
38 *Böhme,* a.a.O., S. 25.
39 *Gebhardt,* a.a.O., S. 57 f, 61 f, 64.
40 Informationen zur politischen Bildung, Folge 58/59 hrsg. von der Bundeszentrale für Heimatdienst, Bonn 1957, S. 2.
41 ebd., S.5
Dieser wissenschaftlich an sich unzureichende Beleg für die Orientierung Steins an einer ständischen Gesellschaftsordnung wurde bewußt gewählt. Er wird hier als Hinweis darauf verstanden, welche Schwierigkeiten die junge Bundesrepublik Deutschland und ihre „demokratischen" Politiker mit dem sich neu herausbildenden Demokratieverständnis hatten. Stein und die preußischen Reformer wurden in den fünfziger Jahren auf der Suche nach historischen Vorläufern und damit nach der eigenen Identität von allen Seiten als Wegbereiter des demokratischen Gedankens dargestellt und gepriesen bzw. in Anspruch genommen. Aber selbst eine so wenig neutral sein wollende Publikation wie die „Informationen zur politischen Bildung" sah sich nicht in der Lage, Steins konservativen gesellschaftspolitischen Standort zu verschweigen. Mit anderen Worten: dieser Beleg soll sozusagen über den Inhalt dieser Arbeit hinaus die Fragwürdigkeit des der deutschen Nachkriegsgeneration vermittelten Demokratiebildes deutlich machen.
42 *Gebhardt,* S. 65 f. vgl. *Böhme,* a.a.O., S. 29.
43 *Engelsing,* a.a.O., S. 109-111.
44 *Gebhardt,* a.a.O., S. 7.
45 *Fiedler,* a.a.O., S. 7.
46 ebd., S. 54.
47 ebd., S. 7.
48 *Gerhard Giese,* Quellen zur deutschen Schulgeschichte seit 1800, Göttingen, Berlin, Frankfurt 1961, S. 11-14.
49 *Giese,* a.a.O., S. 61 ff, vollständiger Abdruck bei: Leonhard Froese und Werner Krawietz, Deutsche Schulgesetzgebung, Bd. I: Brandenburg, Preußen und Deutsches Reich bis 1945, Weinheim, Berlin, Basel 1968, S. 127-132 (zit.: Froese/Krawietz).
50 General-Landschulreglement vom 12.8.1763 in: Froese/Krawietz, a.a.O., S. 105-121.
51 *Elmar Altvater,* Industrieschulen und Fabrikschulen im Frühkapitalismus in: Elmar Altvater und Freerk Huisken (Hrsg.) Materialien zur politischen Ökonomie des Ausbildungssektors, Erlangen 1971, S. 91-100.
52 K. Hartmann, F. Nyssen, H. Waldeyer, (Hrsg.) Schule und Staat im 18. und 19. Jahrhundert, Frankfurt/M 1974.
53 *Blankertz,* a.a.O., S. 18.
54 *Wilhelm von Humboldt,* „Über Kadettenhäuser" (9.7.1809), in: ders., Werke in fünf Bänden, Bd. IV, Schriften zur Politik und zum Bildungswesen, hrsg. von Andreas Flitner und Klaus Giel, Darmstadt (1964), 1969^2, S. 90, vgl. Giese, a.a.O., S. 73.

251

55 *Blankertz,* a.a.O., S. 17.
56 ebd., S. 18.
57 vgl. dazu *Strzelewicz,* a.a.O., S. 6 f, vgl. auch: *John Dewey,* The School and Society (zusammen mit The Child and the Curriculum veröffentlicht), Chicago 1956, 2. Teil, S. 6-159, S. 11 f., vgl. auch *Edwin Hoernle,* Familie und Erziehung in: ders., Grundfragen proletarischer Erziehung, Frankfurt 1971, S. 33-65.
58 *Blankertz,* a.a.O., S. 14.
59 vgl. auch *Markert* in Beck, a.a.O., S. 30 f.
60 zit.: nach *Bodo Voigt,* Bildungspolitik und politische Erziehung in den Klassenkämpfen, Frankfurt/Main 1973, S. 59, daselbst weitere Literaturhinweise.
61 ebd.
62 *Blankertz,* S. 42.
63 *Voigt,* a.a.O., S. 59 f.
64 *Strzelewicz,* a.a.O., S. 5, vgl. Charlotte Lütkens, a.a.O., S. 23.
65 vgl. *Strzelewicz,* a.a.O., S. 8.
66 Die neue erziehungswissenschaftliche Forschungsrichtung der siebziger Jahre übernimmt vom Neuhumanismus die Ablehnung der utilitaristischen Orientierung der pädagogischen Überlegungen der Aufklärung. Während diese als „bloße Anpassungspädagogik" (*Hans-Georg Herrlitz,* Studium als Standesprivileg, Frankfurt/Main 1973, S. 123) von dieser Schule recht kritisch untersucht wird (vgl. dazu *Hartmut Titze,* Die Politisierung der Erziehung, Frankfurt/Main 1973), wird der Neuhumanismus m.E. per se als fortschrittlich betrachtet. Einerseits führt wohl der neuhumanistische Ansatz, daß der Mensch Selbstzweck der Bildung ist, sowie der Vorsatz, mit Hilfe der neuen Allgemeinbildung ständische Schranken zu beseitigen, zur positiven Wertung des Neuhumanismus. Zum anderen scheint mir besonders für die Tatsache, daß die schulpolitische Reaktion sich nicht nur gegen das aufklärerische Gedankengut, sondern auch gegen den Neuhumanismus wandte, für dessen Einschätzung als emanzipatorisch verantwortlich zu sein. Entsprechend richtet sich Titzes Interesse im Unterschied zu dieser Arbeit darauf, die „Politisierung der Erziehung" durch das vermehrte staatliche Eingreifen und die sich darin manifestierenden Herrschaftsinteressen im Zuge der restaurativen Entwicklung ab 1818 aufzuzeigen.
67 *Eduard Spranger,* Wilhem von Humboldt und die Reform des Bildungswesens, (1. Auflage 1910), Tübingen 1965³, S. 13 f, 69-88, 234, 250.
68 *Gerhardt Giese,* a.a.O., S. 23.
68a Da auch das spätere deutsche Reich und die Weimarer Republik kaum schulpolitische Kompetenzen hatten, ist in dieser Arbeit nur von Preußen als größtem und wichtigstem Land die Rede. Das dort geschaffene Berechtigungswesen wirkte jedoch im Ganzen vereinheitlichend auf das Schulwesen in Deutschland, so daß sich dessen Entwicklung auch in anderen Ländern ähnlich gestaltete.
69 *Giese,* a.a.O., S. 61-112.
70 *Spranger,* a.a.O., S. 252.
71 *Wilhelm von Humboldt,* „Entwurf der Wissenschaftlichen Deputation zur allgemeinen Einrichtung der gelehrten Schulen", abgedruckt bei Spranger, a.a.O., S. 244-250.
72 *Humboldt,* das., S. 246.
73 ebd.
74 *Spranger,* a.a.O., S. 193.
75 Diese neuen Pädagogen interpretieren Humboldt in diametralem Gegensatz zu der in Anmerkung 11) genannten Literatur der Altpädagogen. Die neue Forschungsrichtung untersucht besonders die organisatorischen Vorstellungen Humboldts zur Schaffung eines Schulsystems, dessen Stufen aufeinander aufbauen, um so die Vervollständigung der Bildung in der nächsten Stufe zu ermöglichen. Die weitestgehende Interpretation sieht Humboldt als Vater der Gesamtschule: *Detlef K. Müller,* Sozialstruktur und Schulsystem, Aspekte zum Strukturwandel des Schulwesens im 19. Jahrhundert, Göttingen 1977. Schon *Karl-Ernst Jeismann,* Das Preußische Gymnasium in Staat und Gesellschaft, Stuttgart 1974, kam zu der neuen Humboldt-Bewertung; so wie schon Titze (vgl. Anm. 66) ist auch *Clemens Menze,* Die Bildungsreform Wilhelm von Humboldts, Hannover, Dortmund u.a. 1976, der Meinung, es sei nicht Humboldt anzulasten, daß sein Bildungssystem „ständisch-bürgerlich" interpretiert und organisiert wurde.
76 Die neue Forschungsrichtung weiß zwar, „daß in der Reform selbst Momente lagen, die einer Abbiegung ihrer Konsequenzen Ansatzpunkte boten" (*Jeismann,* a.a.O., S. 217), aber diese Momente sind nicht ihr Untersuchungsgegenstand. Immerhin bestätigt aber Menze (im Gegensatz zu Jeismann), daß Humboldt „der Industriegesellschaft abweisend gegenübersteht" (Clemens Menze, Grundzüge der Bildungsphilosophie Wilhelm von Humboldts, in Steffen,

Hans (Hrsg.), a.a.O., S. 5-27, S. 12. Dies ist eine der wesentlichen Grundannahmen dieser Arbeit, die gerade diesen in den letzten 170 Jahren bestimmenden elitären Momenten in Humboldts Bildungsphilosophie nachzuspüren versucht. Denn die Befürworter der Bildungswerte des humanistischen Gymnasiums berufen sich in ihrem Kampf gegen organisatorische Schulreformen und speziell gegen die Gesamtschule noch heute auf Humboldt. Abschließend ist nochmals auf Herrlitz' Untersuchung hinzuweisen, der jedoch explizit fordert, daß man das „Spannungsfeld zwischen den egalitären und den ‚geistesaristokratischen' Tendenzen seiner (Humboldts) Bildungstheorie" sehen müsse.

76a Der Begriff Neu-Humanismus wurde erst 1885 von Friedrich Paulsen eingeführt (*Blankertz*, a.a.O., S. 44).
77 *Blankertz*, a.a.O., S. 35.
77a Den Begriff Humanismus für diese aus der Renaissancezeit stammende studia humanitatis Altertumswissenschaft), die vor allem an den Lateinschulen gepflegt wurde, prägte Niethammer 1808 durch seine Schrift: „Der Streit des Philantropinismus und Humanismus in der Theorie des Erziehungsunterrichts unserer Zeit", wobei Humanismus für ihn den Inbegriff der älteren Richtung im Verhältnis zur Aufklärungspädagogik darstellte (vgl. *Niethammer*, a.a.O., S. 14 und *Klaus/Buhr*, a.a.O., Bd. 1, S. 482).
78 in Anlehnung an Theodor Litt, Das Bildungsideal der deutschen Klassik und die moderne Arbeitswelt, Bochum o.J. 7. Auflage, S. 36-56.
79 vgl. *Blankertz*, a.a.O., S. 33-35.
80 *Rüegg*, a.a.O., S. 39.
81 *Fiedler*, a.a.O., S. 44.
82 *Kawohl, Irmgard*, Wilhelm von Humboldt, Ratingen 1969, S. 164 f, 169.
83 ebd., S. 92.
84 *Wilhelm von Humboldt*, „Über die mit dem Koenigsbergischen Schulwesen vorzunehmende Reformen" (Sommer 1809), zit.: (*Königsberger Plan*), a.a.O., S. 175, vgl. *Giese*, a.a.O., S. 69. Über den Königsberger Schulplan schreibt Spranger: „Humboldts Ansichten über Schulreform spiegeln sich nirgends so deutlich und vollständig wie hier'". (S. 185).
85 *Wilhelm von Humboldt*, „Unmaßgebliche Gedanken über den Plan zur Einrichtung des Litthauischen Stadtschulwesens" (27.9.1809), zit.: (Litauer Plan), a.a.O., S. 188, vgl. *Giese*, a.a.O., S. 71.
86 Königsberger Plan, a.a.O., S. 177, vgl. *Giese*, a.a.O., S. 67.
87 Litauer Plan, a.a.O., S, 188, vgl. *Giese*, a.a.O., S. 71.
88 *Wilhelm von Humboldt*, „Bericht der Sektion des Kultus und Unterrichts an den König" (Dez. 1809), a.a.O., S. 218, vgl. *Giese*, a.a.O., S. 77; vgl. dazu die Ausführungen von Blankertz, a.a.O., S. 45-51 und die anderslautende Interpretation Bodo Voigts, a.a.O., S. 80. Die beiden Zitate von Humboldt auf S. 51 bei Blankertz stehen entgegen Blankertz' Interpretation nicht mehr in einem kritisch gegen bestehende Herrschaftsverhältnisse gerichteten Zusammenhang, wie noch Humboldts „Idee zu einem Versuch, die Grenzen der Wirksamkeit des Staates zu bestimmen" von 1792. Denn der Litauische Schulplan, aus dem das „Tagelöhner"-Zitat von S. 51 stammt, auf dem Blankertz seine gesamte Argumentation aufbaut, richtete sich gegen „abgesonderte Bürger- oder Realschulen" (*Giese*, a.a.O., S. 71), d.h. Schulen höherer Bildung, die neben den Gelehrtenschulen bestanden und den Neuhumanisten wegen der Vermischung von allgemeiner und spezieller Bildung ein Dorn im Auge waren. Blankertz' Behauptung: Die Industrieschulen „verkörperten das gesamte Angriffsziel des neuhumanistischen Angriff richtet", entbehrt daher jeder Grundlage. Im Gegensatz zu den bürgerlichen Realschulen und auch den adeligen Kadettenhäusern, (*Giese*, a.a.O., S. 73 ff) deren Existenz die Bildungsreformer immer wieder bekämpften, sind Industrieschulen m.W. nirgendwo explizit erwähnt, was schon dadurch zu erklären ist, daß das Hauptaugenmerk der Neuhumanisten eindeutig der höheren Bildung galt.
89 derselbe Bericht, S. 219, vgl. *Giese*, a.a.O., S. 78.
90 Königsberger Plan, a.a.O., S. 175, vgl. *Giese*, a.a.O., S. 69.
91 *Strzelewicz*, a.a.O., S. 35.
92 *Altvater*, a.a.O., S. 93.
93 *Fiedler*, a.a.O., S. 9.
94 *Wilhelm Richter*, Der Wandel des Bildungsgedankens, Die Brüder von Humboldt, das Zeitalter der Bildung und die Gegenwart, Berlin 1971, S. 14.
95 ebd.
96 vgl. *Kawohl*, a.a.O., S. 115 und *Richter*, a.a.O., S. 14 f.
97 *Litt*, a.a.O., S. 58.
98 *Kawohl*, a.a.O., S. 116.

99 *Litt*, a.a.O., S. 35.
100 *Fiedler*, a.a.O., S. 31.
101 *Litt*, a.a.O., S. 65.
102 *Fiedler*, a.a.O., S. 32.
103 *Klaus Mollenhauer*, Pädagogik und Rationalität, in: derselbe, Erziehung und Emanzipation, München 1970, S. 60.
104 *Fiedler*, a.a.O., S. 10.
105 *Kawohl*, a.a.O., S. 116.
106 ebd., S. 117.
107 Sowohl für die soeben beschriebenen Antinomien (Innerlich-Äußerlich, Betrachten-Handeln) wie auch für die Antinomie Gefühl-Vernunft muß diese Arbeit einen Teil der aufgrund der hier aufgestellten Hypothese zu leistenden Interpretation schuldig bleiben. Die Literatur zu den Auswirkungen der französischen Revolution (vgl. Anm. 35) führte mich zu der Hypothese, daß die neuhumanistische Bildungstheorie als Reaktion auf die französische Revolution zu verstehen ist. Diese Literatur aber hat die Bildungs- und Schulpolitik nicht zu ihrem Thema. Die pädagogischen Forschungen gehen auf die Auswirkungen der französischen Revolution in Deutschland gar nicht ein. Da eigene Forschungen auf diesem Gebiet in diesem Rahmen nicht möglich waren, muß die weitere Entfaltung und die Überprüfung der hier aufgestellten Hypothese einer anderen Arbeit überlassen bleiben.
108 vgl. *Kawohl*, a.a.O., S. 169 und 117.
109 *Caspar Kuhlmann*, Schulreform und Gesellschaft in der Bundesrepublik Deutschland 1946-1966, Stuttgart 1970, S. 121 f.
110 vgl. *Richter*, a.a.O., S. 15 und *Fiedler*, S. 17 f.
111 vgl. eine ähnliche Äußerung von *Schleiermacher* bei *Fiedler*, a.a.O., S. 18.
112 vgl. *Fiedler*, a.a.O., S. 23 f.
113 *Strzelewicz*, a.a.O., S. 17.
114 *Fiedler*, a.a.O., S. 33.
115 Litauer Plan, a.a.O., S. 189, vgl. *Giese*, a.a.O., S. 72.
116 *Strzelewicz*, a.a.O., S. 11.
116a Aus dieser Haltung erklärt sich auch die Einstellung zur Wissenschaft: Bestätigung der Wahrheit erfolgt nicht kooperativ, sondern Wahrheit „lebt im Innern der zahlreichen vereinzelten Ichs". (*Fiedler*, a.a.O., S. 33) Das Gewicht wird stets auf den „subjektiven Akt der wissenschaftlichen Erkenntnis" gelegt (ebd.), womit „die Dominanz der Innerlichkeit gesichert" ist (*Fiedler*, a.a.O., S. 52). „Die Folge ist, daß ins deutsche Bildungswesen ein Wissenschaftsbegriff Eingang fand, der sich am Subjekt orientiert". Es wird deshalb immer wieder betont, „daß wahre Wissenschaft von Innen – ‚aus der Tiefe des Geistes' – kommt, daß sie nicht im Sammeln äußerer Fakten besteht", so daß „freier Raum für die Möglichkeit subjektiver Willkür" bleibt (*Fiedler*, a.a.O., S. 66).
117 *Spranger*, a.a.O., S. 168.
118 Königsberger Plan, a.a.O., S. 176, vgl. *Giese*, a.a.O., S. 70.
119 *Litt*, a.a.O., S. 39.
120 zit. bei *Spranger*, a.a.O., S. 169.
121 ebd.
122 *Fiedler*, a.a.O., S. 49.
123 *Menze*, a.a.O., S. 17.
124 KönigsbergerPlan, a.a.O., S. 174, vgl. *Giese*, a.a.O., S. 69.
125 ebd., S. 176, vgl. *Giese*, a.a.O., S. 70.
126 Lehrplan des humanistischen Gymnasiums nach Süvern, abgedruckt in *Spranger*, a.a.O., S. 254 f.
127 Königsberger Plan, a.a.O., S. 177, vgl. *Giese*, a.a.O., S. 71.
128 zit.: bei *Fiedler*, a.a.O., S. 49.
129 Stellvertretend für viele seien hier zwei besonders bekannte Autoren genannt: *Ulrich Oevermann*, Sprache und soziale Herkunft. Ein Beitrag zur Analyse schichtenspezifischer Sozialisationsprozesse und ihre Bedeutung für den Schulerfolg, Frankfurt/Main 1967 und *Peter Martin Roeder*, Sprache, Sozialstatus und Bildungschancen, in: Posdzierny, A./Wolf, W., Sozialstatus und Schulerfolg, Heidelberg 1965.
130 *Jürgen Habermas*, Zur Logik der Sozialwissenschaften, Frankfurt/M 1970, S. 287, zit. bei Mollenhauer, a.a.O., S. 17.
131 *Blankertz*, a.a.O., S. 33.
132 *Strzelewicz*, a.a.O., S. 11.
133 *Blankertz*, a.a.O., S. 95.

134 *Spranger*, a.a.O., S. 241.
135 *Wilhelm von Humboldt*, „Über Prüfungen für das höhere Schulfach, a.a.O., S. 241 ff, vgl. *Giese*, a.a.O., S. 83-88.
136 *Blankertz*, a.a.O., S. 95 f und S. 37.
137 ebd., S. 96.
138 ebd., S. 101.
139 Stiehl'sche Regulative, abgedruckt bei *Giese*, a.a.O., S. 147.
140 Die Realschule und höhere Bürgerschule (6.10.1859), abgedr. das., S. 162.
141 Das christliche Gymnasium (1851), abgedr. das., S. 155, vgl. auch *Blankertz*, a.a.O., S. 33.
142 Der preußische Gymnasiallehrplan (1856), abgedruckt bei *Giese*, a.a.O., S. 157.
143 Realschule und höhere Bürgerschule, das., S. 160.
144 das., S. 161.
145 *Blankertz*, a.a.O., S. 98 f, vgl. *Giese*, a.a.O., S. 185 ff.
146 Die Schulkonferenz von 1900, abgedruckt bei *Giese*, a.a.O., S. 205.
147 das., S. 207.
148 Die preußischen Lehrpläne von 1901, abgedruckt das., S. 215.
149 *Blankertz*, a.a.O., S. 101.
150 ebd., S. 107.
151 ebd., S. 108.
152 ebd., S. 110, vgl. *Rüegg*, a.a.O., S. 36 f; Da die Darstellung der historischen Fakten in diesem Punkt neben Giese stark auf *Blankertz* rekuriert, muß noch einmal darauf hingewiesen werden, daß Blankertz' Interpretationen dieser Entwicklung nicht geteilt werden, (vgl. dazu Anm. 88).
153 *Blankertz*, a.a.O., S. 112.
154 *Fiedler*, a.a.O., S. 49.
155 *Strzelewicz*, a.a.O., S. 34 f.
155a „Die aktive Offizierslaufbahn setzte die Reifeprüfung voraus, doch rekrutierte sich der Nachwuchs vorwiegend aus den Kadettenanstalten" (*Blankertz*, a.a.O., S. 107).
155b „Daß die die Bildungsbewegung tragende Gruppe hauptsächlich bürgerlicher Herkunft gewesen ist, zeigt die Aufstellung bei H. Gerth, Die sozialgeschichtliche Lage der bürgerlichen Intelligenz um die Wende des 18. Jahrhunderts, Frankfurt/M. 1935, S. 17, wenn man darunter auch die Abkömmlinge protestantischer Theologenhäuser rechnet. Soweit Adelige dabei eine Rolle spielten, wie z.B. Humboldt, entstammen sie meist dem Stadtadel und waren mit der Intelligenz bürgerlicher Herkunft mannigfach, vor allem aber über die Hauslehrer in besonders engen Kontakt gekommen" (*Strzelewicz*, a.a.O., S. 13).
156 *Fiedler*, a.a.O., S. 37.
157 *Charlotte Lütkens*, a.a.O., S. 24.
158 *Fiedler*, a.a.O., S. 39.
159 *Strzelewicz*, a.a.O., S. 18.
160 *Böhme*, a.a.O., S. 52.
161 *Rolf Dahrendorf*, Gesellschaft und Demokratie in Deutschland, München 1965, S. 354.
162 *Lütkens*, a.a.O., S. 31.
163 *Böhme*, a.a.O., S. 44.
164 *Ralf Dahrendorf*, Gesellschaft und Freiheit, Zur soziologischen Analyse der Gegenwart, München 1963, S. 265, 270.
165 *Rüegg*, a.a.O., S. 35 f.
165a „So waren im Jahre 1806 in einem Lehrerseminar in Ostpreußen unter 242 Zöglingen 109 Schneider, 91 Schuster und 5 Tischler." (*Hermann Giesecke*, Bildungsreform und Emanzipation, Ideologiekritische Skizzen, München 1973, S. 60).
166 vgl. dazu: *Friedrich Adolph Diesterweg*. Was fordert die Zeit? (1848) in: Politik und Schule, a.a.O., Bd. 1, S. 340-344; vgl. auch: *Elisabeth Lippert*, Geschichte der Deutschen Lehrerbildung und der Deutschen Einheitsschule, Sonderdruck aus der Zeitschrift „Die Pädagogische Provinz", Heft 1, Sept. 1947, Bundesarchiv, Z1-1029, S. 213-226. *Karl Bungardt*, Die Odyssee der Lehrerschaft, Sozialgeschichte eines Standes, Frankfurt/M 1959, S. 31-55, S. 49 ff.
167 *Giesecke*, a.a.O., S. 73 f.
168 *Helmwart Hierdeis*, Erziehung - Anspruch - Wirklichkeit, Geschichte und Dokumente abendländischer Pädagogik, Band VI, Kritik und Erneuerung: Reformpädagogik 1900-1933, Starnberg 1971, S. 9.
169 *Strzelewicz*, a.a.O., S. 2.
170 *Gerold Becker*, Soziales Lernen als Problem der Schule, Zur Frage der Internatserziehung,

in: Walter Schäfer, Wolfgang Edelstein, Gerold Becker, Probleme der Schule im gesellschaftlichen Wandel, Das Beispiel Odenwaldschule, Frankfurt 1971, S. 99.
171 *Christoph Führ*, Schulpolitik im Spannungsfeld zwischen Reich und Ländern, Das Scheitern der Schulreform in der Weimarer Republik, in: Aus Politik und Zeitgeschichte, Beilage zur Wochenzeitung Das Parlament, B 42/70, S. 23.
172 *Hierdeis*, a.a.O., S. 14.
173 *Führ*, a.a.O., S. 19.
174 *Hildegard Milberg*, Schulpolitik in der pluralistischen Gesellschaft. Die politischen und sozialen Aspekte der Schulreform in Hamburg 1890-1935, Hamburg 1970. Milberg beschreibt auf S. 21 ff zwei verschiedene politische Traditionen, denen die Reformpädagogik zuzuordnen sei.
Vgl. auch *Giesecke*, a.a.O., S. 70 und 79, der kritisiert, daß die Sozialdemokratie kein eigenständiges pädagogisches Konzept entwickelte.
175 *Wolfgang Stöhr*, Lehrerschaft und Arbeiterbewegung — Zur Organisationsgeschichte der gewerkschaftlichen Lehrerbewegung 1918-1933 in: Das Argument 80 (Schule und Erziehung (V)), S. 170-207, S. 173.
176 ebd., S. 117.
177 ebd., S. 204.
178 ebd., S. 198.
178a In Weimar stellte der DLV mit 70% der Volksschullehrerschaft deren größte Berufsorganisation dar. Als berufsständische Vereinigung erhob er die politische Neutralität zum Kernstück seines politischen Selbstverständnisses in der Republik und organisierte sich im — diesem Grundsatz ebenfalls zustimmenden — Deutschen Beamtenbund (DBB) und nicht im gewerkschaftlichen Allg. Deutschen Beamtenbund (ADB), (*Stöhr*, a.a.O., S. 184).
179 *Morell*, a.a.O., S. 211.
180 SPD-Leitsätze zum Thema „Volkserziehung und Sozialdemokratie" (1906) in: Politik und Schule, a.a.O., Bd. I.
181 *Morgan, B.Q. und F.W. Strothmann*, Memorandum on Postwar Education Reconstruction in Germany, OMGUS-Akten, Federal Record Center 307-3/5, dort Punkt A. Education in Germany Prior to 1933, S. 4-32, S. 10.
182 *Fiedler*, a.a.O., S. 122 f.
183 *Hierdeis*, a.a.O., S. 14.
184 Politik und Schule, a.a.O., Bd. 2, S. 114.
185 *Fiedler*, a.a.O., S. 6.
186 *Führ*, a.a.O., S. 30.
187 *Kawohl*, a.a.O., S. 178.
188 *Peter Claus Hartmann*, Jugendbewegung und Nationalsozialistische Bildungsvorstellungen, in: Steffen, a.a.O., S. 41-57, S. 43.
189 *Karl Dietrich Bracher*, Die Gleichschaltung der deutschen Universität, in: Universitätstage 1966, Freie Universität Berlin, Nationalsozialismus und die Deutsche Universität, Berlin 1966, S. 126-142, S. 131.
190 *Isa Huelsz*, Schulpolitik in Bayern zwischen Demokratisierung und Restauration in den Jahren 1945-1950, Hamburg 1970, S. 72, 187, vgl. Morell, a.a.O., S. 211.
190a *Fremont P. Wirth*, Die Bedeutung der Sozialkunde in der Erziehung, in: Schule und Gegenwart, Mai 1949, S. 1.
191 *Huelsz*, a.a.O., S. 186, 192.
192 *Blankertz*, a.a.O., S. 132 f.
193 *Niethammer*, a.a.O., S. 37.
193a Die Benutzung dieses Begriffs beinhaltet keinerlei Wertung.
194 *Karl Borcherding*, Wege und Ziele politischer Bildung in Deutschland, Eine Materialsammlung zur Entwicklung der politischen Bildung in den Schulen 1871-1965, Pädagogisch-politische Bücherei, Band 1, München 1965, S. 9.
195 *Klaus Hornung*, Etappen politischer Pädagogik in Deutschland, Schriftenreihe der Bundeszentrale für politische Bildung, Heft 60, Bonn 1965, S. 12.
195a Ob eine Siegermacht berechtigt ist — moralisch oder juristisch —, das unterlegene Volk neu zu erziehen, ist eine Frage, der in dieser Arbeit nicht nachgegangen werden soll.
196 *Giese*, a.a.O., S. 93 und 99.
197 das., S. 135.
198 das., S. 150.
199 das., S. 194.
200 vgl. *Dietrich Hoffmann*, Politische Bildung 1890-1933, Reihe: Empirische Forschungen zu

aktuellen pädagogischen Fragen und Aufgaben. hrsg. von H. Roth, Hannover-Berlin-Darmstadt-Dortmund 1970, S. 54 ff., vgl. *Bodo Voigt,* Bildungspolitik und politische Erziehung in den Klassenkämpfen, Frankfurt/Main 1974, S. 133 f und 138, vgl. *Borcherding,* a.a.O., S. 15, vgl. *Hornung,* a.a.O., S. 20 f und 26.
201 *Borcherding,* a.a.O., S. 15.
202 *Giese,* a.a.O., S. 194.
203 *Borcherding,* a.a.O., S. 14.
204 ebd.
205 *Hoffmann,* a.a.O., S. 78.
206 ebd., S. 23 und 74, vgl. auch die sich widersprechenden Ausführungen dazu bei *Borcherding,* a.a.O., S. 15 und *Hornung,* a.a.O., S. 24 f.
207 *Hoffmann,* a.a.O., S. 69 ff.
207a Unter höheren Schulen verstand man Gymnasien, Realgymnasien, Oberrealschulen, Realschulen und Lyzeen, vgl. in: das hamburgische Schulwesen 1914/24, hrsg. von der Oberschulbehörde Hamburg 1925.
208 *Giese,* a.a.O., S. 196 f.
209 *Borcherding,* a.a.O., S. 13 ff.
210 *Hoffmann,* a.a.O., S. 78.
211 *Borcherding,* a.a.O., S. 31.
212 *Freiherr vom Stein,* Briefe und Amtliche Schriften, Hrsg. Hubatsch, W. Stuttgart, 1959 ff. Bd. III, S. 616, zit.: nach Fiedler, a.a.O., S. 67.
213 Feststellung von Professor Martin Rade, Marburg 1904 zit.: nach *Borcherding,* a.a.O., S. 22.
214 *Mollenhauer,* Funktionalität und Disfunktionalität der Erziehung, in: Mollenhauer, a.a.O., S. 22.
215 *Hoffmann,* a.a.O., S. 84.
216 Kurt Gerhard Fischer, Hrsg., Politische Bildung in der Weimarer Republik, Grundsatzreferate der „Staatsbürgerlichen Woche" 1923, Theorie und Geschichte der Politischen Bildung, hrsg. von K. G. Fischer und Rolf Schmiederer, Frankfurt/Main 1970, S. 14 f, vgl. *Borcherding,* a.a.O., S. 21 f.
217 *Hornung,* a.a.O., S. 26.
218 *Borcherding,* a.a.O., S. 24.
219 ebd., S. 25.
220 *Hoffmann,* a.a.O., S. 178.
221 ebd., S. 131.
222 *Hornung,* a.a.O., S. 39.
223 *Joachim Radkau,* Die deutsche Emigration in den USA, Ihr Einfluß auf die amerikanische Europapolitik 1933-1945, Düsseldorf 1971, S. 211 f, 275.
224 vgl. auch *Fischer,* a.a.O., S. 23.
225 *Hoffmann,* a.a.O., S. 154.
226 ausführlich dazu siehe Blankertz, a.a.O., S. 136 f, vgl. auch Hoffmann, a.a.O., S. 136; vermutlich hat Hoffmann, der die Beurteilung von Blankertz nicht teilt, nur die angegebene Kerschensteiner-Ausgabe von 1928 benutzt, in der die antisozialdemokratischen Passagen längst nicht mehr mitgedruckt wurden.
227 *Hornung,* a.a.O., S. 41.
228 *Voigt,* a.a.O., S. 285.
229 *Fischer,* a.a.O., S. 32 und *Hoffmann,* a.a.O., S. 140.
230 zit. nach *Blankertz,* a.a.O., S. 135 f.
231 *Borcherding,* a.a.O., S. 18.
232 *Hoffmann,* a.a.O., S. 145 und *Hornung,* a.a.O., S. 41.
233 *Georg Kerschensteiner,* Theorie der Bildung, Leipzig und Berlin 1928^2, S. 453.
234 ders., Begriff der staatsbürgerlichen Erziehung, 7. Aufl. 1950, (1. Auflage 1910), zit.: nach *Hornung,* a.a.O., S. 28 u.a., S. 42.
235 ders., Theorie der Bildung, a.a.O., S. 434.
236 ebd., S. 213 f.
237 ebd., S. 225 f.
238 ebd., S. 221.
239 *Hoffmann,* a.a.O., S. 137.
240 *Borcherding,* a.a.O., S. 19.
241 ebd., S. 21.
242 *Kerschensteiner,* Theorie der Bildung, a.a.O., S. 393 f.
243 Politik und Schule a.a.O., Bd. 1., S. 482-487, S. 484 f.

243a ausführlich setzt sich B. Voigt mit Weniger auseinander, vgl. ebd., S. 383-398, S. 397. Wenn auch Voigts klassenanalytischer Ansatz so nicht geteilt wird, ist den Ergebnissen doch weitgehend zuzustimmen.
243b Die Tatsache, daß die konservativen Konzeptionen einer staatsbürgerlichen Erziehung nach Gründung der Bundesrepublik in den fünfziger Jahren erneut Geltung erlangten, spricht weniger dafür, daß sie einen Beitrag zur Erziehung zur Demokratie leisteten, sondern kann eher als Gradmesser für das Maß an Restauration gewertet werden, das Westdeutschland bereits Anfang der fünfziger Jahre erreicht hatte.
244 Fischer, a.a.O., S. 22 und 24.
245 Voigt, a.a.O., S. 181 und 280.
246 Fischer, a.a.O., S. 24.
247 ebd., S. 29.
248 ebd., S. 26.
249 Hoffmann, a.a.O., S. 217.
250 ebd., S. 221 f.
251 Borcherding, a.a.O., S. 42.
252 Wieder abgedruckt bei K. G. Fischer, a.a.O., S. 42 ff - 172.
253 Fischer, a.a.O., S. 14 ff.
254 ebd., S. 9.
255 ebd., S. 13.
256 Artikel 148, Abs. 1 der Verfassung des Deutschen Reiches vom 11.8.1919.
257 Wieder abgedruckt bei K. G. Fischer, a.a.O., S. 42-54.
258 Hoffmann, a.a.O., S. 222.
259 vgl. Beispiele dazu bei K. G. Fischer, a.a.O., S. 12.
260 Johannes Karl Richter, Die Reichszentrale für Heimatdienst, Geschichte der ersten politischen Bildungsstelle in Deutschland und Untersuchung ihrer Rolle in der Weimarer Republik, Berlin 1963, S. 133.
261 ebd., S. 139.
261a Klaus W. Wippermann, Politische Propaganda und staatsbürgerliche Bildung, Die Reichszentrale für Heimatdienst in der Weimarer Republik, Schriftenreihe der Bundeszentrale für politische Bildung, Band 114, Bonn 1976, S. 12.
261b ebd., S. 105, 248 ff.
261c ebd., S. 246.
261d ebd., S. 317.
262 Richter, a.a.O., S. 141.
263 Ausführlich und methotisch sehr konsequent in der Analyse setzt sich vor allem Bodo Voigt mit Spranger auseinander, a.a.O., S. 315-329.
264 Zur Aufgabe der sozialdemokratischen Forderung nach Weltlichkeit der Schule, vgl. Voigt, a.a.O., S. 179.
265 Für die Bundesrepublik schreibt Caspar Kuhlmann 1970, daß es zwar keine sichere statistische Auskunft über den Anteil der Schüler, die in der Bundesrepublik Deutschland über die Aufbaueinrichtungen zum Abitur gelangten, gibt, daß aber aus Teilerhebungen zu entnehmen sei, daß es sich nur um 2 -2,5% aller Abiturienten handele. Im übrigen sei die „eigentliche Erziehungsfunktion" der Aufbauschulen in Frage gestellt, da sie ebenfalls auf akademische Bildungsziele fixiert seien. Die Quote für Weimar ist mir nicht bekannt. Auf keinen Fall ist sie auch nur annähernd vergleichbar mit der heute von Gesamtschulen erreichten Ausschöpfung der sog. Bildungsreserven, die die Zahl der Abiturienten, die in deutschen Gymnasien etwa 9% eines Jahrgangs beträgt, auf 20-25% steigern konnte (in Staaten, in denen die Gesamtschule als Regelschule eingeführt worden ist).
266 Vgl. moderne Forschungen, die diese Tatsache wissenschaftlich nachgewiesen haben; stellvertretend für viele Veröffentlichungen: Hedwig Ortmann, Arbeiterfamilie und sozialer Aufstieg, Kritik einer bildungspolitischen Leitvorstellung, München 1971; R. Pettinger, Arbeiterkinder und weiterführende Schule, Weinheim 1970; Hans-G. Rolff, Sozialisation und Auslese durch die Schule, Gesellschaft und Erziehung, hrsg. von Carl-Ludwig Furck, Dietrich Goldschmit, Ingeborg Röbbelen, Heidelberg 1971[4], S. 106.
267 Hoffmann, a.a.O., S. 219.
268 Borcherding, a.a.O., S. 44.
269 Ralf Dahrendorf, Gesellschaft und Freiheit, a.a.O., S. 270.
270 Theodor Eschenburg, Der bürokratische Rückhalt, in: Richard Löwenthal und Hans-Peter Schwarz (Hrsg.), 25 Jahre Bundesrepublik Deutschland — Eine Bilanz, Stuttgart Degerloch 1974, S. 64-94, S. 75.

271 *Dahrendorf*, Gesellschaft und Freiheit, a.a.O., S. 270.
272 *Voigt*, a.a.O., S. 170.
273 *Gerhard Binder*, Epoche der Entscheidungen, Eine Geschichte des 20. Jhdts., Stuttgart-Degerloch 1960, S. 179 und S. 222.
274 ebd., S. 180.

zum Kapitel 2

1   *Joachim Radkau*, a.a.O. S. 100, 111.
1a *Hans-Peter Schwarz*, Vom Reich zur Bundesrepublik (Abhandlungen und Texte zur politischen Wissenschaft, Bd. 38) Neuwied und Berlin 1966, S. 42.
1b ebd., S. 43.
1c ebd., S. 92 f, vgl. Bungenstab, Umerziehung, a.a.O., S. 21 f.
1d *Merle Curti, Richard A. Shyrock, Thomas C. Cochran, Fred Harvey Harrington*, Geschichte Amerikas, 2 Bde., Frankfurt/Main 1958, Bd. 1, S. 112, zit.: Curti, Geschichte.
2   *James B. Conant*, Thomas Jefferson and the Development of American Public Education, Berkeley and Los Angeles 1962, S. 37 ff; zit.: Conant, Jefferson.
3   *Merle Curti*, The Social Ideas of American Educators. Totowa/New Jersey 1968, S. 4 ff; zit.: Curti, Social Ideas. Vgl. dazu: *Max Weber*, die protestantische Ethik und der Geist des Kapitalismus, in: Gesammelte Aufsätze zur Religionssoziologie, I, 1934. Und: *R.H. Tawney*, Religion und Frühkapitalismus, eine historische Studie, Bern 1946.
4   *J. Habermas* schreibt dazu in „Naturrecht und Revolution" (in: ders. Theorie und Praxis, Neuwied am Rhein und Berlin (1963), 1972, S. 92 f).: „... die Kolonisten (haben) ihre Emanzipation vom Mutterlande nicht strikt im Bewußtsein einer Revolution vollzogen. Die Rede von der amerikanischen Revolution hat sich erst post festum eingestellt, aber bereits vor dem Ausbruch der Französischen Revolution ist sie in den Sprachgebrauch eingedrungen."
5   *Charles Austin Beard* and *Mary R.*, A basic History of the United States, Philadelphia, 1944, deutsch: Geschichte der Vereinigten Staaten von Amerika, Amsterdam 1949, S. 95-114; zit.: Beards Geschichte.
6   *Richard Hofstadter*, The American Political Tradition and The Men Who Made It, New York, o.J., (copyright 1948), S. 12 und S. 15.
6a Wenn nicht anders gekennzeichnet, stammen alle Hervorhebungen von der Verfasserin, ebenso nicht besonders gekennzeichnete Übersetzungen.
7   *James B. Conant*, The Comprehensive High School (1962) in: Leonhard Froese in Verbindung mit anderen, Aktuelle Bildungskritik und Bildungsreform in den USA, (Reihe: Vergleichende Erziehungswissenschaft und Pädagogik des Auslandes, Bd. 6), Heidelberg 1968, S. 91-100, S. 94; zit.: Conant in Froese.
8   OMGUS, *William F. Russel* (Dean, Teachers College, Columbia) 300-2/5; The Philosophy of Educational Administration in America (33 S.) Teil I, The Influence of American Ideals S. 1-17, S. 10 ff (eigene Übersetzung, forthin: e.Ü.), zit.: OMGUS, Russel.
8a Jeffersons Vorschlag bedeutet nicht, daß dieser „aristokratische Demokrat" (Hofstadter) dem Ideal einer klassenlosen Gesellschaft anhing. Sein Stufenschulplan sollte die Fähigsten unter den Armen finden helfen und sie weiter fördern, ein Gedanke, an den gerade am Ende der konsequent amerikanischen Entwicklung des Schulsystems nach Ableben der „Progressive Education Movement" in den fünfziger Jahren dieses Jahrhunderts verstärkt angeknüpft wurde (so z.B. Conant, Jefferson, a.a.O.). Als Anhänger der laisser-faire-Philosophie lehnte Jefferson übrigens auch eine Schulpflicht konsequent ab (vgl. Curti, Social Ideas, S. 40-45).
9   Bill for the More General Diffusion of Knowledge, abgedruckt in: Conant, Jefferson, a.a.O., S. 88 ff.
10 *Curti*, Social Ideas, a.a.O., S. 56 ff.
11 ebd., S. 47.
12 ebd., S. 47 f.
12a Wenn immer in dieser Arbeit das Wort Amerika verwandt wird, sind die USA gemeint.
13 *Lawrence A. Cremin*, American Education, The Colonial Experience 1607-1783, New York, Evanston, And London 1970, S. 419; zit.: Cremin, Education.
14 *John Locke*, Gedanken über Erziehung, übers. u. hrsg. v. Heinz Wohlers, Bad Heilbrunn/Obb. 1962, S. 8; Im Gegensatz zu seiner elitären Wirkung in England inspirierte Locke in den USA mehr die egalitären, demokratischen Bemühungen, sowohl in der politischen Entwicklung, wie

auch im pädagogischen Gedankengut (Cremin, Education, S. 421). Obwohl Locke, wie er im Vorwort zu seinen „Gedanken über Erziehung" selbst schreibt, eine Erziehung entwirft, „die der englichen Gentry angemessen wäre", ist seinen Ausführungen zumindest bis zum Erscheinen der das heutige Locke-Verständnis revolutionierenden Schrift von C.B. Macpherson, Die politische Theorie des Besitzindividualismus, Ffm 1967, engl. Ausgabe Oxford 1962, weithin Allgemeingültigkeit beigemessen worden. Der Begriff der „Gentry" dehnte sich zu Lockes Zeit „auf die gesamte neue Klasse der privatkapitalistisch Interessierten" aus.
(Martin Rudolf Vogel, Erziehung im Gesellschaftssystem, München 1970, S. 63) (zu Lockes Wirkungsgeschichte in Amerika vgl. z.B. die Darstellungen in Curti, Social Ideas, a.a.O., S. 37, 56; Curti, Geschichte, a.a.O., S. 112; Beards Geschichte,a.a.O., S. 114)) Den größten Teil der Menschen wollte Locke dagegen vom 3. bis zum 14. Lebensjahr in Arbeitsschulen stecken, damit ihre Arbeitsleistung sowie die der Mütter der Öffentlichkeit zugute kam und um sie zu Fleiß und religiösem Glauben zu erziehen (Maurice Cranston, John Locke, a biography, London 1957, S. 425; vgl. auch Vogel, a.a.O., S. 69, 177). Auf die Gründe für die Locke zugebilligte Allgemeingültigkeit, die u.a. in der Ambivalenz der Ausführungen Lockes über den Naturzustand zu suchen sein mögen, kann hier nicht näher eingegangen werden (vgl. dazu, Markert in Beck, a.a.O., S. 18-27; Vogel, a.a.O., S. 60-70)

15 R. Hofstadter, a.a.O., S. 12.
16 Beards Geschichte, a.a.O., S. 140 ff.
17 Die folgende Interpretation, die in Amerika weitgehend akzeptiert ist, folgt tendenziell der epochemachenden ökonomiegeschichtlichen Deutung der Entstehung der amerikanischen Verfassung von Charles A. Beard von 1913, s. Anm. 18 (vgl. dazu das Vorwort zur deutschen Ausgabe von 1974 (S. 23 ff)): „Innerhalb einer Dekade hat die Beard'sche Auffassung von der Entstehung der amerikanischen Verfassung die überkommenen hinweggefegt," Wichtig ist, daß diese Interpretation z.B. auch von dem deutschen Klassiker über „Verfassungsrecht und Verfassungspraxis der Vereinigten Staaten," von Karl Loewenstein vertreten wird, obwohl er in seiner umfangreichen Literaturliste Charles A. Beard überhaupt nicht erwähnt. L. schreibt über die Verfassungsväter: „Ihre Grundhaltung war konservativ und der Demokratie, wie sie heute verstanden wird, ebenso abgeneigt wie die klassische aristotelische Lehre . . . Fast alle hatten kapitalistische Interessen; . . . Eine Vertretung des kleinen Mannes, ob Farmer oder Handwerker, fehlte völlig." Und: Was die Gegner der Verfassung vorwarfen, war 1. „daß sie das hinter geschlossenen Türen verabschiedete Werk einer Besitzaristokratie sei, der Geldbeutel und Grundbesitz wichtiger wären als die Rechte des kleinen Mannes, daß . . . Von diesen Bedenken war das erste berechtigt." (Berlin, Göttingen, Heidelberg 1959, S. 8 ff)
18 Charles Austin Beard, An Economic Interpretation of the Constitution of the United States, New York 1956[16] (1913), S. 52-58, zit.: Beard, Interpretation. In dieser Arbeit wurde, wenn nicht eigens anders erwähnt, diese englische Ausgabe benutzt, da zum Zeitpunkt der Erstellung dieses Teils die deutsche Übersetzung noch nicht vorlag.
19 Beards Geschichte, a.a.O., S. 124 ff.
20 Beard, Interpretation, a.a.O., S. 149 ff.
21 Vernon Louis Parrington, Main Currents in American Thought. Volume Three: The Beginnings of Critical Realism in America 1860-1920, New York and Burlingame 1958, S. 410 f.
21a Zur Zeit der Verfassungsgebung wurde dieser Sachverhalt — wenn auch nicht öffentlich — benannt. Alexander Hamilton beispielsweise beschrieb ihn so: „Alle Gemeinwesen scheiden sich in die Wenigen und die Vielen. Erstere sind die Reichen und Edelgeborenen, die anderen die Masse des Volkes . . . Das Volk ist unruhig und schwankend; selten urteilt oder entscheidet es zu Recht. Man gebe deshalb der ersten Gruppe einen besonderen, dauernden Anteil an der Regierung." (zit. nach Beard, Eine ökonomische Interpretation der amerikanischen Verfassung, dt. Ausgabe, Ffm 1974, S. 256). In der politischen Theorie hört sich derselbe Sachverhalt — neutral als Demokratietheorie bezeichnet und von dahinter stehenden Interessen „befreit" — etwa so an: Die Demokratie ist die Regierungsform, in der ein Kompromiß zwischen der Macht der Mehrheit und der Macht der Minderheit gefunden werden und die Rechte der Minderheit berücksichtigt werden müssen.
22 The Federalist, edited by Jacob E. Cooke, Cleveland and New York (1961), 1967[3], Madison in Nr. 51, S. 350.
23 vgl. z.B. Federalist Nr. 47, S. 324 und Nr. 48, S. 338.
24 vgl. z.B. Federalist Nr. 48, S. 333 und Nr. 51, S. 350.
25 vgl. z.B. Federalist Nr. 51, S. 348.
26 Curti, Social Ideas, a.a.O., S. 46.
27 Cremin, Education, a.a.O., S. 442.
28 OMGUS, Russel, a.a.O., S. 10 ff.

29 *Curti*, Geschichte, a.a.O., 1. Bd., 3. Teil.
29a Beards Geschichte, a.a.O., S. 193-210.
29b ebd., S. 215.
29c *Curti*, Social Ideas, a.a.O., S. 108, 113. *Lawrence A. Cremin*, The Transformation of the School, Progressivism in American Education 1867-1957, New York 1961, S.12, zit.: Cremin, Transformation.
29d ebd., S. 9.
30 Mann schreibt z.B. „I have novel and striking evidence to prove that education is convertible into houses and lands, as well as into power and virtue" (Mann, Fifth Annual Report, Covering the year 1841, Boston 1842, Facsimile Edition, S. 82).
30a *Cremin*, Transformation, a.a.O., S. 10.
30b *Curti*, Social Ideas, a.a.O., S. 119.
30c ebd., S. 135.
30d ebd., S. 107.
30e ebd., S. 108-113.
31 *Cremin*, Transformation, a.a.O., S. 8.
32 Mann schreibt: „Now many of the most intelligent and valuable men in our community, in compliance with my request, ... have examined their books for a series of years, ... and the result of the investigation is a most astonishing superiority in productive power, on the part of the educated over the uneducated laborer. The hand is found to be another hand, when guided by an intelligent mind" (*Mann*, a.a.O., S. 85). Und in einem Brief direkt an einzelne Unternehmer gerichtet hält Mann ihnen als letztes folgendes Argument vor Augen: „Finally, in regard to those who possess the largest shares in the stock of wordly goods, could there, in your opinion, by any police so vigilant and effective, for the protection of all the rights of person, property and character, as such a sound and comprehensive education and training, as our system of Common Schools could be made to impart and would not the payment of a sufficient tax to make such education and training universal, be the cheapest means of selfprotection und insurance? ... would not such an education open to them (the poor, L-Qu) new resources in habits of industry und economy, in increased skill, and the awakening of inventive power, which would yield returns a thousand gold greater than can ever be hoped for, from the most successful clandestine depredations, or open invasions of the poverty of others? (Mann, a.a.O., S. 89).
32a *Curti*, Social Ideas, a.a.O., S. 115.
33 ebd., S. 119, 131 ff.
34 ebd., S. 227 f.
34a *Cremin*, Transformation, a.a.O., S. 13.
35 *Conant, Jefferson*, a.a.O., S. 36.
35a *Hans-Jürgen Puhle*, Der Übergang zum organisierten Kapitalismus in den USA-Thesen zum Problem einer aufhaltsamen Entwicklung, in: Organisierter Kapitalismus, hrsg. v. Heinrich August Winkler, Göttingen 1974, S. 172-194, 176 ff. Curti, Social Ideas, a.a.O., S. 205-213.
36 *Harry G. Good*, A History of American Education, New York 1956, S. 332-339.
37 *Curti*, Social Ideas, a.a.O., S. 323.
38 *Good*, a.a.O., S. 234 f; Die aufgrund der Ausweitung der Schule für alle Kinder notwendig werdende Änderung und Erweiterung der Bildungsziele und die Frage, wie in der aufgrund unterschiedlicher Begabungen notwendigen Fächervielfalt eine für alle gültige Allgemeinbildung als gemeinsame Grundlage für die Demokratie möglich ist, bildet den Ausgangspunkt der berühmten Untersuchung des Havard-Ausschusses: Allgemeinbildung in einem freien Volk, die 1945 vorgelegt wurde.
39 *Good*, a.a.O., S. 304, 448; vgl. Walter Schulze, das Schulwesen in der Bundesrepublik, in Frankreich, England und in den USA, in: Soziologie der Schule, Sonderheft 4 der Kölner Zeitschrift für Soziologie und Sozialpsychologie (1959) 1970, S. 15 f.
40 *Good*, a.a.O., S. 253.
41 *Curti*, Social Ideas, a.a.O., S. 322.
42 ebd., S. 330 f.
43 *Conant* in Froese, a.a.O., S. 95, 99.
44 Die Legitimation für diese Sicht, daß Demokratie und kapitalistisches Wirtschaftssystem zusammengehören, wird schon von den Founding Fathers hergeleitet. Im Federalist, Traktate, die zur Verteidigung, Rechtfertigung und Erläuterung der vorgeschlagenen Verfassung von den führenden konservativen Politikern Hamilton, Madison und Jay geschrieben worden sind, bevor diese dann vielleicht auch aufgrund des Einsatzes der Verfasser des Federalist in den einzelnen Staaten angenommen wurde, in diesem Buch werden wirtschaftliche Ursachen

zur Begründung der Notwendigkeit eines starken Staates explizit genannt. Im Federalist, Nr. 10 von Madison heißt es z.B.: „Unter den zahlreichen Vorteilen, die von einer richtig aufgebauten Republik erwartet werden können, verdient keiner eingehender untersucht zu werden, als die Fähigkeit, Kämpfe zwischen Gruppen, die eigennützige Interessen verfolgen, abzuschwächen und unter Kontrolle zu halten"; und weiter unten: „ Die Verschiedenheit der Fähigkeiten der Menschen, aus der die Eigentumsrechte entspringen, ist ein . . . unüberwindliches Hindernis für eine Gleichwertigkeit der Interessen. Der Schutz dieser Fähigkeiten ist die wichtigste Aufgabe der Regierung. Aus dem Schutz verschiedener und ungleicher Fähigkeiten zum Erwerb von Eigentum ergibt sich unmittelbar der Besitz von Eigentum verschiedener Art und verschiedenen Ausmaßes und aus einem Einfluß auf die Gefühle und Meinungen der Besitzer folgt eine Spaltung der Gesellschaft in verschiedene Interessengruppen und Parteien". (Federalist, a.a.O., S. 56,58). Von der politischen Theorie her geht die Behauptung, daß Demokratie und Kapitalismus einander bedingen, auf John Locke, den liberalen Theoretiker aus der Zeit der Entstehung der englischen Demokratie, zurück. Die diesbezüglichen Zusammenhänge erhellte in neuerer Zeit erstmals die Studie von Macpherson „Die politische Theorie des Besitzindividualismus". Daß die Theorie vom „freien Wettbewerb" Ideologiecharakter hat und daß der Wettbewerb in Amerika nicht nur nicht frei, sondern aufgrund zunehmender Konzentration und wirtschaftlicher Machtzusammenballung in den wesentlichen Bereichen der Wirtschaft überhaupt nicht mehr existiert, wird deutlich aus der empirischen Studie von Bernd-Peter Lange, Jürgen-Hinrich Mendner, Heinz Berzau, Konzentrationspolitik in den USA, Tübingen 1972, S. VII f. u. 823 ff.

45 *Byron G. Massialas,* Education and the Political System, Menlo-Park/Calif., London 1969, S. 20 f und National Council for the Social Studies, Research Bulletin No. 3. *John J. Patrick,* Political Socialization of American Youth, Implications for Secondary School Social Studies, A review of Research, Washington D.C. 1967, S. 27 f.
46 *Cremin,* Transformation, a.a.O., S. 66-75, S. 72.
47 *Byron G. Massialas,* American Government: We are the Greatest! in: Benjamin Cox and Byron G. Massialas (eds.) Social Studies in the United States, A Critical Appraisal, New York 1967, S. 178 f., vgl. Curti, Social Ideas, a.a.O., S. 226.
48 *Hannah Arendt,* Die Krise in der Erziehung (1958), in: Froese, Bildungskritik, a.a.O., S. 11-30, S. 12 ff.
49 Auch die in der Bundesrepublik Deutschland erstmals etwa ab 1970 ernsthaft geführte Diskussion um die Gesamtschule läuft nur am Rande unter dem Stichwort der Herstellung demokratischer Schulstrukturen bzw. unter der „regulativen Idee" der „Gleichheit der Bildungschancen" (Klafki). Bezeichnenderweise haben die Gesamtschulen in der Bundesrepublik vor allem „unter dem Vorzeichen einer ‚differenzierten Leistungsschule' ... bereits zahlreiche Anhänger", schreibt Rang. Darüber, daß es in dieser Diskussion besonders um die in unserer technisierten Leistungsgesellschaft gestiegenen Anforderungen der Industrie geht, gibt es zahlreiche Literatur. Rang schreibt dann weiter: „Erst an zweiter Stelle aber kommt — und zwar kaum schon im öffentlichen Bewußtsein, sondern getragen vom aktiven Interesse politisch und pädagogisch interessierter Minderheiten — das gesellschaftlich-politische Motiv der Sorge um die Herstellung und Bewahrung der ‚Gleichheit', das pädagogische Motiv der Hilfe und Förderung nicht nur für die leistungsfähigsten, sondern gerade auch für die leistungsschwächsten Kinder". Selbst diese Auslegung des Begriffs „Gleichheit" ist schon wieder eine Verkürzung der Diskussion, denn es handelt sich um die sozial Schwachen, denen Gleichheit gewährt werden soll. Eine angebliche „Leistungsschwachheit" wird bei ihnen jedoch oftmals erst konstituiert. *(Klafki,* Gesamtschule, a.a.O., S. 29, S. 118-123).
50 *Good,* a.a.O., S. 235
51 *Conant* in Froese, a.a.O., S. 93
52 Obwohl Rußland 1917 erst in wenigen Regionen den Weg zur Industriegesellschaft getan hatte, war Lenin sich des Bildungsrückstandes der Russen wohl bewußt und forderte eine „sozialistische Kulturrevolution", deren wichtigste Elemente die Überwindung des Analphabetentums und die Heranführung der Massen an die Technik waren. Wie das amerikanische, so kennt auch das sowjetische Bildungssystem, das sich vom 1928 ab sukzessive entwickelt hat, in seiner Organisationsstruktur keine Sackgassen. „Im Unterschied zu allen anderen europäischen Bildungssystemen ist die sowjetische Zehnjahresschule — darin der amerikanischen High School vergleichbar — dem Lehrprogramm und ihrer Funktion nach sowohl eine ‚Massenschule', als auch eine unmittelbare Vorbereitungsanstalt für die Hochschule". Diese breit ausgebaute allgemeinbildende Sekundarschule wird von über 60% der Schüler nach der 8. Klasse, bis zu der Schulpflicht besteht, weiterbesucht. *(Oskar Anweiler,* Struktur- und Entwicklungsprobleme des Bildungswesens in der Sowjetunion und in der DDR, in: Frankfurter

Hefte 26.Jg., Heft 4, April 1971, S. 265-271, Zitat auf Seite 268 f).
In den Vereinigten Staaten sind es (nach einer Stagnation von 1939 bis 1948 um 70% *Good,* a.a.O., S. 253) 1960 angeblich 90%. Allerdings umfaßt die sog. dropout-rate (das Verlassen der Schule vor der ‚graduation from high school', der Erreichung des Schulabschlusses nach dem 12. Jahr) etwa die Hälfte all derer, die das 9. Schuljahr begonnen haben *(Grace Lee Boggs,* Education: The Great Obsession, in: Monthley Review, Volume 22, 4. Sept. 1970, S. 18-39, S. 22 f), so daß andere Autoren lediglich sagen, daß über 70% die High School besuchen. (*Conant* in Froese, a.a.O., S. 93). Die Schulpflicht beträgt in 40 Staaten der USA ohnehin nur 10 Jahre, nur in 4 Staaten 12 Jahre. (Soziologie der Schule, Sonderheft 4 der Kölner Zeitschrift für Soziologie und Sozialpsychologie, (1959), 1970^8, S. 4).

53   Die Erreichbarkeit der Chancengleichheit durch gleiche Erziehung hat sich spätestens mit der Intensivierung der amerikanischen Sozialisationsforschung nach dem 2. Weltkrieg und der aufgrund dieser Forschung in den sechziger Jahren entstandenen kompensatorischen Erziehungsprogramme als Ideologie entlarvt. Dewey kam jedoch bereits 1916, als noch nicht einmal 20% die High School besuchten (Kombination von *Good,* a.a.O., S. 253 und *Boggs,* a.a.O., S. 227) aufgrund seiner Theorie der Erfahrung, die schon Grundlage seiner früheren Schriften war, zu der Erkenntnis, daß die jeweilige soziale Umgebung der Kinder deren spezifische Wahrnehmung beeinflußt.
(*John Dewey,* Democracy and Education, An Introduction to the Philosophy of Education, New York 1961 (1916) dt.: Demokratie und Erziehung, Eine Einleitung in die philosophische Pädagogik, übersetzt von Erich Hylla, Braunschweig, Berlin, Hamburg u.a. 1964, S. 11/27 (Die erste Zahl verweist auf die englische, die zweite auf die deutsche Ausgabe) zit.: D.E.
Daher sein Appell, vom einzelnen Kinde auszugehen, „we must take our stand with the child and our departure from him". (*John Dewey,* The Child and the Curriculum, zusammen mit School and Society veröffentlicht, Chicago 1956 (1902), 1. Teil, S. 3-31, S. 9 zit.: C.C.), eine Einsicht, der die sogenannte Progressive Schulbewegung Folge zu leisten sich bemühte, wobei sie allerdings die zweite Hälfte, nicht beim Kinde stehen zu bleiben, sondern bei ihm nur den Ausgangspunkt zu nehmen, vernachlässigte bzw. vergaß (s. dazu Kapitel 2.2.). Ein Exponent der sogenannten Progressiven, der als Dean des Teachers College von New York in Amerika viel Einfluß hatte, formulierte Deweys Erkenntnis in einer nach 1945 im Rahmen der Re-education-Politik konzipierten Gastvorlesung für amerikanische Erziehungsoffiziere über die Philosophie des amerikanischen Erziehungssystems folgendermaßen: „Familien und Kinder sind in ihren Fähigkeiten ungleich, haben unterschiedliche Begabungen (talents) und Ziele im Leben. Um sich auf diese Ungleichheiten einzustellen, muß man verschiedene Bildungsangebote machen. Chancengleichheit ist nicht die Identität von Chancen" (Ob hier mit ‚talents' angeborene Anlagen oder erworbene Fähigkeiten gemeint sind, ist unklar). (OMGUS, Russel, S. 16) Empirisch gesichertes Ergebnis der USA wie für 18 Länder zu der Tatsache, daß Sozialstatus und naturwissenschaftliche Testleistungen noch in den Abschlußklassen stark korrelieren, liegen jetzt in dem Buch vor: *L.C. Comber* and *John P. Keeves,* Science Education in Nineteen Countries, Stockholm 1973 (Die ZEIT, Nr. 24, vom 8.6.73, „Weltweit geprüft", von Th. von Randow)

54   So löste die Etablierung vieler faschistischer Diktaturen in Europa das Gefühl der Gefährdung auch der amerikanischen Demokratie aus und das Bedürfnis, diese zu stabilisieren. In diesem Zusammenhang fertigte u.a. die Educational Policies Commission (vom amerikanischen Lehrerverband eingesetzt) verschiedene Untersuchungsberichte zur Erziehung:
1) The Unique Function of Education in American Democracy (largely the work of Charles A. Beard) Washington, D.C. National Education Association 1937.
2) The Education of Free Men in American Democracy Washington, D.C., N.E.A., 1941
3) Education for all American Youth, Washington. D.C., N.E.A., 1944
Charles A. Beard betonte in einem Überblick über die Geschichte der amerikanischen Erziehung besonders die Funktion, die sie von Anfang an zur Aufrechterhaltung einer demokratischen Regierung gehabt hatte und wies dann darauf hin, daß in dieser Zeit der Infragestellung der Demokratie," die Bedingungen und Methoden, die zur Erhaltung der Demokratie angemessen sind, wieder in das Zentrum des erzieherischen Interesses treten". (S. 91) Durch „Betonung der sozialen Pflichten" muß die Erziehung nunmehr einer assoziierten Wirtschaftsform dienen (im Gegensatz zum praktizierten Laissez-faire-Liberalismus) und die Jugend für gemeinschaftliche Lebensformen und Aktivitäten vorbereiten (S. 92)
Die Re-education-Bemühungen, die in Westdeutschland bis 1952 währten, sind Höhepunkt des amerikanischen Glaubens an die Macht der Erziehung.

55   Außerdem ist darauf zu verweisen, daß einerseits der Deweyismus – die als Anwendung „Deweys" verstandene Umsetzung in die Schulpraxis, die ein gründliches Mißverständnis war –

Ausgangspunkt für die neuerliche amerikanische Curriculumrevision von heute bildet, die — so z.B. Jerome Bruner — z.T. wieder an Dewey anknüpft, so daß seine Gedanken in den USA erneut Akutalität gewonnen haben. Dies war für diese Arbeit unter dem Aspekt von Bedeutung, daß ursprünglich noch ein Kapitel zur Problematik der Adaptation amerikanischer Social Studies Curricula geplant war.

56 Als dieser Teil über Dewey verfaßt wurde, existierte keine neuere Interpretation Deweys, die versuchte, eine Bildungskonzeption in ihrer Gesamtheit aufzuzeigen. Mittlerweile erschien: Hans-Jürgen Apel, Theorie der Schule in einer demokratischen Industriegesellschaft. Rekonstruktion des Zusammenhanges von Erziehung, Gesellschaft und Politik bei John Dewey in der Reihe: Schule in der Gesellschaft, hrsg. v.H.H. Groothoff und Wulf Preising, Düsseldorf 1974. Inhaltlich ergeben sich — abgesehen von unterschiedlichen Fragestellungen und dem dadurch bedingten Aufbau sowie von der Ausführlichkeit — mehrere Überschneidungen. An Stelle wiederholt erscheinender Verweise wurde nur dieser generelle Hinweis auf Apel gewählt; vgl. die Rezension der Verf. in: PVS, 1978, Heft 2.

56a Frederick J. Turner lenkte als erster die Aufmerksamkeit der jungen historischen Schule, die dem neuen amerikanischen Liberalismus vom Anfang dieses Jahrhunderts erwuchs, auf die Bedeutung der Frontier für das amerikanische Leben. (Parrington, a.a.O., S. 404).

57 *Beard*, Interpretation, a.a.O., Vorwort zur 2. Aufl. von 1935, S. VI.
57a *Curti*, Geschichte, a.a.O., 2. Bd., S. 239-258 R. Hofstadter, a.a.O., S. 206-237-282
57b *Parrington*, a.a.O., S. 403
58 *Cremin*, Transformation, a.a.O., S. 59
59 *Parrington*, a.a.O., S. 403
60 *Frederic Lilge*, John Dewey's Social and Educational Thought in Retrospect (1959) in: Froese, Bildungskritik, a.a.O., S. 43-56, S. 44 f zit.: Lilge in Froese, Bildungskritik vgl. Curti, Social Ideas, S. 503 und 509 f
61 *John Dewey*, The Public and its Problems, Denver 1954 (1927), das Kapitel: The Democratic State, S. 75-109, S. 104 f
62 *Curti*, Social Ideas, S. 514 f und 517
63 *John Dewey*, The School and Society (zusammen mit The Child and the Curr. veröffentlicht), Chicago 1956 (1900), 2. Teil S. 6-159, S. 11 f zit.: SS
64 *Oscar Handlin*, Die historische Bedingtheit des Erziehungsdenkens John Deweys, in: Werner Corell (Hrsg.) Reform des Erziehungsdenkens, Weinheim/Bergstraße 1966[2] (1963), S. 101-136, S. 114 zit.: Handlin in Corell
65 DE 136/183 und 255/335
66 DE 250/329 und 261/343
67 Handlin in Corell, a.a.O., S. 117 und 124
68 DE 192/256
69 DE 289/376
70 DE 122/166 (eigene Übersetzung) wenn immer (e.Ü.) hinter der deutschen Seitenzahl erscheint, hat die Verfasserin den Text selbst übersetzt, da die Übersetzung von Hylla nicht hinreichend klar erschien.
71 *Fritz Bohnsack*, John Deweys Theorie der Schule (1964) in: Froese/Bildungskritik, S. 149-179, S. 154
72 *John Dewey*, Erfahrung und Erziehung, (Englisch: Experience and Education, 1938) übersetzt von Werner Corell, in: Werner Corell (Hrsg.) Reform des Erziehungsdenkens, a.a.O., S. 27-99, S. 31 zit.: E E
73 DE 53/79
74 DE 2/16 f
75 DE 53/79
76 DE 44/68 f
77 DE 74 f/105 f
78 EE 34 f
79 EE 38
80 EE 53-56
81 DE 139 f/187
82 EE 47 f.
83 *Lawrence A. Cremin*, The Commitment to Popular Education (1965), in Froese, Bildungskritik, a.a.O., S. 57-71, S. 59 zit.: Cremin in Froese
84 *Cremin* in Froese, a.a.O., S. 70.
85 DE 22/42
86 SS 18

87	DE 20/39 f
88	DE 11/27
89	DE 20/40
90	DE 317/409
91	SS 29
92	DE 87/120 f
93	*John Dewey*, Education as Politics, in: The New Republic, Vol. 32, 1922, S. 139-141
94	*Cremin* in Transformation, a.a.O., S. 121
95	DE 81/113
96	DE 87/121 (e.Ü.)
97	DE 359/458 f
98	DE 119 f/162 (e.Ü.)
99	*Frank Achtenhagen, Hilbert L. Meyer* (Hrsg.) Curriculumrevision - Möglichkeiten und Grenzen, München, 1971, S. 12
100	DE 123/168
101	*Cremin* in Froese, S. 71
102	CC 9
103	DE 137/185
104	DE 163/218
105	DE 137/185
106	DE 163/218
107	Der deutsche Begriff „Kultur" ist auf keinen Fall auch nur annähernd der adäquate Begriff für das, was Dewey nach seiner Neudefinition der Bedeutung von „culture" — die sicher auch über den im Begriff „culture" enthaltenen Gehalt hinausgeht — sagen will. „Kultur" wird in Deutschland oft besonders verkürzt verstanden als „Gesamtheit der geistigen und künstlerischen Ausdrucksformen eines Volkes (Kunst, Wissenschaft usw.) (Wahrig, Dt. Wörterbuch, Gütersloh (1968) 1972). Gerade die nicht unmittelbar intellektuellen Impulse zur Produktion, zur Einbeziehung körperlicher Tätigkeiten, wie sie ursprünglich zur Kultivierung, zur Urbarmachung des Bodens, zum Anbau von Pflanzen und zum Bau von Niederlassungen und damit zur Entstehung von Kultur angewandt wurden, sind im deutschen Sprachgebrauch des Wortes Kultur weigehend eliminiert. Um Deweys Intention zu erfassen, müßte also eigentlich ein neuer Begriff gefunden werden.
108	DE 195/258 f
109	SS 26
110	DE 18 f/37 (e.Ü.)
111	DE 51/77 (e.Ü.)
112	DE 196/260
113	DE 196/261 (e.Ü.)
114	ebd.
115	DE 199/265
116	DE 40/64
117	SS 16
118	DE 200/266
119	EE 81 f
120	*Klaus Huhse*, Theorie und Praxis der Curriculumentwicklung. Ein Bericht über Wege der Curriculum-Reform in den USA mit Ausblicken auf Schweden und England, in: Institut für Bildungsforschung in der Max-Planck-Gesellschaft, Studien und Bericht, Bd. 13, Berlin 1968, S. 12
121	DE 134/181
122	DE 163/218
	Dewey hat diese Denkmethode später nochmal ausführlich dargelegt in seinem Buch: „How We Think", Boston 1933. Auf dieses Buch rekurriert die moderne amerikanische Curriculumreform besonders stark. So druckte z.B. Edwin Fenton (Ed.) in dem Buch „Teaching the New Social Studies in Secondary Schools, An inductive approach", New York, Chicago u.a. 1966, in dem 7. Kapitel unter dem Titel „Discovery Method", die Seiten 106-116 aus Deweys Buch unter dem Titel „Reflective Thinking", in denen die fünf Schritte noch einmal ausführlich dargelegt sind, wieder ab. Den zweiten Teil des 7. Kapitels bildet ein Aufsatz von Jerome Bruner unter dem Titel „The Act of Discovery".
123	DE 193/257
124	DE 192/256 (das Wort „Lehrplan" durch Curriculum ersetzt)
125	*Cremin* in Froese, a.a.O., S. 63

126 DE 45/69
127 EE 60
128 DE 289 f/376 f
129 DE 215/285
130 DE 215 f/286
131 DE 214/283 f
132 SS 157. Bereits dort behandelt Dewey das Problem in einem Kapitel „The aim of History in Elementary Education," S. 150-159
133 *Helmut Becker, Peter Bonn und Norbert Groddeck*, Demokratisierung als Ideologie? Anmerkungen zur Curriculum-Entwicklung in Hessen, in: b: e, Nr. 8, 1972 S. 19-31, S. 21
134 *Cremin*, Transformation, a.a.O., S. 88
135 *Cremin*, Transformation, a.a.O., S. 181
136 ebd., S. 220
137 *Huhse*, a.a.O., S. 136
138 EE 41
139 EE 80
140 EE 91
141 EE 35
142 *Cremin*, Transformation, a.a.O., S. 239
143 *Herbert von Borch*, Amerika – die unfertige Gesellschaft, München 1964, S. 107
144 *Hermann Röhrs*, Die amerikanische Schule in der gegenwärtigen Diskussion (1959) in: Froese, Bildungskritik, a.a.O., S. 191-211, S. 200 f zit.: Röhrs in Froese
145 *Cremin*, Transformation, a.a.O., S. 207
146 ebd., S. 234 f
147 So wie der Terminus „child-centered", wird auch der des „learning by doing" noch heute fast von jedermann Dewey zugeschrieben. In seinen hier benutzten eigenen Schriften taucht m.E. keiner der beiden Begriffe auf.
147a *Leonhard Froese*, Die Überwindung des Deweyismus in den USA (1965), in: Froese, Bildungskritik, a.a.O., S. 179-191, S. 185 zit.: Froese in Froese, Bildungskritik
148 EE 90
149 DE 200/266
150 *Cremin*, Transformation, a.a.O., S. 159
151 *Lawrence A. Cremin*, The Genius of American Education, New York 1965, S. 51, zit.: Cremin, Genius vgl. Cremin, Transformation, a.a.O., S. 142
152 EE 30
153 EE 36
154 *Cremin*, Transformation, a.a.O., S. 269.
155 ebd., S. 348-351, S. 349.
156 Vermutlich liegt in der Tatsache, daß Dewey die Schwierigkeiten für Chancen und Möglichkeiten der Verwirklichung seines an sich revolutionären Erziehungskonzeptes selbst zwar gesehen, aber nicht durchdacht hat, eine Ursache für das „Abgleiten" des Erziehungsergebnisses in die affirmative Life Adjustment Education in Amerika bzw. in das konservative und unpolitische Partnerschaftskonzept Oetingers in der politischen Bildung in Westdeutschland. Dieser zum „Miteinander-Füreinander" verflachte Dewey spielte auch in der Re-education-Politik eine Rolle, wenn es in einem Papier z.B. hieß: „Als eine Einrichtung zur Schaffung besserer Einzelmenschen zum Zwecke der Schaffung einer besseren Welt müssen sie (die deutschen Schulen, L-Qu) darum rasch und gründlich die leitenden Gesichtspunkte für ihr Tun unter äußerlicher Autorität auf solche der Zusammenarbeit von innen heraus umstellen." (OMGUS, Curr-Report 298-2/5, Grundprinzipien der dynamischen Erziehung, (41 Seiten) S. 5, o.J.) Wie aus dem Text hervorgeht, wurde der Bericht dem Erziehungs- und dem Lehrplanausschuß des Kontrollrates vorgelegt sowie den Mitgliedern der Militärregierung; die in Teil III vorgelegte Entschließung ist mit L. Thomas Hopkins und Bernice Bexter gezeichnet. zit.: OMGUS, dynamische Erziehung.
157 *OMGUS, Russel*, S. 7.
158 Long-Range Policy Statement For German Re-Education, Draft by Committee on German re-education (Body of consultants assembled by the Department of State to study this problem), May 28 and 29, 1945. Revised and approved by the State-War-Navy Coordinating Committee, 16 May 1946 (SWNCC 269), aus den Akten des Office of Military Government (U.S.) Occ area 1015; diese Version von SWNCC 269 ist abgedruckt in: Dep. of State, Foreign Relations of the United States, Diplomatic Papers, The Conference of Berlin (The Potsdam Conference), 1945, Dep. of State Publ. 7015, 2 vol. Washington D.C. 1960, S. 485 f.

Bungenstab, a.a.O., S. 181 f enthält einen Abdruck der Version 269/5 vom 5. Juni 1946, die in den Punkten 6 und 7 gekürzt ist (Punkt 8 fehlt ganz) und der zukünftigen Politik mehr Entscheidungsspielraum gab. Seine Version stammt aus: Department of State, Germany 1947 - 1949, The Story in Documents, Dep. of State Publication 3556, European and British Commonwealth Series 9, Washington D.C., March 1950, S. 541 f, zit.: SWNCC 269/5.

159 *Bungenstab*, a.a.O., S. 65.
160 ebd.
161 Die Medienpolitik der Information Control Division (JCD) wurde nur am Rande berührt (vgl. Zook Report S. 38); die Vorschläge auf den anderen Gebieten waren weit weniger konkret als die zur Schulpolitik und erlangten auch nicht die Bedeutung. Von daher ist es verständlich, daß sich das Interesse der Forschung — wie auch hier — immer wieder den amerikanischen Einwirkungsversuchen auf das deutsche Erziehungssystem zuwendet. Lediglich zur Pressepolitik liegt eine umfangreiche Untersuchung vor von *Harold Hurwitz*. Die Stunde Null der Deutschen Presse, Die Amerikanische Pressepolitik in Deutschland 1945 - 1949, Köln 1972.
Die gesamten, mit Beginn der aktiveren Rehabilitationspolitik, die für den Bereich der Umerziehung mit SWNCC 269 eingeleitet wurde (vgl. dazu die Ausführungen in 3.2.), neu formulierten Direktiven für das Erziehungswesen, die Jugendorganisationen, die Medien- und die Kirchenpolitik sind in dem in Anm. 158 angegebenen Dokumentenband, Germany 1947 - 1949, auf den Seiten 541 - 631 zu finden.
162 Department of State, Report of the United States Education Mission to Germany, Publication 2664, European Series 16, Washington D.C., 1946, (e.Ü.) S. 23, zit.: Zook-Report.
163 *Curti*, a.a.O., S. 337.
164 *Rolla M. Tyron*, The Social Sciences as School Subjects, New York 1935, S. 263. Report of the Commission of Social Studies.
165 ebd., S. 244.
166 ebd., S. 328.
167 OMGUS, ECRD, Education Branch, „Visiting Consultants Reports", Vol. VI, William H. Lucio, The Kreis Weilheim Demonstration Projects, S. 349, Protokoll über das Referat von Mr. Wirth über die Entwicklung der Social Studies in den USA vom 26. Mai 1949, aus den Akten der State Department Library.
168 OMGUS, 108, Experts Correspondence 15-1/8. Burr W. Phillips, Geschichte und andere Sozialstudien in Amerikanischen Schulen 1890 - 1946, o.D., S. 1-3.
169 *Edgar Bruce Wesley*, Teaching the social studies, theory and practice, New York, Boston, Chicago u.a. London 1937, S. 147 ff.
170 *Peter Odegard*, The Social Sciences in the Twentieth Century, in: James S. Shaver, Harold Berlak (eds.) Democracy, Pluralism and the Social Studies, Readings and Commentary, An Approach to Curriculum Decisions in the Social Studies, Boston, New York, Atlanta 1968, S. 278-289, S. 280.
170a *Ernst-August Roloff*, Psychologie der Politik, Eine Einführung. Stuttgart 1976, S. 9.
171 *Lilge* in Froese, Bildungskritik, S. 47 f.
172 DE 210 f/278 ff.
173 *Tyron*, a.a.O., S. 326 f, vgl. Philipps, a.a.O., S. 2.
174 *Curti*, a.a.O., S. 548 f.
174a Eine Aufzählung der 17 Bände des Reports of the Commission on the Social Studies der American Historical Association, New York 1932 - 1936, findet sich in dem Aufsatz von Malcolm Searle: Suggestions for a Social Studies Professional Library, in: Social Education 1969, Vol. 33, S. 95-102.
175 *Earl S. Johnson*, The Social Studies Versus the Social Sciences, in Shaver, Berlak (eds.), a.a. O., S. 313-321.
175a *Frithjof Oertel*, Social Sciences versus Social Studies, Auswirkungen dieses Spannungsverhältnisses auf die amerikanische Curriculumreform, in: Dietrich Hoffmann und Hans Tütken (Hrsg.) unter Mitwirkung von Frithjof Oertel. Realisitische Erziehungswissenschaft, Beiträge zu einer Konzeption, Heinrich Roth zum 65. Geburtstag, Hannover, Berlin, Darmstadt u.a. 1972, S. 275-304, S. 276 f, zit.: Hoffmann, Tütken, Realistische Erziehungswissenschaft.
176 *Charles Edward Merriam*, Civic Education in the United States, New York 1934, S. XIII. Report of the Commission of the Social Studies
177 so: Robert D. Hess and Judith V. Torney nach: National Council for the Social Studies, Research Bulletin No. 3, John J. Patrick, Political Socialization of American Youth: Impli-

cations for Secondary School Social Studies, A Review of Research, Washington, D.C., 1967, S. 44, zit.: Patrick.
177a vgl. dazu *Roloff,* a.a.O., S. 8.
177b *Odegard,* a.a.O., S. 283.
178 *Byron G. Massialas,* Education and the Political System, Menlo Park, California; London; Don Mills, Ontario 1969, S. 54 f, zit.: Massialas, Education.
178a Mitteilungen der Pädagogischen Arbeitsstelle Curriculum and Textbook Revision Center, Stuttgart, 1. Jahrgang 1948. Schule und Gegenwart, Pädagogische Monatszeitschrift, hrsg. vom Office of the Land Commissioner for Bavaria, Abteilung für Erziehung, München. 1. Jahrgang 1949.
179 Die Kommission setzte sich nach den Angaben von Merriam aus 4 Historikern, 3 Erziehungswissenschaftlern, 2 Ökonomen, 2 Politikwissenschaftlern, 1 Professor der Didaktik der Geschichte, 1 Geographen, 1 Soziologen, 1 Collgepräsidenten und einem Oberschulrat zusammen.
180 *Merriam,* a.a.O., S. 10.
181 ebd., S. XI, vgl. Charles A. Beard, A Charter for the Social Sciences in the Schools, New York 1932, S. 58, S. 62 f. Report of the Commission of the Social Studies, Vol.VII, zit.: Beard, Charter.
182 *Beard,* Charter, S. 96.
183 ebd., S. 106 vgl. *Merriam,* a.a.O., S. XVII.
184 *Beard,* Charter, S. 98.
185 *Merriam,* a.a.O., S. IX.
186 ebd., S. X.
187 *Beard,* Charter, S. 117.
188 ebd., S. 70.
189 *Charles A. Beard,* The Nature of the Social Sciences, S. 193-225, Report of the Commission of the Social Studies, Vol. XVII zusammengefaßt, abgedruckt und zitiert nach: Wesley, a.a. O., S. 170 f.
190 *Curti,* a.a.O., S. 526.
191 Shaver, Berlak (eds.), a.a.O., part. 3. History and the Social Studies, S. 165.
192 *M. Kent Jennings,* Correlates of the Social Studies Curriculum, Grades 10-12, in: Cox, Massialas, a.a.O., S. 289-309, S. 294.
193 *Benjamin Cox,* American History, Chronology and the Inquiry Process in: Cox Massialas, a.a.O., S. 55-79, S. 71, 75.
194 *Smith, Patrick,* a.a.O., S. 107.
195 *Malcolm P. Douglass,* Social Studies, From theory to practice in elementary education, Philadelphia, New York, 1967, a.a.O., S. 45-66, vgl. z.B. den Artikel von James L. Barth and S. Samuel Shermis, Defining the Social Studies: An Exploration of the three traditions, Social Education Nov. 1970, S. 744-754 und 759.
196 *Byron G. Massialas,* American Government: We are the Greatest! in: Benjamin Cox and Byron G. Massialas (eds.), Social Studies in the United States: A Critical Appraisal, New York 1967, S. 167-195, S. 178 f, zit.: Cox, Massialas.
196a Massialas faßt die Ergebnisse seiner eigenen Untersuchungen, die sich nach seiner Aussage mit denen der meisten anderen Analysen decken, wie folgt zusammen: „In effect the following picture of America is given to the younger generation:
(1) the government operates on the principle of the consent of the governed;
(2) America is the best country to live in;
(3) American citizens are the most rational voters:
(4) The American form of government is the best and most appropriate for all societies at any stage of developement and
(5) since America is both the most powerful and the most democratic state, it should be the world's keeper. In sum „We are the greatest" — to paraphrase Cassius Clay — is the philosophy that predominates in secondary school textbooks on government."
197 ebd., S. 184.
198 *Frederick R. Smith* and *John J. Patrick,* Civics: Relating Social Study to Social Reality, in: Cox, Massialas, S. 105-127, S. 111-114, zit.: Smith, Patrick.
199 *Massialas,*Education, a.a.O., S. 49.
200 *Hans-Hermann Hartwich,* Die wissenschaftlichen Fächer der politischen Bildung in der Higher Education der USA, in: Gesellschaft-Staat-Erziehung, 1962, Heft 6, S. 351-360, S. 356 f.
201 *Smith, Patrick,* a.a.O., S. 115-117.
202 *Bruce R. Joyce,* The Primary Grades, A Review of Textbook Materials, in: Cox, Massialas,

a.a.O., S. 15-36, S. 17-19, S. 21 f, vgl. *Malcolm P. Douglass,* Social Studies, From theory to practice in elementary education, Philadelphia, New York, 1967, S. 55.
203   *Massialas,* Education, a.a.O., S. 54.
204   so Hess/Torney nach: Massialas, Education, a.a.O., S. 47.
205   *Massialas,* Education, a.a.O., S. 64.
206   *Patrick,* a.a.O., S. 19.
206a Diese Parteiidentifikation überwog der Forschung zufolge bis zum Ende der sechziger Jahre. Die neueste Forschung (Bernheim Sandquist) geht davon aus, daß seitdem die „issueorientation" überwiegt, eine Orientierung der Wähler an bestimmten, die politischen Entscheidungen stark beeinflussenden Ereignissen und Problemen.
207   *Kenneth P. Langton,* Political Socialization, New York, Oxford, London 1969, S. 89.
208   *Patrick,* a.a.O., S. 25.
209   ebd., S. 27.
210   *Langton,* a.a.O., S. 97-100, vgl. *Patrick,* a.a.O., S. 36 f.
211   *Langton,* a.a.O., S. 92-95.
212   „The central principles of government based on democratic theory are majority rule and minority rights." M.D. Irish, J.W. Prothro, The Politics of American Democracy, N.J. Prentice Hall 1965, p. 55, zit.: nach John J. Patrick, The Impact of an Experimental Course, „American Political Behavior", on the Knowledge, Skills and Attitudes of Secondary School Students, in: Social Education, Vol. 36, No. 2, Febr. 1972, S. 168-179, S. 176.
213   ebd.
214   John J. Patrick, Implications of Political Socialization Research for the Reform of Civic Education, in: Social Education, Volume 33, No. 1, January 1969, S. 15-21, S. 17; vgl. *Massialas,* a.a.O., S. 50, S. 62 f, vgl. *Langton,* a.a.O., S. 115.
215   *E.C. Devereux, Uri Bronfenbrenner, G.H. Suci,* Zum Verhalten der Eltern in den Vereinigten Staaten und in der Bundesrepublik Deutschland (1962) in: Ludwig von Friedeburg (Hrsg.) Jugend in der modernen Gesellschaft, Köln, Berlin 1965.
216   vgl. dazu die Studie der International Association for the Evaluation of Educational Achievement (IEA), die den deutschen Kindern dieser Altersgruppe die niedrigsten Werte attestierte, vgl. den Aufsatz von Abraham N. Oppenheim, Neue Grundlagen für die Demokratie in Deutschland – Fiktion oder Wirklichkeit, in: Neue Sammlung 1/1976, S. 47 ff, S. 56.
217   *Langton,* a.a.O., S. 100-115.
218   *Howard D. Mehlinger* and *John J. Patrick,* die beiden Autoren des New Social Studies Projektes „American Political Behavior" (APB) weisen in ihrem Aufsatz „The Use of Formative Evaluation in an Experimental Curriculum Project, A Case in the Practice of Instructional Materials Evaluation", in Social Education, vol. 35, No. 8 Dec. 71, S. 884-887 und 892 auf folgendes hin:
„It is unlikely that any civics course would be accepted by the schools that undermined the attainment by students of socially prescribed „fundamental, American political values." APB wurde deshalb auch gar nicht entwickelt, um die attitudes der Schüler zu beeinflussen, sondern nur um knowledge and skills zu erweitern. Da APB ein an der politischen Realität, an der Austragung und Behandlung von Konflikten orientierter Kurs ist und deshalb von traditionellen Verfechtern der Social Studies starken Anfeindungen ausgesetzt ist, heißt es in dem Artikel weiter „the developers hoped that the course would not have a „negative" impact on student political attitudes (S. 887). Und nach Messung von political tolerance, sense of political efficacy, political interest, political trust, support of majority rule practices, and support of political pluralism wird befriedigt bekannt gegeben: „As a whole, the student performance on the political attitude instrument indicated a very slight movement in a „positive" direction on each set of items except the political interest set" (S. 892).
219   *Massialas,* Education, a.a.O., S. 64.
220   *Gunnar Myrdal,* American Values and American Behavior: A Dilemma in: Shaver, Berlak (eds.), a.a.O., S. 90-97, S. 91.
221   vgl. dazu ausführlich *Bodo Voigt,* a.a.O., S. 263-268.
222   Mündliche Aussage von Susanne Mueller Shafer im Sommer 1972, einer amerikanischen Professorin für Social Studies, die in den USA mit einer Arbeit über den amerikanischen Einfluß in der Besatzungszeit auf die westdeutsche Volksschule promoviert hat unter besonderer Berücksichtigung der Social Studies Konzepte.

zum Kapitel 3

1. *Bungenstab*, Umerziehung, a.a.O., S. 28
2. so: Bungenstab, Umerziehung; Huelz, Klewitz und Hans-Joachim Thron, Schulreform im besiegten Deutschland, Die Bildungspolitik der amerikanischen Militärregierung nach dem Zweiten Weltkrieg, unveröffent. Diss. der Philosophischen Fakultät München, 1972;
3. *Golo Mann*, Deutsche Geschichte des 19. und 20. Jahrhunderts Frankfurt/M. 1958, 1966. S. 903.
4. Stichwort: Spaltung und Wiedervereinigung Deutschlands in: SBZ von A-Z, Ein Taschen- und Nachschlagebuch über die sowjetische Besatzungszone Deutschlands, hrsg. vom Bundesministerium für gesamtdeutsche Fragen, 9. Auflage, Bonn 1965.
  Als prototypisch für die Schwarz-Weiß-Darstellung der fünfziger und sechziger Jahre — besonders die amerikanische Politik einerseits und die sowjetische „Besatzungsherrschaft" andererseits betreffend (man achte auf das diesbezügliche Vokabular!) — können die „Informationen zur Politischen Bildung" — ausdrücklich „Für die Hand des Lehrers" geschaffen — gelten: „Die Amerikaner übertrugen von vornherein den Ländern ihrer Zone wesentliche Befugnisse der Gesetzgebung und Verwaltung, und zwar sowohl hinsichtlich der Landes- wie der früheren Reichsaufgaben; sie wurden schrittweise immer mehr erweitert und die direkte Militärverwaltung entsprechend abgebaut. Die Engländer behielten sich die Gesetzgebungsbefugnisse zunächst ausschließlich vor... Die Franzosen führten bis zum Sommer 1948... die wichtigsten Aufgaben... selbst durch. Die sowjetische Besatzungsmacht prägte in systematischer und konsequenter Weise von Beginn an die staatliche und politische Organisation ihrer Zone in der Art und Weise ihres kommunistischen Staatssystems um." (aus: Informationen... Die Bundesrepublik Deutschland, Teil I: Das Werden der Bundesrepublik Deutschland und die Entwicklung bis zum Abschluß des Deutschlandvertrages 1952, S. 3).
5. *John Gimbel*, The American Occupation of Germany, Politics and the Military 1945-1949, Stanford California 1968. dt.: Die amerikanische Besatzungspolitik in Deutschland 1945-1949, Frankfurt/Main 1971.
6. *Gimbel*, a.a.O., S. 13 f
7. Das Vorgehen in dieser Arbeit ist, anders als in den bisher vorliegenden Untersuchungen, nicht eine Nachforschung des chronologischen Prozesses der Kämpfe der verschiedenen Richtungen und der jeweiligen Ergebnisse, sondern eine Analyse der Konzeptionen im Ganzen. Auf diesem Wege entstand eine von den bisher vorliegenden Einschätzungen abweichende Analyse der ersten amerikanischen Direktive für die Nachkriegszeit JCS 1067, die mir selbst aus einer Studienübung über die Deutschlandpolitik der Alliierten von 1939-45 her noch als „Morgenthaudirektive" in Erinnerung ist.
8. *Conrad F. Latour, Thilo Vogelsang*, Okkupation und Wiederaufbau, Die Tätigkeit der Militärregierung in der amerikanischen Besatzungszone Deutschlands, 1944-1947, Stuttgart 1973, S. 24. zit. Latour
9. *Robert Fritzsch*, Entnazifizierung, Der fast vergessene Versuch einer politischen Säuberung nach 1945, in: aus politik und zeitgeschichte, Beilage zur Wochenzeitung das Parlament, B 24/72, S. 12
10. Clay am 2. Dezember 1945 in einem Memorandum über die Revision der Direktiven für die Militärregierung in Deutschland. zit. nach Gimbel, Besatzungspolitik, a.a.O., S. 18
11. *Ernst Deuerlein*, Die Einheit Deutschlands Bd. I Die Erörterungen und Entscheidungen der Kriegs- und Nachkriegskonferenzen 1941-1949, Darstellung und Dokumente Frankfurt/M, Berlin 1961, S. 57
12. *Latour*, a.a.O., S. 17
13. *Deuerlein*, a.a.O., S. 120
14. *Hans-Hermann Hartwich*, Sozialstaatspostulat und gesellschaftlicher status quo Köln, Opladen 1970, S. 65 und 72
15. Die eingehendste Schilderung gibt Paul J. Hammond, Directives for the Occupation of Germany: The Washington Controversy, in: Harold Stein (ed.) American Civil Military Decisions, A Book of Case Study, Birmingham Alabama 1963, S. 311-464. In der offiziellen Diskussion auf staatlicher Ebene standen sich zunächst vor allem einerseits das Schatzministerium mit Finanzminister Morgenthau an der Spitze, andererseits das Kriegs- und Außenministerium (State Department) gegenüber. Letzteres verfügte aber über sehr viel weniger Einfluß auf Roosevelt als Morgenthau. Während der Austragung der Kontroverse gab es jedoch die verschiedensten Koalitionen. Die zunächst in den Staaten ausgebildeten, später in Europa angesiedelten Planungsstäbe sind weitgehendst der zweiten Seite zuzurechnen. Sie arbeiteten z.T.

den betreffenden Besatzungsbehörden in Deutschland allerdings wurden die Mogenthau'schen Vorstellungen von vielen nicht geteilt. (vgl. *Hurwitz*, a.a.O., S. 45; *Bungenstab*, a.a.O., S. 44). Durch die Verbindung MacLeish-OWI-Institute on Re-education — Elmer Davis — Medienpolitik findet die Bedeutung, die die totalen Umerziehungsvorstellungen in der deutschen Öffentlichkeit erlangten, ihre Erklärung.
Prominentestes Mitglied war Friedrich Wilhelm Foerster, der 1940 aus der französischen Emigration in die amerikanische geflohen, inzwischen zum „Vansittartisten" geworden war. Im Dezember 1943 wurde auf seine Initiative hin die „Society for the Prevention of World War III" gegründet. Der Morgenthauplan vom September 1944 trägt eben diese Überschrift. Auch wenn sich „aus den inzwischen ermöglichten Einblicken in die Entstehungsgeschichte des Morgenthau-Planes nicht erkennen(läßt), daß ‚vansittartistische' Emigranten dabei eine nennenswerte Rolle gespielt hätten" (Joachim Radkau, Die deutsche Emigration in den USA. Ihr Einfluß auf die amerikanische Europapolitik 1933 - 1945. Düsseldorf 1971, S. 209), muß man sicher zumindest von einem indirekten Einfluß ausgehen, da sich das Vokabular und die Argumentationsweise auf beiden Seiten ungeheuer ähneln. So begann das Programm der Society z.B. damit, unter Berufung auf die deutsche Geschichte klarzustellen, daß man die Nationalsozialisten und das deutsche Volk nicht trennen dürfe und könne. (*Radkau*, a.a.O., S. 208) Übrigens erweist sich Foersters in dem Bericht zum Ausdruck kommendes Gedankengut nicht gerade als demokratisch. Er spricht davon, daß der Nationalsozialismus Tugenden wie „Respekt für Disziplin und die Bereitschaft, sich selbst einem höheren Ziel unterzuordnen" pervertiert habe und daß man diese Tugenden umdirigieren müsse (S. 2).

39a *Bungenstab*, Umerziehung, a.a.O., S. 23
40 Vermutlich stammt diese Klausel speziell von Foerster, der langwierige Prozesse in den USA führte, um nachzuweisen, daß es sich bei gewissen deutschen Emigranten um Pangermanisten handele. (*Radkau*, a.a.O., S. 209).
41 *Latour*, a.a.O., S. 22
42 *Schwarz*, a.a.O., S. 63-91, S. 74
43 *Eberhard Schmidt*, Die verhinderte Neuordnung 1945 - 1952. Zur Auseinandersetzung um die Demokratisierung der Wirtschaft in den westlichen Besatzungszonen und in der Bundesrepublik Deutschland, Frankfurt/Main 1970³, S. 16.
44 *Schwarz*, a.a.O., S. 66.
45 *Latour*, a.a.O., S. 10.
46 So Latour über die Einstellung von Außenminister Cordell Hull, sowie von Kriegsminister Henry L. Stimson (S. 10). Hulls Nachfolger, Edward R. Stettinius, vertrat hinsichtlich Deutschland weitgehend die Auffassungen Hulls (S. 16 f).
47 *Schwarz*, a.a.O., S. 98; Zwar mag der Topos des antirussischen Bollwerks, wie Schwarz schreibt, in öffentlichen Stellungnahmen 1945 noch selten gewesen sein. Morgenthau jedoch versuchte die Opponenten gegen seinen „harten" Kurs gegenüber Deutschland schon im August 1944 als Angsthasen hinzustellen, die von der „20 Jahre alten Idee eines ‚Bollwerks gegen den Bolschewismus'" beherrscht seien (vgl. FR, EAC, 1945, V. III., S. 377).
48 Die Direktive CCS 551 wurde Eisenhower, dem Oberkommandierenden der alliierten Streitkräfte am 28. April 1944 mit den Appendices A + B, den politischen Leitlinien für Deutschland und Österreich überreicht. Die Appendices C (Finanzen) und D (Wirtschaft) wurden Eisenhower am 31. Mai 1944 zugestellt. Für den Bereich der Erziehung wurde eine gesonderte Direktive in Aussicht gestellt. Die finanzielle Leitlinie (App. C) wurde nach Morgenthaus Intervention im August 1944 revidiert mit dem für Morgenthau typischen Ziel, daß nur noch ein Minimum an finanzieller Kontrolle und an Richtlinien ausgeübt werden durfte. Die Direktive ist abgedruckt bei Hajo Holborn, American Military Government, It's Organization and Policies, Washington 1947, S. 135-143; eine kurze Zusammenfassung in Englisch findet sich bei Hammond, a.a.O., S. 328 f, eine Kurzfassung in Anlehnung an Hammonds Zusammenfassung bei Latour, a.a.O., S. 12 f (CCS steht für Combined Chiefs of Staff, d.i. der Vereinigte Anglo-Amerikanische Generalstab).
49 CCS 551, Appendix D. Economic And Relief Guide for Germany, Punkt (6).
50 *Hammond*, a.a.O., S. 316.
51 ebd., S. 346.
52 The Executive Committee on Economic Foreign Policy, wurde durch präsidentiellen Brief vom 5.4.1944 eingesetzt. Den Vorsitz hatte Dean Acheson, zu der Zeit Assistant Secretary of State, später Außenminister, die Politik der Stärke vertretend. Einfluß in dieser Kommission hatten außerdem vor allem die Vertreter der Foreign Economic Administration (Verwaltung für Außenwirtschaft), die sich am entschiedensten für das Ziel und alle i.E. nötigen Vorausset-

zungen der Reintegration der Deutschen in die Weltwirtschaft einsetzten (vgl. *Hammond*, a.a.O., S. 342-347).
53 *Hammond,* a.a.O., S. 324.
54 *Hammond,* ebd., S. 345 f, 350.
55 Memorandum von Stettinius vom Ende September 1944, das ansonsten weitgehende Kompromisse mit der Position des Schatzministers einging. *Hammond,* a.a.O., S. 399.
56 Department of State, Briefing Book Paper: The Treatment of Germany, vom 12. Januar 1945, in: Foreign Relations of the United States, Diplomatic Papers, The Conferences at Malta and Jalta 1945, Washington 1955, S. 178-197, S. 187. zit.: Dep. of St., 12.1.1945, FR,DP.
57 CCS 551, App. D (e).
58 vgl. hierzu Anm. 48.
59 CCS 551, App. D (d).
60 Die Direktive vom 10. März 1945, die das Außenministerium auf Weisung Roosevelts gleich nach der Rückkehr aus Jalta angefertigt hatte und die an die Stelle von JCS 1067 treten sollte, verbot nur die Produktion von Kriegswerkzeugen sowie von „Flugzeugen, synthetischem Treibstoff, synthetischem Gummi und Leichtmetallen". vgl. *Hammond,* a.a.O., S. 417. Morgenthau protestierte in einem detaillierten Memorandum vom 20. März, in dem er u.a. scharf mißbilligte, daß sie den Deutschen Metall, Maschinen und chemische Industrien gestattete. FR, EAC 1945, V. III, S. 465.
dt. abgedruckt bei: Günter Moltmann, Zur Formulierung der amerikanischen Beatzungspolitik in Deutschland am Ende des Zweiten Weltkrieges in: Vierteljahresheft für Zeitgeschichte 15 (1967) Dokument Nr. 1, S. 309-312.
61 Dep. of State, 12.1.1945, FR, DP, S. 186.
62 *Hammond,* a.a.O., S. 317 f.
63 Dep. of State, 12.1.1945, FR, DP, S. 186.
64 ebd.
65 „The Political Reorganization of Germany", a policy-recommendation paper, dated Sept. 23, 1943, Department of State, Postwar Foreign Policy Preparation 1939 - 1945, General Foreign Policy Series 15, Washington 1949, S. 558-560, S. 559. zit.: Dep. of State, 23.9.1943, PFPP.
66 ebd.
67 Office of Military Government for Germany (US) (zit.: OMGUS). Marshall Knappen, Histotical Report, Winter 1941 — Spring 1946, o.O. u.J., Memorandum on the Background of Education and Religious Affairs Section, FRC, Occ. area 1015, 21 S., S. 12. zit.: OMGUS, Knappen.
68 *Hammond,* a.a.O., S. 316.
69 Department of State, Denkschrift über Deutschland, Juli 1944, zit. nach Deuerlein, a.a.O., S. 45.
70 Dep. of St. 10.3.1945, FR, EAC 1945, V. III, zit. nach Hammond, a.a.O., S. 416. In seinem Memorandum vom 20. März machte Morgenthau Roosevelt auch auf diese Bestimmungen aufmerksam mit dem Vermerk, daß sie den gemeinsamen Ansichten absolut widersprächen. FR, EAC 1945, V. III, S. 464 f.
71 Direktive CCS 551, App. A. (Political Guide) Punkt 1. (2)
72 CCS 551, App. A. Punkte 2 + 3.
73 Dep. of St. 23.9.1943, PFPP, S. 559.
74 Dep. of St., 12.1.1945, FR, DP, S. 186.
75 ebd.
76 ebd.
76a „The Department is well aware of the difficulties but sees no constructive alternative as an ultimate objective." (Dep. of State, 12.1.1945, FR, DC, Teil 6. Educational Policy; dieser Teil ist abgedruckt bei Bungenstab, Umerziehung, a.a.O., S. 171). „From the beginnung the difficult problem of creating a democratic attitude through an educational system set up and maintained by military government was fully considered. Although it was recognized that *in the last analysis the dominating position of military forces* in the period military government *would prevent the German civil authorities from being free agents in making decisions* in the educational fields, it was decided to give them the maximum of freedom and to keep the iron hand hidden as much as possible". (Hervorhebung von der Verf.) (OMGUS, Knappen, a.a.O., S. 8).
77 CCS 551, App. A. Punkt 6.
78 Dep. of St., 12.1.1945, FR, DP, S. 186.
79 CCS 551, App. A., Punkt 10.6.
80 CCS 551, App. A., Punkt 1. (4)
81 *Harold Zink,* American Government in Germany, New York 1947, S. 25. zit. nach Thron,

a.a.O., S. 5.
82 OMGUS, Knappen, a.a.O., S. 7 und 12.
83 CCS 551, App. A. 10.a.
84 „We were all products of the environmentalist teaching of American colleges and universities", schreibt Marshall Knappen in seiner Monographie „And call it Peace", Chicago, S. 19.
85 vgl. das Kapitel 2.2. über John Dewey.
86 B. Q. Morgan and F. W. Strothmann, Memorandum on Postwar Education Reconstruction in Germany, Stanford University, o.J., wie aus dem Text hervorgeht, vor Kriegsende verfaßt im Department of German, unter Rat und Mitarbeit der Professoren Karl A. Brandt, K.F. Reinhardt, A.E. Sokol, and others, um konkrete Vorschläge für den Wiederaufbau des deutschen Erziehungswesens nach dem Krieg zu machen. OMGUS Akten, FRC 307-3/5, 49 S., S. 42. zit.: Morgan, Education Reconstruction. Dieses Memorandum ist zwar kein offizielles Regierungsdokument, aber offenbar doch in deren Auftrag erstellt. Jedenfalls lag es John W. Taylor vor, dem Leiter der Erziehungsabteilung der amerikanischen Planungsstäbe sowie der Erziehungsabteilung von OMGUS bis 1947 und Grayson F. Kefauver, dem Dean of Education der Stanford University, der zum „consultant on Education Recontruction to the U.S. State Department" berufen worden war und in London zusammen mit Captain Taylor den Entwurf für die amerikanische Direktive erarbeitete (OMGUS, Knappen, a.a.O., S. 7), vermutlich für den in CCS 551 angekündigten Teil. Da er jedoch erst im September, also auf dem Höhepunkt der Washingtoner Kontroverse, dort zur Billigung vorgelegt wurde, erhielt er nie mehr die notwendige endgültige Zustimmung. Wie Knappen schreibt, gehen jedoch die in JCS 1067 eingegangenen Teile auf diesen von Taylor und Kefauver ausgearbeiteten Entwurf zurück (OMGUS, Knappen, a.a.O., S. 8). Man kann mit Sicherheit davon ausgehen, daß Kefauver selbst sich das Gutachten von Morgan und dessen Kollegen, die großteils zumindest deutscher Abstammung waren, hat ausarbeiten lassen. Die Tatsache, daß an der Stanford University außerdem „civil affairs training courses for the field of educational administration" zur Ausbildung von Besatzungsoffizieren für die Militärregierung eingerichtet worden waren (vgl. OMGUS, Knappen, a.a.O., S. 2), spricht außerdem für den Einfluß dieser Universität nicht nur auf „realpolitische" Planungsvorstellungen, sondern auch auf die spätere Besatzungspolitik auf dem Gebiet der „educational reconstruction". Auch in der öffentlichen Diskussion in den USA wurde die in diesem Dokument niedergelegte Argumentation vielfach vertreten (vgl. Bungenstab, a.a.O., S. 27).
87 *Morgan,* Education Recontruction, a.a.O., S. 44.
88 *Knappen,* Peace, a.a.O., S. 27 f.
89 OMGUS, *Knappen,* a.a.O., S. 9.
90 ebd., S. 8.
91 *Morgan,* Education Reconstruction, a.a.O., S. 2. Sowohl John W. Taylor, wie auch sein Nachfolger Tom Alexander entsprechen diesem „Ideal". Während Taylor selbst ein Jahr als Lehrer in Berlin tätig gewesen war, (Thron, a.a.O., S. 3) hatte Alexander, Leiter des Teachers College der Columbia University mehrere Bücher über die Erziehung in Deutschland vor 1933 und speziell in der Weimarer Republik geschrieben (Morgan, Education Recontruction, a.a. O., S. 3, S. 15 f).
92 OMGUS, *Knappen,* a.a.O., S. 8.
93 ebd., S. 11.
94 Dep. of. St., 12.1.45, FR, DP, S. 184.
95 ebd., S. 183.
96 *Morgan,* Education Reconstruction, a.a.O., S. 1+3. „Military Government will assume control of German educational system by indirect means employing personnel of the existing German educational system in so far as possible, as purged or freed from Nazi and militaristic influence". (Supreme Headquarters Allied Expeditionary Forces, Office of the Chief of Staff, Handbook for Military Government in Germany, December 1944, zit.: nach Thron, a.a.O., S. 7).
97 Dep. of State, 12.1.1945, FR, DP., S. 184.
98 *Morgan,* Education Reconstruction, a.a.O., S. 1.
99 Dep. of State, 12.1.1945, FR, DP, S. 184.
100 *Morgan,* Education Reconstruction, a.a.O., S. 43.
101 So in dem Memorandum von Morgan et al, sowie in dem von der Armee herausgegebenen Army Service Forces Manual M 356-15. Washington, D.C., July 1944, vgl. dazu Thron, a.a.O., S. 13 f. Die folgende Referierung der Kritikpunkte erfolgt anhand der Ausführungen von Morgan et al. Alle Seitenangaben im Text beziehen sich hierauf.
101a Die Schlußfolgerung des Berichts aus dieser Analyse lautet: „Thus the cleavage in Germany

between higher education and common schooling was perhaps more farreaching in its effects than anywhere else in the world" (S.6).

102 Während der Weimarer Zeit war das Lehrerseminar in Preußen geschlossen worden. Das Abitur und das Studium von vier Semestern auf einer Pädagogischen Hochschule wurden verlangt. In Hamburg (Bremen und Lübeck zugelassen), Mecklenburg, Strelitz und Thüringen (Schaumburg Lippe, Lippe-Detmold und Detmold angeschlossen) wurde das Universitätsstudium gefordert, in Braunschweig und Sachsen das an der Technischen Hochschule. Um das Abitur auch Kindern der unteren Volksschichten zu ermöglichen, wurden in Hamburg, Sachsen und Thüringen Aufbauschulen eingerichtet, in die man nach dem 7. Volksschuljahr überwechselte. Nach verschiedenen Experimenten im 3. Reich wurde die Lehrerbildung ab 1941 reichseinheitlich wieder auf eine seminaristische, an die achtklassige Volksschule anschließende Ausbildung zurückgestuft. (*Elisabeth Lippert*, Geschichte der Deutschen Lehrerbildung und der Deutschen Einheitsschule, Sonderdruck aus der Zeitschrift „Die pädagogische Provinz", Heft 1, Sept. 1947, Bundesarchiv Koblenz (BA) Z1-1029, S. 213-226, S. 220 f).

103 Am 5. Juni 1945 forderte ein Mitarbeiter Clays: Angesichts der Zerstörung etc. „müsse für Deutschland so rasch wie möglich ein posivites Programm entwickelt werden". zit. nach Gimbel, a.a.O., S. 24. Und Robert E. Murphy äußerte am 28. Juni 1945: Die amerikanische Politik sei „im wesentlichen negativ und eine Politik der Unterdrückung". Department of State, Foreign Relations of the United States, Diplomatic Papers, The Conference of Berlin (The Potsdam Conference) 1945, Two volumes, Washington 1960, V. I, S. 472, zit.: **FR,DP**, Potsdam, I. zit.: nach Ernst Deuerlein, Das Problem der „Behandlung Deutschlands" in: beilage zur wochenzeitung das parlament, B 18/65, 26-46, S. 36; zit.: Deuerlein, B 18/65.

104 Typisch für Roosevelts emotionale Ansichten sind z.B. folgende Äußerungen:
1.) Als Morgenthau ihm Anfang September den ersten Entwurf des sog. Morgenthauplanes zeigte, dozierte Roosevelt: 3 Dinge halte er psychologisch und symbolisch für wichtig. 1. Den Deutschen sollten keine Flugzeuge irgendeiner Art erlaubt werden. 2. Den Deutschen sollte nicht erlaubt werden, Uniformen zu tragen. Und 3. Jegliches Marschieren in Deutschland sollte verboten werden. Das Verbot von Uniformen und Paraden würde die Deutschen in ihrer Niederlage mehr beeindrucken als irgendetwas sonst (*Hammond*, a.a.O., S. 364).
2.) „We bring no charge against the German race, as such, for we cannot believe that God has eternally condemned any race or humanity..." am 21. Oktober 1944, zit.: nach Hammond, a.a.O., S. 395.
3.) „Roosevelt repeated his familiar remarks about feeding the Germans from „soup kitchens", this time emphasizing that they should not be set up until the Germans were actually threatened with starvation" (Hammond, a.a.O., S. 417).

105 Am 20. Oktober auf die Bitten des State Department, endlich politische Richtlinien festzusetzen — der Raum Aachen war schon von amerikanischen Truppen besetzt —: „I dislike making detailed plans for a country which we do not yet occupy" (zit.: nach Hammond, a.a.O., S. 382).

106 Am 26. August wies er das auf der Basis von CCS 551 ausgearbeitete Handbuch als „too soft" zurück. „This so-called „Handbook" is pretty bad..." Es folgt die Bemerkung: „... they should be fed three times a day with soup from Army soup kitchens". Und später: „The German people as a whole must have it driven home to them that the whole nation has been engaged in a lawness conspiracy against the decencies of modern civilization". (zit.: nach Hammond, a.a.O., S. 355) Kurz darauf akzeptierte er den ihm vorgelegten Morgenthauplan.

107 *Hammond*, a.a.O., S. 315.

108 *Hammond*, a.a.O., S. 380 ff, S. 382; 3. Oktober 1944 „Roosevelt was so affirmative in his assertions that Stimson read him parts of the Quebec memorandum of understanding, which had been marked „o.k. FDR". The President was frankly staggered by this and said he had no idea how he could have initialed it; that he had evidently done it without much thought".

109 1. Beispiel: „In explaining away his own position — he now turned... to a rationale with more positive implications: Britain would need German steel to keep its own manufacturing going". (Hammond, a.a.O., S. 382).
2. Beispiel: Roosevelt akzeptierte die Direktive vom 10. März 1945 und ließ sie auf den erneuten Protest Morgenthaus wieder fallen (Hammond, a.a.O., S. 415-418).

110 *Hammond*, a.a.O., S. 324; vgl. auch Anm. 105.
Schwarz, a.a.O., S. 106+108.
Latour, a.a.O., S. 11+17.

111 Lend-and-Lease-Gesetz vom 11.3.1941, nach dem Kriegsmaterial, Rohstoffe und Lebensmittel an England und ab August 1941 auch an die Sowjetunion „praktisch ohne Bezahlung" geliefert wurden (Grundriß der Geschichte, Ausgabe B, Bd. III, S. 178, Stuttgart o.J.).
112 *Latour*, a.a.O., S. 16 f.
113 ebd., S. 9.
114 *Hammond*, a.a.O., S. 354; *Latour*, a.a.O., S. 33 f.
115 *Latour*, a.a.O., S. 34.
116 *Hammond*, a.a.O., S. 355 f; vgl. auch Anm. 106.
117 *Hammond*, a.a.O., S. 356; Nach Latours Darstellung sollten die drei Grundsätze erst nach der Niederlage gelten und dann alle vorher gültigen hinfällig machen (S. 187, Anmerkung 24).
118 Department of State, Foreign Relations of the United States, General, 1944 Two Volumes, Washington 1966/67. V. I, S. 341, zit.: FR, G, 1944, V.I.
119 zur wechselhaften Haltung Churchills vgl. *Latour*, a.a.O., S. 15.
120 FR, G, 1944, V. I, S. 359.
121 *Hammond*, a.a.O., S. 371-377.
122 Das zuletzt zur Erarbeitung eines Kompromisses zwischen den Ministerien eingesetzte Informal Policy Committee on Germany (IPCOG) verabschiedete am 26. April 1945 die dritte offizielle Version, die Fassung 1067/6. Diese am 28.4.45 von den Joint Chiefs of Staff, den Vereinigten (amerikanischen) Stabschefs (JCS) genehmigte Version wurde am gleichen Tag an General Eisenhower abgeschickt. Diese Fassung ist die 1968 vom State Department in dem Band Foreign Relations of the U.S., European Advisory Commission, Austria, Germany 1945, Volume III, S. 484-503 veröffentlichte. Wie aus den Akten von Herman B. Wells, dem Berater des amerikanischen Militärgouverneurs Clay in Erziehungsfragen hervorgeht, die dieser mir freundlicherweise zur Verfügung stellte, erhielt er unter dem Titel „Initial Plans and Directives" u.a. einen Auszug aus JCS (zu Erziehungsfragen), gekennzeichnet „26.4.45, JCS 1067/6". Gegen den Protest Morgenthaus wurden diesem Text aber in einer wichtigen wirtschaftlichen Streitfrage (Punkt 30. (3)c) noch einige Klauseln hinzugefügt (*Hammond*, a.a.O., S. 425).
(Zum Inhaltlichen vgl. weiter unten in der Arbeit). Truman unterzeichnete die Direktive mit dieser Veränderung am 11. Mai 1945. Als 1067/8 wurde sie am 14. Mai 1945 Eisenhower zugestellt. Am 21.5.45 wurde sie mit dem Vermerk „streng geheim" Personen in Schlüsselstellungen bekannt gemacht. Am 17. Oktober 1945 wurde sie im Bulletin des Department of State, V.XIII(1945), S. 596-607 veröffentlicht mit einem einleitenden Statement an die Presse gegeben. Diese Fassung ist in Holborn, a.a.O., S. 157-172, allerdings unter dem Datum vom 28. April 1945 abgedruckt und zusammen mit der deutschen Wiedergabe in Wilhelm Cornides und Hermann Volle, Um den Frieden mit Deutschland, Dokumente zum Problem der deutschen Friedensordnung 1941-1948 . . ., (Dokumente und Berichte des Europa-Archivs, Bd. 6), Oberursel (Taunus) 1948, S. 58-73 zu finden und teilweise bei Deuerlein, (Die Einheit Deutschlands), S. 335-337 und bei Huster et al, a.a.O., S. 284-296 abgedruckt. Die offizielle Bezeichnung sowohl von JCS 1067/6 wie auch /8 wird in den genannten amerikanischen Quellen mit „Directive to Commander in Chief of United States Forces of Occupation Regarding the Military Government of Germany" angegeben und nicht wie Latour, a.a.O., S. 22 behauptet: „Directive JCS 1067/8 für die Behandlung Deutschlands in der Zeit unmittelbar nach der Niederlage". Als Beleg hierfür gibt Latour die Fußnote 383 bei Hammond an, der jedoch den Titel entsprechend den genannten amerikanischen Quellen angibt. (S. 425 und diesbezügliche Anmerkungen 380-386 auf S. 458) Aus Hammond Anm. 220 zugehörig zu S. 375 geht hervor, daß der erste Entwurf von JCS 1067 vom 27. September 1944 den von Latour angegebenen Titel trug, natürlich ohne die Bezeichnung JCS 1067/8.
123 *Gimbel*, a.a.O., S. 24.
124 vgl. Clays Bericht auf S. 33, der sich noch auf die Tage vor der Unterzeichnung durch Truman bezieht. Lucius D. Clay, Entscheidung in Deutschland, Frankfurt/M o.J./(1951) amerikanische Ausgabe 1950
125 *Clay*, a.a.O., S. 33.
126 State Department steht für alle „Vertreter" der „realpolitischen Schule", gleich wer im Einzelfall den „Erfolg" erzielt hat. Morgenthau steht für alle, die das Konzept eines harten Friedens verfochten.
127 *Hammond*, a.a.O., S. 425.
128 ebd., S. 427.
129 Bei allen wirtschaftlichen Bestimmungen hieß es jeweils „Pending agreement in the Control Council you will take these measures in your own zone".

130 *Clay*, a.a.O., S. 56 vgl. „Potsdamer Abkommen III A. 1".
131 Das Fehlen dieses Grundsatzes war der Hauptgrund, warum die im Ganzen auf Wiederaufbau gerichtete Direktive des State Department vom 10. März 1945 am Widerstand des Kriegsministeriums scheiterte (vgl. Hammond, a.a.O., S. 404,418).
132 Gimbel schildert das ausführlich; vgl. *Gimbel*, a.a.O., S. 24 f.
133 ebd., S. 29.
134 *Clay*, a.a.O., S. 33.
135 ebd., S. 32.
136 *Hammond*, a.a.O., S. 422.
137 ebd.
138 Theo Stammen (Hrsg.) berichtet in: Einigkeit und Recht und Freiheit, Westdeutsche Innenpolitik 1945 - 1955, München 1965 auf S. 75 von dem spontanen Wiederentstehen politischer Parteien noch vor der Kapitulation und schreibt dann: „So positiv und wohlwollend die Alliierten zunächst dieser Entwicklung auch gegenüberstanden — ‚nach anfänglicher Begünstigung politischer Gruppierungen und Propaganda hat das alliierte Oberkommando (SHAEF) Ende April 1945 jede politische Betätigung in Deutschland bis auf weiteres untersagt'." (Stammen zitiert den letzten Teil aus: Georg Wieck, Die Entstehung der CDU und die Wiedergründung des Zentrums im Jahr 1945, Düsseldorf 1953, S. 35) vgl. auch *Ute Schmidt, Tilman Fichter,* Der erzwungene Kapitalismus, Klassenkämpfe in den Westzonen 1945 - 58, Berlin 1971, S. 7: „Wenige Tage vor der Kapitulation änderten die amerikanische und die britische Militärregierung ihre Politik und verboten alle politischen und gewerkschaftlichen Aktivitäten". Wenn diese beiden Darstellungen richtig sind, liegt die Erklärung dafür vermutlich in der am 28. April Eisenhower zugestellten Direktive JCS 1067/6. In teilweisem Gegensatz zu obigen Darstellungen berichtet Latour allerdings, daß die amerikanische Besatzungsmacht im November 1944 die Wiedererrichtung der Zentrumspartei „höflich, aber bestimmt, abgelehnt" habe, beratende Ausschüsse für die Ortsverwaltungen jedoch nicht nur zugelassen, sondern sogar ermutigt habe. (S. 52 f)
139 *Hammond*, a.a.O., S. 402, 404 f.
140 *Latour*, a.a.O., S. 51.
141 ebd.
142 ebd., S. 52.
143 Hammond zeigt z.B. auf, wie das Schatzministerium schon bei der ersten Revision von JCS 1067 versuchte, die Kategorien der zu Entnazifizierenden auszudehnen. Nachdem in der Presse aufgrund der „weichen" Entnazifizierungspraxis im von den Amerikanern im Herbst 1944 besetzten Aachen scharfe Kritik laut geworden war, war auch das Kriegsministerium an schärferen Bestimmungen, als CCS 551 sie enthielt, interessiert (Hammond, a.a.O., S. 402).
144 ebd., S. 422 f.
145 Clay schrieb: „Immerhin stand außer Zweifel, daß JCS 1067 einen Karthago-Frieden zum Ziel hatte, der unser Handeln in den ersten Besatzungsmonaten bestimmte." (Clay, a.a.O., S. 33) Deuerlein, a.a.O., S. 57 urteilte: „Diese war ein Strafdokument, sie eröffnete ‚keine in die Zukunft weisende Politik'". Nur in einer neueren Monographie fand ich folgenden Hinweis: „Die meisten bekannten sich nach außen hin zu den Gedanken Morgenthaus, schwächten sie jedoch in der Durchführung erheblich ab." (Latour, a.a.O., S. 17) Es folgt jedoch keine konkrete Analyse.
146 Unter den unter Punkt 1 genannten vier Zielen in CCS 551 werden im Gegensatz zu JCS 1067 keinerlei Entmilitarisierungsabsichten als Besatzungsziel genannt.
147 The Crimean (Yalta) Conference, February 4-11, 1945(6) Protocol on German Reparations, in: Basic Documents, a.a.O., S. 32, dt.: Abschnitt V. Wiedergutmachung 4. des Protokolls der Außenminister (Eden, Stettinius, Molotow) in: Heinrich v. Siegler, Dokumentation zur Deutschlandfrage, von der Atlantik-Charta 1941 bis zur Berlin-Sperre 1961, 3 Bde., HauptbandI, Bonn/Wien/Zürich 1961², S. 19 (S. 16-24) abgedruckt bei: Huster, a.a.O., S. 268-273.
148 ebd.
149 *Huster*, a.a.O., S. 28.
150 Mit der Unterschiedlichkeit der Faschismusverständnisse der antifaschistischen Bündnispartner setzt sich auseinander: *Fritz Erich Anhelm*, Die Deutschlandpolitik der USA und UdSSR im Kontext der Aktualisierung des Ost-West-Konflikts 1945 bis 1948, Dissertation Göttingen 1976, S. 47-88.
Während Anhelm die sowjetische Faschismustheorie als „rein ökonomisch definiert" beschreibt, liegt die Betonung bei seiner Analyse der „heterogenen amerikanischen Faschismusinterpretationen" auf deren „gemeinsamer Ausgangsposition", die den Nationalsozialismus

als „spezifisch deutsche Anomie" (S. 64) darstelle.
Die Unterstreichung der Gemeinsamkeiten der verschiedenen amerikanischen Positionen ist Anhelm gerade in der Gegenüberstellung zur Andersartigkeit der sowjetischen Faschismusanalyse jedoch so wichtig, daß er die Verschiedenartigkeit der den „Linken" einerseits und der den „Realpolitikern" andererseits zuzuordnenden Faschismusverständnisse, besonders was deren Konsequenzen für die Behandlung Deutschlands angeht, auf der Ebene der Planung so gut wie vollkommen unberücksichtigt läßt.

151 Department of State, „Denkschrift über Deutschland" Juli 1944, inhaltlich referiert bei Deuerlein, a.a.O., S. 45 f, S. 46.
152 „Unmittelbar vor oder nach der Doppelkapitulation äußerten autorisierte Vertreter der drei Besatzungsmächte die Überzeugung, Deutschland bleibe für immer geteilt. Stalin ... Die Briten ... Bei der Vorbereitung der Konferenz von Potsdam im späten Frühjahr 1945 verwiesen amerikanische Diplomaten auf die Notwendigkeit, im Falle, daß mit der Sowjetunion keine Verständigung über bestimmte Probleme, z.B. Reparationen, Refinanzierung der Ersteinfuhren und Sanierung der deutschen Währung, zustande käme, die Errichtung eines Weststaates in Angriff zu nehmen. Keine Besatzungsmacht kam mit der Absicht nach Deutschland, unter allen Umständen den am 18. Januar 1871 proklamierten deutschen Nationalstaat zu erhalten oder wieder herzustellen". Ernst Deuerlein, Das erste gesamtdeutsche Gespräch, zur Beurteilung der Ministerpräsidenten-Konferenz in München 6./7. Juni 1947 in: aus politik und zeitgeschichte, beilage zur wochenzeitung das parlament, B 23/67., S. 7.
153 Schwarz zeigt die vorhandenen vier Alternativen, die für die sowjetische Politik bestanden, auf, vgl. S. 203-269.
153a Überall dort, wo Unterschiede zwischen JCS und Potsdam bestünden, gelte das „Potsdamer Abkommen", so besagt der Vorspann, mit dem JCS 1067/8 am 17. Oktober 1945 veröffentlicht wurde (vgl. Holborn, a.a.O., S. 157).
154 Aus kommunistischer Sicht behauptet Badstübner, daß nicht wie die Amerikaner sagen, die Reparationszahlungen Schuld daran waren, daß der amerikanische Steuerzahler zur Aufrechterhaltung des mittleren Lebensstandards in Deutschland so tief in die Tasche greifen mußte. Er versucht nachzuweisen, daß ein ganzer Ursachenkomplex, an dem die Amerikaner selbst Schuld gewesen seien, dazu geführt habe: 1. Unentschiedenheit und mangelnde Konsequenz in der anglo-amerikanischen Wirtschaftspolitik, 2. eine mangelhafte Ausnützung selbst der im 1. Industrieplan festgelegten niedrigen Produktionskapazität, 3. der „Rohstoffzwangsexport" von Kohle und Holz und das weit unter Weltmarktpreisen. Diese Politik habe zu einem hohen nicht bezahlbaren Importüberschuß geführt und folglich zu der amerikanischen Forderung eines einheitlichen ausgeglichenen Import-Export-Programms aller Zonen, das Vorrang vor den Reparationszahlungen haben sollte (*Rolf Badstübner, Siegfried Thomas, Die Spaltung Deutschlands, 1945 - 1949, Dietz-Verlag, Berlin 1966, S. 145*).
Da Badstübners Thesen in einem großen zusammenhängenden Angriff auf die amerikanische imperialistische Politik überhaupt stehen, reicht hier nicht der Platz, sich im einzelnen damit auseinanderzusetzen. Wichtig ist vor allem die Tatsache, daß in der hier vorgelegten Arbeit versucht wird aufzuzeigen, daß hinter der amerikanischen Import-Export-Ausgleichsforderung von vornherein ein Gesamtkonzept stand, lange bevor der amerikanische Steuerzahler zugunsten Deutschlands in die eigene Tasche greifen mußte.
Badstübners Thesen scheinen jedoch nicht völlig abwegig zu sein. Eine derartige Kritik an der Wirtschaftspolitik der westlichen Besatzungsmächte wurde damals auch von dem der CSU angehörenden Wirtschaftsdirektor der Bizone Semler geübt, was zu seiner Entlassung führte (vgl. Gimbel, a.a.O., S. 251 ff). Darüber hinaus finden diese Thesen zumindest für die erste Nachkriegszeit neuerdings Bestätigung durch eine Göttinger Dissertation, die sowohl die sowjetischen wie auch die amerikanischen materiellen Interessen, die mit der Besatzungspolitik verfolgt wurden, ideologiekritisch untersucht und sie in einen direkten Zusammenhang mit den jeweiligen binnenökonomischen Problemen und Zielsetzungen beider Mächte stellt. (vgl. *Anhelm*, a.a.O., S. 408-421, 413 ff) .
Allerdings wird in dieser Argumentation die Tatsache außer Acht gelassen, daß die anfängliche amerikanische Wirtschaftspolitik u.a. auf dem ersten Industrieplan beruhte, der von den vier Besatzungsmächten gemeinsam festgelegt worden war (vgl. Plan of The Alliied Control Council for Reparations and the Level of Post-War German Economy, vom 26. März 1946, abgedruckt bei *Holborn*, a.a.O., S. 226-230).
155 *Latour*, a.a.O., S. 23.
155a Das alliierte Oberkommando (SHAEF) wurde erst am 14. Juli 1945 aufgelöst.
156 *Gimbel*, a.a.O., S. 26.

279

157 ebd., S. 27, 31.
158 *Clay*, a.a.O., S. 199.
159 *Deuerlein*, a.a.O., S. 64 ff.
159a Daß die „realpolitische" Seite sich auf eine solche Aufteilung vermutlich nie eingelassen hätte, zeigt die Schilderung und die Kommentierung Clays zu der Tatsache, daß der amerikanische Außenminister Byrnes im Zusammenhang mit den Verhandlungen über die Bizone, dem englischen Außenminister Bevin den Vorschlag machte, „unsere Besatzungszone mit den Briten gegenüber die Ruhr zu tauschen." (*Clay*, a.a.O., S. 199).
160 *Clay*, a.a.O., S. 142.
161 *Huster*, a.a.O., S. 35.
162 *Latour*, a.a.O., S. 24. vgl. *Hammond*, a.a.O., S. 432.
163 d.h. vorläufige Akzeptierung der Oder-Neiße-Linie bis zur Aushandlung eines Friedensververtrages, vgl. *Deuerlein*, a.a.O., S. 120.
164 Report on the Tripartite Conference of Potsdam, August 2, 1945, Department of State, Bulletin, Vol. XIII (1945), pp. 153-161; abgedruckt bei Holborn, a.a.O., S. 195-205; auch: Basic Documents, a.a.O., S. 34-50, deutsch abgedruckt in: Cornides/Volle, a.a.O., S. 78-89; Siegler, a.a.O., S. 34-47; Potsdam 1945, Quellen zur Konferenz der „Großen Drei", hrsg. von Ernst Deuerlein, dtv dokumente, S. 350-367. Huster, a.a.O., S. 273-284, das sog. Potsdamer Abkommen, zit. wird nach der dtv-Ausgabe aus folgenden Abschnitten: III. Deutschland, A. Politische Grundsätze, B. Wirtschaftliche Grundsätze, IV. Reparationen aus Deutschland.
164a Nach Deuerlein, a.a.O., S. 63, enthielt die sowjetische Zone einschließlich der an Polen weitergegebenen Gebiete „nur" 33% des deutschen Wirtschaftspotentials und 47% des Reichsgebiets. Offenbar waren die Westmächte doch bereit, prozentual mehr zuzugestehen.
165 Der Punkt IV.4. heißt im Wortlaut: „In Ergänzung der Reparationen, die die UdSSR aus ihrer eigenen Besatzungszone erhält, wird die UdSSR zusätzlich aus den westlichen Zonen erhalten: a) 15% derjenigen ... Ausrüstung ... aus den westlichen Zonen ... im Austausch für einen entsprechenden Wert an Nahrungsmitteln ... b) 10% derjenigen ... Ausrüstung ... aus den westlichen Zonen ... ohne ... Bezahlung ....
165a Zur amerikanischen Sicht vgl. auch die spätere amerikanische Interpretation vom Januar 1959, enthalten in einer Analyse des Department of State über „Die sowjetische Berlin-Note", abgedruckt bei *Deuerlein*, a.a.O., S. 165 ff.
166 *Anhelm*, a.a.O., S. 389.
167 *Clay*, a.a.O., S. 57; Die Verpflichtung der amerikanischen Armee beruhte zusätzlich auf einem Befehl Trumans vom 29.7.45, „die Verantwortung für die Finanzierung der Import- und Exportprogramme zu übernehmen" (*Gimbel*, a.a.O., S. 28).
168 FR, DP, Potsdam I, S. 472 f, zit. nach Deuerlein, B 18/65, S. 36.
169 Clay hatte darauf in seiner Darstellung bereits hingewiesen; dem war jedoch offenbar keine Beachtung geschenkt worden.
170 So wie die bisherige Literatur nicht zusammenhängend die Durchsetzung der amerikanischen ökonomischen Position in Potsdam analysiert bzw. aufgezeigt hat, dies also eine eigenständige Erarbeitung darstellt, ist auch die These „Potsdam, das Manifest der deutschen Spaltung" nicht in der bisher vorliegenden mir bekannten Literatur zu finden (zur Auswahl dieser Literatur vergleiche die nächste Anmerkung), sondern Ergebnis der hier ebenfalls erstmals entwickelten zusammenhängenden Darstellung der beiden gegensätzlichen Konzeptionen amerikanischer Deutschlandpolitik und ihrer Interpretation als Ausdruck verschiedener machtpolitischer Konzepte.
170a Ob Roosevelt sich nach Kriegsende mit der Sowjetunion auf eine gemeinsame Deutschlandpolitik hätte einigen können, ist keineswegs sicher, d.h. es ist nicht ausgeschlossen, daß die 1944 festgelegte Zonenaufteilung auch unter Roosevelt zur Grundlage einer Spaltung geworden wäre.
171 Churchill am 12. Mai 1945 in einem Telegramm an Truman vgl. *Deuerlein*, a.a.O., S. 105.
172 So Molotow in Potsdam, vgl. *Hammond*, a.a.O., S. 434; in Paris auf der Außenministerkonferenz am 10. Juli 46, vgl. Huster, a.a.O., S. 307.
173 zit.: nach Stammen, a.a.O., S. 75, vgl. Anm. 138.
174 *Gimbel*, a.a.O., S. 73, John Gimbel, die Konferenzen der deutschen Ministerpräsidenten 1945 - 1949, in: aus politik und zeitgeschichte, beilage zur wochenzeitung das parlament B 31/71, S. 3. zit.: Gimbel, B31/71; E. Schmidt, a.a.O., S. 10, S. 25-36, bes. S. 32 f. Schmidt/ Fichter, a.a.O., S. 7.
175 Anstelle der zahlreichen Einzeluntersuchungen zu diesem Thema sei hier die Sammeluntersuchung genannt: Lutz Niethammer, Ulrich Borsdorf und Peter Brandt (Hrsg.), Arbeiterinitiative 1945 — Antifaschistische Ausschüsse und Reorganisation der Arbeiterbewegung

176 in Deutschland, Wuppertal 1976.
176 *Gimbel,* B 31/71, S. 3.
177 *Harold Zink,* The United States in Germany 1944 - 1955, Princeton, Toronto, New York 1957, S. 287 f; Clay, a.a.O., S. 324, 326 f.
178 *Latour,* a.a.O., S. 107.
179 *Stammen,* a.a.O., S. 33.
180 Rede von General Lucius D. Clay beim ersten Zusammentreffen der Ministerpräsidenten in Stuttgart, 17. Okt. 1945, abgedruckt bei Stammen, a.a.O., S. 50-54, S. 52.
181 *Latour,* a.a.O., S. 111.
182 ebd., S. 108.
183 *Gimbel,* a.a.O., S. 119.
184 *Peter H. Merkl,* Die Entstehung der Bundesrepublik Deutschland, Stuttgart 1963, S. 20 f, 23, 25.
184a Bekanntlich setzte sich schon die CDU aus verschiedenen Gründerkreisen zusammen, die verschiedene Traditionen einbrachten. Sie alle aber waren von dem Ziel getragen, eine überkonfessionelle christl.-demokratische Partei zu bilden. Die folgende christdemokratische Analyse der Massengesellschaft, die die Ausgangsbasis auch für die kulturpolitischen Forderungen bildete, „wurde von den Theoretikern des Neoliberalismus sowie der katholischen Soziallehre entwickelt und erhielt gelegentlich auch von den Vertretern des protestantischen Konservatismus Unterstützung." (*Karl-Heinz Niclauß,* Demokratisierung in Westdeutschland, Die Entstehung der Bundesrepublik von 1945-1949, München 1974, S. 62). Niclauß, a.a.O., S. 62 ff.
185 *Merkel,* a.a.O., S. 41 f; Niclauß, a.a.O., S. 62 ff
186 *Huster,* et al, a.a.O., S. 220-227.
187 *E. Schmidt,* a.a.O., S. 72 f.
188 *Merkl,* a.a.O., S. 43.
189 *Niclauß,* a.a.O., S. 73.
190 ebd., S. 74 ff.
191 ebd., S. 208.
192 ebd., S. 211.
193 ebd., S. 157.
194 ebd., S. 83.
195 *Huster,* et al, a.a.O., S. 219 f.
196 *Walter Eucken,* Grundsätze der Wirtschaftspolitik, Tübingen, Zürich 1952, 1960^3, S. 334.
197 Menschenwürdige Gesellschaft nach Katholischer Soziallehre, Evangelischer Sozialethik, Demokratischem Sozialismus, Liberaler Ordnungslehre, hrsg. von Staatsbürgerlicher Bildungsstelle des Landes Nordrhein-Westfalen, Köln-Braunsfeld 1963, S. 50, 65.
198 *Wilhelm Röpke,* Die Gesellschaftskrisis der Gegenwart, Erlenbach/Zürich 1942, S. 262 ff, zit. nach Niclauß, a.a.O., S. 69.
199 *Niclauß,* a.a.O., S. 68.
199a „Eine umfassende ländliche und gärtnerische Siedlung muß ... einer möglichst großen Zahl von Deutschen den Zugang zu eigener Scholle und zu selbständiger Arbeit eröffnen". (Aus dem „Aufruf der Christlich-Demokratischen Union an das deutsche Volk", Berlin, den 26. Juni 1945, abgedruckt in Stammen, a.a.O., S. 82-85, S. 84.
200 *Alfred Müller-Armack,* Die Anfänge der sozialen Marktwirtschaft, in: Richard Löwenthal und Hans Peter Schwarz, Die zweite Republik, 25 Jahre Bundesrepublik Deutschland – Eine Bilanz, Stuttgart-Degerloch 1974, S. 123-148, S. 143.
201 ebd., S. 146.
202 Eine affirmative Kurzdarstellung des Neoliberalismus gibt Hans G. Schachtschabel, Wirtschaftspolitische Konzeptionen, Stuttgart, Berlin, Köln, 1967, S. 79-97.
203 *Hans-Hermann Hartwich,* Sozialstaatspostulat und gesellschaftlicher status quo, Köln und Opladen 1970, S. 15.
204 *Niclauß,* a.a.O., S. 29.
205 *Viktor Agartz,* Sozialistische Wirtschaftspolitik, Referat, gehalten auf dem Parteitag der SPD in Hannover, Mai 1946, abgedruckt in: Huster, a.a.O., S. 370-382, S. 371.
206 *Niclauß,* a.a.O., S. 30.
207 *Huster* et al, a.a.O., S. 147.
208 *Niclauß,* a.a.O., S. 44.
209 abgedruckt in *Stammen,* a.a.O., S. 120-126.
210 *Stammen,* a.a.O., S. 121.
211 Viktor Agartz auf demselben Parteitag, in: Huster et al, a.a.O., S. 376.

212 *Stammen*, a.a.O., S. 121.
213 *Huster* et al, a.a.O., S. 377.
214 ebd., S. 375 f, vgl. *Niclauß*, a.a.O., S. 32.
215 in: *Huster* et al, a.a.O., S. 374.
216 ebd., S. 376.
217 ebd., S. 379, vgl. Niclauß, a.a.O., S. 31 f, S. 42.
218 *Niclauß*, a.a.O., S. 184 f.
219 Walter Menzel (SPD) im Parlamentarischen Rat am 9. September 1948, zit. nach *Huster*, a.a.O., S. 172.
220 *Merkl*, a.a.O., S. 52.
221 *Niclauß*, a.a.O., S. 152.
222 *Huster* et al, a.a.O., S. 171.
223 *Niclauß*, a.a.O., S. 208.
224 *Niclauß*, a.a.O., S. 157-160.
225 *Huster* et al, a.a.O., S. 174.
226 *Merkl*, a.a.O., S. 149, vgl. *E. Schmidt*, a.a.O., S. 67.
227 Sie sind ausführlich bei Schwarz dargestellt.
228 Die Auseinandersetzungen der Kapitalfraktionen in den USA nach Ende des 2. Weltkrieges sind ein Untersuchungsgegenstand in der Arbeit von Anhelm.
229 *Latour*, a.a.O., S. 121.
230 *Gimbel*, a.a.O., S. 59.
231 *Merkl*, a.a.O., S. 18, vgl. *Latour*, a.a.O., S. 124.
232 *Gimbel*, a.a.O., S. 63.
233 Statement on American Economic Policy Toward Germany, Dec. 12, 1945, Dep. of State, Bulletin, Vol. XIII (1945), pp. 960-965, abgedruckt bei Holborn, a.a.O., S. 215-222.
234 *Gimbel*, a.a.O., S. 92 ff, vgl. *Latour*, a.a.O., S. 126.
235 *Clay*, a.a.O., S. 127 f, 137.
236 ebd., S. 95.
237 ebd.
238 ebd., S. 96.
239 Auch wenn bisherige Untersuchungen als frühesten Zeitpunkt für die Erörterung der Weststaatslösung die Monate nach der gescheiterten Moskauer Konferenz angeben, also den Sommer 1947, meine ich, daß Clays Äußerungen sowie der schnelle Fortgang der Entwicklung — aus politologischer Sicht — die obige Interpretation rechtfertigen. Für diese Interpretation spricht z.B., daß offiziell benannte politische Entscheidungen jeweils schon lange vorher diskutiert und auch in Angriff genommen worden sind.
240 *Latour*, a.a.O., S. 158 schreibt, daß die Demontage am 1.1.1946 begann und daß die ersten Ladungen nach dreimonatiger Abbau- und Verpackungsdauer ab April in die Sowjetunion gesandt wurden. Diese Darstellung wird bestätigt durch das amerikanische Dokument „Die sowjetische Berlin-Note" vom Januar 1959, *Deuerlein*, a.a.O., S. 166, wo es heißt, daß die USA vom 31. März 1946 bis zum 1. August 1946 11 000 Tonnen Reparationsgüter lieferten — also trotz Reparationsstop. Es handelte sich um die als Vorauslieferungen festgelegten Werke. *E. Schmidt*, a.a.O., S. 21 berichtet dagegen, daß die Amerikaner die Lieferungen schon im September 1945 aufnahmen.
241 *Deuerlein*, a.a.O., S. 165, Punkt 2 der Note, S. 166.
242 Die Amerikaner wiederholten diesen in Potsdam festgeschriebenen Standpunkt ausführlich in der Antwort auf die sowjetische Berlinnote, *Deuerlein*, a.a.O., S. 165 ff.
243 *Clay*, a.a.O., S. 141 ff.
244 Rede Molotows in Paris am 9.7.1946, *Deuerlein*, a.a.O., S. 162.
245 Molotow auf der 3. Sitzung des Rates der Außenminister in Moskau 1947, *Deuerlein*, a.a.O., S. 164.
246 Rede Molotows in Paris am 10.9.1946, *Huster* et al, a.a.O., S. 307 f.
247 *Schwarz*, a.a.O., S. 75.
248 *Clay*, a.a.O., S. 143. Hier muß noch einmal darauf hingewiesen werden, daß in dieser Arbeit nicht die herrschende Meinung geteilt wird z.B. von *Schwarz*, a.a.O., S. 75 vertreten: „so bedeutete dies freilich noch nicht, daß die USA eine zielbewußte alternative Politik auszuarbeiten und durchzuführen bereit waren." Vgl. auch *Gimbel*, a.a.O., S. 91: der Demontagestop wird als Druckmittel zur Erzwingung der wirtschaftlichen Einheit interpretiert, weil die USA unter bestimmten Bestimmungen eine Wiederaufnahme in Aussicht stellten und auch für kurze Zeit praktizierten. Die gestellten Bedingungen zur Wiederaufnahme von Reparationslieferungen lagen im Rahmen der amerikanischen Interpretation der „Verwirklichung

des ‚Potsdamer Abkommens'", die von der sowjetischen entscheidend abwich. Gimbel selbst vertritt die These, daß die Amerikaner sich von Anfang an um die Durchführung des „Potsdamer Abkommens" bemüht haben. Vgl. z.B. S. 52, S. 220 f. Die mit Potsdam eingeleitete amerikanische Politik aber war die Containment-Politik, deren Ziel es war, Sowjet-Rußlands Einfluß einzudämmen und nicht, ihn auch noch auf Westdeutschland auszudehnen, etwa wie die Sowjets es wünschten durch Beteiligung an der Kontrolle an der Ruhr. Es muß daher von vornherein klar gewesen sein, daß der Reparationsstop endgültig sein würde und allenfalls aus taktischen Erwägungen Revisionen möglich wären. Der Kalte Krieg stand nicht mehr nur in Plänen und Programmen. Er war eröffnet, wenn auch wahrscheinlich von den meisten Zeitgenossen noch unbemerkt. Clay selbst bezeichnet die Zuspitzung Ende April bis hin zum 3. Mai immerhin als „den Beginn der Spaltung" (S. 142). Latour redet vom Kalten Krieg etwa ab Mitte 1946, S. 181.

249 *Clay*, a.a.O., S. 90.
250 ebd., S. 96.
251 *Robert Fritzsch*, Entnazifizierung, Der fast vergessene Versuch einer politischen Säuberung nach 1945, in: aus politik und zeitgeschichte, beilage zur wochenzeitung das parlament, B 24/72, S. 14 f.
252 *Clay*, a.a.O., S. 97.
253 Rede des amerikanischen Außenministers Byrnes in Stuttgart am 6. Sept. 1946, abgedruckt in: Basic Documents, a.a.O., S. 522-527, deutsch: *Siegler*, a.a.O., S. 49-57 und *Huster*, a.a. O., S. 309-319.
254 ebd., S. 51 bzw. S. 311.
255 ebd., S. 53 bzw. S. 314.
256 ebd., S. 55 bzw. S. 316.
257 Im September 1946 schlossen die Länder der Bizone untereinander erste Verwaltungsabkommen, *Stammen*, a.a.O., S. 135; *Merkl*, a.a.O., S. 21.
258 Stuttgarter Rede, *Siegler*, a.a.O., S. 50; *Huster* a.a.O., S. 310.
259 *Gimbel*, a.a.O., S.230-232, vgl. *Clay*, S. 180.
260 *Gimbel*, a.a.O., S. 158.
261 ebd., S. 165, S. 222 zu den Einflußmöglichkeiten von Dulles und anderen republikanischen Führern auf die Außenpolitik der Demokraten unter Truman, vgl. *Schwarz*, a.a.O., S. 64.
262 *Schwarz*, a.a.O., S. 66.
263 Kongreßbotschaft Trumans über die Lage im Mittelmeergebiet (Truman-Doktrin), Washington am 12. März 1947, abgedruckt in: Europa-Archiv, hrsg. von Wilhelm Cornides, Frankfurt/M, 2. Jg. (Juli 1947 - Dezember 1947) S. 819 f und in Huster, a.a.O., S. 335-340, S. 339.
264 ebd., S. 820, S. 340.
265 ebd., S. 819, S. 336.
266 *Schwarz*, a.a.O., S. 69.
267 Diese Interpretation wird z.B. durch folgende Darstellung von *Schwarz*, a.a.O., S. 119, gestützt: „Alles spricht dafür, daß Marshall mit der festen Absicht nach Moskau fuhr, dort die deutsche Frage übers Knie zu brechen. Streng genommen war damit die Entscheidung schon gefallen".
268 *Clay*, a.a.O., S. 121.
269 *Gimbel*, a.a.O., S. 138.
270 ebd., S. 139.
271 ebd., S. 161.
272 ebd.
273 *Clay*, a.a.O., S. 228, E. Schmidt spricht von dem Liberalen R. Mueller, S. 125.
274 *Gimbel*, a.a.O., S. 161.
275 ebd., S. 159.
276 ebd., S. 167.
277 ebd., S. 171-174.
278 *Latour*, a.a.O., S. 173.
279 *Stammen*, a.a.O., S. 136.
280 *E. Schmidt*, a.a.O., S. 127.
281 Diese gut durchdachte und durch politologische Wahlexperten aufgrund der Zusammensetzung der Länderparlamente schließlich im voraus berechenbaren Mehrheitsverhältnisse, die nunmehr den „Gleichklang der amerikanischen und der deutschen Konzepte herbeiführten", waren also keineswegs ein „historischer Zufall" wie Schwarz behauptet. *(Schwarz* in: Löwenthal, Schwarz, a.a.O., S. 53). Im Gegenteil: Aufgrund des Delegationsprinzips ließ sich die Zusammensetzung besser manipulieren. Den bürgerlichen Parteien waren aufgrund

des von den Besatzern bestimmten Wahlverfahrens zunächst noch zwei Stimmen mehr zugesprochen worden (vgl. *Gimbel,* a.a.O., S. 246). Bei einer direkten Wahl dagegen wäre die „Gefahr" nicht auszuschließen gewesen, daß die Sozialdemokraten noch stärker als in den Landtagen vertreten gewesen wären. Die Umorganisation hatte ja aber gerade das Ziel, ihren aufgrund dieser Wahlen gewonnenen Einfluß zu beschneiden.

282 Ein möglicher Kompromiß wäre gewesen, einen Teil der von der SPD besetzten Wirtschaftsministerien der Länder aufzugeben und gegen den Posten des Wirtschaftsdirektors zu tauschen, vgl. *Hartwich,* a.a.O., S. 104.
283 vgl. dazu im einzelnen, *E. Schmidt,* a.a.O., S. 126 ff.
284 *Gimbel,* a.a.O., S. 245.
285 *E. Schmidt,* a.a.O., S. 130.
286 *Eberhard Pikart,* Auf dem Weg zum Grundgesetz, in: Löwenthal/Schwarz, S. 149-176, S. 169.
287 *Latour,* a.a.O., S. 175.
288 In der Literatur vor Gimbel ist die Darstellungsweise ohnehin abstrakt und chronologisch. Nach *Gimbels* bahnbrechender Untersuchung sind die vom Institut für Zeitgeschichte herausgegebenen Arbeiten beispielhaft für eine Fakten aneinanderreihende, die Ursachen und besonders die politischen Implikationen verschleiernde Darstellungsweise. Vgl. z.B. *Latour,* a.a.O., S. 174 und Werner Abelshauser, Wirtschaft in Westdeutschland 1945 - 48. Rekonstruktion und Wachstumsbedingungen in der amerikanischen und britischen Zone. Schriftenreihe der Vierteljahreshefte für Zeitgeschichte, Stuttgart 1975, S. 81 ff.
289 vgl. dazu auch das Teilkapitel über die amerikanische Schul- und Bildungspolitik.
290 *Schwarz,* a.a.O., S. 100.
291 Directive to Commander-In-Chief of the United States, Forces of Occupation, July 11, 1947, superseding JCS 106716 of April 1945, in: Basic Documents, a.a.O., S. 552-562, dt., Richtlinien der amerikanischen Regierung an den Kommandierenden General der Besatzungsstreitkräfte der Vereinigten Staaten in Deutschland, General Lucius D. Clay, veröffentlicht am 17. Juli 1947 (JCS 1779), abgedruckt in: Cornides, Volle, Bd. 6, a.a.O., S. 100-105, Punkt 5 und teilweise in: Huster, a.a.O., S. 296-304.
292 Punkt 21 c).
293 *Schwarz* in Löwenthal/Schwarz, a.a.O., S. 58.
294 JCS 1067, Punkt 9.a.); JCS 1779, Punkt 8.b).
295 *Clay,* a.a.O., S. 229.
296 Marshall hielt seine berühmte Rede am 6.6.1947. Schon am 8.5.1947 hatte Acheson eine wichtige Rede gehalten, „die als Präludium für die Ankündigung des Marshall-Plans gedacht war". *Schwarz,* a.a.O., S. 71, Die Moskauer Konferenz war am 24.4.1947 beendet.
297 *Latour,* a.a.O., S. 162.
298 *Huster* et al, a.a.O., S. 85 f.
299 *Lutz Niethammer,* Das Scheitern der einheitsgewerkschaftlichen Bewegung nach 1945 in Westeuropa, in: aus politik und zeitgeschichte, beilage zur wochenzeitung das parlament, B 16/75, S. 60. zit.: Niethammer, B 16/75.
300 Zur Erklärung der „binnenökonomischen Notwendigkeit staatlichen Kapitalexports" vgl. ausführlich *Anhelm,* a.a.O., S. 260-278.
301 *Niethammer,* B 16/75, a.a.O., S. 59.
301a Auch in den USA selbst wurde der Marshallplan zum Vehikel für die Formierung eines innenpolitischen Anti-Kommunismus, der über die antigewerkschaftliche Taft-Hartley-Gesetzgebung schließlich zum McCarthyismus führte (vgl. ausführlich dazu,*Anhelm,* a.a.O., S. 279-294).
302 *Niethammer,* B 16/75, S. 60.
303 ebd.
304 ebd.
305 *Latour,* a.a.O., S. 162.
306 *E. Schmidt,* a.a.O., S. 131.
307 *Hartwich,* a.a.O., S. 105.
308 *Merkl,* a.a.O., S. 23.
309 *Hartwich,* a.a.O., S. 106.
310 ebd., S. 106-108.
311 ebd., S. 101.
312 ebd., S. 103.
313 ebd., S. 101.
314 *E. Schmidt,* a.a.O., S. 131.
315 *Hartwich,* a.a.O., S. 107 f.

316 § 28 des Umstellungsgesetzes, zit.: nach *Hartwich*, a.a.O., S. 107.
317 *Viktor Agartz*, in: Huster, a.a.O., S. 377
318 zit. nach *Anhelm*, a.a.O., S. 431.
319 *Hartwich*, a.a.O., S. 109.
320 *Merkl*, a.a.O., S. 118.
321 *Hartwich*, a.a.O., S. 101.
322 Die Frankfurter Dokumente vom 1. Juli 1948, abgedruckt in: *Stammen*, a.a.O., S. 178-180.
322a Groteskerweise war gerade die, wie *Gimbel* nachweist, (S. 269) von den Westalliierten durch die Absicht zur Weststaatsgründung ausgelöste Blockade das Schlüsselereignis, das diejenigen Deutschen, die bis dahin gegen einseitige westliche Schritte waren, nun umstimmte. So traten die USA „aufgrund der Dollarhilfe und ihrer Politik in Westberlin in der Vorstellung der Öffentlichkeit aus der Rolle der Siegermacht in die einer Schutzmacht". (Schwarz in Löwenthal/Schwarz, a.a.O., S. 57).
323 ausführlich nachgewiesen bei *Gimbel*, a.a.O., S. 283, vgl. auch *Schwarz*, a.a.O., S. 126-130.
324 *Schwarz*, in Löwenthal/Schwarz, a.a.O., S. 45+62.
325 *Schwarz*, a.a.O., S. 606-618.
326 „Beschlüsse der Koblenzer Ministerpräsidentenkonferenz vom 8. - 10. Juli 1948" und „Deutsch-alliiertes Schlußkommuniqué vom 26. Juli 1948" abgedruckt in: Stammen, a.a. O., S. 181-188.
327 Dies war eine von den Deutschen in der Koblenzer Mantelnote aufgestellte Forderung, *Stammen*, a.a.O., S. 182.
328 *Stammen*, a.a.O., S. 179 f.
329 *Gimbel*, a.a.O., S. 292.
330 vgl. dazu die Stellungnahme der Ministerpräsidenten zu den Dokumenten, bes. *Stammen*, a.a.O., S. 185 f und die Rede Carlo Schmids: „Es gibt fast mehr Einschränkungen der deutschen Befugnisse . . . als Freigaben deutscher Befugnisse." (Stammen, a.a.O., S. 213).
331 *Peter Hüttenberger*, Die Anfänge der Gesellschaftspolitik in der brit. Zone, in: Vierteljahresheft für Zeitgeschichte, 21. Jg., 2. Heft, April 1973, S. 171-176, S. 173 f.
332 *E. Schmidt*, a.a.O., S. 86.
333 *Hüttenberger*, a.a.O., S. 174.
334 *E. Schmidt*, a.a.O., S. 87.
335 *Hüttenberger*, a.a.O., S. 174 f.
336 *Clay*, a.a.O., S. 328.
337 *E. Schmidt*, a.a.O., S. 166.
338 *Hüttenberger*, a.a.O., S. 171.
339 *E. Schmidt*, a.a.O., S. 25-28.
339a Die „realpolitischen" Planer wollten dagegen ursprünglich sogar die Wiedererrichtung der katholischen Gewerkschaften sanktionieren. Im Zuge der Washingtoner Richtlinien-Kontroverse wurde dieses Vorhaben eliminiert (OMGUS, Knappen, a.a.O., S. 8).
340 Darstellung nach E. Schmidt, a.a.O., S. 36-45.
341 *Niethammer*, B 16/75, a.a.O., S. 53.
342 *Huster* et al, a.a.O., S. 156 f und *E. Schmidt,* a.a.O., S. 86, Fußnote 247.
343 *Gimbel*, a.a.O., S. 225.
344 ebd.
345 *Hartwich*, a.a.O., S. 77.
346 *Clay*, a.a.O., S. 327.
347 *E. Schmidt*, a.a.O., S. 85; *Hartwich*, a.a.O., S. 78.
348 am 6.12.1946, vgl. *E. Schmidt*, a.a.O., S. 85.
349 am 2.12.1948, vgl. *Gimbel*, a.a.O., S. 226
350 *Schwarz* in Löwenthal/Schwarz, a.a.O., S. 57 f.
351 *Clay*, a.a.O., S. 328.
352 Clay, wiedergegeben nach *E. Schmidt*, a.a.O., S. 151.
353 Memorandum vom 2. März 1949, einer Abordnung des Parlamentarischen Rates von den Militärgouverneuren in Frankfurt überreicht, abgedruckt in Stammen, a.a.O., S. 226 - S. 230, Punkt 3.
354 *Gimbel*, a.a.O., S. 225.
355 vgl. (S. 143) in dieser Arbeit; Robertson and Clay „beschlossen". Bevin jedoch hatte zuvor in Moskau vergeblich versucht, Spielraum für die britischen Pläne zu behalten. Die Sache wurde zur Entscheidung der Militärgouverneure Clay und Robertson überwiesen. Angesichts der britischen Finanznot hatte den Engländer keine Wahl, vgl. *Clay*, a.a.O., S. 228 f.
356 *Gimbel*, a.a.O., S. 225.

357 *Anhelm*, a.a.O., S. 512.
358 *Manfred Rexin*, Die Jahre 1945 - 1949, Hefte zum Zeitgeschehen, Heft 8, Hannover 1964, S. 62.
359 *Schwarz*, a.a.O., S. 58.
360 absolute Zahlen: CDU 6,55 + Liberale 1,62 = 8,17; zu SPD 6,07 + KPD 2,04 = 8,11. Vgl. *Schwarz* in Löwenthal/Schwarz, a.a.O., S. 58 bzw. CDU 37,6% + Liberale 9,3% = 46,9% zu SPD 35% + KPD 9,4% = 44,4%, vgl. Rexin, a.a.O., S. 29.
360a *Schwarz* macht seine eigene These im übrigen selbst hochgradig unglaubwürdig, indem er die Tatsache, „daß die Mehrheitsverhältnisse im Zweizonenwirtschaftsrat . . . einen Gleichklang der amerikanischen und der deutschen Konzepte herbeiführten" als „historischen Zufall" bezeichnet (S. 53), dieselbe Tatsache fünf Seiten weiter aber als sehr bewußte Wahlentscheidung darstellt.
361 *Hans-J. Kleinsteuber*, Die USA-Politik, Wirtschaft, Gesellschaft. Eine Einführung, Hamburg 1974, S. 120 ff. *Lange, Bernd-Peter, Jürgen-Hinrich Mendner* und *Heinz Berzau*, Konzentrationspolitik in den USA, Tübingen 1972 S. 1-8.
362 *Lange B.-P.*, a.a.O., S. 178 f, im einzelnen außerdem S. 320-347.
363 *Schwarz*, a.a.O., S. 63.
364 *E. Schmidt*, a.a.O., S. 16.
365 *Clay*, a.a.O., S. 363.
366 Der Leiter der Entflechtungsabteilung selbst bezichtigte Clay dieser Absicht. Wegen der Behinderung seiner Arbeit durch Clays Mitarbeiterstab wollte er immer wieder demissionieren. Es gelang Clay jedoch, ihn eine ganze Zeit zu halten. Vgl. *E. Schmidt*, a.a.O., S. 59 f; *Clay*, a.a.O., S. 367 f, *Gimbel*, a.a.O., S. 160.
367 *Hartwich*, a.a.O., S. 80, vgl. auch *E. Schmidt*, a.a.O., S. 54-57, *Clay*, a.a.O., S. 368 f bestreitet dies mit bloßen Gegenbehauptungen, die jedoch nicht die Tatsache der Wiedereinsetzung des dt. Managements in Frage stellen. Dieses geschah jedoch weder ohne Absicht, noch aus Dummheit.
368 *Schwarz*, a.a.O., S. 125.
369 *Clay*, a.a.O., S. 366 sagt das natürlich nicht so offen. Er sagt: „Die Unternehmen . . . sind so lange treuhänderisch zu verwalten, bis eine . . . Regierung über die Eigentumsverhältnisse entschieden hat."
370 *Clay*, a.a.O., S. 362.
371 ebd., S. 363.
372 ebd., S. 368.
373 „Das Petersberger Abkommen vom 22. November 1949", abgedruckt in: *Stammen*, a.a.O., S. 268-271, Punkt 6.
374 Diese Interpretation widerspricht der von *H.H. Hartwich* gegebenen, der meint, die Amerikaner (also „realpolitische" und „linke", zwischen denen er aber nicht unterscheidet) hätten Interesse an einer effektiven Konzentrationspolitik gehabt, vgl. S. 81-85.
375 *E. Schmidt*, a.a.O., S. 176 f.
376 ebd., S. 180.
376a Clay wies darauf hin, daß unter militärischen Sicherheitsgesichtspunkten ausgesprochene Produktionsverbote oder Kapazitätsbeschränkungen der deutschen Industrie für einen zukünftigen Weltfrieden mehr Bedeutung hätten als Demontagen. Sein Argument: „Werke veralten und Produktionsmethoden ändern sich; es kann sogar sein, daß die Entfernung von Fabriken . . . dazu beiträgt, die deutschen Fertigungsmethoden zu verbessern" (S. 359). In deutschen Industriekreisen ist eben dieses Argument noch heute manchmal als Begründung für den Vorsprung der deutschen Industrie gegenüber total veralteten Herstellungsmethoden beispielsweise in England zu hören. Da die Demontagen ordnungspolitisch neutral waren, erscheint der behauptete Zusammenhang durchaus als ein wesentlicher Aspekt plausibel.
377 *Hartwich*, a.a.O., S. 76; das Petersberger Abkommen enthält in Punkt 8 a), b), c) eine Aufzählung aller von der Liste zu streichenden Werke und sagt unter 8 d), daß in Berlin jegliche Demontage eingestellt würde. D.h. in geringem Umfang wurden noch Demontagen fortgeführt. E. Schmidt berichtet, daß es Ende 1950 zur endgültigen Einstellung aller Demontagemaßnahmen kam, S. 149.
378 *Gimbel*, a.a.O., S. 234-244.
379 *Hartwich*, a.a.O., S. 76.
380 ebd., S. 88-90.
381 *Gimbel*, a.a.O., S. 306 ff.
382 *E. Schmidt*, a.a.O., S. 70.
383 ebd., S. 71.

384 *Hartwich*, a.a.O., S. 87.
385 *E. Schmidt*, a.a.O., S. 95.
386 *Clay*, a.a.O., S. 327.
387 *Gimbel*, a.a.O., S. 304 f.
388 *E. Schmidt*, a.a.O., S. 163.
389 *Gimbel*, a.a.O., S. 303 f.
390 ebd., S. 300 ff.
391 *E. Schmidt*, a.a.O., S. 164 f.
392 zur Auseinandersetzung um das Gesetz, vgl. *E. Schmidt*, a.a.O., S. 193-225.
393 vgl. z.B. *E. Schmidt*, a.a.O., S. 134-149.
394 Memorandum vom 22. November 1948, dem Präsidenten des Parlamentarischen Rates von den alliierten Verbindungsstäben übergeben, abgedruckt in: *Stammen*, a.a.O., S. 244 f; Memorandum vom 2. März 1949, einer Abordnung des Parlamentarischen Rates von den Militärgouverneuren in Frankfurt überreicht, abgedruckt in: Stammen, a.a.O., S. 226-230.
395 *Volker Otto*, Das Staatsverständnis des Parlamentarischen Rates, Ein Beitrag zur Entstehungsgeschichte des Grundgesetzes für die Bundesrepublik Deutschland. Beiträge zur Geschichte des Parlamentarismus und der politischen Parteien, Band 42, Düsseldorf 1971, S. 113, Anm. 320.
396 Material zu den zahlreichen Interventionen und Reglementierungen ist im Archiv des Instituts für Zeitgeschichte vorhanden. ED 94, Bd. 80.
397 *Niclauß*, a.a.O., S. 135.
398 *Otto*, a.a.O., S. 117.
398a Dies ist m.E. der einzige Punkt, in dem den Vorstellungen der Amerikaner nicht entsprochen wurde, den Vorstellungen, dem Staat möglichst wenige Eingriffsmöglichkeiten in die Organisation der freien Unternehmerwirtschaft zu geben. Beachtet werden muß aber — und das vernachlässigt *Niclauß* m. E. —, daß die Tatsache, daß dem Bund weite Gesetzgebungskompetenzen zugesprochen wurden, noch nicht bedeutet, daß dieser sie auch wahrnehmen muß, während dagegen im Grundrechtsteil abgesichterte Tatbestände ohne Gesetzesvorbehalt nicht nur Programmsätze, wie Niclauß abwertend meint, sondern unmittelbar geltendes Recht sind und somit eine Richtschnur für Gesetzgeber und Rechtsprechung.
399 In dieser Einschätzung unterscheidet sich diese Arbeit fundamental von der Studie von *Niclauß*, der meint, daß „die rückschauende Betrachtungsweise", d.h. die Erforschung der Vorgeschichte der Bundesrepublik Deutschland „den politischen Vorstellungen auf dt. Seite erhöhtes Gewicht" verleihe und „die potentiellen und tatsächlichen Entscheidungsbefugnisse der Besatzungsbehörden dagegen ... an Bedeutung" verlieren lasse (S. 20). Die Entscheidung um die Gesetzgebungskompetenzen des Bundes dient ihm offenbar als Ausgangsbasis für seine Überzeugung. Er führt sie als Beispiel dafür an, „wie gering die Einflußmöglichkeiten der drei Westalliierten auf die Beratungen des Parlamentarischen Rates waren, wenn in der betreffenden Sache auf dt. Seite Übereinstimmung bestand" (S. 192). Wie die Darstellung der grundsätzlichen gesellschafts- und verfassungspolitischen Konzeptionen der beiden großen Parteien und der beiden wichtigsten alliierten Memoranden vom 22.11.1948 und 2.3.1949 zeigen, war aber gerade diese Übereinstimmung in allen anderen hier behandelten Punkten nicht gegeben. Mit der Wertung, daß „sich der Verlauf der GG-Beratungen durch den zunehmenden Einfluß mehrheitsdemokratischer Verfassungsvorstellungen aus(zeichne)", (S. 226) erweckt er den Eindruck, daß sich das verfassungspolitische Konzept der SPD von seinen wichtigsten Intentionen mehr durchgesetzt habe als das der CDU. Ohne im einzelnen auf die Unklarheiten, die diesen Eindruck gewollt oder ungewollt entstehen lassen, eingehen zu können, soll hier klargestellt werden, daß die Ergebnisse dieser Arbeit insgesamt die gegenteilige Einschätzung stützen. Und es sei angemerkt, daß Niclauß viel zu wenig die politische Gesamtsituation einbezieht und die Alternativen, die die SPD in Anbetracht dieser Situation hatte, wenn sie nicht zu Kompromissen bereit gewesen wäre. Mit den Ergebnissen Gimbels von dem überaus engen Freiheitsspielraum der Deutschen scheint Niclauß sich überhaupt nicht auseinanderzusetzen.
400 *Gimbel*, a.a.O., S. 306.
400a Clays „Beharren auf dem Föderalismus hing zweifellos mit seiner Haltung gegenüber dem Sozialismus zusammen" (Gimbel, a.a.O., S. 297).
401 *Gimbel*, a.a.O., S. 293.
402 *Merkl*, a.a.O., S. 187.
403 *Hartwich*, a.a.O., S. 119.
403a Dies taten sie besonders mit den Punkten: 2 b) „die Kontrollen hinsichtlich der Ruhr, die Restitutionen (Rückerstattungen z.B. von unter Treuhandverwaltungen stehender Betriebe,

L-Qu), die Reparationen, die Dekartellisierung . . ., die ausländischen Interessen in Deutschland . . ." etc. sowie 2 g) „die Kontrolle über den Außenhandel und Devisenverkehr", 2 h) der die Minimierung des Bedarfs an auswärtiger Hilfe dür Deutschland sicherstellen sollte. (Wortlaut des Besatzungsstatuts abgedruckt bei *Stammen*, a.a.O., S. 238-241).
404 *Hartwich* sieht das ähnlich, a.a.O., S. 115.
405 *Gimbel*, a.a.O., S. 298.
406 vgl. dazu *Hartwich*, a.a.O., S. 108, 114.
407 so auch *Hartwich*, a.a.O., S. 119; m.E. ist bereits das Petersberger Abkommen als solch ein erster Schritt zu werten. Es kam gleich nach Zusammentritt der 1. CDU/CSU-geführten Bundesregierung zustande.
407a Erst 1967 konnte dieser von CDU/CSU und Besatzungsmacht in GG Art. 110 übertragene Grundsatz des ausgeglichenen Haushalts mit der Einigung der (1.) großen Koalition auf das Stabilitätsgesetz überwunden werden.
408 *Clay*, a.a.O., S. 325; *E. Schmidt*, a.a.O., S. 120-124.
409 *Gimbel*, a.a.O., S. 293 vgl. auch S. 298, S. 139. Zu den nicht verwirklichten demokratischen Idealen rechnet Gimbel z.B. die Programme für Dezentralisierung, Entnazifizierung, Beamten- und Schulreform (vgl. Gimbel B 18/65, a.a.O., S. 51).
410 *Lutz Niethammer*, Zum Verhältnis von Reform und Rekonstruktion in der US-Zone am Beispiel der Neuordnung des öffentlichen Dienstes in: Vierteljahresheft für Zeitgeschichte, 21. Jahrgang, 2. Heft, April 1973, S. 177-188, S. 179. zit.: Niethammer, Rekonstruktion.
411 ebd., S. 106.
412 *Gimbel*, a.a.O., S. 13.
413 ebd., S. 230-244.
414 *Laurence W. Martin*, The American Decision to Rearm Germany in: Harold Stein (ed) American Civil-Military Decisions, A Book of Case Studies, Birmingham, Alabama, 1963, S. 643-663, S. 646.
415 ebd., S. 649 und S. 647.
416 ebd., S. 647.
417 *Fritzsch*, a.a.O., S. 26.
418 ebd., S. 30.
419 *Gimbel*, a.a.O., S. 213 ff.
420 *Fritzsch*, a.a.O., S. 17.
421 *Hammond*, a.a.O., S. 402.
422 Als Detailstudie zur amerikanischen Entnazifizierungspolitik vgl.: *Lutz Niethammer*, Entnazifizierung in Bayern, Säuberung und Rehabilitierung unter amerikanischer Besatzung, Frankfurt/Main 1972.
423 vgl. hierzu die eingehende Analyse in: *Lange, B.-P.*, a.a.O., besonders S. 823-833.
424 CCS 551, App. A. 3 und 6.
425 *Niethammer*, Rekontruktion, a.a.O., S. 180, 182 f.
426 ebd., S. 181 f und *Theodor Eschenburg*, Der bürokratische Rückhalt, in: Löwenthal/Schwarz, a.a.O., S. 64-94, S. 79.
427 *Niethammer*, Rekonstruktion, a.a.O., S. 184.
428 über den Zeitpunkt des Erlasses schreibt Niethammer vom Februar, Eschenburg vom Mai.
429 *Eschenburg*, a.a.O., S. 81.
430 ebd., S. 85 f.
431 ebd., S. 81.
432 *Fritzsch*, a.a.O., S. 23.
433 Die „realpolitischen" Besatzer waren von vornherein auch insofern in der Vorhand, als die Ausbildung der Besatzungsoffiziere in der Zuständigkeit des Kriegsministeriums lag und es weder zivilen Instanzen, noch dem Finanzministerium trotz großer Anstrengungen gelang, Einfluß auf Planung und Durchführung der Ausbildung zu erhalten. Im Ganzen war die Ausbildung betont administrativ — entsprechend der „realpolitischen" Zielsetzung der Restauration der Weimarer Strukturen, ausgehend auch von der Überzeugung, „military government is not a missionary enterprise". Zur „Ausbildung der Amerikanischen Offiziere für die Militärregierungen nach 1945" vgl. den Aufsatz von *Karl-Ernst Bungenstab*, in: Jahrbuch für Amerikastudien, Bd. 18, Heidelberg 1973, S. 195-212.
434 *Eschenburg*, a.a.O., S. 70, S. 90.
435 *Richard Löwenthal*, Prolog: Dauer und Verwandlung in: Löwenthal/Schwarz, a.a.O., S. 9-24, S. 11.
436 *John Gimbel*, Die Bedeutung der Besatzungszeit 1945 - 1949, in: aus politik und zeitgeschichte, beilage zur wochenzeitung das parlament, B 18/65, S. 47-53, S. 48, zit.: Gimbel

437 B 18/65.
Auch in der Arbeit von Anhelm werden die genannten Programme für die anfängliche Besatzungszeit etwa so zugeordnet wie hier gekennzeichnet: wenn auch ideologiekritischer. Im Gegensatz zu anderen Arbeiten schätzt Anhelm jedoch den Versuch „der Restauration liberalen konkurrenz-kapitalistischen Selbstverständnisses" (S. 189) bezüglich der intendierten demokratisierenden Wirkung negativ ein.

438 *Gimbel*, a.a.O., S. 13.

439 Mit diesem Argument weist *Löwenthal* in: Löwenthal/Schwarz, a.a.O., S. 10 die Restaurationsthese zurück.

440 *Löwenthal*, in: Löwenthal/Schwarz, a.a. O., S. 10.

440a „Es fehlte nicht viel zum Status quo ante, und doch war, ungeachtet der gescheiterten personellen und strukturellen Reformen, auch im öffentlichen Dienst *die Lage verändert*". (Niethammer, Rekonstruktion, a.a.O., S. 188, Hervorhebung von der Verf.).

441 *Löwenthal* in: Löwenthal/Schwarz, a.a.O., S. 10.

442 *Gimbel*, B 18/65, a.a.O., S. 52.

442a *Schwarz'* These in Löwenthal/Schwarz, a.a.O., S. 50, ist sogar, daß sich die eindeutig westorientierten Kräfte schon vor 1949 in der CDU durchgesetzt hätten und daß sie die neue Demokratie so gegen die Gefährung durch eine nationalistische Rechte absichern würden. Die CDU/CSU-Opposition gegen die sozial-liberale Ostpolitik hat jedoch gezeigt, daß nationale, angebliche Wiedervereinigungsbestrebungen in der CDU/CSU noch so stark sind, daß die gesamte Partei das Wählervotum von 1969 nicht akzeptierte und versucht, jede Ostpolitik zu torpedieren, sei es über ein konstruktives Mißtrauensvotum oder über den in solchen Fragen gar nicht zuständigen Bundesrat — und das noch 1976.
M.E. ist Skepsis angebracht, wieweit die Gefahr des Rechtsradikalismus und einer nationalistischen Politik wirklich für die nahe Zukunft (d.h. bis zum Jahr 2000) gebannt ist. Vielleicht ist jedoch eine Aussage von *Helga Grebing* geeignet, der Furcht, Bonn könnte sich doch noch als Weimar erweisen, die Spitze abzubrechen. Sie kommt nach einer Analyse des Konservatismus in der Bundesrepublik zu dem Fazit, daß die Konservativen „Faschismus vermeiden wollen", indem sie — die Konsequenzen einer Fundamentaldemokratisierung abwehrend — den Status quo bewahren möchten. (Helga Grebing, Positionen des Konservatismus in der Bundesrepublik Deutschland, in: Grebing u.a., Konservatismus — Eine deutsche Bilanz, München 1971, S. 33-61, S. 61.)

443 *Schwarz* in Löwenthal/Schwarz, a.a.O., S. 59.

444 Die These, daß 1945 die Chance eines Neubeginns gegeben war, wird in einem Teil der Literatur über die antifaschistischen Ausschüsse bestritten. Die Ansätze, die es in der SPD gab, hält man in dieser Forschungsrichtung nicht für relevant. Bezüglich der antifaschistischen Ausschüsse kommt man aufgrund ihrer Beschränkung auf die lokale Ebene zu dem Ergebnis, daß das in ihnen vorhandene Potential für eine Neuordnung der gesellschaftlichen Strukturen nicht ausgereicht hätte. Folglich wird von dieser Literaturspezies auch die Restaurationsthese abgelehnt. 1945 wurden nach dieser Meinung die alten gesellschaftlichen Strukturen bruchlos aufrechterhalten. Vgl. dazu *Albrecht Lein*, Antifaschistische Aktion 1945, Göttinger Politikwissenschaftliche Forschung, Bd. 2, Göttingen, 1978.

445 So beginnt „Das Ahlener Wirtschaftsprogramm der CDU für Nordrhein-Westfalen vom 3. Februar 1947", abgedruckt in *Stammen*, a.a.O., S. 89-94, S. 89.

446 Mit der Frage nach der Stunde Null setzt sich z.B. Gimbel B 18/65, a.a.O., S. 47-59, auseinander. Da er die zwei einander widersprechenden Zielsetzungen der amerikanischen Deutschlandpolitik nicht als solche sieht, enthält die Entfaltung der drei Alternativen jedoch einige Unklarheiten.

447 *Gimbel* behauptet das Gegenteil, vgl. ebd., S. 51.

448 *Ernst-August Roloff*, Grundzüge und Geschichtlichkeit, über das Legitimationsproblem in der politischen Bildung; in: aus politik und zeitgeschichte, beilage zur wochenzeitung das parlament, B 22/74, S. 26.

449 *Latour*, a.a.O., S. 193, Anm. 80.

450 Die Beeinflussung durch die Medien bleibt in dieser Arbeit unberücksichtigt.

451 vgl. zu dem Junktim: *E. Schmidt*, a.a.O., S. 114 ff, S. 120 ff.

452 zur Wahlbeteiligung vgl. *Latour*, a.a.O., S. 111, 116, 119.

453 *E. Schmidt*, a.a.O., S. 85.

454 So Clay am 14.8.1947 auf einer Pressekonferenz in Frankfurt nach einer gemeinsamen Erklärung des nordrhein-westfälischen Landtages zur Sozialisierung der Kohlenwirtschaft, die am 25. Januar 1947 beschlossen worden war, wiedergegeben bei E. Schmidt, a.a.O., S. 151.

455 Als eines von mehreren Beispielen beschreibt E. Schmidt, a.a.O., S. 116 ff, das Verhalten

456 Böcklers bei der Zustimmung zum Marshallplan.
     So schätzt selbst *Schwarz* in Löwenthal/Schwarz, a.a.O., S. 48, die potentielle Reaktion der amerikanischen Besatzungsmacht auf eine „Linie des Massenkampfes ... zur Durchsetzung von Volksentscheiden" als „hart und effektiv" ein.
457 *Hartwich*, a.a.O., S. 153.
458 E. *Schmidt*, a.a.O., S. 131, S. 141.
459 *Hartwich*, a.a.O., S. 153.
460 Feststellung der Gewerkschaftszeitung für die britische Zone, „Der Bund" 3 (1949) Nr. 12, S. 2 zitiert nach Fritzsch, a.a.O., S. 28.
461 *Fritzsch*, ebd., S. 24.
462 ebd., S. 21 f, der Verfasser ist Bibliotheksdirektor und nach meinem Eindruck kein DDR-Sympatisant.
463 *Niethammer*, Rekonstruktion, a.a.O., S. 186.
464 *Otto*, a.a.O., S. 214, ausführlich S. 187 f, a.a.O., S. 156-169.
465 vgl. in „Programme der Deutschen Sozialdemokratie", die Programme von 1921 und 1925, Hannover 1963, S. 88 f und S. 99.
466 Dies hatten auch die Amerikaner in ihren Bestandsaufnahmen konstatiert. vgl. OMGUS, Morgan, a.a.O., S. 20.
467 Die kulturpolitischen Forderungen der Sozialdemokratie auf dem Parteitag von Nürnberg (1947), in: Protokoll der Verhandlungen des Parteitages der SPD vom 29. Juni - 2. Juli 1947 in Nürnberg, Hamburg, o.J., S. 167 ff; zit. nach: *Günter Scharfenberg* (Hrsg.) Dokumente zur Bildungspolitik der Parteien in der Bundesrepublik Deutschland 1945 - 1970, 3 Bde. (SPD, CDU/CSU, FDP) Berlin 1971, zit.: Scharfenberg SPD bzw. CDU, hier: Scharfenberg SPD, S. 5-19, S. 6.
468 Frankfurter Grundsätze der CDU, Frühjahr 1946, Abschnitt „Kulturpolitik", in: Politisches Jahrbuch der CDU 1950, Hrsg.: CDU Deutschlands, Bonn (um 1951), S. 232 ff, zit. nach: Scharfenberg CDU, a.a.O., S. 8-11, S. 10, Die Liberalen schlossen sich erst im Juni 1949 zur Gesamtpartei (FDP) zusammen, als das Thema „Umerziehung" bereits an Brisanz verloren hatte. Ihre z.T. progressiven, z.T. konservativen Vorstellungen finden in dieser Arbeit keine Berücksichtigung.
468a So der von Geheimrat F. Stiehl vor dem Preußischen Abgeordnetenhaus am 9. Mai 1859 selbst erläuterte Zweck, zit. nach: *Bungardt*, a.a.O., S. 59.
468b Scharfenberg CDU, a.a.O., S. 8.
469 ebd., S. 10.
470 ebd., S. 5, Aufruf der Christlich-Demokratischen-Union, Berlin, 26. Juni 1945. Da die Parteien in den Westzonen erst nach Potsdam wieder zugelassen wurden, erschienen die ersten Aufrufe in Berlin. Quelle: *Wolfgang Treue*, Deutsche Parteiprogramme 1861-1961, Göttingen/Berlin/Frankfurt 1961, S. 178 f.
471 ebd., S. 11 Frankfurter Grundsätze.
472 Konrad Adenauer in der Aula der Kölner Universität 1946, abgedruckt in Huster et al, a.a. O., S. 394-416, S. 400 f.
473 Konrad Adenauer, abgedruckt in Huster et al, a.a.O., S. 402.
473a Auch wenn die Fraktionsgemeinschaft CDU/CSU 1945/46 noch nicht existierte, werden die beiden Parteien hier als Einheit benannt, weil sich in den bekannten kulturpolitischen Programmen dieser Jahre sowie in den Ergebnissen christdemokratischer Schulpolitik kaum Unterschiede zeigen. Bestehende Differenzen waren — wo es sie gab — taktischer Natur. Die CSU konnte angesichts der zuverlässigen Mehrheit katholischer Wähler die kirchlichen Interessen offener vertreten als z.B. die Berliner CDU.
474 ebd., S. 406.
475 *Scharfenberg* CDU, S. 5, Berlin, 26. Juni 1945.
476 *Huster* et al, a.a.O., S. 406.
477 ebd., S. 399.
478 ebd., S. 405.
479 *Isa Huelsz*, a.a.O., S. 151.
480 ebd., S. 153 f.
481 ebd., S. 202.
482 *Heinrich Rodenstein*, Grundsätze der Neuformung des deutschen Bildungswesens, Vortrag, gehalten am 6. Juni 1952 vor dem Kongreß der Arbeitsgemeinschaft Deutscher Lehrerverbände in Berlin (als Broschüre von dieser AG hrsg., o.O., o.J.).
483 *Scharfenberg* CDU, a.a.O., S. 10, Frankfurt 1946.
484 ebd.

485	*Theodor Maunz*, Deutsches Staatsrecht, München und Berlin 1964^{13}, S. 133.
486	vgl. Politik und Schule, a.a.O., Bd. 2.
487	Programm der Christlich-Demokratischen-Union der britischen Zone, Neheim-Hüsten, 1. März 1946, Abschnitt Kulturpolitik, in: Wolfgang Treue, Deutsche Parteiprogramme 1861 - 1961, Göttingen, Berlin, Frankfurt 1961, S. 181 f, zit. nach Scharfenberg CDU, a.a.O., S. 6 f, S. 6.
488	*Alois Hundhammer*, Bayrischer Minister, auf der Konferenz der deutschen Erziehungsminister in Stuttgart-Hohenheim am 19. und 20. Februar 1948, Bundesarchiv, (BA) Z 1-1007, S. 12 (S. 21 f), zit.: Stuttgart BA.
489	Tagesspiegel, Berlin vom 23.7.1946, Beiblatt, zit.: nach Klewitz, a.a.O., S. 153.
490	*Huelsz*, a.a.O., S. 8.
491	Hundhammer, Stuttgart BA, a.a.O., S. 20 (S. 38).
492	Denkschrift der Universität Heidelberg zur Frage der Schulreform, BA Z 1-1029, S. 212.
493	*Caspar Kuhlmann*, Schulreform und Gesellschaft in der Bundesrepublik Deutschland 1946-1966, (Texte und Dokumente zur Bildungsforschung, hrsg. vom Institut für Bildungsforschung in der Max-Planck-Gesellschaft), Stuttgart 1970, S. 120.
494	Stellungnahme der nordrhein-westfälischen Industrie- u. Handelskammer zum Abkommen der Ministerpräsidenten der Länder zur Vereinheitlichung des Schulwesens vom 17.2.1955, zit.: nach Kuhlmann, a.a.O., S. 62.
495	Hundhammer, Stuttgart BA, a.a.O., S. 20 (S. 38).
496	Gesprächskreis Wissenschaft und Wirtschaft, Aufstieg der Begabten. Sonderdruck des Stifterverbandes für die deutsche Wissenschaft, Essen 1958, S. 11. zit.: nach Kuhlmann, a.a.O., S. 63.
497	*Kuhlmann*, a.a.O., S. 115 f.
498	ebd., S. 120 ff.
499	ebd., S. 132
500	ebd., S. 122.
501	vgl. dazu ausführlich die Untersuchung von Isa Huelsz oder in Kurzfassung das exemplarische Verhalten Hundhammers auf der Konferenz in Stuttgart.
502	Wegen Platzmangel kann hier nicht näher auf diese Pläne eingegangen werden. Die Pläne scheiterten jedoch nicht an der mangelnden Unterstützung durch die SPD bzw. durch die amerikanische Militärregierung, wie Kuhlmann meint, vgl. S. 35 f. Sie konnten von den Reformern nicht unterstützt werden, da sie völlig halbherzig, zum Teil sogar unehrlich waren. Der hessische Plan ist zusammenfassend recht gut wiedergegeben und kommentiert in: Dokumente zur demokratischen Schulreform in Deutschland 1945 - 1948, (Schriftenreihe: Aktuelle Fragen der deutschen Schule) Schwelm i. Westf., o.J. (etwa 1960), S. 69-84, das Zitat findet sich dort auf S. 80. Mit den Württemberg-Badischen Plänen verhält es sich analog. Informationen über beide Pläne sind auch dem Protokoll der Konferenz der Erziehungsminister in Stuttgart zu entnehmen, sowie den Findbüchern: BA. Z 1-1029, S. 136-143 (Hessen, Stein 26.9.1947) und BA. Z 1-1030, S. 282-292 (Württemberg-Baden, Bäuerle, 20.1.1948).
503	*Frau Teusch*, Stuttgart BA, a.a.O., S. 16 (S. 30).
504	Dokumente zur demokratischen Schulreform, a.O., S. 75.
505	*Kuhlmann*, a.a.O., S. 107 f.
506	Vorstandsbericht des hess. Philologenverbandes vom 2.10.49, zit. nach Kuhlmann, a.a.O., S. 178.
507	Rektorenkonferenz der amerikanischen Zone, Leitsätze des Ausschusses für die Frage: Universität und Lehrerbildung, BA, Z 1-1028, S. 99.
508	vgl. dazu die Ausführungen von Frau Teusch in Stuttgart oder die in kaum einem Beitrag fehlenden Hinweise Hundhammers auf die „Befehle" der Amerikaner, denen er entschieden Widerstand leistete.
509	Aufruf des Berliner Zentralausschusses der SPD vom 15. Juni 1945 zum Neuaufbau der Organisation, abgedruckt in: Stammen, a.a.O., S. 111-114; Huster et al, a.a.O., S. 359-362.
510	Dokumente zur demokratischen Schulreform, a.a.O., S. 26 ff „Aufruf zur demokratischen Schulreform" Okt. 1945.
511	ebd., S. 29; Politische Leitsätze der SPD vom 11. Mai 1946, Abschnitt: Kirche, Staat, Kultur, auch abgedruckt: in Stammen, a.a.O., S. 120-126, S. 124; Scharfenberg SPD, S. 5. Der Passus hieß: „Das allgemeine Schulwesen ist öffentlich. Die Schulen sollen die Jugend frei von totalitären und intoleranten Anschauungen erziehen im Geist der Humanität, der Demokratie, der sozialen Verantwortung und der Völkerverständigung. Allen Deutschen stehen die Bildungsmöglichkeiten allein entsprechend ihrer Befähigung offen. Sie sind un-

abhängig von Bekenntnis, Staat und Besitz".
512 vgl. *Stammen*, a.a.O., S. 114-119; Kurt Schumacher, Programmatische Erklärungen vom 5. Oktober 1945.
513 vgl. Huster et al, a.a.O., S. 363-370: Kurt Schumacher, Aufgaben und Ziele der deutschen Sozialdemokratie, Referat gehalten auf dem Parteitag der SPD in Hannover im Mai 1946.
514 *Niclauß*, a.a.O., S. 30.
515 Paulmann war vor 1933 Lehrer in einer progressiven Versuchsschule gewesen und als solcher sowie als „gemäßigter" Sozialdemokrat, der ursprünglich aus der Jugendbewegung kam, Mitglied der Bremer Schuldeputation im Parlament. Thron, a.a.O., S. 92.
516 Diese Tendenz setzte die SPD 1969, als sie erstmals führend die Bundesregierung übernahm, fort, als sie mit Professor Leussink einen parteilosen Mann zum Bundesminister für Bildung und Wissenschaft berief.
517 *Willi Kreiterling*, Kirche - Katholizismus - Sozialdemokratie. Von der Gegnerschaft zur Partnerschaft. (Theorie und Praxis der deutschen Sozialdemokratie) Bonn-Bad Godesberg 1969, S. 15 und: Menschenwürdige Gesellschaft, a.a.O., S. 156.
518 Referat des Bayrischen Staatsministers für Unterricht und Kultus, Dr. *Franz Fendt*, anläßlich der Unterrichtsministertagung in München am 27./28. September 1946, BA, F 1-1009, S. 212, (S. 5).
519 *Kurt Schumacher*, Programmatische Erklärungen vom 5.10.45, in: Stammen, a.a.O., S. 114-119, S. 118, Kurt Schumacher, Aufgabe und Ziele der deutschen Sozialdemokratie, Parteitagsreferat Hannover, Mai 1946, in: Huster et al, a.a.O., S. 363-370, S. 363, Kurt Schumacher, Aufsatz 1947, vgl. Kreiterling, a.a.O., S. 20 f.
520 Die kulturpolitischen Forderungen der Sozialdemokratie auf dem Parteitag von Nürnberg 1947, in: Scharfenberg SPD, S. 5-19, S. 16.
521 Dies wurde dem Vorstand der Partei in einer engagierten Rede von Dr. Berger vorgeworfen, ebd., S. 7-10, S. 8. Die Gegenmeinung, die Notwendigkeit, die Basis zu verbreitern, vertraten Kurt Reinhardt und Arno Hennig S. 15-19. Bezeichnend für die Vorstandspolitik, Grundsatzerklärungen etc. möglichst lange hinauszuzögern, ist der Ausspruch von Arno Hennig: „Jetzt geht es erst los!" gesagt im Sommer (Juni/Juli) 1947, als z.B. die Länderverfassungen längst verabschiedet und die konservativen Positionen darin sämtlich festgeschrieben waren. Aber selbst dieser Spruch war Deklamation. Beschlüsse wurden erst Jahre danach gefaßt.
522 BA, Z1-1009, a,a.O., S. 213 (S. 7).
523 A. *Grimme* auf der Erziehungsministerkonferenz, Stuttgart, BA, a.a.O., S. 18 f (S. 33-35).
524 *Erich Weniger*, Die Epoche der Umerziehung 1945 - 1949. Westermanns Pädagogische Beiträge 1959/60, Heft 2, 1960, S. 74.
525 zu den Ausführungen über geisteswissenschaftliche Pädagogik vgl. *Klaus Mollenhauer*, Funktionalität und Disfunktionalität der Erziehung in: ders., Erziehung und Emanzipation, a.a.O., 22-27.
526 vgl. dazu: Elternrecht und Schule, von der Vollversammlung des Zentralkomitees der deutschen Katholiken vom Juni 1967, in: Politik und Schule, Bd. 2.
527 vgl. dazu: Vierzig Thesen zur Reform des Bildungswesens (1969), These 29, von der Bischöflichen Hauptstelle für Schule und Erziehung und Katholisches Büro in Bonn, ebd.
528 So lautete ein auf dem sozialdemokratischen Parteitag von Nürnberg 1947 gebilligter Antrag von *Willi Eichler*, der als Mitglied des Nelsonbundes (Anhänger des Philosophen und Sozialtheoretikers Nelson) ebenfalls ein Vertreter einer Richtung war, die nicht vom Marxismus kam. Eichler, Kulturpolitiker, war später führend an der Ausarbeitung des Godesberger Programms beteiligt. Zu den kulturpolitischen Auseinandersetzungen in Nürnberg vgl. Scharfenberg SPD, a.a.O., S. 5-19, Zitat S. 7.
529 Programme der deutschen Sozialdemokratie, a.a.O., S. 99.
530 Aktions-Programm der SPD, beschlossen auf dem Dortmunder Parteitag 1952, erweitert auf dem Berliner Parteitag 1954, ebd., S. 115-177, S. 170 ff. Im Godesberger Programm fehlte selbst diese Minimalforderung.
531 in: Stuttgart BA, a.a.O., S. 18 (S. 33).
532 Scharfenberg SPD, a.a.O., S. 21.
533 Dokumente für eine demokratische Schulreform, a.a.O., S. 32.
534 ebd., S. 33 f für die britische Zone; BA Z1-1028, S. 85 für die amerikanische Zone, die progressiver waren und sogar eine „differenzierte Einheitsschule" forderten.
535 Grundlage dieses Überblickes ist eine ausführliche Synopse von *Fritz Kaestner:* Bildung und Schule in den Verfassungen der Länder der Westzonen, in: Sonderdruck aus der Pädagogischen Rundschau, Jg. 1, Heft 8/9, Nov./Dez. 1947, S. 349-353, BA Z1-1031, S. 9-11.

536 Zu den Grundrechtsdebatten und zum sozialdemokratischen Staatsverständnis vgl. ausführlich *Volker Otto*, a.a.O., S. 67-92.
537 Die „Linke" war im Gegenteil hierzu - nach dem Scheitern des Morgenthauplanes — der Ansicht, daß alle Beratungsmaßnahmen dem Re-education-Ziel unterzuordnen seien.
538 „It must be recognized that political democracy can be developed to the full only by those who have the basic necessities of life. Nowhere in the world has it been possible to erect the structure of successful democratic self-government upon starvation or economic disorder" *(Zook Report,* a.a.O., S. 4).
539 Germany must face certain major problems: „First among these is the development of the concept that the school is a primary agency for the democratization of Germany" *(Zook-Report,* a.a.O., S. 19).
540 „Democracy . . . may expect its schools slowly to depreciate the prestige of a family pattern that is as democratically frustrative as it is spiritually pernicious." *(Zook-Report,* a.a.O., S. 13)
541 Ein besonders krasses Beispiel eines ungetrübten, 1947 bereits anachronistischen Optimismusses kommt in dem Vortrag Grundprinzipien der dynamischen Erziehung von Thomas Hopkins und Bernice Baxter zum Ausdruck. vgl. auch den Anfang von Punkt 3.2.2.2.
542 Educational Policies Commission,
The Unique Function of Education in American Democracy, Washington, D.C., National Education Association 1937, S. 92 (largely the work of Charles A. Beard, schreibt Wesley in: teaching the social studies, a.a.O., S. 157). Dieses sowie die folgenden aktuellen amerikanischen Veröffentlichungen und Schriften von John Dewey wurden den Deutschen immer wieder von den Amerikanern, besonders auch von den Social Studies Experten, zur Lektüre empfohlen und auf Seminaren sowie in den Informationszentren zur Verfügung gestellt.
543 Educational Policies Commission,
Learning the Ways of Democracy, Washington, D.C., National Education Association 1940, S. 35-39 zu finden unter: OMGUS, Educ. Info, Rpts, of Misc. Papers, 304-2/5. Democratic Values through Education (Selected Clippings) zit.: OMGUS, Educ. Info.
544 Educational Policies Commission,
Education für all American Youth, Washington, D.C., National Education Assoziation 1941.
545 Havard-Committee; Allgemeinbildung in einem freien Volk (General Education in a Free Society), Stuttgart 1949, S. 24.
546 ebd., S. 20.
547 „Since no ideology implements or even defines itself, democracy as our positive contribution must be spelled out in some detail" *(Zook Report,* a.a.O., S. 12).
548 Educational Policies Commission,
Education and the Defence of American Democracy, Washington, D.C., 1940, S. 13, zu finden unter: OMGUS, Educ. Info.
549 Zook Report S. 14, S. 19, hierauf weist schon Thron hin, a.a.O., S. 47, 58, 62, 74-77.
550 OMGUS, Germany Educ + Educ.-Germany, Occ area 1014 Elementary Education, 19. August 1946, 14. S., OMGUS, Occ area 1015, Secondary Schools in Germany, American Zone, 7. August 1946, 14. S. OMGUS, Morgan a.a.O.
551 OMGUS, Reports by visiting consults, Vol. V. 014, 306-1/5, Main points of democratic reorganization of education under the Weimar constitution. Dr. Erich Hylla, 2 S., S. 2.
552 OMGUS Russel, a.a.O., 2. Teil, S. 2 f (e.Ü.). Die entsprechende Beschreibung im Zook Report endet mit dem schon zitierten Ausspruch, daß auf der von dem Schulsystem entwickelten Unterwürfigkeit das autoritäre Führerprinzip gedieh. Der Zook Report sagte auch, daß die Auswirkungen einer „aristokratisch-militärischen" Tradition noch offensichtlich im deutschen Schulsystem seien (S. 1).
553 Beides ist im 2. Teil von Russels Vortrag S. 1-5 nachzulesen. Russel wies wie später auch Alonco Grace sogar darauf hin, daß fast für jedes amerikanische Demokratisierungsbemühen schon ein Vorgänger in irgendeiner deutschen Schule oder in den Gedanken eines deutschen Erziehers zu finden sei.
Grace wies auf die Reisen von Henry Barnard, Calvin Stowe, Horace Mann und anderen in den vierziger Jahren des 19. Jahrhunderts nach Deutschland hin, um das preußische Schulsystem zu studieren. Im 7. Report von Horace Mann liegt darüber ein ausführlicher Bericht vor, der allerdings schon damals nicht nur positive Beschreibungen enthielt.
Alonco G. Grace, Yesterdays School are still here, 29. S., S. 1 f. Aus Mr. Grace's Privatpapieren, die er mir freundlicherweise zur Verfügung stellte.
Viel zitiert wurde in Deutschland auch die Formulierung aus dem Zook Report „Diese Männer und Frauen kommen nicht als Sieger und Besserwisser".
554 „If Democratic convictions and attitudes do not take root and grow in Germany, the peace

of Europe remains in jeopardy". *Zook Report,* Letters of Transmittal from Assistant Secretary of State for Public Affairs, William Benton, S. III.
555 Die Forcierung des deutschen Wiederaufbaus vom Frühjahr 1946 an, war jedoch schon am 12. Dezember 1945 in Statement on American Economic Policy Toward Germany festgelegt worden (Hajo Holborn, a.a.O., S. 215 ff).
556 vgl. dazu die Ausführungen unter 3.1.1.1.
557 *Thron,* a.a.O., S. 41 f.
558 Supreme Headquarters, Allied Expeditionary Force, Office of the Chief of Staff, Handbook for Military Government in Germany Prior to Defeat or Surrender (December 1944) § 815, zit. nach *Bungenstab,* a.a.O., S. 86. Dieses Handbuch war von den Planern (John Taylor u.a.) aufgrund der Direktive CCS 551 und der darin als gesondert ergehenden von ihnen ausgearbeiteten Direktive zu Erziehungsfragen ausgearbeitet worden. Es ist dasselbe, das Morgenthau Roosevelt vorlegte und das dieser mit dem berühmten Ausspruch, es sei „pretty bad" zurückwies. Es wurde jedoch „nur einer Reihe ziemlich milder Änderungen unterzogen" *(Latour,* a.a.O., S. 34) (erhielt u.a. ein loses Zusatzblatt, das in 3.1. schon beschrieben wurde). *Thron,* a.a.O., S. 12f weist ausführlich nach, daß die Zurückweisung sowie JCS 1067 auf die weitere Verwendung des Handbuches sowie weiterer dazugehöriger spezieller Leitfäden (Technical Manual for Education and Religious Affairs) praktisch keine Auswirkung hatten.
559 ausführlich dargestellt bei *Thron,* a.a.O., S. 42f.
560 Zum amerikanischen Begriffsapparat, der für alle mit der Umziehung zusammenfassenden Aspekte angewandt wurde, ist folgendes zu sagen: Der Begriff „re-education" wurde sowohl von der. „Linken" wie auch von der „realpolitischen" Seite verwandt. Die „Linke" jedoch gebrauchte ausschließlich diesen Begriff und verwandte ihn in jedem diesbezüglichen Dokument unzählige Male. Die „realpolitischen" Dokumente verwenden den Begriff von Anfang an sehr sparsam und benutzen gleichzeitig eine Reihe von Synonymen wie z.B. „reconstruction", „re-organization", „redirection" oder „democratization". Mit SWNCC 269/8 vom Herbst 1946 wird dann für das darin geforderte Austauschprogramm noch ein weiterer Begriff eingeführt, der der „reorientation". Der Begriff „re-education" wird von den „Realpolitikern" für die bislang damit vor allem bezeichneten Gebiete der Schulreform etc. beibehalten. Wenn *Gimbel,* a.a.O., S. 316, schreibt, daß der Begriff „reorientation" besonders gegen Ende der Besatzungszeit gebraucht wurde, so ist das nur richtig, wenn man sagt, der überwiegende Gebrauch des Begriffes „reorientation" ab 1. März 1948 und vor allem in der Zeit der Hohen Kommission erklärt sich daraus, daß der Schwerpunkt des Umerziehungsprogrammes von der Schulpolitik auf den Austausch verlagert wurde.
561 State War Navy Coordinating Committee, vgl. dazu Anm. 158 vom 2. Kapitel.
562 *Thron,* a.a.O., S. 44 f schätzt die Bedeutung von SWNCC falsch ein, wenn er sie „nicht als Grundlage" für die auf die Zook-Empfehlungen folgende Politik wertet. Er unterschätzt SWNCC. *Bungenstab* dagegen überschätzt SWNCC. Seine ausführliche Darstellung auf den Seiten 39-41 und im weiteren bis S. 48 ist vollkommen verwirrend, um nicht zu sagen falsch. Er stellt die Ausarbeitungen der Deutschland außerordentlich wohlgewogenen Kommission (vgl. z.B. Punkt 6 vom 16. Mai, den Bungenstab auf S. 41 mit der Anm. 123 zitiert) zusammen mit den verzweifelten Uminterpretierungsbemühungen McLeishs unter dem Stichwort der Vorbereitung der „long-range policy directive on German re-education" dar, ohne auf die fundamentalen Sinnveränderungen hinzuweisen. Die „linke" Richtung, die McLeish dem Gutachten zu geben versuchte, nachdem er es unverzüglich Morgenthau vorgelegt und mit diesem eingehend besprochen hatte, wird aus dem Deckbrief vom 4. Juli 1945 ersichtlich, mit dem McLeish das Gutachten – es im Morgenthau'schen Sinne uminterpretierend – an Außenminister Byrnes weiterleitete. (FR, DP, Potsdam I, S. 482-487, abgedruckt bei Bungenstab, Umerziehung, a.a.O., S. 172 ff). Da McLeish diese Bemühungen jedoch noch als nicht zureichend empfand, legte er am 12. und 18. Juli nochmals eigene Papiere vor, die unter 3.1.1.1. bereits mit dargestellt wurden. (FR, DP, Potsdam I, S. 500-503, Potsdam II, S. 780-783, abgedruckt bei Bungenstab, Umerziehung, a.a.O., S. 175 ff) Eine ähnlich falsche Darstellung wie Bungenstab hatte 1965 bereits *Deuerlein* in B 18/65, S. 33 ff gegeben. Grund dafür ist die schon früher erwähnte bisher übliche Besatzungsgeschichtsschreibung, die für die Phase der Besatzungspolitik nicht mehr zwischen „realpolitischer" Politik und Morgenthau'schen Vorstellungen trennt (vgl. hierzu auch die Ausführungen unter 3.2.2.3. zum Begriff Charakterwäsche).
Auch nicht richtig – wenn auch vielleicht nicht ganz falsch – ist die generelle, nicht auf Einzelheiten eingehende Darstellung von Gimbel, der aus seiner Analyse der Priorität der ökonomischen Interessen der Amerikaner den Schluß zieht: „In demselben Maße (wie die

Wirtschaftsfragen Priorität gewannen, L-Qu) ließ das amerikanische Interesse an institutionellen Reformen, wie Schulreform . . . immer weiter nach" (B 18/65, a.a.O., S. 51). Richtig ist, daß das Re-education Programm zusammen mit der Forcierung wirtschaftspolitischer Probleme nach dem Erlaß von SWNCC zunächst gleichfalls forciert wurde. Aus welchen Gründen das geschah, ist allerdings eine andere Frage. Ob die verantwortlichen Besatzungspolitiker im Gegensatz zu den Umerziehungspolitikern ein echtes Interesse daran hatten, darauf wird in 3.2.2.3. konkret einzugehen sein.

563 vgl. dazu die Darstellung von *Thron*, a.a.O., S. 45 f, 84 f.
564 vgl. dazu *Huelsz*, a.a.O., S. 117 f.
565 vgl. dazu *Thron*, a.a.O., S. 84 f.
566 ebd., S. 79.
567 Department of State, Germany 1947 - 1949, The Story in Documents, European and British Commonwealth Series 9, Washington, D.C., 1950, S. 155 ff.
568 Bayerischer Staatsanzeiger Nr. 56662 vom 4. Januar 1947, BA, Z1-1001, S. 282, Genehmigungen auf dem Gebiet des Erziehungs- und Bildungswesens.
569 JCS 1779, vgl. Anm. 291. Die für die amerikanische Kulturpolitik entscheidenden Punkte 22-27 sind bei Huster nicht abgedruckt.
570 Auch die MGRS enthielten einen Passus, der die Übereinstimmung der Reformpläne mit dem deutschen „current group thinking of the State concerned" verlangt (8-201.3).
571 SWNCC 269/8, OMGUS F XXV, Historical File Program General 160-2/3 abgedruckt in Dep. of State, Germany 1947-1949, a.a.O., S. 611 f und bei *Bungenstab*, Umerziehung, a.a.O., S. 192 ff.
572 OMGUS, F 312.1, Report on Missions 307-3/5 auch zu finden unter F cumulative Report 307-1/5, Education and Cultural Relations (Cumulative Report) 1. Mai 1947 - 30. April 1948, 12 S. Punkt Reorganization. zit.: Cumulative Report.
573 *Zook Report,* a.a.O., S. VII.
574 *Thron,* a.a.O., S. 131.
575 Memorandum for the Military Governor vom 18. März 1948, verfaßt im Office of the Cultural Affairs Adivser von Herman B. Wells, S. 2; aus dem Privatbesitz von Mr. Wells.
576 Cumulative Report, a.a.O., Punkt Reorganization.
577 ebd., Punkt Reichsmark Reorientation and Dollar Reorientation Budget.
578 Comments on „Development of an Organization in the United States to Support a Cultural Exchange Program for Germany." Enclosure zu einem Brief des Deputy of the Assistant Secretary for Occupied Areas, Frank G. Wisner vom 19. Febuar 1948 and Under Secretary of the Army, William H. Draper.
579 OMGUS-Telegramm an die Militärregierungen der vier Länder der amerikanischen Besatzungszone, vom 10. Januar 1947, abgedruckt bei: Leonhard Froese, (Hrsg.) Bildungspolitik und Bildungsreform, Amtliche Texte und Dokumente zur Bildungspolitik im Deutschland der Besatzungszonen, der Bundesrepublik Deutschland und der DDR, München 1969, Die Übersetzung ist jedoch z.T. mißverständlich.
Eine amtliche Übersetzung von OMGUS ist zu finden in: BA, Z1-1009, S. 16.
580 vgl. dazu besonders die Darstellung von Thron S. 56-65.
581 Auf diesen Punkt wird in der Arbeit nicht weiter eingegangen, da über tatsächlich erfolgte Umorganisationen der Schulverwaltung bisher nirgendwo berichtet worden ist. Der Zook-Report hatte zur Vereinfachung der Verwaltung eine Aufhebung der getrennten Verwaltung für die verschiedenen Schultypen vorgeschlagen, sowie einen Wegfall der Schulabteilungen bei den Regierungsbezirken zugunsten einer Stärkung der örtlichen Kreisverwaltung, wie es der Schultradition in den USA entsprach. Allerdings sollten mehrere Kreisschulämter zusammengelegt werden und dann dem Kultusminister des Landes direkt verantwortlich sein. (*Zook Report,* a.a.O., S. 41 f). Das Telegramm von Clay hatte noch gefordert: „Die Gemeinden sollen sich aktiv an der Schulverwaltung beteiligen. Alle Schulen sind durch allgemeine Steuern zu finanzieren. Die Verwaltung und Überwachung der Schulen soll nur durch das Land und den Kreis erfolgen" (Punkt 7).
582 Nach § 14 des Länderratsstatuts war der Kulturpolitische Ausschuß nicht ein Länderratsausschuß wie alle anderen. Sondern es war die Erarbeitung einer eigenen Satzung erforderlich, die dann am 15.4.1947 vom Länderrat genehmigt wurde (BA, Z 1-1009, S. 2009 und Z1-1004, S. 7). Die eigene Satzung war erforderlich, weil sich der kulturpolitische Ausschuß in Abweichung vom Länderratsstatut nur aus den Kultusministern der Länder und dem Generalsekretär zusammensetzte. (Hauptstaatsarchiv Stuttgart, EA 1/2 610, 27.8.46, Brief an das Kultusministerium Stuttgart)
583 BA, Z1-1001, S. 166.

584 BA, Z1-1004, S. 2, Satzung des Sonderausschusses für Kulturpolitik beim Länderrat, § 3.
585 Ergebnisse der Beratungen der Arbeitsgemeinschaft für Schulwesen beim Länderrat über die Gestaltung der Allgemeinen Schule (11.9., 23.9., 30.10.47) Stuttg., 18. Nov. 1947, 5. Dez. 1947. Z1-1028, S. 128-134. Dieser Beschluß hatte jedoch keinen bindenden Charakter für die Kultusministerien.
586 *Huelsz*, a.a.O., S. 127.
  Thron, a.a.O., S. 126.
587 Die einschlägigen Dokumente hierzu sind abgedruckt bei: *Hans Merkt*, Dokumente zur Schulreform in Bayern, München 1952, besonders die Nr. 47, 48, 51. Vgl. zusätzlich die ausführliche Darstellung bei *Thron*, a.a.O., S. 92-99, S. 107-116, S. 121-130.
588 Dafür spricht z.B. Hundhammers Anwesenheit bei der Sitzung des Francis Case Ausschusses (Unterausschuß des Senats), der das Erziehungsproblem vorwiegend unter dem Aspekt des Kalten Krieges beurteilte und von der Militärregierung forderte, „die demokratischen antikommunistischen Kräfte in Deutschland wirksam zu unterstützen, nicht aber ihnen ein fremdes ... Schulsystem aufzuzwingen." (*Huelsz*, a.a.O., S. 125).
589 *Gimbel*, a.a.O., S. 321.
589a *Bungenstab*, a.a.O., S. 96, *Huelsz*, a.a.O., S. 128f, *Thron*, a.a.O., S. 149-155.
590 *Hermann B. Wells*, Our Educational Stake in Germany. Speech delivered before The American Association of School Administrators Convention, Atlantic City, New Jersey 23. Februar 1948, S. 11 (aus Wells' Privatbesitz).
591 *Gimbel*, a.a.O., S. 322 f.
592 *Hermann B. Wells*, The United States and the German Problem, Convocation Address, Auditorium Indiana University, 23. Juni 1948, S. 24 (aus Wells' Privatbesitz).
  Alonzo G. Grace, Education in Occupied Germany. From the Phi Delta Kappan Vol. XXXL No. 7, March 1950, S. 305-309, S. 306 (aus Grace's Privatbesitz).
593 OMGUS, Educational Reconstruction in Germany — Berchtesgaden — Conference 1948, S. 22 f „Address by General Lucius D. Clay, Military Governor" (von Grace zur Verfügung gestellt).
594 ebd., S. 17-20, „Summary of the Conference" by Dr. Alonzo G. Grace, Director, Education and Cultural Relations Division; ders., Education, in: *Edward H. Litchfield*, Governing Postwar Germany, Ithaca, N.Y. Cornell University 1953, S. 439-468, S. 456.
595 ebd., S. 457.
596 Re-education: Fundamental Principles: Summary Submitted by the Director, Education and Cultural Relations Division. (OMGUS), Berchtesgaden Conference in: Dep. of State, Germany 1947 - 1949, S. 542-544, abgedruckt bei *Bungenstab*, Umerziehung, a.a.O., S. 198-200, Punkt 2.
597 So die von Grace ständig und überall wiederholte Formulierung in Berchtesgaden wie in seinen Schriften, z.B. in: Basic Elements of Education Reconstruction in Germany. American Council on Education, Commission on the Occupied Areas, Washington, D.C., 1949 (von Grace zur Verfügung gestellt).
598 Grace in *Litchfield*, a.a.O., S. 456. Grace so wörtlich auch schon am 4. November 1948, vgl. *Thron*, a.a.O., S. 142.
599 vgl. dazu *Thron*, a.a.O., S. 144-146.
600 Bemühungen von April bis Juni 1949. *Henry P. Pilgert*, The West German Educational System with special reference to the policies and programs of the Office of the U.S. High Commissioner for Germany, Historical Division 1953, S. 12.
601 So hatten Zook und Wells beispielsweise gemeinsam protestiert, vgl. dazu den Antwortbrief des Acting Secretary of State, in Dep. of State, Germany 1947 - 1949, a.a.O., S. 544 f, abgedruckt in *Bungenstab*, Umerziehung, a.a.O., S. 200 f.
602 So der American Council on Education, für den Grace in diesem Zusammenhang die in Anm. 597) genannte Schrift verfaßte.
603 *Thron*, a.a.O., S. 161.
604 ebd., S. 163.
605 ebd., S. 161.
606 *Pilgert*, a.a.O., S. 13-17.
607 ebd., S. 22.
608 so *Deuerlein* B 18/65, a.a.O., S. 28; vgl. Anm. 562.
608a Die anfänglichen der Umerziehung dienenden Armeegruppenzeitungen waren durch einen „richtenden Ton" gekennzeichnet, der die Deutschen von ihrer Kollektivschuld überzeugen sollte. Zwar wurde das „Potsdamer Abkommen" auch in der Informationspolitik benutzt, um mit der Herausgabe der „Neuen Zeitung" ab November 1945 eine flexiblere Politik zu

machen, aber die negativen Folgen konnten nicht mehr ausgeglichen werden, zumal die Entnazifizierungspolitik in Morgenthau'schem Sinne weitergeführt wurde (vgl. zur Pressepolitik, *Hurwitz*, a.a.O., S. 93-96, S. 109). Die Bemerkung von Marshall Knappen, daß die Zusammenarbeit zwischen der Erziehungsabteilung und der Presseabteilung (Information Control Division, ICD) im Hinblick auf die Umerziehung besondere Schwierigkeiten machte, deutet darauf hin, daß einige Vertreter der Morgenthaurichtung sich in diesem Bereich auch über Potsdam hinaus halten konnten (vgl. Anm. 35, Kapitel 3) (Knappen, Peace, a.a.O., S. 42).

609 so *Froese*, Bildungspolitik und Bildungsreform, a.a.O., S. 28; so auch *Thron*, a.a.O., S. 57.
610 So bezeichnet Deuerlein z.B. die Stuttgarter Rede als „die Abkehr der amerikanischen Politik von der Forderung der Deutschland als Erziehungsobjekt betrachtenden Politik des Krieges und der ersten Stunde des Sieges." (B 18/65, a.a.O., S. 45)
611 Interessanterweise heißt in Schrenck-Notzings Buch auch nicht das Kapitel, in dem er die Re-education-Politik beschreibt, „Charakterwäsche", sondern eines, in dem er einige von der Psychologie bestimmte Ideen beschreibt, zur Frage ihrer Relevanz allerdings keine Stellung nimmt.
612 *Bungenstab*, Umerziehung, a.a.O., S. 52.
613 *Pilgert*, a.a.O., S. 15.
614 *Merkt*, a.a.O., S. 72.
614a Inzwischen ist durch eine umfangreiche internationale Studie in 21 Ländern in den Lernbereichen Muttersprache, Fremdsprachen, Mathematik und anderen Naturwissenschaften sowie Sozialkunde empirisch einwandfrei nachgewiesen, daß „das Leistungsniveau der Elite" sich aufgrund einer breiten „Streuung der Chancen durch ein Gesamtschulsystem" keineswegs notwendigerweise verschlechtert, sondern daß Gesamtschulsysteme selbst für die oberen 9% (analog zu den 9%, die in der Bundesrepublik Deutschland Abitur machen) z.T. bessere Schulleistungen aufweisen, obwohl sie insgesamt über 20% eines Jahrgangs zum Abitur führen. (vgl. dazu den Bericht von Manuel Zimmermann, Eine „Internationale" der Bildungsforschung: IEA, in: Neue Sammlung, 1/1976, S. 67-78, S. 71)
615 Memorandum der Arbeitsgemeinschaft für deutsche Fragen an der Universität Chicago über den Bericht der United States Education Mission to Germany (Chicagoer Gutachten deutscher emigrierter Professoren) abgedruckt in: *Merkt*, a.a.O., S. 146-156, S. 150 f
616 vgl. dazu Anm. 502.
617 „Die Militärregierung hat eine Schulreform angeordnet. Sie hat Anweisungen zur Reform der Schule erlassen. Diese mögen falsch oder richtig sein, wir Deutschen müssen sie zurückweisen". (Passauer Neue Presse, 11.11.48) zit.: nach *Thron*, a.a.O., S. 68.
618 Die Bremischen Schulen 1945 - 1955, 10 Jahre Wiederaufbau, a.a.O., o.J., offenbar vom Senator für das Bildungswesen 1955 hrsg., S. 11.
619 vgl. dazu für Hessen und Bayern auch die Schilderung des rein des Christliche betonenden Pläne von 1946 und 1947, in Dokumente zur demokratischen Schulreform, a.a.O., S. 69-94, sowie für Bayern die Darstellung bei *Huelsz*, für Württemberg-Baden, vgl. *Bungenstab*, Umerziehung a.a.O., S. 94 f sowie BA Z 1-1028, S. 156 f.
620 vgl. dazu *Thron*, a.a.O., S. 66.
621 Die Gründe für den späten Anfang der konkreten amerikanischen Bemühungen wurden unter 3.2.2.2. in drei Punkten dargestellt.
622 *Thron*, a.a.O., S. 102.
623 *Kuhlmann*, a.a.O., S. 107.
624 ebd.
625 ebd., S. 108, S. 174.
626 Die Klausel, daß sich auch die kirchlichen Schulen an die in den MGRs aufgestellten Grundsätze halten müssen, brachte keinen Erfolg. In Bayern z.B. führte u.a. die Zulassung der Bekenntnisschule als Regelschule dazu, „die Zahl der ein- und zweiklassigen Volksschulen in unverantwortlicher Weise anschwellen zu lassen" (*Thron*, a.a.O., S. 155). Ähnliches gilt vermutlich für Rheinland-Pfalz, wo die Bekenntnisschule ebenfalls (zusammen mit der christlichen Gemeinschaftsschule) als Regelschule verfassungsmäßig festgelegt war. Die amerikanischen Appelle (im Clay-Telegramm) und in Grundsatzreden (Taylor, am 19.2.1947, vgl. *Thron*, a.a.O., S. 94), die zum Zusammenschluß einklassiger Landschulen aufforderten, blieben gegenüber der Politik, die das kirchliche Engagement ermuntert hatte, wirkungslos. Die Kirchen hätten allerdings vermutlich auch ohne amerikanische Unterstützung versucht, ihren Einfluß auf die Schulpolitik nach Ende des 3. Reiches erneut zu intensivieren. In Anbetracht der gegenüber Weimar geänderten kulturpolitischen Haltung der Sozialdemokratie wären sie in Bayern vielleicht nicht weniger erfolgreich gewesen. In Berlin allerdings sprach die mehrheitliche Einstellung der Deutschen gegen jeglichen Einfluß der Kirchen auf die Schule.

627 *Klewitz,* a.a.O., S. 48, 54.
628 ebd., S. 53 f.
629 ebd., S. 179.
630 ebd., S. 55.
631 *Thron,* a.a.O., S. 128 f, 156.
632 *Klewitz,* a.a.O., S. 75.
633 ebd., S. 194.
633a *Schwarz,* a.a.O., S. 42.
634 z.B. die äußerst knappen und oberflächlichen Ausführungen Clays in seiner Monographie über die Re-education könnten darauf hindeuten: z.B. der amerikanische Versuch, Strukturreformen anzuregen, wird gar nicht von ihm erwähnt. (vgl. im englischen Exemplar S. 300 f) Interessant ist auch, daß Clay in seinem ausführlichen Kommentar zum Zook-Report, der vermutlich gleich nach Vorlage des Berichtes, also noch im Herbst 1946 verfaßt wurde, nur *einen* Vorschlag abschließend besonders hervorhebt, den der Intensivierung des Austausches (OMGUS, Education Mission 295-2/3, Office of the Military Governor APO 742, Comment on Report of U.S. Education Mission to Germany to Director, Civil Affairs Division, War Department, S. 42). Das Wesentliche im Zook-Report aber waren gerade die Vorschläge zur Schulstrukturreform gewesen.
635 *Harold Zink,* The United States in Germany 1944 - 1955, Princeton, New Jersey, Toronto etc. 1957, S. 194 f; vgl. OMGUS, Knappen, a.a.O., S. 4, 12.
636 Warum kam diese Entscheidung z.B. erst, nachdem die Verfassungsgebungen in der amerikanischen Zone gerade eben vollends abgeschlossen waren und dadurch schon Wesentliches präjudiziert war?
637 Im Prinzip z.B. waren die Amerikaner für die christliche Gemeinschaftsschule als Regelschule. Die Politik der Nichteinmischung in die kirchliche Schulaufsicht war den Amerikanern aber wichtiger als die Durchsetzung bestimmter Mindestforderungen zur Verwirklichung minimaler Qualitätsstandards oder gewisser Ansätze für eine erfolgreiche Reformpolitik.
638 *Zink,* a.a.O., S. 195 interpretiert bereits die Intensivierung der Schulpolitik von 1947 in dem Sinn, daß sie nur der Beschwichtigung des Engagements auf Seiten der amerikanischen Erzieher gedient habe.
639 Dafür spricht z.B. das wegen mangelnder Einigung in Washington gescheiterte Bemühen, für HiCOG neue Richtlinien für Erziehung auszuarbeiten (vgl. *Thron,* a.a.O., S. 161).
640 *Heribert Adam,* Bildungsprivileg und Chancengleichheit in: Das Argument (Schule und Erziehung II) Nr. 31, 6. Jg. 1964, Heft 4, S. 203-209, S. 203.
641 Die Umgestaltung des höheren Schulwesens wurde in der „Stellungnahme des Ev.-Luth.-Landeskirchenrats zu den Schulreformforderungen der Besatzungsmacht als ‚Maßnahme totalitären Charakters' bezeichnet". (vgl. *Merkt,* a.a.O., S. 193 f) Solche Vorwürfe und Versuche, amerikanische Reformbemühungen durch den Vergleich mit von Hitler diktierten Maßnahmen zu diskreditieren, waren damals keineswegs vereinzelt und wurden selbst auf politisch verantwortlicher Ebene nicht gescheut.
642 *Roswitha Väth-Szusdziara* berichtet in ihrem Aufsatz Schule: Reproduktion der Leistungsideologie, der im Diskussionszusammenhang mit dem Projekt „Schulische Sozialisation" am Zentrum I Bildungsforschung (Uni Konstanz) entstanden ist, von 3 Funktionen, die die Schule wahrnimmt. Die 3. Funktion spricht die latente Sozialisation an, die qua „institutionellem Curriculum" „Legitimierung aufgrund der Vermittlung vorherrschender Deutungssysteme sozialer Verhältnisse" reproduziere. Dies bewirke, daß „sowohl schulische Verhältnisse als auch gesellschaftliche ... den Schülern als gerecht und natürlich so gegeben (erscheinen)" in: päd. extra, 31. Mai 1976, S. 17-32.
643 So Hundhammer im „Zwischenbericht des Staatsministeriums für Unterricht und Kultus vom 7.3.1947, an die Militärregierung", in *Merkt,* a.a.O., S. 59-66, S. 62.
644 *Helga Grebing,* Positionen des Konservatismus in der Bundesrepublik, in: Grebing/Greiffenhagen, von Krockow/Müller, Konservatismus — Eine deutsche Bilanz, München 1971, S. 33-61, S. 41.
645 *Zook-Report,* a.a.O., S. 47.
646 ebd., S. 23.
647 ebd.
648 In 3.2. wurde der erste Teil der Empfehlungen des Zook-Reports, die Verwirklichung der Strukturvorschläge verfolgt. In 3.3. wird die Verwirklichung der Vorschläge zur inhaltlichen Neugestaltung der Schule untersucht.
649 *Zook-Report,* a.a.O., S. 47.
650 Report of the United States Social Studies Committee to Germany, April 1947, FRC

OMGUS, Social Studies Commission Report 300-3/5, 61 S. zit.: Soc. Stud. Rep.
651 ebd., S. 55.
652 In den Akten der Militärregierung, die im Federal Records Center (FRC) in Suitland/Maryland deponiert sind, sowie in den Akten des State Departments konnten insgesamt acht Berichte von Social Studies Experten für 1948 gefunden werden. In anderen OMGUS-Akten, z.B. über Besprechungen amerikanischer Experten, werden weitere Namen erwähnt. Es konnte nicht geklärt werden, ob es sich dabei immer um Experten anderer Programme (es gab z.B. Experten für Curriculum), handelte. Pilgert, a.a.O., S. 51 nennt verschiedene Social Studies Berichte. Diese konnten in den verschiedenen Akten alle gefunden werden.
653 Soc. Stud. Rep., a.a.O., S.4.
654 ebd., S. 11 f.
655 ebd., S. 18.
656 *Goerge W. Diemer*, The Teaching of the Democratic Conception of Citizenship in German Schools, Office of the U.S. High Commissioner for Germay, hinfort: HiCOG, Sept. 1951, U.S. Specialist Report, 12 S. und Appendix, The Teacher of Citizenship 5. S., im State Dep. unter HiCOG, Education Branch, Visiting Specialists Reports, Volume IX, S. 64-73, hinfort: Dep. of St. HiCOG, Ed. Br. V.S.R.
657 International Workshop on Social Studies held at Heidelberg, July 17 - August 26, 1950, Proceedings and Suggestions for the Formation of Social Studies in the Public Schools of Germany, Frankfurt/M Juni 1951, deutscher Titel: Verhandlungsbericht und Vorschläge für die Gestaltung des sozialkundlichen Unterrichts in der deutschen Schule. Dep. of. St., HiCOG, Ed. Br., dt. 186 S., S. 34, J.P. Steiner, Vortrag: Der Zweck der Sozialkunde, zit.: Heidelberg.
658 *Burr, W. Phillips*, Address at Social Studies Conference, 24 May 1948, FRC, OMGUS, 1820-16-1/8, 10 S., S. 2 f; zit.: Phillips, Address.
659 *Heidelberg*, a.a.O., J.M. Read, Vortrag, Humanismus und soziale Erziehung, S. 29 f.
660 *William H. Lucio*, The Kreis Weilheim Demonstration Project 24 June 1949, München, Dep. of St. OMGUS, Education Branch Visiting Consultants Reports, Volume VI, S. 270-411, S. 298, hinfort: Dep. of St., OMGUS, Ed. Br. V.C.R., zit.: Lucio, Weilheim.
661 Ein 28-seitiges amerikanisches Papier, das „The Meaning of those principles for School Reform" erläutert, ist in FRC, Suitland zu finden unter: Basic Principles for Democratization of Education in Germany, OMGUS 1902, 16-1/8.
Die Direktive Nr. 54 der Alliierten Kontrollbehörde in Deutschland vom 25. Juni 1947 „Grundsätzliches" ist englisch abgedruckt in: Germany 1947 - 1949, a.a.O., S. 550, dt. in: Froese, a.a.O., S. 102 f.
662 Minutes of Curriculum Meeting, Munich, 21 May 1948 FRC, OMGUS, Curriculum Meetings and Conferences, 304-1/5, 36 S., S. 29, B.W. Phillips, zit.: Curr. Meeting.
663 *Karl O. Suessenguth*, Report, June 26, 1948, Social Studies Dep. of St., OMGUS, Ed.Br., V.C.R., Volume III, S. 525-571, 21 S., S. 13. Bei Übersetzungen ins Deutsche kam es vor, daß Halbsätze, die sich auf Äußerungen bezogen, in denen die Notwendigkeit zu kritischer Einstellung betont wurde, einfach fehlten. Vgl. z.B. Heidelberg, a.a.O., engl. S. 30, dt. S. 29.
664 Curr. Meeting, a.a.O., S. 14 (Phillips).
665 Soc. Stud. Rep., a.a.O., S. 22.
666 *Lucio*, Weilheim, a.a.O., S. 298; *Phillips*, Address, a.a.O., S. 8 f.
666a hier folgen jeweils genaue Quellenangaben.
667 Heidelberg, a.a.O., S. 76 f.
668 Die rechnerischen Übungen allein erschließen sicher noch nicht die soziale Bedeutung, sind aber ein guter Ansatzpunkt.
669 Heidelberg, a.a.O., S. 81.
670 *Joseph Roemer*, Heidelberg Social Studies Workshop, 91 S., S. 61 Dep. of St., HiCOG, Ed. Br. International Workshop on Social Studies in Germany, zit.: Roemer, Heidelberg.
671 *Lucio*, Weilheim, a.a.O., S. 321.
672 Heidelberg, a.a.O., S. 93.
673 ebd., S. 93-96.
674 Soc. Stud. Rep., a.a.O., S. 18.
675 Heidelberg, a.a.O., S. 89-92.
676 *Kenneth J. Rehage*, The Social Studies in Bremen Secondary Schools 8 June 1949, FRC, OMGUS, Rehage Kenneth, 3000-2/5, 9 S., S. 5 f.
677 *Diemer*, a.a.O., S. 4 f, 8 f.
678 *Phillips*, Address, a.a.O., S. 8.
679 *Roemer*, Heidelberg, a.a.O., S. 63. Die hessischen Vertreter verabschiedeten eine Resolution

680 Curr. Meeting, a.a.O., S. 28 f (Phillips).
681 ebd., S. 23 (Kelty).
682 *Suessenguth*, a.a.O., S. 17, Curr. Meeting, a.a.O., S. 16 (Phillips).
683 *Suessenguth*, a.a.O., S. 18.
684 *Mary G. Kelty*, Detailed Description of the Textbook Enterprise 10 Febr. 1948, FRC, OMGUS, Mary G. Kelty, 299-2/5, S. 9. Im Juli 1948 endete der 2. Besuch. Mary G. Kelty arbeitete vornehmlich mit Komitees zur Erstellung von Geschichtsbüchern. Die OMGUS Mappe enthält insgesamt 70 Seiten aufschlußreiche Berichte hierzu. Zit.: Kelty 1948; vgl. auch Heidelberg, a.a.O., S. 38 (engl.) (Steiner).
685 Curr. Meeting, a.a.O., S. 24 (Kelty).
686 *Phillips*, Address, a.a.O., S. 5.
687 *Lucio*, Weilheim, a.a.O., S. 296.
688 *Fremont P. Wirth*, Report on Social Studies, o.J. Dep. of St., OMGUS, Ed. Br., V.C.R., Volume III, S. 899-913, 7 S., S. 6.
689 Curr. Meeting, a.a.O., S. 26 (Kelty).
690 *Phillips*, Address, a.a.O., S. 5.
691 *Mary G. Kelty*, 1948, a.a.O., Report on the Wiesbaden Visit, January 12-17, 1948, 3 S., S. 2 vgl. hierzu Lehrplan für Geschichte, 7 S. (für Hessen), vgl. dazu die 8 Exhibits von Mary G. Kelty, besonders Exhibit 1: Warum treiben wir Geschichte? Leitgedanken für die Mitarbeiter des Geschichtslehrbuches der neuen Schule, 8. Jan. 1948 und dazu Exhibit 7: Comments on Hesse History Outline for Grades 5 and 6, Detailed Criticism.
692 Soc. Stud. Rep., a.a.O., S. 24 f.
693 Heidelberg, a.a.O., S. 52-59.
694 Soc. Stud. Rep., S. 32.
695 *Burr W. Phillips*, History and other Social Studies in American Schools 1890 - 1947, o.J., FRC, OMGUS - 108, Experts Correspondence 15-1/8, 6 S., S. 5.
696 *Phillips*, Address, a.a.O., S. 6.
697 Fritz Karsen hatte in der Weimarer Zeit als Schulreformer die Karl-Marx-Schule in Berlin geleitet, vgl. Klewitz, a.a.O., S. 33.
698 Leopold Goldschmidt, Ein deutsches Geschichtsbuch, Die Neue Zeitung Nr. 52 vom 30.6.47, BA, Z 1-1012, S. 403.
699 Curr. Meeting, a.a.O., S. 30 (Phillips).
700 Soc. Stud. Rep., a.a.O., S. 25 f.
701 *Phillips*, Address, a.a.O., S. 7.
702 Heidelberg, a.a.O., S. 59-64.
703 *Lucio*, Weilheim, a.a.O., S. 315.
704 Heidelberg, a.a.O., S. 64-68.
705 Soc. Stud. Rep., a.a.O., S. 27, unter den Experten setzte sich für das Kernfach besonders ein: *Dorothy Gray*, Report of Work in Social Studies, Bremen May 1948, Dep. of St., OMGUS, Ed. Br., V.C.R., Volume III, S. 285-351, 31 S., S. 18.
706 Heidelberg, a.a.O., S. 52.
707 *Phillips*, Address, a.a.O., S. 8.
708 Heidelberg, a.a.O., S. 52.
709 Curr. Meeting, a.a.O., S. 31 f (Phillips), vgl. dazu den Kurzabriß der „Lehrpläne für den Politischen Unterricht (Gemeinschaftskunde)", *William L. Wrinkle* to Members of the Curriculum Committee, 10 May 48, FRC, OMGUS, Curriculum Meetings and Conferences, 304-1/5, 6 S., S. 5 f.
710 *Minister Stein* im September 1949 auf der Konferenz in *Waldleiningen*. „Politische Erziehung und Bildung in Deutschland", Ein Bericht über die Konferenz von Waldleiningen 1949, Frankfurt/M. 1950, S. 112; zit.: Waldleiningen.
711 Heidelberg, a.a.O., S. 107-110.
712 The Status of Philosophy in University Education FRC, OMGUS, Reports by Visiting Consultants on Education, Volume IV, 300-1/5 (o. Autor, o.J.) 19 S.
713 ebd., S. 5.
714 ebd., S. 4.
715 ebd., S. 3.
716 ebd., S. 4.
717 ebd., S. 13.
718 *John L. McMahon*, German Universities and the Social Sciences, o.J. (Sommer 1947),

FRC, OMGUS - McMahon, John L. 299-3/5, 5 S., S. 2.
719 Cultural Exchange Program, Introduction of The Social Sciences into German Universities, State Department, A Guide to Education and Cultural Relations, 20 Dec. 1948, 3 S., S. 1.
720 *Sigmund Neumann,* Status and Progress of Social Sciences in German Universities, HiCOG, Ed. Br., 22. Aug. 1949, FRC, OMGUS. Neumann, Sigmund, 300-1/5.
721 Soc. Stud. Rep., a.a.O., S. 37.
722 ebd., S. 39 f, vgl. *Margaret Koopman,* A Program for the Education of Social Science Teachers FRC, Koopman, Margaret 299-2/5 (August 1943, re-ed. 16 Dec. 1947) 34 S.
723 Soc. Stud. Rep., S. 44.
724 *Hajo Holborn,* Appendix, Memorandum to Dr. R.T. Alexander, Berlin, Nov. 3, 1947, FRC, OMGUS, Germany Education, Education-Germany, Occ area 1014, 3 S., S. 2.
725 Cultural Exchange Program, S. 2 f (vgl. Anm. 719).
726 Soc. Stud. Rep., a.a.O., S. 1.
727 *Dorothy Gray,* a.a.O., S. 1, *Roemer,* Heidelberg, a.a.O., S. 2.
728 *Robert E. Keohane,* Social Studies, Juli 1948 (Stuttgart), FRC, OMGUS, Keohane, Robert E., 299-2/5, 69 S., S. 38 a. Zu dem Bericht gehören 7 weitere Appendices, die jeodch nur dem Originalbericht beilagen, der nicht mehr auffindbar ist. Mit ca. 100 Seiten ist dies der umfassendste, der außerdem besonders weitgehende Vorschläge zur sinnvollen Durchführung des Social Studies Programms an die Adresse der verantwortlichen amerikanischen Politiker sowie harte Kritik enthält.
729 *Thron,* a.a.O., S. 107.
730 *Wirth,* a.a.O., S. 4.
731 *Anna B. Peck,* Social Studies, Dep. of St., OMGUS, Ed. Br., V.C.R., S. 751-775, 11 S., S. 2.
732 *Susanne Mueller Schafer,* Postwar American Influence on the West German Volksschule, University of Michigan 1964, Comparative-Education Dissertation Series, Number 3.
733 *Keohane,* a.a.O., S. 39.
734 *Keohane,* a.a.O., S. 48.
735 *Anna Peck,* a.a.O., S. 9 f. Selbst auf den Soc. Stud. Rep. stießen die Experten z.T. nur zufällig. Nicht einmal die gültigen Direktiven wurden ihnen ausgehändigt.
736 *Keohane,* a.a.O., S. 14 sowie App. A. (S. 47).
737 ebd., App. R. (S. 68). Ein „umgekehrter" Kulturimperialismus, eine bei den Deutschen gegenüber den Amerikanern vorhandene Überheblichkeit war sicherlich nicht minder virulent und wird an folgender Schilderung des Experten *Suessenguth,* a.a.O., S. 2 deutlich:
„Coming back from a Heimatkunde excursion with a group of teachers and laymen buildings were constantly pointed out to me that were there before the settlement at Jamestown. Finally I answered that we had taken the best of European culture, screened and purified it in England, packed it into a grip and took it to America. What was left was German culture. A layman enquired if we had not lost our baggage on the way."
738 *Gray, Keohane.*
739 *Diemer,* a.a.O., S. 1.
740 *Roemer,* Heidelberg, a.a.O., S. 37 f.
741 *Diemer,* a.a.O., S. 1.
742 Soc. Stud. Rep., a.a.O., S. 8.
743 Curr. Meeting, a.a.O., S. 7.
744 *Keohane,* a.a.O., App. J. (S. 58).
745 Ergebnisse der Beratungen der AG Schulwesen beim Länderrat über die Gestaltung der Allgemeinen Schule, 18. Nov., 5. Dez. 1947 (Bremen, Hessen, W.-B.), BA Z 1-1028, S. 128-134, S. 133. „Erwägung fand ein weiterer Zug der Oberschule auf der Basis der Deutschkunde und Sozialwissenschaft oder der musischen Fächer, jedoch ohne überzeugende Begründung". zit.: AG Schulwesen.
746 Ab 1957 wurden in Nordrhein-Westfalen sozialkundliche Zweige versuchshalber eingerichtet. Die Verfasserin besuchte selbst eine solche Schule, studierte später Politologie (war damit kein Einzelfall in ihrem Zweig), ging als Austauschstudentin nach Amerika und hat u.a. aufgrund dieser Vorbildung den Anstoß erhalten zur sozialwissenschaftlichen Analyse des deutschen Bildungswesens, so wie sie in dieser Arbeit vorgelegt wird.
747 *Mary G. Kelty,* a.a.O., Exhibit 1, Detailed Criticism.
748 *Waldleiningen,* a.a.O., S. 104.
749 Report of Textbook vetting (material for cumulative report, March 1949), FRC, OMGUS, Cumulative Report, 307-1/5, 8 S., S. 1-7.
750 ebd.
751 ebd., S. 1.

752 Schulreformplan des Staatsministeriums für Unterricht und Kultus vom 31.3.1947, Innere, pädagogische Reformmaßnahmen, Punkt 4, *Merkt,* a.a.O., S. 66-76, S. 70.
753 Curr. Meeting, a.a.O., S. 30.
754 *Chas. E. Scott,* Brief Report on Teaching of Citizenship, Württemberg-Baden, April 1949, Dep. of St. OMGUS, Ed. Br., V.C.R., Volume VII, S. 209-217, 13 S., S. 9.
755 *Günther Höcker,* Inhalte des Sachunterrichts im 4. Schuljahr, Eine kritische Analyse, in: Die Grundschule, Beiheft zu Westermanns Pädagogischen Beiträgen, 3, 1970, S. 10-14, S.11.
756 ebd.
757 ebd., S. 14.
758 *Achill Wenzel,* „Social Science" — eine Anregung für den grundlegenden Sachunterricht? in: Die Grundschule, Beiheft zu Westermanns Pädagogischen Beiträgen, 4, 1970, S. 34-40.
759 Grundsatzpapier der Richtlinienkommission Welt und Umweltkunde des Landes Niedersachsen, kommentiert von *Ernst-August Roloff,* in: Politische Didaktik, Vierteljahresheft für Theorie und Praxis des Unterrichts, Heft 2/1975, S. 68-77.
760 AG Schulwesen, a.a.O. (vgl. Anm. 745), S. 134.
761 vgl. Kap. 3.2.2.2., S. 334, Anm. 582-584.
762 Stenogramm aus der Sitzung AG für Schulbücher am 22.9.47, BA, Z1-1011, S. 278-280, S. 278.
763 ebd.
764 Länderrat, Sitzung der Arbeitsgemeinschaft für Schulbücher am 22.9.1947 in Stuttgart, Kurzprotokoll, Punkt 1 der Tagesordnung, Hauptstaatsarchiv Stuttgart (HS) EA 1/21 Bü 614.
765 Stenogramm (vgl. Anm. 762).
766 Tagung des Sonderausschusses für Kulturpolik beim Länderrat vom 7./8.7.1947 in München. BA, Z 1-1001, S. 9.
767 Länderrat, Sitzung der Arbeitsgemeinschaft für Schulwesen am 5.12.1947 in Stuttgart, Kurzprotokoll, Punkt 3 der Tagesordnung, HS, EA 1/2 613.
768 Heidelberg, a.a.O., S. 88.
769 *Keohane,* a.a.O., S. 58.
770 *Pilgert,* a.a.O., S. 91.
771 *Waldleiningen,* a.a.O., S. 104.
772 Heidelberg, a.a.O., S. 102 f.
773 ebd., S. 137-178.
774 *Pilgert,* a.a.O., S. 51.
775 *Pilgert,* a.a.O., S. 92.
775a *Ferdinand Kopp,* Erziehung zum Mitmenschen, Donauwörth 1949, zit.: Kopp, Donauwörth. Diese 44-seitige Broschüre erschien immerhin in der beachtlichen Auflagenzahl von 5 000 Stück.
775b Alle bisherigen Zitate sind dem Aufsatz: „Erziehung zum ,Mitmenschen' " von F. Kopp entnommen, der in der pädagogischen Zeitschrift der bayerischen Militärregierung abgedruckt ist, in: Schule und Gegenwart, 1. Jg., Heft 4, Mai 1949, S. 16-19.
775c ders., Sozialkunde in der Volksschule, in: *Lucio,* Weilheim, a.a.O., S. 406-411. Dieses Projekt lief 1949 und wurde jeweils 2 - 4 Tage mit einer Gruppe von Lehrern durchgeführt, die dann ausgewechselt wurde. So nahmen ca. 250 deutsche Lehrer allein in der 90-tägigen Berichtszeit von W.H. Lucio teil.
775d ders., in Schule und Gegenwart.
775e ders., in: Donauwörth, S. 18.
775g Heidelberg, a.a.O., S. 97, 186.
In der von der württemberg-badischen Militärregierung hrsg. Zeitschrift: Mitteilungen der Pädagogischen Arbeitsstelle Stuttgart, Juli 1950, S. 41 f findet sich außerdem eine sehr positive Buchbesprechung von *Seitzers* „Gemeinschaftskunde (für 12-16jährige Jungen und Mädchen). Stoffliche und methodische „Handreichung für den Lehrer")".
776 *Friedrich Oetinger,* Wendepunkt der politischen Erziehung — Partnerschaft als pädagogische Aufgabe, Stuttgart 1951, S. 112.
777 ebd., S. 108.
778 ebd., S. 226 f.
779 ebd., S. 95.
780 ebd., S. 182.
781 ebd., S. 95.
782 Hess. Richtlinien (1949) in: Heidelberg, a.a.O., S. 107-137, S. 116.
783 *Oetinger,* a.a.O., S. 176.
784 ebd., S. 179.

785 ebd., S. 177-184.
786 Heidelberg, a.a.O., S. 128.
787 Z.B. Hessische Richtlinien (1949), 9. Schuljahr Volksschule: Deutschland und der europäische Gedanke; Heidelberg, a.a.O., S. 116.
788 ebd., S. 128, Hess. Richtlinien.
789 *Ludwig Freund,* Lectures in Political Science, München, Sept. 1951, Freund war 8 Monate anwesend. Dep. of St., HiCOG, Ed. Br., V.S.R., Volume IX, S. 121-125.
789a *Otto Seitzer,* Gemeinschaftskunde, ein Mittel der „Erziehung zum Mitmenschen", in: Die Schulwarte, Monatsschrift für Unterricht und Erziehung, 2. Jg. 1949, S. 577-583.
790 *Burr W. Phillips,* Specialist in the Field of History Lecturing at the University of Marburg, Sept. 1951, Dep. of St., HiCOG, Ed. Br., V.S.R., Volume IX, S. 276-280, 8 S., S. 2 f.
791 Political Structure, Law and Administration (U.S. Area of Control), Basis Principles, U.S. Conception of Democracy: Statement by Secretary Marshall,, Moscow Session of Council of Foreign Ministers in: Germany 1947 - 1949, a.a.O., S. 154 f.

Literaturverzeichnis

Alle nicht veröffentlichten Dokumente, die in der Arbeit ausgewertet wurden, sind in den Anmerkungen wiedergegeben. Sie werden im Literaturverzeichnis nicht aufgeführt.

Literatur zum Kapitel 1

Altvater, Elmar, Industrieschulen und Fabrikschulen im Frühkapitalismus, in: Altvater/Huisken (Hrsg.), S. 91-100
Altvater, Elmar, Huisken, Freerk (Hrsg.), Materialien zur Politischen Ökonomie des Ausbildungssektors, Erlangen 1971
Adam, Heribert, Bildungsprivileg und Chancengleichheit, in: Das Argument, (Schule und Erziehung (II)), 6. Jg., 1964, Heft 4, S. 203-209
Beck, Johannes, u.a., Erziehung in der Klassengesellschaft, Einführung in die Soziologie der Erziehung, München 1971
Beck, Johannes, Demokratische Schulreform in der Klassengesellschaft?, in: Beck, Johannes, u.a., S. 90-123
Bericht der Bundesregierung zur Bildungspolitik, Bonn 1970
Blankertz, Herwig, Bildung im Zeitalter der großen Industrie, Hannover u.a. 1969
Böhme, Helmut, Prolegomena zu einer Sozial- und Wirtschaftsgeschichte Deutschlands im 19. und 20. Jahrhundert, Frankfurt (1968), 1972
Borcherding, Karl, Wege und Ziele politischer Bildung in Deutschland, Eine Materialsammlung zur Entwicklung der politischen Bildung in den Schulen 1871-1965, München 1965
Bracher, Karl Dietrich, Die Gleichschaltung der deutschen Universität, in: Universitätstage 1966, Freie Universität Berlin, Nationalsozialismus und die Deutsche Universität, Berlin 1966
Bungardt, Karl, Die Odyssee der Lehrerschaft, Sozialgeschichte eines Standes, Frankfurt 1959
Dahrendorf, Ralf, Gesellschaft und Freiheit, Zur soziologischen Analyse der Gegenwart, München 1963
Dahrendorf, Ralf, Gesellschaft und Demokratie in Deutschland, München 1966
Die Bremischen Schulen 1945-1955, 10 Jahre Wiederaufbau, o.O.u.J. (Der Senator für das Bildungswesen 1955)
Eigentum und Freiheit, Zeugnisse aus der Geschichte, hrsg. von Forwick, Friedhelm, München 1972
Engelsing, Rolf, Sozial- und Wirtschaftsgeschichte Deutschlands, Göttingen 1973
Euchner, Walter, Egoismus und Gemeinwohl, Studien zur Geschichte der bürgerlichen Philosophie, Frankfurt 1973
Fiedler, Ralph, Die klassische deutsche Bildungsidee, ihre soziologischen Wurzeln und pädagogischen Folgen, Weinheim 1972
Fischer, Kurt Gerhard (Hrsg.), Politische Bildung in der Weimarer Republik, Grundsatzreferate der „Staatsbürgerlichen Woche" 1923, Frankfurt 1970
Fleischmann, W., u.a., Materialien zum Problem der ökonomischen Implikationen von Schulreform in der Bundesrepublik Deutschland von 1945-1970, in: Altvater/Huisken (Hrsg.), S. 113-166
Froese, Leonhard, Krawietz, Werner, Deutsche Schulgesetzgebung, Band I: Brandenburg, Preußen und Deutsches Reich bis 1945, Weinheim 1968
Führ, Christoph, Schulpolitik im Spannungsfeld zwischen Reich und Ländern, Das Scheitern, der Schulreform in der Weimarer Republik, in: Aus Politik und Zeitgeschichte, Beilage zur Wochenzeitung Das Parlament, B 42/70
Gebhardt, Bruno, Handbuch der Deutschen Geschichte, Band 3: Von der Französischen Revolution bis zum ersten Weltkrieg, Stuttgart 1962[8]
Giese, Gerhardt, Quellen zur deutschen Schulgeschichte seit 1800, Göttingen, u.a., 1961
Giesecke, Hermann, Von der Einheitsschule zur Gesamtschule, Interessenwidersprüche zwischen Lehrern und Arbeiterkindern, in: ders., Bildungsreform und Emanzipation, ideologiekritische Skizzen, S. 58-81

Goldschmidt, Dietrich, u.a., Erziehungswissenschaft als Gesellschaftswissenschaft, Probleme und Ansätze, Heidelberg 1969
Goldschmidt, Dietrich, Händle, Christa, Der Wandel der Pädagogik in der Auseinandersetzung mit der Soziologie, in: Goldschmidt, Dietrich, u.a., Erziehungswissenschaft als Gesellschaftswissenschaft, S. 9-44
Habermas, Jürgen, Naturrecht und Revolution, in: ders., Theorie und Praxis, Neuwied, u.a., 1972, S. 89-127
Hartmann, Peter Claus, Jugendbewegung und Nationalsozialistische Bildungsvorstellungen, in: Steffen, Hans (Hrsg.), Bildung und Gesellschaft, S. 41–57
Hartmann, K., Nyssen, F., Waldeyer, H., (Hrsg.), Schule und Staat im 18. und 19. Jahrhundert, Frankfurt 1974
Hentig, Hartmut von, Das Saarbrücker Abkommen und die Oberstufenreform, in: Röhrs, H., (Hrsg.), Gymnasium..., S. 168-195
Herlitz, Hans-Georg, Studium als Standesprivileg, Die Entstehung des Maturitätsproblems im 18. Jahrhundert, Lehrplan- und gesellschaftsgeschichtliche Untersuchungen, Frankfurt/Main 1973
Hierdeis, Helmwart, Erziehung, Anspruch, Wirklichkeit; Geschichte und Dokumente abendländischer Pädagogik, Band VI: Kritik und Erneuerung: Reformpädagogik 1900-1933, Starnberg 1971
Hillebrecht, Werner, Geschichte der Erziehung als kritische Disziplin, in: Hoffmann, Dietrich/ Tütken, Hans (Hrsg.), S. 197-217
Hoffmann, Dietrich, Politische Bildung 1890-1933, Hannover, u.a., 1970
Hoffmann, Dietrich, Zur politischen Dimension einer „realistischen Erziehungswissenschaft" in: Hoffmann, Dietrich/Tütken, Hans (Hrsg.), S. 217-239
Hoffmann, Dietrich, Tütken, Hans, (Hrsg.) unter Mitwirkung von Frithjof Oertel, Realistische Erziehungswissenschaft, Beiträge zu einer Konzeption, Festschrift für Heinrich Roth, Hannover, u.a., 1972
Hofmann, Werner, Ideengeschichte der sozialen Bewegung, Berlin, u.a., 1971
Hoernle, Edwin, Grundfragen proletarischer Erziehung, Frankfurt 1971
Hornung, Klaus, Etappen politischer Pädagogik in Deutschland, Schriftenreihe der Bundeszentrale für politischen Bildung, Heft 60, Bonn 1965[2]
Humboldt, Wilhelm von, Werke in fünf Bänden, hrsg. v. Andreas Flitner und Klaus Giel, Darmstadt (1964), 1969[2]
Jeismann, Karl-Ernst, Das preußische Gymnasium in Staat und Gesellschaft, Die Entstehung des Gymnasiums als Schule des Staates und der Gebildeten, 1787-1817, Stuttgart 1974
Kawohl, Irmgard, Wilhelm von Humboldt in der Kritik des 20. Jahrhunderts, Ratingen 1969
Kerschensteiner, Georg, Der Begriff der staatsbürgerlichen Erziehung, Leipzig, u.a., 1923[5]
Kerschensteiner, Georg, Theorie der Bildung, Leipzig, u.a., 1928[2]
Klaus, Georg, Buhr, Manfred (Hrsg.), Philosophisches Wörterbuch, Band 1 und 2, Leipzig 1971
Klafki, Wolfgang, Integrierte Gesamtschule – ein notwendiger Schulversuch, in: Klafki, W./ Rang, A./Röhrs, H., S. 101-151
Klafki, Wolfgang, Rang, Adalbert, Röhrs, Hermann, Integrierte Gesamtschule und Comprehensive School, Motive, Diagnose, Aspekte, Braunschweig 1970, zit.: Klafki, Gesamtschule
Kofler, Leo, Zur Geschichte der bürgerlichen Gesellschaft, Neuwied, u.a., (1948) 1966
Kühnl, Reinhard, Formen bürgerlicher Herrschaft, Liberalismus – Faschismus, Reinbek bei Hamburg, 1971
Kühnl, Reinhard, (Hrsg.), Geschichte und Ideologie, Kritische Analyse bundesdeutscher Geschichtsbücher, Reinbek bei Hamburg 1973
Kuhlmann, Caspar, Schulreform und Gesellschaft in der Bundesrepublik Deutschland 1946-1966, Stuttgart 1970
Lemberg, Eugen, (Hrsg.), Das Bildungswesen als Gegenstand der Forschung, Heidelberg, 1963
Lemberg, Eugen, Von der Erziehungswissenschaft zur Bildungsforschung: Das Bildungswesen als gesellschaftliche Institution, in: Lemberg, Eugen, (Hrsg.), S. 1-100
Lenhart, Volker, Die Diskussion über die Gesamtschule in der Bundesrepublik Deutschland, in: Röhrs, H. (Hrsg.), Schulreform..., S. 1-20
Litt, Theodor, Das Bildungsideal der deutschen Klassik und die moderne Arbeitswelt, Bochum o.J., 7. Auflage
Lütkens, Charlotte, Die Schule als Mittelklasseninstitution, in: Heintz, Peter (Hrsg.), Soziologie der Schule, Sonderheft 4 der Kölner Zeitschrift für Soziologie und Sozialpsychologie, Köln, u.a., 1959, S. 22-39
Macpherson, C.B., Die politische Theorie des Besitzindividualismus, von Hobbes bis Locke, Frankfurt 1973 (englische Originalausgabe: Oxford 1962)
Mann, Golo, Deutsche Geschichte des 19. und 20. Jahrhunderts, Frankfurt (1958) 1966

Markert, Werner, Dialektik des bürgerlichen Bildungsbegriffes, in: Beck, Johannes, u.a., S. 17-51
Menze, Clemens, Grundzüge der Bildungsphilosophie Wilhelm von Humboldts, in: Steffen, Hans, (Hrsg,), S. 5-27
Milberg, Hildegard, Schulpolitik in der pluralistischen Gesellschaft, Die politischen und sozialen Aspekte der Schulreform in Hamburg 1890-1935, Hamburg 1970
Mollenhauer, Klaus, Funktionalität und Disfunktionalität der Erziehung, in: derselbe, Erziehung und Emanzipation, Polemische Skizzen, München 1970³, S. 22-35
Mollenhauer, Klaus, Pädagogik und Rationalität, in: derselbe, Erziehung und Emanzipation, Polemische Skizzen, München 1970³, S. 55-74
Morell, Renate, Die Anfänge der westdeutschen Lehrerbewegung nach 1945, in: Das Argument 80 (Schule und Erziehung (V)), S. 208-233
Müller Detlef K., Sozialstruktur und Schulsystem, Aspekte zum Strukturwandel der Schulwesens im 19. Jahrhundert, Göttingen 1977
Niethammer, Friedrich Immanuel, Philanthropinismus – Humanismus, Texte zur Schulreform, bearbeitet von Werner Hillebrecht, Weinheim u.a., 1968
Nipperdey, Thomas, Geschichte der Erziehung, allgemeine Geschichte, historische Anthropologie: Bemerkungen zu: Wilhelm Roessler, Die Entstehung des modernen Erziehungswesens in Deutschland, in: Göttingische Gelehrte Anzeigen, Nr. 3/4, 1964, S. 249-272
Oetinger, Friedrich, Wendepunkt der politischen Erziehung, Partnerschaft als pädagogische Aufgabe, Stuttgart 1951, später unter dem Titel: Partnerschaft, Die Aufgabe der politischen Erziehung, erschienen (1953)
Ploetz, Auszug aus der Geschichte, Würzburg 1960²⁶
Politik und Schule von der Französischen Revolution bis zur Gegenwart, eine Quellensammlung zum Verhältnis von Gesellschaft, Schule und Staat im 19. und 20. Jahrhundert, 2 Bände, hrsg. von Berthold Michael und Heinz-Hermann Schepp, Frankfurt 1973/74
Rang, Adalbert, Historische und gesellschaftliche Aspekte der Gesamtschule, in: Klafki, W./Rang, A./Röhrs, H., S. 9-29
Rauhut, Franz, Die Herkunft der Worte und Begriffe „Kultur", „Civilisation" und „Bildung", in: Rauhut, Franz, Schaarschmidt, Beiträge zur Geschichte des Bildungsbegriffs, Weinheim/Bergstraße 1965
Richter, Johannes Karl, Die Reichszentrale für Heimatdienst, Geschichte der ersten politischen Bildungsstelle in Deutschland und Untersuchung ihrer Rolle in der Weimarer Republik, Berlin 1963
Richter, Wilhelm, Der Wandel des Bildungsgedankens, Die Brüder von Humboldt, das Zeitalter der Bildung und die Gegenwart, Berlin 1971
Roeder, Peter-Martin, Bildung und Bildungsbegriff: Sozialwissenschaftliche Ansätze der Kritik, in: Goldschmidt, D., u.a., S. 45-67
Röhrs, Hermann (Hrsg.), Das Gymnasium in Geschichte und Gegenwart, Frankfurt 1969
Röhrs, Hermann (Hrsg.), Die Schulreform in den Industriestaaten, Frankfurt 1971
Roessler, Wilhelm, Die Entstehung des modernen Erziehungswesens in Deutschland, Stuttgart 1961
Rolff, Hans G., Sozialisation und Auslese durch die Schule, Berlin, u.a., 1967
Rüegg, Walter, Bildung und Gesellschaft im 19. Jahrhundert, in: Steffen, Hans (Hrsg.), S. 28-40
Schütte, Ernst, Die realistische Wendung in der pädagogischen Forschung und die Politik, in: Hoffmann, Dietrich/Tütken, Hans (Hrsg.), S. 391-404
Schäfer, Walter, Edelstein, Wolfgang, Becker, Gerold, Probleme der Schule im gesellschaftlichen Wandel, Das Beispiel Odenwaldschule, Frankfurt 1971
Schäffer, T., Das Ausbildungssystem in Deutschland in der 1. Häfte des 19. Jahrhunderts, in: Altvater, E./Huisken, F. (Hrsg.), S. 101-112
Schmiederer, Rolf, Zwischen Affirmation und Reformismus, Politische Bildung in Westdeutschland seit 1945, Frankfurt 1972
Schultze, Walter, Das Schulwesen in der Bundesrepublik, in Frankreich, England und in den Vereinigten Staaten von Amerika, in: Soziologie der Schule, hrsg. von Heintz, Peter, Sonderheft 4 der Kölner Zeitschrift für Soziologie und Sozialpsychologie, Köln, u.a., 8. Auflage 1970
Spranger, Eduard, Wilhelm von Humboldt und die Reform des Bildungswesens, Tübingen (1910) 1965³
Steffen, Hans, (Hrsg.), Bildung und Gesellschaft – zum Bildungsbegriff von Humboldt bis zur Gegenwart, Göttingen 1972
Steffen, Hans, Nachwort oder Fürsprache für Humboldt, in: Steffen, Hans, (Hrsg,), S. 104f
Stöhr, Wolfgang, Lehrerschaft und Arbeiterbewegung – Zur Organisationsgeschichte der gewerkschaftlichen Lehrerbewegung 1918–1933, in: Das Argument 80 (Schule und Erziehung (V)),

S. 170-207
Strzelewicz, Willy, Bildung und gesellschaftliches Bewußtsein, sozialhistorische Darstellung, in: Strzelewicz, Willy, Raapke, Hans-Dietrich, Schulenburg, Wolfgang, Bildung und gesellschaftliches Bewußtsein, eine mehrstufige soziologische Untersuchung in Westdeutschland, Stuttgart 1966, S. 1-38
Titze, Hartmut, Die Politisierung der Erziehung, Untersuchungen über die soziale und politische Funktion der Erziehung von der Aufklärung bis zum Hochkapitalismus, Frankfurt 1973
Vogel, Martin Rudolf, Erziehung im Gesellschaftssystem, München 1970
Voigt, Bodo, Bildungspolitik und politische Erziehung in den Klassenkämpfen, Frankfurt 1973
Wippermann, Klaus W., Politische Propaganda und staatsbürgerliche Bildung, Die Reichszentrale für Heimatdienst in der Weimarer Republik, Schriftenreihe der Bundeszentrale für politische Bildung, Band 114, Bonn 1976

Literatur zum Kapitel 2

Achtenhagen, Frank, Meyer, Hilbert, (Hrsg.), Curriculumrevision – Möglichkeiten und Grenzen, München 1971
Arendt, Hannah, Die Krise in der Erziehung, in: Froese, L., S. 11-30
American Council on Education, The Educational Record, Volume 26-32, Januar 1945 – Januar 1951
Apel, Hans-Jürgen, Theorie der Schule in einer demokratischen Industriegesellschaft, Rekonstruktion des Zusammenhanges von Erziehung, Gesellschaft und Politik bei John Dewey, Düsseldorf 1974
Beard, Charles Austin, A Charter for the Social Sciences in the Schools, New York, 1932
Beard, Charles Austin, An Economic Interpretation of the Constitution of the United States, New York, (1913) 1959[16]
Beard, Charles Austin, Eine ökonomische Interpretation der amerikanischen Verfassung, aus dem Amerikanischen von Ulrich Bracher, Einleitung von Johann Baptist Müller, Frankfurt 1974
Beard, Charles A. und Mary R., Geschichte der Vereinigten Staaten von Amerika, Amsterdam 1949
Becker, Helmut, Bonn, Peter, Groddeck, Norbert, Demokratisierung als Ideologie? Anmerkungen zur Curriculum-Entwicklung in Hessen, in: b:e, Nr.8, 1972, S. 19-31
Boggs, Lucinda Pearl, Über John Deweys Theorie des Interesses und seine Anwendung in der Pädagogik, Halle an der Saale, 1901
Bohnsack, Fritz, John Deweys Theorie der Schule, in: Froese, L., S. 149-179
Conant, James B., The Comprehensive High School (1962), in: Froese, L., S. 91-100, zit.: Conant in Froese
Conant, James B., Thomas Jefferson and the Development of American Public Education, Berkely, u.a., 1962
Corell, Werner, Die psychologischen und philosophischen Grundlagen des Erziehungsdenkens John Deweys, in: Corell, W., (Hrsg.), S. 1-26
Corell, Werner, (Hrsg.), Reform des Erziehungsdenkens, Eine Einführung in John Deweys Gedanken zur Schulreform, Weinheim/Bergstraße, 1963
Cox, C. Benjamin, Massialas, Byron, eds., Social Studies in the United States: A Critical Appraisal, New York 1967
Cox, C. Benjamin, American History, Chronology and the Inquiry Process, in: Cox, C. Benjamin/ Massialas, Byron, eds. S. 55-79
Cremin, Lawrence A., The Genius of American Education, New York 1965
Cremin, Lawrence A., The Transformation of the School, Progressivism in American Education 1876-1957, New York 1961
Cremin, Lawrence A., American Education, The Colonial Experience 1607-1783, New York, u.a., 1970
Cremin, Lawrence A., The Commitment to popular Education, in: Froese, L., S. 56-71
Curti, Merle, Sheyrock, Richard H., Cochran, Thomas C., Harrington, Fred Harvey, Geschichte Amerikas, 2 Bände, Frankfurt 1958
Curti, Merle, The Social Ideas of American Educators, Totowa, New Jersey 1968 (copyright 1935)
Dewey, John, The Child and the Curriculum (1902) and the School and Society (1900), Chicago 1956, 1. Teil zit.: CC, 2. Teil zit.: SS
Dewey, John, Democracy and Education, An Introduction to the Philosophy of Education, New York (1916) 1961
Dewey, John, Demokratie und Erziehung, Eine Einleitung in die philosophische Pädagogik, über-

setzt von Erich Hylla, Braunschweig, u.a., 1964, zit.: DE
Dewey, John, Education as Politics, in: The New Republic, Volume 32, Oct. 4. 1922, p. 139-141
Dewey, John, Erfahrung und Erziehung (amerikanische Originalausgabe: Experience and Education (1938)), in: Corell, Werner (Hrsg.), S. 27-99, zit.: EE
Dewey, John, Reflective Thinking, reprinted from Dewey, John, How we think, Boston 1933, pp. 106-116, in: Fenton, Edwin, Teaching The New Social Studies in Secondary Schools, An Inductive Approach, New York 1966, S. 118-123
Dewey, John, The Public and its Problems, Denver (1927) 1954
Douglass, Malcom P., Social Studies, From Theory to Practice in Elementary Education, Philadelphia, u.a., 1967
Educational Policies Commission of the National Education Association of the United States and the Department of Superintendence: The Unique Function of Education in American Democracy, Washington D. E. 1937
Federalist, The, edited, with Introduction and Notes, by Cooke, Jacob E., Cleveland, u.a., (1961), 1967³
Froese, Leonhard, in Verbindung mit Arendt, Hanna u.a., Aktuelle Bildungskritik und Bildungsreform in den USA, Heidelberg 1968, zit.: Froese, Bildungskritik
Froese, Leonhard, Die Überwindung des Deweyismus in den USA, in: Froese, L., S. 179-191
Good, Harry G., A History of American Education, New York, 1956
Grace, Alonzo G., Basic Elements of Educational Reconstruction in Germany, American Council on Education, Commission on the Occupied Areas, Washington D.C., 1949
Grace, Alonzo G., Education, in: Litchfield, Edward H., Governing Postwar Germany, Ithaca, N.Y., 1953, S. 439-468
Handlin, Oscar, Die historische Bedingtheit des Erziehungsdenkens John Deweys (Historical perspectives on the cultural context, 1959), in: Correll, Werner (Hrsg.), S. 101-136
Hartwich, Hans-Hermann, Die wissenschaftlichen Fächer der politischen Bildung in der Higher Education der USA, in: Gesellschaft – Staat – Erziehung, 1962, Heft 6, S. 351-360
Harward Committee, Allgemeinbildung in einem freien Volk (General Education in a Free Society), Stuttgart 1949
Hofstadter, Richard, The American Political Tradition and the men who made it. New York o.J. (copyright 1948)
Huhse, Klaus, Theorie und Praxis der Curriculumentwicklung, Ein Bericht über Wege der Curriculum-Reform in den USA mit Ausblicken auf Schweden und England, Berlin 1968
Jennings, M. Kent, Correlates of the Social Studies Curriculum Grades 10-12, in: Cox, C. Benjamin/Massialas, Byron, eds., S. 289-309
Johnson, Earl S., The Social Studies Versus the Social Sciences in: Shaver/Berlak, eds., S. 313-321; (Reprinted from The School Review, 1963, Volume 71, pp. 389-403)
Joyce, Bruce R., The Primary Grades, A Review of Textbook Materials, in: Cox, C. Benjamin/Massialas, Byron, eds., S. 15-36
Kilpatrick, William H., Philosophie der amerikanischen Erziehung, in: Röhrs, Hermann (Hrsg.), Die Reformpädagogik des Auslands, Düsseldorf 1965, S. 136-144
Lange-Quassowski, Jutta-B., Curriculumreform und „New Social Studies" in den USA, in: Aus Politik und Zeitgeschichte, Beilage zur Wochenzeitung Das Parlament, B 21/72
Langton, Kenneth P., Political Socialization, New York, u.a., 1969
Lilge, Frederic, John Dewey's Social and Educational Thought in Retrospect, in: Froese, L., S. 43-56
Locke, John, Gedanken über Erziehung (Original 1692), übersetzt und herausgegeben von Heinz Wohlers, Bad Heilbrunn/Obb., 1962
Mann, Horace, Fifth Annual Report, Covering the Year 1841 (Facsimile Edition), Boston 1842
Mann, Horace, The Republic and the School, Horace Mann on the Education of Free Men, edited by Lawrence A. Cremin, New York (1957) 1968
Massialas, Byron G., American Government: We are the Greatest! in: Cox, C. Benjamin/Massialas, Byron G., eds., S. 167-195
Massialas, Byron G., Education and the Political System, Menlo Park/California, 1969
Mehlinger, Howard D., Patrick, John D., The Use of Formative Evaluation in an Experimental Curriculum Projekt, in: Social Education, volume 35, No. 8, Dec. 1971, pp. 884
Merriam, Charles Edward, Civic Education in the United States, New York 1934
Odegard, Peter, The Social Sciences in the Twentieth Century, in: Shaver/Berlak, eds., S. 278-289
Oertel, Frihtjof, Social Sciences versus Social Studies, Auswirkungen dieses Spannungsverhältnisses auf die amerikanische Curriculumreform, in: Hoffmann, Dietrich/Tütken, Hans (Hrsg.), S. 275-304

Oppen-Rundstedt, von, Catharina, Die Interpretation der amerikanischen Verfassung im Federalist, in: Schriftenreihe der Bundeszentrale für Politische Bildung, Heft 84, Bonn 1970
Oppenheim, Abraham N., Neue Grundlagen für die Demokratie in Deutschland, Fiktion oder Wirklichkeit?, in: Neue Sammlung, 1/1976
Parrington, Vernon Louis, Main Currents in American Thought, Volume Three: The Beginnings of Critical Realism in America 1860-1920, New York, u.a., (1930) 1958
Puhle, Hans-Jürgen, Der Übergang zum Organisierten Kapitalismus in der USA — Thesen zum Problem einer aufhaltsamen Entwicklung, in: Winkler, Heinrich August, (Hrsg.), Organisierter Kapitalismus, Göttingen 1974, S. 172-194
Robinsohn, Saul Benjamin, Bildungsreform als Revision des Curriculum, Neuwied, u.a., 1969
Rohlfes, Joachim, Die Diskussion um die amerikanische Schule, in: Gesellschaft — Staat — Erziehung, 1962, Heft 6, S. 326-335
Röhrs, Hermann, Die amerikanische Schule in der gegenwärtigen Diskussion, in: Froese, L., S. 191-211
Roloff, Ernst-August, Psychologie der Politik, Eine Einführung, Stuttgart 1976
Shaver, James P., Berlak, Harold, eds., Democracy, Pluralism and the Social Studies, Readings and Commentary, An Approach to Curriculum Decisions in the Social Studies, Boston, u.a., 1968
Smith, Frederick, R., Patrick, John J., Civics; Relating Social Study to Social Reality, in: Cox, C. Benjamin/Massialas, Byron G., eds., S. 105-127
Tyron, Rolla, M., The Social Sciences as School Subjects, New York, 1935
Wesley, Edgar Bruce, Teaching the social studies; theory and practice, New York, u.a., (1937), 2nd ed. Boston 1942

Literatur zum Kapitel 3

Almond, Gabriel A., ed., The Struggle for Democracy in Germany, Chapel Hill 1949
Anhelm, Fritz Erich, Die Deutschlandpolitik der USA und der UdSSR im Kontext der Aktualisierung des Ost-West-Konflikts 1945-1948, Ein Beitrag zur politischen Soziologie und Ökonomie der internationalen Beziehungen, Dissertation der Wirtschafts- und Sozialwissenschaftlichen Fakultät Göttingen 1976
Badstübner, Rolf, Thomas, Siegfried, Die Spaltung Deutschlands 1945-1949, Berlin (Ost) 1966
Bodensiek, Heinrich, Probleme der Weltpolitik 1945-1962, Stuttgart 1967
Bungenstab, Karl-Ernst, Die Ausbildung der Amerikanischen Offiziere für die Militärregierungen nach 1945, in: Jahrbuch für Amerikastudien, Band 18, Heidelberg 1973, S. 195-212
Bungenstab, Karl-Ernst, Umerziehung zur Demokratie?, Re-education-Politik im Bildungswesen der US-Zone 1945-49, Düsseldorf 1970
Clay, Lucius D., Decisions in Germany, New York 1950
Clay, Lucius D., Entscheidung in Deutschland, Frankfurt o.J. (1951)
Cornides, Wilhelm, Volle, Hermann, Um den Frieden mit Deutschland, Dokumente zum Problem der deutschen Friedensordnung 1941-1948 . . ., (Dokumente und Berichte des Europa Archivs, Band 6), Oberursel (Taunus) 1948
Department of State, A Decade of American Foreign Policy, Basic Documents, 1941-1949, Washington 1950, zit.: Basic Documents
Department of State, Foreign Relations of the United States, Diplomatic Papers, The Conferences at Malta and Jalta 1945, Dep. of State Publication 6199, Washington 1955, zit.: Dep. of State, FR, DP
Department of State, Foreign Relations of the United States, 1944 Volume I + II General, Washington 1966, 1967
Department of State, Foreign Relations of the United States, 1945 Volume III, European Advisory Commission, Austria, Germany, Dep. of State Publication 8364, Washington 1968, zit.: FR, EAC, 1945, V. III
Department of State, Germany 1947-1949, The Story in Documents, Dep. of State Publication 3556, European and British Commonwealth Series 9, Washington 1950, zit.: Germany 1947-1949
Department of State, Occupation of Germany: Policy and Progress, 1945-46, Dep. of State Publication 2783, Washington 1947
Department of State, Postwar Foreign Policy Preparation 1939-1945, General Foreign Policy Series 15, Dep. of State Publication 3580, Washington 1945
Department of State, Report of the United States Education Mission to Germany, European Series 16, Dep. of State Publication 664, Washington 1946, zit.: Zook Report
Deuerlein, Ernst, Das erste gesamtdeutsche Gespräch, Zur Beurteilung der Ministerpräsidentenkon-

ferenz in München 6./7. Juni 1947, in: Aus Politik und Zeitgeschichte, Beilage zur Wochenzeitung Das Parlament, B 23/67

Deuerlein, Ernst, Das Problem der „Behandlung Deutschlands", Umrisse eines Schlagwortes des Epochenjahres 1945, in: Aus Politik und Zeitgeschichte, Beilage zur Wochenzeitung Das Parlament, B 18/65

Deuerlein, Ernst, Die Einheit Deutschlands, Band 1: Die Erörterungen und Entscheidungen der Kriegs- und Nachkriegskonferenzen 1941-1949, Darstellung und Dokumente, Frankfurt, u.a., 1961^2

Dokumente zur demokratischen Schulreform in Deutschland 1945-1948 (hrsg. von Fritz Helling und Walter Kluthe), Schwelm in Westf., o.J. (1960)

Eucken, Walter, Grundsätze der Wirtschaftspolitik, Tübingen u.a., (1952), 1960^3

Eschenburg, Theodor, Der bürokratische Rückhalt, in: Löwenthal/Schwarz, S. 64-94

Faust, Fritz, Das Potsdamer Abkommen und seine völkerrechtliche Bedeutung, Frankfurt, u.a., 1964

Faust, Fritz, Die wirtschaftliche und politische Einheit Deutschlands, zum 30. Jahrestag des Potsdamer Abkommens, in: Aus Politik und Zeitgeschichte, Beilage zur Wochenzeitung Das Parlament, B 31/75

Fritsch, Robert, Entnazifizierung, Der fast vergessene Versuch einer politischen Säuberung nach 1945, in: Aus Politik und Zeitgeschichte, Beilage zur Wochenzeitung Das Parlament, B 24/72

Froese, Leonhard (Hrsg.), Bildungspolitik und Bildungsreform, Amtliche Texte und Dokumente zur Bildungspolitik im Deutschland der Besatzungszonen, der Bundesrepublik und der DDR, München 1969

Gimbel, John, The American Occupation of Germany; Politics and the Military, 1945—1949, Stanford, California 1968

Gimbel, John, Amerikanische Besatzungspolitik in Deutschland 1945-1949, Frankfurt 1971

Gimbel, John, Die Bedeutung der Besatzungszeit 1945-1949, in: Aus Politik und Zeitgeschichte, Beilage zur Wochenzeitung Das Parlament, B 18/65

Gimbel, John, Die Konferenzen der deutschen Ministerpräsidenten 1945-1949, in: Aus Politik und Zeitgeschichte, Beilage zur Wochenzeitung Das Parlament, B 31/71

Grace, Alonzo G., Basic Elements of Educational Reconstruction in Germany, American Council on Education, Commission on the Occupied Areas, Washington 1949

Grace, Alonzo G., Education, in: Lichfield, E.H., p. 439-468

Grebing, Helga, Positionen des Konservatismus in der Bundesrepublik, in: Grebing/Greifenhagen/ von Krockow/Müller, Konservatismus — Eine deutsche Bilanz, München 1971, S. 33-61

Hammond, Paul Y., Directives for the Occupation of Germany: The Washington Controversy, in: Stein, Harold, ed., American Civil — Military Decisions, A Book of Case Studies, Birmingham, Alabama, 1963, pp. 311-464

Hartwich, Hans-Hermann, Sozialstaatspostulat und gesellschaftlicher status quo, Köln, u.a., 1970

Holborn, Hajo, American Military Government, Its Organisation and Policies, Washington 1947

Huelsz, Isa, Schulpolitik in Bayern zwischen Demokratisierung und Restauration in den Jahren 1945-1950, Hamburg 1970

Hüttenberger, Peter, Das Staatsverständnis des Parlamentarischen Rates, in: Politik und Kultur, 5/6, 1974, S. 26-43

Hüttenberger, Peter, Die Anfänge der Gesellschaftspolitik in der britischen Zone, in: Vierteljahresheft für Zeitgeschichte, 21. Jahrgang, Heft 1973, S. 171-176

Hurwitz, H., Die Stunde Null der deutschen Presse, die amerikanische Pressepolitik in Deutschland 1945-49, Köln 1972

Huster, Ernst-Ulrich, Kraiker, Gerhard, Scherer, Burkhard, Schlotmann, Friedrich-Karl, Welteke, Marianne, Determinanten der westdeutschen Restauration 1945-1949, Frankfurt 1972

Kleinsteuber, Hans J., Die USA — Politik, Wirtschaft, Gesellschaft, Eine Einführung, Hamburg 1974

Klewitz, Marion, Berliner Einheitsschule 1945-1951, Entstehung, Durchführung und Revision des Reformgesetzes von 1947/48, Berlin 1971

Kopp, Ferdinand, Erziehung zum Mitmenschen, Donauwörth, 1949

Koß, Siegfried, Vorstellungen der Alliierten vom Nachkriegs-Deutschland, in: Aus Politik und Zeitgeschichte, Beilage zur Wochenzeitung Das Parlament, B 42-43/71

Kreiterling, Willi, Kirche — Katholizismus — Sozialdemokratie, Von der Gegnerschaft zur Partnerschaft (Theorie und Praxis der deutschen Sozialdemokratie), Bonn-Bad Godesberg, 1969

Lange, Bernd-Peter, Mendner, Jürgen-Hinrich, Berzau, Heinz, Konzentrationspolitik in den USA, Tübingen 1972

Lange, Erhard H.M., Bestimmungsfaktoren der Föderalismusdiskussion vor Gründung der Bundes-

republik, in: Aus Politik und Zeitgeschichte, Beilage zur Wochenzeitung Das Parlament, B 2-3/74
Latour, Conrad F., Vogelsang, Thilo, Okkupation und Wiederaufbau, Die Tätigkeit der Militärregierung in der amerikanischen Besatzungszone Deutschlands 1944-1947, Studien zur Zeitgeschichte, hrsg. vom Institut für Zeitgeschichte, Stuttgart 1973
Liddell, Helen, Education in occupied Germany, Paris 1949
Lichtfield, H. and Associates, Governing Postwar Germany, Ithaca, 1953
Löwenthal, Richard, Schwarz, Hans-Peter, (Hrsg.), Die zweite Republik, 25 Jahre Bundesrepublik Deutschland — Eine Bilanz, Stuttgart-Degerloch 1974, zit.: Löwenthal/Schwarz
Löwenthal, Richard, Prolog: Dauer und Verwandlung, in: Löwenthal/Schwarz, S. 9-24
Martin, Laurence W., The American Decision to Rearm Germany, in: Stein, Harold, ed., American Civil-Military Decisions, A Book of Case Studies, Birmingham, Alabama, 1963, pp. 643-663
Menschenwürdige Gesellschaft nach Katholischer Soziallehre, Evangelischer Sozialethik, Demokratischem Sozialismus, Liberaler Ordnungslehre, hrsg. von der Staatsbürgerlichen Bildungsstelle des Landes Nordrhein-Westfalen, Köln-Braunsfeld 1963
Merkl, Peter H., Die Entstehung der Bundesrepublik Deutschland, Stuttgart 1963
Merkt, Hans (Hrsg.), Dokumente zur Schulreform in Bayern, München 1952
Mueller Shafer, Susanne, Postwar American Influence on the West German Volksschule, Ann Abor, Mich. 1964
Niclauß, Karlheinz, Demokratiegründung in Westdeutschland, Die Entstehung der Bundesrepublik von 1945-1949, München 1974
Niethammer, Lutz, Das Scheitern der einheitsgewerkschaftlichen Bewegung nach 1945 in Westeuropa in: Aus Politik und Zeitgeschichte, Beilage zur Wochenzeitung Das Parlament, B 16/75
Niethammer, Lutz, Zum Verhältnis von Reform und Rekonstruktion in der US-Zone am Beispiel der Neuordnung des Öffentlichen Dienstes, in: Vierteljahresheft für Zeitgeschichte, 21. Jahrgang, 2. Heft, 1973, S. 177-188, zit.: Niethammer, Rekonstruktion
Otto, Volker, Das Staatsverständnis des Parlamentarischen Rates. Ein Beitrag zur Entstehung des Grundgesetzes für die Bundesrepublik Deutschland, Beiträge zur Geschichte des Parlamentarismus und der politischen Parteien, Band 12, Düsseldorf 1971
Pikart, Eberhard, Auf dem Weg zum Grundgesetz, in: Löwenthal/Schwarz, S. 149-176
Pilgert, Henry P., The West German Educational System with special reference to the policies and programs of the Office of the U.S. High Commissioner for Germany, Office of the U.S. High Commissioner for Germany, Historical Division 1953
Politische Erziehung und Bildung in Deutschland, Ein Bericht über die Konferenz von Waldleiningen 1949, Institut zur Förderung öffentlicher Angelegenheiten, Frankfurt, 1950
Potsdam 1945, Quellen zur Konferenz der „Großen Drei", hrsg. von Ernst Deuerlein, München 1963
Programme der Deutschen Sozialdemokratie, Hannover 1963
Radkau, Joachim, Die deutsche Emigration in den USA. Ihr Einfluß auf die amerikanische Europapolitik 1933-1945, Düsseldorf 1971
Rexin, Manfred, Die Jahre 1945-1949, Hefte zum Zeitgeschehen, Heft 8, Hannover 1964
Rodenstein, Heinrich, Grundsätze der Neuformung des deutschen Bildungswesens, Vortrag, gehalten am 6. Juni 1952 vor dem Kongreß der Arbeitsgemeinschaft Deutscher Lehrerverbände in Berlin, o.O., o.J.
Roloff, Ernst-August, Grundgesetz und Geschichtlichkeit, über das Legitimationsproblem in der politischen Bildung, in: Aus Politik und Zeitgeschichte, Beilage zur Wochenzeitung Das Parlament, B 22/74
Schachtschnabel, Hans-G., Wirtschaftspolitische Konzeptionen, Stuttgart, u.a., 1967
Scharfenberg, Günter, (Hrsg.), Dokumente zur Bildungspolitik der Parteien in der Bundesrepublik Deutschland 1945-1970, 3 Bände, Berlin 1971
Band I: Dokumente zur Entwicklung der Bildungspolitik der SPD
Band II: Dokumente zur Entwicklung der Bildungspolitik der CDU/CSU
Band III: Dokumente zur Entwicklung der Bildungspolitik der FDP
zit.: Scharfenberg, SPD bzw. CDU
Schmidt, Eberhard, Die verhinderte Neuordnung 1945-52, Zur Auseinandersetzung um die Demokratisierung der Wirtschaft in den westlichen Besatzungszonen und in der Bundesrepublik Deutschland, Frankfurt 1970[3]
Schmidt, Ute, Fichter, Tilman, Der erzwungene Kapitalismus, Klassenkämpfe in den Westzonen 1945-48, Berlin 1971
Schrenck-Notzing, Caspar, Charakterwäsche, Die amerikanische Besatzung in Deutschland und ihre Folgen, Stuttgart Degerloch 1965
Schule des Volkes, Die Referate der pädagogischen Tagung in Gelsenkirchen am 25./26. Nov. 1947

mit der Denkschrift des Kultusministeriums Nordrhein-Westfalen über die Reform der Schulorganisation, Gelsenkirchen 1947

Schwarz, Hans-Peter, Die außenpolitischen Grundlagen des westdeutschen Staates, in: Löwenthal/Schwarz, S. 27-63, zit.: Schwarz in: Löwenthal/Schwarz

Schwarz, Hans-Peter, Vom Reich zur Bundesrepublik, Deutschland im Widerstreit der außenpolitischen Konzeptionen in den Jahren der Besatzungsherrschaft 1945-1949, Neuwied, u.a., 1966

Siegler, Heinrich v., Dokumentation zur Deutschlandfrage, Von der Atlantik-Charta 1941 bis zur Berlin-Sperre 1961, 3 Bände, Hauptband I, Bonn, u.a., 1961²

Stammen, Theo, Einigkeit und Recht und Freiheit, Westdeutsche Innenpolitik 1945-55, München 1965

Thron, Hans-Joachim, Schulreform im besiegten Deutschland, Die Bildungspolitik der amerikanischen Militärregierung nach dem Zweiten Weltkrieg, Dissertation der Philosophischen Fakultät München 1972

Weniger, Erich, Die Epoche der Umerziehung 1945-49, Westermanns Pädagogische Beiträge, 11. Jahrgang 1959: S. 403-410, 516-525; 12. Jahrgang 1960: S. 9-13, 74-79

Wenke, Hans, Education in Western Germany, A Postwar Survey, Washington 1953

Wenzel, Achill, „Social Science" — eine Anregung für den grundlegenden Sachunterricht?, in: Die Grundschule, Beiheft zu Westermanns Pädagogischen Beiträgen, Heft 4, 1970, S. 34-40

Westdeutschlands Weg zur Bundesrepublik 1945-1949, Beiträge von Mitarbeitern des Instituts für Zeitgeschichte, München 1976

Zink, Harold, The United States in Germany 1944-1955, Princeton, u.a., 1957

Jutta-B. Lange-Quassowski
Neuordnung oder Restauration?

P. 270 rc 103
p 100
JC S 1067   * P. 125 Educ. H
   115   175 Schulpolitik
182 still eugenics
190 John Taylor = US Chief?